imaginist

想象另一种可能

理
想
国

imaginist

文明的故事

THE STORY OF CIVILIZATION

文艺复兴

The Renaissance

5

〔美〕威尔·杜兰特 著

by Will Durant

台湾幼狮文化 译

上海三联书店

致读者

本卷虽为《文明的故事》的第 5 卷，但其本身是完整而独立的一个单元，仍是用整合法叙述人类活动的各个方面。这套书于 1935 年第 1 卷《东方的遗产》开始问世，该卷写的是埃及、近东、中东由上古至公元前 323 年间及印度、中国、日本由上古至 1930 年的历史。第 2 卷《希腊的生活》，1939 年出版，写的是希腊早期到公元前 146 年被罗马征服为止的历史与文化，及近东与中东从公元前 323 年起至公元前 146 年为止的历史。第 3 卷《恺撒与基督》，1944 年出版，继续写西方世界的文明至 325 年为止，以罗马兴衰为中心，述及基督教初期的数百年史。第 4 卷《信仰的时代》，1950 年出版，继续前卷写拜占庭文明、伊斯兰、犹太及拉丁基督教国家的文明，至 1300 年为止。

本卷的目的，在于对文艺复兴时期的意大利人生活的各个方面作一周详的描述——从彼特拉克（Petrarch）的出生到提香（Titian）之死为止。故"文艺复兴"一词在本卷中仅指意大利而言。此词并不适用于 16、17 世纪的法国、西班牙、英国及北欧低地国家，原因在于文艺复兴是意大利本土文化自然发展成熟的结果，而不是因着外来文化的启蒙，才生根发芽、成长壮大的；而且在意大利，对此名称甚至太过强调古典文学复兴，实则古典文学的复兴对于意大利来说，并不比经济与文化形成它们的特有风格来得重要。

为了避免与已出版的相关优秀著作有形式上的重复，比起以前各卷来，本卷处理的范围已扩大。而且当接近我们自己的时代时，我们的兴趣也更加广泛；在我们的血管中，现代欧洲初期那几个世纪的鲜血仍然在汩汩流动；尤其他们的观念、事迹与人格，更是了解我们自己心智与时代的基石。

我几乎直接参阅了所有相关的艺术作品，这在前面已有说明。不过，我缺乏专门训练，因此没有做任何批判的权利。但是，我还是将贸然地说出了个人的印象与好恶。现代艺术专心一意地反对文艺复兴，是可原谅的反动，因为现代艺术正热心发现美或有深度的新形式。我们对文艺复兴的欣赏，不是为那些单纯模仿文艺复兴作品的人们唱赞歌，而是应该鼓励那些真诚而刻苦的、试图重获文艺复兴式的创作力的人们。

假如环境允许，《文明的故事》第 6 卷可能名为《宗教改革》，而于三四年之后出版，这一卷将叙述意大利以外的基督教、伊斯兰教及犹太文明的历史（从 1300 年到 1648 年）以及意大利本身从 1576 年到 1648 年为止的历史。由于资料繁多庞杂，而衰老迫近，使得本书计划于第 7 卷结束，该卷拟定名为《理性开始的时代》，将从 19 世纪初叶叙起。

我要感谢约瑟夫·奥斯兰德（Joseph Auslander）准许我们用他精译的彼特拉克十四行诗；剑桥大学出版社准许引用其出版的理查德·加奈特（Richard Garnett）所著《剑桥现代史》第 1 卷中的一段；内人无数的建议与对谈；爱德华·霍普金（Edward Hopkin）博士在资料分类上的协助；玛利·考夫曼（Mary Kaufman）和费罗拉·考夫曼（Flora Kaufman）两位小姐在文稿方面的一些帮助；爱迪·迪盖特（Edith Digate）女士高超的录入本领（杂乱的手稿难不倒她）及瓦雷丝·布里威（Wallace Brockway）老练的编辑与忠告。

　　特别要感谢我的出版人，虽然这鸣谢有些晚了。在我与他们长期的合作中，我发现了他们的理想。他们对我的提议皆予考虑，对我研究的费用愿意负担，而且从未以销路利益与得失来决定我们的关系。1926 年，他们出版了我的《哲学的故事》，只希望能收回成本就好了。我们合作已有 27 年，对于我来说，这的确是幸运而愉快的合作。

威尔·杜兰特

1952年12月1日于洛杉矶

总　目

目 录

第二部　文艺复兴在意大利

第一部

文艺复兴总述

14 世纪意大利最著名画家乔托的《哀悼基督》。

第一章 | 彼特拉克与薄伽丘时代
（1304—1375）

文艺复兴之父

1302 年，贵族的黑党（Neri）以武力夺取了意大利中部城市佛罗伦萨的政权，随后便把但丁和其他中产阶级的白党（Bianchi）驱逐出境，同时这个胜利的寡头政治执政团还控告一位白党的律师彼特拉克伪造文书。彼特拉克指责此控告的目的在于结束其政治生涯，于是拒绝出庭受审。由于拒绝出庭，他又被加罪——处以巨额罚金或砍断右手，听其自择。在此情形下，他仍然拒绝出庭，于是被逐出佛罗伦萨，财产也被全部没收。这时，他携妻逃往意大利中部城市阿雷佐（Arezzo）。两年后，弗朗西斯科·彼特拉克（Francesco Petracco）（后来他为了声调动听而把 Petracco 改为 Petrarca，英文为 Petrarch）在此出生了。

阿雷佐这座小城，在占优势的保皇党（Ghibelline）——此党在政治上，对神圣罗马帝国（the Holy Roman Empire）诸皇帝的效忠远甚于对罗马教皇的效忠——的统治之下。14 世纪，阿雷佐经历了意大利城市所遭遇到的各种灾难。教皇党（Guelfic）的佛罗伦萨——支持教皇对抗皇帝以争取在意大利的政治权威——已于 1289 年，在阿雷佐的坎帕尔迪诺（Campaldino）把但丁打败了；1340 年，13 至 70 岁的阿雷佐保皇党员均被逐出境；到了 1384 年，阿雷佐便永远在佛罗伦萨的统治之下了。古代罗马政治家和诗人米西奈斯（Maecenas）生于该城；15 世纪和 16 世纪，使文艺复兴闻名的乔吉奥·瓦萨里（Giorgio Vasari）和使之得到恶名的彼得罗·阿雷蒂诺（Pietro Aretino）也诞生于此城。意大利的每个城市几乎都习惯于产生天才，随后又将其驱逐出境。

1312 年，彼特拉克匆促北行，去迎驾神圣罗马皇帝亨利七世。

他自信自己将解救意大利，或至少能解救意大利的保皇党。其自信一如当年的但丁，于是他举家迁往意大利西北部的比萨（Pisa）城，等待佛罗伦萨的教皇党的覆灭。

比萨城在当时仍是意大利最辉煌的城市之一。1284 年，其舰队败给热那亚人，导致领地减少和商业范围的缩小；而境内教皇党和保皇党之争，使该城再也没有足够的力量，来摆脱佛罗伦萨帝国式的控制。但比萨城英勇的公民引以为荣的是：由大理石做成的庄严宏伟的天主教堂、高耸的钟塔、著名的圣坎普公墓（Campo Santo），或称圣场（Sacred Field），其中心的方院由来自圣地（the Holy Land，今巴勒斯坦）的泥土填成，而其墙上的壁画则在不久之后由乔托（Giotto di Bondone）的学生洛伦泽蒂（Lorenzetti）兄弟几人所绘，其雕刻成的墓碑则令死者不朽。在比萨大学建立后不久，有位聪明的法学家巴尔托鲁（Bartolus）采取罗马的律法以适应时代的需要，但他在法学上所用之措辞过于晦涩、冗赘，以致为彼特拉克和薄伽丘所诟病。

神圣的罗马皇帝亨利七世在未及决定是否做罗马皇帝之前就丧命（1313 年）。意大利的教皇党员欢欣鼓舞；而彼特拉克，考虑到自己及家人的安全，偕其妻及一女两子，迁入罗讷河（the Rhone）沿岸的阿维尼翁（Avignon）。该地新建的教廷和急速增加的人口，给了他施展才能的机会。他们沿着海岸航行到热那亚，这些城镇像皇冠一般坐落于峭壁的边缘，笔直而下即蓝绿色的海面；这位青年诗人说这种景色"更像仙境而不似人间"。

他们发现阿维尼翁城被显要人物的浮华风气充斥，于是迁到其东北15英里的卡庞特拉（Carpentras），在那里，弗朗西斯科（即文艺复兴之父彼特拉克之名）度过中年无忧而快乐的岁月。当他被送往法国南部的蒙彼利埃（Montpellier）和意大利北部的博洛尼亚（Bologna）学习法律时，这种欢乐幸福的日子就结束了。

他本该喜欢博洛尼亚的，这是一座大学城，充满着学生欢聚之乐，学风很盛且追求独立的思想。14世纪，这里首先讲授人体解剖学的课程。这里的女教授，如诺维拉·安德烈亚（Novella d'Andrea），是如此的动人，以至于有一种极具幻想色彩的传统说法：她讲课时戴着面纱，避免学生因她的美色而分心。博洛尼亚是首先摆脱了神圣罗马帝国的束缚，并宣布自治的城市之一；上溯到1153年，它就已自选统治者或市长，并持续了两个世纪之久。但在1325年（彼特拉克正在此城），它却被意大利北部的摩德纳（Modena）击败，不得已只能向教廷寻求庇护，并在1327年接受一位教皇的代理主教为其统治者。

彼特拉克崇尚博洛尼亚城的精神，但不喜欢法律条文。在法学的论著里，他所关心的是那些"无数有关罗马古人的引证"，而并不志在研究法律。他阅读所能找到的一切罗马古代名人如维吉尔、西塞罗和塞涅卡等人的作品。他们为他打开了哲学和文艺的新世界。他开始模仿他们的思想，渴望像他们一样写作。当他的父母过世（1326年）时，他放弃了法律，回到阿维尼翁，沉湎于古典诗和浪漫之爱中了。

他告诉我们：在1327年的耶稣受难纪念日（Good Friday），他看见了一位妇人。她那种难以抑制的魅力激发了他的灵感。他以动人的细节来描写她，但却严格保密她的身份，以至连他的朋友都以为此妇人只是虚构的人物，而把他所有的热情当作诗人的特权。但在他所收集的维吉尔诗集——今藏于米兰（Milan）的安布罗西安（Ambrosian）图书馆中——的扉页上，仍可见到他于1348年所写的几句话：

> 劳拉（Laura），品德超群，因我的诗歌而闻名，第一次出现
> 在我的眼前……在之后 1327 年 4 月 6 日第一次祈祷时间中，在阿
> 维尼翁的圣克拉拉（Santa Clara）教堂里。在 1348 年，在同一城，
> 同一月，同一天（第六天），同一次祈祷（第一次）的时间中，
> 那支灯光从我们的时代里被取走了。

这个劳拉是谁？ 1348 年 4 月 3 日，在阿维尼翁有张遗嘱被归档保存，立嘱人为劳拉·德·萨德（Laura de Sade），此人是乌格斯·德·萨德（Hugues de Sade）伯爵之妻，生了 12 个孩子；这位诗人的情人可能就是这位贵妇，而她的丈夫可能就是历史上最有名的性虐待狂的远祖。在佛罗伦萨城洛伦提那（Laurentian）图书馆现藏着一幅马蒂尼（Simone Martini）所画的小画像，相传是彼特拉克所钟爱的劳拉。画像上的人物有着纤细优美的脸庞、精致的嘴唇、挺直的鼻梁、阴郁的眼睛，暗示出忧郁而娇羞。

我们不知道，当彼特拉克首次见到劳拉时，她是否已婚，或早已是一位年轻的母亲。然而，她宁静地接受他的爱慕，而与他保持一段距离，对他的热情给予克制性的鼓舞。日后他对耽于肉欲生活的自责及对于单恋的纯洁情感的怀念，暗示了他曾对她一往情深。

在此期间，他住在法国东南部的普罗旺斯（Provence）——吟游抒情诗人之乡。彼特拉克像一个世纪前年轻的但丁一样，不知不觉间，也成为一名吟游抒情诗人，并将其热情灌注于上千的诗篇章节中。写诗是当时很流行的消遣。在书信中，彼特拉克抱怨道，不但律师、神学家，甚至他的男仆也写诗；他怕不久"连牛也会像吟诗般地鸣叫了"。从自己的国家，他承袭了十四行诗（Sonnet）的形式，并将之凝结成繁复的押韵诗体，而该诗体数世纪以来使意大利诗定了型，且妨碍其发展。在此后的 21 年中，他写了 207 首十四行诗和各

种各样其他的诗，都是以这位活泼的、有教养的劳拉为题材。这些手稿被收集成诗歌集，引起了意大利的青年、壮年和僧侣们的注意。

诗人意识到，除了在教会求上进外，别无他途，于是接受了圣职和次级神品（minor orders），并谋求教俸——没有一个人对这些事实会感到惊讶。当劳拉得知她的头发、眉毛、眼睛、鼻子、嘴唇等部位在意大利东部的亚得里亚海至罗讷河之间广被传颂时，她也许会因害羞而脸红，甚至会因兴奋而感动。在从灾难中获救的世界文学里，以前从来没有人用这样多变化而丰富的内容，或用如此苦心的技巧，来详细说明爱的情绪。在彼特拉克的诗里，奇思妙想伴随着一阵阵的爱情火焰，神奇般地被整合成为有韵律、有生气的诗章：

> 而后
> 纵使铁石心肠者
> 见吾诗后
> 任其冷酷无情
> 心也在叹息中燃烧
> 化为灰烬！

意大利人以所曾听到过最为优美的音调为其谱曲——精微、优美、和谐，闪烁着生动的意象，有时甚至使得但丁的作品都显得粗率而不悦耳。的确，这种爽快悦耳的语言——母音胜过子音——已达到完美的高峰，甚至时至今日，仍无人可以超越。外国人可以翻译其思想，但谁能翻译其音韵？——

> 在光辉的国土，灿烂的思想之境域中，
> 是否自然已发现了模特儿的模样，
> 以之为典型，画出优美迷人的偶像，
> 在凡间可凭此见到天堂塑造之容颜？

常到山泉的森林女神追寻于小丛林，

她那金黄色的鬈发随着阵阵风儿飘扬，

追寻什么？哪颗心知道如此完善的形象？

虽然她主要的完善之处充满我的死亡。

从未凝视她那完美眼睛的人，

见不到那生动的蓝眼珠发光闪闪，

不知道会屈服和拒绝的是爱神，

他要寻找天堂的完美，也就枉然；

知道她的说笑甜美的人，

就会知道她的叹息多么甘甜。

　　彼特拉克的诗，他悦人的才智和他对妇女、自然界、行为、文学、艺术之美的感受力，使他在文化界里占有一席之地；而他对阿维尼翁教会道德的谴责，并没有阻止伟大的圣职者——像贾科莫·科隆纳主教（Bishop Giacomo Colonna）和其兄弟乔万尼·科隆纳红衣主教（Cardinal Giovanni Colonna）——给予招待和赞助。像我们大部分人一样，在他厌倦和被遣之前，他享乐且原谅自己；在他写十四行诗给劳拉期间，他和一个情妇调情，并生有两个私生子。他有闲暇旅游，而且显然地，也有很丰裕的财源；我们发现他于 1331 年在巴黎，然后在佛兰德斯和日耳曼，并于 1336 年在罗马成为科隆纳家族（the Colonnas）的座上客。古罗马公所（the Forum）之毁使他感慨万千。他曾先后请求五位教皇离开阿维尼翁，回到罗马来。然而，最终他自己离开罗马，回到阿维尼翁。

　　在旅行期间，有 7 年之久他住在科隆纳红衣主教的宫殿里，在那儿他接触到意大利、法国和英国最好的学者、教士、律师和政治家，并向他们传达了他对古典文学的热情。但他愤恨阿维尼翁城圣职买卖的腐化、教会诉讼的耗时、红衣主教和高等娼妓间无耻的勾当及基督教对世界信仰的改变。1337 年，他在沃克吕兹（Vaucluse）——

闭谷（Closed Valley）——买了一栋小房子，位于阿维尼翁东面 15 英里处。人们惊奇地发现那个小茅屋傍崖而建，该崖则为大块的峭壁所压，索加河（the Sorgue）平静的流水抚吻其间。彼特拉克向卢梭（Jean-Jaques Rousseau）预示的，不仅是他在爱情上错综复杂的情绪，而且也从自然界的景色中获得了乐趣。

他写信给他的朋友说："我多么希望你能体会我从独自漫游于山中、林间、溪畔所得到的无比快乐！"1336 年，他仅仅为了运动、欣赏风景和满足胜利的虚荣心，而养成爬山的习惯。现在他隐居服格罗斯，穿得像个农夫，垂钓溪畔，懒洋洋地在两个花园中工作，以"一狗两仆相伴而自足"。他唯一的遗憾（因为他对劳拉的热情已经尽耗于诗作的追求上）是离意大利太远、离阿维尼翁城太近。

站在那里，他摇撼了半个文学界。他爱写长信给他的朋友、教皇和国王、已死的作家和未出生的后代。他把信件的原稿保存下来，在风烛残年时，他以修改这些信件以求死后有出版的光荣来自娱。这些书信，活泼有力，但几乎不再是西塞罗风格的拉丁文，而是他写下的最有活力的遗作。其中有些对教会的批评过于苛刻，彼特拉克将之秘密地保存起来，直到去世。以表面的诚意，他接受了天主教的完整教义，但在心灵上他却与古人生活在一起；他写信给荷马、西塞罗、李维（Livy），好像他们是尚健在的朋友，他也抱怨自己未能生在罗马共和时期的英雄时代里。习惯上，他把他的一位笔友称为列尔留斯（Laelius），而称另一位为苏格拉底。他鼓励其友去寻找拉丁、希腊文学的遗失手稿，去抄写古代的铭文，去收集古代的钱币，当作珍贵的历史文献。他促成公共图书馆的建立。他实践了他所倡导的事业：在旅游中，他寻找并购买了古典版本，视之为"比阿拉伯人或中国人所给的商品更有价值"；他亲手抄录了买不到的手稿；在家里，他雇了抄写者。他以从希腊带回来的荷马作品自豪，并乞求赠送者致送一本欧里庇得斯的作品，而且将一本维吉尔的抄本视为随身携带的手册，并在扉页上记下他这位好朋友事业上的成就。中世纪保存了许多异教的古典文学，而其中一些被中世纪的学者所喜爱。但彼特拉克从这些作品的参考书目中知道无数名著已被遗忘或误置了，寻回（或恢复）这些名著成为他的工作动力。

勒南（Renan）称他为"第一位现代人"，因为他"启发了浸淫在拉丁文化中的西方人，让他们对古代文化产生亲切的感情"。这并不适合当作"现代"一词的定义，它并非仅仅是古典世界的再现，而是以自然取代超自然，来作为人类关心的焦点。就此意义而言，彼特拉克也配得上这个附在其名字之后的形容词"现代"；因为他虽然很虔诚，有时会为来世而忧虑，但他对恢复古物的兴趣则培养了文艺复兴时代重视人和现世、重视合理的享乐及以人类全体的光荣取代个人之不朽的观念，并改变了他自己对于中世纪的观点。在他的对话录《沉思录》（*De Contemptu Mundi*）里，他让圣奥古斯丁对此详加说明；但在这些想象的对话中，他使自己成为世俗文化和尘世声名的维护者。虽然但丁死时，彼特拉克已 17 岁，但一道深渊却划分了他们的思想方式。一般人都同意他是第一个人文主义者，第一个以简洁有力的文辞来表示人类有权去关心他自己的生活、去享受和赞美生活的完美，去劳动以便有功于后代子孙的思想者。他是文艺复兴之父。

那不勒斯和薄伽丘

在沃克吕兹隐居时，彼特拉克为了和维吉尔一争高下，立志写诗——以论西庇阿（Scipio Africanus）打败汉尼拔（Hannibal）而解救意大利为题材，写了史诗《亚非利加》（*Africa*）。他同后一个世纪的人文主义者一样，选拉丁文作为传达的媒介，而不像但丁那样用意大利文。他希望得到整个西方文学界的认可。在写诗的过程中，他越来越怀疑其价值。当他正专心于拉丁文六音步诗的写作时，他的意大利文《诗歌集》（*Canzoniere*）使他声贯意大利，而一本译本也把他的大名带到整个法国去。在 1340 年从罗马元老院和巴黎大学同时来了请帖，邀请他去接受诗人的桂冠。他接受了元老院的颁赐，并接受了那不勒斯王"智者"罗伯特（Robert the Wise）的邀请，在途中赴那不勒斯小作停留。

在腓特烈二世（Frederick Ⅱ）和日耳曼的霍恩施陶芬（Hohenstaufen）王朝被教皇的武力和外交推翻之后，教皇国（Papal States）南部的意大利（包括那不勒斯和西西里）被让给了查理的安茹王朝。查理以那不勒斯和西西里王统治两地；其子查理二世将西西里割给阿拉贡（Aragon）王室；其孙罗伯特，虽然想重新夺回西西里，最终却失败了，不过由于他有能干的政府、明智的外交及对文学和艺术特别的赞助，因此赢得了"智者"的绰号。那不勒斯王国工业不发达，农业又受到短视的地主的支配，他们把农民剥削到革命的边缘。不过，那不勒斯的商业给予朝廷一些收入，该收入使得新皇堡（Royal Castel Nuovo）常常充满宴乐之声；豪富之家群起效尤；婚姻成为盛大的庆典；定期游艇赛会使得海湾充满生气；当戴花冠的贵妇从雕有纹章的舰尾望台抬头向年轻的花花公子微笑时，他们正在市区内方形广场上进行危险的比赛。在那不勒斯，生活愉快，道德极为松弛，妇女美艳而容易亲近。在这种多情、调笑的气氛中，诗人找到许多诗歌创作的主题和灵感。薄伽丘（Giovanni Boccaccio）就这样在那不勒斯被塑铸出来了。

薄伽丘的父亲是一位佛罗伦萨的商人，其母是一位姓名和德行均不详的法国少女。也许其私生子的身份和一半的法国血统，塑造了其性格。还是婴儿时，他被带到靠近佛罗伦萨城的切塔尔多（Certaldo），在继母的管教之下，度过极不快乐的童年。10岁（1323年）时，他被送到那不勒斯去当学徒，学习理财和经商。他恨商业，就像彼特拉克恨法律一般。他宣称自己偏爱贫穷和诗歌，倾心于奥维德，以他的作品《变形记》和《女杰书简》自娱，而且还背诵了大部分的《爱情的艺术》，为此他曾写道："这位最伟大的诗人指出：维纳斯的圣火可能使最冷酷的胸膛燃烧。"他的父亲发现不能使他爱钱甚于爱美，于是准许他放弃从商，但条件是要学习教会法。薄伽丘同意了，但他对浪漫生活已做好了准备。

那不勒斯城里最放荡的女人是玛丽亚·阿奎诺（Maria d'Aquino），她是"智者"罗伯特国王的私生女，但她名义上的父亲视之如同己出。她在一所女修道院受教育，15 岁嫁给阿奎诺伯爵（Count of Aquino），但发现其不能满足自己的需要，于是她交往一连串的爱人来补足丈夫的缺陷，并鼓励他们把财产花费在自己的服饰上。薄伽丘第一次见到她是在 1331 年复活节前一周的星期六（Holy Saturday）弥撒上，刚好是在彼特拉克发现劳拉的四个复活节之后。对于薄伽丘而言，她似乎比希腊的女神阿佛洛狄忒更为美艳；世界上没有什么比她的金黄色秀发更为可爱，也没有一件东西比她那淘气的眼睛更令人迷醉。他称她为"小火焰"（Little Flame），渴望将自己沐于她的情火中。他将教会法抛诸脑后，数月以来，他所想的只有如何去亲近她。他单独到教堂去做礼拜，只是希望她能在场。他徘徊于她的窗前，听说她在拜尔耶（Baiae），他就立即赶往那里。他追求她达 5 年之久，她一直让他等，一直等到其他爱人的钱袋空空如也为止，然后她允许他接近自己。一年耗费昂贵的幽会使得通奸的刀口都变钝了，她抱怨他看别的女人。此外，他的钱也花光了。于是这个"小火焰"转而寻找其他的猎物，而薄伽丘则隐退写诗去了。

很可能他已读过彼特拉克的《诗歌集》和但丁的《新生》（Vita Nuova），他最初的诗与它们很像，是一些有关思慕、燃烧、激烈的爱情十四行诗，其中大部分是写给他的爱人"小火焰"的，有些则赞美"较小的火焰"（其他的爱人）。为了她，他写了一首长而沉闷的散文诗《费罗库坡》（Filocopo）。较佳的是他的《费罗斯特多》（Filostrato），在此他以热情的诗句说出西里斯塔（Criseida）如何发誓永远忠贞于特洛努斯（Troilus），又如何被希腊人捉去，如何在不久之后，以第奥米德（Diomed）之如此"高、壮、美"而且就在身边为借口而屈服于他。他以八行诗节（ottava rima）为表达形式，而此诗体为浦尔契（Pulci Luigi）、博亚尔多（Matteo Maria Boiardo）、阿廖斯托（Ariosto）诸人树立了典型。此诗为坦率的淫荡故事，有 5400 行，当诗中女主角西里斯塔"抛掉她的内衣，赤身裸体地投入她的情人之怀中"时，达到最高潮。但它也是某一类女人——轻浮而不贞，淫荡而爱虚荣——的值得注意的心理研究；它以现在常可在歌剧里听到的语词结束：

> 一个年轻的女人很轻浮，渴求着许多爱人；她自认美丽胜过镜中所映出的影像；很傲……她既不知道美德为何物，也不知道才智是什么，始终像风中叶子般漂浮不定。

之后不久，好像要以全力来打破抗拒力，薄伽丘写了一首史诗《提斯第》（*Teseide*）献给他的"小火焰"，该诗恰恰跟维吉尔的史诗《埃涅阿斯纪》（*Aeneid*）一样长。此史诗说出两兄弟——派拉蒙（Palemon）和阿赛特（Arcite）——为了一个女人艾米莉娅（Emilia）所引起的流血之争，胜者死在她的怀中。在相当长的迟疑之后，艾米莉娅接受了败者之爱。但即使是英雄式的爱情故事，在 9896 行中读到一半已足令人生厌了；而英国的读者，在《骑士故事》（*The Knight's Tale*）里读到被乔叟（Geoffrey Chaucer）适当简化过的故事，便感到满足了。

1341 年初，薄伽丘离开那不勒斯，到佛罗伦萨去。两个月后，彼特拉克来到了罗伯特王的宫廷。在皇室的庇荫之下，有一段时间他极受宠幸，然后继续起程去罗马找他的桂冠。

诗人的桂冠

罗马是个可怜的世界首都。教廷已于 1309 年迁往阿维尼翁，因此再也没有经济基础来支持这个在 13 世纪时一度繁荣的都市；从 12

个城邦成千主教区涓滴汇流而成的财富之河，不再流入罗马；再也没有外国使节的公馆设于此，而在帝国和教会的斗争中，露脸的红衣主教也很少；在破败方面，基督教的神龛和古典的柱廊相互辉映；在罗马市郊七山之斜坡上，牧羊人驱赶着他们的羊群；乞丐流浪于街道上，而抢劫的强盗则潜伏于公路旁；太太们被诱拐，尼姑被强奸，朝圣者被抢劫；每人都携带武器；昔日的名门望族——科隆纳、奥西尼（Orsini）、萨维里（Savelli）、阿尼巴尔第（Annibaldi）、加埃塔尼（Gaetani）、弗兰吉帕尼（Frangipani）——以暴力互争，且密谋在政治上控制统治罗马的寡头元老院；中产阶级人数少而力量薄弱；由20个民族混合而成的群众，生活在极贫穷的状态中，以致麻木得组织不起自主的政府；流亡于阿维尼翁的教廷对此城的统治的权力，被减低至仅具有罗马教皇使节（总督）理论上的权威，而人们对此完全不理睬。

在这样的混乱和贫穷中，被人们引以为豪的残缺不全的古物遗迹，激起了学者的幻想和爱国者的梦想。罗马人相信，终有一天罗马会再度成为精神上和政治上的世界首都，而远在阿尔卑斯山外的野蛮人也将送来帝国的贡物和罗马教皇的税金。不过，人们仍到处为艺术而花费：彼得罗·加瓦尼尼（Pietro Cavallini）以极有名的镶嵌细工装饰特拉斯特维尔（Trastevere）地区的圣玛利亚（Santa Maria）教堂，而在圣西西里娅（Santa Cecilia）教堂他开创了罗马派的壁画，其重要性几乎等同于乔托（Duccio）在锡耶纳（Siena）的壁画和乔托在佛罗伦萨城的壁画。即使在罗马的贫困中，诗人也会忘记当下，为未来歌颂。图密善（Domitian）所创的加桂冠于所宠幸的吟游诗人之额的典礼为意大利东北的帕多瓦（Padua）城和普拉托（Prato）城所恢复之后，元老院认为加桂冠给举世公认的该国诗人，是罗马在传统上的最高权力。

因此，1341年4月8日，由青年和元老所组成的彩色缤纷的队伍，护送着彼特拉克——穿着罗伯特王所赐的紫袍——一直走到朱庇特神殿。在那儿一顶桂冠戴在了他的头上，那位高龄的元老斯蒂法诺·科隆纳向他致颂辞。从那天起，彼特拉克有了新名声和新敌人。竞争者试图以口诛笔伐来摘下他的桂冠，但国王和教皇则很乐于接他到宫廷里来。不久，薄伽丘将他归入"古代名人"之列。意大利以其名望自豪，宣称他为维吉尔再世。

在他到达生命曲线的顶点之际，他究竟是何种人物？在青年时代，他很英俊，并以外表和衣饰自负；在以后的岁月中，他嘲笑自己以前装束的琐细款式过于拘泥，嘲笑自己那蜷曲的头发，嘲笑自己为了精制的鞋子而把脚压得紧紧的；在中年时代，他有点儿发胖，下巴也加倍肥大，但他的面庞仍具有优雅和生动的风韵；到最后，他仍保持自负的态度，但他所自夸的不是外表，而是其成就，不过这只是圣徒才能避免的过失。他的信件，如此地吸引人和华丽，若不是因为有假装谦虚和过度傲慢之嫌，则必更为吸引人和更华丽。像我们所有的人一样，他享受赞扬和喝彩，渴求声名和文学上的不朽。因此在文艺复兴到来之前，他就敲击了被持续得最久的音符中的一个音符——对光荣的渴求。他有点妒忌他的对手，并对他们的中伤加以反击。对于但丁的人气，他感到不安（虽然他加以否认）。正如伊拉斯谟（Erasmus）对于路德（Martin Luther）的粗野会战栗一般，他对但丁的残暴也会震颤，但他猜想在这位佛罗伦萨人的性格中，倔强的脾性一定无法用言语形容。他自己现在精神上是半个法国人，因此他太过于温文有礼，以致不敢诅咒这半个世界；他缺乏使意大利奋起或毁灭的热情。

接受了好几个教会的教俸，他富裕得足以轻视财富，而且因胆小只喜欢过文人的生活：

再也没有比笔更为宜人、更轻的负担了；其他的乐趣，当它们迷人时，使我们失败，使我们受伤，但我们提笔则高兴，搁笔则满足；因为它有力量帮助其领主、主人和许多其他的人，甚至

帮助那些几千年后尚未出世的人们……正如尘世的乐趣没有一样
比文学更为崇高，也没有一样比文学更有持久性，更为温柔，更
为忠贞；没有一样东西能以如此小的努力或忧虑作为代价，而能
在生命的变迁中，从头到尾地陪伴着其主人。

但他说到他的"不同的心境，绝少快乐，经常消沉"。要做一个
大作家，他必须对形、声、自然界、男女之美有感受力；也就是说，
他必须比我们大多数人更能忍受世界的噪音和丑陋。他热爱音乐，弹
得一手好维忽拉。他赞赏优美的绘画，把马蒂尼归在朋友之列。女人
一定曾吸引过他，因为他有时带着几乎是隐遁者的恐惧感提及女人。
他使我们相信，在40岁以后，他从未与女人发生肉体上的关系。他
曾经写道："肉体和心智的能力必须大到足以满足文学活动和妻子两
方面的需要。"

他并没有提出新奇的哲学。他不接受经院哲学，认为它是一种
远离生活的虚矫诡辩。他向亚里士多德的绝对可靠性挑战，而偏爱柏
拉图。他从阿奎那（Thomas Aquina）和邓斯·司各特（Duns Scotus）
的作品回到《圣经》和基督教最初6世纪主要作家的作品，他喜爱圣
奥古斯丁谐和的虔诚和圣安布罗斯（St. Ambrose）制欲派的基督教思
想。然而，他引用西塞罗和塞涅卡的文句，其虔敬的程度就像引证圣
徒之言，而且常引异教经文来为基督教争辩。他嘲笑哲学家的争论，
发现他们比各式各样的钟声更不和谐。他抱怨"哲学的目的只求措辞
过细的析理、细微的辨别和说些模棱两可的话"。这样的训练可以制
造机敏的辩论者，却几乎造就不出有智慧的人。他嘲笑由这样的哲学
研究所加冕的硕士和博士高位，而且奇怪一个愚人竟在加冕典礼中变
成了博学的人。以现代的措辞而言，他几乎不接受占星学、炼金术、
鬼魅、怪物、占卜、梦兆及当代奇迹等说法。在一个将伊壁鸠鲁视为
无神论者的时代，他有勇气对其加以赞扬。有时他说话就像一个怀
疑论者，并先于笛卡儿提出了这样的怀疑："我自己天赋能力的不可

信……我像信奉真理般的信奉怀疑……不肯定任何事情，怀疑所有的事情，除非该事情因怀疑存在而成为渎圣之物。"

显然，他把真诚列入例外。他对教会的教条不表怀疑。他过于温和、安适，而没有成为一个异教徒。他写了几本祈祷书，像他的兄弟，借着僧侣式的和平，使通往天堂之路安适一些——他认为这对他更好。他讨厌在博洛尼亚和帕多瓦两城近乎无神论的阿威罗伊（Averroes）思潮。基督教对他而言，在道德上是无可争论的，而且凌驾于异教之上，他发现人们可以继续做基督徒而受教育。

新教皇克莱门特六世（Clement VI）的选举（1342 年），使彼特拉克能够很合时宜地回到阿维尼翁，而且向教皇致颂辞并求恩赐。依照颁赐教俸——来自教会财产的收入——以资助作家和艺术家的先例，克莱门特六世赐给彼特拉克一个副修道院长的职位，而在 1346 年又任命他为帕尔马（Parma）修道院的教士。1343 年他衔命赴那不勒斯，在那儿他遇见了当时最不守法的统治者之一。

"智者"罗伯特刚刚逝世，他的孙女乔安娜一世（Joanna I）继承他的王位和领地，包括普罗旺斯和阿维尼翁。为了取悦其父亲，她跟匈牙利王之子、她的表兄安德鲁结婚。安德鲁认为他应同时为国王和女王之夫；而乔安娜的情夫路易把他杀掉（1345 年）并跟女王结婚。安德鲁的哥哥路易斯继承匈牙利王位，进兵意大利，占领那不勒斯（1348 年）。乔安娜逃到阿维尼翁去，而将那不勒斯城以 8 万弗罗林的代价卖给教廷；克莱门特教皇于是宣判她无辜，批准其婚姻，并命侵略者返回匈牙利。路易斯王不理此命令，但黑死病（1348 年）使其军队凋残殆尽，他被迫撤回匈牙利。乔安娜复位（1352 年），在繁荣与罪恶中她延续统治直到被教皇乌尔班六世（Urban VI）废除（1380 年）为止，一年后她被都拉索（Durazzo）的公爵查尔斯俘虏，1382 年被处死。

彼特拉克接触这段流血的罗曼史，仅在其最初的时期，即乔安娜统治的第一年。他很快就恢复漫游的生涯，在帕尔马停留后没多久，然后去博洛尼亚，后来又到了维罗纳（Verona）。在维罗纳的教会图书馆中，他发现了西塞罗给阿第库斯（Atticus）、布鲁特斯、昆图斯（Quintus）诸人遗失信件的稿本。在利耶（Liége），他早于1333年已从墓中挖出西塞罗的演讲词《对诗的赞美歌》（*Pro Archia*）。这些是文艺复兴古物的发现中最有成果的探索。

彼特拉克时代的维罗纳可列入意大利最有势力的城邦之一。它以其古物和罗马式的戏院（人们仍可在星光闪烁的夏夜在此听歌剧）自豪，因有远越阿尔卑斯山而直下阿第吉河（the Adige）的贸易而富裕，在斯卡拉（Scala）王朝的统治下达到极盛，以致威胁到威尼斯在商业上一家独大的地位。在可怕的爱兹里诺（Ezzelino）王死后（1260年），该自治区选马斯蒂诺·德拉斯卡拉（Mastino della Scala）为其统治者。马斯蒂诺于1277年被人暗杀，但其弟、继任者阿尔伯特（Alberto）强势地建立了斯卡里杰利族（Scaligeri，"攀梯者"，发迹中王族的象征）的统治，而开创了维罗纳历史上的盛世。在他统治期间，多米尼克派僧侣开始建立可爱的圣亚他那修（Sant Anastasia）教堂。一个无名的抄写家把维罗纳最有名的子弟卡图努斯（Catullus）遗失的诗挖掘出土。而卡皮里提（Capelletti）的教皇党族和蒙提奇（Montechi）的保皇党族相斗争，做梦也没想到他们会成为莎士比亚（Shakespeare）笔下的卡皮里斯（Capulets）和蒙特塔奇（Montagues），即《罗密欧与朱丽叶》一剧中两位结成世仇的家长。最坚强而且也最高贵的"暴君"是坎·格兰德·德拉斯卡拉（Can Grande della Scala），他使其朝廷成为被放逐的保皇党员的庇护所和诗人、学者的避难处。在那里有好几年但丁曾愤慨地爬上赞助者不稳的阶梯。坎·格兰德把维琴察（Vicenza）、帕多瓦、特雷维索、贝鲁诺（Belluno）、费尔特（Feltre）和西维德尔（Cividale）等城置于其权力之下。威尼斯备感威胁，当坎·格兰德由一位较不热心的马斯蒂诺二世（Mastino II）继承时，威尼斯发动战争，联合佛罗伦萨和米兰，强迫维罗纳放弃所有被它征服的城市，只保留其中之一。坎·格兰德二世建了一座横跨阿第吉河的庄严宏伟的斯卡里杰利（Scaligero）桥，有内宽 160 英尺的拱门，这在当时是最大的。他被其弟康西奇诺里（Consignorio）暗杀。杀害其兄弟的康西奇诺里却成为一位明智而仁慈的统治者，而且为斯卡里杰利（Scaligers）家族建了装饰最华丽的坟墓。他的儿子为分王位，争执至死。1387 年，维罗纳和维琴察被米兰公国吞并。

里恩佐的革命

彼特拉克回到阿维尼翁和沃克吕兹（1345—1347 年）后，仍享有科隆纳家族的友情款待，却听到革命突然在罗马爆发，一个旅社老板和洗衣妇的儿子已把科隆纳家族和其他贵族的权力废除，并恢复了西庇阿父子、格拉基（Gracchi）兄弟和布雷西亚的阿诺德（Arnold of Brescia）所建立的共和体制。

里恩佐（Niccola di Rienzo Gabrini）曾在 1343 年遇见过彼特拉克，那是 30 岁的他以年轻的法律公证人身份到阿维尼翁时。当时他把罗马的可怕情况告知克莱门特六世，并为罗马人民恳求教廷支持，以抗拒统治首都的那些为世仇而斗争、抢劫的贵族。克莱门特虽表示怀疑，却加以鼓励，给予金币，并送他回去，希望在教皇和贵族的持续冲突中利用这位热情的律师。

像彼特拉克由于罗马的毁灭和古典精神而激起想象力一样，穿着古代元老的白色宽外袍、说话具有格拉基兄弟的热情和西塞罗的辩才的里恩佐，指着庄严宏伟的罗马公会所和巨大的浴场的遗迹提醒罗马人：古代罗马的执政官或帝王，曾从这些小山丘上，向罗马和全世界发布法律和命令；他煽动人们去夺取政府，恢复公共集会，选一位有足够力量保护他们并对抗腐化的贵族的保民官。穷人们以敬畏的态度聆听他的演讲；商人怀疑这位有能力的保民官是否可使罗马安全地发展工业和贸易；而贵族则嗤笑他，把里恩佐当作宴会中谈笑的话柄。

他承诺当革命来临时，选一个贵族上绞刑架。

令贵族们感到惊恐的是，革命竟然真的到来了。1347 年 5 月 20 日，罗马人在朱庇特神殿会集。奥维托（Orvieto）主教代表教皇护送里恩佐出现在他们的面前。他宣布恢复共和，并分配赈济物。他们选他为独裁者，而在稍后的集会里允许他袭用曾流行一时的保民官的头衔。那位高龄的斯蒂法诺·科隆纳元老抗议，里恩佐命令他和其他的贵族离开罗马城。他们愤怒了，但出于对这些武装革命分子的尊重，只好退居到乡下的田庄。因成功而狂喜，里恩佐像被圣灵所感似的开始说道："我乃是奉耶稣的权威，而成为神圣罗马共和国的闻名救主。"

他的政绩极佳：物价被加以管制以抑制奸商；过剩的玉米存放在谷仓里；疟疾流行的沼地渐被吸干，罗马四周的平原得到开垦；新法庭以公正而严厉的态度处理审判事件；一僧一侣一男爵因为相等的重罪而被杀头；一位前任元老因盗一艘商船而被吊死，受雇于贵族派系的刺客被逮捕；和解法庭在几个月内调解了 1800 件民事纠纷；一向习惯于在自己的法律下生活的贵族，对在自己田庄犯罪要负刑责感到很震惊；尊贵的彼得罗·科隆纳也被徒步带往监牢去；犯有渎职罪的法官被套上枷锁而受众人耻笑；农人在少有的安全与和平的状态下，耕种自己的田地；商人和赴罗马途中的朝圣者吻着已恢复的共和国之标，被土匪横行达半世纪之久的公路恢复了安全。整个意大利对这种大无畏的改变感到惊讶。于是彼特拉克写了感谢和赞美的颂歌献给里恩佐。

以勇敢的政治家的风度把握机会，这位保民官派遣特使到整个意大利半岛，邀请各城邦派代表来组成一个议会，以便在自治区的联邦方式之下来统一并统治"整个神圣的意大利"，使罗马再度成为世界首都。在由来自全意大利的法官所组成的初步会议上，他提出一个问题：现已重建的罗马共和国，是否可以重新要求在其衰微时所曾授给其他机构的特权和权力？得到肯定的回答之后，里恩佐促使公共会议通过一项法律，即把这些授予的权力恢复给共和国。这项崇高的宣言，废除了 1000 年来捐赠、让位、加冕的权力，同时废除了也威胁着神圣罗马帝国、许多自治的城邦以及教会（指教廷而言）的世俗权力。25 个自治区派代表来参加里恩佐的议会，但主要的城邦——威尼斯、佛罗伦萨、米兰——对是否屈服于联邦一事犹疑不决。克莱门特六世对这位保民官的虔诚——他与奥维托主教在形式上分享权威，他对于朝圣者的保护，他给予在 1350 年举行的可获利的嘉年会之展望，等等，都感到很满意。但克莱门特六世开始怀疑，这位自信的共和主义者，会不会因好高骛远做自己做不到的事而成为一个不切实际的理想家？

崇高理想的破灭是令人惊奇和惋惜的。权力就像自由，只有审慎的智慧才能应付其考验。里恩佐是一位过于伟大的演讲家，以致不能成为现实的政治家。他相信他自己庄严的措辞、承诺和主张，却被自己的时代毒害。当联邦会议召开（1347 年 8 月）时，他已为接受爵位作好了准备。那天黄昏，他由人护送前进到圣约翰浸礼所（St. John Lateran），把全身投入浴池里（依照传说，君士坦丁就是这样洗掉他的异教思想和罪行的），然后，他穿着白衣，整夜睡在教堂廊柱间的公共睡榻上。第二天早上，他对该会议及全世界发出一个布告，宣布意大利所有的城市都获得自由，并赋予他们罗马公民权，而把选皇帝的特权保留给罗马和意大利的人民。抽出剑，他挥舞于三个方向，然后以罗马代表的身份说："那属于我，那属于我，那也属于我。"他开始沉溺于浮华的奢侈中，有 100 个武装人员做前导，他穿着镶有金边的白丝袍，在皇家旗队护随之下，骑着白马到处跑。当斯蒂法诺·科隆纳元老谴责他的金镶边时，他宣布有贵族阴谋反抗他（这很有可能），命令抓几个来，给他们加上脚镣手铐，带到朱庇特神殿去，对着公共集会的群众建议把这些人处死。但他又发了慈悲，原谅他们，并任命他们当罗马四周平原的官。这些贵族则以组成一支雇佣军来对抗共和国作为报答。罗马的人民自卫队出去与之交战，把他们打败了。斯蒂法诺·科隆纳及其子则死于此役中（1347 年 1 月 20 日）。

里恩佐因胜利而得意忘形，越来越忽略一向在公务和权威方面与他相关的教皇代表。来自意大利和法国的红衣主教警告克莱门特说统一的意大利——毋宁说罗马所统治的帝国——将使意大利教会（教廷）成为该城邦的囚犯。10 月 7 日，克莱门特派遣他的特使伯特兰德·图斯（Bertrand de Deux）去见里恩佐，要他在被废黜和限制其权力之间作个选择。虽有抗议，他还是屈服了。他答应服从教皇，并宣布取消使帝国和教皇特权作废的布告。克莱门特还不满足，他决心迫使这个靠不住的保民官退位。12 月 3 日，他发布训谕，诬蔑里恩佐为罪犯和异教徒，并要求罗马人民驱逐他。教皇的特使暗示说如果不如此做的话，则不宣布嘉年会的举行。与此同时，贵族已另募一支军队，现正进军罗马。里恩佐发警报召集人民组成军队。只有少数人到来，许多人已因他提高税额而怀恨在心。当贵族的军队接近朱庇特神殿时，里恩佐的勇气消失了，他把象征其职务的标志抛掉，向朋友告别，流着泪把自己关在圣安杰洛城堡（Castello Sant Angelo，1347 年 12 月 15 日）。获胜的贵族重入他们在城内的宫殿，而教皇的特使任命其中的两位为元老以统治罗马。

里恩佐没有受到贵族恶意的攻击，但被逐出教门，于是逃到那不勒斯去，然后到舒尔斯纳（Sulmona）、阿布鲁奇（Abruzzi）家族所属的山林地区。在那里他穿着悔罪者的服装，过了两年隐遁者的生活。后来，历尽千辛万苦而仍得以存活，便秘密地化装经意大利、阿尔卑斯山和奥地利到布拉格见神圣罗马皇帝查理四世。在其面前，他愤怒地控告教皇。他把罗马城的无政府和贫穷归因于教皇不在该城，而把意大利的长期分裂归因于他们世俗的权力和政策。查理责备他，并为教皇辩护。但当克莱门特要求把里恩佐以教皇的囚犯身份送到阿维尼翁时，查理却保护他，把他监禁在易北河畔的一个城堡中。在经过一年难以忍受的监禁和独居生活之后，里恩佐要求被送到教廷。在他到阿维尼翁的途中，群众蜂拥围观，而英勇的武士则以剑来护卫他。1352年8月10日，他到达阿维尼翁时衣衫褴褛，以致所有人都同情他。他请求在沃克吕兹的彼特拉克，这位诗人答应对罗马人民发出清晰响亮的呼吁来保护这个曾经给他们自由的人：

> 给罗马的人民……击败列国无敌的征服者！……你们的前任保民官现在在异乡人的权力下做了阶下囚，而且——的确是可悲的情景！——像一个夜盗或他的国家的叛徒一样，他戴着脚镣手铐为自己辩护。世上最高的法庭拒绝给他合理的辩护的机会……罗马实在不应得到如此的待遇。它的市民，一度曾不为外国法律所侵犯……现在却受到不分青红皂白的虐待。此虐待不但施之于与犯罪不相关的无辜者，而且加之于在德行上受到极高赞赏的人……他的被控，并非由于背叛自由，而是维护自由；他的有罪，并非因为放弃朱庇特神殿，而是保护朱庇特神殿。他所被控而且应以死刑来赎偿的最主要罪名，是他胆敢声明罗马帝国仍在罗马，而且属于罗马人民。啊！多么邪恶不虔敬的时代呀！啊，多么反常的妒忌和空前的恶毒呀！啊，天啊！你那常常驱散人类灾难之云的眼睛在哪儿？……为何你不以你那叉状的电光来结束这不神圣的审判？

克莱门特并不想处死里恩佐，只命令把他监禁在阿维尼翁教皇宫廷的一座塔里。当他在塔里研究《圣经》和李维的作品时，一个新的保民官弗朗西斯科·巴罗西尼（Francesco Baroncelli）在罗马取得政权，放逐贵族，愚弄教皇的特使，而且和神圣罗马皇帝的支持者保皇党员联合起来反抗教皇。克莱门特的继任者英诺森六世，释放了里恩佐，送他到意大利去帮助阿布诺佐（Albornoz）红衣主教，负责恢复教皇在罗马的权威。当这位阴险的红衣主教和这位受过压制的独裁者接近首都时，那里正发生叛变，巴罗西尼被废并被杀，罗马人将政权移交给阿布诺佐。百姓在大街上扎起胜利的拱门，发出快乐的欢呼，来迎接里恩佐。阿布诺佐任命里恩佐为元老，并将罗马的世俗政府交给他来统治（1353 年）。

但多年的囚禁生涯已使他身体发胖，丧失勇气，以往一向精神焕发而无所畏惧的保民官，现在已鲁钝了。他的政策依循着教皇的路线，不再从事早年统治时的伟大的冒险事业。贵族仍然恨他，而最下层阶级的人民，看到他现在成为一个谨慎的保守者，祛除了乌托邦的思想，不再忠于他们的主义，转而反对他。当科隆纳家族向他宣战、把他包围在巴勒斯提那（Palestrina）时，他没领到薪水的军队已处于兵变的边缘。他借款付薪，增税偿债，因而使中产阶级对他也疏远了。离他回罗马重掌政权不到两个月，一群暴民便进军朱庇特神殿，喊着"人民万岁！把里恩佐叛国者处死！"他穿着武士的甲胄，走出皇宫，试图以辩才控制这些群众。但反叛的民众以嘈杂的声音淹没其演说，并以投射器向他投射石块。一支箭击中他的头，他退回皇宫，暴民在宫门放火破门而入，抢劫各房间。里恩佐藏在一个房间里，匆匆剃掉胡须，穿上门房的宽大衣服。他从人群中穿行，没有被认出来。但他的金手镯暴露了他的身份，于是被当作囚犯引到朱庇特神殿的台阶，在那儿他以前曾判人死刑。他要求大家听他说话，然后开始以演讲来打动人心。但一个工匠惧怕他的口才，以剑刺穿他的肚子来打断他的演讲。100 个跟风者把他们的刀子插入死尸里。流着血的尸体被拖拽于全城的每条街道上，然后像腐肉般被悬挂在一个屠夫的摊位上，在那儿曝尸两天，成为众人侮辱和顽童掷石的靶子。

漫游的学者

里恩佐未能恢复古代的罗马，除了诗以外。彼特拉克在恢复罗马文学方面成功了，罗马文学因此得以延续。他曾公开地支持里恩佐，以致失去阿维尼翁的科隆纳家族的宠幸。他一度想与罗马的里恩佐在一起。当他听到这位保民官的地位和行为正在恶化中时，他已上路远达热那亚城了，于是把路程改向帕尔马（1347 年）。当黑死病袭来时，他正在意大利，他的许多朋友以及阿维尼翁的劳拉都死了。1348年，他接受了卡拉拉的雅各布二世（Iacopo Ⅱ）的邀请，到帕多瓦做客。

此城古旧得有点惨不忍睹。公元前 59 年，李维出生于此时，它已有数百年之久。1174 年，它成为自治区，忍受爱兹里诺暴政的统治（1237—1256 年），恢复独立，唱着自由的祈祷歌，使维琴察成为属地。受到坎·格兰德·德拉斯卡拉的攻击，而且几为其所征服之后，此城放弃了自由，选卡拉拉的雅各布一世为独裁者（1318 年），此人心肠之硬正如刻有其名的大理石。后来其家族的人，或名正言顺，或以暗杀的方式，延续其权力。彼特拉克的保护人于 1345 年以谋杀其前任取得王位，想以优良的政府来赎罪，但 4 年统治之后被刺杀。弗朗西斯科·卡拉拉（Francesco da Carrara）在近 40 年不平常的统治之下，使帕多瓦达到跟米兰、佛罗伦萨和威尼斯鼎足而立的局面。他的失策是在 1378 年的苦战中，联合热那亚对抗威尼斯。结果威尼斯获胜，帕多瓦被威尼斯统治（1404 年）。

在此期间，帕多瓦对意大利文化生活的贡献很大。以“第二神圣”（Il Santo）闻名的圣安东尼（St. Anthony）庄严宏伟的教堂，于1307 年完成。大萨隆（Salone），或称议会大厦（Sala della Ragione），在 1306 年由一位修道院建筑师伊拉米塔诺（Fra Giovanni Eremitano）修复，如今依然屹立。里吉阿（Reggia），或称皇宫（Royal Palace），长 1345 英尺，有 400 个房间，其中有很多房间里有卡拉雷西（Carraresi）王族引以为豪的壁画。除 1364 年第一次鸣响的有名钟塔外，现已不存一物。20 世纪初，一位有野心的商人恩里科（Enrico Scrovegni），买了古罗马圆形剧场里一座宫殿，召请意大利最有名的雕刻家乔万尼·皮萨诺（Giovanni Pisano）和最有名的画家乔托来装饰其新居小礼拜堂，结果这座小小的竞技场礼拜堂现闻名于世。在这里，勤快的乔托画了 50 幅壁画、圆盾和大奖牌，说出圣母和圣婴的神妙故事。主壁画的四周为先知和圣徒的头像和象征人类善恶的巨大女人形体。在正门的上面，他的学生以一种轻率的笔触，描绘觅嘴式的怪画来表现在肉体迷惑中的"最后的审判"。单纯的手法，原始的透视法、脸、姿态、人物的单调的相似性，对结构不完美的感觉和运用，几乎所有人物均用浓重的金黄色调，就像帕多瓦的伦巴底人（Lombards）仍是刚从德国来的伦巴底人似的——对于这些，安德烈亚·曼特尼亚（Andrea Mantegna）可能会付诸一笑。他于一个半世纪之后，曾为附近爱利米塔尼（Eremitani）教堂装饰一个小礼拜堂。但在《耶稣诞生》中的圣母玛利亚，在《拉撒路升天堂》（*Raising of Lazarus*）中的耶稣高贵的头，在《求婚者》（*The Wooers*）中庄严而高尚的牧师，在《背叛》（*The Betrayal*）中镇定的耶稣和粗鄙的犹大等生动的形象，那种宁静的优雅、和谐的结构及在色彩和形式上广阔的全景变化中的动作，都使这些画在 6 个世纪之后，依然新鲜、清朗，而成为 14 世纪绘画史上成功的典范。

彼特拉克可能已看过竞技场圆形剧场壁画，他一定很赏识乔托，因为在他的遗书中，他把圣母玛利亚的像《圣母像》（*Madonna*）赠给帕多瓦王卡拉拉的弗朗西斯科。"该画由最卓越的画家乔托所绘，此画之完美……足以使艺术大家惊讶。"但在此时，其兴趣主要放在文学上。当他听到在其前，有一位人文主义者，以塞涅卡的风格（或体裁）写了一篇拉丁文戏剧《伊西里尼斯》（*Ecerinis*），因而在 1314 年被加冕为帕多瓦的桂冠诗人，他一定因之而受刺激。这个剧本，就我们所知，是文艺复兴时期的第一个剧本。彼特拉克一定游历过该城认为高尚而且以之自豪的大学。该大学是当时意大利最有名的学校，能与以法学著名的博洛尼亚大学及以哲学称胜的巴黎大学媲美。彼特拉克对帕多瓦教授那种坦率的说法感到震惊——他们怀疑个人灵魂的不朽，把基督教说成为学者所暗自摒弃的"有用的迷信"。

1348 年，我们发现这位不停息的诗人在曼图亚（Mantua），然后在费拉拉（Ferrara），1350 年他加入朝圣者的人潮，到罗马去参加嘉年会。途中他首次游历佛罗伦萨城，并与薄伽丘建立了热诚的友谊。此后，彼特拉克说，他们同心合意。1351 年，由于薄伽丘的敦促，佛罗伦萨政府撤销没收彼特拉克之父财产的布告，并派薄伽丘到帕多瓦去给彼特拉克一笔补偿金和佛罗伦萨大学教授的职位。当彼特拉克拒绝此一颁赐时，佛罗伦萨又撤销了之前的决定。

乔托

　　要爱中世纪的佛罗伦萨城是很困难的，因为其在工业和政治方面是如此的困苦和艰难；要钦佩它却很容易，因为其将财富贡献于美的创造。就在彼特拉克年轻时代，文艺复兴正在此城进行。

　　它因为受到商业竞争、王族世仇、意大利其余地区所不能与之相比的私人暴力等气氛的刺激而发展。居民因阶级战争而分裂，而每一阶级本身又分裂成许多派系，一个派系若战胜则冷酷无情，若战败则企图报复。任何时刻，少数王族从甲党变节而投入乙党，总会使权力的天平倾斜。任何时刻，一点不满的因素，即可能诉诸武力，而且使人企图罢黜政府。若成功，则驱逐被击败的党派的领袖，常常没收其财产，有时烧毁其家园。但经济的斗争和政治的煽动并非该城生活的全部。虽然对党派的忠诚甚于对城邦的忠诚，但其市民有足以自豪的公民意识，并肯把财产花费在公众利益上。富裕的个人或商会，肯出钱来铺街路，建排水道，改良供水设备，建立公共市场，建筑或修缮教堂、医院和学校。人们的美感和古代的希腊人或现代的法国人一样敏锐，他们将公共或私人的钱财花在建筑、雕刻和绘画上，以美化市容，也花钱在其他许多较不重要的艺术上，以装饰家园的内部。佛罗伦萨的陶器，在此时期居于欧洲的领导地位。佛罗伦萨用珠宝、嵌木细工、雕刻或浮雕图案等来装饰颈、胸、手、腕、腰带、祭坛、桌子、甲胄等的金饰匠，其精湛的工艺水平，是当时其他任何国家的匠人们所难企及的。

而现在，出于对个人才艺的重视，艺术家从商会或团体中崭露头角，在其作品上标具作者姓名。尼科洛·皮萨诺（Niccoló Pisano）已经把雕刻，从限于宗教主题和屈服于以希腊的物质理想主义和坚定的自然主义相结合的建筑线条之中，解脱开来。他的学生为佛罗伦萨的洗礼堂（Florentine Baptistery）铸了两扇青铜的门（1300—1306年），以28个浮雕，描绘自亚当耕田和夏娃织布以来，人类在艺术和科学方面的发展。而这些14世纪的作品，和在同一建筑内由15世纪吉贝尔蒂所作的《通往天堂之门》（Doors to Paradise）相比，仍具有存在的价值（并不因相比逊色而不能保存）。1334年，佛罗伦萨政府同意由乔托设计一座钟塔，用以负荷教堂的钟并播散其所发出的声音，而且根据时代精神通过了一道法令："该钟塔在手艺之庄严、高贵和优越上，要建得即使是古代的希腊人、罗马人在其伟大的巅峰时也无法超越的地步。"此塔的可爱不在其四方而平凡的外形（乔托原想以尖塔为顶），而在于哥特式（Gothic）有花饰窗格的窗户和浮雕，浮雕是在有色的大理石里，由乔托、安德烈亚·皮萨诺（Andrea Pisano）、卢卡·罗比亚（Luca della Robbia）等人刻在低嵌板中的。乔托死后，其工作由皮萨诺、多纳泰洛、弗朗西斯科·塔伦提（Francesco Talenti）继续，因此塔拱那种达到极点之美，应归功于他们（1359年）。

乔托引领14世纪的绘画，正如彼特拉克引领14世纪的诗坛。他是画家、雕刻家、建筑家、资本家、饱经世故者，而且是对艺术观念、实用策略、幽默而捷巧的应答等同样敏捷的人，他终生抱着成为鲁本斯（Rubens）的信心，行迹遍及佛罗伦萨、罗马、阿西西（Assisi）、费拉拉、拉韦纳（Ravenna）、里米尼（Rimini）、法恩扎（Faenza）、比萨、卢卡、阿雷佐、帕多瓦、维罗纳、那不勒斯、乌尔比诺（Urbino）、米兰，并在这些地方大量散布其作品。他似乎从不担心酬金。他到那不勒斯时，身份是宫廷宾客。他结了婚，生有丑孩子，但这并不影响其作品平静优美的气质或快乐的生活。他以双倍的租金把织布机租给艺匠，却在文艺复兴的名著之一中道出贫穷的使徒圣方济各（St. Francis）的故事。

斯特法尼奇（Stefaneschi）红衣主教召他到罗马设计镶嵌细工时，他仍是一个青年。这件作品被修改了很多，仍保存在圣彼得教堂门廊中，在一列柱廊之上和背面，并不显眼。让人把此多层折叠的雕刻记事板保存在梵蒂冈的，可能也是这位红衣主教。这些作品表示乔托尚未成熟，构想有力，但技巧欠缺。也许在研究了特拉斯特维尔的圣玛利亚教堂和彼得罗·加瓦尼尼所做的镶嵌细工和他在圣西西里娅教堂所作的壁画之后，他的技艺才得以定型。然后，皮萨诺自然主义派的雕刻可能使他的注意力从先辈的作品转移到活泼的男女实际形象和感情上。达·芬奇说："乔托出现并画其所见之人物。"而拜占庭死板的艺术就从意大利艺术中消失了。

移居帕多瓦后，乔托以 3 年的时光来画圆形剧场礼拜堂的有名壁画。也许是在帕多瓦，他遇到了但丁；也许早在佛罗伦萨时，他就认识但丁了。乔吉奥·瓦萨里始终很有趣，有时很精确地称但丁为"乔托亲密的伴侣和朋友"，而把构成佛罗伦萨巴吉诺（Bargello）宫或将统治者皇宫（Palace of the Podesta）的壁画的一部分但丁肖像认作是乔托所画的。这位诗人，在《神曲》里，以格外亲切的态度，称赞这位画家。

1318 年，两个经营银行的家族 —— 巴蒂（Bardi）和佩鲁兹（Peruzzi）—— 要乔托在他们所供奉的佛罗伦萨克罗奇（Santa Croce）教堂作壁画，来描述圣方济各、"施洗者"约翰（St. John the Baptist）、"传福音者"约翰（St. John the Evangelist）的故事。这些画后来因粉刷而被掩盖了，1853 年，才重新揭露出来，并重新画过，因此只有素描和结构是乔托的。相同的命运降临到阿西西的圣方济各双层教堂的著名壁画上。山顶神龛是到意大利朝圣者的主要目标之一，而来看契马布埃（Cimabue）和乔托所画之画的游客和来礼敬或恳求圣徒者的数目一样多。可能乔托亲自设计上层教堂的下面部分壁画的主题和外廓，而其余的部分，他似乎只限于监督其学生工作。上层教堂的这些壁画详尽地描述圣方济各的生活，即使耶稣自己的传记也没有受到如此广博的描述。构想和结构均属上乘，温和的情境、流畅的和谐令人赏心悦目，它们再度结束了拜占庭艺术那种教士般僵硬的风格；但它们缺乏深度、力量和个性，是没有热情及图色优美的活人画。下层教堂的壁画，不被时间损伤，显示出乔托能力的进步。他似乎直接负责抹大拉（Magdalen）小礼拜堂的画，而他的助手则画有关圣方济各修会对贫穷、服从、贞节誓约的寓言。在这双层教堂里，圣方济各的传说对意大利的绘画是一种有力的刺激，几乎可以说是给它带来一种新生，并由此产生了一种被多米尼克修道士安杰利科的作品所具体完成的传统。

乔托的作品完全是一种革命。我们感到他的作品有缺点，那是因为我们知道由他所创始的运动发展而成的画技。他的素描、布局、透视法和结构剖析极为不当；艺术，就像乔托时代的医学，刚开始去解剖人体，去探索认识肌肉、骨骼、筋腱和神经的位置、结构和作用；曼特尼亚和马萨乔（Masaccio）时代的人可精通这些要素，而像米开朗基罗时代的人则可美化之，甚至盲目地崇拜它们；而在乔托的时代，研究裸体是不寻常的，表现裸体是丢脸的。那么，在绘画史上，是什么使帕多瓦和阿西西的乔托之画成为划时代的作品呢？是有韵律的结构，把眼光从各个角度集中到感兴趣的中心来；是默想动作所表现的那种尊严、柔和明亮的色彩、故事叙述的庄严与流畅——即使是在深情之中表现的克制的表情，沐浴于困境中所表现的宁静的庄严崇高；有时候，所表现的自然主义派的男女孩童的绘像，并非研究过去的艺术的体验，而是在生命的活动中所见、所感的结果。这些是乔托胜过拜占庭艺术僵硬和忧郁的风格的所在，也是他经得起考验的秘密所在。佛罗伦萨的艺术，在乔托去世后，仍延续他作品的布局与色彩运用达一个世纪之久。

在其后的两代，产生了乔托画派，他们模仿他的主题和风格，但从未真正超越他。他的教子（godson）和学生塔第奥·加第（Taddeo Gaddi），几乎秉承其才艺；塔第奥之父和塔第奥五子中的三子，都是画家；意大利的文艺复兴，就像日耳曼的音乐，有家族继承的倾向，在家庭、画室和学校里，经过技术的传递和累积，而趋昌盛。塔第奥以做乔托的学徒开始，1347 年，他已成为佛罗伦萨画家的领袖。即使那时，他题字时仍很虔诚地写着"伟大画家乔托的学徒"。他勤勉而成为画家和建筑家，他富得连其后裔都成为艺术的赞助者。

一幅一向归他所画，而今归于安德烈亚（Andrea da Firenza）所画的极为感人的画，表现出在文艺复兴的最初一个世纪里，意大利仍然处于中世纪的情形。在诺维拉（Santa Maria Novella）教堂的西班牙人小礼拜堂里，多明我派修道士于1370 年立了名哲阿奎那的图画神像。阿奎那安逸而有力，过于虔诚而不自傲的样子，以胜利的姿态站着，异教的阿里乌斯、撒伯里乌斯（Sabellius）、阿威罗伊等人匍匐于其足下；围绕在他四周的摩西、圣保罗、"传福音者"约翰和其他圣徒看起来好像附属品；在其下为 14 人像，象征 7 个神圣和 7 个世俗的学科——多纳图代表文法，西塞罗代表修辞学，查士丁尼代表法律，欧几里得代表几何学，等等。其思想完全是中世纪的；只是其艺术，在布局和色彩方面，指明从旧时代走向了新时代。其变迁如此缓慢，以致非待一个世纪后，人们不能感觉其自身已处于另一不同的世界中。

奥尔卡尼亚（Orcagna）在技术上的进步则较为明显，他在 14 世纪意大利画家中，地位仅次于乔托。他本名为西翁（Andrea di Cione），而钦佩他的同时代人则称他为天使长（Archangel），但懒人的嘴唇却把此称呼简化作奥尔卡尼亚。他虽常被列入乔托的门徒，但他更像是雕刻家安德烈·皮萨诺的学生。像文艺复兴时代的许多伟大天才一样，他是多才多艺的大师。作为一个画家，他在诺维拉（Santa Maria Novella）教堂的斯特罗齐（Strozzi）小礼拜堂的祭坛后方及上方画了耶稣被拥立为王像，而其兄拉都（Nardo）则在其墙上画了天堂与地狱的生动壁画（1354—1357 年）。作为建筑家，他在佛罗伦萨附近设计了西托萨（Certosa）修道院，以其优美的寺院和阿奇亚奥里（Acciaiuoli）之墓闻名。作为建筑家和画家，他和其兄完成在佛罗伦萨的圣米歇尔（Oratory St. Michele）聚会所之装饰。有人相信在那里的一幅圣母像曾显过圣迹。1348 年黑死病后，残存者许愿的赐予，使管理该建筑物的团体富裕起来，因此决定将该画安置在由大理石和金子所构成的华丽的神龛里。他们兄弟俩把它设计成小规模哥特式的天主教堂，有圆柱、尖塔、雕像、浮雕、金银和宝石，那是14 世纪装饰的瑰宝。奥尔卡尼亚因此大受称赞，被任命为奥维托的大画家（capomaestro），而参与天主教堂之正面的设计。1362 年，他回到佛罗伦萨，在那儿从事伟大的教堂的建设工作，直到去世。

意大利最大的教堂——圣母百花大教堂（Santa Maria del Fiore）——是 1296 年由阿诺佛·坎比奥（Arnolfo di Cambio）开始建造的。一连串的大家——乔托、皮萨诺、弗朗西斯科·塔伦提和其他人——直到现在仍为之效劳（它现在的正面是 1887 年所做的）。在意大利，建筑是文艺复兴的艺术中最不成功的。一般情况下，大多数建筑漫不经心地取法一些北方哥特式建筑的要素（如尖形的拱门、配上古典的圆柱）。有时，像在佛罗伦萨，则将其顶全部建为拜占庭式的圆顶。其混合的结构是不调和的，而且——除了布拉曼特（Bramante）所建的一些小教堂外——都欠缺统一性和优雅。奥维托和锡耶纳教堂的正面只是雕刻和镶嵌细工的华丽陈列，并非真正的建筑；当教堂的真正意义应在于升向天空的祈祷或赞颂时，以黑白两层大理石在墙上加调水平线条，未免使眼睛和精神都感到沮丧。正如佛罗伦萨天主教堂在 1412 年以后因以百合花象征此城的标志而被如此称呼，圣母百花大教堂若非拥有布鲁尼里斯哥著名的圆顶建筑，则只不过是个洞穴，其黑漆的空茫，是但丁"地狱"（Inferno）的开口，而非通往上帝的玄关。

1294 年始建的克罗齐的圣方济各教堂，1298 年始建的佛罗伦萨最可爱的建筑物帕拉佐市政广场（Palazzo della Signoria），是不知疲倦的阿诺佛·坎比奥的杰作。后者于 1442 年完成，正门要到 1863 年才完成；西格诺里宫（Palace of the Signory），或称老皇宫（Old Palace），在 1314 年完成了主要部分的建筑。这些都是在但丁和彼特拉克之父被放逐期间完成的。那时派系斗争正盛，阿诺佛·坎比奥为佛罗伦萨政府所建的，与其说是皇宫，不如说是堡垒，其屋顶被设计成有射击口的防御墙；而那座独一无二的钟塔，靠着钟之不同鸣响声，被充当召唤市民来开会或武装之用。神父不仅统治于此，也居住于此；那个时代的道德伦理体现于法律中，法律要求：在他们任职的两个月中，不管有任何的理由，均不得离开此建筑物。1345 年，内里·费俄拉凡提（Neri di Fioravante）把世界名桥之一的维奇奥（Ponte Vecchio）架在阿尔诺河上，该桥虽因年久失修和经年战乱而吱吱作响，但仍很危险地负荷着行旅。在此佛罗伦萨市民足以自豪的成就（建筑）的四周，即在从天主教堂和政府所在地通过的狭小街巷里，仍矗立着烦恼的富人所住的朴素的大厦，商人的财富转化成艺术的高贵教堂，商人和艺匠所开的喧哗的商店，及由勤勉、反叛、易激动而聪明的百姓所住的拥挤的公寓（或住宅）。在这样狂热的自我中，文艺复兴产生了。

《十日谈》

13 世纪后期，佛罗伦萨的奎尼茨里（Guinizelli）和加瓦堪第（Cavalcanti）给十四行诗以确定的形式。不在此生活、但向往此处生活的但丁弹出意大利史诗最初也是最后的音调。而在此生活的薄伽丘写下了意大利散文的最佳作品。吉尔瓦尼·维拉里（Giovanni Villani）则写下了中世纪年鉴（编年史）最现代的作品。他为了 1300 年的嘉年华会而游历罗马，像以后的爱德华·吉本（Edward Gibbon）一样被伟大的遗迹所感，他一度想把罗马的历史记录下来；而后，鉴于罗马已被充分地表扬过，他回到家乡，决心"把佛罗伦萨所有事件……写入此书……把佛罗伦萨人和事迹详加记述，并且把世界其余部分值得注意的事也简为描述"。

维拉里从巴别塔（Tower of Babel）写起，结束于接近黑死病时期——他死于此病。其兄弟玛泰奥·维拉里（Matteo Villani）和其侄菲利普（Filippo）将故事继续到1365年。吉尔瓦尼·维拉里准备充分。他出身富有的商业家庭，精于纯粹的托斯卡纳（Tuscan）方言的演说，曾游历意大利、佛兰德斯和法国等地，三度任大修道院副院长，一度出任铸币厂厂长。他对历史的影响和经济的基础有不凡的见解，是第一位把社会情况的统计资料加入叙述中的人。他的《佛罗伦萨年鉴》（*Croniche Florentine*）前三册大多为传说；但在以后的书里，我们获悉，1338年，佛罗伦萨及其腹地有10.5万名居民，其中1.7万为乞丐，4000人靠公共救济；有6所小学，教育1万学童；有4所高级中学，里面有600男生和少许女生学文法（文学）和逻辑（哲学）。他跟大部分历史学家不同，把新书、画、建筑的评介也包括在该年鉴中，很少有一个城市其生活的各部分曾被如此直接地描述过。如果他把所有这些情况和细节写成统一性的叙述，则他可能就把年鉴变成历史了。

1340年，薄伽丘在佛罗伦萨定居，继续在生活和诗文中追求女人。《爱情的幻影》（*Amorosa Visione*）是献给"小火焰"的，以4400行诗文回忆他们私通的快乐时光。在一本心理小说《小火焰》（*Fiammetta*）里，这位私生的公主被安排去说出她和薄伽丘越轨的行为；她以300多年后塞缪尔·理查森（Samuel Richardson）式的琐细敏锐，分析爱的情绪、欲望、妒忌和被弃的苦痛；当她的良心谴责她的不贞时，她想象希腊爱和美之女神阿佛洛狄忒叱责她的懦弱："勿使自己畏怯地说，'我有丈夫，而且圣法和誓言阻止我做这些事情。'这些只是对爱神厄洛斯的空虚、自负而不值得的反抗而已。因为像强壮而有力的王子，他树立了法律；他不喜欢低级情况的其他法律，认为那是卑下而奴性的规则。"薄伽丘滥用笔力，结束此书时，为了自己的光荣，他让"小火焰"宣布是他弃她而去，而非她把他给抛弃了。他回到诗中，在《林凡·费索兰诺》(*Ninfale Fiesolano*) 一诗中，他歌颂牧羊人对月亮女神狄安娜 (Diana) 的女祭司之爱；他的成功在于用可爱的细节描写，并充满对自然景色的热爱之情。这几乎就是《十日谈》(*The Decameron*) 的写作公式。

1348 年瘟疫之后不久，薄伽丘开始写《十日谈》。他已 35 岁，欲望的温度已从诗降到散文；他能了解疯狂追求的心境。"小火焰"似乎已死于瘟疫中，而薄伽丘平静得足以用其名来作为该书最不过分雕琢的说书人之一。全书直到 1353 年才出版，但其中有些部分可能已先行分期刊出，因为在《第四日》的引言中，作者答复了不赞成对其前故事的批评。正如我们目前所看到的一样，它是 1 个世纪的故事——整整 100 篇；它不是让人在某段时间内集中阅读，而是分期出版，因此它们必定给佛罗伦萨许多个晚上供应了不少谈话的资料。

其序描写 1348 年及其后袭击欧洲的黑死病，在佛罗伦萨所产生的结果。此病显然是亚洲人因为战争而穷困，因为饥馑而衰弱所产生的。这一流行性疾病横渡阿拉伯和黑海，进入埃及、俄罗斯和拜占庭。从君士坦丁堡、亚历山大港及其他近东的港口——威尼斯、锡拉库萨、比萨、热那亚和马赛等地的商人和船只，得蚤、鼠之助，进入意大利和法国。西欧一连串的饥馑岁月——1333—1334 年，1337—1342 年，1345—1347 年——可能降低了穷人的抵抗力，而他们则将之传播给各阶层的人。1348 至 1365 年一连串瘟疫的袭击，使意大利半数人口被夺去了生命。一个锡耶纳的编年史学家曾描写约 1354 年的光景：

　　既无亲戚，也无朋友，或牧师，或修道士，伴随着尸体到坟墓去，也没有人讲诵死者的祈祷词……此城很多地方，沟渠被挖得很宽，很深，而死尸就被扔在这里，用一点泥土盖着；就这样，一层又一层地，直到沟填满了；然后另一道沟渠又被挖掘。而我，图拉……用自己的手，在同一道沟渠里埋了我的 5 个孩子；其他人也这样做。许多死人没有被盖好，以致有狗把他们挖出来吃，把肢体散掷于各处。不管一个人失去了什么，没人敲丧钟，也没有人哭，因为几乎每个人都期待着死亡……人们都说而且相信："这是世界的末日。"

根据玛泰奥·维拉里的记载，佛罗伦萨 3/5 的人口于死 1348 年 4 月到 9 月。薄伽丘估计佛罗伦萨人口死亡之数为 10 万人，而马基雅维利估计死者为 9.6 万。这些显然是夸大其词，因其人口总数并未超过 10 万人。薄伽丘以对瘟疫的可怕描写开始其《十日谈》：

　　不仅与病人交谈可因声音传染，而且仅仅接触到衣服，或任何病人所接触或用过的东西，显然也会自动传播这种病……一种属于病人或因病而死的人的东西，被一种动物接触……很短时间内动物即病死……这是我亲眼看到的。这个灾难令所有的人如此恐惧……以至于兄弟背弃兄弟，伯舅背弃甥侄……妻子离弃丈夫；而且（尤有更特别，和几乎不可相信的），有些父母拒访或看顾他们的子女，就像他们不是自己亲生的似的……一般人，既不相互照顾，也不相互救助，日以千计地生病，而且几乎毫无获救地死去。有许多人在空旷的街道上呼出最后一口气，还有其他更多人，他们死在自己的房子里，使邻居知道，他们死于腐烂尸体的恶臭，而非其他的原因；整座城市充满因此或因其他原因而死的人。邻居，并非对死尸有什么慈悲的感动，是因为尸体腐烂，确实妨碍他们的生存……把死尸移放到大门口，每日早晨，都可以看见无数的死尸在人家的门口僵卧着。然后他们取来担尸架，但有时尸架不足，也就放在板子上；一个尸架常放着两三具尸体；而且一个尸架同时放着夫妻，两三个兄弟，父子，等等，事情就这样过去了，没有人对于一个死人，会比我们现在对一头死了的山羊，更加注意。

在这种凄凉的景象中，薄伽丘让《十日谈》以说故事的形式来进行描绘。在"可敬的诺维拉教堂里"，"7 个因友谊、亲情而联系在一起的年轻女士"刚做过弥撒，现正在计划异教徒的短途旅行。她们年龄在 18 至 28 岁之间，"每个人都出身名门，曾受过相当的教育，并且都是风姿绰约，体态轻盈"。其中之一提议，为了减少受传染的机会，她们应该一起退居到乡下的房子，并由仆人陪着，由甲别墅移到乙别墅，"享受当时季节所赋予的乐趣和消遣…… '在那儿我们可以倾听鸟儿唱歌；在那儿我们可眺望青山绿野，欣赏麦浪随风荡漾；在那儿我们可看到成千种的树木；在那儿天堂的容颜开展在我们的面前，它虽然对人类泄愤，却不拒绝我们欣赏其永恒之美'"。这个提议被接受了，但菲洛梅纳（Filomena）又提出另一个意见：因为"我们女人是反复无常，刚愎任性，多疑善妒，且胆量不足"，所以最好有男人为伴。像有天意似的，就在此时，有"三个年轻人进入教堂……他们恋爱的火焰，并不因时代的恐怖，也不因朋友或亲戚的死亡……而变得冷淡……三个人都快活，有教养，他们为了寻找最高的安慰……来探视他们的情妇，而刚好她们是前面说过的这七位中的三位"。潘皮妮亚（Pampinia）建议邀他们三位参加短途旅行。奈菲尔（Neifile）担心引起丑闻。但菲洛梅纳回答说："只要我以礼自持，无愧于心，管人家爱说什么话。"

于是在次日，星期三，他们出发了，带着男仆和食物，到离佛罗伦萨两英里的别墅。"连着一个广大的庭院。房内走廊宽敞，房屋整齐，有美丽的装饰和名贵的绘画。其四周，有草地，有迷人的花园，还有清冽的寒泉，地窖藏着各种高价的美酒。"仕女和绅士睡得很晚，悠闲地吃早点，在花园散步，吃丰盛的筵席，以说故事比赛自遣。大家同意十人中每一人在短途游行中每天讲一个故事。他们在乡下过了十天；其结果为薄伽丘的口述戏剧，以快乐的故事来对抗但丁忧郁的章节。同时，有一规则禁止他们这一群中任何一人"说些不愉快的事"。

这些故事，平均长度为 6 页，很少是薄伽丘独创的；它们都取自古典书籍、东方作家、中世纪冒险故事、法国短篇故事（或小说）和叙事诗或意大利本身的民间故事。此书最后且最有名的故事是有耐心的格丽塞尔达（Griselda）的故事，这个故事经乔叟改编成为《坎特伯雷故事集》（*The Canterbury Tales*）中最好而且最荒谬的故事之一。薄伽丘的短篇故事中最好的是第 5 日第 9 篇"费德里科"（Federigo），他的鹰和他的爱情故事。其自我牺牲的情形，一如格丽塞尔达。最富哲学意味的故事是第 1 日第 3 篇三个戒指的传说。"巴比伦的苏丹"沙拉丹（Saladin）需要钱，邀请犹太富人梅尔基塞代克（Melchisedek）来吃饭，并问他犹太教、基督教和伊斯兰教中哪个最好。这位聪明而年老的高利贷者，不愿直接说出心中的想法，便以寓言作答：

> 从前有位伟大的富翁，在他的许多贵重的首饰中，有一枚精美、贵重的戒指……想把这戒指作为子孙的传家之宝。他宣布说，他死后，任何一个儿子由于受遗赠而持有此戒指者，应被视为继承人，其他人要如同对待家长和领袖般尊敬他。得到这个戒指的儿子，也应照样训示其子孙，须遵守先人的成法。总之，这个戒指由这手传到那手，经过好几代，最后传到有三个儿子的人的手里。那三个儿子一样优秀，善良而孝顺，因此父亲对三个儿子都一视同仁，并无偏爱。三个儿子都知道戒指的重要性，也都希望成为最受尊敬的人……恳求年老的父亲把戒指留给他……这位可敬的人觉得对三个儿子他都同样喜爱，不知应把这戒指给谁。他想……为了使三人都满意，私下请了一个艺匠，另造两个同样的戒指，其技术之精，做得和真的一样，连艺匠本人也分不

清真假。老人将死时，就偷偷把三个戒指分别给了他的三个儿子。父亲死后，三个儿子都说得了父亲的继承权和光荣，都否认别人有此权利。为了表示自己的真实，三人都拿出戒指作证。但戒指造得一模一样，无人能道出何者为真，谁是父亲的继承人也无法解决，到现在也还没解决。

这个故事暗示：薄伽丘 37 岁时，他不是教条式的基督徒。试把他的宽容和但丁的严厉盲信做个对比：但丁谴责穆罕默德而使他在地狱中永久地受活体解剖之苦；而在《十日谈》的第二个故事里，薄伽丘却让犹太人齐亚诺多（Jehannat）由于这样的一个争论——基督教必定是神圣的，因它虽有过教士的不道德和圣职买卖还能存在——而改信基督教。薄伽丘嘲笑禁欲主义、纯洁、忏悔者、圣徒遗物、牧师、僧侣、修士、修女，甚至是圣徒的谥封。他认为大半僧侣是伪君子，而嘲笑那些给他们布施的"蠢货"。他那最热闹的故事之一，是说一位修道士奇波拉（Cipolla）为了募集款项，答应向观众展示"一种神圣的遗物，即天使加百列的羽毛，那是报喜后留在圣母玛利亚的房间的"。最淫秽的故事说到一个强壮有力的年轻人马塞托（Masetto）使整个女修道院满足的事。另一个故事说修道士里纳尔多（Rinaldo）使一个丈夫戴绿帽，因此说故事的人问："有哪一个僧侣不做这样的事呢？"

听到这样的故事，《十日谈》里的仕女仅只微微害羞而已，却以拉伯雷——乔叟式的幽默自娱；菲洛梅纳——一位礼仪特别好的女人——出乎意料地，竟向众人讲了里纳尔多的故事；有时候，正如薄伽丘以最不快乐的意象所说的："这些仕女连大牙都要笑掉了。"薄伽丘生长于放荡喜乐的那不勒斯，因此常以淫荡的措辞想到爱；他嘲笑骑士的罗曼史（或传奇），对但丁的堂吉诃德扮演了潘沙的角色。虽然结婚两次，他似乎信仰自由恋爱。在重述 20 个故事之后——该故事在今日似乎不适合在男人相聚的场合说出来——他令其中的一位男士对仕女们说："我已注意到没有行动或言词，就你方或我们男方而言，是值得责备的。"在结束该书时，作者承认人们对其叙事过丁露骨（或奔放不羁）的批评，尤其因为"我在许多地方写出修道士的真面目"。同时他庆贺自己"不辞劳瘁，担任这艰巨工作，在上帝的帮助之下，总算完全地写成了"。

时至今日，《十日谈》仍保有世界文学名著的地位。其声誉归因于其道德更甚于其艺术；其结构完善——在此方面优于《坎特伯雷故事集》；其散文树立了意大利文学所不能超越的标准；其诗文繁复，但大部分是流畅、有力、尖刻、活泼，且清澈如山溪。它是一本爱生活的书，即使在 1000 年内所曾降予意大利最大的不幸中，薄伽丘尚有勇气去欣赏仍存于世上的完美、幽默、善良和快乐。有时他是愤世嫉俗的，就像在《科巴西》（Corbaccio）中，他讽刺女人不如男子有气概。但在《十日谈》中，他是开心的拉伯雷，享受恋爱与生活中的取与予、崎岖和颠覆。尽管有些滑稽或夸张，我们在此书中可以看到世界的真面目；汉斯·沙科斯（Hans Sachs）、莱辛、莫里哀和拉封丹、乔叟和莎士比亚等人的作品，都很敬佩地从此书中取得一枝半叶。当彼特拉克的诗进入被赞扬而不阅读的暮色领域中时，此书却被大家欣赏。

锡耶纳

锡耶纳可能会对佛罗伦萨的文艺复兴地位产生挑战。1400 年以前，那里的广场和主要街道即已铺上砖或石头，而"穷人"已富到足以发起革命。1371 年，羊毛工人包围共和宫（Palazzo Pubblico），摧毁大门，逐出商人政府，建立了改革党的政权。几天后，因商人财利支持而装备充分之 2000 人的军队，进驻城内，侵入最下层阶级居住区，杀戮男女、孩童，不分皂白，毫无怜悯之心，把一些人刺戳在枪矛上，而另一些人则用剑乱砍杀。贵族和低级中产者来救这些平民，反革命失败，改革政府给予锡耶纳市民所能想到的最诚实的统治。

1385年，富有的商人又起来推翻改革政府，把4000名反叛的工人放逐出城。锡耶纳之艺术和工业从此衰微。

锡耶纳达到艺术的最高峰，就正好在这动乱的14世纪。在空旷的坎坡广场（Campo）——此城的主要广场——的西端建立了共和宫（1288—1309年）；邻近的钟塔曼基亚塔（Torre de Mangia），其细长的高度达到334英尺，是意大利最美的塔。1310年，锡耶纳的建筑家、雕刻家洛伦佐·曼塔尼（Lorenzo Maitani）到奥维托去设计其天主教堂气派威严的正面；他和其他的锡耶纳艺术家，如安德烈·皮萨诺，狂热地致力于大门、半露柱、三角墙的装饰，并在大理石上创造奇妙的作品以纪念波耳西纳（Bolsena）的奇迹。1377年，乔万尼·皮萨诺设计了锡耶纳大教堂的正面，也许装饰过于华丽，但仍是意大利的奇迹之一。

同时锡耶纳一群赫赫有名的画家完成了乔托遗留下来未完成的作品。在1315年，马蒂尼受委托以玛斯塔（maestà），即玛利亚的加冕像装饰共和宫大会议厅，因为玛利亚在法律上和神学上，都是此城被加冕的皇后，理当主持市政府的会议。此画堪与5年前乔托在天主教堂所画的玛斯塔媲美；它并不比玛斯塔大，也没涂那么多层的金子；此画以呆板的容貌和众多人物死沉的姿态破坏了锡耶纳派绘画的拜占庭风格；也许只能说它在色彩和图案设计方面有所进步。但1326年，马蒂尼到阿西西去，在那儿他研究乔托的壁画；而当他被邀去下层教堂把圣马丁的生活画在一个小礼拜堂时，他不再延用早年作品中那种固定不变的脸型，而完成了伟大的图尔主教所纪念的个性的塑造。在阿维尼翁，他遇见了彼特拉克，为诗人和劳拉画肖像，而诗人在其《诗歌集》里很赏识地提到他。瓦萨里说这些简短的诗句"所给予马蒂尼的盛名超过其作品已获得的……因为总有一天他的画会不再有名，而彼特拉克的作品则永存"。教皇贝尼狄克特十二世（Benedict XII）任命马蒂尼为教廷官方画家（1339年）。此后，他在教廷的小礼拜堂以绘画说明了《施洗者》的一生，在天主教堂的柱廊上画了玛利亚和耶稣的生平。他在 1344 年死于阿维尼翁。

马蒂尼在他的俗人的画像中，企图把艺术世俗化，而彼得罗·阿雷蒂诺和安布罗齐奥·洛伦泽蒂（Ambrogio Lorenzetti）则将此加以推广。也许是在佛罗伦萨研习之后，彼得罗放弃了锡耶纳画派那种情感上的传统，于是产生了一连串史无前例的圣坛画，有的具有残酷的现实主义风格。在共和宫九议员议事厅，安布罗齐奥画了四幅闻名的壁画:《邪恶政府》（*Evil Government*），《邪恶政府的结局》（*The Consequences of Evil Government*），《善良政府》（*Good Government*），《善良政府的结局》（*The Consequences of Good Government*）。在此被乔托所废弃的中世纪象征主义的习惯，被保留下来了;庄严的形象代表锡耶纳城，公正、智慧、和谐、七德与和平——最后一个形象如菲狄安（Pheidian）神般很优雅地靠着。在《邪恶政府》中，"暴政"登位，"恐怖"任首相，商人被劫于途，派系间的暴力争斗把城染成红色。与此相对照的，是在同一背景下创作的《善良政府》，此画指出快乐的人忙于手工、娱乐、贸易;农人和商人把骡子牵入城里来，载着食物和货物，儿童游玩，少女跳舞，维奥尔奏着无声之乐。在此景之上，象征安全的有翼的精灵在飞翔。也许画这样巨大的壁画——《死的胜利》（*The Triumph of Death*）——于比萨的圣坎普公墓者就是这些精力充沛的兄弟——或是奥尔卡尼亚或弗兰西斯·特雷尼（Franceso Traini）：一队由衣着华丽的贵族和仕女所组成的猎团，偶遇三具打开着的棺材，其内躺着正在溃烂的皇族尸体;一猎人闻之掩鼻;"死之天使"（Angel of Death）翱翔其上，挥动着大镰刀;在空中，恩典的使者护送得救的灵魂上天堂，而有翅的魔鬼则把大部分的死人赶入地狱;蛇和黑鹰缠绕并吞噬着男女的裸尸，其下，王、后、太子、主教、红衣主教在被谴责的地狱受苦。在邻近的墙上，同一作者在另一幅大壁画中，在左边画《最后的审判》，在右边为地狱的第二幻象。所有中世纪神学上的恐怖，在此都有了实体上的形象;它也是但丁的《地狱》无情而不隐饰的具象化。

锡耶纳从未脱离中世纪；就像在库比（Gubbio）、圣吉米拉诺（San Gimignano）和西西里等地一样，中世纪的文化使文艺复兴时期幸存下来。它们并没死，但很耐心很微妙地等待时机的到来。

米兰

1351 年，彼特拉克回到阿维尼翁。可能在沃克吕兹他写了一篇很精妙的论文《论孤独》（"De Vita Solitaria"），他赞美孤独是一剂疗愈人生的良药，却不能当作滋养生命的食物。他回阿维尼翁不久，由于他劝告克莱门特六世要注意医生的处方——那时克莱门特身体很衰弱——而降低了医学同行的地位。"我常要求我的朋友，命令我的仆人，绝不让医生在我身上试验他们的骗术；相反，我让医生常做和他们诊断相反的事。"1355 年，由于被一些治疗的大失败触怒，他写了激烈的《驳斥医学术师》（Invective Against a Physician）。他对律师殊无好感，"他们把全部时间花在争论……芝麻小事。听听我对他们整群人的裁决：他们的名声将与肉体俱亡，一墓即足埋其名和骨"。为了使阿维尼翁全城的人不喜欢他，英诺森六世建议开除其教籍，并视之为行妖术者，因其为诗人维吉尔的学生。塔勒兰德（Talleyrand）红衣主教救了彼特拉克，但无知的空气弥漫于阿维尼翁，已使桂冠诗人很不舒服。他乃访问其做僧侣的兄弟盖拉尔多（Gherardo），写了一篇沉思的论文《僧侣之乐趣》（"On the Leisure of Monks"），而以入修道院为僧自娱。但当米兰的独裁者邀他到其皇宫做客时（1353年），他立即接受，使其共和派的朋友甚感震惊。

米兰统治王朝姓威斯孔蒂（Visconti），因经常充任罗马教皇法律顾问（即大主教法官）而得名。1311 年，神圣罗马皇帝亨利七世任命玛泰奥（Matteo Visconti）为他在米兰的代理人，而该城就像北意大利部分的城市，漠然地承认该城为神圣罗马的一部分。玛泰奥犯了大错，但他治绩良好，其后代掌权直到 1447 年。他很少谨严，经常残暴；有时奢侈，但绝不愚笨。他向人民课征重税，以维持他为统治意大利北部而进行的无数战役；因他善于用人，又能赏识将军，因此军队常打胜仗，米兰也跟着繁荣起来。除了该城原有的羊毛制造业以外，他们又增加了丝工业，增拓运河以扩充贸易。因他使人民的生命财产有保障，人民也就忘掉了自由。在其"暴政"统治之下，米兰成为欧洲最富的城市之一。其皇宫以大理石为正面，其主要通道铺以石子。乔万尼统治时，由于他的英武、不屈不挠，米兰达于极盛；洛迪、帕尔马、克雷马、皮亚琴察、布雷西亚、贝加莫、诺瓦拉、科莫、韦尔切利、亚历山大、托尔托那、蓬特雷莫利、阿斯提、博洛尼亚等城都接受其统治；而当阿维尼翁的教皇为了争夺博洛尼亚，以开除教籍来要挟乔万尼时，他以贿赂来收买克莱门特六世，以200万弗罗林的代价赢得博洛尼亚（1352年）。他以其对艺术的鉴赏力来赎罪，以赞助诗、学问和艺术来装饰其独裁。彼特拉克到其皇宫时，问他对自己有何期望，乔万尼很大方地答道："你的光临，已使我和我的王朝增光不少。"

彼特拉克在帕维亚或米兰的威斯孔蒂皇宫住了8年。在此安适的臣服期间，他用意大利三行联体写了一系列的诗，他称之为"特里安菲"（Trionfi）。欲望胜人类，贞洁胜欲望，死亡胜贞洁，名誉胜死亡，时间胜名誉，永恒胜时间。在此他对劳拉唱出最后的心声；他要求原谅他的荒淫，跟她贞洁的鬼魂交谈，而梦想着在天堂跟她结合——她的丈夫显然已到别的地方去了。这些诗堪与但丁的作品媲美，代表了虚荣对艺术的胜利。

乔万尼死于1354年，临终前将城邦传给他的三个侄子。玛泰奥二世是一个荒淫的无能者，其同族为了家族的光荣而将其杀害（1355年）。博纳波（Bernabo）统治米兰公国的一部分，加里亚佐二世（Galeazzo II）则统治帕维亚的其余地方。加里亚佐二世是能干的统治者，他有金黄色的鬈发，令其子女与皇族联婚。当其女维奥兰特（Violante）与英国爱德华三世的儿子克拉伦斯（Clarence）公爵结婚时，加里亚佐二世以 20 万弗罗林给新娘做嫁妆，并给新郎的 200 名随从分发礼物，这份慷慨令当时最富有的国王也相形失色。婚宴剩余物，我们确信，可供 1 万人吃喝。在百年战争中英国正走向破产，法国也一贫如洗，而 14 世纪的意大利却如此的富裕。

威尼斯和热那亚

1354 年，乔万尼公爵派彼特拉克到威尼斯促进威尼斯和热那亚之间的和解。

彼特拉克曾写道："在热那亚你可以看到此城治理极好，它位于崎岖的山坡上，城墙和人民极佳。"商人极欲有收获，鼓励海员，开拓了热那亚商业的通路，穿过地中海可到突尼斯、罗得斯、阿卡、泰尔、萨摩斯、莱斯博斯、君士坦丁堡等地，穿过黑海可到克里米亚、特拉布宗（Trebizond）等地，穿过直布罗陀海峡和大西洋可到鲁昂、布鲁日等地。这些极具创业精神的商人在 1340 年之前，已发展复式簿记；1370 年之前，发展海事保险；以 7% 到 10% 的利息，他们向私人投资者借钱，在大部分的意大利城市，利息则在 20% 到 30% 之间。有很长一段时间，贸易的成果集中到少数几个家族——多利亚（Doria）、斯皮诺特（Spinola）、格里马底（Grimaldi）、费尔奇（Fieschi）——的手中。1399 年，西蒙·博卡内拉（Simone Boccanera）领导海员和其他工人成功发动革命，而成为共和国第一代总督，革命政权统治热那亚直到 1797 年；威尔第（Monte Verdi）在一歌剧中专奖过他。这些胜利者相继分裂成几个敌对的家族群，以代价高昂的斗争使该城秩序大乱，而热那亚的劲敌威尼斯则在秩序和统一中兴盛起来。

威尼斯仅次于米兰，为意大利城邦中的富强者，而毫无例外地，二者皆是受最贤明统治的城邦。其技工以产品的精美闻名，其产品多半为奢侈的用品。其最大的兵工厂曾雇用 1.6 万人；3.6 万名海员备置在 3300 艘战船或商船上；而在大木船上，自由人在划桨。威尼斯商人侵入从耶路撒冷到比利时北部的安特卫普（Antwerp）的每一个市场；他们与基督徒和穆斯林公平地交易，却招致教皇的开除教籍令。彼特拉克曾从那不勒斯游历到佛兰德斯，在他的《热切想看万事》一文中，看到船装卸货于威尼斯的礁湖时，甚感惊奇：

> 我看到船……像我的大厦般大，其桅高于大厦之塔。他们就像浮于水面上的山。他们到地球各地去面临无数的危险。他们载葡萄酒到英国，载蜜到俄国，载番红花、油和亚麻布到亚述、亚美尼亚、波斯和阿拉伯，载木材到埃及和希腊。他们回来时，各种产品满载而归，这些产品经此再转送世界各地。

这种活跃的贸易财源来自于放债者所投资和积聚的私人资金，于是 14 世纪时银行家也应运而生。当时的主要钱币单位为里拉（lira）和杜卡特（ducat）。这些钱币和佛罗伦萨的弗罗林是基督教国家里最稳定和信誉最广的通货。

威尼斯的生活，几乎和薄伽丘年轻时代的那不勒斯一样快乐。威尼斯人以庄严的庆典来庆祝假日和胜利，把游艇和战舰加以雕刻和着色，穿着东方的丝绸，以威尼斯酒杯来增加餐桌的光彩，在河畔或家中笙歌不绝。1365 年，洛伦佐·切尔西（Lorenzo Celsi）总督，由彼特拉克陪伴着，主持意大利最佳音乐家竞赛；许多伴奏有诗相和，大歌咏队唱歌，第一名颁给佛罗伦萨的弗朗西斯科·兰地诺（Francesco Landino），民谣和情歌的盲作家。洛伦佐·韦内齐亚诺（Lorenzo Veneziano）和其他人正使中世纪的严厉转移到文艺复兴的优雅，他们在壁画和多层折叠的雕刻记事板方面，已预感到威尼斯绘画重色彩。威尼斯没有城堡，没有防护式的住宅，没有大量的防护墙，因为私人世仇已屈从于公共法律，而且，几乎每个大厦都有自然的城壕。建筑上的设计仍是哥特式的，但具有北方哥特式所没有的轻淡、优雅的风格。在此时期，费拉里的庄严宏伟教堂被建立；圣马可教堂仍在建筑中。有时候，在一些旧式的拜占庭风格的圆形拱门上，以崭新的雕刻、镶嵌细工、蔓藤花纹和叠上哥特式交错骨架等装饰，来代替年久的表面。虽然圣马可还没有容纳建筑的全部样式，但彼特拉克怀疑"在世界范围中，是否有与之相等者"。

1378 年和热那亚的斗争达到高峰时，在大运河（the Grand Canal）中令人震颤的这种美，以及统治着亚得里亚和爱琴帝国的所有政体的独立结构，遇到致命的挑战。卢恰诺·多利亚（Luciano Doria）率领一支热那亚的舰队到波拉港时，发现威尼斯舰队因海员患传染病而衰弱，于是在压倒性的胜利中，俘虏了 15 艘大木船和近 2000 人。卢恰诺在役中阵亡，其兄弟安布罗齐奥继为舰队司令，占领基奥贾（Chioggia）城——在距威尼斯城约 15 英里的狭岬上——与帕多瓦结成联军，封锁所有威尼斯船只，而且准备配合热那亚的海员和帕多瓦的商人，侵入威尼斯本土。这个傲慢的城邦，显然没有防卫能力，只有求和。联军横霸、残酷，以致威尼斯国民议会决定为礁湖的每一英寸水道战斗到底。富人把藏匿的财富倾入国库；人民日夜劳动以建另一支舰队；浮碅建于岛的四周，装设大炮，这在意大利尚属首次（1379 年）。但热那亚人和帕多瓦人已封锁住威尼斯，使之不能出海，并将封锁线伸展，横过其陆地之入口，并阻断食物之供应。当居民挨饿时，威托·皮萨尼（Vittore Pisani）训练海军的新兵。1379年 12 月，威托·皮萨尼和安德烈亚·康塔里尼（Andrea Contarini）总督率领了重建的舰队——34 艘大木船、60 艘大船舶和 400 艘小舟——去包围在基奥贾的热那亚人。热那亚的舰队太小了，无法对抗这支新的威尼斯海军。威尼斯的大炮轰入热那亚的船只，重达 150磅的石头击死很多人，其中包括热那亚的舰队司令彼得罗·多利亚（Pietro Doria）。热那亚人在挨饿中，请求准许妇孺自基奥贾疏散，威尼斯人同意了。但当热那亚人提出若准许其舰队离开则屈服时，轮到威尼斯要求其无条件投降了。基奥贾之围持续 6 个月之久，最后，因病和死而人口大减，热那亚才投降，而威尼斯则待之以人道。当萨伏伊（Savoy）公爵阿马德乌斯六世（Amadeus VI）出面斡旋时，精疲力竭的敌对双方同意彼此让步，交换俘虏，恢复和平（1381 年）。

14世纪文艺的衰微

彼特拉克选择居住在威尼斯（1361 年），在那儿住了 7 年。他把图书馆也搬了去，藏书几乎包括所有拉丁文古典名著（卢克莱修的除外）。在一封流畅的信中，他立契出让一本珍贵的集子给威尼斯，但保留使用权直至死亡。为了表示感激，威尼斯政府为了他而派人去装饰莫里那（Molina）宫，以作为他的安适之所。然而，彼特拉克携带了书，继续其漂泊生活。他死时，藏书沦入威尼斯的敌人弗朗西斯科一世，也就是他最后的主人之手；有些被存在帕多瓦，大部分被变卖或以其他方式散失了。

也许在威尼斯，他写了一篇论文《论帝王之责任和德行》（"De Officio et Virtutibus Imperatoris"）和一篇很长的对话录《祸福补救》（*De Remediis Utriusque Fortunae*）。他劝人发达时要谦抑，困厄时要有男气；劝人勿把幸福系在世俗的荣耀和物质上；教人如何忍受牙痛、肥胖、失妻和声名的起落。这些都是善意的忠告，但是塞涅卡式的。约在此时，他写了最伟大的散文作品《名人传》（*De Viris Illustribus*），从罗慕路斯到恺撒的 31 名罗马名人传记；其 8 开本的 350 页是献给恺撒的部分，直到 19 世纪，构成了恺撒生活最完善的篇章。

1368 年，彼特拉克离开威尼斯到帕多瓦，希望调解加里亚佐二世和乌尔班五世之间的矛盾，结果只学到"虽有口才而无枪在外交家中是引不起重视"的教训。1370 年，他接受弗朗西斯科一世的邀请，再度做客帕多瓦皇宫。但他上了年纪，对该城紧张而喧扰的生活感到愤恨，于是很快退居在帕多瓦西南 12 英里的阿卡（Arqua）朴素的别墅，此别墅位于乌加利亚（Euganean）的小山中。在那儿他度过了其生命的最后 4 年。他收集、编辑书信，以备死后出版，而且写了一篇吸引人的小型自传《书信集》（*Epistola ad Posteros*）。他再次沉溺于哲学家的老毛病——告诉政治家如何治国。在《治国论》（*De Republica Optime Administranda*）中，他劝告帕多瓦的领主"不要做主人，而要做臣民的父亲，且要爱民如子"；要抽干沼泽，保证食物供应，保全教会，资助病患和无助者，保护并赞助文学家——所有的名声赖其笔以存。然后他研究《十日谈》，把格丽塞尔达的故事译成拉丁文，因而赢取欧洲的听众。

薄伽丘此时正陷于后悔写《十日谈》或幼稚的荒淫诗的情绪中。1361 年，一位垂死的僧侣送来一封信，谴责他罪恶的生活和快乐的故事；然后预言，若他迟迟不悔改，则将速死，而且死后在地狱永远受苦。薄伽丘从来不是一个坚定的思想家，他接受了当时关于算命和评梦的谬说；他相信众魔之说，而且以为埃涅阿斯真的游冥府。他现在皈向正教，而且想卖书，做僧侣。当彼特拉克劝他皈依正教时，恳求他行中庸之道：把意大利情诗和短篇故事集的写作转移到对拉丁文和希腊文古典名著的热诚研究。薄伽丘接受了他的"可敬的大师"的忠告，成为西欧第一位希腊人文主义者。

由于受到彼特拉克的不断催促，他收集了希腊古典稿本；他从被人忽略的蒙特卡西诺（Monte Cassino）的图书馆的故纸堆中，救出了塔西佗所著的《年鉴》（*Annals*）11—16 卷和《史丛》（*Histories*）1—5 卷；恢复了马休尔（Martial）和奥索尼乌斯（Ausonius）的文本，并设法把荷马介绍给西方世界。在信仰时代已有些学者经营希腊的知识，但在薄伽丘时代，除了在希腊以南的意大利外，希腊作品几乎完全消失在西方知识界。1342 年，彼特拉克开始研究希腊文，他是向卡拉布里亚（Calabrian）的僧侣巴拉姆（Barlaam）学的。当卡拉布里亚一个主教职位有缺时，彼特拉克很成功地推荐巴拉姆担任。该僧侣离开后，彼特拉克因缺少教师、文法和字典，而把希腊文荒废了——当时有关这方面的拉丁或意大利文书籍不易获得。1359 年，薄伽丘在米兰遇到巴拉姆的一个学生列昂·庇拉图斯（Leon Pilatus）。薄伽丘邀请他到佛罗伦萨，并且说服大学　　11 年前所建——为庇拉图斯设希腊文讲座。彼特拉克帮助付给薪俸，送《伊利亚特》和《奥德赛》的抄本给薄伽丘，而且委托庇拉图斯将之译成拉丁文。这项工作被延误，而使彼特拉克受累于麻烦的通信中，他抱怨庇拉图斯的信甚至比他的胡子还长、还脏，唯有经过薄伽丘的鼓励和合作，他才振作起来完成这项工作。14 世纪，这一本不精确的散文版本是欧洲所知唯一荷马史诗拉丁文的译本。

同时，庇拉图斯并未教给薄伽丘足够的希腊文，使他能流畅地阅读希腊古典作品。薄伽丘承认他只了解原文的一部分，但就所了解的，已描写得优美绝伦。受到这些书和彼特拉克的鼓励，他把所有剩余的文字工作的时间均贡献于促进拉丁的欧洲了解希腊文学、神话和历史知识。在一系列简要传记——在《名人成败》（De Casibus Virorum Illustrium）中，他把人物从亚当列到法国的约翰王；《名女人传》（De Claris Mulieribus）中，他把名女人从夏娃到那不勒斯的乔安娜一世皇后的故事讲述出来；在《论山峦》（De Montibus，Silvis，Fontibus）等书中，他按字母的顺序，描写山、林、泉、河、湖，这些都是在希腊文学中被提到的；而在《古代神话》（De Genealogiis Deorum）中，他写了一本古典神话手册。他如此深地沉溺于这种题材中，以致把基督教的上帝称为朱庇特，把撒旦称为普鲁托，而提到维纳斯及战神时，就像他们跟圣母和耶稣一样真实似的。这些书用拙劣的拉丁文写成，而且只有中等的学术地位，现在沉闷得简直不能卒读。但在当时，它们却是研究希腊的学生很珍贵的手册，在实现文艺复兴方面扮演很重要的角色。

就这样，薄伽丘从年轻时代的胆大妄为转变为老年时代的受人尊敬。佛罗伦萨有时以他为外交家，派他出使弗利、阿维尼翁、拉韦纳和威尼斯。60 岁时，他身体衰弱，生癣，患上数不清的病。他住在郊外的切塔尔多，极为贫穷。也许是为了在财政上帮助他，其友于 1373 年劝服佛罗伦萨政府创办"但丁学术讲座"（Cathedra Dantesca），并付给薄伽丘 100 弗罗林，让他在巴迪亚（Badia）讲述有关但丁的课程。课程未讲完，他的健康状况就恶化了。他回到切塔尔多，安于等死。

彼特拉克曾写道："我希望在有准备和正在写作中，或者，如果上帝高兴的话，在祈祷和流泪中，死神发现到我。"1374 年 7 月 20 日，他 70 岁生日时，人们发现他伏在一本书上，好像在睡，但已经死了。在他的遗书中，他留下 50 弗罗林给薄伽丘买披风，以防其在漫长冬夜中受凉。1375 年 12 月 21 日，薄伽丘也去世了，享年 61 岁。这以后意大利将在休耕中度过 50 年，直到这些人所播的种子将来开花。

回顾

我们已随彼特拉克和薄伽丘遍游意大利。但就政治而言并无意大利，只有城邦，那是在仇恨和战争中自我毁灭的碎片。比萨消灭其商业上的劲敌，米兰消灭阿马尔菲（Amalfi），热那亚和佛罗伦萨消灭比萨，威尼斯消灭热那亚，一半的欧洲则联合大部分的意大利来消灭威尼斯。在蛮族入侵后中央政府崩溃，6 世纪的"哥特战争"，伦巴底—拜占庭两次统治半岛，罗马道路的毁坏，伦巴底人和教皇的竞争，教廷和帝国的冲突，教皇对于世俗权力统于阿尔卑斯和西西里之间而身忧成为囚犯的恐惧，致使欧洲精神上之领袖屈服于一个城邦的政治领导者——所有这些，均使意大利四分五裂。教皇和保皇派不仅分裂意大利，他们几乎把每个城邦分裂成教皇党和保皇党。甚至当斗争平息之后，旧的标记被使用于新的竞争中，恨的熔岩流入生活的每条大道。若保皇党员是帽檐一边的羽毛，教皇党员则必是另一边；若保皇党员横切水果，教皇党员则直切之；若保皇党员戴白玫瑰，教皇党员则戴红。在克雷马，米兰的保皇党员因为一个教堂讲坛上耶稣像的脸转到被认为是教皇党员的方向，而加以摧毁，并将之付诸一炬。在保皇党占优势的贝尔加莫，有些卡拉布里亚人被领主谋杀，因领主从他们吃蒜的方式中发现他们是教皇党员。个人的胆怯衰弱，群体的不安全，当权者的谬见，这些产生了永久的惧怕、猜疑、厌恶、藐视异类、外人和陌生者。

这些因素阻碍了统一，城邦随之兴起。人们想以自己城邦的利益为依归，只有少数的哲学家，像马基雅维利，或诗人，像彼特拉克，能以整体来看意大利；甚至在 16 世纪，切利尼在提到佛罗伦萨时称为"我的祖国"，提到佛罗伦萨人则称为"我国的人民"。

彼特拉克由于奔波于各地，而无地方性的狭隘的爱国主义思想，为那些卑鄙的战争和祖国的分裂而哀悼，他在一首很感人的名为"我的意大利"（Italia Mia）的诗里恳求意大利的领主们给意大利以统一及和平：

啊，我自己的意大利！虽然言词由衷
也无法了结你胸中所沾染
无数致命的创痛——
可是唱出那邪恶的阿尔诺河的伤恸
唱出台伯河的灾难
却可减轻我的痛苦，我哀伤地漫步
在伤心的波河畔，满腔郁积凭诗倾出……

啊，难道这不是我首次涉足的土地？
难道我不曾在此摇篮中休息，
在温柔中被催入梦乡，在爱抚中被养大？
啊，这难道不是我的国家——
如此受到子女的钟爱——
而在其土地里有我父母长埋？
啊，由于有这种温柔的思想，

　　恻隐之心会打动你的铁石心肠，

　　且熟视人们的痛苦，

　　在上帝保佑下，他们期望把你的灾难解除，

　　你只要慈悲心肯发出，

　　美德将使自己有备战的力量，

　　来对抗盲目而存心的愤怒，

　　而不平的战斗也将不会维持久长。

　　不，不，古代的火焰曾把意大利之名提高，

　　如今也依然会继续燃烧！

　　彼特拉克曾梦想里恩佐会统一意大利；当此幻梦破灭，他像但丁一样，转而期待神圣罗马帝国的皇帝。在理论上，皇帝是罗马帝国世俗权力的继承人。里恩佐退居不久（1347 年），彼特拉克写了一封动人的信给波希米亚王（King of Bohemia）查理四世，称之为"罗马人的国王"，是帝国皇位显然的继承人。诗人恳求，让国王君临罗马，加冕为皇；让他以罗马，而非布拉格为其首都；并让他把统一、秩序、和平重新带给"帝国的花园"意大利。1354 年，当查理横跨阿尔卑斯山时，他邀请彼特拉克到曼图亚相会，诗人很有礼貌地呼吁——但丁对查理之祖父亨利七世令人感动的请求的回声。但查理已无足够的武力来征服所有伦巴底的独裁者和佛罗伦萨、威尼斯的市民，乃匆忙往罗马，接受教皇所派特使的加冕；然后又匆匆回到波希米亚，小心周到地把教皇委任的职位卖掉了。两年后，彼特拉克以米兰使节身份到布拉格去见他，但对意大利并无显著的结果。

　　如果彼特拉克的计划都实现了，也许就没有文艺复兴了。意大利城邦商业上的竞争，开始并完成了十字军在意大利发展经济和财富方面的工作。政治中心的差异，增加了城市之间的竞争，但这些适度的冲突，在死亡和毁灭方面的总数并没有超过法国百年战争所带来的。地方性的独立削弱了意大利抵抗外来侵略的能力，却开始了城邦和领主在文化上的赞助，在建筑、雕刻、绘画、教育、学术和诗歌等方面展开高贵的竞争。文艺复兴时代的意大利，就像歌德时代的德国，有很多想夺海伦而引起特洛伊战争的帕里斯。

我们无须过分表扬彼特拉克和薄伽丘对文艺复兴所作的准备。两人仍献身于中世纪的见解。薄伽丘，这位伟大的说故事者，在其精力充沛的年轻时代，曾嘲笑教士的不道德和圣徒遗物的贩卖，但早已有百万以上的中世纪僧侣如此嘲笑过；而在他学希腊文的那些年里，他已变得更像正教徒和中世纪人。彼特拉克很适当且预言式地提到自己是站在两个时代中的人，甚至在他严责阿维尼翁的道德之际，仍接受教会的教条。正如圣哲罗姆（St. Jerome）在信仰时代开始时去爱古典一样，彼特拉克在该时代结束时，以受扰的良知之心去爱古典；他以极卓越的论文，来写世俗世界的侮辱和宗教生活的神圣平和。然而，他对古典之忠甚于对劳拉；他搜索并珍惜古代的手稿，并鼓励他人也同样做；除了圣奥古斯丁以外，他几乎略过所有的中世纪作者，以接续拉丁文学；他仿维吉尔和西塞罗而构成自己的文体和风格；他想到自己的名声甚于灵魂的不朽。他的诗培养了意大利一个世纪的矫揉造作的十四行诗的写作，却有助于莎士比亚十四行诗的铸炼。他热切的精神，传给了彼科；他洗练的文体，传给了波利希安（Politian）；他的书信和论文，在古典文学之文雅和优美方面，为塞涅卡和蒙田之间搭了桥；他对古代文物和基督教间的调和使尼古拉五世和利奥十世成熟。在这些方面，他的确是文艺复兴之父。

但同时，若过高估计古代文物对意大利之极盛的贡献，也是一种错误。那是一种完成，更甚于改革，而中世纪的成熟所扮演的角色比古典手稿和艺术的发现更为重要。在中世纪，知道并喜爱异教古典文物的是学者，保存它们的是僧侣，翻译和编辑它们的是12世纪和13世纪的教士。1100年以来，大学把人类相当分量的精神和道德遗产传给欧洲的青年。在爱里基那（Erigena）和阿贝拉尔多批评哲学的成长，亚里士多德和阿罗威伊哲学之进入大学的课程中，阿奎那以理性印证几乎所有基督教义的大胆建议——邓斯·司各特很快遵照，而承认这些教条大部分都不合理性——这些已撕毁并破坏经院学派智识上的组织，而且使得受教育的基督徒，自由地去糅合自己的生活经验、异教哲学与中世纪神学。城市从世仇的阻碍中获得自由，商务的扩展，货币经济的散播——所有这些均在彼特拉克之前就已产生了。且别说伊斯兰教的哈里发和苏丹，西西里的罗杰（Roger of Sicily）和腓特烈二世就以赞助艺术、诗、科学和哲学，来增加权力的魔力。中世纪的男女，早已毫不羞赧地保存自然人类对人生单纯和肉欲之乐的兴味。那些构想，建造和雕刻天主教堂的人，早已具有他们自己的美感和无法凌驾之思想与崇高的形式。

因此，文艺复兴的所有基础，在彼特拉克死前已被建立。意大利人对贸易和工业的热心及其惊人的成长，已积聚了资助这一运动的财富，而由农村的和平、停滞到都市之活力、刺激的这种变迁，也已产生了滋养此一运动的心境。城邦之间相互竞争，无用的贵族政治被推翻，受教育的领主和年轻力壮的中产阶级的兴起，政治的基础因而有所准备。方言的改进，希腊、罗马古典文物的发现与研究，文学的基础因而有所准备。伦理的基础已被建立在如下方面：增加的财富摧毁了旧道德的限制；在商业上与穆斯林的接触和十字军的东征，鼓励了人们容忍与传统信仰和习俗相异的教条和道德；对于相对自由的异教世界的再发现，降低了对中世纪教条和道德暗中破坏之责；对世俗、人类、尘世的关心取代了对来生的兴趣。美学的发展在继续进行中：中世纪的圣歌，罗曼史（传奇）的创作，吟游抒情诗人的诗歌，但丁及其前辈的十四行诗，《神曲》和谐的文体，已留下文艺的遗产。古典文学的典范把韵味和思想的高雅、言词和风格的洗练和优雅，传给了彼特拉克，而彼特拉克则把它传给从伊拉斯谟到阿那托尔·法朗士（Anatole France）。当乔托放弃拜占庭镶嵌细工的神秘力量，去研究自然生活中的男女之姿态优雅时，艺术的革命已经开始了。

在意大利，条条大路通往文艺复兴。

第二章 | 阿维尼翁的教皇
（1309—1377）

巴比伦之囚

1309 年，教皇克莱门特五世把教廷从罗马迁到阿维尼翁。他的提升应归功于法王菲利普四世，他不但把教皇博尼费斯八世（Boniface VIII）逮捕、侮辱，而且几乎将其饿死。在对菲利普王的粗野无礼表示愤恨的罗马，克莱门特的生命是不安全的。此外，在神圣学院里，法籍的红衣主教已构成大多数，并拒绝将自己信托给意大利。因此克莱门特在里昂和普瓦捷（Poitiers）住了一段时间。然后，为了避免在普罗旺斯伯爵菲利普的领土中的臣属关系，他定居于阿维尼翁，刚好与 14 世纪的法国隔罗讷河相对。

从格列高利七世（Gregory VII）到博尼费斯八世，要使国王臣属教皇而构成欧洲的世界城邦的努力终归失败，民族主义已胜过神权政治的联邦主义。即使在意大利，佛罗伦萨和威尼斯两共和国，伦巴底的城邦和那不勒斯王国也拒受教会的控制；在罗马，共和国两次推选领袖；在其他的教皇国中，军事冒险家和封建大人物——巴格廖尼（Baglioni）、本蒂沃利（Bentivogli）、马拉泰斯塔（Malatestas）、曼弗雷迪（Manfredi）、斯福尔扎（Sforzas）等——以其虚张声势的权威，取代了教皇的代理人。在罗马的教廷已握有几百年的特权，各国人对其致敬，并缴纳税金；但由数位法籍教皇所组成的教廷（1305—1378年），几为法王所禁锢，并借巨款给法王以从事战争，对于德国、波希米亚、意大利和英国而言，教廷成了对立方或法国君主在心理上的武器。这些国家越来越不理会教廷的破门律和停止教权令，只是勉强地给予日渐衰微的敬意。

克莱门特五世很有耐心地和这些困难对抗——若称不上坚毅不屈的话。他尽可能不向菲利普四世屈服。菲利普四世以对博尼费斯八世验尸来调查其私人行为和信仰来恐吓他。为募集资金，教皇出卖教俸职位给最高价的投标者；但他对赞同安吉斯（Angers）市长和门德（Mende）主教把教会道德和教会改革的建议提交威尼斯会议（1311年）的言论，却予默认。他自己过着光明正大、节俭朴实的生活，而且表现出喜怒不形于色的虔诚。他保护伟大医生及教会批评家阿诺德（Arnold of Villanova），使他不致因异端而受到迫害；他重组在蒙彼利埃有关希腊文和阿拉伯文医学的研究，尝试在各大学设立希伯来文、叙利亚文、阿拉伯文的讲座，但失败了。除了事务上的麻烦之外，他又增了一种痛苦的病症——狼疮（lupulus），可能是瘘（fistula）——使得他避开社会，并于1314年死去。若能在较好的环境里，他可能是为教会添光彩的人。

随之而来的混乱期，暴露了时代的弊端。但丁曾写信给意大利的红衣主教，促其支持一位意籍教皇并回到罗马去。但是在23位红衣主教中，只有6位是意大利人。当红衣主教团（选教皇的秘密会议）在靠近阿维尼翁的加本脱拉的一个被锁着的房间[1]开会时，被另一群来自法国的加斯康（Gascon）的居民包围，他们喊着："将意大利籍的红衣主教弄死！"这些高僧的房子被攻击和摧毁。群众纵火焚烧安置红衣主教团的房子。红衣主教们破墙而逃，四散逃逸。两年

---

[1] 1274年起，当他们集会在一间密室选教皇时，把红衣主教锁起来，这已成为一个习惯。

之久没有再选教皇。最后在里昂，在法军的保护之下，红衣主教向教廷推举一位已经 72 岁的老人，人们可能很自然地预料他不久就会死，但他却以坦白的热诚、不知足的贪欲和帝国的意愿，注定统治教会 18 年之久。约翰二十二世，一个补鞋匠之子，在法国南部的卡奥尔（Cahors）诞生了。有权威的教会相当民主，使一个补鞋匠之子升到基督教国的最高位，这是第二次——乌尔班四世即以此出身当选教皇的。约翰曾被延聘为那不勒斯法籍国王之子的教师，他研究民法和教会法颇有成果，因此颇受该王宠幸。由于该王的推荐，博尼费斯八世任命他为弗雷瑞斯（Fréjus）的主教，而克莱门特五世则提升他任职于阿维尼翁教区。在加本脱拉，那不勒斯的罗伯特王的金子压制了意籍红衣主教的爱国心，这位补鞋匠的儿子也成为教皇中最为坚强的一位。

他表现了极罕有的综合才艺：学术上的研究和行政上的技能。在他的领导下，阿维尼翁教廷发展成能干的官僚组织和强有力的财政部，而欧洲各国大臣对教廷收集税收的能力，既震惊又羡妒。因为募款，约翰遭受到 12 次重要抗议；和他的先辈一样，他也出卖教俸职位，一点都不羞赧；用种种技巧，这位卡奥尔银行城的子弟充实了教廷的财富，到他死时教廷已拥有 1800 万弗罗林和价值 700 万美元的金银器皿和珠宝。他解释说罗马教廷已失去来自意大利的收入，且必须重建官员、职员队伍和海陆军。约翰似乎认为，他能赢得财神爷的眷顾，使它站在自己这边，这样才能为上帝提供最佳的服务。他个人的习惯则趋向于有节制的淳朴。

同时，他赞助学术，参与佩鲁贾和卡奥尔的医事学校的建立，在亚美尼亚创立拉丁学院，资助大学，鼓励东方语言的研究，对抗炼金术和魔术，日夜研究神学，以至被猜疑为异端的神学家。也许为了抑制主张直接与上帝接触的神秘学说的传播，他冒险地教训说无人——即使是上帝的母亲——能达到快乐的幻景。抗议的风暴在末世学人士中掀起：巴黎大学公开指责教皇的观点，在温森斯（Vincennes）召开的宗教会议谴责其为异端，而法国的菲利普六世命令他更改其神学说。这位狡猾的 90 高龄教皇以死来规避他们所有的人（1334 年）。

约翰的后继者是脾气更温和的人。贝尼狄克特十二世教皇，为面包商之子，他试着想要成为基督徒及教皇；他拒绝将职位分授给亲戚；他因颁教俸职给有功而非行贿的人，而招致敌意；在教会行政的各分支机构中，他压制贿赂和腐化的行为；他以命令托钵僧改革来没收其神职；他以不在战争中残酷和流血闻名。所有腐化的力量都因他的早死而快乐（1342 年）。

利穆赞（Limousin）贵族出身的克莱门特六世，习惯于奢侈、逸乐和艺术，不明白在教廷的财富充裕时何以教皇应该朴素。几乎所有到他那儿求一官半职的人都得到了，他说没有一个人离他而去时会不满意。他宣布任何一个穷教士在以后两个月内来找他的，均可分享其富裕；一个目击者推算有 10 万人到来。他赠厚礼给艺术家和诗人；维持一种马场，足以与基督教国家内任一种马相匹敌；允许妇女自由进出教皇宫，欣赏她们的妩媚，而以高卢式的殷勤和她们厮混在一起。特里尼（Turenne）的女伯爵与他如此亲近，以致她毫无顾忌地公开出卖教会的高职。听到克莱门特的好脾气，罗马人派使节邀他进驻罗马。他不喜欢这个邀请，但他以宣布嘉年会——博尼费斯八世在 1300 年所创，每 100 年一次——改为半世纪庆祝一次来使他们满足。罗马人听到这个消息，很是高兴，把里恩佐废了，在政治上又重新归顺教皇。

在克莱门特六世的统治之下，阿维尼翁不但成为宗教的首都，而且成为拉丁世界在政治、文化、享乐和腐化方面的首都。现在教会的行政机构已成固定的形式：一个罗马教皇议事厅（Apostolic Chamber）——主管财政，以地位仅次于教皇之教皇会计员（Papal Chamberlain）为首；一个罗马教皇法庭（Papal Chancery）——其七位教皇代理人由一位红衣主教副首席大法官指挥，掌理罗马教廷的信件；一个罗马教皇司法部（Papal Judiciary）——由高位教士和教外擅长教会法的人组成，并包括一宗教法庭——由教皇和红衣主教组成，充当上诉法庭；一个罗马教皇宗教裁判所（Apostolic Penitentiary）——一所处理婚姻的赦免、开除教籍和教权停止的教士学院，并听取教皇赦免者的忏悔。

为了安置教皇及其助手，这些阁员和代理人，他们的职员和仆人，新建了广阔的教皇皇宫。它集哥特式建筑的大成——起居室、议事厅、小礼拜堂、办公室——围绕着两个宫院，而其本身则为强大的防御物所围绕。该建筑物的高度、宽度和高大之塔，暗示着一旦教皇被围，也不必靠奇迹来保护他们。贝尼狄克特十二世邀乔托来装饰皇宫和邻近的天主教堂；乔托计划要来，却死了。1338年，贝尼狄克特从锡耶纳召来马蒂尼，其壁画现已湮没，当时却是阿维尼翁绘画的最高象征。在这个皇宫的四周，在次要的宫院、大厦、住宅区和茅舍里，聚集了高位教士、使节、律师、商人、艺术家、诗人、仆人、军人、乞丐及从有教化的高级妓女到酒店妓女的每一阶级的娼妓，这些构成了庞大的人口。在此，住着很多主教，他们的教区已陷入非基督徒手中。

习惯于巨大数字的我们，能够想象到，用以支持这一复杂的行政机构及其周围的人所需的金钱数量。几个收入的来源近乎干涸：被教廷所弃的意大利，几乎无法送任何钱来；与约翰二十二世教皇不睦的德国，只送往常之贡的半数；几乎把教廷掌握在其统治中的法国，把法国教会岁入的大部分拨作世俗用途，而且从教廷借巨款来支付百年战争；英国则严限金钱流入事实上是法国联军的教廷。为了应付这一情况，阿维尼翁的教廷被迫增加岁入。每位主教或修道院长，不管是由教皇或世俗的领主任命，须将未来一年收入的1/3转送给教皇，以作为就职费，且须付日益骤增的报酬，给曾支持他被任命的居间人。若他成为大主教，他就必须为大主教的白羊毛大披肩（白羊毛的圆形带，穿在十字褡上，作为其职务的标志）付出为数可观的费用。当一位新教皇被选出时，每个有教会的教俸职位者，须付第一年岁入的全数给教皇，以后则每年付其岁入的1/10，额外的自动贡献当然更好。

任何一位红衣主教、大主教、主教或修道院长死时，其个人所有物及动产均归教廷。而在此死亡和新受任命者的安置过渡期内，教皇接受教俸职的岁入，及教区收入，而教皇们常被控以有意延长这个期限。教会中每个新受任命者对其前任未付之费（税），有偿付之责。因为主教和修道院长往往还拥有国王的封地，他们必须向他进贡，并供他以军队，因此他们有许多人被迫要承担这一由教会和世俗所结合而成的义务。因为教皇索取的税比城邦索取的更加严苛，我们发现僧侣有时支持国王来反对教皇。阿维尼翁的教皇几乎忽视选主教的天主教士团会议或选修道院长的修道院会议的传统权力，此举使愤恨日益累积。在教廷司法部所审判的案件，常须花很多钱请律师帮忙。律师则须付年税，以获得在教廷法庭辩护的执照。每年审判或得自教廷的恩宠，都期望因感激而送礼，甚至任圣职的许可权也必须用钱买。欧洲世俗的政府，以敬畏和愤恨的眼光看待教皇的财政机构。

抗议在每个地区兴起，教会内部也不鲜见。西班牙高僧佩拉尤（Alvaro Pelayo）虽然完全忠于教廷，也写了《教会的哀歌》（*On the Lamentation of the Church*），在此文中他哀悼："无论何时，当我进入教廷的房间，我都发现捐客和教士正在称量计算着堆在他们面前的钱……狼控制着教会，而且吃着基督徒羊群之血。"红衣主教奥西尼（Napoleone Orsini）发现，几乎所有意大利主教区皆成为教皇克莱门特五世的交换品或王族阴谋的对象，他因此深感困扰不安。擅长于征税的英王爱德华三世提醒教皇克莱门特六世说："使徒的继任者是被委派去引导主的羊群到牧场去，而非剪其毛的。"英国国会通过几个法规来阻止教皇在英国的征税权。在德国，教皇的收税员被追捕，被押于狱，被弄成残废，或被处绞刑。1372 年，科隆、波恩、克森腾（Xanten）、美因茨等地的教士立誓不付教皇格列高利十一世所要求的什一税。在法国，许多圣俸因战争、黑死病、土匪的抢劫和教皇收税员的强索等因素而遭破坏，许多本堂牧师放弃了他们的教区。

对这样的抱怨，教皇们的答复是教会的管理需要大量的钱财，不腐化的代理人难以发现，而他们自己也处在困难的大海中。可能是在受威胁之下，克莱门特六世借 59.2 万弗罗林给法王菲利普六世，借 351.7 万弗罗林给法国的约翰二世，征服失去的意大利教皇城邦也需要大量的开销。尽管有这些税收，教皇们仍饱受财政赤字之苦。教皇约翰二十二世从自己的资产中拨出 44 万弗罗林才挽救了教皇财政的危机；英诺森六世则变卖他自己的银盘、珠宝和艺术品；乌尔班五世则必须自其红衣主教中借 3 万弗罗林；格列高利十一世死时尚欠债 12 万法郎。

批评家反驳说，赤字的产生，不在于合法的开销，而在于教廷及其食客世俗方面的奢侈。克莱门特六世的四周是穿着珍贵质料衣服和皮衣的男女亲戚；还有国王所羡慕的武士、乡绅、卫士、牧师、管家、音乐家、诗人、艺术家、医生、科学家、裁缝师、哲学家和厨师等——总计有 400 人左右，全由过度慷慨的教皇来供吃、穿、住和付给薪俸。克莱门特自认为自己是这样的统治者：使臣民敬畏，并以追随国王的习尚而使"耗费引人注目"来加深大使们的印象。而红衣主教们，以城邦的皇家议员和教会的领主自居，必须使许多机构维持到与其尊严和权力相衬；他们的随从、装备、宴飨成为城市居民的谈资。也许红衣主教卡沃斯的伯纳德做得过分了，他租了 51 处住屋安置他的门客；红衣主教班哈克的彼得 10 个马房中的 5 个既舒适又不失时尚品位，蓄养了 39 匹骏马。即使主教也陷入这一习尚中，不顾来自各省的宗教会议的抗议，而保有富丽的机构，有弄臣、鹰、狗为伴。

阿维尼翁现在渐渐取代教廷在道德和礼仪方面的地位。贪污事件是恶名昭彰的，门德的主教都兰德（Guillaume Durand）曾在维也纳宗教会议中报告说：

> 若罗马教会以从本身除去恶例来开始改革，则整个教会可能得以被改革……因该恶例，人们受到侮辱，而整个民族似乎感染到……因在所有的地方……上帝的神圣教会，尤其是罗马教会，

是在恶名中；所有的人呼叫而且在外宣扬说，在教会的胸中，所有的人，从最伟大的到最渺小的人，都已把心放置在贪婪的事物上……所有基督徒学习教士暴食的恶例是显然而恶名昭彰的，因为该教会人士比领主和国王宴飨更加奢侈丰盛。

而文辞大师彼特拉克，搜尽诽谤词汇，把阿维尼翁教皇所在地侮辱为：

> 这不虔诚的巴比伦，地球上的地狱，罪恶的渊薮，世界的阴沟。在此既无信仰，也无仁爱、宗教、对上帝的敬畏……世上所有的丑行和邪恶，荟萃于此……老年人热烈而轻率地沉溺于维纳斯的手臂中，忘其年龄、尊严和权力，他们对羞愧之事，趋之若鹜，好像他们的荣耀不在耶稣的十字架，而在宴乐、酗酒、不贞……教皇游戏的猥亵之逸乐是血亲相奸、强奸和通奸。

这样的证言，出自于从未脱离正教的目击者，不能完全地不予采信，但它不无夸张和个人愤恨之鸣。它必须打折扣，因为那是恨阿维尼翁把教廷自意大利攫取来的人所发出的呼声；他曾向阿维尼翁教皇乞求教俸职，接受了很多教奉职，却要求更多；他同意跟善于杀人和反教皇的威斯孔蒂住在一起，自己也有两个私生子。彼特拉克曾不断请求教皇回到罗马，当时罗马的道德，除了贫穷有助于其贞洁之外，在当时并不比阿维尼翁好。锡耶纳的圣凯瑟琳（St. Catherine）在描写阿维尼翁时不如彼特拉克那么生动，但她告诉格列高利十一世，在教廷，"她的鼻子受到地狱的气味的攻击"。

在道德的衰微中，许多高僧有资格担任其职位，而他们也偏爱耶稣的道德甚于当时的道德。我们不能把集在阿维尼翁的罪恶都归由教皇来负责，在七位阿维尼翁教皇中，只有一位过着世俗的享乐生活；而约翰二十二世尽管贪婪而严苛，却把自己训练到苦行而严肃的境地；格列高利十一世虽然在战争中残忍，平时却是一位在道德和虔诚上可做典型的人物；而另三位——贝尼狄克特十二世、英诺森六世、乌尔班五世——几乎是过着圣徒般的生活。罪恶的原因是财富，而许多其他时代也因之而产生同样的结果——尼禄时代的罗马，利奥十世时代的罗马，及路易十四时代的巴黎。而且就像在上面提过的城市一样，我们可以理解到，大部分男女都过着正经的生活，惯做适当的恶习，因此我们可以推测到，即使在阿维尼翁，好色之徒和高等娼妓，贪食者和窃贼，行为不正的律师和不诚实的法官，世俗的红衣主教和不忠实的牧师，只不过是因被教廷考察出来，有时受到赦免，而比其他地方的人更显得突出而已。

丑闻案和教皇从罗马逃亡到阿维尼翁，一同腐蚀了教会的声望和权威。好像是要证实人们对他们的猜疑——他们不再是世界的权力中心，而只是法国的工具，阿维尼翁教廷任命了113名（总数134人）法籍红衣主教到主教学院。英政府在威克利夫（Wyclif）毫不妥协地攻击教廷，他们却假装听不见。德国的选帝侯在选国王和皇帝时，拒绝受到教皇的任何干涉。1372年，科隆大监督区的修道院长们，在拒付什一税给格列高利十一世时，曾公开宣称："教廷已陷入如此的侮辱中，天主教的信仰在这些地方似乎已受到严重的损害。俗人轻蔑地提到教会，因为她远不若往昔派出牧师或改革者，反而派一些狡猾、自私、贪婪的人，事情已到此形势，很少人是真基督徒，只是徒具虚名而已。"

这就是在阿维尼翁的教皇的巴比伦之囚和随之而来的教皇分裂，这为宗教改革做了准备。而他们回到罗马，恢复他们的特权，也将此大灾延后了一个世纪。

通往罗马之路

教会的地位在意大利最低。1342年，教皇贝尼狄克特十二世，削弱反叛的巴伐利亚的路易，巩固了伦巴底诸城独裁者违抗帝国要求的权威。为了报复，巴伐利亚的路易赋予占领教皇城邦的独裁者以帝国的许可。米兰公开嘲弄教皇。当乌尔班五世派遣两位使节到米兰，带着开除威斯孔蒂王族教籍的训谕（1362 年），贝尔纳博（Bernabò）强迫他们把该训谕——羊皮纸文件、丝带、铅印——吃下去。西西里自从"晚祷"事件 [1]（Vespers）以来，已公开对教皇的敌意。

克莱门特六世组织军队，要重夺回教皇城邦。但是直到其后继者英诺森六世才使这些城邦短暂地归顺。英诺森几乎是模范教皇。在姑息几个亲戚的任命之后，他决定终止族阀主义和腐化的流行。他结束了教廷享乐派的显赫和浪费的开销，解雇了曾服侍克莱门特六世的大群仆人，遣散大群职位的寻求者，命令每个牧师住在其教俸区，而他自己则过着诚笃而中庸的生活。他看出，教会的权威只有从法国权力中解放和回到罗马中恢复。但一个为法国所疏远的教会，没有以前从教皇城邦而来的岁入，几乎很难自行维持下去。和平的英诺森断定这些只有从战争中才可重新求得。

他把这项工作托付给一个人，此人有西班牙人的热诚信仰，有圣多米尼克的精力，有卡斯蒂尔大公的侠义精神。阿布诺佐（Carrillo de Albornoz），曾在卡斯蒂尔的阿方索十一世部下当兵，而且在成为托莱多（Toledo）大主教时仍未放弃战争。他劝说佛罗伦萨共和国——它惧怕围绕其四周的独裁者和强盗——预付他一笔款项以组织军队。以机敏而光荣的协议，而非用武力，他逐一废除占领教皇城邦的卑鄙暴军。他颁给这些城邦以《埃吉迪安宪法》（*Egidian*），该宪法使他们的基本法律维持到 19 世纪，而且提供了在自治政府和归顺教廷之间一种可实行的妥协。他哄骗了著名的英国冒险家约翰·霍克伍德（John Hawkwood），加以俘房，而使这位雇佣兵队长陷入害怕教皇使节的境遇中。他从反叛的大主教手中恢复了博洛尼亚，他劝说米

---

[1] 1282 年复活节翌日，西西里的巴勒莫以"V"做信号，屠杀法国人的事件。——译者注

兰与教会媾和。现在路已敞开，只待教皇返回意大利。

　　乌尔班五世继续英诺森六世的苦修和改革。他尽力恢复教士团和教廷的清规及诚实，不支持红衣主教的奢侈，阻止律师的狡猾手段和高利贷者之敲诈，惩罚圣职买卖，因而赢得德行、心智俱优者为他服务。他以自己的资产维持在大学的 1000 名学生，在蒙彼利埃新创一学院，资助许多著名学者。为了教皇一职之加冕，他决心把教廷恢复到罗马。红衣主教对此表示惊异。他们大多数已在法国生根，建立了感情，而为意大利所憎恨。他们乞求他不要理会圣凯瑟琳的请求或彼特拉克的口才。乌尔班向他们指出法国的混乱情况——国王为英国俘虏，军队破碎不堪，英国已征服其南部各省，而且进逼阿维尼翁。胜利的英国会如何对付一向服侍并资助法国的教廷呢？

　　因此，1367 年 4 月 30 日，他从马赛起航，由意大利的大木船护送。10 月 16 日，他在百姓、教士团、贵族的狂呼中，进入罗马；意大利的领主们握着他所骑之骡的缰辔；彼特拉克对这位法籍教皇敢驻意大利，倾吐忠言，表示感谢。那是荒凉却快乐的罗马：由于和教廷长久分离而赤贫，教堂一半被弃或衰颓，圣保罗教堂在毁坏中，圣彼得教堂好像随时有倾倒之虞，拉提朗宫（Lateran Palace）最近毁于大火，皇宫与住宅区都已倒塌，曾经的住宅之地现成为沼泽，住宅区和街道上满是没有收拾的垃圾。乌尔班下命令并分配基金以重建皇宫。因为不愿看到罗马的悲惨景象，他住在蒙提费阿松（Montefiascone）。但即使在那里，每当回想到阿维尼翁的奢华和法国的可爱，他不禁悲从中来。彼特拉克听说他有犹豫之意，便力促他坚忍不屈；瑞典的圣伯里吉特（St. Bridget）预言，他若离开意大利，将很快死去。神圣罗马皇帝查理四世为了使他坚强，许可他恢复中意大利，很谦虚地到罗马来（1368 年），引导教皇的马从圣安杰洛教堂到圣彼得教堂，在弥撒时服侍他，而且在典礼中接受他的加冕，这似乎能很快地治愈帝国和教廷之间的旧争。然后，1370 年 9 月 5 日，也许是屈服于法籍的红衣主教，或者是为了促使英国和法国讲和，乌尔班乘船前往马赛。

9 月 27 日，他到达阿维尼翁，就在那里，他于 12 月 19 日去世。依圣本笃僧人的习惯穿着，他躺在一张可怜的椅子上，而且死前曾命令所有愿进来者均可进入，人们得以见到这一最高贵者的显赫是如何的虚幻和短暂。

　　格列高利十一世在 18 岁时，已被和蔼的克莱门特六世任命为红衣主教；1370 年 12 月 29 日，他被封为牧师；12 月 30 日，39 岁的他，被选为教皇。他是一位有学问的人，喜欢西塞罗的作品。命运使他成为爱战争的人，而在暴烈的反叛中，他的教皇职位被取消了。乌尔班五世担心法籍的教皇尚不能信任意大利人，因为曾任命很多法国人为总督去统治教廷城邦，却发现他们在对其有敌意的环境中，建立碉堡以抗人民，并征来无数法国助手，对人民征课以重税，而且宁采暴政而不用圆通的手段。在佩鲁贾，一位总督的侄子追求一位已婚妇女，她为了逃避他，竟跳楼自杀。当代表团要求惩罚此人时，该总督回答："何必小题大做？你认为法国人是宦官吗？"由于各种不同的原因，总督们招来同样的仇恨，以致在 1375 年许多城邦以一连串的革命群起反抗。圣凯瑟琳自己成为意大利的发言人，力促格列高利除去这些"毒害并蹂躏教会花园的坏牧师"。一向是教皇盟友的佛罗伦萨，却领导此次运动，展开一面绣有金色字"自由"的红旗。1375 年初，64 座城邦曾承认教皇为民间和精神的领袖；1376 年，只有一座仍效忠于他。阿布诺佐的努力似乎因此破灭，意大利中部又从教廷脱离了。

　　格列高利受到法籍红衣主教的鼓励，控告佛罗伦萨人为反叛的领袖，并命令他们顺从教皇的总督。当他们拒绝时，他开除他们的教籍，禁止他们在城内做宗教礼拜，并宣布所有的佛罗伦萨人为罪犯，任何人在任何地方均可侵占其货物，奴役其人民。整个佛罗伦萨城的商业和财政结构受到崩溃的威胁。英国和法国立即搜捕境内的佛罗伦萨人，并掠夺其财产。佛罗伦萨则报之以没收境内所有教会的财产，摧毁宗教裁判所的建筑物，关闭教会法庭，把顽固的牧师下狱——有时施以绞刑，并派人向罗马人民呼吁加入革命，而且终止教会在意大利所有的世俗权力。当罗马犹豫不决时，格列高利派人告诉罗马，若仍效忠于他，他将郑重地答应将教廷迁回罗马。罗马人民接受这一保证，保持和平。

同时，教皇已派遣了一支由"凶猛的"日内瓦的罗伯特红衣主教所指挥的"野蛮的不列颠雇佣兵"到意大利。总督以难以置信的野蛮方式作战，被占领的西斯纳已蒙大赦，他却把全城男女、孩子都杀了。领导雇佣兵为教会服务的约翰·霍克伍德在法恩扎杀了4000人，因为他猜疑此城有意加入反叛。锡耶纳的圣凯瑟琳对这些残暴的行为——相互没收财产，意大利大部分地区为此中断宗教礼拜——感到震惊不已。她写信给格列高利：

> 你的确有义务赢回从教会中失去的领土，但你更有义务赢回真正属于教会财宝的所有羔羊，而其损失将会真正使教会赤贫……你应以善良、爱情与和平的武器来攻击人，那么你的所得将甚于用战争为武器。当我探询上帝，你的解救，你的恢复教会，及整个世界，其至善之策是什么时，除了和平并无其他的回答！和平！为了背上十字架的救主，和平！

佛罗伦萨邀她一起会见格列高利的特使。她去了，并借此机会谴责阿维尼翁的道德。她太坦率，许多人要求逮捕她，但格列高利保护她。此行的任务并没有立即生效。但当他听说除非他亲自来，否则罗马将加入反叛，格列高利——也许是被凯瑟琳的请求所感动了——从马赛出发，于1377年1月17日到达罗马。他并没有受到全体一致的欢迎，佛罗伦萨的呼吁已激起老共和国人在退化的城里的回忆，而格列高利被警告说他的生命在基督教国的古都里是不安全的。5月，他退居到阿纳尼。

现在，似乎终于屈服于凯瑟琳，他从战争转向外交。他的代理人鼓励各城邦的百姓——他们渴望与教会和平相处——去推翻其反叛的政府。对所有归顺于他的城邦，他答应在他们自己所选的教皇代理人统治之下组织自治政府。一城接一城地，这一条件被接受。1377 年，佛罗伦萨城与格列高利同意让贝尔纳博·威斯孔蒂调停争端。贝尔纳博已经劝服教皇把其可能向佛罗伦萨强索的罚款的半数给他，他让佛罗伦萨付 80 万弗罗林的赔偿给教廷。由于被其盟友所弃，佛罗伦萨愤怒地服从，但教皇乌尔班六世却把给贝尔纳博的钱减少到 25 万弗罗林。

格列高利并未活着看到他的胜利。1377 年 11 月 7 日，他回到罗马。他在阿维尼翁时已是一个病人，而在中意大利时并没有很好地度过冬天。他感到死神的来临，惧怕法国和意大利争夺教廷的冲突可能会把教会搞得支离破碎。1378 年 3 月 19 日，他迅速地安排继任人选。8 天后，他死了，渴望着法国的美丽故乡。

基督徒的生活

把人民信仰和教士团道德这方面的事情延到下一章去考虑，现在让我们先注意 14 世纪意大利基督徒生活的两个对应的特征：宗教裁判所和圣徒。公正需要我们记得：当时大多数的基督徒都相信上帝的儿子已把教会建立，而且已把基本教条立下；因此，不管其人类的职员可能有何过失，试图推翻教会的任何活动都是反叛神圣的权威和背叛由教会为其道德武力之世俗城邦。唯有在心理上有此思想，我们才能了解教会和俗人联合压制诺瓦拉的多西诺（Dolcino of Novara）及其美丽的姐妹玛格丽塔（Margherita）所传播之异说（约为 1303 年）的那种残忍行为。

像弗罗拉的约阿基姆（Joachim of Flora），诺瓦拉的多西诺把历史分成几个时期，其中的第三期从教皇西尔维斯特一世（Pope Sylvester I）到 1280 年，可以见到教会由于世俗的财富而渐渐腐化；从西尔维斯特以来（多亚诺说），除了教皇西里斯廷（Celestine）五世以外，所有的教皇均不忠于耶稣；圣本笃、圣方济各、圣多米尼克曾很高贵地试图把教会从财神手中赢回到上帝手中，但失败了；而现在的教廷，在博尼费斯八世和克莱门特五世的统治之下，成为《启示》（*Apocalypse*）里的大淫妇。多西诺使自己成为新同宗会——帕尔马使徒同宗会（Apostolic Brethren of Parma）——的领袖，他不接受教皇的权威，而从帕塔林斯（Patarines）、韦尔多教派和弗朗西斯科圣灵派（Spiritual Franciscans）继承了一种混合的教条。他们承认绝对的贞洁，但他们每一人都和一个被称为其姐妹的女人生活在一起。克莱门特五世命令宗教裁判所去调查他们，他们拒绝出现于裁判所；相反，他们武装自己，占领了阿尔卑斯山皮德蒙特（Piedmontese Alps）山脚下的阵地。那些调查者带领军队来镇压他们，血战因之而起。同宗会员退守山隘，在那儿他们被封锁并忍受饥饿，吃鼠、狗、马和草；最后，他们的山上要塞受到猛攻，1000人陷入战争中，数千人被烧死（1304年）。当玛格丽塔被带去接受火烙之刑时，她仍如此美丽，尽管有些憔悴。只要她肯发誓否定异说，她将被赦免。她拒绝了，因而被慢慢地烧死。多西诺及其同志隆基诺（Longino）被留活口，以作特别处理。他们被押送到马车上，到韦尔切利遍游全市之街道。在游行中，他们的肉被热钳 撮 撮地撕裂，他们的肢体和生殖器被从身上扭取掉，最后才被杀死。

同一世纪，我们见到阿维尼翁的灾难和腐化，也见到像科维诺（Giovanni da Monte Corvino）和波第诺（Oderic of Pordenone）的传教士，他们设法使印度人和中国人改变信仰。很明显，这些传教士对宗教上之贡献远不如地理上的贡献。

终其一生，圣凯瑟琳待在现在仍供游客瞻仰的朴素房间里。在这里，她帮助教廷，而且使意大利的虔诚复活。15岁时，她参加圣多米尼克的忏悔仪式。这是一种"第三会员"的组织，并非由僧尼组成，而是由过着世俗生活的男女组成，但他们尽可能献身于宗教工作和过贞洁的生活。凯瑟琳和其父母住在一起，但她使自己的房间几乎成为隐遁者的密室，陷于祈祷和神秘的沉思中，除了上教堂外几乎足不出户。她对宗教的狂热很令其父母为她的健康担心。他们课她以最繁重的家务工作，她毫无怨言地做了。她说："我的心很少角落是和耶稣分开的。"她保持孩童般的宁静。其他女孩子可从渎神的爱中得到的乐趣、怀疑和狂喜，凯瑟琳则在对耶稣的奉献中发现快乐。在这种孤独沉思的日渐增强状态中，她想到、提到耶稣，把他当作天上的爱人，她和他心心相印，在异象（vision）中她看到自己和他结婚。像圣方济各那样，她对这位被钉上十字架者的五个伤口想得如此之久，以致她感到好像那些伤口就在自己的手、脚和肋旁似的。当撒旦的诡计要使她从全神贯注的爱中撤退时，她拒绝了肉体的诱惑。

在近乎 3 年孤独的虔诚岁月之后，她感觉到能很安全地冒险去过都市的生活。就像她能把女德奉献给耶稣一样，她把母性的温柔献给锡耶纳的病人和穷人。她和时疫牺牲者相处到最后一刻，以精神上的安慰站在受罚的罪犯身旁，直到他们上刑的时刻来到。她父母死后，留给她一份不太多的财产，她全都分给了穷人。虽然她因天花而破相，但她的脸对于所有看过她的人而言，都是一种祝福。年轻人听到她的话，放弃了平日渎神的行为，老年人听到她那单纯可信的哲学，把怀疑熔化了。她以为人类生活中所有的罪恶都是人类不道德的结果；但人类所有的罪行，都可以在耶稣之爱的海洋中，被吞掉而消失；世上所有的罪恶，若人能被劝服而实践基督教之爱，则都可被治愈。许多人相信她，蒙特普西亚诺（Montepulciano）城请她来调停其世仇的家族，比萨和卢卡城的人向她请教，佛罗伦萨城邀她共同出使阿维尼翁。渐渐地，她被带进世俗世界中。

她看到意大利和法国的情形，很恐怖：罗马污秽而荒凉，意大利和已逃往法境的教会（教廷）脱离关系，教士团过着世俗的生活而丧失俗人的尊敬，法国已因战争而成半毁状态。她对自己的神圣使命有信心，她当面斥责高僧和教皇，而且告诉他们唯有回到罗马和恢复庄重，才能拯救教会。她自己不能写，她——26 岁的女子——用单纯而有韵律的意大利文口授严厉而仁慈的信，给教皇、领主和政治家；几乎在每一页上均出现预言式的字——改革。政治家无视她的呼吁，可人民却成就了她。当教皇乌尔班五世到罗马来时，她高兴；当他离去时，她悲伤；当教皇格列高利十一世来时，她欣慰；她进忠言给乌尔班六世，却因他的残忍而震惊；当教廷分裂把基督教国分成两部分时，她本身即是这种不可信的冲突所酿成的灾难之一。她已把食量减少到只吃几口，传说她苦行的程度已达到其唯一的滋养品是从她的自治区所收到的被供奉的圣饼。她失去抵抗疾病的所有力量；教廷的分裂使她丧失生存的意志；在教廷分立两年后，她死了，时年 33 岁。对于这个时代，她的爱是仅次于耶稣和教会的意大利至善的一种力量。

她死的那一年（1380 年），圣贝尔纳迪诺（St. Bernardino）出生了。凯瑟琳的传统铸成了他的性格，1400 年的瘟疫中，他日夜照顾病人。这时他已加入圣方济各教团，他立下了遵守修道会严格规律的典型。许多僧侣遵从他，他跟这些人一起创立（1405 年）了严修会方济各派（Observantine Franciscans），或称严修会同宗派（Brethren of the Strict Observance）。在他死前，有 300 个僧侣团体接受其教规。其生活的纯净与崇高赋予其传道不可抗拒的雄辩。即使在罗马——其人民较欧洲任何其他都市的人更为无法无天——他也能使罪犯忏悔，罪人悔改，宿怨和解。在佛罗伦萨城的异教神被萨沃纳罗拉（Savonarola）所烧毁的 70 年以前，圣贝尔纳迪诺劝服罗马的男女把他们的赌牌、骰子、奖券、假发、猥亵的书、画，甚至乐器投入朱庇特神殿前的火葬堆里（1424 年）。三天后，一个被控以巫术蛊人的年轻妇女也被烧于同一广场，所有的罗马人蜂拥而至。圣贝尔纳迪诺说他自己是"最有良心的异教迫害者"。

因此，善与恶，美丽与恐怖，混合在基督徒生活的变迁和混乱中。意大利朴实的人们，满足于保持中世纪的生活方式，而中、上阶级的人被长久存于地窖的古典文化之酒醺得半醉，以创造文艺复兴和现代人高贵的热情向前迈进。

第三章 | 美第奇的兴起
（1378—1464）

背景

意大利人称呼这个时代的来临为"再生"，因为对于他们而言，这是古典精神被野蛮人打断了千年之后的一大复活。[1]意大利人觉得，古典世界已在 3 至 5 世纪日耳曼和匈奴的入侵中死亡。哥特人的巨掌又粉碎了行将枯萎却风韵犹存的罗马艺术与生活。哥特艺术入侵意大利，带来了形式不稳、装饰古怪的建筑及粗糙、阴郁的先知和圣哲雕像。现在，感谢时间的考验，那些留须的哥特人和长髯的伦巴底人已被意大利人同化；感谢建筑家维特鲁维亚和罗马法庭废墟的影响，古典的廊柱和横梁再度构成了冷静、端庄的神庙和宫殿；感谢彼特拉克和百位意大利学者的努力，新发现的古典作品才能使意大利恢复西塞罗散文的纯粹精简和维吉尔诗篇的成熟音律。意大利精神的阳光即将穿透北方的浓雾。无论男女都从中世纪的恐惧牢笼中解放出来，他们

---

[1] 史学家瓦萨里（Vasari）在他的《艺苑名人传》（*Vite de'Più Eccelenti Architetti, Pittori, Escultori Italiam*）一书（1550 年）中创造了"再生"一词；1751 年至 1772 年的法国《百科全书》第一次使用"文艺复兴"（Renaissance）以指代 14 至 16 世纪文学和艺术的灿烂花朵。

仰慕各种形式的美，使空气中充满复活的喜悦。意大利眼看就要再度年轻起来。

发表上述宣言的人距离文艺复兴太近，而不能从历史的时距中和它分歧的内容中看清"再生"（文艺复兴）。文艺复兴不只是古典的恢复而已。首先它得花钱——中产阶级的钱：这些财富来自娴熟的经理和低薪的工人，来自为低价买进高价卖出而作的危险的东方航程和阿尔卑斯山脉的辛苦穿越，来自小心的计算、投资、贷款，来自累积的利息和分红。直到盈余足够满足他们肉体的需要，足够买下议院、政府、情妇而有余，他们便聘请一位米开朗基罗或提香，把金钱幻化成美，使财产带着艺术的芳香。钱是一切文明的基础。商人、银行家和教会付款买下了古典再生所需的书稿。但解放文艺复兴时代心灵和理性的也并非那些书稿，而是因中产阶级兴起所造成的现世主义，大学、知识和哲学的发展，研究法律所造成的现实心灵的敏锐，广泛认识世界所造成的心灵的开阔，如此等等。意大利学者怀疑教会的教条，不再害怕地狱。教职人员被看成享乐者和俗人，不再受知识和伦理的限制，他那解放的感官毫不羞赧地欣赏男女艺术等美的化身。在自由使人毁于道德的混乱、分崩的个人主义和国家的奴役之前，新自由让人创造了一个惊人的世纪（1434—1534 年）。两个严苛时代之间的插曲便是文艺复兴。

为什么北意大利最先经历复苏的春天呢？该地的古罗马世界尚未完全毁灭，城中还保有古老的建筑和回忆，现在更重新修订了罗马法律。古典艺术仍残存于罗马、维罗纳、曼图亚、帕多瓦等地；万神殿虽然已有 1400 年的历史，仍是大家礼拜的地方；而西塞罗和恺撒为喀提林（Catiline）命运辩论之声在罗马法庭仍依稀可闻。拉丁语仍是一种活的语言，意大利语只是它的和谐变调而已。异教的神祇、神话和仪式在多数人心中盘旋（或者以基督教的形式出现）。意大利横跨地中海，统领着这个古典文明和贸易的海湾。北意大利比欧洲其他地区更都市化、工业化，只有佛兰德斯可望其项背。它从未遭遇过完全的封建制度，贵族反而臣属于都市和商人阶级。它是意大利其他各地与阿尔卑斯山彼侧的欧洲之间，也是西欧与地中海沿岸之间的贸易通道，工商业已使它成为基督教世界中最富庶的地区。这里勇敢的商人遍及各地，从法国的市集到黑海最远的港口，无处不至。他们已习惯和希腊人、阿拉伯人、犹太人、埃及人、波斯人、印度人及中国人交易。他们已失去了他们的教条，也为意大利知识分子带来不重教规的思想。这种情况和 19 世纪欧洲与异国信仰广泛接触所造成的结果相同。然而，商人的智慧，加上国家传统、个性和自尊使意大利甚至在异教化的时候，也保存了天主教组织。罗马教皇的经费从 20 个基督教领地沿着千条通道流向罗马。罗马教廷的教产也遍及意大利。教会为了报答意大利人的忠诚，慷慨地宽恕他们肉体的罪恶，和蔼地容忍（1545 年的特伦特会议之前）那些自制的、尚未损坏人们虔诚的异教哲学家。就这样，意大利在财富、艺术和思想方面领先欧洲其他地区一个世纪之久。直到 16 世纪，文艺复兴已在意大利枯萎，法国、德国、荷兰、英国和西班牙才开出复兴的花朵。文艺复兴不是时间上的一个段落，而是一种生活和思想的方式，经过商业、战争的影响从意大利传遍全欧。

它最初的发源地是佛罗伦萨，正如北意大利孕育了它。经过工业的组织、商业的拓展、财政家的经营，"花之都"佛罗伦萨成为 14 世纪半岛上除威尼斯以外最富庶的城市。当时的威尼斯人将所有精力用于快乐和财产的追求；佛罗伦萨人也许受了狂烈的半民主政体的刺激，发展出敏锐的心智及一切艺术的技巧，使该城被公认为意大利的文化之都。党派的争执提高了生活和思想的热度，敌对的家族不只竞求权势，也争相作为艺术的赞助人。最后的刺激——不是最初的——则是科西莫·美第奇（Cosimo de' Medici）贡献出自己的机智、财产和宫殿以招待佛罗伦萨会议（1439 年）的代表。那些前来讨论东西基督教重聚的希腊教士与学者关于希腊文学的知识远非任何佛罗伦萨人可比，部分学者在佛罗伦萨演讲，城中的精英纷纷前去受教。后来君士坦丁堡落入土耳其手中，很多希腊人逃离该地，移居到 14 年前他们曾受款待的城市。有人带来古典教本的书稿，有人演讲希腊语言、诗和哲学。由于上述种种因素，佛罗伦萨成为文艺复兴的发源地，也成为意大利的雅典。

物质基础

15 世纪的佛罗伦萨是一个城邦，统治着佛罗伦萨城、普拉托、皮斯托亚、比萨、沃尔泰拉、科托那、阿雷佐等城市及附近的农业腹地。农夫不是农奴，一部分是小地主，大部分是佃农。他们住在粗糙的水泥石屋里，自选乡村官员来治理地方事务。马基雅维利并不以结交这些辛苦的田野、果园、葡萄园斗士为耻。但是负责管理货物销售的城市长官，为了安抚多事的劳动阶级，将食物价格定得很低，以致影响了农夫的生活。因此，除了城市中的阶级仇恨外，还有自古以来的乡村、城市之争。

根据吉尔瓦尼·维拉里的记载，佛罗伦萨城在 1343 年约有 9.15 万人。至于文艺复兴后期的人口，我们无法找到同样可靠的记录，不过我们可以断言，商业拓展和工业繁荣会使人口增加。大约 1/4 的城市居民是工人，13 世纪仅纺织界即有 200 个工厂，雇用了 3 万名工人。1300 年，奥利西拉里（Federigo Oricellarii）从东方带来一种用青苔提炼紫色染料的方法，由此得到奥利西拉里这个名字（Orchella，意为紫染料）。这个技巧改革了染料工业，使某些羊毛制造商成为今日所谓的百万富翁。1300 年，佛罗伦萨在纺织方面已达到大量投资、原料机械由中心供应、劳工系统分配及资本家控制生产的资本主义阶段。1407 年一件羊毛外衣的生产要经过 30 道工序，每一工序都由精于该步骤的工人操作。

为了销售产品，佛罗伦萨鼓励商人与地中海所有港口城市，及远达布鲁日的大西洋海岸保持贸易关系。意大利、巴利阿里（Baleares）、佛兰德斯、埃及、塞浦路斯、君士坦丁堡、波斯、印度、中国等国家（或地区）都设有领事，以保护并促进佛罗伦萨贸易。比萨被征服作为佛罗伦萨货物出海的必要通路，热那亚商船则受雇载运货品。和佛罗伦萨厂商竞争的外国产品，在商人和财政家所组政府的保护关税政策下，一一被赶出佛罗伦萨市场。

为了供应工商及其他行业的经费，佛罗伦萨的 80 个银行家族——主要有巴蒂、佩鲁兹、斯特罗齐、比蒂（Pitti）和美第奇——将他们储户的资金投资在各业之中。他们兑现支票波利兹（polizze），发行信用券（lettere di pagamenti），交换商品和账目，供应政府谈和或打仗的基金。部分佛罗伦萨商行曾借出 136.5 万弗罗林给英王爱德华三世，但被他的赖账拖垮（1345 年）。虽然遭此灾祸，佛罗伦萨仍是 13 到 15 世纪欧洲的财政中心，欧洲货币的交换率就是在该地确立的。远在 1300 年即有一种保险制度存在，以保护航程中的意大利货船——这种预防政策直到 1543 年才被英国沿用。1382 年佛罗伦萨账本已有复记法（double-entry）出现，这种账法在佛罗伦萨、威尼斯、热那亚等地也许已有百年的历史。1345 年佛罗伦萨政府发行可转嫁的换金券，利息很低，利率 5%，这证明政府在商业繁荣方面的信用和廉正。1400 年，政府的岁收超过伊丽莎白全盛时期的英国。

欧洲的银行家、商人、制造商、专业人员、技术工人都有同业公会的组织。在佛罗伦萨有 7 种行业属于大公会（greater guilds）：衣物制造商、羊毛制造商、丝织品制造商、皮毛商人、金融家、医生和药剂师及商人、法官、公证人合组的公会。佛罗伦萨其余 24 个公会属于小行业（minor trades）：衣商、袜商、屠夫、面包师、葡萄酒商、采石工、马鞍商、甲胄商、铁匠、锁匠、木匠、客栈主人、泥水匠、切石匠及油商、猪肉商和绳匠合组的杂色组织。选民必须是某一公会的会员，因此，1282 年在中产阶级革命中被褫夺公民权的贵族也加入公会，以重新取得选举权。22 个公会之下还有 72 个没有选举权的组织；以下还有数以千计按日计酬的工人，无权组织起来，生活在极度贫穷之中；再下一层——也可以说是上一层，因为他们受到主人的照顾——是奴隶。大公会的会员在政治上形成"肥民"（popolo grasso），其余人口构成"小民"（popolo minuto）。佛罗伦萨的政治史像现代国家一样，先是商业阶级战胜了古老的地主贵族（1293 年），然后是工人阶级起而争取政治权利。

1345 年，西图·布兰第尼（Cinto Brandini）和其余 9 人因为组织羊毛业的贫苦工人而被处死，大批外国工人输入佛罗伦萨，以瓦解这些组织。1368 年，"小民"企图革命，旋被敉平。10 年后，一群羊毛梳理工叛变，为工人阶级带来短暂、混乱的控制权。那些羊毛梳理工在一位赤足工人米歇尔·兰多（Michele di Lando）领导下，拥入维奇奥宫（Palazzo Vecchio），解散领袖团，建立劳工极权政体（1378 年）。他们废止"禁结社会"，使低层组织有了权利，准许工薪阶层延期还债 12 年，降低利率以减轻负债人的重担。大商人关闭店铺，说服地主断绝都市粮食的供应，以为报复。受挫的革命党分裂成两派——由技术工人组成的劳工贵族派，含有共产思想的左翼。最后保守派从乡下带来强壮的男人，对其加以武装，推翻了分裂的政府，恢复了商业阶级的权力（1382 年）。

胜利的中产阶级更改组织，以巩固他们的胜利。城市领主与绅士构成的领袖团西贡诺里亚（Signoria）由 8 个领主或公会领袖组成，产生方式是将备选的名单放入袋中，抽签决定。他们轮流举出一位标准执法人为执行长。8 位领袖中，4 位来自大公会，而大公会在成年男子中其实只占极少数。人民顾问团也要求同样的比例。而所谓"人民"只包括 21 个公会的会员而已。群众议会（Consiglio del Comune）从公会会员中选出，职权有限，只能于会议中在领袖们表决提议之前表示肯定或否定。领袖们偶尔也在维奇奥宫塔上鸣钟示众，召集所有选民到西贡诺里亚广场（Piazza della Signoria）开会。这种大会通常选出一个改革会，在一定期间内赋予极高的权力，以后再行休会。

19 世纪史学家都相信美第奇以前的佛罗伦萨是某种程度的民主

政体，这是一个普遍的错误，实际上在那个财阀的天堂中，民主观念十分陌生。附属城市虽然有不少人才，并以他们的祖产为荣，在统治佛罗伦萨的领袖团中却没有席位。佛罗伦萨只有 3200 名男子可以参加选举，两个议会中，商业阶级的代表占着绝大多数。上层阶级相信文盲大众无法在国内危机和国外事务中作稳妥而安全的判断。佛罗伦萨人热爱自由，但是对于穷人而言，那是在佛罗伦萨主人命令下的自由；对于富人而言，那是他们统治城市和属地而不受帝国、教皇或封建势力阻碍的自由。

这个组织明显的缺点是任期短，组织本身经常改变。它的坏处是党争、阴谋、暴力、混乱、无能，共和国无法设计和执行长远的政策；相反，那正是威尼斯赖以稳定和强大的因素。相对的好处是冲突和辩论的选举气氛，使脉搏加快，使感官、心灵、机智敏锐，挑起想象力，使佛罗伦萨在整整一个世纪中成为世界上的文艺领袖。

"国家之父"科西莫

佛罗伦萨政治是富有家族与党派——里奇（Ricci）、阿必齐（Albizzi）、美第奇、里多非（Ridolfi）、帕兹（Pazzi）、比蒂、斯特罗奇、卢西莱（Rucellai）、瓦萨里（Valori）、卡波尼（Capponi）、索德里尼（Soderini）等——之间为控制政府而起冲突的政治。1381 年至 1434 年，除了略有中断以外，阿必齐一直持有国家的主权，而且勇敢地保护富人，对抗穷人。

美第奇家族可以溯源到 1201 年，当时奇里西莫·美第奇（Chiarissimo de' Medici）是群众议会的会员。[1] 科西莫的高祖父阿维拉多·美第奇（Averardo de' Medici）以大胆的商业和明智的掌理建

---

[1] 他们的姓氏来源是一个谜。没有任何资料证明他们当过医生（Medici 意思是医药），虽然他们似曾在佛罗伦萨宽松的公会界限之下参加过医药公会。我们也不知道他们的著名家徽"金底六红球"（Palle）是什么意思。后来红球被减为三个，成为当铺的标志。

立了家族的财富，在 1314 年被选为标准执法人。阿维拉多的侄孙萨尔韦斯特·美第奇（Salvestro de' Medici）是 1378 年的标准执法人，因为赞助贫民反叛而使美第奇家族大受欢迎。萨尔韦斯特的侄孙乔万尼·美第奇（Giovanni di Bicci de' Medici）是 1421 年的标准执法人，更因支持 0.5% 的收入年税（1427 年）——虽然自己受到严重的损失——而受人民钟爱，原来税率本是人头基金的 7%。享受过穷人人头税的富人现在发誓要对美第奇家族进行报复。

乔万尼死于 1428 年，传给他的儿子科西莫很好的声誉及托斯卡纳区最大的财富——179221 弗罗林。其时，科西莫年已经 39 岁，完全适合接掌商行的企业。他们的企业不仅有银行，还有广大农场的经营，丝、毛织品的制造，及远达俄国、西班牙、苏格兰、叙利亚、阿拉伯和基督教世界的各种贸易，科西莫一方面在佛罗伦萨建立教堂，一方面和土耳其苏丹贸易，交换昂贵礼物，他并不认为这是罪恶。这个商行专门从东方输入香料、杏仁、糖等体积小、价值高的货物，再和其他物品一起卖到 20 余个欧洲港口。

科西莫以平静的技巧掌理全部业务，还有余力从事政治。他是十人战争议会的一员，领导佛罗伦萨战胜卢卡，而且以银行家身份大量贷款给政府，支援战争。他受欢迎的程度激起了其他家庭的妒忌。1433 年，里纳尔多·阿必齐（Rinaldo degli Albizzi）攻击他企图推翻共和，自任独裁者，劝服当时的标准执法人伯纳多·瓜达格尼（Bernardo Guadagni）下令逮捕科西莫。科西莫投降，被囚于维奇奥宫。里纳尔多带着他的武装顾问们控制了领袖团方型集会场的议会，处死的命令几乎就要下达。但是科西莫拿出 1000 杜卡特贿金给伯纳多，伯纳多突然变得十分慈悲，宣布将科西莫、他的儿子们和主要支持者放逐 10 年。科西莫在威尼斯住了 10 年，他的谦和与财富为他赢得不少朋友。不久威尼斯政府运用其影响力使科西莫获召返国。1434 年选出的领袖团也偏向他，于是取消放逐的命令。科西莫凯旋回国，里纳尔多带着儿子们匆匆逃走。

　　议会任命一个改革会，并给它极高的权力。科西莫服务了短期的三任之后，毅然放弃所有的政治职位。他说："被选任官职，对身体和灵魂都有害处。"他的敌人既已离开城市，他的朋友便轻易控制了政府。他并未干扰共和体制，只运用口才和金钱，使得他的党徒留任官职，直到他死为止。他对各大家族的贷款使他赢得了他们的支持，送给教会的礼物使他得到热心的帮助，前所未有的慷慨公共福利使市民甘愿受他统治。佛罗伦萨人看出，共和政体并未保护他们免受财阀的欺凌——西姆皮的失败已在大众的记忆中烙下了一次教训。如果大家必须在偏向富人的阿必齐家族和偏向中等阶级与穷人的美第奇家族之间作出选择，实在没有犹疑的必要。一个久受财阀压迫、疲于党争的民族欢迎独裁，这可以从1434年的佛罗伦萨、1389年的佩鲁贾、1401年的博洛尼亚、1477年的锡耶纳、1347年和1422年的罗马得到明证。史学家吉尔瓦尼·维拉里说："美第奇家族在自由的名义与民众的支持下，以达到其霸权。"

　　科西莫以精明的中庸之道运用权力，偶尔也用武力。当他的朋友怀疑巴达西奥（Baldaccio d'Anghiari）阴谋终止科西莫的权势，便将他从高窗推下，结束了他的性命。当时科西莫也没有表示异议。他的妙语之一是"国家并不能用念珠来治理"。他以浮动的本金征款代替固定的所得税。有人指责这项调整是存心庇护朋友，打击仇人。在科西莫统治期的前20年，这项征款共计487.5万弗罗林，拒绝付款的人即时被捕下狱。很多贵族离开城市，重过中世纪贵族的乡村生活。科西莫镇定地接受他们的离去，宣称几米红布就可以造就新的贵族。

　　人民微笑赞许，因为他们知道这笔征款将用于佛罗伦萨的行政与装饰，科西莫自己也献出40万弗罗林从事公共事务和私人慈善，相当于他留给继承人数目的两倍。他努力不懈地工作到75岁，精心安排自己的财产和国家的事务。英王爱德华四世向他大量借款，科西莫不计以往爱德华三世的背信，慨然应允，英王便以钱币和政治的支持报答他。博洛尼亚主教托马索·帕伦图切利（Tommaso Parentucelli）

基金耗竭向他求助，科西莫慨然供应。托马索日后即位为教皇尼古拉五世，科西莫便得到了所有教会财产的管理权。为了避免多种活动纠缠不清，他起得很早，几乎每天都到办公室。家居时便修剪树木，照顾藤草。他衣着简单，饮食节制，而且（和女奴生下一个私生子之后）过着安静、有规律的家庭生活。应邀到他家做客的人意外地发现，他朴实的私人餐食和招待外国使节以示礼义、和平的盛宴，真有天壤之别。他极富人情味，温和、体谅，沉默寡言，却以机智闻名。他对穷人很慷慨，常替贫苦的朋友缴税，常匿名行善。桑德罗·波提切利（Sandro Botticelli）、蓬托尔莫（Pontormo）、贝诺佐·戈佐利（Benozzo Gozzoli）曾为我们描下他的形象：中等身材、橄榄脸色、渐稀的灰发、尖长的鼻子及严肃慈和的表情，显示出精明的智慧与平静的力量。

他的外交政策致力于和平组织。他在一连串毁灭性的冲突中得到权力，深感进行的或酝酿中的战争都会阻碍贸易的进行。米兰的威斯孔蒂政权因菲利普·玛利亚·威斯孔蒂的死亡而崩溃。威尼斯扬言要吞并这个公国，并完全控制北意大利直达佛罗伦萨门口。科西莫送钱给弗朗西斯科·斯福尔扎（Francesco Sforza），巩固了他在米兰的地位，阻止了威尼斯的入侵。威尼斯和那不勒斯组织联盟对抗佛罗伦萨，科西莫收回两地人民的贷款，迫使政府谈和。后来米兰和佛罗伦萨联合对抗威尼斯和那不勒斯，双方势力太平衡了，没有一方敢轻启战端。这种平衡政策由科西莫首创，洛伦佐（Lorenzo de Medici）继续奉行，使1450年至1492年的意大利享有和平与秩序，使城市富足，使早期的文艺复兴运动得到财政上的支持。

科西莫对文学、学术、哲学、艺术的关心不下于对财富和权力的关注，这是意大利的幸运，也是人类的幸运。他是受过良好教育、有高雅品位的人；他精通拉丁文，略通希腊文、希伯来文和阿拉伯文；他志趣宽广，能够同时欣赏弗拉·安杰利科（Fra Angelico）的虔诚和绘画，弗拉·菲利皮诺·利比（Fra Filippo Lippi）动人的粗鄙，吉贝尔蒂（Ghiberti）浮雕的古典风格，多纳泰洛（Donatello）雕刻的大胆创意，菲利普·布鲁尼里斯哥（Filippo Brunellesco）的宏伟教堂，米开罗佐（Michelozzo）建筑的节制力量，盖米斯都·布雷托（Gemistus Pletho）的异教柏拉图主义，彼科和马斯里奥·菲奇诺（Marsilio Ficino）的神秘柏拉图主义，里昂·巴蒂斯塔·阿尔贝蒂（Leon Battista Alberti）的精练，波焦·布拉乔利尼（Poggio Bracciolini）博学的庸俗，尼科洛·尼科利（Niccolò de'Niccoli）的卖弄知识。这些人都领受过他的慷慨。他将阿基洛普洛斯（Joannes Argyropoulos）带到佛罗伦萨教导年轻人古希腊语言和文学，他自己向菲奇诺学习希腊、罗马古典作品达12年之久。他花费大部分财产收集古典文稿，所以他船上最昂贵的货品往往是希腊或亚历山大城运来的书稿。尼科利因为买古典书籍而破产，科西莫便为他在美第奇银行开了一个无限制的户头，一直到尼科利死为止。他雇了45个抄写员，在热心的书商韦斯帕夏诺·比斯底奇（Vespasiano da Bisticci）领导下，誊写那些无法买到的书稿。这些"珍贵的小东西"都放在圣马可修道院、费舍尔（Fiesole）寺院或他自己图书馆的房间中。尼科利去世的时候（1437年），留下800本书稿，价值6000弗罗林，还有不少债务，指定16个受托人决定藏书的处理方式，科西莫自愿代偿债务，要求支配藏书。协议达成，科西莫将这些藏书分存圣马可图书馆和他自己的图书馆中。这些书都免费开放给教师和学生使用。佛罗伦萨史学家瓦奇（Varchi）以爱国者的夸张语气说道：

> 希腊文学没有完全被遗忘，没有造成人类的一大损失，拉丁文学能复苏是人们的一大福利——整个意大利，而且是整个的世界都要完全感谢美第奇家族的高度智慧和友善。

当然再生的伟大工作是由12世纪和13世纪的翻译家、阿拉伯注译家和彼特拉克、薄伽丘等人开始的。由科西莫之前的萨卢塔蒂

（Coluccio Salutati）、安布罗齐奥·特拉韦萨里（Ambrogio Traversari）、莱纳尔多·布鲁尼（Leonardo Bruni）和洛伦佐·瓦拉（Lorenzo Valla）继续；又有与他无关的尼科利、波焦、弗朗西斯科·斐勒佛（Francesco Filelfo）、那不勒斯仁主阿方索和百余位科西莫同代人士接棒，甚至被他放逐的对手帕拉·斯特罗奇（Palla Strozzi），也有功劳。但是，我们若不只以"国家之父科西莫"来判断，也注意他的后代——"尊贵的"的洛伦佐、利奥十世和克莱门特七世，我们不得不承认，在赞助学问和艺术方面，美第奇家族的确是人类史上无与伦比的一族。

人文主义者

美第奇时代，人文主义者占据了意大利的心灵，使它从宗教转向哲学，从天堂转向地上，也向讶异的一代泄露了异教的思想和艺术的宝藏。这些为学术疯狂的人士，早至阿廖斯托开始就已接受了"人文主义者"的名称，因为他们称呼古典文化的研究为"人文学科"——不是更富人情味，而是更人性化的学问。现在人类研究的适当题材是"人"，是他潜在的力量和身体的美，是他感官和感情的欢乐、痛苦，是他理性的脆弱尊严，是丰富、完美地显露这些题材的古希腊、罗马文学。这就是人文主义。

现存的大部分拉丁古籍和不少希腊杰作都已为中古学者所知悉，13世纪更有人熟知了大部分的异教哲学家。但是那个世纪几乎完全忽略了希腊诗，很多现在受重视的宝藏当时在寺院或教堂的图书馆中无人理会。彼特拉克和他的继承人就在这些被遗忘的角落中发现了"遗失"的古典作品，他称这些作品为"被野蛮狱卒囚禁的文雅犯人"。薄伽丘参观蒙特卡西诺，诧异地发现不少珍本在尘土中面临腐朽，有些被删改成祷文或护符。波焦趁着参加康士坦斯会议之便，参观圣高尔（St. Gall）的瑞士寺院，发现昆体良的《学校论》

(*Institutiones*) 躺在污秽的地窖中。当他重拾这些书卷的时候，不免觉得这位古大师正伸手求援，希望脱离"野蛮人"的魔掌。因为有文化良知的意大利人就像古希腊和罗马人一般，正是用这个名字称呼阿尔卑斯山彼侧的强大征服者。其中只有波焦由严冬的寒雪中铲除障碍，从坟堆中救出卢克莱修、克伦姆莱（Columella）、弗仑蒂努斯（Frontinus）、维特鲁维亚、弗拉库斯（Valerius Flaccus）、德尔图良、普劳图斯（Plautus）、圣·彼得罗纽斯（San Petronius）、马西利努斯（Ammianus Marcellinus）等人的作品和西塞罗的几篇主要演讲。萨卢塔蒂在韦尔切利掘出西塞罗的信件《论家庭》（*Ad Familiares*）（1389 年）；兰德安尼（Gherardo Landriani）在洛迪城的古籍中发现西塞罗谈修辞学的论文（1422 年）；特拉弗沙利（Traversari）在帕多瓦拯救柯尼里·那波斯（Cornelius Nepos）的作品免于湮灭（1434年）；塔西佗的作品《阿格里科拉传》（*Agricola*）、《日耳曼尼亚志》（*Germania*）和《历史》（*Dialogi*），在德国被发现（1455 年）；塔西佗的另一作品《编年史》（*Annales*）前六册以及小普林尼的信件全稿都在科维（Corvey）寺院被发现（1508 年），成为利奥十世的重要财产。

土耳其人占据君士坦丁堡的前半世纪中，12 位人文主义者在希腊读书或旅行；其中乔万尼·奥里斯帕（Giovanni Aurispa）带了 238 本书稿回意大利，包括埃斯库罗斯和索福克勒斯的戏剧；弗朗西斯科·斐勒佛从君士坦丁堡（1427 年）救出希罗多德、修昔底斯、波里比阿（Polybius）、狄摩西尼（Demosthenes）、埃斯基涅斯（Aeschines）和亚里士多德的教本，及 7 部欧里庇得斯的戏剧。这些文学探险家带着他们的发现回意大利的时候，简直像凯旋的将军一样受欢迎，王子和教士们纷纷解囊，以分享这些战利品。由于君士坦丁堡的陷落，很多拜占庭学者曾经提过的，据说是藏在该城图书馆的珍贵名作都因而陷落，但是也有数以千计的书册被抢救出来，大部分流到意大利。目前意大利仍拥有最好的希腊古典书稿。从彼特拉克到塔索（Bernardo Tasso）的3个世纪中，很多人热衷于收集稿本。尼科利在这种追寻中所花的钱远超过他的所有财产；安德罗洛随时准备牺牲他的家庭、妻子和生命以增加藏书；波焦只有花钱在书本上才不心疼。

编辑革命也随之发生。复得的书稿在学术战役中被研究、比较、收集、解释，而参加这次战役的人士从那不勒斯的洛伦佐·瓦拉到伦敦的托马斯·莫尔（Thomas More），无所不包。由于这些工作需要希腊文的知识，意大利——然后是法国、英国和德国——四处召请希腊文教师。奥里斯帕和斐勒佛曾亲自到希腊学习。当克里索罗拉（Manuel Chrysoloras）以拜占庭使节身份赴意（1397年）以后，佛罗伦萨大学说服他担任教职，教授希腊语言和文学。波焦、帕拉·斯特罗奇、卡洛·马苏皮尼（Carlo Marsuppini）和詹诺佐·曼尼提（Giannozzo Manetti）都是他的学生。莱纳尔多·布鲁尼本来学习法律，现在也弃法从文，在克里索罗拉的魔力之下学习希腊文。"我非常热心地向他学习，"他说，"所以连晚上做梦也充满白天向他学来的知识。"现在谁能想象希腊文法曾一度像奇遇记和浪漫诗一般迷人呢？

1439年，希腊人和意大利人在佛罗伦萨会议上相遇，他们在语言上所交换的课程远比他们的神学谈判更有成果。当时盖米斯都·布雷托的著名演讲结束了亚里士多德在欧洲哲学上的领导地位，却将柏拉图提升到近乎神明的地位。会议解散之后，以尼西亚主教身份前来的贝萨里翁（Joannes Bessarion）继续留在意大利，用部分时间教授希腊文。其他城市也感染了这种狂热：贝萨里翁将它带到罗马；西多罗斯·加扎（Theodorus Gaza）在曼图亚、费拉拉和罗马等地教授希腊文；德米特里斯·卡尔孔狄利斯（Demetrius Chalcondyles）在佩鲁贾、帕多瓦、佛罗伦萨和米兰（1492—1511年）等地；阿基洛普洛斯在帕多瓦、佛罗伦萨和罗马。这些人都在君士坦丁堡陷落之前来到意大利，所以该城失陷与希腊文从拜占庭移向意大利没有太大的关系。但1356年以后，土耳其逐渐包围君士坦丁堡，与希腊学者的西行不无关系。康·拉斯卡里斯（Constantine Lascaris）是在这个东方都城崩溃后逃出的，他在米兰、那不勒斯和墨西拿（Messina）教授希腊文。文艺复兴时代的意大利所印行的第一部希腊文作品就是他的希腊文法。

有了这些学者和他们的弟子在意大利热心活动，不久希腊文学和哲学名作就已被彻底、精确、完全地译成拉丁文，成果远甚于 12 世纪和 13 世纪。瓜里诺（Guarino da Verona）翻译了斯特拉博和普卢塔克的部分作品；特拉弗沙利译了第欧根尼·拉尔修（Diogenes Laertius）的著作；瓦拉译了希罗多德和修昔底斯的作品和《伊利亚特》史诗；尼可罗·佩罗蒂（Niccolo Perotti）译了波里比阿的作品；菲奇诺译了柏拉图和普罗提诺（Plotinus）的著作。柏拉图尤其使人文主义者大为惊喜。他们景仰他文体的流畅优美，认为《对话录》中生动而现代化的戏剧，比埃斯库罗斯、索福克勒斯和欧里庇得斯等戏剧名家更胜一筹。他们羡慕苏格拉底时代的希腊人可以自由讨论最重大的宗教和政治问题。他们在柏拉图身上——以往被普罗提诺所掩盖——发现一种神秘哲学，使他们重获了他们不再信仰却始终热爱的基督教。佛罗伦萨的科西莫被盖米斯都·布雷托的口才和他的门徒的热心感动，建立了（1445 年）一个柏拉图学园，专门研究柏拉图，并且大量拨款给菲奇诺，使其以半生时光从事柏拉图作品的翻译和说明。经院哲学统治了西方 400 年，现在终于失去了哲学上的主要地位；对话和散文取代经院辩论成为哲学说明的主要方式，柏拉图的怡人精神就像兴奋酵母一般，深入新兴的欧洲思想体系中。

然而，当意大利一天天恢复古典传统时，人文主义者对希腊的崇拜却被他们对古罗马文艺的自负所超越。他们使拉丁文苏醒成活文学的媒介；他们将姓名拉丁化；将基督教礼拜和日常生活的名词罗马化；上帝变成 Juppiter，天佑变成 fatum，圣人变成 divi，修女变成 vestales，主教变成 pontifex maximus。他们模仿西塞罗的散文文体，维吉尔和贺拉斯的诗体；而斐勒佛、瓦拉和波利希安等人的文章文雅得近乎古典。所以，文艺复兴逐渐从希腊文转回拉丁文，从雅典转回罗马。15 世纪逐渐远去，西塞罗、奥维德和塞涅卡的时代似乎再生了。风格重于实质，形式重于内容，黄金时代的演说又在王子和腐儒的大厅中响起。若是人文主义者用意大利文那该是明智之举，但他们轻视戏剧化和经典化的演说，认为那是堕落的拉丁文，也痛心但丁选用方言创作他的伟大作品。结果，人文主义者失却了文学活泼的来源，人民也将这些人的作品留给贵族欣赏，宁愿阅读弗兰科·萨凯蒂（Franco Sacchetti）和玛泰奥·班狄洛（Matteo Bandello）的愉快故事，或者由法文翻译、改写的爱情战争传奇。不过，这种对死语言和"不朽"文学的迷恋帮助意大利学者恢复了建筑、雕刻和高尚的音乐，立下了情趣和语调的规范，使方言达到文学标准，为艺术定下目标和准则。史学方面，人文主义者结束了中世纪编年史——杂乱无章、不加评注——的传统，详审并协调资料，将事实依照简明的秩序编列，混合传记与历史，将过去生动化并使之富于人情味，洞察事件的前因、过程和结果，研究历史法则和教训，使他们的叙述富有哲学意义。

人文运动遍及意大利，但在佛罗伦萨的美第奇担任教皇之前，它的领导人几乎全是佛罗伦萨的公民或毕业生。1375年成为领袖团执行秘书的萨卢塔蒂可以说是从彼特拉克、薄伽丘到科西莫之间的桥梁，他熟知这三个人，也热爱他们。他起草的公文是古典拉丁文的典范，是威尼斯、米兰、那不勒斯、罗马官吏争相模仿的样本。米兰的吉安加里亚佐·威斯孔蒂曾说，萨卢塔蒂的杰出文体对他的伤害远甚于雇佣兵军队。尼科利的拉丁文体与他的书稿收集一样有名；布鲁尼称他为"拉丁语的监察官"，他也像其他作家一样，在作品出版前送请尼科利修改。尼科利家中充满古典名著、雕像、碑铭、花瓶、钱币和珍宝。他不愿结婚，唯恐分散他对书本的注意。他只有一个情妇，是从他兄弟身边抢来的。他把图书馆开放给所有喜欢研究的人使用，鼓励佛罗伦萨青年放弃奢华的生活，从事文学的研究。他看见一个富家青年终日闲荡，便问他："你生命的目标是什么？"青年坦白答道："享乐。""但是你青春逝去的时候，会有什么结果？"这个青年领会其意，终于拜师门下，接受尼科利的教导。

莱纳尔多·布鲁尼曾任四位教皇的秘书，当时（1427—1444 年）正是佛罗伦萨领袖团的秘书。他将几段柏拉图的《对话录》译成拉丁文，文笔绝佳，使柏拉图的华丽文体第一次呈现在意大利人面前；他写了一部拉丁文的《佛罗伦萨史》，共和国因而免除了他和他子女的税金；他的演说才能堪比伯里克利。他去世的时候，领袖团的领袖们颁令用古礼公开祭他，将他安葬于克罗齐教堂，将《佛罗伦萨史》安放在他胸口。伯纳多·罗塞利诺（Bernardo Rossellino）为他设计了高贵而华丽的坟墓。

卡洛·马苏皮尼像布鲁尼一样生于阿雷佐，又继承他担任领袖团的秘书，他脑中记着半数的希腊、罗马名作，在他就任佛罗伦萨大学文学教授职位的演说中，几乎没有一个古作家不曾被他引述过。他太崇拜异教的古典文学，几乎因此遗弃基督教，但他担任过罗马教皇的秘书。有人说他死前没有接受圣礼，但他也被葬于圣十字教堂，詹诺佐·曼尼提为其葬礼发表演讲，德西德里奥·西提加那诺（Desiderio da Settignano）为他设计华丽的坟墓。为这个无神论者做祭文的曼尼提是一个既虔诚又博学的人。9 年之间，他很少离开房子和花园，整天研究古典文学，学习拉丁文、希腊文，也学习希伯来文。他曾被派往罗马、那不勒斯、威尼斯、热那亚担任大使，所到之处无不风靡，以他的修养、大度和廉正为政府赢得珍贵的友谊。

除了萨卢塔蒂以外，这些人士都是科西莫的城市住宅或乡村别墅的常客，在他当权期间领导着学术运动。科西莫的另一位朋友在招待学术界方面几乎与他不分轩轾。同志会教派（Camaldulite order）的领导人安布罗齐奥·特拉韦萨里住在佛罗伦萨附近圣玛利亚寺院的一间小室中。他精通希腊文，为自己热爱古典作品而深感不安。他在作品中尽量避免引用古典名作，却在拉丁文体中自然显出了他所受的影响，文中口语的纯净简直惊动了所有著名的罗马教皇。科西莫不仅知道如何协调财政，也知道如何协调古典名作和基督教文明，很喜欢拜访特拉韦萨里。尼科利、布鲁尼及其他许多学者使他的小室成为文学界的聚会所。

最活跃、最烦人的意大利人文主义者是波焦。他生于阿雷佐贫民家庭（1380 年），在佛罗伦萨跟随克里索罗拉学习希腊文，以抄写书稿维持生活，与萨卢塔蒂交友，而且在 24 岁被任为罗马宗教法庭的秘书。后来的 50 年中他一直为罗马教廷服务，但不曾担任一官半职，只穿着教士服装。教廷尊崇他的精力和学问，派遣他担任十几次任务。他屡次逃开本职，往寻古典书稿；他的教会秘书身份使他轻易进入圣高尔、朗格里斯（Langres）、温加腾（Weingarten）和雷查奴（Reichenau）等地守卫最严或最不受注意的图书馆；他的战利品十分丰富，被布鲁尼及其他人文学者誉为划时代的收获。回到罗马以后，他为马丁五世写下多篇生动的教会信条辩护文，然后，在私人集会中与其他教廷雇员共同讥笑天主教的规条。他以不雅却轻快的拉丁文写成对话和信件，讽刺教职人员的罪恶，自己却照犯不误。红衣主教圣安杰洛责备他有孩子，认为穿教士服装的人不宜如此，又责备他有情妇，认为连俗人都不可这样过分，波焦以一贯的无礼态度答道："我有孩子，这是适合俗人的；我有情妇，那正是教职人员的古老风格。"他在 55 岁的时候遗弃了为他生过 14 个孩子的情妇，娶了一个 18 岁的女孩。同时他还收集古钱币、碑铭和雕像，以学者的精简文体描述古罗马遗下的纪念碑，几乎建立了现代考古学。他伴随教皇尤金四世（Eugenius Ⅳ）参加佛罗伦萨会议，与斐勒佛争吵，用最粗鄙、下流、热烈的措辞对骂，控告他盗窃、支持无神论和淫乱。在罗马他又愉快地为人文主义者尼古拉五世教皇工作。他 17 岁就写出著名的《幽默书》（Liber Facetiarum），集故事、讽刺和脏话之大成。洛伦佐·瓦拉参加秘书工作时，波焦在新的《讽骂集》（Invectivae）中攻击他，控他盗窃、伪造文书、叛国、支持异端邪说、酗酒和不道德。瓦拉提出反击，讥讽波焦的文法，引述他文书和口语的错误，说他是老朽的傻瓜。除了受害人本身，没有人重视这些文学上的互殴。两方骂文同是拉丁文章的佳篇，波焦确实在其中一篇中显示出古典拉丁文可以深切表达最摩登的思想和最隐私的事情的能力。他非常熟悉广博粗鄙的艺术，韦斯帕夏诺·比斯底奇说"全世界都怕他"。他的笔，就像后来的阿里汀（Aretine）一样，成为勒索的工具。那不勒斯的阿方索王未能承认他将色诺芬的《语义学大全》（*Cyropaedia*）译为拉丁文的能力，这位愤怒的人文主义者便暗示说，一支好笔可以刺杀任何国王。阿方索赶忙送上 500 杜卡特以封住他的口舌。享受了 70 年的本能和冲动之后，波焦写了一篇论文《悲惨的人类处境》（"De Miseriis Humanae Conditionis"），认定生命苦多于乐，并且像梭伦一般推断说："最幸运的是没有出生的人。"他 72 岁返回佛罗伦萨，被任命为领袖团的秘书，最后被选成领袖团的一员。他写了一本古体的佛罗伦萨历史，以示感激，书中包含政治、战争和虚构的谈话。最后终于在 79 岁逝世（1450 年），使其他人文主义者松了一口气。他也葬于圣十字教堂，多纳泰洛为他塑的雕像立在大教堂正面，在 1560 年的某次变迁中被误认为十二使徒之一而改立在教堂里面。

　　基督教在神学和伦理方面显然都已失去约束意大利人文主义者的力量。也有几位，如特拉韦萨里、布鲁尼、佛罗伦萨的詹诺佐·曼尼提、曼图亚城的维托里诺·德费尔特（Vittorino da Feltre）、费拉拉城的瓜里诺、罗马的弗拉维·比昂多（Flavio Biondo）等人依然忠于信仰。但对于其他人而言，历时千年，在文学、哲学、艺术方面达到高峰，和犹太教、基督教完全无关的希腊文化是他们信仰上的致命打击，他们不再相信保罗神学及"教会之外没有拯救"的教条。苏格拉底和柏拉图成为他们心中未受封的圣人，希腊哲学家的王朝似乎优于希腊和拉丁神父，柏拉图和西塞罗的散文使红衣主教都要为《新约》的希腊文和圣哲罗姆的拉丁译文惭愧。罗马帝国的光荣似乎比基督徒避入寺院小室中高贵得多。伯里克利时代的希腊或奥古斯都时代的希腊自由思想和行为使许多人文主义者羡慕不已，使他们心中的卑屈、来世和节欲法典大大动摇。他们疑惑自己为什么要使身体、心智和灵魂臣属于教士的规则，而教士本身现在却已转向尘世享乐。对这些人文主义者而言，君士坦丁大帝和但丁之间的 10 个世纪已成为一个悲剧性的错误，一种但丁式的迷失。圣母和圣徒的可爱传说已在他们记忆中褪色，让位给奥维德的《变形记》和贺拉斯性别不明的抒情诗。现在大教堂似乎已显得很野蛮，其中的巨大雕像对于见过、触过阿波罗像的人已失去一切吸引力。

所以，人文主义者已完全把基督教当作适合大众想象和道德的神话，而不是解放后的心灵所应认真接受的题材。他们在公开的宣告中支持它，承认已存的正统，奋力使基督教教条和希腊哲学合而为一。这项努力终于失败。他们毫无疑惧地接受理性最高的裁判，对柏拉图的《对话录》如《新约》一样尊崇。他们就像苏格拉底之前的希腊诡辩学派一般，直接或间接、自愿或不自愿地破坏他们听众的宗教信心。他们的生活反映了他们真正的信条，很多人以感官而非禁欲的观点来接受异教的伦理。他们承认的唯一不朽是伟大事迹的记录。他们将以自己的笔，而不是上帝，来达成不朽，使人注定永远的光荣或耻辱。科西莫以后的一代会同意和艺术家分享这种神奇的力量，而艺术家正是雕刻、绘画赞助者肖像，建筑高贵大厦以纪念捐助者的人。赞助者希望达成这种俗世不朽的心理正是文艺复兴的巨大推力。

人文主义者的影响是整整一个世纪中西欧知识生活的主要成分。他们教给作家更锐利的结构感和形式感，也教给他们修辞的技巧、语言的矫饰、神话的咒语、古句的盲目崇拜及不顾含义只求得语言正确、文体优美的精神。他们迷恋拉丁文，使意大利诗赋和散文的发展延迟了一个世纪之久（1400—1500 年）。他们从神学中解放科学，却崇拜过去，重视博学甚于客观的观察和创见的思想，使科学又蒙阻碍。奇怪的是，他们在大学中的影响最小。在意大利的文学都太古老，在博洛尼亚、帕多瓦、比萨、皮亚琴察、帕维亚、那不勒斯、锡耶纳、阿雷佐、卢卡等地，法律、医学、神学和文艺——包括语言、文学、修辞、哲学——的教授都局限在中古的传统中，不容许重新强调古典文化，他们至多让人文主义者教教修辞学而已。"文学复兴"的影响主要是通过佛罗伦萨、那不勒斯、威尼斯、费拉拉、曼图亚、米兰和罗马赞助的专门学校。人文主义者在那儿用希腊语或拉丁语口述他们所要讨论的古典教材，再一步步以拉丁文评论教材的文法、修辞、地理、自传和文学等；他们的学生记下口述的教材，也在书页空白的地方记下大部分的评论；就这样，古典作品和评论的抄本被复制起来，传遍世界。科西莫的时代因此成为学术而不是创造性文学的时代。文法、辞典编纂法、考古学、修辞学和古典名作的批评校订是当时文学上的光荣。现代学识的形式、组织和实质都已建立，希腊罗马遗产进入现代心灵的桥梁已建立起来。

自从诡辩派的时代以来，学者从未在社会和政治方面有过如此崇高的地位。人文主义者成为元老院、领袖团、公爵、教皇的秘书和顾问，以古典颂词报答他们的恩宠，以有毒的警句回报他们的冷落。他们刺激了那些吸收民族文化遗产以得到智慧和价值的个人，也改变了绅士的理想。正当法国、德国、西班牙企图征服意大利时，他们凭借威望和口才征服了阿尔卑斯山彼侧的欧洲。接二连三的国家吸收了新文化，从中古转向现代文明。发现美洲的那一世纪正是希腊、罗马文明被重新发现的世纪，而文学、哲学的转变对人类精神的影响比对地球的迂迴探险所产生的影响更加深刻。因为使人免于教条束缚，使他爱生命甚于来生，使欧洲心灵自由的，是人文主义，而不是航海家。

受人文主义影响的艺术得以延续，因为它是诉诸知识而不是诉诸感官。艺术的主要赞助者仍是教堂，艺术的主要目的仍是把基督教故事传给不识字的人民或装饰上帝的房屋。圣母和圣婴，受难被钉上十字架的基督，先知、使徒，圣父和圣徒仍是雕刻、绘画，甚至次要艺术的必要题材。然而，人文主义者渐渐教给意大利人更世俗的美感；对健康人体——男性或女性裸体——的坦白崇拜传播在受教育的阶级之间；文艺复兴文学对生命的再肯定，对中世纪来世思想的反抗已给予艺术一种秘密的现世依靠；而洛伦佐时代或后世的画家们，更以意大利爱神维纳斯为圣母的蓝本，以意大利太阳神阿波罗为圣塞巴斯蒂安（Sebastian）的蓝本，将异教动机带入基督教艺术中。16 世纪——当世俗的王子和教士们争相支持艺术家的时候——维纳斯、迈那斯公主阿里亚德妮（Ariadne）、被阿波罗迷恋的少女达芙妮（Daphne）、月神狄安娜、缪斯和美乐女神（Graces）向圣母的独尊地位挑战，然而谦和的圣母玛利亚仍能继续维持她完美的地位，直到文艺复兴时代的艺术结束为止。

建筑：布鲁尼里斯哥的时代

"发明这种恶劣的哥特建筑的人该死！"安东尼奥·费拉里（Antonio Filarete）在 1450 年说，"只有野蛮民族才会把它带到意大利。"那些玻璃墙简直不适合意大利阳光；那些飞扬的拱壁——虽然曾在巴黎圣母院被锤炼成美丽的架子，就像喷泉在流动中僵住了一般——对南方而言似乎是建筑者留下的丑恶绞台，结构上缺乏自足的稳定感。尖拱门、高圆顶的哥特形式显示人们渴望将精神从劳苦的土地转向慰藉的天空。但是富裕且追求舒适的人民现在已希望美化生活，不想逃避或诽谤它。地上就是天堂，他们自己就是神仙。

意大利文艺复兴时期的建筑基本上并不是对哥特建筑的反抗，因为哥特形式从未征服过意大利。每一种形式和影响都表现出 14 世纪和 15 世纪经验的片段：伦巴底-罗马式的重廊柱和圆拱门，希腊式地基的交叉，拜占庭的三角穹隆和圆顶，模仿伊斯兰教尖塔的端庄钟楼，令人想起伊斯兰教或古典回廊的托斯卡纳细廊柱，英国和德国的加梁天花板，哥特式的拱门、圆拱和窗饰，罗马建筑正面的和谐壮丽，尤其旁设甬道的教堂圣厅，其单纯有力更具有重大影响——当人文主义者将建筑眼光转向罗马废墟的时候，这些成分在意大利完全融合起来。当时从中古浓雾中升起的罗马法庭列柱，在意大利人眼中似乎比威尼斯的拜占庭怪物、沙特尔的端庄壮丽、博韦的脆弱大胆或亚眠拱门的神秘力量美丽得多。再建旋形美观、底座安定、柱头雕花悦目、额缘冷静安稳的廊柱——这个目标，由于已埋葬的过去活文化的发现，已成为布鲁尼里斯哥、阿尔贝蒂、米开罗佐、米开朗基罗和拉斐尔等人的梦想和热望。

　　"说起菲利普·布鲁尼里斯哥，"爱国的瓦萨里写道，"在建筑术堕落了几个世纪之后，他可以说是上天派来创建新形式的人。"他就像很多意大利文艺复兴时代的艺术家一样，是金匠出身。他后来成为雕刻家，曾一度和多纳泰洛成为友善的对手。他和多纳泰洛、吉贝尔蒂竞争雕刻佛罗伦萨洗礼堂铜门。他一看见吉贝尔蒂的草图，便宣布它们比自己的优异，于是和多纳泰洛离开佛罗伦萨，前往罗马研究透视和设计。他对那儿的古代和中古建筑深深着迷，度量了很多大建筑物的每个部分，尤其醉心于万神殿 142 英尺宽的圆顶，他还想为佛罗伦萨城未完成的圣母百花大教堂加上这样的圆顶。他及时回返佛罗伦萨，参加建筑师和工程师会议，商讨大教堂八角席位的加顶问题，那个席位横跨 138.5 英尺，工程浩大。布鲁尼里斯哥建议用圆顶，但是这么大的圆顶会影响墙壁，实非外面的拱壁和里面的梁柱所能支持，这项大压力对于与会的人似乎是很大的障碍。全世界都知道布鲁尼里斯哥放蛋的故事：他向其他艺术家挑战，看谁能把蛋直立。在其他人都失败之后，他将蛋钝的、空的一端压在桌上，终于成功。这些人争辩说，他们也可以同样做到。他答道，等他为教堂盖好圆顶以后，他们也会这样说的。他接受了这项工作。14 年中（1420—1434 年）他断断续续地进行这项工作，克服上千种困难，冒险将圆顶立起，高出支持的墙壁顶端 133 英尺。最后圆顶终于完成了，而且十分稳固。整个城市都称赞这是文艺复兴时代最伟大的建筑。一个世纪以后，米开朗基罗计划建筑圣彼得教堂圆顶，有人告诉他，他有机会胜过布鲁尼里斯哥，他答道："我会建一个姐妹圆顶，比他的大，却不可能比他的美。"在四周盟国的围绕下，这个威风多彩的圆顶卓然而立。红色屋顶的佛罗伦萨全貌，就像托斯卡纳山脚的玫瑰花坛一般。

布鲁尼里斯哥的观念来自万神殿，他却依照哥特式尖拱门的线条来弯曲圆顶，使圆顶和佛罗伦萨教堂的托斯卡纳哥特形式优美地协调起来。但是在从头设计的建筑物中，他的古典革命更为明显、更为完全。1419 年，他开始为科西莫的父亲建立圣洛伦佐教堂，只完成了圣器收藏室，但是他采取本堂形式、列柱、柱顶线盘，罗马式拱门作为计划中的主体。在克罗齐寺院中，他为帕兹家族建了一个漂亮的小教堂，再度令人想起万神殿的圆顶和柱廊。在同一寺院中，他也设计了直角的正门——有凸槽的柱子、镂花的柱头、雕刻的额缘和弧形窗的镶画——成为文艺复兴时代十万屋门的典型。他以古典线条开始建筑圣灵（Santo Spirito）教堂，但是在工程进行中，他逝世了（1446年）。这位建筑家的尸体静静躺在他所建的圆顶之下。佛罗伦萨人，上自科西莫，下至曾在该地工作的工人，都来哀悼天才的夭亡。"他生前是一个好基督徒，"瓦萨里说，"给世界留下美德的芬芳……从古希腊、罗马以至于今，没有人比他更难得、更杰出。"

布鲁尼里斯哥在建筑的狂热中为科西莫设计了一座宫殿，非常广大，非常华丽，这位温和的独裁者害怕别人的忌妒，竟不让它成形。相反，他召请米开罗佐为他及他的家族和办公室建立了现在仍存的美第奇宫，没有装饰的厚石墙显示出社会的紊乱、家族的宿仇、日复一日的暴力和叛乱，给佛罗伦萨政治更增浓烈的气氛。巨大的铁门开向朋友和外交官，艺术家和诗人，也通向一座设有多纳泰洛雕像作品的宫廷，通向柔美的房间，通向一个正面由贝诺佐·戈佐利设计的富丽堂皇的小教堂。美第奇家族在该地住到 1538 年，中间曾被放逐。当然他们也常常离开那些阴郁的墙壁，到加里奇（Careggi）和卡发吉诺（Cafaggiolo）城外或费舍尔山坡的科西莫别墅享受阳光。科西莫、洛伦佐、他们的朋友及受监护人就在那些乡村静处逃开政治，躲入诗词、哲学和艺术之中，祖孙也曾到加里奇城避开死神的约会。科西莫偶尔瞥见坟墓，便拨下相当的款项以建立费舍尔寺院，并扩建圣马可古修院。米开罗佐在该处设计了优雅的回廊、一间尼科利藏书馆和一间小室。科西莫偶尔也离开朋友，到那间小室深思、祈祷一整天。

米开罗佐是他最喜爱的建筑师，也是忠实的朋友，曾在放逐期间陪伴他，又随他回国。不久，领袖团交给米开罗佐一项困难的工作，要他支持维奇奥宫免于塌倒。他恢复阿塔努西亚（Santissima Annunziata）教堂，为它做了一个可爱的神龛，又用"施洗者"约翰的雕像加以装饰，显示出极大的雕刻才华。他为科西莫之子彼罗（Piero）在圣米尼托（San Miniato）山侧教堂建了一间富丽堂皇的大理石圣堂。他结合自己和多纳泰洛的技巧，在普拉托大教堂的本堂设计并刻出了迷人的"环带讲坛"。

同时，商人、贵族正在建立傲人的市政厅和宫殿。1376 年，领袖团授命本茨·西翁（Benci di Cione）和西蒙·塔伦提（Simone di Francesco Talenti）二人在维奇奥宫对面建立一个柱廊，以作为政府演说的讲台。它在 16 世纪开始出名，被称为朗奇柱廊，由科西莫公爵一世驻扎的日耳曼枪骑兵而得名。佛罗伦萨最富丽的私人宫殿是由凡西里（Luca Fancelli）根据 19 年前布鲁尼里斯哥的设计为银行家卢卡·比蒂（Luca Pitti）建立的（1459 年）。卢卡·比蒂几乎和科西莫同样富有，却不如他贤明谦和。他和科西莫竞求权力，也因科西莫引发出尖锐的诤言：

> 你向无限奋斗，我向有限。你在空中架起梯子，我架在地上……很自然，很公平地我希望我家的光荣和名誉超过你家。让我们像两只狗一般，见面时互相轻蔑、龇牙咧嘴，然后各走各的路。你管你的事，我管我的。

卢卡·比蒂继续谋划，科西莫死后他阴谋取代彼罗·美第奇的权力。他犯了文艺复兴时代公认的唯一罪恶——失败。他被驱逐、毁灭，他的宫殿也停留在未完成的状态中，达百年之久。

雕刻

·吉贝尔蒂

　　古典形式的模仿在雕刻方面比建筑更为彻底。罗马废墟的观察、研究及某些罗马杰作的偶然发现使意大利雕刻家发出好胜的狂喜。当现存于柏琪斯画廊（Borghese Gallery）的爱神像——她漠然的背部温和地转向观者——在圣西尔索（San Celso）的葡萄园中被发现时，吉贝尔蒂形容道："没有任何语言足以描写其中的学问和艺术，或者公平地批判它的杰出形式。"他说，这类作品的完美使眼睛不敢正视，只能用手抚摸大理石的表面和线条来加以欣赏。随着这些发掘的遗迹逐渐增多，逐渐熟悉，意大利心灵渐渐习惯了艺术中的裸体。解剖学的研究在艺术家艺苑和医学大厅中一样普遍。不久艺术家便毫无恐惧，不受指责地使用裸体模特。雕刻受了这样的刺激，结束了屈居建筑的附属地位，从石头或灰泥镶画转向立体的青铜或大理石雕像。

　　但是，在科西莫时代的佛罗伦萨，雕刻最初的、最著名的胜利却是镶画。大教堂前面的丑陋洗礼堂必须加上临时的修饰，才能挽回颜面。托里提（Iacopo Torriti）曾装饰讲坛，塔菲（Andrea Tafi）装饰圆顶，都是使用群集的嵌画；安德烈·皮萨诺曾为南方正堂铸了两面青铜的大门；1401 年，佛罗伦萨领袖团又与木商工会联合，筹了一大笔款项准备为洗礼堂北面装饰一副青铜门，以说服神祇停止瘟疫。竞赛公开举行，所有艺术家都被邀提出设计。最成功的——布鲁尼里斯哥、奎尔恰（Iacopo della Quercia）、吉贝尔蒂和其他几位——接受款项，被授命铸造一个青铜样品镶板，展示亚伯拉罕献以撒的情景。一年后，完成的镶板被送到 34 位裁判面前——包括雕刻家、画家和金匠。大家一致同意吉贝尔蒂的最佳。这个 25 岁的青年便开始了他第一副著名的青铜门的铸造工作。

　　只有仔细研究过这个北面大门的人才能了解其设计和铸造为何要花费 21 年的光阴。基于友谊，多纳泰洛、米开罗佐都来慷慨地帮助吉贝尔蒂，还有其他一大群助手。全佛罗伦萨人都期望并确信这是艺术史上最好的。吉贝尔蒂将这副门分成 28 片镶板。20 片叙述基督的生活，4 片描绘使徒，4 片表现教会的博士们。当这些镶板被设计、批评、再设计，铸造并装在门上的时候，捐献者不仅不吝惜已经花去的 2.2 万弗罗林，还聘请吉贝尔蒂为洗礼堂东面做一副对应的门（1425 年）。吉贝尔蒂在这次历时 27 年的创作过程中，有不少已成名或将成名的艺术家作为助手：布鲁尼里斯哥、安东尼奥·费拉里、鲍罗·乌切洛（Paolo Uccello）、安东尼奥·波莱奥罗（Antonio Pollaiuolo）和其他的人。在这段时期，他的工作室培养了十几位天才。因为第一副门表现了《新约》，所以，现在吉贝尔蒂用 10 片镶板呈现出《旧约》的情景，从人类的创造到示巴女王拜访所罗门王应有尽有。在边上他又用近乎完整的镶画和极为可爱的装饰——动物和花——构成 20 幅画面。在此中古和文艺复兴时代完全融合：第一片镶板上有关亚当的创造、夏娃的诱惑和他们被逐出伊甸园等中古题材是以古典的布帛波纹和大胆丰满的裸体来处理，而夏娃从亚当肉体中生出的意境也可媲美爱神从海上升起的希腊镶画。人们惊奇地发现，这些行动的背景中，风景几乎完全合乎透视学原理，描绘也很仔细，与当时最好的图画并无二致。有人抱怨这幅雕刻太注重绘画，超出古典镶画的传统。学理上的确如此，但效果很生动、很壮丽。一般公认第二次雕刻的门比第一次好：米开朗基罗认为它"好得足以装饰天堂的入口"；瓦萨里一定只想到镶画，他宣称"这幅雕刻的每一细节都很完美，无论在古人或今人之中，都是世界上最好的杰作"。佛罗伦萨人非常满意，他们将吉贝尔蒂选为领袖团的一员，并给他很多财产以安度晚年。

·多纳泰洛

　　瓦萨里认为多纳泰洛也是入选试铸洗礼堂门板的艺术家之一，但是多纳泰洛当时只有 16 岁。他的朋友和后代给他的爱称为"贝托·巴蒂"。他只花一点时间在吉贝尔蒂画室学艺，很快就发挥了自己的天才，从吉贝尔蒂镶画的女性优雅转向立体的雄壮雕像。他改革雕刻并不采纳古典的方法和目标，而是毫不妥协地忠于自然，表现自己原有个性和形式的粗鲁力量。他是一个独立的灵魂，像他雕刻的《大卫》（*David*）一样强韧，《圣乔治》（*St. George*）一样大胆。

他的天才发展并不像吉贝尔蒂一般迅速，却达到更大的范围和高度。一旦天才成熟，他便极为多产，直到佛罗伦萨充满他的雕像作品，阿尔卑斯山彼侧也回荡着他的盛名。他 22 岁时为圣米莱凯教堂雕刻圣彼得像，与吉贝尔蒂分庭抗礼；27 岁又为那栋大厦加上健壮、单纯而真诚的圣马可，超过了吉贝尔蒂。米开朗基罗说："由这样一个直爽的人传播福音，想拒绝接受是不可能的。"多纳泰洛 23 岁受聘为教堂雕刻《大卫》，那是他所雕刻的许多《大卫》中的第一座。他对这个题材始终有兴趣。他最好的作品也许就是科西莫订制的青铜《大卫》。它雕刻于 1430 年，立在美第奇宫的庭院里，现在放在巴吉诺。这是立体的裸体雕像在文艺复兴史上第一次大方的展露：身躯平滑，年轻的肉体肌理结实，脸孔侧面也许太希腊了，盔甲更是希腊化过度。在这一瞬间多纳泰洛把写实主义推开一旁，充分沉湎在想象之中，几乎堪比米开朗基罗为未来的希伯来王所刻的那尊更著名的雕像。

他的"施洗者"约翰却不如此成功，那个严厉的题材与他的现世精神相去太远；巴吉诺所存的两幅约翰雕像显得荒谬，毫无生命。有一幅石制的儿童头像比这两副好得多，命名为"年轻的圣约翰"，实在没有太大的道理。在同类作品《圣乔治》中，他把基督教理想和希腊艺术的节制线条联合起来：一副稳定、自信的体型，一个成熟、强壮的身体，一个哥特式的显示出古典布拉诺第（*Buonarotti*）的布鲁特斯精神的椭圆头形。他为佛罗伦萨大教堂正堂造了两座有力的人像——《耶利米》（*Jeremiah*）和《哈巴谷》（*Habbakuk*）。后者光秃秃的，被多纳泰洛称为"大南瓜"。在朗奇柱廊，多纳泰洛受科西莫之托所雕刻的青铜《朱蒂丝》（*Judith*）仍然向《何洛芬斯》（*Holofernes*）舞动着他的剑；而这位喝了药酒的将军在被斩前睡得很安宁，他被设计得很好，也铸得很好；但是那位年轻的除暴者完全被布帏的波纹掩盖了光辉，她对即将来临的事了无挂虑，平静得不合时宜。

在罗马的简短旅行中（1432 年），多纳泰洛为古老的圣彼得教堂设计了一个古典的大理石圣龛。也许他在罗马研究过帝国时代遗下的胸像，他最先发展了文艺复兴时代的伟大人像雕刻。他在人像方面最伟大的杰作是他为政治家乌扎诺所雕刻的陶土胸像。他用不恭维、表现真人的写实主义来娱乐自己、表现自己。多纳泰洛重新发现一项古老的真理，艺术不必永远追求美，但是要选择并表露有意义的形式。很多高贵的人不惜牺牲凿刀的真实性，有时因此而失败。一位热那亚商人不满意多纳泰洛眼中的自己，和他讨价还价。事情闹到科西莫那儿，他裁定多纳泰洛索价还嫌太低呢。商人抱怨说，这个艺术家只为这件作品花了一个月的时间，索价达到每天半个弗罗林，认为多纳泰洛不过是个艺术家，这价格未免太高了。多纳泰洛把胸像击得粉碎，说道，这种人只配在买豆子的时候讨价还价。

意大利城市比较欣赏他，而且竞求为他服务。锡耶纳、罗马和威尼斯都曾一度诱他前往，但是在帕多瓦城他铸造了他的代表作。他在圣安东尼教堂为伟大的圣方济各骸骨上的祭龛刻了一个大理石幕，上面放着构想柔和的活动镶画和青铜的十字架。在教堂前面的外廊里，他立了（1453 年）近代第一座重要的骑马雕像。这无疑受了罗马奥勒留骑像的激励，但是面孔和气氛却完全是文艺复兴式的，不是理想化的哲人国王，而是可以看出当代性格的活人，无惧的、无情的、有力的——威尼斯将军加塔梅拉塔（Gattamelata）。那匹焦躁、口吐白沫的马和他的脚配起来未免嫌大了些，而那些鸽子（与瓦萨里无关）每天都在这位征服者的光头上拉屎，但他的姿态骄傲而强壮，仿佛马基雅维利所渴望的一切美点都在多纳泰洛铸像中借着融熔未硬的青铜传递下来。帕多瓦城惊奇地、荣幸地注视这位幸得不朽的英雄，给予艺术家 1650 金杜卡特以酬谢他六年的辛劳，并要求他在该城定居。他古怪地反对说：“帕多瓦所有人都称赞他，他的艺术在这里不会有进步；佛罗伦萨所有人都互相批评，为了艺术他必须返回佛罗伦萨。"

事实上他返回佛罗伦萨是因为科西莫需要他，他也喜爱科西莫。科西莫是一个懂得艺术的人，非常支持他的创作。他们之间相契极深，因此多纳泰洛"将科西莫最微小的意向也加以神圣化"。在多纳泰洛建议下，科西莫收集了古雕像、石棺、拱环、廊柱和柱头，放在美第奇花园中，供年轻的艺术家学习。多纳泰洛和米开罗佐共同为科西莫在洗礼堂中立下一座逃亡者约翰二十三世的坟墓。他也为科西莫最喜爱的圣洛伦佐教堂刻了两个讲坛，饰以基督受难的青铜雕刻。日后萨沃纳罗拉和其余的人就是从这两个讲坛向以后的美第奇家族射箭的。他为神龛铸了一个可爱的《圣劳伦斯》（*St. Lawrence*）陶像，为圣器收藏室设计了两副铜门，并为科西莫的父母设计了简单而美丽的石棺。其他工作在他看来简直像小孩子的游戏：为圣十字教堂雕了一块精美的《天使报喜》（*The Annunciation*）；为大教堂雕了唱歌的男孩——胖嘟嘟的男孩们狂野地唱着颂歌；一幅《青年》（*Young Man*）胸像，是健康青年的化身（现存万国艺术博物馆）；一幅《圣西西里娅》（*Santa Cecilia*，可能由德西德里奥·西提加那诺所雕），其美堪称为基督教的颂赞；一幅耶稣钉上十字架的青铜浮雕，写实详尽，十分有力；在圣十字教堂雕了另一幅十字架图，用木头刻成憔悴、孤单的身影，虽然被布鲁尼里斯哥批评为"像钉上十字架的农夫"，仍是描写此景最感人的代表作。

赞助人和艺术家一起老了，科西莫对这位雕刻家照顾得十分周到，使多纳泰洛很少想到金钱的问题。瓦萨里说，他将钱放在一个篮子里，挂在工作室的天花板上，并吩咐他的助手和朋友们依照需要取用，不必征求他的意见。当科西莫临死的时候（1464年），他要他的儿子彼罗照顾多纳泰洛。彼罗给予这位老艺术家一栋乡间的房子，但多纳泰洛不久就回到佛罗伦萨，他喜欢自己所习惯的工作室甚于乡下的阳光和昆虫。他过着简单、满足的生活，活到八十高龄。佛罗伦萨所有艺术家——几乎所有人民——都参加他的葬礼。他如愿葬于圣洛伦佐教堂的地下圣堂中，和科西莫的坟墓比邻。

他曾大大增进了雕刻艺术，偶尔也过分注重姿态或设计，缺乏吉贝尔蒂铜门的完整形式。但是，他的错误是由于他决心表达的不是美，而是生命，不仅是强壮而健康的身体，而且是复杂的性格或心灵状态。他发展了雕刻人像，使它从宗教延伸到世俗的范畴，也给予他的题材空前的多变性、个性和力量。他曾克服上百种技术上的困难，创造了文艺复兴时代遗留至今的第一座骑马雕像。只有一个雕刻家能达到更高的巅峰，而且还是继承了多纳泰洛所学、所做、所思才能达到。多纳泰洛的学生贝托尔德（Bertoldo）正是米开朗基罗的老师。

·罗比亚

当我们读到瓦萨里的传记时，我们心目中有关吉贝尔蒂和多纳泰洛的画面显示出文艺复兴雕刻是由很多双受精神引导的手共同合作，师徒日日相传、代代相续的事业。从这些工作室中产生次要的雕刻家，他们在历史上留下不太响亮的名字，然而却各有所长地尽心将易逝的美化成永恒的形式。兰尼·迪·本科继承了一笔财产，本有足够的钱过着无忧无虑的生活，但他爱上了雕刻和多纳泰洛，便在他门下忠心为徒，直到自己成立工作室为止。他为圣米凯莱一地的鞋匠工会刻了一幅《圣菲利普》（*St. Philip*）像，为大教堂刻了手持福音书的《圣路加》（*St. Luke*）坐像，满怀信心地面对着开始萌发怀疑精神的复兴的意大利。

在另一间工作室中，伯纳多·罗塞利诺和安东尼奥·罗塞利诺兄弟联合他们在建筑和雕刻方面的技巧。伯纳多为莱纳尔多·布鲁尼在圣十字教堂设计了一座古典坟墓，然后，在尼古拉五世即位时到了罗马，献身于教皇的建筑革命。伯纳多在 34 岁时（1461 年）在佛罗伦萨圣米尼托为葡萄牙主教杰姆（Don Jayme）立了一座大理石坟墓，达到事业的巅峰。这是古典形式的全胜，只有天使的翅膀、主教的法衣和象征他童贞的皇冠例外。美国现存两幅安东尼奥的作品——摩根图书馆（Morgan Library）的《耶稣儿时》（*The Christ Child*）大理石胸像，国家艺术馆的《年轻的施洗者约翰》（*The Young St. John the Baptist*）。在维多利亚博物馆中有一幅圣米尼托医生乔万尼有力的头像——脸上布满青筋和思虑的皱纹——难道其他地方还可以找到比这更高贵的写实胸像？

德西德里奥·西提加那诺从邻近乡村来到佛罗伦萨，他的名字就是由村庄名字而来的。他参加多纳泰洛工作团，发现这位大师的工作缺乏足够的耐心。他以文雅、单纯和优美使自己的作品成名。他为卡洛·马苏皮尼造的坟墓不能媲美伯纳多·罗塞利诺为布鲁尼造的，但是他为圣洛伦佐教堂设计的神龛使见过的人都非常喜欢，而他附带的人像和镶画更令他声名远播。他的《玛丽埃塔·斯特罗齐》胸像（*Marietta Strozzi*）现存纽约的摩根图书馆和华盛顿的国家艺术馆。他死时年仅 36 岁，如果他像他的老师一样活到 80 岁，成就该多大呢？

卢卡·罗比亚活到 82 岁，而且善用了他的年华。他使土陶作品几乎提升到主要艺术的地位，他的声名比多纳泰洛传得更远。欧洲几乎没有一个博物馆不展出他柔和的圣母像，那是漆上蓝白两色的土制品。他像文艺复兴的许多艺术家一样，是以金匠开始的，在那个小世界中学得设计的精艺，转而学习雕刻镶画，为乔托刻了五个大理石墙板。也许大教堂的教会委员并没有告诉罗比亚这些镶画是优于乔托的，但他们很快命他用一块描述歌唱中的唱诗班男童、女童的镶画装饰风琴房。两年后（1433 年），多纳泰洛雕刻了一幅同样的作品。现在这两幅镶画正在大教堂作品室中对面而立，两者都有力地传达了童年的饱满生动。文艺复兴重新发现儿童是艺术中不错的题材。1446年，教会委员聘他为大教堂圣器室的铜门雕制镶画。这些镶画无法和吉贝尔蒂的作品相比，但是它们曾在帕兹的阴谋中救了洛伦佐·美第奇的生命。现在整个佛罗伦萨都称赞罗比亚为大师了。

到目前为止，他一直遵循雕刻艺术的传统方法。然而，他同时也做泥土实验，希望这种容易处理的材料能够做得和大理石一样美。他将泥土铸成设计好的形式，加上不同化学品的釉，再放入特殊构造的火炉中烘烤。教会委员对实验结果非常满意，便任命他在大教堂圣器室门上铸立有关耶稣复活和升天的土陶雕像（1443—1446 年）。这些凹版像，虽是黑白的，因为材料新颖、涂漆和设计的精练而大为轰动。科西莫和他的儿子彼罗也为美第奇宫殿和彼罗的圣米尼托礼拜堂订制同样的雕像，在这些作品中罗比亚在白色主色之外又加上蓝色。订约纷至沓来，使他迅速地、轻便地完工。他用一幅《圣母加冕》（Coronation of the Virgin）陶像美化了奥尼桑提教堂的正门，用温柔、优美的《圣母与圣婴》（Madonna and child）美化巴迪亚正门，图中的天使使我们几乎和天堂的永恒合而为一。他为皮斯托亚城的圣乔万尼教堂设计了一幅很大的《圣母访问》陶像（Visitation），其中伊丽莎白的老年形象和玛利亚的年轻、无邪、羞怯成为很鲜明的对比。罗比亚开创了艺术的新领域，也建立了一个罗比亚王朝，一直繁荣到15 世纪末为止。

绘画

·马萨乔

在意大利，14 世纪，绘画高于雕刻；15 世纪，雕刻高于绘画；16世纪，绘画又居于领导地位。也许14 世纪的乔托、15 世纪的多纳泰洛和16 世纪的达·芬奇、拉斐尔和提香等人的天才在这个转变中占了重要的地位，但是天才是时代精神的结果而不是它的成因。也许在乔托时代，古典雕刻的发现和启示并不像它们对吉贝尔蒂和多纳泰洛一样，发生很大的刺激和指导作用。但是那种刺激在16 世纪达到巅峰，为什么没有使伊库甫·圣索维诺（Iacopo Sansovinos）、切利尼（Cellinis）和米开朗基罗的雕刻位居当时的画家之上？为什么米开朗基罗本来是雕刻家，却一步步闯入绘画的领域？

是因为文艺复兴艺术还有比雕刻更广、更深的工作和需要？艺术，在贤明、富有的赞助人的支持下，希望占据整个描述和装饰的领域。用雕像达到这个目标要费太多时间、劳力和金钱，使人不敢问津。在一个匆忙而繁荣的时代，绘画可以更轻易地表达基督教和异教思想的双重范围。哪一个雕刻家能像乔托一样迅速、杰出地描绘圣方济各的生活？而且，文艺复兴时代的意大利，大多数人的情感和思想仍是中古式的，甚至被解放的少数也依恋古神学的回声和记忆，回想它的希望、恐惧和神秘观点，它的热诚、温和与弥漫的精灵音响。这些就像希腊、罗马雕刻所表达的美和理想一样，已在意大利艺术中找到出口和形式。以绘画表达如果不比雕刻更忠实、更微妙，至少也方便得多。雕刻长久地、热爱地研究人体，因此灵魂的表现并不擅长，虽然哥特式雕刻家偶尔也做精灵的石像。文艺复兴艺术必须同时描绘身体和灵魂、面孔和情感，它必须十分敏感，足以表达所有虔诚、挚爱、热情、苦难、怀疑论、感觉论、自负和权力的全部范围和气氛，还要使人感动。只有努力的天才才能用大理石、青铜或泥土达到这样的成就。当吉贝尔蒂和多纳泰洛尝试的时候，他们必须将方法、透视学和绘画的色调差异带入雕刻之中，并为生动的表达而牺牲黄金时代希腊艺术所要求的理想形式和沉着平静。最后一点，画家使用吸引注意的色彩，或叙述大家喜爱的故事，使人们史容易了解。教会发现绘画比冰冷的大理石雕刻或端庄的青铜铸像更容易感人、更亲切地触动人们的心灵。随着文艺复兴的进行，艺术拓宽了范围和目标，雕刻降为背景，绘画的地位提高了。以往雕刻是希腊人最高的艺术表达方式，如今绘画领域加宽了，形式变化了，技巧改进了，已成为至高的、有特性的艺术，成为文艺复兴的面孔和灵魂。

这段时期绘画仍处在摸索与不成熟阶段，鲍罗·乌切洛研究透视学，后来简直没有其他东西使他感兴趣。弗拉·安杰利科在生活和艺术方面都是中古理想的实现。只有在马萨乔的画中才可感觉到即将征服波提切利、达·芬奇和拉斐尔的新精神。

某些次要的天才曾转变了艺术的技巧和传统，乔托教过加多·加第（Gaddo Gaddi），加多再教塔第奥·加第，塔第奥又教安哥洛·加第（Agnolo Gaddi），而安哥洛在1380年仍用乔托形式的壁画装饰克罗齐教堂。安哥洛·加第的学生西尼尼（Cennino Cennini）将当时绘画、构图、嵌饰、颜料、油彩、上光等画家工作所积存的知识汇成《艺术之书》（*Libro dell' arte*）。第一页写道："这是《艺术之书》的开始，用以表示对上帝和圣母的尊敬，也对所有圣人们……还有乔托、塔第奥·加第和安哥洛·加第示敬。"艺术成为一种宗教。安哥洛·加第最伟大的学生洛伦佐·摩纳科（Lorenzo Monaco）是一个同志会僧侣。在华丽的祭坛画《圣母的加冕》中——洛伦佐为他那"属于天使"的寺院所画（1413年），洋溢着一种全新的观念和活力，面孔个别化了，颜色灿烂而强烈。但是在三联画上并没有透视学，后面的形象比前景中的还要高。就像从舞台上向下望见的观众头颅一般。谁能让意大利画家领会到透视学的奥秘呢？

　　布鲁尼里斯哥、吉贝尔蒂、多纳泰洛曾接近它。乌切洛几乎为这个问题贡献一生。他每夜都在沉思，使他太太极为愤怒。"透视学是多么迷人的东西！"他告诉她，"啊！如果我能让你了解其中的快乐多好！"对于乌切洛而言，最美的莫过于图画上平行田畦的稳定接近和远景混合。他在一位佛罗伦萨数学家安东尼奥·曼尼提（Antonio Manetti）的协助下，决心确立透视法则。他研究如何正确表达圆顶的后倾弧度，物体进入前景时的粗劣扩大，曲形廊柱的特殊变形，等等。最后他感到自己已将这种神秘化成规则，由这些规则，一个维度可传达出三维度的幻觉，绘画可以显出空间和深度。这对于乌切洛而言似乎是艺术史上最伟大的革命。他以自己的画证明他的原理，并且用壁画装饰圣诺维拉教堂的回廊。他的画在当时引起轰动，却经不起时间的磨蚀。他仍存的作品是大教堂墙上约翰·霍克伍德的画像（1436年），这位骄傲的贵人曾一度从攻击转而保护佛罗伦萨，现在正加入学者和圣人的行列。

　　安东尼奥·韦内齐亚诺（Antonio Veneziano）是乔托的门徒，斯塔尼亚（Gherardo Stamina）是韦内齐亚诺的学生，斯塔尔尼亚传授马索里诺（Masolino da Panicale），马索里诺又教马萨乔。马索里诺和马萨乔也研究他们自己的透视学。马索里诺是最初画裸体的意大利人之一。马萨乔最先应用透视学原理得到成功，使当代人大开眼界，也开创了绘画的新纪元。

他的真名是乔万尼（Tommaso Guidi di San Giovanni）。马萨乔是他的绰号，意思是"大汤姆"，正如马索里诺意思是"小汤姆"一般。意大利人喜欢为人取这种有鉴别性的名字。他很小就开始拿画笔，非常热爱绘画，对其他东西都不在意——他的衣服、他的外表、他的收入、他的债务。他曾和吉贝尔蒂一起工作，也许曾在那所学校中学到了解剖的精确性，那是他作品的特征之一。他研究马索里诺在圣玛利亚教堂的布兰卡奇（Brancacci）礼拜堂所画的壁画，也特别高兴注意到其中的透视和远缩试验。在巴迪亚寺院教堂的一根柱石上，他用从下往上看的远缩法画了布列塔尼的圣伊沃（St. Ivo）像，观者都不肯相信圣人会有这样的大脚。在圣诺维拉教堂的《三位一体》壁画上，他画了一个筒状拱环，渐缩的透视非常完美，使眼睛似乎看到画上的天花板正沉入教堂的墙壁中。

使他成为二代之师的划时代的杰作，是他继承马索里诺为布兰卡奇礼拜堂所画的有关圣彼得生平的壁画（1423年）。这个纳税的小故事由这位有新观念、真实线条的青年艺术家描绘出来：基督显得坚决高贵，彼得愤怒庄严，税吏带着罗马运动家的柔软骨架，每一个使徒的面貌，衣服和姿势都不同。建筑物和背景的山丘证明了初兴的透视学。而马萨乔自己，对着镜子摆姿态，也将自己画成群众中一个带胡须的使徒。当他绘制这一系列图画的时候，人们正用游行仪式供奉礼拜堂。马萨乔以敏锐的记忆眼光观察仪式，然后在回廊的壁画中描绘出来，布鲁尼里斯哥、多纳泰洛、马索里诺、乔万尼·美第奇和教堂负责人布兰卡奇都曾参加供奉，现在发现他们都在画里。

1425年，马萨乔不知出于什么原因，放下他未完成的工作，去了罗马。我们再也没有听过他的消息，只能猜测他也许遭到意外或病亡了。布兰卡奇那些壁画虽然未完成，却立刻被公认为绘画上的一大进步。在那些大胆的裸体、优雅的衣褶、惊人的透视学、写实的远缩法和精确的解剖细节中，在光影的微妙层次深度中，大家都感到一种新的起程，那就是瓦萨里所谓的"现代"形式。凡是佛罗伦萨行程范围可及内有野心的画家都来研究这一系列图画：包括安德烈亚、利比、卡斯塔吉诺、韦罗基奥、吉兰达约、佩鲁吉诺、彼罗·弗朗切斯卡、达·芬奇、巴托罗米奥修道士、安德烈亚·萨尔托、米开朗基罗、拉斐尔等，没有一个已死去的人有过这么多显赫的学生。自乔托以来没有一个艺术家曾经不自觉地有过这样大的影响力。达·芬奇说："马萨乔以完美的作品显示，凡是不以自然——至高的女主人——为向导的人，都会在徒劳的苦工里耗尽生命。"

·弗拉·安杰利科

在这些刺激的新奇事物中，弗拉·安杰利科静静地走着他自己的中古路线。他生在一个托斯卡纳村庄，本名彼得罗，年轻时就来到佛罗伦萨学画，可能是向洛伦佐·摩纳科学习的。他的天才成熟极快，而他也有希望在世俗领域建立一定的地位，但对和平的热爱、对拯救的渴望使他加入了多米尼克教团。他在各城见习修行，改名为弗拉·乔万尼，然后定居在费舍尔的圣多米尼克修院（1418 年）。他在快乐、默默无名的状态下画书稿插图，为教堂和宗教团体画图。1436年，圣多米尼克的教士们转入圣马可新修院，那是由科西莫出钱、任命米开罗佐所建的。以后的 9 年中，乔万尼在寺院教堂、僧会礼堂、宿舍、餐厅、招待所、廊柱和小室等处的墙上画了 50 多幅壁画。同时他以十分谦和、十分诚挚的态度修行，修士伙伴们便称呼他为安杰利科弟兄（Angelic Brother）、弗拉·安杰利科。没有人看见过他生气，也没有人能激怒他。凯皮斯（Thomas Kempis）发现他完全"模仿基督"，只有一个微小的差错：在《最后的审判》中，这位天使般的僧侣竟忍不住将几个圣方济各教派修士放入地狱。

对于弗拉·乔万尼而言，绘画是宗教的习题，也是美学上的解脱与喜悦。他绘画的格调很像他的祈祷，而他一定先祈祷才作画。他远离了生命中的严酷竞争，觉得生命是神圣补偿和爱的颂歌。他的题材永远是宗教——圣母和基督的生活、天堂中受保佑的人、圣人的生活、僧侣团的团长们，等等。他的目的与其说是创造美，不如说是激励虔诚。在僧会礼堂中，他画了一张副主教认为应该常存教士心中的图画——《耶稣被钉十字架》。这是一张强有力的绘图，显示出他对裸体的研究和包容一切的基督教本质，在十字架的底部，与圣多米尼克一起的是敌对教团的建立者——圣奥古斯丁、圣本笃、圣伯纳德、圣方济各、古伯托（John Gualberto）、同志会的阿尔伯特。在接待旅人的接待所入口天窗里，安吉利科描绘了有关基督化身香客的故事，因此每一个香客都应该被当作基督化身来招待。招待所内部如今聚集了不少安吉利科为各教堂和公会所画的题材：麻布公会的《圣母像》（*Madonna of the Linaioli*），其中天使唱诗班的团员都有女性化的柔软外形和天真孩童的微笑面孔；一幅《基督下十字架》（*Descent from the Cross*），美而柔和，可媲美文艺复兴艺术中描述同一场面的成千作品中任何一幅；一幅《最后的审判》，有一点儿人对称了，而且充满了可怖、不讨人喜欢的幻想，仿佛原谅是人道的，憎恨却是神圣的。在通向小室的楼梯顶部立着安吉利科的杰作《圣召》：一个非常优雅的天使已经对未来的耶稣之母表示敬意，而玛利亚正谦逊地、怀疑地鞠躬，用手画"十"字。在近50间小室中，这个有爱心的教士在他的教士学生的协助下，抽出时间来为每一间画一张壁画，使人回忆起一些激励的福音场面——《基督变容》、《使徒的共融》、《抹大拉的玛利亚以香膏涂基督的脚》等。在科西莫修行的双间小室中，安吉利科画了一幅《耶稣钉上十字架图》，还有《众王的崇拜》，其中众王都穿着富丽的东方服饰，也许就像这位艺术家在佛罗伦萨会议上所见的一般。在他自己的小室中，他画了《圣母的加冕》，那是他曾一再画过的最喜爱的题材。沃夫兹画廊有一幅，佛罗伦萨有一幅，卢浮宫有一幅，最好的是安杰利科为圣马可修道院所画的，其中基督和玛利亚是艺术史上最美好的形体之一。

这些虔敬作品的声名为乔万尼带来数以千计的订单。他对那些慕名而来的人说，他们必须先求得副主教的同意。有了副主教的同意，他不会拒绝他们。尼古拉五世召请他去罗马，他便离开佛罗伦萨的小室，前去为教皇布置礼堂，他选用的情景是有关圣斯蒂芬和圣劳伦斯的生平，这些画至今仍是梵蒂冈最愉悦的画面之一。尼古拉十分仰慕这位画家，建议他做佛罗伦萨大主教，安杰利科借故推辞，推荐他最敬爱的副主教。尼古拉接受了这个建议，而弗拉·安托尼诺即使在大主教长袍之下也仍是一个圣人。

除了艾尔·格里科（El Greco），没有人会像安杰利科一样创造如此统一、如此独特的风格，即使生手也能认出他的手笔。恢复乔托风格的单纯线条和形式；狭隘却清幽的颜色组合——金色、朱红、猩红、蓝、绿——反映出光辉的精神和快乐的信仰；形体也许太简单了，几乎没有解剖观念；面孔很美、很温和，但是苍白得不像活人，僧侣、天使、圣人都相似得近乎单调，就像天堂中的花朵一般；一切都加上温柔奉献的理想精神，气氛和思想的纯洁使人想起中古最好的时刻，不再被文艺复兴所掳。这是中古精神在艺术上的最后呼声。

弗拉·乔万尼在罗马工作了一年，一度曾在奥维托住过，曾在费舍尔的多米尼克修院当过3年的副主教；又被召回罗马，68岁那年死于该地。也许是洛伦佐·瓦拉的古典笔调写出了他的墓志铭：

> 基督！但愿你将赞美归于我，不因我是你所称呼的另一个人，而是因我曾将一切利益奉献于你。
> 有的事业是在世上，有的在天上。伊城的花将我若望举起。
> 基督，不要向你最忠心的信徒，我，称赞我是另一个阿佩莱斯，称赞我已贡献了一切吧；因为有些作品是为尘世，有些是为

天堂。我弗拉·乔万尼，是佛罗伦萨城邦的托斯卡纳市民。

·利比

艺术从温和的弗拉·安杰利科，经过热情的马萨乔，然后到了一个喜欢生命甚于来世永生的艺术家手中。弗拉·菲利皮诺·利比，屠夫托马索·利比之子，生于佛罗伦萨同志会修院后面的穷巷里。他两岁便成了孤儿，由一个婶母勉强抚养，到了8岁婶母便把他送入同志会教团，摆脱了他。他不喜欢读指定的书，却在书页边缘上画满了漫画。副主教注意到那些画的不凡，让他学马萨乔在同志会教堂所画的壁画。不久这个少年便在同一教堂里画自己的壁画了。那些画现已不存，但是瓦萨里认为不次于马萨乔的作品。他在26岁（1432年）离开寺院，仍旧自称为"教士"（Fra），却活在"世界"里，而且以他的艺术为生。瓦萨里说了一段已被传统所接受的故事——虽然我们无法确知其真实性：

> 利比据说非常好色，当他看见一个中意的女人，便愿意献出一切财产以占有她。如果不能成功，便画她的画像以平息爱火。这种欲望完全占据了他的心灵，只要有这样的心情存在，他就不再注意他的工作。因此，有一次科西莫雇用他时，把他关在房中，以免外出浪费时间。这样过了两天，他又被色情和原始的欲望所征服，用剪刀剪下床单，从窗户攀下房外，花费很多天的时间尽情玩乐。科西莫找不到他，特别来一次搜寻，最后利比又自行回来工作。从此以后，科西莫让他自由来去，后悔把他关起来……因为，他说："天才是天上的形体，不是捆扎的驴子。"……后来他努力以情感的束缚绊住利比，因此得到他更情愿的服务。

1439年，利比教士在写给彼罗·美第奇的信中形容自己是佛罗伦萨最穷的教士，有6个侄女与他同住，供养不易，而且她们都急于出嫁。他的作品销路甚佳，但是收入显然不敷侄女们的愿望。他的道德还不至于声名狼藉，因为他还曾经受聘为许多女修院作画。在普拉托的圣玛格丽特（Santa Margherita）修院中，他爱上了卢克雷齐娅·布蒂（Lucrezia Buti），也许是一个修女，也许是修女的监护人。他说服女院长让卢克雷齐娅·布蒂做圣母的模特。不久他们就私奔了。虽然她的父亲责备她，她还是和这位艺术家一起，做他的情妇和模特，让他画出许多圣母像，还为他生了一个儿子，就是后来成名的小利比。普拉托教堂的监护们并没有为这件事而反对他，1456 年，他们聘请他在唱诗班席位上画壁画，描述"施洗者"圣约翰和圣斯蒂芬的生平。这些壁画现在已大大损坏，当时被公认为杰作，构图完美，色彩丰富，充满戏剧性——一端以莎乐美（Salome）的舞蹈，一端以石掷斯蒂芬达到高潮。利比生性好动，觉得这件工作太沉闷，曾两度逃离。1461 年，科西莫说服庇护二世（Pius Ⅱ），让这位艺术家解除僧侣誓言。利比似乎觉得自己也脱离了对卢克雷齐娅的忠心——她现在已不能做圣母的模特了。普拉托的监护们想尽一切办法劝他回去完成壁画。最后，距开始动笔 10 年之后，他才在科西莫的私生子卡洛·美第奇——现任使徒书记的劝诱下将壁画加以完成。在斯蒂芬葬礼的一幕中，利比竭力去实现的是——建筑背景的透视错觉，环绕尸体而各有特性的形体，科西莫私生子为死者宣读礼文时的强壮体型和平静圆满的面孔，等等。

虽然他在性行为方面很不规矩，可能也正因为他对女人可爱的温柔很敏感，利比最好的作品全是圣母像。它们缺乏安杰利科圣母像中的非俗世精神，但是却表达了深度的柔软人体美和不尽的温柔。在利比教士的画中，圣父一家变成了一个意大利家庭，被家庭偶发事件所包围，而圣母玛利亚的肉体美更预报了异教文艺复兴的来临。除了女性魅力之外，利比在他的圣母像中又加上轻灵的优雅，这种特色后来传给了他的徒弟波提切利。

1466 年，斯波莱托城邀请他在教堂东面半圆室内再度描绘圣母的故事。他谨慎地工作，热情冷静下来，但是力量也随着热情消逝，他再也无法重现普拉托壁画的杰出成就了。他在这次工作中死去（1469年），瓦萨里认为是被他所诱惑的一个女子的亲戚毒死的。这一点不太可能，因为他被葬于斯波莱托大教堂中。而且几年以后，他的儿子还应洛伦佐·美第奇之聘为他的父亲建立了富丽的大理石墓。

　　每一个创造美的人都值得纪念，但是我们这里只能匆匆跳过多米尼克·韦内齐亚诺（Domenico Veneziano）和谋杀他的嫌犯卡斯塔吉诺。多米尼克从佩鲁贾（1439年）应召到圣玛利亚教堂画壁画，他的助手是一位来自伯戈城（Borgo San Sepolcro）的有为青年彼罗·弗朗切斯卡。他在这些作品中——现已失散——第一次做了佛罗伦萨油画实验。他只留给我们一张杰作——《妇人画像》（*Portrait of a Woman*，现存柏林）：上梳的头发，慧黠的双眼，突出的鼻子和丰满的胸。根据瓦萨里的记载，多米尼克把这个新技巧教给了当时也在圣玛利亚教堂作壁画的卡斯塔吉诺，也许竞争破坏了他们的友谊，而卡斯塔吉诺又是一个冷酷、冲动的人。瓦萨里叙述了他谋杀多米尼克的经过，但是其他记录显示多米尼克比卡斯塔吉诺多活了4年。卡斯塔吉诺以克罗齐教堂的基督受难图闻名，其中的透视技巧连同行都大感惊奇。在佛罗伦萨的圣阿波罗寺院中藏有他虚构的但丁、彼特拉克、薄伽丘、乌波提（Farinata degli Uberti）画像，还有虚张声势的《皮博·斯帕纳像》和《最后的晚餐》（1450年）。《最后的晚餐》似乎画得很差，毫无生命力，但是可能对达·芬奇多多少少提供了一两个概念。

其他

　　若要生动体会科西莫时代的佛罗伦萨艺术生命，我们不能只想到上面匆匆提过的主要天才。我们必须走入艺术的旁街和小巷，参观上百的店铺和工作室，其中有陶匠塑土、绘彩，玻璃匠将玻璃吹成、切成脆弱可爱的形状，金属匠将贵重金属或宝石雕成珠宝和勋章、印玺和钱币等。我们也许可以看见嘈杂中专心的工匠正把铁、铜或青铜锤成武器、甲胄、容器、用具和工具。我们必须观察橱柜工人设计、雕刻、镶嵌或磨饰木材；雕刻者在金属上刻图案；还有其他工人凿烟囱片，装饰皮革，刻象牙或制造细致的纺织品以使肉体更迷人，或用以装饰家庭。我们必须进入修院，看看耐心的僧侣装饰书稿，沉静的修女缝制含有历史故事的花毡。我们尤其必须想象一代人，进步得足以了解美，明智得足以将荣誉、食粮和刺激给予那些潜心创造的人。

金属雕刻是佛罗伦萨的一项发明。其大师古登堡（Gutenberg）和科西莫死于同一年。菲尼圭拉（Tommaos Finiguerra）是一个黑金镶嵌工人——他在金属或木头上刻铸图案，再用黑色的银铅合金填入凹洞中。传说有一天一张飘落的纸片或布片落在镶好的金属表面，拿起来以后发现上面印着花纹，这个故事不免予人后见之明的感觉。反正菲尼圭拉和其他工匠都精心地在纸上印出图案，以判断刻出的效果。一位佛罗伦萨金匠保迪尼（Baccio Baldini，约 1450 年）显然是最先从刻好的金属表面印制图案的人，这样做的目的是保存和放大艺术家的作品。波提切利、曼特尼亚和其他画家都曾供给他画稿。10年后，莱蒙迪（Marcantonio Raimondi）发展出新的雕刻技术，以便将佛罗伦萨绘画传遍世界。

最后我们还要提到一位轻视古典的人，他是当时最具体的综合工匠。除了政治之外，阿尔贝蒂经历过该世纪生活的每一面。他生于威尼斯，是佛罗伦萨的一个被放逐家庭的后代：科西莫复辟时回返佛罗伦萨，爱上了那儿的艺术、音乐、文学和哲学团体。佛罗伦萨也把他当作巨人般的完人。他英俊、强壮，体力过人，双脚被捆时还能跃过一个直立的人的头顶；能在大教堂中掷出钱币，达到圆顶；喜欢驯野马、爬山自娱；也是一个优秀的歌唱家，有名的风琴家，迷人的演讲家，有力的雄辩家，一个机灵、清醒的聪明人。他是一个优雅有礼的绅士，对谁都很慷慨，只有对女人例外。他常以不愉快的固执态度和近乎做作的愤怒讽刺女人。他不太在乎金钱，将财产委托朋友代管，也和他们分享收入。"人可以做一切事，如果他们有意去做的话。"他说。的确，意大利文艺复兴时代的主要艺术家很少不精通数种艺术的。像半世纪后的达·芬奇一样，阿尔贝蒂是十余种行业的大师，或者至少是娴熟的老手——数学、机械、建筑、雕刻、绘画、音乐、诗、戏剧、哲学、市政法和宗教法，等等。这些题材他几乎都撰文讨论过，其中一篇绘画论文还影响了彼罗·弗朗切斯卡。也许达·芬奇也曾受其影响。他还加上两篇讨论女人和爱情艺术的文章及一篇著名的《谈家庭照顾》。每画完一张图画，他会叫进一群小孩，问他们这是什么意思，如果小孩不懂，他就认为是一大失败。他是首先发现可以用照相暗箱的人。他还是一位建筑家，曾逐城建立罗马式教堂正面或礼拜堂。根据瓦萨里的记载，他在罗马参加尼古拉五世"翻转首都"的建筑计划。在里米尼他将圣方济各教堂几乎改建成异教的庙宇。在佛罗伦萨，他为圣诺维拉教堂立了大理石前部，在圣潘克拉齐（San Pancrazio）教堂中为卢西莱家族建立了礼拜堂，还有设计简单、稳定的两座宫殿。在曼图亚城他用因科罗纳塔（Incoronata）礼拜堂装饰大教堂，又以罗马凯旋门式的正面装点圣安德烈亚教堂。

他写过一篇喜剧《费罗都斯》（*Philodoxus*），其中的拉丁口语太流畅了，因此他谎称是新发现的古典作品以愚弄世人，竟没有人怀疑他；而阿尔都斯·马努蒂乌斯（Aldus Manutius）身为学者，竟也将它当作罗马古典作品来印行。他用闲谈对话的方式写论文，使用的意大利文非常平易单纯，连忙碌的商人都乐于拜读。他的宗教是罗马式的而不是基督教，但是他听见大教堂唱诗又总会怀有虔诚的礼拜之心。他极富远见，预先忧虑基督教信仰的衰颓会使世界陷于行为和思想的混乱。他热爱佛罗伦萨四周的乡村，尽可能隐入那些地方，而且使对话录主角提基里诺（Teogenio）说出如下的话语：

> 我可以悠闲地在这儿欣赏已逝名人的社会。当我要和圣人、政治家、大诗人谈话时，我只得转向书架，我的友伴比你官中的

一大群客人和谄媚者要好得多。

科西莫同意他的看法，老年时最爱在他的别墅、他的朋友、他的艺术收藏和他的书本中找寻慰藉。科西莫患了严重的风湿，晚年将外部的事务交给卢卡·比蒂处理，此人滥用机会增加他的财富。科西莫的遗产并未因无数慈善行为而减少，他曾古怪地抱怨上帝永远先他一步，以利息还报他的慈善。他在乡村的邸宅中接受柏拉图门徒菲奇诺的教导，研究柏拉图。科西莫垂死时，菲奇诺答应给他死后生命的是柏拉图笔下的苏格拉底，而不是基督权威。朋友、敌人同样都为他的死亡而悲哀（1464 年），惧怕政府陷于混乱。几乎全城的人都追送他的遗体到坟墓去，那是他授命德西德里奥·西提加那诺为他在圣洛伦佐教堂所预建的。

圭恰尔迪尼等爱国者被后来美第奇家族的行为所激怒，把他当作布鲁特斯眼中的恺撒（布鲁特斯刺杀恺撒），马基雅维利却尊崇他有如尊崇恺撒一般。科西莫推翻了共和国，但是他所阻止的自由是富人以党派混乱统治国家的自由。虽然也偶有残酷的记录，他的统治大体上却是佛罗伦萨史上最温和、最平静、最有秩序的时期。另一段好时期则属于他精心训练的孙儿统治时代。很少有王子如此贤明慷慨，如此真诚地重视人类的进步。"我负欠柏拉图许多，"菲奇诺说，"但是对科西莫亦然。他使我了解德行，正如柏拉图使我了解概念一般。"在他手下，人文运动开花了；在他手下，多纳泰洛、安杰利科和利比等天才受到了慷慨的资助；在他手下，久被亚里士多德掩盖了光辉的柏拉图恢复了人文主义主流的地位。科西莫死后一年，当时间有机会冲淡他的光荣、显露他的缺点时，佛罗伦萨会议表决在他的墓上刻铸最高贵的头衔：国家之父。他配得上这样的称呼。文艺复兴因他而抬头，在他的孙儿领导下达到最纯粹杰出的巅峰，在他的重孙手下征服了罗马。在这样的王朝下，也许很多罪恶都被原谅了。

第四章 | 黄金时代
（1464—1492）

"痛风者"彼罗

科西莫之子彼罗，时年55岁，继承了其父的财富、权威和风湿症。自从儿童时代，这种富贵病就使彼罗深受痛苦，所以同代的人为了区分他和其他的彼罗，称他为"痛风者"彼罗（*Piero Il Gottoso*）。他是一个具有很强能力和良好道德的人。他曾颇为优秀地完成了父亲交给他的外交使命，他对朋友、文学、宗教和艺术都很慷慨，但是缺少科西莫的智慧、和蔼和机智。为了赢得政治上的支持，科西莫曾借出大量款项给有影响力的公民，彼罗现在突然收回贷款。有些负债人唯恐破产，便宣布革命。马基雅维利说："借自由之名，以作为掩盖他们目的的旗帜。"他们曾短期控制政府，但是美第奇党很快又重新占据了它。彼罗继续着不安的统治，直到去世为止（1469年）。

他留下两个儿子：20岁的洛伦佐和16岁的朱利亚诺。佛罗伦萨不相信这样的少年能够成功地管理他们家族的生意，更别说国家事务了。有些公民要求恢复共和政体，很多人害怕混乱和内战。洛伦佐使他们大为惊奇。

洛伦佐的发展

科西莫注意到彼罗健康状况不佳，尽力准备让洛伦佐执掌权力。这个男孩曾向阿基洛普洛斯学习希腊文，向菲奇诺学习哲学，也曾耳听政治家、诗人、艺术家和人文主义者的谈话，不知不觉受了教育。他也学过战争的艺术，19 岁参加佛罗伦萨主要家族的王子竞赛，"不靠他人的恩宠，而靠自己的勇猛"赢得第一。在这次比赛中，他的甲胄上刻着一则法国的箴言，那可以说是文艺复兴的写照——"黄金时代回来了"。同时他以但丁和彼特拉克的体裁写出十四行诗。为顺应当时写情诗的风气，他曾在贵族中寻找一位诗篇的女主角。他选了卢克雷齐娅·多纳提（Lucrezia Donati），赞美她一切的德行，只有她的贞洁令人遗憾，因为她似乎不容许文笔以外的热情。彼罗认为婚姻可以治疗这段恋史，便劝这位少年娶了卡拉莱丝·奥西尼（Clarice Orsini，1469 年），因此使美第奇家族和罗马最有势力的家族形成联盟。当时全城都受到美第奇家族连续三天的款宴，菜品奢华无比。

科西莫曾给这位少年实习政事的机会，彼罗当权时更扩大了他在财政和政府方面的权限。彼罗死后，洛伦佐发现自己是佛罗伦萨——甚至也许是全意大利最富有的人。财产和事业的掌理对年轻的他必是很大的重担，而共和国现在有机会重建权威了。但是美第奇家族的客户、贷款人、朋友和臣属很多，而且很渴望美第奇继续统治，因此彼罗死后两天，领导公民的代表团便在洛伦佐家中等他，要他答应领导城邦。他很快就被说服了。美第奇商行的财政和城中的财政纠缠在一起，他担心敌人或对手一旦得到政治权力，美第奇家族就要尝到破产的命运。为了平息别人批评他年轻生嫩，他任命了有经验的公民议会，在各种重大事情方面做他的顾问，他终生都请教这个议会。但是他很快显示了良好的判断，因此议会很少对他的领导发生疑问。他分给弟弟一份很慷慨的权力，但朱利亚诺热爱音乐和诗、竞赛和爱情。他崇拜洛伦佐，很高兴将政府的管理和光荣让给他。洛伦佐的治理方式和科西莫、彼罗相同，维持（直到 1490 年）私人公民的身份，将政事交给一个改革会处理，会中支持他家族的会员占压倒性的多数。改革会在共和体制之下拥有绝对却短暂的权力，在美第奇手下变成永久的 70 人议会。

公民表示默许，因为繁荣继续着。米兰公爵加里亚佐·玛利亚·斯福尔扎（Galeazzo Maria Sforza）于 1471 年访问佛罗伦萨时，他对城中繁荣的景象大感惊奇，对科西莫、彼罗和洛伦佐在美第奇宫廷和花园中收集的艺术品更为吃惊。这里已成为雕像、花瓶、宝石、绘画、书稿和建筑遗迹的博物馆。加里亚佐断言他在这份收藏中所见的绘画杰作，比全意大利其他地方都要多。当（1471 年）洛伦佐领导佛罗伦萨代表团到罗马庆祝西克斯图斯四世（Sixtus Ⅳ）被选为教皇时，美第奇财富再次增加。西克斯图斯重申美第奇管理教产的权力。5 年前彼罗曾为美第奇家取得有利的特权，得以开采吉维塔维奇（Civitavecchia）附近教产矿藏，该地出产染色和布料加色所用的稀有明矾。

洛伦佐从罗马回来不久，就不很成功地面对了第一次大危机。沃泰拉（Volterra）——佛罗伦萨辖区的一部分——的一个明矾矿租给可能和美第奇有关的一群私人承包商。当此矿证明极为赚钱的时候，沃泰拉的公民要求分一部分利润作为市政税收。承包商抗议，并向佛罗伦萨领袖团陈情。领袖团宣称利润应归入整个佛罗伦萨城邦的财产，使问题更加复杂。沃泰拉指责这份决定，宣布独立，而且处死了几个反对独立的公民。在佛罗伦萨议会中，托玛索·索德里尼提出安抚的方法，洛伦佐拒绝，认为这样会鼓励其他地方的暴乱和独立。他的建议被接受了，叛乱被武力镇压了，而佛罗伦萨雇佣兵变得难以控制，大肆掠夺叛城。洛伦佐立刻赶到沃泰拉，努力恢复秩序，从事改良，但是这件事始终是他记录上的一大污点。

佛罗伦萨原谅了他对沃泰拉的严苛，而且赞许他在 1472 年迅速输入谷物，避免了城中的饥荒。洛伦佐和威尼斯、米兰形成三角联盟，以保持北意大利的和平。西克斯图斯教皇并不高兴，如果强大而联合的北意大利限制了教皇国的一面，而那不勒斯王国又阻碍了它的另一面，则教皇在夹缝中永远不可能舒适。西克斯图斯得知佛罗伦萨正要买下伊摩拉城及在博洛尼亚和拉韦纳之间的领土，怀疑洛伦佐计划将佛罗伦萨领土扩张到亚得里亚海，他立刻买下伊摩拉作为法律上——几乎不是实际上——教皇属城的必要连缀地。在这次交易中，他利用了帕兹银行的服务和基金，而帕兹现在正是美第奇家族最强的对手。他将教产税收的有利管理权从洛伦佐移到帕兹手中。并指派美第奇的两个敌人——吉罗拉莫·里亚里奥（Girolamo Riario）和弗朗西斯科·萨尔维亚蒂（Francesco Salviati）——担任伊摩拉官员和比萨大主教，当时比萨仍是佛罗伦萨的领地。洛伦佐采取了科西莫都会深悔的迅速行动：他采取措施毁灭帕兹商行，并下令比萨将萨尔维亚蒂赶出主教教廷。教皇大为震怒，同意帕兹、里亚里奥和萨尔维亚蒂阴谋推翻洛伦佐，他拒绝批准暗杀这个少年，但是阴谋者并未把这种慎重的态度当作阻碍。他们漠视宗教礼规，计划在复活节（1478 年 4 月 26 日）大教堂弥撒中杀死洛伦佐和其弟朱利亚诺，在教士高举圣体的一刻采取行动。同时萨尔维亚蒂和其他人准备袭击维奇奥宫，罢黜领袖团。

在指定的那一天，洛伦佐像往常一样没有武装、不带卫士进入大教堂。其弟朱利亚诺有事耽搁了，但弗朗西斯科·帕兹和伯纳多·班第尼决意要杀他，到他家用笑话讨好他，劝他到教堂去。就在那儿，在教士高举圣体时，伯纳多·班第尼刺中了朱利亚诺的胸口。朱利亚诺倒在地上，弗朗西斯科·帕兹跳到他的身上，一再刺他，愤怒中严重割伤自己的腿部。同时安托尼奥和教士斯蒂法诺（Stefano）用匕首攻击洛伦佐。他用手臂保护自己，只受到了轻微的割伤，朋友们围住他，领他进入圣器室。谋刺者从充满敌意的人群中匆忙逃走。朱利亚诺的尸体被带回美第奇宫。

当这些行动在教堂进行时，萨尔维亚蒂大主教、伊库甫和100

个武装部下攻向维奇奥宫。他们大叫"共和、自由",希望人民会帮助他们。但是人民在这次危机中大叫"红球万岁",表示支持美第奇——红球是美第奇家族的象征。萨尔维亚蒂逃入宫殿时被执法人恺撒·彼得鲁奇(Cesare Petrucci)击倒,人文主义者波焦之子伊库甫在宫殿窗户中被吊死。其他的阴谋者爬上楼梯,被果敢的领袖们捉住,丢出窗户,被愤怒的群众解决。洛伦佐现在带着护卫出现,人民为他的安全而欢呼,对抗一切有参加阴谋嫌疑的人。弗朗西斯科·帕兹因失血过多而衰弱不堪,被拉下床铺,吊死在主教身旁,主教在临死的挣扎中咬伤萨尔维亚蒂的肩膀。伊库甫家族的年老荣誉领袖被赤裸地拉过街道投入阿尔诺河中。洛伦佐尽力缓和民众嗜血的冲动,救下了几个受到不公平指控的人。

西克斯图斯四世对大主教被吊死一事大表震怒,将洛伦佐、执法人和佛罗伦萨官吏们逐出教会,停止佛罗伦萨领土内的宗教礼拜。某些教职人员抗议这项禁令,发布文件责备教皇不合适的毁谤。在西克斯图斯建议下那不勒斯王斐迪南一世(Ferdinand Ⅰ)派出使节,建议领袖团和公民将洛伦佐交给教皇,或者至少放逐他。洛伦佐劝领袖团顺从,领袖团却告诉斐迪南,佛罗伦萨宁愿忍受任何极苦,绝不将领袖交给敌人。西克斯图斯和斐迪南向佛罗伦萨宣战(1479年)。国王斐迪南的儿子阿方索在坡奇邦西(Poggibonsi)附近击败佛罗伦萨军队,大肆蹂躏乡村。

不久,佛罗伦萨人民开始报怨战役的征款,洛伦佐知道没有一个社会肯长期为一个人而牺牲。他在这个人生的转折点,做了一个特别而史无前例的决定。他在比萨乘船,开往那不勒斯,要求被带到国王面前。斐迪南崇拜他的勇气。这两个人正处于战争状态,洛伦佐没有安全措施,没有武器,没有卫士,而不久前被邀至那不勒斯做客的弗朗西斯科·皮西尼诺(Francesco Piccinino)才被皇家下令阴谋杀死。洛伦佐坦白承认佛罗伦萨面对的困难,但是他指出教皇如果解除佛罗伦萨统治权而加强了力量,然后旧调重弹,宣称那不勒斯是教皇的纳贡采邑，这对那不勒斯是多么危险。土耳其人正由海陆两面向西进军，他们随时会侵入意大利，攻击斐迪南的亚得里亚省，意大利在这个危机中不宜再以内部的憎恨和战争分化自己。斐迪南并未亲自监禁他，但下令以囚犯和贵客的双重身份扣留洛伦佐。

阿方索对佛罗伦萨军队的继续胜利，及西克斯图斯一再要求解送洛伦佐到罗马，更增加了洛伦佐的困难。佛罗伦萨悬宕了三个月，洛伦佐深知这次失败意味着他的死亡和佛罗伦萨独立的结束，同时他以好客、慷慨、良好的礼仪和愉快的性情交了不少朋友。城邦阁员卡拉法（Caraffa）伯爵被他深深倾倒，支持他的主张。斐迪南也欣赏他这个囚犯的教养和性情。这显然是一个文雅、正直的人，与这样的人谈判至少在洛伦佐活着的时候可以保证佛罗伦萨和那不勒斯的友谊。他与洛伦佐签订条约，给他华丽的马匹，准他从那不勒斯上船。当佛罗伦萨得知洛伦佐带来和平，给予他感激而盛大的欢迎。西克斯图斯十分生气，打算独自继续战争。但是当君士坦丁堡征服者穆罕默德二世（Mohammed Ⅱ）的军队登陆奥特兰托（Otranto，1480 年），而且扬言要占领意大利，占有拉丁基督教世界的安全地带时，西克斯图斯邀请佛罗伦萨商讨问题。他们的使节向教皇适时地表示尊崇。他也适当地责备了他们，又原谅了他们，并劝他们准备 15 艘长船对抗土耳其。双方讲和，从此洛伦佐成为托斯卡纳地区无人可比的领袖。

慷慨的洛伦佐

现在他的治理手段比少年时代温和多了。他刚刚 30 出头，但是在文艺复兴的温室中成熟得很快。他并不英俊：他的大扁鼻挂在上唇之上，奇怪地向外弯曲；他的肤色黧黑；他那严苛的眉毛和沉重的下巴大大辜负了他温和的精神、礼节的魅力、机智的活泼及心灵的诗意感。他高大、肩宽、红光满面，看起来像运动员而不像政治家，事实上在体力游戏方面也很少人能胜过他。他具有地位上不可缺少的矜持尊严，但是私下里他使朋友们立刻忘记他的权力和财富。他和他的儿子利奥十世一样能够欣赏最微妙的艺术和最单纯的小丑。他和浦尔契共处时是一个幽默家，和波利希安在一起时是诗人，和弗朗西斯科·兰迪诺在一起时是学者，和菲奇诺在一起时是哲学家，和彼科在一起时是神秘主义者，和波提切利在一起时是美学家，和斯夸尔恰卢皮（Antonio Squarcialupi）在一起时是音乐家，和宴会中喜乐的人在一起时又同为喧闹者。"当我的心灵被公共事物的骚动干扰时，"他写信给菲奇诺说，"我的耳朵也被暴乱公民的喧嚣击溃，除非我在科学中寻找松弛，否则我如何能支持这样的争斗？"——他的意思是追求多样的知识。

他的品德并不像他的心智一样值得让人效法。他像很多那时候的人一样，不容许他的宗教信仰妨碍他的生活享受。他曾以显然诚挚的态度写出虔诚的颂诗，但又毫无悔恨地转向庆祝淫逸爱情的诗篇。除了为失去的逸乐懊恼之外，他很少后悔。他为了政治的理由，勉强接受了一个他敬多于爱的妻子，之后便追随当时的风尚以通奸自娱。但他没有私生子。至于他的商业道德至今仍在辩论中。没有人怀疑他的慷慨，他滥用慷慨是和科西莫一样出名的。他总是不停地用更大的厚礼回报别人的礼物。他用金钱支援过十几件宗教行动，支持着无数的艺术家、学者、诗人，也借出大笔款项给城邦。帕兹阴谋之后，他发现他的公共和私人付款已使他的商行无法面对债务，顺从的议会便决议由城邦府库偿还他的债款（1480 年）。至于这笔钱是否只公平地偿还了美第奇家族的服务和他们为公共目的所花费的私人基金，抑或是明显地监守自盗，我们不得而知。这件事虽然大家都知道，却无损于洛伦佐的受拥戴。人们想到他的慷慨，也想到他的财富和奢侈的家庭，因此称他为"慷慨的"洛伦佐（Lorenzo Il Magnifilo）。

他的文化活动使他忽略了远及各地的商行事务。他的经纪人利用他的专心，大肆浪费和欺骗。他逐渐将财产撤出商业，投资到城市不动产和大规模的农业中，拯救了家庭的财富。他很喜欢亲自管理农场和果园，对肥料和哲学一样熟悉。由于科学化的灌溉和施肥，靠近加里奇和加亚诺两地别墅的土地成为农业经济的典范。

佛罗伦萨的经济生活在他的统治之下繁荣起来。利率降至 5%，商业因财源稳固而发达，直到洛伦佐晚年，英国成为纺织品外销的麻烦竞争者为止。对繁荣更有贡献的是他的和平政策，及他治理的第二个十年中在意大利所维持的均衡势力。佛罗伦萨与其他意大利城邦联合将土耳其逐出意大利。这件事完成之后，洛伦佐说服那不勒斯的费兰特（Ferrante）和米兰的加里亚佐·斯福尔扎与佛罗伦萨签订共同防御联盟。当教皇英诺森八世参加这个联盟时，大部分小城邦也依附了它。威尼斯保持超然的态度，但是却因为害怕联盟而采取友好的行为。除了一些小小的中断外，意大利的和平就这样维持到洛伦佐逝世。同时他竭尽一切机智和影响力保护弱邦对抗强邦，仲裁和调解邦际利益与纠纷，在争端发生之初即施行遏阻。在那快乐的 10 年中（1480—1490 年），佛罗伦萨达到政治、文学和艺术光荣的巅峰。

内政方面洛伦佐通过 70 人议会治理政事。1480 年，这个机构由当年领袖团选出 30 位会员，再由这 30 人选出另外的 40 位会员构成。会员采用终身制，空缺以选举方式递补。在这样的安排之下，领袖团和标准执法人只是议会的执行代理人。人民议会和选举都免除了。反对十分困难，因为洛伦佐雇有间谍侦察这件事，并且有办法给予反对者财政上的麻烦。古老的党派酣眠了，罪恶隐藏了，自由减少了，秩序却兴盛起来。当时，曾有一个人这样写道："我们这儿没有劫案，没有夜间骚乱，没有暗杀，不管白天晚上每一个人都可以非常安全地办理他的事务。"圭恰尔迪尼说："如果佛罗伦萨要有一个暴君，再也不可能找到比这位更好、更令人喜欢的了。"商人喜爱经济的繁荣胜于政治的自由，劳动阶级忙于从事许多公共工作，只要洛伦佐供应面包和游戏，他们便原谅了独裁。各种竞赛迷住了富人，赛马刺激了中产阶级，而化装游行则娱乐了大众。

佛罗伦萨有一种风俗，在狂欢节的几天里，大家戴着喜乐或吓

人的面具在街上游行，唱着讽歌或恋歌，组织"化装行列"——一队
队画好或加上花圈的彩车代表神话或历史上的角色和事件。洛伦佐酷
嗜这个风俗，但是怀疑它有趋于混乱的倾向。他决定由政府给予赞助
和秩序，使它受到适当的控制。在他的治理下，化装游行成为佛罗伦
萨生活中最受欢迎的活动。他聘请艺术家设计并绘制彩车、旗帜和服
装，他和朋友们则写作唱曲。这些唱曲反映出狂欢节的道德松弛。洛
伦佐最著名的化装游行是"酒神的凯旋"。其中一列彩车载着可爱的
少年，一队盛装的少年骑着欢腾的骏马，经过维奇奥宫来到大教堂前
面的豪华广场，和谐的和声在铙钹和维忽拉伴奏下唱出一首洛伦佐亲
自撰写的诗歌。那首诗与大教堂完全不相配：

> 青春极美，忧伤无益，
> 韶华分秒逝如水。
> 少男少女，享受今日；
> 明天祸福有谁知？

> 酒神巴克，丽人雅妮，
> 一双爱侣真情意！
> 不管时光，飞逝如许，
> 誓愿同我新欢愉。

> 美丽仙子，神族象士。
> 欣度假期长无恨。
> 少男少女，享受今日；
> 明天祸福有谁知？

> 高雅贵妇，青年恋人！
> 愿酒神长在欲长在！

狂舞嬉游，尽情歌咏，
让甜蜜爱火燃心胸。

当来临者，自当来临。
休管他未来运命。
少男少女，享受今日；
明天祸福有谁知？

　　这些诗和化装游行也是洛伦佐被控腐化佛罗伦萨青年的理由之一。也许没有他，佛罗伦萨也会"腐化"。威尼斯、费拉拉和米兰等地的道德并不比佛罗伦萨强。美第奇银行家手下的佛罗伦萨比美第奇教皇手下的罗马好得多。

　　洛伦佐的美感太敏锐了，对道德不免有害。诗是他的一大爱好，他的文章也可以媲美当时最好的文学家。唯一胜过他的波利希安仍在拉丁文和意大利文之间徘徊，洛伦佐的诗篇则将文学的主流恢复成方言，那是由但丁创立、却被人文主义者推翻的。虽然他可以很容易地阅读拉丁原文，他喜欢彼特拉克的十四行诗甚于拉丁古典的情诗，他自己也不止一次写出足以文饰彼特拉克的短诗。但是他对诗意的爱并不认真。他更诚挚地写作有关乡村风景的诗文，他认为那些风景使他得到四肢的运动和心灵的平和。他最好的诗篇都是描述乡村中的森林和溪流、树和花、羊群和牧人。有时他也以隔行韵脚（terza rima）的形式写幽默小品，使农夫的淳朴语言变成愉快的诗歌；也写过讽刺的闹剧；还为他的孩子写宗教剧和虔诚的颂歌。但是他最具特色的诗篇还是狂欢节唱曲——为欢宴的时节和气氛而唱的歌，欢乐的放纵和少女的自由。没有一样东西比这位中心人物更能表现意大利文艺复兴的道德、礼仪、复杂性和多变性了。他治理着一个城邦，管理着一笔财产，参加角力竞赛，写杰出的诗，慷慨地支持艺术家和作家，平易地与学者、哲学家、农夫和小丑厮混，在化装游行中前进，唱着淫歌，写作温和的颂诗，和情妇游戏，生出了一个教皇，而且被全欧洲尊为当时最伟人和最高贵的意大利人。

文学：波利希安的时代

佛罗伦萨的文人在他的帮助和以身作则的鼓励下，以意大利文写出越来越多的作品。慢慢地他们形成了整个半岛模范和标准的文学托斯卡纳语——"不止是意大利诸语中，"爱国的瓦奇说，"也是今日所知的一切语言中最甜蜜、最丰富、最文明的语言。"

洛伦佐一方面复苏意大利文学，一方面也热诚地继承祖父的事业，为佛罗伦萨学者收集希腊和罗马的古典作品。他派遣波利希安和约翰·拉斯卡里斯（John Lascaris）到意大利各城及海外购买书稿。约翰·拉斯卡里斯从圣亚索斯（St. Athos）的一家寺院带回 200 本，其中 80 本在西欧是完全没有见过的。根据波利希安的记载，洛伦佐愿意花费所有财产，甚至抵押他的家具，以购买书本。他雇了书记抄写无法买到的书稿，同样也准许其他收集家，像匈牙利王马赛亚斯·科文纳斯（Matthias Corvinus）和乌尔比诺的费德里科公爵等人派遣抄写员抄下美第奇图书馆的稿本。洛伦佐死后，这份藏书和科西莫放在圣马可的收藏合在一起，1495 年时一共有 1039 册，其中 460 册是希腊文。后来米开朗基罗为这些书设计了富丽的居所，后代以洛伦佐命名——称为洛伦佐图书馆。伯纳多·西尼尼（Bernardo Cennini）在佛罗伦萨（1471 年）建立一个印刷馆时，洛伦佐并不像他的朋友波利希安或乌尔比诺的费德里科一般转而注意这种新艺术，他似乎立刻看出活字印刷的可能性。他聘请学者收集不同的版本，使古典作品尽可能地正确印行。受了这样的鼓励，巴托罗米奥在德米特里斯·卡尔孔狄利斯仔细的学术研究下印了荷马的《选集》（*Editio Princeps*）；约翰·拉斯卡里斯出版了欧里庇得斯的《选集》（*Editiones Principes*）、《希腊文选》和卢奇安（Lucian）的作品（1496 年）；兰

迪诺出版了贺拉斯、维吉尔、老普林尼和但丁的作品，其中的语言和
典故都需要悉心阐明。佛罗伦萨以一栋富丽的屋子报答兰迪诺的这些
工作，当时的时代精神于此可见一斑。

学者被美第奇及其他佛罗伦萨人慷慨赞助的名声所动，纷纷涌
向佛罗伦萨，使它成为文学研究之都。韦斯帕夏诺·比斯底奇在佛
罗伦萨、乌尔比诺和罗马当过书商和图书馆员之后，写了一本流畅
而明智的文集《名人生平》，以纪念当时的作家和赞助者。为了发展
和传播民族的智慧遗产，洛伦佐恢复并扩大了古比萨大学和佛罗伦萨
的柏拉图学园。后者并非正式的学院，而是由喜爱柏拉图的学人构成
的协会，他们每隔一段时间在洛伦佐的城市宫中或加里奇的菲奇诺别
墅聚会，共进晚餐，大声朗读柏拉图全部或部分对话，讨论其中的哲
理。11 月 7 日是大家认定的柏拉图生与死的纪念日，学园人士以近
乎宗教的庄严方式加以庆祝。一个被大家相信是柏拉图的胸像被冠以
花朵，并在胸像前燃灯，就像神祇的肖像一般。兰迪诺利用这些集会
作为他写《同志会辩论》（*Disputationes Camaldulenses*）想象对话的基
础（1468 年）。他描述他与他的兄弟拜访同志会僧侣的寺院，遇见美
第奇家的洛伦佐和朱利亚诺，还有阿尔贝蒂以及其他六位佛罗伦萨绅
士。他们斜卧在一个喷泉附近的草地上，将城市的忧虑匆忙和乡村的
抚慰平静作一比较，为行动与沉思的一生而辩论。阿尔贝蒂赞美乡村
沉思的生活，洛伦佐则力称成熟的心灵会在城邦的服务和世界的商业
中找到用武之地和满足。

参加柏拉图学园讨论的有波利希安、彼科、米开朗基罗和菲奇
诺。菲奇诺非常忠于科西莫的使命，贡献了全部生命将柏拉图的作品
译成拉丁文，并研究、教授、撰写有关柏拉图主义的作品。他年轻时
非常英俊，佛罗伦萨少女们都以爱慕的眼神看他，但他对她们并不像
对书本一样喜爱。他曾一度失去他的宗教信仰。柏拉图主义似乎优于
基督教，他教导学生"爱柏拉图"甚于"爱基督"，他在柏拉图胸像
前燃烧蜡烛，将他尊为圣人。在这种心情下，基督教在他眼中似乎只

是用寓言式教条和象征性教仪来隐藏真理的许多宗教之一。圣奥古斯丁的作品及感激自己从严重的病中恢复正常的心情，使他又重新有了基督教信仰。他在 40 岁成为僧侣，但他仍是一个热诚的柏拉图主义者。菲奇诺辩称：苏格拉底和柏拉图已说明了和先知们同样高贵的一神教，他们也曾在较小的方面接受过神圣的天启，所有受理性统治的人也都如此。洛伦佐和大多数人文主义者遵从他的指导，不以另一信仰代替基督教，而以哲学家能够接受的名词来重新诠释教义。一两代之内（1447—1534 年）教会容忍地对这种方法微笑赞许。萨沃纳罗拉则公开指责这是欺诈。

　　彼科伯爵仅次于洛伦佐，是柏拉图学园中最迷人的人物。他生于一个因他而扬名的小城（靠近摩德纳），在博洛尼亚和巴黎读书，在欧洲每一个朝廷都受到光荣的接待，最后洛伦佐劝他以佛罗伦萨为永久的居所。他以强烈的求知欲不断地学习各种事物——诗、哲学、建筑、音乐——在每一方面都达到相当显著的成就。波利希安描写他是自然将一切天赋联合而成的模范人物，"身材高大，轮廓美好，脸上洋溢着某种神圣的气质"。一个具有透彻眼光、不屈的学习精神、奇迹般的记忆力、全面博学的人，善讲数种语言，是女人和哲学家的宠儿，不仅外形俊美，智慧特质显著，性格也很可爱。他的心灵拥抱每一种哲学和每一种信仰，他的心灵无法拒绝任何体系和任何个人。晚年他虽然藐视占星术，却欢迎神秘主义和魔术，有如他接受柏拉图和基督一般。他对经院哲学家甚有好评，那是大部分人文主义者认为野蛮荒谬而加以弃绝的。他认为犹太思想很值得推崇，并列出了他的几位犹太老师和受尊敬的朋友。他研究希伯来的卡布拉（Cabala），无邪地接受其中托言的古籍，宣称他已在其中找到基督神圣的充分证据。正如他的一个封建头衔叫作康克迪亚（Concordia）一样，他担负重任，要使西方所有宗教——犹太教、基督教和伊斯兰教——与柏拉图协调，也使柏拉图与亚里士多德协调起来。他虽然被一切人谄媚，却直到短暂生命的终点都一直保有迷人的谦和态度。

24 岁时（1486 年），他到了罗马，印行了 900 规条的一览表，使僧侣和博学者大吃一惊，其中包含逻辑、形而上学、神学、伦理学、数学、物理、魔术及犹太神秘哲学，并包括了最宽大的异端邪说，认为最大的致命罪恶也是有限的，不应得到永恒的惩罚。彼科声明他准备在公开辩论中和任何人对抗，以维护其中任何一个规条，并愿意负担从任何地方前来的挑战者的旅费。他以一篇有名的演说作为这个哲学竞赛的序言，那篇演说后来命名为《谈人类尊严》（De Hominis Dignitate）。"学校的老生常谈认为，"彼科写道，"人是一个小世界，我们可以在这个小世界中识别由地上元素和属天灵魂合成的肉体，植物的蔬菜精神，低等动物的感觉、理性，天使的心灵及上帝的肖像，等等。"然后彼科便以上帝对亚当说话的方式，写出人类无限潜能的圣书："我把你创造成不属于天堂也不属于地上……你必须自由塑造并克服自己。你可以沉沦为野兽，也可以新生成神圣的样子。"彼科还以年轻的文艺复兴的昂扬精神加上：

> 这是上帝的极高礼物，是人类最高超、最奇妙的幸福……他可以成为自己所愿意成为的东西。动物从生下的一刻开始，就从母亲的身体中带来了未来注定具有的一切，最高的精灵（天使）是从开始……就带着他们希望永远成为的一切。但是天父使人生来就具有每一种可能和每一种生活的种子。

没有人接受彼科的各种挑战，但教皇英诺森八世判决其中三项规条是异端邪说。既然这些只是整个规条中的极小部分，彼科可能获得宽宥，而事实上英诺森也不会追问这件事。但彼科谨慎地收回他的话，动身到巴黎，巴黎大学给予他保护。1493 年，亚历山大六世以他惯常的和蔼，通知彼科一切已受到原谅。彼科回到佛罗伦萨以后，成为萨沃纳罗拉的虔敬门徒，放弃对上帝的追寻，烧掉他的五册情诗，把财产送给贫穷的女孩做嫁妆，自己则过着半僧侣式的生活。他曾想参加多米尼克教团，但在下决心之前就逝世了——当时只是一个31岁的青年。他的影响在他短暂生命结束之后仍然存在，曾鼓舞黎塞留在德国继续希伯来的研究，那是彼科生命中热烈的兴趣之一。

波利希安十分崇拜彼科，以最厚道的歉疚来修正他的诗，他虽比较缺乏流星般的魅力，却富有更深的洞察力和更重大的成就。他原名叫安杰卢斯·巴苏斯（Angelus Bassus）——有人称他为安杰洛·安布罗吉尼（Angelo Ambrogini）——后来才改成波利希安。他来到佛罗伦萨，在兰迪诺门下学习拉丁文，在萨洛尼卡（Salonica）门下学希腊文，在菲奇诺门下学柏拉图主义，在阿基洛普莱门下学亚里士多德哲学。他16岁开始将荷马作品翻译成拉丁文，文笔十分流畅，十分生动，看起来至少像罗马诗歌白银时代（Silver Age）的产物。他完成了头两本，送去给洛伦佐。这位在各方面都很机灵的赞助人鼓励他继续下去，聘请他到家中担任儿子彼罗的老师，供应他所有的需要。波利希安不受生活所扰，他编辑了古典的杰作，其中有查士丁尼的《法学汇纂》（Pandects），他的学识和判断赢得了世界的赞誉。当洛伦佐出版贺拉斯的作品时，波利希安写了一篇颂歌作序，其拉丁化、口语化和复杂的诗体足可媲美贺拉斯的诗篇。美第奇、彼科和外国学生——黎塞留、克罗西、利纳克尔等人——都曾听过他古典文学的演讲，他们都曾在阿尔卑斯山彼侧听过他的盛名，知道他是学者、诗人和三种语言的演说家。他常以即景的拉丁诗作为演说的前言，其中一首音韵洪亮的六音节诗无疑是从荷马到薄伽丘的诗史。波利希安以《西维尔》（Sylvae）的书名出版这首诗和其他的诗，显示出灵巧而流利的拉丁文体，虚构得十分生动，虽然他很年轻，人文主义者却因这些作品而公认他是他们的大师，并且很高兴他们极想恢复的高贵语言已重新复活。

波利希安几乎使自己成为拉丁文作家之际，也以丰富平易的笔调写出一连串意大利诗，一连串介于彼特拉克和阿廖斯托之间无可匹敌的作品。1475年，洛伦佐的弟弟朱利亚诺赢了一项摔跤竞赛，波

利希安以优美文雅的八音节诗描写这次摔跤。在《美丽的西蒙妮塔》
（*La Bella Simonetta*）诗中他颂扬朱利亚诺爱人的高贵，文笔流利、细致，使意大利情诗从此有了新的细腻辞藻和情感。他描写朱利亚诺出外打猎时遇见西蒙妮塔和其他少女在田野中跳舞：

> 以烈焰燃我的美丽少女
> 我知她温和，纯真，且明达，
> 且风姿娴雅，
> 她可爱知礼，圣洁，睿智，亲和
> 玉颜神圣，如是甜美，如是柔弱，
> 如是欢愉，一双绝尘的眼
> 映现了仙境乐园，
> 即，我等可怜人所仰慕的千种美善……
>
> 自她高贵的头顶与光辉的月眉
> 金发欣欣垂散，
> 穿梭着群舞的少女莲步款款
> 双脚久习旋律的音籁。
> 眼儿望地久不抬，
> 偷送来秋波如水；
> 可叹伊善妒的青丝垂
> 隔断波光，且遮住了我的凝视。
>
> 她生长在天使赞美的神国，
> 一见这厢失礼——
> 便伸出柔荑美如玉——
> 以慈和风采掠起脱缰的秀发；
> 自双眸她对我送达

> 易感的心，甜蜜热情的灵魂，
>
> 我非圣神，
>
> 能不烧到烛尽成灰时？

波利希安为他的情人伊坡里塔·列昂西那（Ippolita Leoncina）写了不少秀雅、温柔的情歌，而且因为心中充满太多的诗韵，他竟作出类似的抒情诗给他的朋友使用，以作为驱逐矜持的符咒。他学习农夫的民歌，然后再用文学语言加以整理。这些民歌改写后大受欢迎，至今还在托斯卡纳留下回响。在《我的布伦提娜》（*La Brunettina Mia*）中他描写一位乡村美女在喷泉中洗濯她的面孔和酥胸，并在发顶冠上花朵。"她的胸膛就像五月的玫瑰，她的双唇有如草莓。"那是一个从不令人生厌的陈旧题材。波希安利为了重获希腊狄奥尼西斯剧院（Dionysian Theater）中所达到的戏剧、诗、音乐和歌曲的统一性，写了——他发誓在两天之内——一部434行的弗朗西斯科·贡萨加（Francesco Gonzaga）小抒情剧，为曼图亚的主教而演唱（1472年）。该剧被称为"俄耳甫斯的寓言"——描述俄耳甫斯之妻欧律狄刻（Eurydice）从一个好色的牧羊人手中逃出来却被蛇咬死。悲哀的俄耳甫斯一路前往地狱，以他的七弦琴迷惑了地狱之神普鲁托，使这位地下之王将欧律狄刻复活给他，条件是离开地狱之前不准望她。俄耳甫斯只领她走了几步，禁不住爱的狂喜，竟回头望了她。她立刻被捉回地狱，而他则被阻不许随她前去。俄耳甫斯在精神失常的状态下变成憎恨女人的人，而且建议男人应忽视女人，以男童来满足自己，学习宙斯以加尼米德（Ganymede）满足自己的榜样。森林地区侍奉酒神之小女神愤于他轻视女人，将他打死，剥下他的皮，将他肢体撕裂，并高兴地庆祝她们的胜利。伴奏这些诗行的音乐已经失散，但我们可以完全地将"俄耳甫斯寓言"列为意大利歌剧的先驱。

以诗人而言，波利希安缺乏伟大性，因为他避免热情的陷阱，而且从不探求生命或爱情的深度。他永远迷人，却不曾深刻。他对洛伦佐的爱是他所体会到的最强的情感。当朱利亚诺在大教堂被杀的时候，他正在他的赞助者身边。他当着谋反者的面，猛击圣器室的门，救了洛伦佐。洛伦佐从危险的那不勒斯之旅回来的时候，波利希安以近乎令人反感的热情诗篇欢迎他。洛伦佐去世时，波利希安悲恸地哀悼他，然后渐渐枯萎。他死于两年之后，像彼科一样，在致命的1494 年，正是法国人发现意大利的时候。

如果洛伦佐不曾欣赏他的哲学中所带的幽默，信仰中所带的怀疑，爱情中所带的不羁，洛伦佐就不会成为那样充实的一个人。他的儿子欢迎弄臣，为教廷中淫秽的喜剧而微笑，这位佛罗伦萨的银行家王子便邀请浦尔契作为朋友赴他的餐宴，并品尝《巨人莫尔甘特》（*Morgante Maggiore*）的粗鄙讽刺。这首被拜伦深深崇拜的名诗，一章章地被朗诵给洛伦佐和他家的客人听。浦尔契具有强壮和无限的机智。他将语言、隽语和中产阶级的观点用在骑士浪漫诗中，震撼了宫廷和全国。查理曼大帝在法国、西班牙和巴勒斯坦历险的传说在 12 世纪或更早的时候进入意大利，由吟游诗人传遍半岛，得到每一个阶层的喜爱。但是这类以男性为主的题材永远都存在一种虚张声势、强壮的自嘲现实主义，同时也抑制着女人和少年带给文学艺术的浪漫精神。浦尔契混合所有特质，从通俗的传奇，从洛伦佐图书馆的稿本，从洛伦佐桌上的谈话拼凑成一首史诗，嘲笑骑士故事中的巨人、魔鬼和战争，有些也以严肃或玩笑的诗句重述基督教骑士奥兰多（Orlando）和沙鲁斯（Saracen）巨人的历险记，这首诗一半的名字是由这个人物得来的。

莫尔甘特被奥兰多袭击，突然宣布转向基督教以拯救自己的生命。奥兰多教他神学，向他解释他的两个兄弟刚刚被杀，现在正因不信教而身陷地狱，只要他变成好的基督徒，就答应让他入天堂，但是警告他在天堂中必须不能怜悯他被烧的亲戚。"我们教会的博士们，"这位基督教骑士说，"一致同意，如果有幸在天堂的人同情那些陷身地狱混乱中的可怜亲族，他们的至福就会完全失去。""你会明白的，"

他向奥兰多保证，"无论我是否臣服上帝的旨意，是否行为像天使一般，如果我为我的兄弟悲哀……我将砍下我兄弟的双手，拿这些去见圣僧，让他们相信他们的敌人已经死去。"

浦尔契在第十八章介绍了另一个巨人马尔古特（Margute），一个滑稽的小偷和温和的凶手。他犯过各种罪恶，但是绝不出卖朋友。莫尔甘特问他信仰基督还是穆罕默德，马尔古特答道：

> 我不信蓝，也不信黑，
> 只信煮熟烤好的肥阉鸡；
> 偶尔也信奶油，
> 也信啤酒、葡萄汁，上面浮着烤苹果……
> 但我最信老酒，
> 对于信好此道的人，我更要抓牢……
> 信仰有如痒处，可迷人哪……
> 无所谓信甲信乙——信仰即如是。
> 且看我信念谁属：
> 可知我母是希腊尼姑，
> 我父，身在土耳其布鲁撒，是一位毛拉（mullah）。

马尔古特在喧闹了两章之后死于大笑。浦尔契并未为他浪费眼泪，却从他魔术的幻境中引出一个一级的魔鬼——阿他罗地（Astarotte），他与卢西弗（Lucifer）共同叛变。他被魔法师马拉吉吉（Malagigi）从地狱召来，将骑士里纳尔多（Rinaldo）迅速从埃及带到莱西斯瓦莱斯（Roncesvalles），敏捷地完成此事，赢得里纳尔多深切的热爱。这位基督教骑士便建议上帝从地狱解放阿他罗地。但是这位有礼的魔鬼是一个杰出的神学家，他指出背叛无限的正义便是无限的罪恶，需要受永恒的处罚。马拉吉吉奇怪上帝既然能预知一切，包括卢西弗的不服从和永恒的毁灭，为什么还要创造他。阿他罗地承认这的确是一个有智慧的魔鬼也不能解决的问题。

对于浦尔契1483年的作品而言，他的确是一个有智慧的魔鬼，预言了哥伦布的惊人发现。提到以往的警告，阿他罗地在《海格力斯之柱》（*Pillars of Hercules*）——"别再前进"——中对里纳尔多骑士说：

> 明知此论非真；勇敢的舟子
> 将驱策小舟凌越
> 西方的浪潮，一片坦坦的平地
> 虽然地球有如轮轴。
> 古远的人类具有粗陋的风度，
> 海克力斯也将羞赧，若他
> 知道自己不量力的作为纯属徒然
> 迟钝的小船即将飞驰上路，
> 人类将看见另半个地球。
> 万物既趋向共同的中心，
> 地球，因神圣的大神秘
> 稳定平衡悬于高高的星域。
> 我们的另一端有城市、州郡，
> 以及众多的帝国，往昔未受神佑
> 且看，太阳正疾行到西方的路径
> 以大众期待的光辉照亮彼端的邦国。

浦尔契的部分计划是以上帝和圣徒的虔诚祈祷来引出每一章，无论那一章充满多少笑话：内容越凡俗，行文越庄严。这首诗以宣布信仰一切宗教的善德结束——这是一种必然会冒犯每一真信徒的说法。偶尔浦尔契也容许自己成为一名胆怯的异教徒，例如在他引述《圣经》来辩称基督的先见之明并不如天父时，或容许自己希望一切灵魂，甚至卢西弗最后都会得救。但是他像一个好佛罗伦萨人以及洛伦佐圈子的其他人一样，表面仍然忠于不可避免地附在意大利生命上的教会。教士并不被他的恭敬所骗。他死时（1484 年），他的身体被拒葬于圣地。

如果洛伦佐的集团能在一代中产生出如此多变的文学，我们可以合理地假设——而且将会发现——其他城市如米兰、费拉拉、那不勒斯、罗马也有类似的觉醒。从科西莫出生至洛伦佐去世之间的 100 年里，意大利已完成并传下了文艺复兴的第一阶段。意大利已发现古希腊和罗马，已建立了古典学术的要素，已使拉丁文再度成为阳刚雄伟和简洁有力的语言。尤有甚者，在科西莫逝世至洛伦佐逝世之间的一代，意大利重新发现了自己的语言与灵魂，用方言作为新词汇和新形式的标准，写出精神属于古典、但语言和思想属于本国和现代的诗篇，以当时的事件和问题或乡村的风景、人物为主题。而且，意大利在一代之间，经由浦尔契的提倡，使幽默传奇提升为文学中的一种，为博亚尔多和阿廖斯托铺好道路，甚至预兆了塞万提斯对骑士的浮夸和虚伪的会心微笑。学者的时代隐退了，模仿向创作让步。意大利语在彼特拉克选用拉丁文写史诗之后一度凋零，现在又再生了。不久，在文学上领导世界，艺术上泛滥世界的意大利文化处于繁茂中，古典的复苏几乎被遗忘。

建筑和雕刻：韦罗基奥的时代

洛伦佐热诚地继续美第奇家族支持艺术的传统。"他是非常仰慕古典遗物的人。"他的同代瓦萨里写道，"再没有其他任何东西使他更欢欣的了。那些希望他感激的人习惯从世界各地收集勋章、硬币、雕像、胸像和任何具有希腊或罗马特性的东西。"他为了统一科西莫、彼罗及他自己的建筑和雕刻收藏，将这些东西放在美第奇宫和圣马可修院之间的花园里，允许所有可信赖的学者和访客参观。对于勤勉和有希望的学生——米开朗基罗就是其中之一——他给予维持生活的薪俸，特别熟谙者还有奖金。瓦萨里说："值得特别注意的是，所有在美第奇花园中研究，而且被洛伦佐所喜爱的学生都变成了杰出的艺术家。这只能归功于这位大赞助人的精微判断……他不仅能辨认出天才，也有酬报他们的意志和力量。"

洛伦佐政体的艺术史上一大事件是建筑家维特鲁维亚的论文《建筑术》（*De Architectura*，公元前 1 世纪）的出版，那是约 70 年前波焦在桑加罗寺院发掘的。洛伦佐对这本严正的古典作品完全心服，便运用影响力传播罗马帝国时代的建筑形式。也许这件事所造成的害处不下于益处，因为他在建筑方面正阻扼了他在文学上实行的最有成果的原则——发展民族形式。但是他的精神是真诚的。在他的鼓励下，而且多次应用他的款项，佛罗伦萨现在已被文雅的市政建筑和私人宅邸装饰起来。他完成了圣洛伦佐教堂和费舍尔寺院，并聘请朱利亚诺·桑加罗（Giuliano da Sangallo）在桑加罗门外设计了一座寺院，这座寺院的名字便由此艺术家之名而来。桑加罗为他建立堂皇的别墅，建得太好了，因此当那不勒斯国王斐迪南向他要求一位建筑家的时候，洛伦佐便推荐桑加罗前往。艺术家爱他的程度可以从桑加罗往后的慷慨中显示出来，他将斐迪南给他的礼物送给洛伦佐——一幅哈德良大帝胸像、一幅沉睡的小爱神及其他古典雕刻。洛伦佐将这些作品也加入他花园收藏的行列，整个收藏后来成为沃夫兹画廊雕塑作品的核心。

其他富人住宅的华丽可以和美第奇宫媲美——有些还超过它。约1489 年，贝内代托（Benedetto da Maiano）为大斯特罗齐（Filippo Strozzi the Elder）建造了托斯卡纳风格最完美的建筑，那是布鲁尼里斯哥在比蒂宫中所发展的形式——在乡村式或未完成的石头前身后面隐藏着内部的豪华与奢侈。它开工的时候曾经仔细算过天文时间，曾在几个教堂举行仪式，曾经安抚地分配了救济品。贝内代托死后（1497 年），西蒙·波利奥罗（Simone Pollaiuolo）完成了这个建筑，并依据他在罗马见过的形式加上一个优美的飞檐。这些外形似监狱的建筑，其内部豪华程度可以从壮丽的火炉推测出来——有力的大理石盘丝，由雕花的台柱支持，顶上嵌有镶画。同时，领袖团也继续改进他们唯一的、美丽的家维奇奥宫。

多数建筑家也是雕刻家，因为雕刻在建筑装饰、刻装飞檐和花边、半露柱和柱头、门方和烟囱片、墙壁镶画、圣龛、唱诗班席位、讲坛和洗礼盘等方面都占有主要地位。朱利亚诺·马亚诺（Giuliano da Maiano）在大教堂雕刻圣器室，并在费舍尔寺院雕刻唱诗班席位。他的兄弟贝内代托发展了镶嵌的艺术，名气渐大，匈牙利王马赛亚斯·科文纳斯因此向他订制两个镶木的银柜，并邀请他前往他的朝廷。贝内代托去了，并让别人随后将银柜送去，这两个银柜送达布达佩斯并在国王面前打开的时候，镶片掉了下来，粘胶由于潮湿的海洋空气而松动，贝内代托虽然成功地换掉了那些镶片，却从此不再喜欢镶嵌工作，转而献身雕刻。很少圣母雕像比他的《加冕的圣母》更可爱，很少胸像优于他诚实默示的斯特罗齐像，很少坟墓比得上圣诺维拉的坟，没有一个讲坛比贝内代托为同一位斯特罗齐在克罗齐教堂所做的更加优雅，很少圣龛像圣吉米拉诺一地大圣堂（Collegiate Church）中圣菲那（Santa Fina）的圣龛更接近完美。

雕刻和建筑有形成家族行业的倾向——罗比亚（Robbia）家族、桑加罗（Sangallo）家族、罗斯里尼（Rossellini）家族和波莱奥罗（Pollaiuolo）家族。西蒙·波莱奥罗的叔叔安东尼奥·波莱奥罗在他父亲伊库甫的工作室中学习金匠准确精巧的设计。安东尼奥的青铜、银和金制品使他成为那个时代的切利尼及洛伦佐、教会、领袖团和同业公会最喜爱的金匠。安东尼奥注意到这种小物体很少留下制造者的声名，因此难以分享文艺复兴的不朽声名，于是便转向雕刻，并以青铜铸了两副海格力斯堂皇的形象，可媲美米开朗基罗《俘虏》（Captives）的雄浑力量和《拉奥孔》（Laocoön）受苦的激情。继而，他转向绘画，为美第奇家族以三幅壁画描绘海格力斯的故事，以"阿波罗和达佛涅尼"的题材向波提切利挑战，而且在表现圣塞巴斯蒂安平静接受弓手射箭到他完美身体内这一题材方面，其成就可媲美百位艺术家。安东尼奥晚年回归雕刻，并为罗马的圣彼得旧教堂铸了两个特佳的墓碑，分别属于西克斯图斯四世和英诺森八世，其雕凿的活力和解剖的精确再度预示了米开朗基罗的来临。

米诺·达·费舍尔（Mino da Fiesole）并不如此多才，也不如此粗暴，他很满意于向德西德里奥·西提加那诺学习雕刻艺术，而且当他的老师逝世后继续其优雅的风格。如果我们能相信瓦萨里的说法，米诺深受德西德里奥夭亡的影响，在佛罗伦萨再也找不到快乐，便在罗马寻求新的景象。他在该地以三幅杰作为自己赢得声名：弗朗西斯科·图拉布尼（Francesco Tornabuoni）和教皇保罗二世的坟墓及主教埃斯图特维尔（d'Estouteville）的大理石圣幕。他的信心和理解力恢复了，他回到佛罗伦萨，并以精致的圣龛装饰圣安布罗奇奥教堂、克罗齐教堂及洗礼堂。在他故乡费舍尔的大教堂中他以古典型式为萨卢塔蒂主教建立华丽坟墓，并为费舍尔寺院铸造类似的纪念碑，装饰更有节制，以纪念建立寺院的乌戈（Ugo）伯爵。普拉托大教堂夸耀他所做的讲坛，十几个博物馆展出他的一个或多个胸像，这些赞助者并没有被刻意美化，而是突出本人的特点：尼科洛·斯特罗齐的脸，肿得好像患了腮腺炎一般，"痛风者"彼罗的虚弱外形，内罗尼（Dietisalvi Neroni）的美好头颅，青年马可·奥勒留的美丽镶画，婴儿时代的施洗者约翰的胸像，及几幅可爱的圣母与圣婴镶画。几乎所有作品都具有米诺向德西德里奥学来的女性优美。它们很悦目，但并不深刻。它们不像安东尼奥·波莱奥罗或安东尼奥·罗塞利诺的雕刻一样捉住我们的兴趣，米诺太爱德西德里奥，他不能不重视他老师的蓝本而自己到无情的、中性的大自然中寻找生命的真实。

韦罗基奥——"真眼"——敢于如此，而且产生了两幅当时最伟大的雕刻。他的原名是安德烈亚·西翁（Andrea di Michele Cione），兼金匠、雕刻家、铸钟人、画家、几何学家和音乐家于一身。身为画家，他主要的名声在于曾教过并影响过达·芬奇、洛伦佐·迪·克雷迪（Lorenzo di Credi）和佩鲁吉诺。他自己的绘画则僵硬、死板。很少文艺复兴的图画比著名的《基督受洗》（*Baptism of Christ*）更令人不快。施洗者是一个冷酷的清教徒，基督据推测约 30 岁，看起来却像老人，而左边的两个天使却优柔而无味。但是《托比亚和三位天使》（*Tobias and the Three Angel*）是杰出的，位于画面中心的天使预兆了波提切利的优雅和气氛，年轻的托比亚十分优美，我们不得不把他归于是达·芬奇的作品，或者承认达·芬奇从韦罗基奥接受的画风超过我们的想象。在牛津基督教堂的女人头像又提示了达·芬奇女性形象的模糊和哀思的清灵。而韦罗基奥的暗色风景已现出达·芬奇梦般杰作中的忧郁岩石和神秘溪流。

也许瓦萨里的故事中大都是寓言，所以韦罗基奥看见达·芬奇《基督受洗》中的天使时，便"决定永不再碰触画笔，因为达·芬奇虽然年轻，却超越他如此之多"。虽然如此，韦罗基奥继续照着《基督受洗》绘画，但他的确花费大部分时光在雕刻方面。他和多纳泰洛、安东尼奥·波莱奥罗一起工作，向他们学得一些东西，然后发展出自己严苛的形式和有棱有角的写实风格。他以陶土塑了洛伦佐的真实胸像——鼻子、前刘海及忧虑的眉毛。无论如何，"慷慨的"洛伦佐对韦罗基奥为他所铸的两副青铜镶画——亚历山人和大流士——十分满意，他将它们送给匈牙利的马赛亚斯·科文纳斯，并聘请这位雕刻家（1472 年）在圣洛伦佐教堂为他的父亲彼罗和他的叔叔乔万尼设计一座坟墓。韦罗基奥以斑岩刻制石棺，再用青铜支架和精美雕花的花环加以装饰。4 年后他铸了一幅童年的大卫王，静默而骄傲地向着歌利亚（Goliath）的严肃头颅站立。领袖团非常喜欢它，因此将它放在维奇奥宫主要走廊的起首处。同年中维奇奥宫又接受了他的青铜像《男孩抱海豚》（*Boy Holding a Dolphin*），并将它作为这个庭院的喷泉口。韦罗基奥在他的巅峰时期为圣米凯莱教堂外部壁龛设计并以青铜铸了一组《基督与疑惑的多马像》（*Christ and Doubting Thomas*）。基督是一个神圣高贵的形体，多马具有了解的同情，双手的完美是雕像很少能达到的，袍子也是雕刻艺术的一大胜利。整个团体都具有活动的真实性。

　　威尼斯元老院便邀韦罗基奥（1479 年）到威尼斯雕铸一个巴托罗米奥·科莱奥尼（Bartolommeo Colleoni）的雕像，他曾为这个岛邦赢得许多胜利。韦罗基奥前往做了一个马的模型，正准备用青铜加以铸造时，听说元老院考虑只让他雕马并让帕多瓦城的瓦拉诺铸人像。根据瓦萨里的记载，韦罗基奥盛怒之下击碎模型的头和腿，并返回佛罗伦萨。元老院警告他，如果他再踏上威尼斯的土地，他就会惨失头颅。他回答道，既然元老们不像雕刻家一样精于换去破头，他们就别想再希望他去那儿。元老院对此事比较重视，他们恢复了韦罗基奥的整个任务，并以原价的两倍劝他回去。他修复了马的模型，并成功地雕铸出来。但是在进行过程中他太热心了，严重着凉，几天后就逝世了，时年 56 岁（1488 年）。临终前有人在他面前放了一个粗劣的十字架，他要求侍者拿走，换上一个多纳泰洛所刻的，这样他才能在美的事物之前死去，就像他在美的事物之前生活一般。

　　威尼斯雕刻家亚历山德罗·列奥帕第（Alessandro Leopardi）以生动的体裁完成这幅伟大的雕刻，无论动作或控制都十分杰出，所以巴托罗米奥·科莱奥尼并未因韦罗基奥的死亡而蒙受损失。它被立在（1496 年）圣约翰和保罗广场，昂首阔步存在至今，成为文艺复兴遗留下来的最骄傲、最细致的骑马像。

绘画

·吉兰达约

　　韦罗基奥的工作室很具文艺复兴时代的佛罗伦萨特色——它融合所有艺术于一个制造团中，甚至一个人身上；在同一制造团中也许有一位艺术家正在设计教堂或宫殿，另一个正在雕铸人像，另一个正速写或绘制一张图画，另一个正切装宝石，另一位刻镶象牙或木头，或熔打金属，或为节目游行而制造花车和彩旗。像韦罗基奥、达·芬奇、米廾朗基罗等人样样都能。佛罗伦萨有很多这样的工作室，学艺术的学生在街上撒野，在客舍中浪荡生活，或者成为被教皇和王子所尊崇、无视一切财富和法律——像切利尼一般的富人。除雅典之外，佛罗伦萨比任何城市更重视艺术和艺术家，谈论他们，为他们起争执，而且讲着他们的逸事，就像我们今天对男女演员一般。文艺复兴的佛罗伦萨形成了天才——被体内神灵所激励的人——的浪漫观念。

值得注意的是，韦罗基奥的工作室并未出现伟大的雕刻家来继承老师的杰出，却教出了两个高水准的画家——达·芬奇和佩鲁吉诺——及一个较小却也值得注意的天才。洛伦佐·迪·克雷迪使绘画渐渐超越雕刻并成为最受欢迎的艺术。也许画家未受古典遗失的壁画所启发和限制是一件好事。他们知道有阿佩莱斯和普罗托基斯（Protogenes），但是很少人看过亚历山大城或庞培的古画遗物。这种艺术中没有古典的再生，而绘画方面，中古到文艺复兴的延续却是最生动的：脉络迂回却很清楚，从拜占庭到乔托到安杰利科到达·芬奇到拉斐尔到提香。画家和雕刻家不同，他们必须由尝试和错误中得到自己的技巧和风格；他们被迫具有创意和实验性；他们苦学人类、动物和植物的解剖学；他们试过圆形、三角形和其他的构图法，他们探险透视术和远缩幻象，使背景具有深度、人物具有实体；他们在大街上寻找圣徒和圣母的模特，画下他们穿衣或裸体的形象；他们从壁画转向暗色画，然后又转回来，并应用由罗吉尔·冯·维登（Rogier van der Weyden）和安托尼奥介绍到北意大利的油画新技巧。他们的技巧和勇气增进了，他们的赞助人增多了，他们在旧宗教题材之外又加上古典神话故事和异教光彩。他们将自然带入画室，或者将自己献身于自然。在他们观点中没有一种东西是不适合艺术的，没有一张丑脸是自然无法表现其光彩辉煌的。他们记录世界，当战争与政治使意大利成为监狱和废墟时，他们留下了文艺复兴的线条、色彩、生命和热情。

由这些画室出来的人才继承了更丰富的方法、题材和观念，比一个世纪前的天才画得更好。瓦萨里在一个不愉快的时刻曾说，贝诺佐·戈佐利"并不特别杰出……但他在毅力方面远胜同时代的人，在他众多作品中，不可能没有一些好画"。他开始时是安杰利科的学生，并随他至罗马和奥维托做他的助手。彼罗召他至佛罗伦萨，邀请他在美第奇宫的教堂墙上画出三位东方博士从东方到伯利恒之旅。这些壁画是贝诺佐的杰作，画布上有一列衣着富丽、栩栩如生的国王和骑士、乡绅、侍从、天使、猎人、学者、奴隶、马、豹、狗和六个美第奇家人——还有贝诺佐自己淘气地出现在游行中——配着奇妙而生动的背景。贝诺佐为胜利而兴奋，又前往圣吉米拉诺用 17 幅有关圣安哥斯提诺（Sant Agostino）生平的画面来装饰他的唱诗席位。他在比萨的圣坎普公墓中工作了 16 年，以亚当至示巴女王等人的 21 个《旧约》画面装饰巨大的墙壁（他的巴别塔像等几幅作品是文艺复兴的主要壁画之一）。贝诺佐因为追求速度而降低品质，他漫不经心地作画，使许多人物相像得令人沮丧，并使画中挤满混乱的人物和琐事。但他身上有生命的生动力量和欢愉，他爱它精力充沛的全景和伟人的光荣。由于他绚丽的光辉和多彩的热情，人们淡忘了他线条的不完美。

安杰利科的影响由阿勒索·巴多维内蒂（Alesso Baldovinetti）和科西莫·罗塞利（Cosimo Roselli）传下来，并经阿勒索传到文艺复兴时代的大画家——多米尼克·吉兰达约（Domenico Ghirlandaio）手中。吉兰达约的父亲是一个金匠，因他做的金圈和银圈而得到"吉兰达约"的绰号。吉兰达约在阿勒索手下热诚而有兴趣地学习着，在卡迈恩（Carmine）的马萨乔壁画前度过数小时，以不倦的练习而学得透视、远缩、模型和构图等艺术。"他画每一个经过店铺的人"，瓦萨里说，只匆匆瞄了一眼就"画得特别像"。他被授权在圣吉米拉诺教堂的圣菲那礼拜室中画她的故事时，年仅 21 岁。31 岁那年（1480 年），他由于在佛罗伦萨的奥尼桑提教堂和膳厅所画的四幅壁画而赢得大师的头衔——《圣哲罗姆像》（*St. Jerome*）、《基督下十字架》、《圣母像》

（*Madonna della Misericordia*）、《最后的晚餐》（*Last Sappor*），这些画作曾给达·芬奇某些提示。

他被西克斯图斯四世召到罗马，在西斯廷（Sistine）礼拜堂画了《在他们撒网时基督呼召彼得和安德烈》（*Christ Calling Peter and Andrew from Their Nets*）——山、海和天堂的背景尤其美丽。这次在罗马的停留中他研究并画下了古城的拱门、浴室、廊柱、水道和竞技场，他的眼睛久经训练，能够不用尺和圆规就把握每一部分的正确比例。一位住在罗马的佛罗伦萨商人弗朗西斯科·图拉布尼为了哀悼他死去的爱妻，聘请吉兰达约在圣玛利亚教堂绘制壁画以纪念她。吉兰达约画得很成功，因此图拉布尼让他带着很多弗罗林金币和一封赞美他的信件回到佛罗伦萨。领袖团立刻授命他装饰他们宫中的茶钟室（Sala del Orologio）。以后 4 年中（1481—1485 年）他在圣特里尼塔（Santa Trinità）教堂的弗·萨色提（Sassetti）礼拜堂画圣方济各生平的景象。除了未用油料外，所有的绘画艺术都已在这些壁画中具体表现出来：和谐的构图，正确的线条，渐变的光线，合理的透视，逼真的画像（洛伦佐、波利希安、浦尔契、帕拉·斯特罗齐、弗·萨色提等人），同时还具有安杰利科理想和虔诚的传统。近乎完美的圣龛作品——《牧羊人的崇拜》（*Adoration of the Shepherds*）——距离达·芬奇和拉斐尔的深邃想象和微妙优雅的风格之间只有一步之遥。

1485 年，罗马的美第奇银行总裁吉尔瓦尼·图拉布尼（Giovanni Tornabuoni）提供吉兰达约 1200 杜卡特，要他在圣诺维拉教堂的一个礼拜堂中作画，如果工作完全令人满意答应再给他 200 杜卡特。吉兰达约在几位学生包括米开朗基罗的协助下，把 5 年的大半时光花在他的巅峰事业上。他在天花板上画了四位福音作者，在墙上画了圣方济各、"殉道者"彼得、"施洗者"约翰，及从"圣召"到"圣母加冕"的圣母和耶稣生平画像。他再度为描绘同代人的画像而欣喜：端庄可比皇后的洛多维察·图拉布尼（Lodovica Tornabuoni），具有丰腴美的吉尼瓦·本茨（Ginevra de'Benci），学者菲奇诺、波利希安和兰迪诺，画家阿勒索·巴多维内蒂、梅拉第（Mainardi）和吉兰达约自己。1490 年，这个小礼拜堂公开开放，佛罗伦萨所有的显贵和文人都涌去检视这些绘画。逼真的画像成为全城的话题。吉尔瓦尼·图拉布尼表示完全满意。他当时经济困难，要求这位艺术家原谅他付不出多余的 200 杜卡特。艺术家答道，赞助人的满意比任何金子还要珍贵。

他是一个可爱的人物，很为他的弟兄所敬仰，其中一位弟弟大卫认为一位寺院长提供吉兰达约和他的助手们的食物配不上吉兰达约的天才，几乎杀了那位寺院长。吉兰达约开放他的画室给所有喜欢在那儿工作或学习的人，使之成为十足的艺术学校。他接受所有任务，无论大小，他说没有一件工作应遭拒绝。他让大卫掌理所有家务和财政，并表示他除非画满佛罗伦萨墙壁，否则绝不休息。他创作许多平凡的绘画，但是某些偶然的作品具有极大的魅力，如现存卢浮宫的《老人和他的孙子》，鼻如茎状，很讨人喜欢；还有存于纽约摩根收藏馆的《女人画像》——充满了岁月在人脸上刻下的痕迹，显露出生动的个性。有学问、有声名的大批评家只给他次要的评价。而他的确在线条方面胜过色彩，画得太迅速，使画中挤满了不相干的细节，而且模仿阿勒索·巴多维内蒂实验油画，喜欢暗色画，倒退了一步。虽然如此，他使艺术的堆积技巧到达他的国家和那世纪所能达到的顶点，而且他遗赠给佛罗伦萨和全世界很多财宝，使批评在感激中暂时缄默下来。

·波提切利

桑德罗·波提切利（Sandro Botticelli）与吉兰达约，一个好幻想，一个爱务实。桑德罗的父亲弗里培皮（Mariano Filipepi）无法说服这个男孩，只好送他到金匠波提切利门下做学徒，不知是因为这位学生的喜好，还是由于史学家的怪念头，此人的姓氏竟被附在桑德罗自己的名字之上。这个少年在 16 岁时转向利比学习，后者渐渐喜欢这个好动的、狂热的少年。小利比后来曾将桑德罗画成阴郁的家伙：深陷的眼睛，突出的鼻子，敏感多肉的唇，浓密的头发，穿戴着紫帽、红斗篷，系着绿色的皮带。从波提切利在博物馆中的细致巧作中，谁能想象出是这样的一个人呢？也许每一位艺术家为理想而作画之前，都必须是一位肉欲主义者，他必须熟悉并热爱身体，认为肉体是美感的最终来源和标准。瓦萨里描写桑德罗是一个"愉快的家伙"，他常戏谑同行的艺术家和迟钝的公民。无疑地，他像我们一样有许多面，会根据情况的要求而显出一个或另一个自我，使真正的自我成为一个不解之谜。

约 1465 年，波提切利建立了自己的画室，并接受美第奇委任的工作。他的朱蒂丝像显然是为洛伦佐之母卢克雷齐娅画的。为了她丈夫彼罗（Piero Gottoso），他画了《圣母像》和《东方博士的朝拜》（*Adoration of the Magi-hymns*）——献给美第奇家三代的彩色颂歌。在《圣母像》中波提切利将洛伦佐和朱利亚诺画成 16 岁和 12 岁的男孩，抱着一本上面写着圣母——从利比借来的人物——赞美歌的书；在《东方博士的朝拜》中科西莫跪在圣母足边，彼罗跪在他前面较低处，时年 17 岁的洛伦佐手上拿剑作为他已达合法杀人年龄的象征。

洛伦佐和朱利亚诺继续彼罗赞助波提切利的举动。他最好的画像是朱利亚诺和朱利亚诺的爱人西蒙妮塔像。他仍然画宗教画，奥尼桑提教堂有力的《圣奥古斯丁》就是其中之一。但当时也许受了洛伦佐圈子的影响，他逐渐转向异教的题材。瓦萨里报道说："波提切利在很多家庭中画了……很多裸体的妇人"，并指控他"生活严重不检点"。人文主义和原始欲望曾使桑德罗一度迷上享乐主义哲学。他的《维纳斯的诞生》（*The Birth of Venus*）显然是为洛伦佐和朱利亚诺而画（1480 年）。一个端庄的裸体从海上的金色表面升起，用她长长的金发作为手边唯一的遮掩，带翼的西风从她右边将她吹到岸上，左边一位美丽的少女（西蒙妮塔？）穿着有花的白袍，献给这位女神一件斗篷以增加她的可爱。这幅画是优雅的杰作，其中的设计和构图是最好的，颜色属于附属地位，真实感被忽略了，借着流动的线条韵律，每一样东西都激起人轻灵的幻想。波提切利的主题取自波利希安作品《吉奥斯塔》（*La Giostra*）中的一段。从同一首诗对于朱利亚诺捧跤胜利和爱情的描写中，这位艺术家画下了第二幅异教图画《战神与维纳斯》（*Mars and Venus*）。此处的维纳斯穿着衣服，很可能画的是西蒙妮塔，战神疲倦地躺着熟睡，不是粗暴的战士，而是一个具有无瑕肉体的少年，他几乎被误认为是另一个爱神。最后，在他的《春》（*Spring*）中，波提切利表达了洛伦佐对酒神赞美的气氛（凡要快乐的人，让他快乐吧！），在《维纳斯的诞生》中扮演春之女神的西蒙妮塔以长袍、美足的姿态出现，左边可能是朱利亚诺从树上摘下一个苹果给三位站在他身边的半裸美神，右边一个贪欲的男人正捉住一个被微雾覆遮的少女，西蒙妮塔谦和地统辖着整个画面，在她顶上的天空中小爱神丘比特射出他多余的箭。这三幅画象征很多事物，因为波提切利极爱寓言，但是，也许他没有察觉到这代表了人文主义者在艺术方面的胜利。现在教会要挣扎一个半世纪（1480—1534 年），以重新赢得其在绘画题材方面的主要地位。

为了公平面对这个问题，西克斯图斯四世召波提切利到罗马（1481 年），任命他在西斯廷礼拜堂画三幅画。这些不是他的代表作。他并没有虔诚的情怀。但他回佛罗伦萨时（1485 年）却发觉该城因萨沃纳罗拉的布道而骚动，便前往听讲，深受感动。他以往一直潜伏着苛责的压力，一切从洛伦佐、浦尔契和波利希安得来的怀疑主义都迷失在他少年信仰的秘密墙垣中。现在这位在圣马可修院的热烈布道家在给予他和佛罗伦萨可怕的信仰暗示：上帝允许自己受侮辱、鞭笞、钉上十字架以救赎人类免受亚当和夏娃罪恶之苦，只有善行和真诚忏悔的生命才能赢得上帝的恩典，逃避永恒的地狱。大约此时波提切利为但丁的神曲画了插图。他又将艺术转向为宗教服务，并再度描绘了玛利亚和基督的故事。他为圣巴纳贝教堂画了一组极佳的圣母加冕图，图中有不同的圣人，她仍是他在利比画室中所画的温柔、可爱的少女。不久他画了《石榴圣母像》（*Madonna of the Pome granate*）——圣母被歌唱的天使所包围，圣婴手中握着果实，它的无数种子象征基督教信仰的传播。1490 年，他再度以两幅画把握了圣母的史诗:《圣召》和《加冕》。但他现在年老了，已失去新鲜清明和优雅的风格。

1498 年，萨沃纳罗拉被吊死并烧死。波提切利为这个文艺复兴最著名的谋杀大感震惊。也许这个悲剧发生后不久他就画了那幅复杂的象征作品《谗言》。在古典拱道和遥远海面的背景前面有三个妇人——欺诈、诡计、谗言——由一个褴褛的男性（羡妒）领导，抓着一个裸体的牺牲者头发拖到法庭，庭上一个长着长驴耳的法官在女性怀疑和无知的劝告下，准备对民众的愤怒和嗜血性投降，处死那个倒下的人，而左边穿着黑袍的忏悔者以悲哀的眼光望着赤裸的真理——波提切利的维纳斯再度蓄着同样的匐匍的长发。这个牺牲者有意用来代表萨沃纳罗拉吗？也许是这样，虽然裸体会使这位僧侣大吃一惊。

伦敦国家画廊的《基督诞生》是波提切利最后的杰作，混乱而多彩，最后一次捕捉了他韵律的优雅。此处所有的人似乎都呼吸着天堂的幸福。春之女神以带翼的天使姿态回来，向奇迹欢呼，拯救出生者，并愉快地在悬于天空的树枝上跳舞。但是在这张画上波提切利以希腊文写下这些字，颇有萨沃纳罗拉之风，而且在文艺复兴的巅峰使人回忆起中古时代:

> 我，桑德罗于 1500 年底，在意大利的困难中成画……此时正应验启示录第 11 章的第 2 次灾难。魔鬼被释放三年半。根据圣约翰所写第 12 章，不久他将会被捆锁，我们会看见他像此画中一样遭受践踏。

1500 年后他不再作画。他只有 56 岁，但他让出位置给达·芬奇和米开朗基罗，陷入阴沉的贫困中。曾支持他的美第奇给他周济，但是他们自己也处于下坡状态。1510 年，他寂寞而虚弱地死去，时年

66 岁。而健忘的世界却匆匆继续前进。

他老师的儿子小利比，也是他的学生之一。这位"爱童"为所有认识他的人所喜爱，他是一个温和、友善、谦逊、有礼的人，瓦萨里说："他极为杰出，因此即使他的出生有污点，也被抹去了。"在他父亲和波提切利的教导下他迅速学得绘画的艺术，23 岁就已在《圣伯纳德的异象》（*The Vision of St. Bernard*）中画出瓦萨里认为"只是不会说话而已"的画像。

同志会僧侣决定完成他们布兰卡奇礼拜堂中 60 年前开始的壁画，他们将任务交给小利比，当时他只有 27 岁。结果比不上马萨乔，但是在《圣保罗在狱中对圣彼得讲话》（*St. Paul Addressing St. Peter in Prison*）一画中小利比完成了具有单纯尊严和平静力量的形象。

1489 年，卡拉法红衣主教在洛伦佐建议下召他到罗马，以圣托马斯·阿奎那生平的画面装饰圣玛利亚教堂的一个礼拜堂。也许忆及一个世纪前安德烈亚（Andrea da Firenze）的一幅类似的作品，这位艺术家在主要壁画中显示了这位胜利的哲学家，还有阿里乌斯、阿威罗伊和其他异教徒在他脚边；同时，在博洛尼亚和帕多瓦二地的大学里，阿威罗伊的教条还胜过了正统的信仰。小利比回到佛罗伦萨，在圣诺维拉教堂的斯特罗齐礼拜堂再度以壁画记录了使徒菲利普和约翰的一生，画得非常真实，因此传说有一个男孩竟想把一件秘密宝物藏入利比在图中墙上所画的洞孔中。他曾暂时中断这一列壁画，代替不慌不忙的达·芬奇为斯库皮托（Scopeto）的僧侣们画了一个圣龛，他选了古老的东方博士朝拜圣婴的题材，但是加上了摩尔人、印度人和很多美第奇家人助兴，其中一位手持四分仪的占星家是文艺复兴最人性化、最幽默的人像之一。最后（1498 年）仿佛表示他父亲的罪恶已被原谅，小利比被邀至普拉托去画一幅《圣母像》。瓦萨里称赞它，但第二次世界大战毁掉了它。他 40 岁结婚，还享了几年做父亲的欢愉和困苦。47 岁突然因扁桃腺炎去世（1505 年）。

洛伦佐的逝世

洛伦佐并非那个年代得享长寿的少数人之一。他像他的父亲一样深受关节炎和风湿之苦，还得忍受时常引起长痛的胃病。他试过十几种治疗法，觉得没有一种方法胜过泉浴所带来的暂时缓和。他死前曾发觉，达到欢乐巅峰的他，已时日无多了。

他的妻子死于1488年。虽然他曾不忠于她，此时却真诚地为失去她而哀悼，而且也想念她的帮助。她为他生过很多子女，其中活了7个。他曾勤勉地监督他们的教育，晚年努力使他们步入有助于佛罗伦萨及他们自己的幸福婚姻。长子彼罗与奥西尼家族联姻以赢得罗马的朋友。幼子朱利亚诺娶了萨伏依公爵的妹妹，并从弗兰茨一世取得尼摩公爵（Duke of Nemours）的头衔，协助建立了佛罗伦萨和法国之间的桥梁。次子乔万尼被引入教会事业，而且很乐意地接受了它，他以良好的品性、礼仪和拉丁文而得到每一个人的喜欢。洛伦佐说服英诺森八世打破常规，使乔万尼14岁就成为红衣主教。

洛伦佐从积极参与佛罗伦萨政府活动中隐退下来，将更多的公共和私人事业委托给他的儿子彼罗，并在乡村的和平与朋友的谈话中寻求安慰。

对于一个调节适度的头脑而言，还有什么比享受悠闲与尊严更悦人呢？这是所有人都想得到、却只有伟人能获取的。在公共事务中，我们的确期待一天的休息，但是没有任何休息能使我们不注意我们国家有关的事务。我不能否认我注定要走的路已经很艰巨、很坎坷、充满危险和阴谋，但我很欣慰自己曾贡献于我的国家的利益，这个国家的繁荣现在已能媲美任何邦国，无论多么发达的国家都不例外。我也并未忽略我自己家庭的利益和进展，永远效仿着祖父科西莫的榜样，他曾同样警惕地注意公共和私人的事务。我已达到我关心的目标，我相信我可以有权享受悠闲的甜蜜，分享同胞的声誉，并为我故乡的光荣而骄傲。

但是他并没有多少时间享受他所不习惯享有的安静。他一搬到在加里奇的别墅（1492年3月21日），胃痛就惊人地加剧。医药专家被召来了，他们要他喝一种宝石的混合液。病情迅速恶化，终于使他走向死亡。他曾向彼科和波利希安表示遗憾，因为他不够长命，不能完成画稿的收藏以供他们和学生的使用。他临终时召来牧师，尽最后的力量坚持要离开床铺，跪着接受圣礼。他现在想到那位曾指责他毁灭自由、腐化青年的布道者，他希望在死前得到那人的原谅。他派遣一位朋友请求萨沃纳罗拉前来听他的忏悔，并给予他更珍贵的恕罪。萨沃纳罗拉来了。根据波利希安的记载，他在三个条件下答应恕罪：洛伦佐必须对上帝的仁慈有坚定的信仰；若有幸康复，他必须身体力行，弥补从前所犯的过错；他必须坚定地面对死亡。洛伦佐同意了，而且被恕罪了。根据萨沃纳罗拉较早的传记家 G. F. 彼科（不是人文主义者彼科）的说法，第三个条件是洛伦佐应该答应"恢复佛罗伦萨的自由"。在彼科的记载中，洛伦佐对这项要求没有反应，因此这位教士未赦免他就离去了。1492年4月9日洛伦佐逝世，时年43岁。

这个噩耗传到佛罗伦萨，几乎整个城市都哀悼他，甚至洛伦佐的对手也怀疑没有他的领导，佛罗伦萨的社会秩序和意大利的和平难以维持。欧洲认为他是一位政治家，也在他身上感受到时代特质。除了厌恶暴力之外，他在每一方面都是"文艺复兴时代的人"。他在政策方面的审慎，他简洁而有力的辩才，他在行动方面的坚定和勇气，使大多数佛罗伦萨人忘记他家族所毁灭的自由。很多未忘记自由的人却记得那只是富有的党派以武力和心计在"民主国"中竞求剥削权的自由，而"民主国"中只有1/30的人可以选举。洛伦佐温和地运用权力以求城邦利益，甚至忽略了他的私人财产。他的性放纵是有罪的，而且也给了佛罗伦萨少年不良的范例。他在文学方面立下了好榜样，使意大利语言恢复成文学的主流语言，并且在诗篇方面可以媲美同代作家。他曾以他的鉴别能力来支持艺术，为欧洲立下了标准。在所有"暴君"中，他是最温和、最好的。那不勒斯的斐迪南说："这个人活的时间，对于他自己的光荣而言是够长了，对于意大利而言却太短了。"他死后佛罗伦萨日渐衰亡，意大利也不再享有和平。

第五章 | 萨沃纳罗拉与共和国
（1492—1534）

先知

世袭统治的好处是连贯，缺点是平庸。彼罗·洛伦佐毫无困难地继承了其父的权力，但是他的性格和错误判断使美第奇家族丧失了他们以前统治所依赖的人缘。他生来脾气暴烈，心智中等，意志不坚，志向倒令人佩服。他继续洛伦佐对艺术家和文人的慷慨，但是比较缺乏辨别力和机智。他身体强壮，善于运动，经常参加运动竞赛，表现突出，那是佛罗伦萨人认为一个危邦的领袖所不适宜的。洛伦佐的事业和奢侈已使城市府库空虚。英国纺织品的竞争已在佛罗伦萨造成经济的不景气，彼罗那位来自罗马奥西尼家族的妻子对佛罗伦萨人嗤之以鼻，认为他们是鞋匠之邦。由科西莫之弟、大洛伦佐所传下来的旁系后裔，现在开始向科西莫的子孙挑战，领导着一个以自由为号召的反对党。这些都是彼罗家庭的不幸。与领导入侵意大利的法王查理八世及主张用基督代替美第奇的萨沃纳罗拉同代，则是彼罗统治地位的不幸。彼罗并未充分准备，以对抗这样的压力。

萨沃纳罗拉家族于约 1440 年从帕多瓦到费拉拉，当时米契·萨沃纳罗拉应以斯特的尼科洛三世之邀到他的朝廷担任医生。米契具有医生少见的虔诚，他惯于指责费拉拉人喜欢浪漫史胜于宗教。他的儿子尼科利是个平凡的医生，但是尼科利之妻波拿克丝（Elena Bonacossi）却是性格刚烈、理想远大的女人。吉罗拉莫（Girolamo）在他们的 7 个孩子中排行第三。他们要他去学医药，但是他认为阿奎那比解剖学更吸引人，而且宁愿与他的书本独处，也不愿参加少年的运动。他在博洛尼亚大学发现没有学生愿意甘于贫困、崇敬德行，大感震惊。"若要在这里被认为是男人，"他写道，"你必须用最污秽、最野蛮、最极端的脏话来亵渎你的嘴巴……如果你学哲学和艺术，你会被视为做梦的人；如果你贞洁而谦逊地过活，你会被视为傻瓜；如果你很虔诚，你便被当作伪君子；如果你信仰上帝，你便被视为低能。"他离开大学，回到他母亲身边，回到孤独之中。他变得神经过敏，为地狱的想法和人类的罪恶而烦恼。他最早为人所知的作品是一首诗，指责意大利的罪恶，包括教皇在内，而且誓言改革他的国家和教会。他花费很长的时间祈祷，诚挚地禁食，令父母哀伤他的憔悴。1474 年，他受了米契教士四旬斋布道的影响，变得更加虔诚，很高兴看见很多费拉拉人携带着面具、假发、纸牌、不适宜的图画及其他世俗的装置在市场烧毁。一年后，他已 23 岁，秘密离家，进入博洛尼亚的多米尼克教派修院。

他写了一封温和的信给他的父母，请他们原谅他辜负了他们对他在俗世前程的期望。他们不断要求他回去，他愤怒地写道："你们这些盲人！你们为什么要哭泣、悲哀？你们本当高兴，现在却阻碍我……如果你们仍然悲哀，我除了称你们为我的死仇和道德的敌人之外，还能说什么呢？假设如此，那么我就要对你们说'别管我，你们这些作恶的人！'"他留在博洛尼亚修院 6 年。他很骄傲地要求做最微贱的工作，但是他演说的天赋被发现了，而且被安排作布道的工作。1481 年，他转到佛罗伦萨的圣马可修道院，被指定在洛伦佐教堂讲道。他在该地的布道不受欢迎，因为其中的内容对于一个见识过人文主义者口才和修辞的城市而言，显得太神学化、太教条化了。他的会众一周周减少，副院长便要他去指导见习修士。

他的个性也许是在以后的 5 年中形成的。当他的情感和意志增强时，五官也表现出这些特质：多皱的前额，果敢而紧闭的双唇，仿佛要圈住世界的大钩鼻，表达出无限爱恨能力的端庄而严苛的表情，小小的身躯带着洞察力、受挫的渴望和内省的品性。"我仍是和你们一样的血肉之躯，"他写信给他的父母说，"而感官仍然不受制于理性，所以我必须残酷挣扎，使魔鬼不能制服我。"他禁食，鞭笞自己，以驯服他认为是人性中固有的腐败成分。如果他将肉体和骄傲的鼓动当作撒旦的声音，他也可以同样把他较好本性的警告比拟为人。他在小室中独处，想象自己身体是善、恶精灵的战场，以推崇自己的孤寂。最后小天使、大天使似乎都对他讲话，他接受他们神圣的天启，突然以上帝使者的先知身份向世界讲话。他热切地吸收使徒约翰的启示幻象，继承神秘的佛罗拉的乔基姆（Joachim）的来世论。他像乔基姆一样宣布反基督者的统治已经来临，撒旦已俘虏了世界，不久基督将出来开始他地上的统治，神圣的报复将及于表面上控制了意大利的暴君、奸夫和无神论者。

副院长送他到伦巴底布道（1486 年），萨沃纳罗拉放弃他过去的说教方式，改用公开指责不道德、预言命运和呼吁忏悔来讲道。数以千计不曾追随他以前论点的人，现在震慑于这位权威的雄辩口才。彼科听说了这位教士的成功，便要求洛伦佐建议让萨沃纳罗拉回到佛罗伦萨。萨沃纳罗拉回来了（1489 年）。两年后他被选任圣马可修道院副院长。洛伦佐发现他是一个比任何对手更坦率、更强大的敌人。

佛罗伦萨讶异地发现这位 10 年前曾以长篇大论令人扫兴的黝黑布道家，现在竟能以启示的幻境慑服他们，以他们邻人异端、腐化和不道德的生动描述刺激他们，使他们的灵魂提升到忏悔和希望的境地，恢复了少年时期曾激励他们、威吓他们的强烈信仰：

> 你们这些以饰物、头发、美手为荣的女人，我告诉你们，你们是丑恶的。你们要看真正的美吗？看那些精神胜于物质的虔诚

男女吧：看他祈祷的时候，看他祈祷完毕的时候，一线神圣的光辉照在身上，你将看见上帝的美照在他脸上，你会注视他仿佛注视天使的面庞。

人们叹服他的勇气，因为他对教士和教皇比对俗人更苛责，对王子比对人民更严厉，而政治上的激进口气温暖了穷人的心：

这些日子里，没有一种圣灵的恩惠和礼物是不能收买或出卖的。另一方面，穷人被悲哀的重担压迫。当他们奉命付出能力以外的款项时，富人对他们叫道："把其余的也给我。"有些人只有每年50弗罗林的收入，却要付100的税，而富人却付得很少，因为税收是为了使他们高兴而规定的。你们好好反省吧，你们这些富人，灾难会打击你们的。这个城市再也不能称为佛罗伦萨，而只是小偷，恶人和吸血鬼的巢穴。那时你们都会陷入贫穷……而僧侣们，你们的名字将变为恐惧的代名词。

在僧侣之后他批评银行家：

你们发现了很多赚钱的方法，及很多你们称为合法、其实却是最不公平的交换，而你们也恶化了城市的办公室和官员。没有人能使你们相信利息是罪恶的，你们冒着灵魂的危险来维护它。没有人以借钱生利为耻，没有，那些不这样做的人反被视为傻瓜……你们的眉毛是娼妓的眉毛，你们是不会脸红的。你们说，美好而愉快的生活在于获取。而基督说，谦卑的人有福了，因为他们可以享有天堂。

他也谈论洛伦佐：

暴君是积习难改的，因为他们骄傲，因为他们爱好谄媚，而且不愿意复还不义之财……他们不聆听穷人的苦难，不判决富人的罪过……他们腐化了选民，而且订出赋税来加重人民的负担……暴君易于用表演和节日来占据人心，使他们只想到娱乐而不想到暴君的计划，使他们渐渐不习惯民政的处理，终于将政府的命脉留在他手中。

连独裁政体在财政上支持文学与艺术都不能得到原谅。萨沃纳罗拉说：文学和艺术是异教的，人文主义者只是假装基督徒而已，那些他们勤勉掘出、出版并赞美的古典作家，对基督和基督教德行完全陌生，他们的艺术是异教神祇的偶像崇拜，也是裸体男女的无耻展览。

洛伦佐不安了。他的祖父建立并充实了圣马可修道院，他自己也曾慷慨给予。他觉得这个不很知道政府困难的教士，把以往只是强者利用弱者而不受法律阻碍的自由加以理想化，现在竟从美第奇庙堂中逐渐破坏其家族政权的公共支持，这未免太不合理了。他试图安抚这位教士，参加圣马可的弥撒，送给修院丰厚的礼物。萨沃纳罗拉轻视那些礼物，并在后来的布道中声明，忠实的狗不会为一根骨头而停止吠叫保护主人。他发现赈济箱中有一大笔不寻常的数目，都是金子，怀疑是洛伦佐的捐款，就送给别的寺院，宣称银子已足敷他们寺中修士的需要。洛伦佐派遣五个公民与他争论，说他那煽动的布道将导向徒然的暴力，而且会动摇佛罗伦萨的秩序与和平。萨沃纳罗拉告诉他们回去叫洛伦佐为他的罪恶而忏悔。他们鼓励一个以口才著名的圣方济各派教士传讲通俗的布道以吸走多米尼克教士的听众，圣方济各教士失败了。比以往更多的人群涌向圣马可修道院，直到教堂无法容纳为止。萨沃纳罗拉为了1491年的四旬斋布道（Lenten Sermons）而把他的讲坛搬到大教堂，虽然那座大厦的设计足可容纳整城的人，每次这个教士讲话时仍显得十分拥挤。病中的洛伦佐没有再进一步干涉他的布道。

洛伦佐死后，他儿子彼罗的柔弱，使萨沃纳罗拉成为佛罗伦萨最

大的势力。他在新教皇亚历山大六世的勉强同意下，将他的修院从伦
巴底圣会中（属于圣多米尼克派）分离出来，自己实际上成为僧侣社
会的独立领袖。他改革教规，提高他治下教士的道德和知识水准。大
部分会员对他具有爱心和忠诚，除了他那最后的审判论点外，一切都
拥护他。他对当时俗人和教士的罪恶批评得越来越大胆。他很不明智
地继承了潜伏在北意大利和中欧的韦尔多教派（Waldensian）和帕塔
林斯异端反教会的观点，宣判教会的世上财产、教仪的浮夸及"头戴
金冠宝石……身穿织锦罩袍、披肩的大教士"都是有罪的，他将这种
富裕的情况和早期教会僧侣的简朴做一对比：后者"金冠和圣杯较少，
因为他们所拥有的少数财物都已散发以救济穷人的需要；而我们的教
士，为了得到圣杯，却劫夺穷人唯一谋生的财产"。除了这些指责，
他还加上命运的预言。他预言洛伦佐和英诺森八世会死于 1492 年，
果然不假。然后他预言意大利的罪恶，及暴君和教士的罪恶都会由一
个极端的灾难加以报复，基督会借着光荣的改革领导这个国家，他自
己会暴死。1494 年初，他便预言查理八世会侵略意大利，他欢迎这
次入侵，认为是上帝的惩戒。一个当代人说道：他当时的布道"充满
恐怖和警告，呼喊和哀悼，使城市附近的每一个人都迷惑、无言、仿
佛半死一般"。

　　1494 年 9 月，查理八世横过亚平宁山脉进入意大利，决心将那不
勒斯王国收为法国领土。他在 10 月进入佛罗伦萨领域，占据萨尔扎
纳（Sarzana）要塞。彼罗认为他可以亲自到敌人面前从法国手中救出
佛罗伦萨，就像他父亲当年从那不勒斯手中救出她一样。他在萨尔扎
纳会见查理，答应了所有要求：比萨、莱格霍恩（Leghorn）及每一
个佛罗伦萨西面的基地都割让给法国以求结束战争，佛罗伦萨必须献
出 20 万弗罗林。这些让步的消息传到佛罗伦萨，领袖团和议会大为
震惊。与洛伦佐不同，彼罗并未在这些谈判中和他们商量。领袖团在
美第奇家族对手领导下，决定罢免他并恢复共和。彼罗从萨尔扎纳回
来的时候，发现维奇奥宫的大门当着他的面关起来。他骑马回家，人

民讥笑他，顽童拿石头掷向他。他为生命担忧，便带着家人和兄弟从城中逃走。人民掠夺美第奇宫和花园，以及彼罗财政代理人的家。美第奇家四代收藏的艺术品被劫掠，遭散弃，其余的被政府拍卖。领袖团出 5000 弗罗林酬金悬赏活捉彼罗和乔万尼·美第奇主教，出 2000弗罗林悬赏他们的尸体。领袖团派出 5 个人，包括萨沃纳罗拉，到比萨的查理那里要求较佳的条约。查理以含糊的礼貌态度对待他们。当这些代表离去以后，比萨人从建筑物中拆下佛罗伦萨的狮子和百合标记，宣布独立。查理进入佛罗伦萨，同意略微修改他的要求，而且为了急于得到那不勒斯而率军南下。佛罗伦萨由此开始了历史上最壮观的民主实验。

政治家

　　1494 年 12 月 2 日，维奇奥宫的大钟召集公民前去开会。领袖团要求并得到权利任命 20 个人，由这 20 人担任为期一年的新领袖团和新长官，然后再由约 3000 名有公民权的男性名单中抽签选出所有公务员。这 20 人解散了美第奇治下商讨、执行公务的议会和代理处，自行划分了各种职权。他们从事这些工作的经验不足，又因家族党派而意见分歧。新政府组织瓦解，混乱迫在眉睫。工商停顿，人民失业，愤怒的群众聚集街头。彼罗·卡波尼（Piero Capponi）说服这 20人，只有邀请萨沃纳罗拉参加议会才能拯救秩序。

　　这位教士召集他们前往修院，对他们详述了一项极富野心的政治、经济和道德立法计划。在他和彼得罗·索德里尼的领导下，20人委员会设计了一个新的机构，部分依照威尼斯赖以维持安定的组织而设。一个大议会由本身——或者前三代祖先——曾在城邦担任要职的人所构成，由这些初步的会员每年再选出 28 位议员。政府的执行组织基本上维持美第奇治下的形式：一个包含 8 位领主和 1 位标准执法人的领袖团，由两个月一期的议会和各种委员会——12 人委员会、

16 人委员会、10 人委员会、8 人委员会——选出，以管理行政、赋税和战争。完全的民主因为不适合一个大部分文盲、易于情绪冲动的社会而暂时延搁下来，但是会员接近 3000 人的大议会被视为代表团体。因为维奇宫无法容纳这么大的集会，他们便聘请西蒙·波利奥罗重新设计内部，改为 500 人大厅，使议会可以分批集会。八年后，达·芬奇和米开朗基罗就是在这儿受聘并展开竞争，在面对面的墙上作画。经过萨沃纳罗拉的影响和口才，他们所提议的机构得到公众的喝彩，于是新的共和国于 1459 年 6 月 10 日成立。

它特赦被罢黜的美第奇王朝的支持者，温和地开始它的统治。它以自尊的慷慨废除所有税收，只留 10% 的实际财产收入征款。控制议会的商人免除商业税，因此整个负担落在地主贵族和使用土地的穷人身上。政府在萨沃纳罗拉力请下设立了国家贷款处，只收 5%—7% 的利息，使穷人免受私人放贷者的剥削，他们的利息往往高达30%。在这个教士的再度主张之下，议会企图以法律改革道德：禁止赛马、粗鄙的狂欢歌、渎神和赌博，他们鼓励仆人密告赌博的主人；而定罪的犯法人要受苦刑；亵渎神明的人被刺穿舌头；同性恋者会受到无情的惩罚。为了协助这些改革的执行，萨沃纳罗拉将他会众中的男孩们组织成道德警察。他们自己立誓要定期做礼拜，避免赛马、虚饰、卖艺表演、坏朋友、猥亵的文学、舞蹈和音乐学校，而且常蓄短发。这些"希望群"徘徊街头，为教堂募捐赈款，驱散聚赌的集团，而且从女人身上撕下他们认为不庄重的衣裳。

这个城市暂时接受这些改革。很多妇女热烈支持，她们行为谦恭，衣着朴素，而且收起了她们的珠宝。一项道德革命改变了美第奇治下的愉快的佛罗伦萨。人们在街上唱着圣诗，而不是狂欢情歌。教堂挤满了人，赈济金的数目空前的多。某些银行家和商人退还了非法所得。萨沃纳罗拉请求所有居民，无论贫富，都要远离懒散和奢侈，工作不懈，以他们的生活树立好榜样。"你们的改革，"他说，"必须始于心灵……你们现世的善德，必须为道德和宗教的利益而服务，那是心灵所依赖的。如果你们听说过'国家不是靠主祷文统治的'，记住那是暴君的统治……是压迫，而不是解放城市的统治。如果你们要一个好政府，你必须把它复还给上帝。"他提议，佛罗伦萨应该认为政府中有一个看不见的国王即基督。在这样的神权统治下，他预言了理想国的存在："喔！佛罗伦萨！你将富于心灵和现世的财富，你将达成罗马、意大利甚至所有国家的改革，你伟大的翅膀将传遍整个世界。"事实上佛罗伦萨以前也很少如此快乐。那是道德兴奋史上的一段光辉的时刻。

但是人的本性仍然存在。人不是天生良善的，社会秩序在自我、家庭、阶级、民族、种族的公开和秘密冲突中不安地维持着。佛罗伦萨社会的一个强有力的因素使人们渴望酒店、妓院和赌厅作为本能的出口和收入的来源。帕兹、内利、卡波尼、美第奇家族的子弟，及其他造成彼罗被逐的贵族，看见政府落入一个教士之手，非常愤怒。彼罗的余党犹存，而且等待机会使他复位，并恢复他们的财产。方济各派教士以宗教的狂热反抗多米尼克教派的萨沃纳罗拉，而且一小派怀疑论者希望两败俱伤。新秩序的各派敌人都讽刺它的支持者为"哭鬼"（因为很多人在萨沃纳罗拉的布道会上哭泣）、歪颈、伪君子或嚼祷文的人，而这些头衔的接受者却出于恶毒的敌意，将他们的对手称为"疯狗"。1496 年初，"疯狗们"成功地选了高比齐（Filippo Corbizzi）为标准执法人的候选人。他在维奇奥宫召集教士议会，在会上召唤萨沃纳罗拉，指控他的政治活动不宜于一个教士。几位教会人士，包括他自己的多米尼克教团的一员也参加指控。他答道："现在我主的话语实现了：'我母亲的儿子们竟对抗我'……关心世界的事务……对僧侣并非罪恶，除非他没有高超的目标，而把那些事务弄糟了，或者不奖励宗教的理由。"他们向他挑战，要他说出他的布道是否出于上帝所赋的灵感，他拒绝回答。他回到小室中显得更加悲哀了。

如果国外事务有利于他，他便可以战胜敌人。赞美自由的佛罗伦萨人，却为了比萨要求并得到自由而愤怒。即使萨沃纳罗拉也不敢维护这座叛城。一位大教堂教士宣称比萨人也有自由的权利，结果受到领袖团严苛的处罚。萨沃纳罗拉答应恢复比萨成为佛罗伦萨的领土，并且轻率地宣称他可以掌握比萨，正如马基雅维利轻视地说道，他只是一个没有武力的预言家。查理八世被逐出意大利时，比萨和米兰、威尼斯结盟，巩固了它的独立，而佛罗伦萨又抱怨萨沃纳罗拉将他们系在查理的堕星之上，使他们唯独不能分享将法国逐出意大利的光荣举动。在法国放弃近来的佛罗伦萨要塞萨尔扎纳和皮特拉桑塔（Pietrasanta）之前，他们的统帅们早已将其中一个卖给热那亚，另一个卖给卢卡（Lucca）。蒙特普西亚诺、阿雷佐、安托尼奥及其他佛罗伦萨属地也受到解放运动的刺激。这个一度骄傲而有力的城市，似乎正面临失去一切外围领地及阿尔诺河、亚得里亚海和通往米兰、罗马的贸易通路的危险。贸易受损了，税收降低了。议会为了维持对比萨战争的财源，强迫富有的公民借款，给予他们政府的债券作为补偿。但是破产即将来临，这些债券由原价值的 80% 降至 50%，再降至10%。1496 年国库耗尽，政府模仿洛伦佐从穷新娘嫁妆基金中借钱。无论由"疯狗"或"哭鬼"来行使政府基金，崩溃和无能的现象都渐渐产生而且传播出去。弗朗西斯科·瓦萨里被"哭鬼派"的议会多数选为标准执法人（1497 年 1 月），他免除了所有"疯狗派"的长官职位，如果他们怠慢了赋税，就否认他们在议会中的会员资格，只准"哭鬼派"对议会演讲，并驱逐所有反对萨沃纳罗拉的方济各派教士，这使"疯狗派"非常气愤。1496 年，曾经连续下雨达 11 个月，毁坏了狭窄腹地的收成。1497 年，很多人饿死街头。政府开放救济站以供给穷人谷物，妇女在申请的群众中被挤死。美第奇党计划使彼罗复辟，5 个领导人被查出处死（1497 年）。他们诉诸议会，由机构作保，然而还是被拒绝减刑。他们在宣判后数小时被处决。很多佛罗伦萨人将共和国的党争、暴力和严苛，与洛伦佐时期的秩序与和平对比。敌意的民众一再到萨沃纳罗拉的修院前示威，"哭鬼派"和"疯狗派"在街上互掷石头。1497 年的开天节（Ascension Day），这位教士布道时被暴乱打断。暴乱中，他的敌人想捉他，但被他的朋友所阻。一位标准执法人建议领袖团放逐他，以平息这个城市的混乱，这个建议以一票之差未被接受。在梦想完全崩溃下，萨沃纳罗拉面对并反抗着意大利最强大的力量。

殉道者

教皇亚历山大六世并未因萨沃纳罗拉批评教职人员或罗马道德而深感不安。他以前也曾听过类似的话。几个世纪以来，数百位教士曾抱怨很多神父过着不道德的生活，也说教皇喜爱财富甚于做罗马教皇。亚历山大脾气温和，只要皇座安稳，他并不在乎少许批评。萨沃纳罗拉使他不安的是政治方面，不是新组织的半民主本质。亚历山大对美第奇并没有特殊兴趣，也许宁愿佛罗伦萨有一个弱民主国，而不愿它有强大的独裁政体。亚历山大六世害怕法国再度入侵，他参加意大利各邦联盟以逐出查理八世，并阻止第二次法国攻击，愤恨佛罗伦萨与法国结盟，认为萨沃纳罗拉是这个政策的主要支持者，也怀疑他和法国政府暗中相通。大约同时萨沃纳罗拉写了三封信给查理八世，附和朱利亚诺主教（Cardinal Giuliano della Rovere）的建议，要求国王召集教士和政治会议以改革教会，罢黜"非基督徒和异教徒"的亚历山大。在教廷代表米兰的阿斯卡尼奥·斯福尔扎主教，力请教皇终止这位教士的布道和影响力。

1495 年 7 月 21 日，亚历山大写了一封简短的通知给萨沃纳罗拉：

> 给我们至爱的孩子，奉上问候与天福。我们听说你是我主园中最热诚的工作者，我们深感欣喜，而且感谢全能的上帝。我们也听说你断言你的预言不是来自你，而是来自上帝。[1] 我们希望

---

[1] 教会为制止假的先知，曾宣布这种说法是异端。

以教廷适宜的方式和你谈谈这些事情，这样，我们才得以更能表达上帝旨意的方式来完成它。因此，我们希望你遵照服从的誓言，立刻前来，我们会和善地欢迎你。

这封信是萨沃纳罗拉敌人的一大胜利，因为这封信使他陷入僵局，使他不得不终止改革家生涯，或大逆不道地违抗教皇。他害怕自己在教皇的权力下永远不得回返佛罗伦萨，也可能在圣安杰洛地牢中度过余生。如果他不回来，他的支持者会遭到毁灭。在支持者的劝告下，他回信给亚历山大，说他病重，无法旅行到罗马。教皇的动机是政治方面的。这可以从他9月8日写给领袖团的信中看出来，信里抗议佛罗伦萨继续与法国结盟，并告诫佛罗伦萨人不要甘冒指责为唯一与敌人联盟的意大利人。同时他命令萨沃纳罗拉停止布道，向伦巴底的多米尼克教区统领权屈服，而且到教区统领命令他去的地方。萨沃纳罗拉回答道（9月29日），他的会众不愿意臣属于教区统领，但是他会停止布道。亚历山大在和解的回复中（10月16日）重复他布道的禁令，并希望萨沃纳罗拉的健康允许他来罗马，以便接受"愉快且慈父般的精神"欢迎。亚历山大让这个问题悬宕了一年。

与此同时，这位教士的党派已重新占据了议会和领袖团。在罗马的佛罗伦萨政府的密使，要求教皇撤回他对这位教士布道的禁令，力称佛罗伦萨在四旬斋期间需要他的道德刺激。教皇似乎已给予口头上的同意，萨沃纳罗拉也在1496年2月17日重新在大教堂布道。大约同时，亚历山大派一个有学问的多米尼克主教来检查萨沃纳罗拉的公开布道是否有异端嫌疑。主教报告说："圣父啊，这位教士没有说任何不智、不诚的话，他反对圣职的买卖和腐化，那的确是大问题，他尊敬教会的教条和权威，因此我宁愿与他为友——如果必要，还愿给他主教的紫袍。"亚历山大殷勤地派一位多米尼克教士把主教的红帽给了萨沃纳罗拉。可是他并不高兴，反而感到震惊。对他而言，这只是另一个买卖圣职的例子。他回答亚历山大的特使说："来听我下一篇布道，你就会知道我对罗马的答复了。"

他这年的第一篇布道重新开启了他与教皇的冲突。那是佛罗伦萨历史上的一件大事。半座激动的城市都希望听他布道，即使巨大的教堂也不能容纳所有想进入的人，而里面已挤得无法动弹。一群武装的朋友护送这位教士到大教堂。他先解释他为何久离讲坛，声明自己完全忠于教会的教条。但他仍无礼地向教皇挑战：

> 院长不能给我任何违反我教条规则的命令，教皇不能给我任何违反《福音书》博爱的命令。我相信教皇不会存心这样。但是如果他这样，我会对他说："现在你已不是本堂牧师，不是罗马教会，你是错的。"……每当院长的命令显然违反上帝的旨意时，尤其是违反博爱的箴言时，没有人命该服从……如果我明显看出我离开一座城市会成为人民精神上永久的毁灭……与其服从他，我宁可服从我主的命令。

在四旬斋的第二个星期日的布道中，他以无礼的词句指责基督教世界首都的道德："1 千、1 万、1.4 万名妓女对于罗马还算少的，因为那儿的男人和女人都被造就成娼妓。"这些布道由新起的印刷馆传遍全欧，而且到处传阅，连土耳其的苏丹都读过。它们激起了佛罗伦萨内外的笔战，有些小册子指责这位教士异端和不守教规，有些则维护他为先知和圣人。

亚历山大间接避免公开的战争。1496 年 11 月，他下令联合所有托斯卡纳的多米尼克修道院成立新的托斯卡纳罗马会众，直接受佩德罗（Padre Giacomo da Sicilia）的权威领导。佩德罗对萨沃纳罗拉颇为倾心，但是很可能会接受教皇的建议，将这位教士调到其他地方。萨沃纳罗拉拒绝服从联合的命令，而且为他的案件在一本小册子《圣马可弟兄们的辩护者》（*An Apology of the Brethren of San Marco*）中，当众长篇大论地指责教皇。"这个联合，"他争论道，"是不可能、不合理而且有害的，圣马可的弟兄们不可能同意，院长们也不能提出违反僧团规则的命令，也不能违反博爱的法则，或我们灵魂的利益。"理论上所有僧侣会众都直接臣属于教皇，一个教皇可以违反他们的本意，强迫会众合并。萨沃纳罗拉在 1493 年也曾同意亚历山大下令将比萨的圣凯瑟琳多米尼克会众和圣马可的萨沃纳罗拉会众联合，尽管这违反其本身的意旨。然而，亚历山大并未立刻采取行动。萨沃纳罗拉继续布道，而且对大众公开了一连串的信件，以维护他抗拒教皇的举动。

1497 年，四旬斋季节迫近时，"疯狗派"政治家准备用美第奇治下所认可的宴会、游行和歌曲来庆祝狂欢节。为了反击这些计划，萨沃纳罗拉的忠实助手，吉兰达约教士便指导会众的儿童组织一个完全不同的庆祝会。在狂欢节那一周——四旬斋之前——这些男孩和女孩组队在都市中巡行，挨户敲门，而且要求——有时是召唤——放弃他们所谓的"虚荣"，或者该诅咒的东西——他们认为不道德的画、情歌、狂欢节面具和服装、假发、奇妙的衣服、纸牌、骰子、乐器、化妆品、《十日谈》和《巨人莫尔甘特》等邪恶的书……在狂欢节的最后一天，2 月 7 日，萨沃纳罗拉另一些更激进的支持者唱着圣歌，以庄严的行列前进，在一幅多纳泰洛所刻、4 个化装成天使的小孩所抬的《婴儿基督像》后面走向西贡诺里亚广场。就在那儿立着一座用易燃质料做成的金字塔，高 60 英尺，底部圆周 240 英尺。在金字塔的七个舞台上，那些收来或现在献来的"虚荣品"，都被整理或丢掉，其中包括珍贵书稿和艺术作品。他们在四个尖端的易燃木上点火，维奇奥宫的大钟也响起来，以宣告这第一次的萨沃纳罗拉"虚荣品燃烧大典"（burning of the vanities）。[1]

这位教士的四旬斋布道，把战火传到了罗马。他接受教会应有世俗权力的原则，却争论说教会的财产是其堕落的根源。他的抨击已完

---

[1] 这种虚荣品的燃烧，是负有义务的教士的古老习俗。

全没有限制了——

地球上充满流血事件，教士们却不加注意。他们宁愿以坏榜样为所有人带来精神的死亡。他们已从上帝身边撤退，而且他们的虔诚在于夜宿娼妓……他们说上帝对世界并不关心，一切都是偶然而已。他们也不相信基督出现在圣礼中……到这里来，你们下流的教会。我主说：我给你们美丽的礼服，你们却以它们为偶像。你们已把圣器献给浮华，把圣餐献给教职的买卖。你们已在色欲中变成无耻的娼妓，你们比野兽还要低贱，你们是可憎的怪物。你们曾一度为罪恶而羞惭，现在却是无耻的。以前涂过油的教士，称他们的儿子为侄儿，现在却谈着他们的儿子……因此，妓女教会，你们已向全世界展露了你们的污秽，而且臭达天庭。

萨沃纳罗拉怀疑这样的攻击性演说会使他被逐出教会。这正合他意——

很多人说被逐出教会会受天谴……以我而言，我请求你，我主，让这件事快点到来……把这个逐出令举在矛尖上，打开大门接受它！我会回答说："如果我不使你吃惊，你就可以说你要说的话。"……我主，我只寻求你的十字架！让我受宗教迫害。我向你要求这样的恩宠。别让我死在床上，让我为你流血，就像你为我流血一般。

这些激动的演说在全意大利造成狂潮。人们从遥远的城市赶来听他布道，费拉拉公爵化装前来，群众从大教堂延伸到广场，每一个震撼性的句子都从教堂传到外面来。在罗马，人们几乎一致地反对这个教士，而且要求让他受到处罚。1497年4月，"疯狗派"控制了议会，而且——以预防瘟疫为借口——禁止5月5日以后教堂的所有布道。

亚历山大在"疯狗派"的罗马密使怂恿下，签了一纸命令，把这个教士逐出教会（5月13日）。但是他表示，如果萨沃纳罗拉服从罗马的召令，他可以撤销这个命令。这个教士害怕处罚，仍然拒绝前去，但是保持了6个月的安静。然后在圣诞节那天，他在圣马可唱《崇高弥撒曲》，把圣餐分给他的教士们，然后领他们排着庄重的行列环绕广场。在他庆祝逐出的弥撒中，许多人被诬蔑，但是亚历山大没有抗议。相反，他暗示佛罗伦萨，如果参加对抗法国第二次入侵的联盟，他便撤销逐出令。领袖团为法国的成功冒险一赌，拒绝了这个建议。1498年2月11日，萨沃纳罗拉在圣马可布道，继续他的叛变。他指责这次逐出教会是不公平而无效的，而且指控任何支持它有效的人为异端。最后他自己提出了逐出令：

> 因此，让那个发出违反博爱命令的人"受到诅咒"。如果这样的命令是由天使，甚至由圣母自己和所有圣人所宣布（那当然是不可能的），让他们受到诅咒吧……如果任何教皇曾经说过相反的话，让他被逐出教会吧。

在四旬斋前的最后一大，萨沃纳罗拉在圣马可修院前面的露天广场上宣读弥撒文，对大众施行圣礼，并公开祈祷："我主，如果我的行事不真诚，如果我的话不是由你鼓舞而来，现在就把我击毙吧。"那天下午，他的追随者安排了第二次虚荣品燃烧大典。

亚历山大通知领袖团，除非他们能劝止萨沃纳罗拉进一步布道，否则他便停止该城的教权。领袖团都对这位教士怀有敌意，却拒绝要他沉默，宁愿把禁止布道的任务留给教皇。此外，教皇正组织强大的教皇国，足以危及邻居的安宁，这位雄辩的教士在对抗教皇时仍然有用。萨沃纳罗拉继续传道，但只限于他自己僧团的教堂。佛罗伦萨大使报告说，罗马反对这位教士的情绪太强烈了，那儿没有一个佛罗伦萨人是安全的，他害怕教皇一旦提出他所威胁要提的终止教权令，所有在罗马的佛罗伦萨商人都会被捕下狱。领袖团屈服了，命令萨沃纳罗拉停止布道（3 月 17 日）。他服从了，但是预言佛罗伦萨会遭到大难。吉兰达约教士接替他上了他的修院讲坛，而且成为他的传声筒。同时萨沃纳罗拉写信给法国、西班牙、德国和匈牙利国君，要求他们召开改革教会的一般会议：

> 复仇的时刻已到。我主要我泄露新的秘密，向世界显示圣彼得的言语受到威胁的灾难，那是由于你们长期的疏忽造成的。整个教会从她头上的皇冠到她脚上的痛处，都充满了可憎的事务，你们不但不求补救，反而臣服于玷污她的悲惨成因。因此我主大感愤怒，使教会久无牧人……我在此宣明……亚历山大不是教皇，也不能被视为教皇。只凭这个缘故，即使我暂时把他买卖圣职的致命大罪放置一旁，虽然他自己也是这样买来的皇座，而且天天把教会圣职卖给喊价最高的人，同样，我也把他其他昭彰罪恶暂且不表，仍然可以宣布他不是基督徒，不信上帝。

他又说，如果国王们召集会议，他愿在席前现身，证明所有的指控。其中一封信被米兰密使截取，送到亚历山大面前。

1498 年 3 月 25 日，一个方济各派教士在克罗齐教堂布道，以火的考验向萨沃纳罗拉挑战，把事件戏剧性地转到自己身上。他描述这位多米尼克教士为异端和假先知，他愿意穿火而过，只要萨沃纳罗拉也如此做。他说他希望两个人都被烧死，但是希望能借着他的牺牲而解除一个骄傲的多米尼克教士不服从教皇所造成的佛罗伦萨混乱。萨沃纳罗拉拒绝这个挑战，吉兰达约接受了。敌意的领袖团抓住这个机会羞辱一个他们认为已变成恼人的民众领袖的教士。他们赞许中古的方法，而且安排方济各派的朱利亚诺教士和吉兰达约教士在领袖团广场上走到火里。

指定的那天，广场上充满了急于看人类受苦奇迹的群众。俯视此景的每一个窗户和屋顶，都站满了旁观者。在广场的中央，隔着两英尺宽的过道，有两堆木头混着沥青、油、树脂和弹药，保证可以产生炽烈的火焰。方济各派教士们站在朗奇柱廊上，多米尼克教士从对面进来，吉兰达约教士带着一个奉为神圣的圣饼，萨沃纳罗拉带着一个十字架。方济各派教士们抱怨说，吉兰达约教士的红帽也许已被萨沃纳罗拉加上符咒，变得不可燃烧，他们坚持要他脱掉。他抗议，群众力请他屈服。他终于脱掉帽子。方济各派教士们要求他除掉其他外衣，他们认为那些外衣也曾加上符咒的保佑。吉兰达约同意了，进入领袖团宫殿，而且和另一位教士换了衣服。方济各派教士们主张他不能接近萨沃纳罗拉，以免再受符咒。吉兰达约就让方济各派教士包围着。他们反对他带着十字架或奉为神圣的圣饼进入火堆，他交出十字架，但是保留了圣饼。然后萨沃纳罗拉和方济教士之间有一篇很长的神学讨论，谈到基督是否会与面包的外形一起被焚。同时那位方济各派勇士仍留在宫中，要求领袖团不择手段救他一命。教士们让讨论进行到天黑，然后宣布这个考验不举行了。群众愤于被骗，攻击宫殿，但是终被逐退。某些"疯狗派"人士想要抓萨沃纳罗拉，但是他的卫士保护着他。多米尼克教士们回到圣马可，受到民众的嘲笑。虽然方济各教士们显然是延迟的主因，很多人抱怨说，萨沃纳罗拉既然声称曾受上帝的鼓舞，而且上帝会保护他，竟让吉兰达约代他接受考验，而不自己去面对。这些思想传遍城市，几乎只过了一夜，这位教士的声望便衰落了。

第二天，圣枝主日，一群"疯狗派"和其余的人前来攻击圣马可修院。他们在路上杀了几个"哭鬼派"，其中包括弗朗西斯科·瓦萨里。他的妻子被他的叫声引到窗口，也被箭射死。他的房子受到劫掠和焚烧，其中一个孙儿被闷死。圣马可的大钟召集"哭鬼派"前来援救，但是他们没有来。教士们预备用剑和短棒自卫。萨沃纳罗拉要他们放下武器未果，自己毫无武装，立在圣龛前面等待死亡。教士们勇敢作战。恩里科教士带着世俗的喜悦挥舞他的剑，每击一次就热情地大叫："救你的人吧！我主！"但是敌对的群众太多了，萨沃纳罗拉终于有效地叫他们放下武器。领袖团来了一道命令，要逮捕他和吉兰达约。他们两人投降，被领着穿过笑他们、打他们、踢他们、对他们吐口水的群众，走到维奇奥宫的小室中。第二天，西尔韦斯特罗教士（Fra Silvestro）也被捕了。

领袖团送给教皇亚历山大一份考验和逮捕的记载，为此一教士所造成的暴动，请求教皇的赦罪，并授权让他们审判，甚至必要时还可以折磨囚犯。教皇极力主张应把这三个教士送到罗马，在宗教法庭上审判。领袖团拒绝，认为教皇只能派两个教皇官吏参与审问被告。领袖团决定处死萨沃纳罗拉。只要他活一天，他的党羽就会存在。他们认为只有他的死能促使党争停止，而那些党争曾分化城市和政府，使结盟对于抵御外国力量毫无价值，任由佛罗伦萨受内部的阴谋和外部的攻击。

4月9日至5月22日，审问员依照宗教法庭的惯例，让这三个教士受尽种种折磨。西尔韦斯特立刻屈服，很情愿地依照审问员的愿望回答，因此他的招供显得太轻易、毫无用处。吉兰达约抗拒到底，被折磨到死亡边缘，仍发誓萨沃纳罗拉是无欺无罪的圣人。萨沃纳罗拉被高高吊起，精疲力竭，在折磨下很快崩溃，而且依照别人所提的答案回答。折磨停止以后又否认自白，再受折磨又再度屈服。在三次考验后他的精神崩溃了，签了一张混乱的自白，说他没有神圣的灵感，他犯了骄傲和野心的罪，他曾力请异国和世俗的力量召开教会的大会，他曾计划罢黜教皇。这三位教士以分裂宗教和异端、泄露告解的秘密、假称是异象和预言而造成国家党争和混乱的罪名，被国家和教会合判死刑。亚历山大慷慨地给予他们赦罪。然而，他们最终还是逃脱不了被处死的命运。

1498年5月23日，共和国处决了它的建立者和同伴。三位教士被除去长袍，赤足被领到他们曾两度燃烧"虚荣品"的领袖团广场。当时一大群民众曾为了欣赏考验而群集该地。现在由政府供应他们食物和饮料。一位神父问萨沃纳罗拉："你以怎样的精神忍受这次的殉道？"他回答说："我主曾为我受更多的苦。"他吻了他所带的十字架，不再开口。这些教士勇敢地走向他们的命运，吉兰达约近乎愉快地唱着《感谢主》（Te Deum），以感谢殉道的死亡方式。这三个人被绞死在绞架上，他们窒息以后，男孩们可以用石头扔他们。他们脚下燃起大火，把他们烧成灰烬。灰烬被丢入阿尔诺河，以免有人把他们当作圣人的遗迹来崇拜。某些"哭鬼派"不怕牵连，跪在广场上哭泣和祷告。从此以后直到1703年，每年5月23日以后，都有人撒花在教士热血所滴的地方。现在铺道上有一块瓷瓦，标明佛罗伦萨历史上最著名罪案的地点。

萨沃纳罗拉是中古世纪在文艺复兴时代的遗留，文艺复兴毁了他。他看出意大利在财富和衰微的宗教信仰下道德日堕，便勇敢地、狂热地、无效地起而对抗当时的感官和怀疑精神。他继承了中古圣人道德的热诚和心智的淳朴，而且在一个被重新发现异教希腊而赞美的世界中显得格格不入。他的失败是由于他知识的限制及可原谅却很恼人的自我主义。他夸张自己的教化和能力，天真地低估了立刻对抗教皇权和人类本能的工作。他对亚历山大道德的震惊不难了解，但是他对他政策的指责和不让步太激动了。他只有在召请改革教会方面是路德的新教前辈，他并没有路德的神学意识。但是对他的回忆，成为新教派心灵的一大力量。路德称他为圣人。他在文学方面的影响很小，因为文学掌握在马基雅维利和圭恰尔迪尼等怀疑主义和现实主义者手中，但是他在艺术上的影响很大。巴托罗米奥教士在他为这位教士所画的画像上签道："费拉拉的吉罗拉莫画像，他是上帝派来的先知。"波提切利因萨沃纳罗拉的布道而由异教转向虔诚。米开朗基罗常听这位教士布道，而且专心地读他的布道文。是萨沃纳罗拉的精神挥动了西斯廷教堂天花板的画笔，使圣龛后面留下了可怕的《最后的审判》。

萨沃纳罗拉的伟大在于他致力于道德革命，使人诚实、善良而公正。我们知道这是所有革命中最困难的，萨沃纳罗拉失败了，而基督却只在为数可怜的少数人身上获得成功。但是我们也知道，这种革命是唯一能在人类事件上造成真正进步的一种。在它身旁，历史的血腥颠覆只是短暂和无效的，虽改变了一切，却不能改变人。

共和国与美第奇（1498—1534）

在萨沃纳罗拉揽权末期，几乎使政府丧失功能的混乱情况，并未因他的死而得到缓和。每一个领袖团和标准执法人的两个月短暂任期，造成执行机构的不连贯和领主们腐败的倾向。1502年，议会在胜利的富人寡头控制下，试图选出终生的标准执法人以解决部分困难，此人仍然附属于领袖团和议会，但可以面对教皇和意大利的世俗统治者。第一个接受这种荣誉的是彼得罗·索德里尼，一个对人民友善的百万富翁，一个心智和意志力量不至于使佛罗伦萨受到独裁威胁的诚实爱国者。他提名马基雅维利为顾问之一，谨慎而经济地统治，用他的私产来恢复萨沃纳罗拉治下所中断的艺术赞助活动。马基雅维利在他的支持下将雇佣兵换成国民兵，最后终于迫使比萨再度臣属为佛罗伦萨的保护国。

然而，1512年，共和国的外交政策带来了亚历山大六世所预言的灾难。当威尼斯、米兰、那不勒斯和罗马的神圣联盟（Holy League）努力将法国侵略者逐出意大利之际，佛罗伦萨继续与法国结盟。联盟胜利后，便开始对佛罗伦萨施行报复，用军队强行将共和寡头政治换成美第奇独裁政权。佛罗伦萨抗拒着，马基雅维利奋力组织保卫力量。它的前哨被攻下，而且遭大肆掠夺，马基雅维利的国民兵遇见联盟训练有素的佣兵就掉头奔逃。索德里尼辞职以避免进一步的流血，洛伦佐之子朱利亚诺·美第奇向联盟府库贡献1万杜卡特，便在西班牙、日耳曼和意大利武力保护下进入佛罗伦萨，他的弟弟乔万尼主教很快就和他会合。萨沃纳罗拉组织被毁，美第奇政权恢复了（1512年）。

朱利亚诺和乔万尼行事温和，而共和国饱尝刺激，早已准备接受这样的改变。乔万尼变成教皇利奥十世。1513 年，朱利亚诺因为太温和，不适合做一个成功的统治者，便把佛罗伦萨政府让给他的侄子洛伦佐。这位野心勃勃的少年在六年轻率的统治之后去世。在帕兹阴谋中被杀的朱利亚诺，其子朱利奥·美第奇主教现在给予佛罗伦萨极佳的管理：在他成为教皇克莱门特七世之后，他在教皇王座中治理这个城市。佛罗伦萨驱逐了他的代表（1527 年），又试尝了 4 年的自由，但克莱门特以外交缓和失败，利用查理五世的军队为他被逐的亲戚报仇。一支西班牙和德国军队进军佛罗伦萨（1529 年），1512 年的故事重演。抵抗是英雄式的，却是徒劳的。亚历山德罗·美第奇（Alessandro de'Medici）便开始了美第奇家族中史无前例的压迫、残暴和淫荡的王朝。佛罗伦萨要再过三个世纪才能尝到自由的滋味。

革命下的艺术

政治动荡的时代往往是文学的一大兴奋剂。我们很快就会看到第一流的两大作家——马基雅维利和圭恰尔迪尼——他们是属于这个时代的。但是一个常濒破产，而且几乎永远陷于革命的邦国并不喜爱艺术——尤其不喜爱建筑。有些富人善于在洪水中漂流，仍然以建筑宫室来保有可能丧失的财产，所以乔万尼·弗朗西斯科和桑加罗依照拉斐尔的计划，为旁图菲尼（Pandolfini）家族建立宫殿式大厦。1520年至 1524 年，米开朗基罗为朱利奥主教设计新圣器室，为洛伦佐教堂——一个简单的方形建筑和质朴的圆顶、举世皆知为米开朗基罗最佳雕刻的收藏地——设计美第奇的坟墓。

提香的对手中有一位名叫彼得罗·托里贾诺（Pietro Torrigiano），曾与提香一起在洛伦佐的雕像花园中工作，并曾在争论中打破他的鼻子以赢得胜利。洛伦佐对于这次暴行非常愤怒，因此托里贾诺跑到罗马寻求保护。他成为恺撒·博尔贾（Caesar Borgia）麾下的一名军人，在几次战役中勇敢作战，然后前往英国，在该地设计了英国艺术的杰作之一，现存威斯敏斯特的亨利七世墓（1519年）。他不安于此，又流浪到西班牙，为阿尔科斯公爵（Duke of Arcos）雕刻了俊美的《圣母与圣婴像》（*Madonna and child*）。但是公爵付款过低，雕刻家将雕像击得粉碎。这位报复心重的贵族便向宗教裁判所指控他为异端。托里贾诺被判了严重的处罚，但是假装饿死骗过了他的敌人。

佛罗伦萨从未像1492年一样拥有如此多的大艺术家。但是很多艺术家为了逃避它的混乱而离去，并且把他们的盛名借给了其他地方。达·芬奇前往米兰，米开朗基罗到博洛尼亚，安德烈亚·圣索维诺到里斯本。圣索维诺的名字取自索维诺（Monte San Savino）地名，而且使这个名字非常显赫，因此世人忘记了他的真名字。他生为穷苦工人的儿子，产生了对绘画和泥土塑造的热情。一个和善的佛罗伦萨人把他送到安东尼奥·波莱奥罗的画室。他成熟得很快，为圣灵教堂建立了圣礼堂，其中的雕像和镶画"强健而杰出"，瓦萨里说"毫无瑕疵"。而且他还在堂前放置了一个青铜栅栏，美得令人喘不过气来。葡萄牙的国王约翰二世要求洛伦佐把这位年轻的艺术家送到他那儿。圣索维诺去了，而且在那儿从事了9年的雕刻和建筑工作。他怀念意大利，便回返佛罗伦萨（1500年），不久便转往热那亚，然后又到罗马。他在圣玛利亚教堂建了两座大理石坟墓——是为斯福尔扎主教和罗维尔而建——赢得一个挤满了天才的城市的高度赞扬。利奥十世送他到洛雷托，他在那儿（1523—1528年）用一系列圣母生平的镶画装饰圣玛利亚教堂，十分美丽。《报喜》中的天使在瓦萨里看来，似乎"不是大理石的而是天上的"。不久以后，圣索维诺退休到他故乡索维诺，健朗地做一个农夫，死于1529年，时年68岁。

就在此时，罗比亚家族忠诚而娴熟地继续卢卡在釉陶方面的工作。安德烈亚·罗比亚（Andrea della Robbia）比他那位活了85岁的叔叔还要长寿，而且还有时间训练三个儿子——乔万尼、卢卡和吉罗拉莫——从事艺术。安德烈亚的陶土雕塑有一种光辉的色泽和温柔的感伤，足以吸引住博物馆游客的眼睛和双足。巴吉诺博物馆的其中一间挂满了他的作品，英诺森医院（Hospital of the Innocents）也因为他的《报喜》装饰壁画而著名。乔万尼·罗比亚的杰出不下于其父，这可以从巴吉诺博物馆和卢浮宫看出来。罗比亚家族局限于宗教题材几乎达三代之久。他们是萨沃纳罗拉最坚定的支持者之一。安德烈亚的两个儿子还参加圣马可的僧侣行列，追随这位教士寻求解脱。

画家们尤其深切感受到萨沃纳罗拉的影响。洛伦佐·迪·克雷迪向韦罗基奥学艺术，模仿他的同学达·芬奇的风格，而且采取他从萨沃纳罗拉的口才和命运中培养出来的宗教画的温柔气氛，他花费半生的时间画了许多圣母像，我们可以在很多地方——罗马、佛罗伦萨、都灵（Turin）、阿维尼翁、克里夫兰（Cleveland）等地——发现他有关圣母的作品：面孔贫乏、衣袍华丽，最好的一幅也许是沃夫兹画廊的《报喜》。72 岁时，洛伦佐感觉到正是尝试圣职的时候，便与圣玛利亚的僧侣同住。6 年后死于该地。

彼罗·科西莫的姓氏来自他的老师科西莫·罗塞利，因为"指导能力和助长幸福的人，就像生我的人一样是我的父亲"。科西莫断定他的学生将超过他。当他被西克斯图斯四世召去装饰西斯廷礼拜堂时，便带着彼罗前往。彼罗在那儿画了《法老的军队在红海覆没》（*The Vestruction of Pharaoh's Troops in the Red Sea*），以阴郁的岩石和多云的天空为背景。他留给我们两幅华丽的人像画，都存在海牙（Hague）：画中人是朱利亚诺·桑加罗和弗朗西斯科·桑加罗。彼罗完全是艺术家，不太在乎社会或友谊，喜爱自然和孤独，专注于他所画的图画或景象中。他死时未忏悔，而且死得很寂寞，把他的艺术传给两个学生，他们都像他一样杰出：巴托罗米奥教士和安德烈亚·萨尔托（Andrea del Sarto）。

波尔塔（Baccio della Porta）的最后一个名字来自圣彼罗大门，那是他住的地方。他成为教士以后接受了巴托罗米奥教士的名字。他曾向科西莫·罗塞利和彼罗·科西莫学习，与马里奥托·阿尔贝蒂内利（Mariotto Albertinelli）同开画室，与他合作过很多图画，并且至死和他保持友谊。他是一个谦和的少年，热心学习，而且能接受每一种影响。他曾一度想捕捉达·芬奇的微妙阴影。拉斐尔到佛罗伦萨时，巴托罗米奥向他学透视术以及颜色的较佳混合。后来他到罗马访问拉斐尔，并与他一起画了一幅高贵的《圣彼得头像》（*Head of St. Peter*）。最后他爱上了米开朗基罗的壮丽风格，但他缺少那位愤怒巨人敏锐的感觉与深邃的洞察力。当巴托罗米奥企图不朽的时候，他在简单概念的扩大中失去了他自己特有的魅力——颜色的深度和柔和的阴影、构图的稳定平衡以及题材的虔诚和感伤。

他被萨沃纳罗拉的布道深深打动，把他所有裸体画带到燃烧奢侈品的地方焚毁。当这位教士的敌人攻击圣马可修院时（1498年），他参加了辩论行列。在短兵相接的过程中，他誓愿：如果生还便去做僧侣。他信守诺言，在1500年进入普拉托的多米尼克僧团。他拒画了5年，全心从事宗教实习。他后来同意为安杰利科的玫瑰色壁画加上他自己蓝、红、黑色的杰作。他在那儿的餐厅画了一幅《圣母和圣婴》，一幅《最后的审判》，在回廊上画了一幅《圣塞巴斯蒂安》，在萨沃纳罗拉的小室中画了化身烈士圣彼得的这位教士的有力画像。《圣塞巴斯蒂安》是他成为僧侣后所画的唯一一幅裸体画。本来这幅画是放在圣马可教堂的，但它实在太美了，有些妇人承认被它扰起邪恶的念头，教士便把它卖给一个佛罗伦萨人，此人再把它送给法国国王。巴托罗米奥继续画到1517年，直到疾病使双手麻痹，不能再拿画笔为止。他死的那年，45岁。

当时意大利画家中只有一位可以比得上他，那是彼罗·科西莫的另一门徒——瓦努齐（Vannuci），为我们熟悉的名字是安德烈亚·萨尔托，因为他的父亲是一个裁缝。他像大多数文艺复兴艺术家一样成长迅速，7岁就开始他的学徒生涯。彼罗惊讶于这个少年的设计技巧，而且在一个画室关门的假日里，以温暖的赞许态度看着安德烈亚画着达·芬奇和米开朗基罗为维奇奥宫的500人大厅所画的著名连环图中的形体。彼罗晚年变成一个古怪的老师，安德烈亚和弗朗西毕齐奥（Franciabigio）便建立了他们自己的工作室，而且有时还一起工作。安德烈业似已开始了他的独立事业，在阿努西亚塔教堂（1509年）的前庭画了 5 幅圣贝尼兹生平景象，那人是一个佛罗伦萨贵族，曾建立忠仆教派（the Order of the Servites），专门崇拜玛利亚。这些壁画虽然受到时间的严重损害，却以图案、构图、描述的生动及温暖和谐的颜色融合著名，现在这个前庭已成为佛罗伦萨艺术香客的目标之一。一个女人在绘画过程中成为他的妻子——她叫卢克雷齐娅，是一个颇具感官美的泼妇，她黧黑的面孔和黑色的头发，使这位艺术家烦恼到垂危的日子才重获安宁。

1515 年，安德烈亚和弗朗西毕齐奥在斯卡佐（Scalzo）兄弟会的教堂中从事一连串壁画。他们选了"施洗者"圣约翰的生平为题材。但是其中几个人物表现出某些专长，那必是安德烈亚的手笔，画里女性的胸脯，在肌理和外形方面都十分完美。1518 年，他接受弗兰茨一世的邀请前往法国。在该地画了现存卢浮宫的《博爱》画像。但是他留在佛罗伦萨的妻子要求他回来。国王答应他的请求，并给他一笔相当的款项，托他在意大利代购艺术作品。安德烈亚在佛罗伦萨用这笔皇家款项为自己建了房子，再也不回法国。然而他还是面临破产，又重新绘画，为告示教堂画了一幅杰作，瓦萨里说那幅画的"设计、优雅、杰出颜色、活力和鲜明轮廓，证明他远优于他的前辈"——包括达·芬奇和拉斐尔。这幅《沙袋边的圣母》（*Madonna del Sacco*）——因为图中的玛利亚和约瑟夫正倚着一个沙袋，所以取了这样一个荒谬的名字——现已受损失色，不再能完全传达它原来颜色的光辉，但是它完美的构图、柔和的气氛以及家庭的平静表现——其中的约瑟夫突然被画成识字的人，正读着一本书——使它成为文艺复兴最伟大的图画之一。

在沙维（Salvi）寺院的餐厅中，安德烈亚以《最后的晚餐》向达·芬奇挑战（1526 年），选择同一时刻和主题——"你们之中有一个人会背叛我"。安德烈亚比达·芬奇大胆，完成了基督的脸。然而，连他也自觉缺乏我们联想中基督的精神深度和深刻了解。使徒们却具有惊人的个性，动作很生动，颜色丰富、柔和而饱满。这张画从饭厅的入口处看去，几乎不可抗拒地传递了活景象的幻影。

圣母仍是安德烈亚最喜爱的题目，大多数文艺复兴时代的意大利艺术家都是如此。他一再画她，作品存于罗马的柏琪斯画廊和纽约的大都会博物馆。他在沃夫兹画廊有一幅《鸟身圣母》(*Madonna delle Arpie*)，这是以卢克雷齐娅为模特儿的圣母中最美的一幅，而圣婴也是意大利艺术中最美好的。横越阿尔诺河，在比谛画廊中，《圣母升天图》(*The Assumption of the Virgin*) 显示出使徒和圣妇们惊异而崇拜地仰望天使举起祈祷中的圣母——还是以卢克雷齐娅为模特——升天。所以，在安德烈亚的多彩装饰画中，圣母的活动史诗已完成了。

安德烈亚·萨尔托的作品中很少有高雅的气息，也没有米开朗基罗的壮丽，没有达·芬奇深不可测的细微差异，没有拉斐尔的完美，甚至也没有伟大的威尼斯画家的广大或力量。但是佛罗伦萨画家中只有他可媲美威尼斯人的色彩和柯勒乔 (Correggio) 的优雅，而他色泽的精练——其深度、调节和透明度——可能比提香、丁托列托 (Tintoretto) 和维罗纳画家作品中颜色的挥霍更讨人喜欢。安德烈亚的作品缺乏变化。他的绘画在很小的题材和情感圈中打转，他的百位圣母永远是同一位年轻的意大利母亲，谦和、可爱、而且甜得发腻。但是没有人在构图方面胜过他，也很少人在解剖、模仿和设计方面优于他。"佛罗伦萨有一个小家伙，"米开朗基罗对拉斐尔说，"如果他从事伟大的作品，会使你汗流浃背。"

安德烈亚并未活到完全成熟。胜利的德国人在 1530 年占领了佛罗伦萨，把瘟疫传给了该城，安德烈亚成为牺牲者之一。他那位曾以美貌激起婚姻中一切妒忌的妻子竟在他最后发烧的日子远离他的房间，这位曾给予她近乎不朽生命的艺术家死时无人在侧，时年 44 岁。约 1570 年，恩坡里 (Iacopo da Empoli) 到告示教堂前庭去描摹沙陀的《基督诞生》。一位前来望弥撒的老妇人停在他身边，指着画中前景的一个人物。"那就是我。"她说道。卢克雷齐娅竟多活了 40 年。

我们此处所纪念的少数艺术家不能只看作记录，而应看作这段时期雕塑和绘画天才的代表。当时也有其他雕刻家和画家，他们仍像鬼魂似的存在于博物馆中——贝内代托、弗朗西毕齐奥、吉兰达约以及其他数百位画家。有半隔离的僧侣或俗人艺术家，他们仍画着书稿的插图，如欧斯塔基奥教士（Fra Eustachio）和安东尼奥·吉罗拉莫（Antonio di Girolamo）等人。还有书法家，他们的书法可以使费德里科伯爵后悔发明印刷法。还有镶嵌家，他们轻视绘画，认为那是只可骄傲一日、随时可毁的作品。还有巴吉奥·阿尼奥洛（Baccio d'Agnolo）等木刻家，他们所刻的椅子、桌子、橱柜和床铺是佛罗伦萨家庭的光荣。另外还有许多次要艺术的无名工作者。佛罗伦萨充满了太多艺术，因此才能承受查理八世以来的侵略者、教职人员和百万富翁的掠夺，而仍能留下很多精妙的手艺，所以没有人能广包文艺复兴中一个城市所贮藏的宝藏，佛罗伦萨的伟大艺术时代始于 1434 年科西莫放逐回来，终于 1530 年安德烈亚·萨尔托之死。内争、萨沃纳罗拉的清教徒政体、劫夺、战败以及瘟疫毁了洛伦佐时代的愉快精神，也破坏了艺术的脆弱琴弦。

但是伟大的琴弦已被敲过，他们的音乐回荡在整个半岛中。其他意大利城市纷纷前来聘请佛罗伦萨艺术家，甚至法国、西班牙、匈牙利、德国和土耳其也是如此。上千位艺术家涌向佛罗伦萨以学习他们的知识，而且从他们的风格中——彼罗·弗朗切斯卡、佩鲁吉诺、拉斐尔……百位艺术家将艺术的福音从佛罗伦萨传到 50 余个意大利以及外国的城市。在这 50 余个城市中，当时的精神和风格、财富的慷慨、技术的遗产充分配合着佛罗伦萨的刺激。现在整个意大利，从阿尔卑斯到卡拉布里亚（Calabria）都在创造的狂热中绘画、雕刻、建筑、作曲、歌唱。他们在狂热中仿佛知道，财产不久就要毁于战争，而意大利的自尊也会在异国暴君的统治下受辱，而教条的牢门也会对着文艺复兴人士奇妙而丰富的心灵再度紧闭。

第二部

文艺复兴在意大利

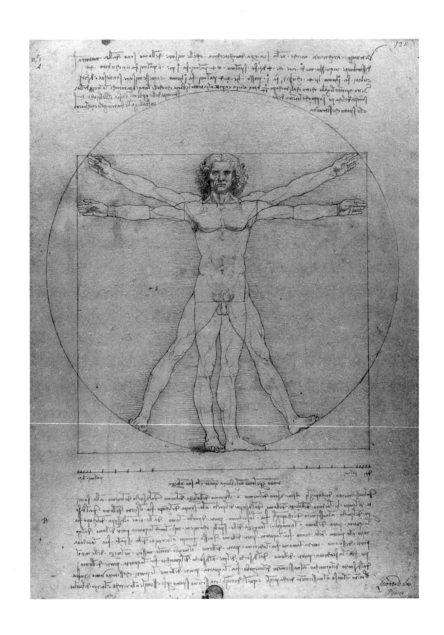

达·芬奇的人体比例图，表现了文艺复兴时期艺术与科学相结合的特色。

第一章 ｜ 米兰

背景

对于文艺复兴来讲，如果只谈佛罗伦萨、威尼斯和罗马三地的情形，那是一件极不公平的事情。因为，在洛多维科（Lodovico）公爵和画家达·芬奇的领导之下，10 年间，米兰无论在各方面都比佛罗伦萨更为灿烂辉煌。米兰地方妇女自由风气和妇女地位提高的事实，从曼图亚城的伊莎贝拉获得最具体的说明。帕尔马城的画家柯勒乔、佩鲁贾城的画家佩鲁吉诺和奥维托城的西尼奥雷利（Signorelli）均使米兰荣耀异常。费拉拉城的诗人阿廖斯托和在作家卡斯特隆（Castiglione）时代乌尔比诺城的礼俗教养使这里的文学气氛达于最高峰。法恩扎城的制陶术和维琴察城的帕拉底安（Palladian）欧式的建筑均声名远播。由于画家平图里基奥（Pinturicchio）、萨色塔（Sassetta）和索多玛，使锡耶纳城得以复苏，并将那不勒斯变为一个充满快乐生活和田园诗词的好地方，因此，我们需要仔细论述上自皮德蒙特（Piedmont），下至西西里岛之间的半岛情况，使这些城市中各种不同的声音能够汇入文艺复兴的交响中。

15 世纪，意大利各地经济生活的情况恰与其气候、方言与衣着一样杂乱多变。佛罗伦萨以北，冬季严寒无比，有时波河整季冰封；热那亚附近的海岸地带，由于阿尔卑斯山利吉里亚（Ligurian Alps）支脉的屏障关系，该地经年温暖如春。威尼斯为云雾所笼罩，罗马则属阳光普照但略带湿气的气候，那不勒斯的气候首屈一指。各地城市和乡郊偶尔会有地震、水灾、干旱、台风、饥荒、瘟疫和战争的灾祸，这些灾祸对马尔萨斯所谓的人口繁殖之说产生一种抵消作用。旧式的手工艺使市镇的穷人得以糊口，使富人过富。只有纺织工业已达到工厂生产和资本运作阶段的产业。博洛尼亚城的一间丝织工厂与市政当局签约，约定生产规模将达到"4000 纺织女工的工作量"。小商人、进出口商、教师、律师、医师、经营管理者、政客构成复杂的中产阶级，富有世俗的牧师为各处法庭和街道增色不少，各类和尚僧尼则漫游各处寻求施舍或浪漫逸事。地主和金融家多数住于城墙内的高楼巨宅，偶尔住在乡村的别墅。最上层的银行家、雇佣兵队长、侯爵、公爵、总督或国王均与其妻妾安居于舒适豪华缀满艺术品的宫院中。乡间农夫耕种自己少量的土地或地主的土地，生活异常清苦、古板，思想仍旧非常闭塞。

社会中尚有少数奴隶，供富室家中差遣用，偶尔也用以补自由劳工的不足，这种现象以西西里岛为最多。到处都有奴隶，意人利北部也不例外。自 14 世纪买卖奴隶的风气一兴，威尼斯和热那亚商人即从巴尔干各国、俄罗斯南部和阿拉伯国家引进大批奴隶，意大利宫廷中视男男女女的摩尔人奴隶为发亮的装饰品。教皇英诺森八世在 1488 年从信奉天主教的斐迪南国王那里收到 100 位摩尔人奴隶的礼物，教皇将这些奴隶犒赏给其手下的红衣主教及其朋友。1501 年，占领意大利南方卡普阿城后，许多卡普阿的妇女被捉至罗马城贩卖为奴隶。但当时有关财物生产和运输方面，奴隶很少担当重要的角色。

当时运输主要靠骡子或马车、水道、运河或海洋。富有人家则骑马或马车旅游各处，速度中等却相当刺激。从佩鲁贾城到乌尔比诺 64 英里，骑马要两天时间，身体要相当强健才能耐得马上之苦。从巴塞罗那（Barcelona）城到热那亚城乘船须 14 天才能抵达。客栈相当多，但不太清洁，又相当嘈杂，使旅客无法舒服地过夜。帕多瓦城有间旅馆可容 200 位客人，马厩可容纳 200 匹马。各地道路崎岖不平而且很危险。城市主要道路铺有石板，除少数道路外，大部分道路晚上皆无照明装置。饮用水取自山中，引导至公共引水处。这里是妇女和闲荡男子聚集传播当日各种消息的场所，饮用水很少有接至私人家庭的情形。

半岛上分成许多城邦，其统治方法大同小异——佛罗伦萨、锡耶纳、威尼斯三城被数位商业巨子控制，通常由各种不同程度的专制君主统治，这种专制君主取代过去因阶级剥削和政治暴动而破产的共和或公有体制。专制君主皆是从群雄争霸中产生，其中一位征服和消灭其他各地的英雄而成为绝对的统治者，这种人通常出身相当贫穷，有些将他的统治权传给后代。米兰由威斯孔蒂或斯福尔扎家庭统治，斯卡里吉里统治维罗纳城，卡拉雷西治理帕多瓦城，曼图亚城由贡萨加家族治理，费拉拉城则由伊斯坦西（Estensi）管辖。这些人只能享受不稳定的拥护，因他们压制歧异，只求在他们坚固的城市牢墙内和脱离百姓的幻想中生活。社会底层人士视他们为金币独裁统治的最后避难所，周围农民由于公社无法保护他们，又无正义和自由，因此倾向这种城邦的统治方式。

专制君主由于随时有被推翻之虞，所以非常残忍暴虐。他们出入均有卫士护卫，饮食惧怕被下毒，他们所祈望的是能够寿终正寝。早期均以诡计、贿赂和暗杀及马基雅维利（尚未出生）所说的各种政治手腕统治其属下的城邦，至 1450 年以后，它更为人们所尊崇。专制君主觉得比以前安全些，对内部的控制方式也渐采用温和的手段。他们压制各种批评和异议，到处派有密探监视。专制君主生活非常豪奢，嗜好排场。但是，因为他们改善行政，伸张正义，救助饥荒和有不幸事故的百姓，消除失业，建筑教堂和修道院，用艺术美化市容，支持学者、诗人和艺术家，赢得了人们的谅解和敬重。

为了扩大他们的领域以确保城邦的安全及获得更多的征税区域，专制君主常从事战争，但是小规模的。因惧怕武装他们自己的百姓后造成叛变残杀的局面，专制君主都雇用佣兵为他们打仗，以战利品、赎金、掠夺或抢劫所得作为他们的报酬。佣兵都是一群饥饿的冒险者，是敢于翻越阿尔卑斯山至各城邦、将他们打仗的劳务卖给出价最高的人的机动分子，过后，如对待遇不满意，他们会转而投靠别的君主。一位英格兰埃克塞斯城出生的裁缝师，以战略和战术闻名于各地，他曾攻打佛罗伦萨城，也曾为佛罗伦萨城邦效力，英格兰各地称他为"木鹰"约翰·霍克伍德先生，而意大利则称他为"机灵"（Acuto）。他一生曾积蓄几十万弗罗林，1394 年以绅农田位（gentleman farmer）去世，被人以优厚葬礼追悼后埋葬于圣玛利亚·费俄里修道院。

专制君主不但资助战争，也资助教育事业，他们盖学校和图书馆，支持学术机构和大学。意大利每一城镇都有一所教会办的学校，每一个大城市都有一所大学。在人文主义学校的教育下，大学与宫廷，公共嗜好与礼貌大有改善，意大利年轻一辈对艺术均有相当的鉴别力，每个重要的活动中心都有自己的艺术家和独特的建筑格调，意大利各地曾受教育的人们散布着享乐人生的气氛，举止相当优雅，有天分的人更获得有史以来最能自由发挥的机会。人们欣赏天才的热烈情形，天才之间竞争的炽热和自由发挥的环境是奥古斯都大帝以来所未有过的。

皮德蒙特与利吉里亚

意大利西北部（今法国东南部）的旧萨伏依-皮德蒙特（Savoy-Piedmont）公国是欧洲最古老的专制王朝，延续至 1945 年。它由亨伯特一世（Humbert I）创建，当时为神圣罗马帝国的属国。1343 年至 1383 年"格林伯爵"（Green Count）阿马德乌斯六世时，这一小国达于顶峰，阿马德乌斯六世并吞了日内瓦、洛桑（Lausanne）、奥斯塔（Aosta）和都灵等地，以杜林为首府。在同时代中，没有任何一位统治者能像他那样聪明、正义和慷慨。1416 年，西吉斯蒙德（Sigismund）大帝将它擢升为公爵的属国，第一任公爵——阿马德乌斯八世（Amadeus VIII）在 1439 年接受任命，为菲利克斯五世（Antipope Felix V，僭称的罗马教皇）时，却被送上断头台。约 100 年后，1536 年萨伏依被法王弗兰茨一世（Francis I）征服。萨伏依和皮德蒙特，沦为法国与意大利的交战地，意大利将两地割让给法国，两地未受意大利文艺复兴潮流的影响。在杜林画廊和其故土韦尔切利城可看到费拉里保护者（Defendente Ferrari）的许多平凡而赏心悦目的绘画。

皮德蒙特南方的利吉里亚拥有意大利里维耶拉区域的一切光耀事迹：东面是列瓦河（Riviera di Levante），即"太阳上升的海岸"，西面是旁尼地河（Riviera di Ponente），即"太阳下落的海岸"，接合处热那亚与位居群山之冠、蓝海之堤的那不勒斯一样赫赫雄伟。诗人彼特拉克称它为"王者之城、繁荣之塔和欢乐之门"，但一切都是 1378 年热那亚人在基奥贾溃败前的景象。当威尼斯社会各阶层正合作一致努力重建商业和提高偿债能力并迅速复原时，热那亚依旧处于贵族与贵族、贵族与平民之间内讧的状态。寡头政治的压迫在 1383 年引起一次小规模的革命。携有屠刀的屠夫，率领一批群众前往总督府，强迫减税并驱逐政府中所有的贵族。1390 年至 1394 年的 5 年中，热那亚总共发生了 10 次革命，有 10 位总督上台下台。演变至最后，众人似乎发现秩序比自由更值得珍惜，加上为革命所苦恼的共和国政府惧怕被米兰并吞，因此在 1396 年连同里维耶拉一同归属法国。两年后，在一次愤激的暴动中又将法国人赶出该城。为此共发生 5 次流血的街道战争，烧毁 20 栋宫殿大厦，政府建筑被掠夺并拆毁，又毁去价值 100 万金币的财产。热那亚发现为自由而得到的混乱结果无法承担，便于 1421 年宣布归属米兰城邦。1435 年，由于无法忍受米兰人的法令，又引发一次革命，再次建立共和政体，派系纷争复起。

　　在这些变动纷争中，唯一安定的因素是圣乔治银行。在与威尼斯战争期间，热那亚政府曾以期票向市民借钱。战后，政府无力偿还这笔债务，转而约定以港口可征得的关税偿付。债权人自己选出 8 位管理人组成董事会以收取关税，该组织称“圣乔治之家”（Casa di San Giorgio），并从政府处接收一栋大厦供其办事用。该公司管理良好，是共和政府中最少贪污的机构。它被委托收取关税。它贷款给政府，而后政府以利吉里亚、科西嘉、地中海东部和黑海附近的大批财产作归还贷款用。它实际已变成公库和私人银行，业务有收受存款、贴现票据及贷款给工商业。由于各派在财务上均与它相关联，而且都尊重它，使它能安然无恙地渡过各次革命与战争。目前，它在文艺复兴时代的宏伟大厦依旧耸立于卡里卡门托（Caricamento）广场中。

　　君士坦丁堡的陷落对于热那亚来讲是一个致命的打击。君士坦丁堡附近肥沃的热那亚人住地皮拉（Pera）被土耳其人占领。当 1458 年赤贫的共和政府再度投靠法国时，弗朗西斯科·斯福尔扎资助一次革命，将法国人赶出并使它成为米兰的属国（1464 年）。1476 年，加里亚佐·玛利亚·斯福尔扎被暗杀所引发的混乱，削弱了米兰的力量，使热那业人获得短暂的自由。当法王路易十二在 1499 年据有米兰时，热那亚也受其统治。最后，法王弗兰茨一世与神圣罗马帝国皇帝查理五世的长期冲突，使热那亚的海军上将安德烈亚·多利亚（Andrea Doria）率舰反叛法国，将法国人赶出热那亚并于 1528 年建立新共和政体。它也是被少数商业巨子控制的政府，与佛罗伦萨和威尼斯相似，只有拥有公民权的家庭的姓名才能登录于《金册》（Il Libro d'Oro）上。新政权包括 400 人组成的元老院和 200 人的议会，总督由选举产生，任期两年。这种方式的政权促使各派系维持一种有纪律的和平状态，并使热那亚一直保持独立，直至 1797 年拿破仑入侵为止。

　　热那亚社会的混乱使该城无法对意大利文学、科学及艺术做出应有的贡献。该城的船长到处探险，但热那亚人的后裔哥伦布出世时，不知是因热那亚人太胆怯或太贫穷，竟无人资助他完成航海环游地球的梦想。贵族热衷政治，商人则汲汲于利，没有人肯为探险事业出力。古老的圣洛伦佐大教堂在 1307 年被改建成哥特式建筑，内部非常庄严高贵。它的圣巴蒂斯塔（San Giovanni Battista）礼拜堂在玛泰奥·西维塔里（Matteo Civitali）手中装了一个非常漂亮的祭坛和坛盖，在伊库甫·圣索维诺手中完成了一尊忧郁的施洗雕像。安德烈亚·多利亚不但改造了热那亚政府，热那亚的艺术也因他而发生革命性的变化。他从佛罗伦萨请来乔万尼·蒙托索里（Giovanni da Montorsoli）修道士改建多利亚宫殿（1529 年），并从罗马请来瓦加（Perino del Vaga）装饰该宫殿，做壁画、加浮雕、画像、图案及花草图饰。改装完成后，使该处成为意大利装饰最华丽的住宅。雕刻家切利尼的对手与仇敌列昂·列尼（Leone Leoni），远道从罗马赶至热那亚为他铸造海军上将的大奖牌，而蒙托索里则为他设计坟墓。就热那亚来讲，文艺复兴只见之于安德烈亚·多利亚在世时的短暂时刻，在他之前或之后都无法嗅到文艺复兴的气息。

帕维亚城

在热那亚与米兰之间有个古老的城市，叫帕维亚，该城临提西诺河（the Ticino）。它曾是伦巴底国王的居住地，14 世纪臣属于米兰，威斯孔蒂和两位总督以它为第二首府。其建设的工作由加里亚佐·威斯孔蒂二世于 1360 年开始，而由吉安（Gian）的乔万尼·约翰完成，此地华丽的城堡为第二任建筑者的公爵住处，并成为米兰以后各代公爵玩乐的宫殿。彼特拉克称它为"现代艺术最辉煌的产品"，当代许多人视它为欧洲第一流的皇家院宅。该地的图书馆拥有许多欧洲珍贵的图书，包括 951 册装饰的手抄本。路易十二在 1499 年占领米兰后对此地的图书馆加以破坏。法军在 1527 年以新式火炮摧毁城堡内部，使它除城墙外荡然无存。

　　虽然城堡被毁，威斯孔蒂与斯福尔扎最重要的东西却完整无恙——西托萨修道院，它隐藏于帕维亚与米兰之间的道路。在一片宁静的平原上，吉安加里亚佐·威斯孔蒂建造了寺院房间、修道院和教堂，以实践其夫人的誓言。从那时至1499年，米兰的公爵们继续以他们的虔诚和喜爱的艺术装饰它，使它更加发展。在意大利再没有比它更为精致的东西。斯福尔扎和洛多维科曾资助帕维亚城的蒙特加查（Cristoforo Mantegazza）和阿马迪奥（Giovanni Antonio Amadeo）两人设计、雕刻和建造该修道院的正面，全部以白色卡拉拉（Carrara）的大理石为材料。太多的拱形建筑、雕像、浮雕、大奖牌、圆柱、方柱、柱头、图饰、雕刻的天使、女神、王子、果树与花草，以致无法表达和谐统一的景象，每一部分皆各自突出，引人注目；然而每一部分皆体现了热爱与技艺。阿马迪奥所建造的四种文艺复兴的窗扉，的确使他能够留存于人类的记忆中。在意大利，教堂的正面建筑雄伟齐整，但是在帕维亚城西托萨修道院，教堂的外观则醒目漂亮：庄严的扶墙，华丽的钟楼、拱廊，朝北十字式左右翼部和凸出部分的塔尖，修道院的圆柱和拱形建筑。在宫廷之内举目四望可以看到细长的圆柱，连续三层的拱廊和圆屋顶四根附加的柱廊，各部分调和的整体，使人对建筑的成就仰慕不已。教堂内部更是宏伟无比，气象万千。圆柱成群，雕刻与装有饰板的圆屋顶都是拱形建筑，青铜与铁格子窗都是像建造皇宫一样精致设计完成的，大门与拱门的形式和装饰非常高雅，大理石的祭坛饰嵌各种宝石，教堂中的绘画都是出自佩鲁吉诺、博尔戈尼奥内（Ambrogio Borgognone）与卢依尼（Bernardino Luini）三位大画家之手。镶花的合唱团席次富丽堂皇，彩色的玻璃非常光洁；柱子、三角壁、拱内侧的穹隆都经过细心雕刻。加里亚佐·威斯孔蒂的华丽壮观的坟墓出自罗马诺（Cristoforo Romano）与布里斯科两人之手。虽然洛多维科与贝亚特丽斯（Beatrice d'Este）两人去世之日期相隔10年并相距500英里之远，他们的坟墓与肖像却以精美的大理石连在一起，作为他们令人哀伤的爱情故事的遗迹。它可以说是结合伦巴底、哥特式与文艺复兴的格调而完成的文艺复兴时代几近完美的建筑。在洛多维科时代由于米兰宫廷中聚集了许多美丽的妇人，并网罗了像布拉曼特、达·芬奇及卡拉多索（Caradosso）等一流的艺术家，米兰得以从佛罗伦萨、威尼斯与罗马手中攫取意大利的领导地位达10年之久。

威斯孔蒂家族（1378—1447）

　　加里亚佐二世于1378年去世，将统治米兰的宝座传给他的儿子吉安加里亚佐·威斯孔蒂，后者仍以帕维亚为首府。他是马基雅维利式权谋霸术的忠实信徒，终日沉溺于宫殿图书馆，研究如何制定一套微妙的法律命令，如何以适度的征税、虔诚的礼拜方式和聘请牧师教士以赢得臣民的信赖。外交家们都猜想他是意大利最后一个想统一半岛的王子。他的脑中也充满这种构思，直到寿终正寝时他都一直朝这个方向努力，并且几乎实现它。他使用各种阴狠奸诈和谋杀等手段，就像他已经虔敬地读过还未问世的《君主论》（Prince）和从未听过基督教诲一样。

　　此时他的叔叔贝尔纳博治理威斯孔蒂家族另一半的领域。贝尔纳博是一个恶棍。税捐重得使其臣民几乎无法负担，强迫农人喂养他打猎用的5000只猎狗，并宣布罪犯要受40年的苦刑，因而引起愤恨不平。他讥笑吉安加里亚佐的谦恭做法，并计划取代他以夺得威斯孔蒂家族的全部遗产。吉安加里亚佐的特务获悉全部计划，使他得以先下手斩除对手。他安排与贝尔纳博举行一次会议，贝尔纳博带领两个儿子赴会，吉安加里亚佐的卫队将3人一举逮捕并在1385年毒死贝尔纳博。从此吉安加里亚佐即统有米兰、诺瓦拉、帕维亚、皮亚琴察、帕尔马、克雷莫纳、布雷西亚等地。1387年他取得维罗纳；1389年吞并帕多瓦；1399年以20万弗罗林购得比萨，使佛罗伦萨大为震惊。1400 年，他攫取佩鲁贾、阿西西和锡耶纳等地。1401 年，卢卡和博洛尼亚分别向他的将军献城。他几乎成为从诺瓦拉到亚得里亚海之间意大利北部地区的主人了。教皇从法国阿维尼翁返回意大利后发生的宗教分裂局面（1378—1417 年），大大削弱了教皇国的地位。吉安加里亚佐扶植一位教皇以对抗另一位教皇，希望吞并教会的全部土地，果能如此，再派兵攻打那不勒斯，由于控制了比萨及佛罗伦萨的外围地区必可使佛罗伦萨臣服，剩下的威尼斯自然会归顺。但天不从人愿，1402 年吉安加里亚佐以 51 岁壮年撒手西归，意大利统一的希望顿成泡影。

他很少离开帕维亚和米兰两地。他不喜欢以战争的方式达到吞并的目的，而偏爱阴谋诡计，他所完成的吞并事业中多半以诡谲手段达成，较少使用武力方式。这些政治上的事业并未耗尽其内心的各种构思，在其他方面他也有很特殊的作风。他曾颁布包括公共卫生和传染病强迫隔离的法令，并建筑帕维亚城堡和帕维亚修道院教堂及米兰大教堂。他还聘请克里索罗拉斯至米兰大学教授希腊文，并襄助帕维亚大学、帮助诗人、艺术家、学者和哲学家，对他的同僚也照顾有加。他还拓筑延伸米兰至帕维亚之间的大运河，该运河是穿越阿尔卑斯山、米兰、波河等意人利腹地以至亚得里亚海的内陆河道，灌溉了几千亩的土地。农业与商业的进展推动工业的发展。米兰的毛织品开始与佛罗伦萨竞争。该地工匠铸制武器和铁甲供应西欧的战士。在一次危机时，两处主要制造所在几天之内完成了 6000 位军士所需的武器。卢卡城的丝织工人由于党派纷争及战争关系已经贫穷万分，被迫成群结队地移居米兰。至 1400 年，丝织工业在米兰已相当发达，使道德家埋怨说衣饰过分华丽。为了保护成长苗壮的经济社会，吉安加里亚佐曾采取各项步骤，包括适当管理、公平与稳定通货及适度的税捐。课税对象包括牧师、贵族及一般普通的人。在吉安加里亚佐的督促下，邮政事业也渐次扩展。1425 年，邮政使用 100 匹以上的马运送邮件。邮局接受私人信件，全日运送——如有急事，连夜赶送。1423

年，佛罗伦萨政府每年收入 400 万弗罗林，威尼斯为 1100 万，米兰
为 1200 万，各地国王均以女儿嫁给威斯孔蒂家族或娶得其女为荣。
神圣罗马帝国皇帝温萨斯雷（Wenceslas）在 1395 年批准正式授予早
已成为事实的吉安加里亚佐公爵头衔并给予他和其后裔永久的米兰公
爵领域。

这种兴盛的局面持续了 52 年之久。吉安加里亚佐在 1402 年去世
时，他的长子吉安玛利亚（Gianmaria Visconti）时年 13 岁。许多吉
安加里亚佐的将军纷纷争夺摄政之职；当他们为争米兰而发生战斗时，
又使意大利陷入四分五裂的局面：佛罗伦萨重获比萨城，威尼斯取得
维罗纳、维琴察和帕多瓦等地，锡耶纳、佩鲁贾和博洛尼亚各地皆自
立为国。意大利的混乱情形依旧，甚至比以前更糟，吉安玛利亚将政
府交给跋扈的摄政王，自己专门喂养一些吃人肉的狗，以看狗吃政治
犯和犯人的肉为乐。1412 年，他被三位贵族刺杀。

他的弟弟菲利普·玛利亚·威斯孔蒂似乎继承了其父狡诈的心
智、勤勉努力不懈的耐心与野心及远大的目光。但是吉安加里亚佐的
勇气在菲利普那里却转而为怯懦，他一直害怕被谋杀，一直认为人
类都是背信弃义的。他把自己幽禁于米兰的吉尔维亚城堡中，日餐丰
肴盛宴，养得肥胖，酷爱迷信和占星家，仍以诈术维持其长期统治，
使自己成为其国家、军队和家庭内的主人。为了得到财富，他跟廷
达（Beatrice Tenda）结婚，而后以不贞的理由赐她死。之后又与萨伏
依公国的玛丽亚公主结婚，却将她隔离，只留几位妇人侍候她。由于
忧思没有儿子，又娶了一位小妾，与这位小妾生了一位漂亮的女儿比
安卡（Bianca）。他很爱她，这是他流露出一点人类感情的地方。他
继续资助学术的研究，为帕维亚大学聘请了许多著名学者，颁授酬劳
给建筑家菲利普·布鲁尼里斯哥和奖牌设计家皮萨内洛（Pisanello）。
他以独裁而有效率的方式统治米兰，调和了党派之争并维持了社会秩
序，保护了农人使他们免受封建制度的榨取，也保护了商人使他们免
于盗贼的劫掠。菲利普并以巧妙的外交手腕和武力使帕尔马与皮亚琴

察两地再度成为米兰的顺臣，包括伦巴底至布雷西亚两城及米兰到阿尔卑斯山之间的全部土地。1421 年，他使热那亚人相信他的独裁统治比他们的内战更为温和，因而归降他。他鼓励敌对的家族相互通婚，因而减少了许多家族的累世宿仇。虽然有些暴政，人民的自由被剥夺，却使他们免除处于内部争权夺利的情况，并过着繁荣的生活而少有怨言。

菲利普·玛利亚·威斯孔蒂以敏锐的眼光发现卓越的将领，却怀疑他们会推翻自己，因此使他们相互争斗以坐收渔人之利，并制造战争以图收回他父亲取得而他哥哥失去的土地。与威尼斯、佛罗伦萨作战期间曾训练了不少杰出的雇佣兵队长：加塔梅拉塔、科莱奥尼、卡马诺拉（Carmagnola）、布拉乔（Braccio）、福尔泰布拉奇奥（Fortebraccio）、蒙托内（Montone）、皮奇尼诺、穆齐奥（Muzio）、阿滕多洛（Attendolo）等人。其中，穆齐奥是一位乡村少年，出生于拥有男女战士的大家庭。他因力大如牛而赢得斯福尔扎之姓，并效忠于那不勒斯的女王乔安娜二世（Queen Joanna Ⅱ），后因故不获女王的喜欢而入狱。他的姐姐全副甲胄前往监狱，强迫狱卒释放他。后来他成为米兰军队的一位司令，1424 年在横越一条河流时不幸被淹死。他的私生子弗朗西斯科·斯福尔扎当时已经 22 岁，即继承其父的职位，转战各地，最后因与公主结婚而取得王位。

斯福尔扎家族（1450—1500）

弗朗西斯科·斯福尔扎是文艺复兴时代完美的战士：高大、英俊、活泼、强壮、勇敢。他在军营中善跑、跳及摔跤，睡眠时间很少，光着头在夏天或冬天行军，能与手下同甘共苦并常以战略取胜，为其部属带来丰厚的战利品，因此其手下都乐于为其效劳。他的声誉举世无双，许多敌军在看见他时即投降并脱帽致敬，尊他为当代最伟大的将领。他志在建立一个自己的邦国，决心扫除各种障碍。他曾分别为米兰、佛罗伦萨、威尼斯效力过，直到 1441 年菲利普将其女儿比安卡嫁给他做夫人及以克雷莫纳和蓬特雷莫利两地作为陪嫁后方得到他的忠心。6 年后菲利普去世，因无儿子继承，威斯孔蒂王朝结束，弗朗西斯科认为他应该继承王位。

但米兰人认为他们应成立一个名为安布罗西安的共和国，可是各敌对的党派意见无法一致，米兰各附属国趁机宣告脱离米兰独立，有些被威尼斯征服。米兰有遭受威尼斯或佛罗伦萨攻击之虞。而且奥尔良公爵、腓特烈三世及阿拉贡国王阿方索都声称米兰为其领土。米兰面临这种危机，只好派遣一个代表团去请求斯福尔扎派兵防守米兰，并赠以布雷西亚城。斯福尔扎击退入侵的敌人，但当米兰新政府私下与威尼斯达成和解时，他即掉转军队攻打新成立的共和政府，将米兰团团围住使其濒于饥饿的边缘，最后米兰投降，当他入城时曾受饥饿市民的欢呼拥戴，并分发面包给各地民众。入城后，他即要求每户派一人组成国民大会。该会授给他公爵的权力，并经神圣罗马帝国的认许，1450 年即为斯福尔扎短暂但灿烂王朝开始的一年。

虽然他已崛起，他的性格并未改变。衣食仍很简单，依旧辛勤地工作。有时假借说为国家利益而做出残暴奸诈的事情，但大致上说来他是一个富有正义感的人。他对女色非常放纵。他的夫人非常多才多艺并善社交，曾杀死他的情妇，之后对他这种好色之性也加宽容。她曾为他生了 8 个孩子，政治上明智地规劝他应行之道，通过济贫扶弱赢得人民的支持。斯福尔扎治理邦国与统领军队一样能干。社会繁荣，秩序良好，使人民对过去遭受的苦痛与不自由的记忆变得模糊不清。为了防止叛变或围城，他开始建造有名的舒弗兹科（Sforzesco）城堡。斯福尔扎还开凿新运河，组建工厂，建造大医院（Ospedale Maggiore），敦请人文主义学者弗朗西斯科·斐勒佛至米兰讲学并鼓励兴学，研究学问和艺术。他曾诱使佛芭（Vincenzo Foppa）从布雷西亚城至米兰开设一间绘画学校。由于受威尼斯、那不勒斯及法国的威胁，他设法获得科西莫·美第奇的支持和友谊，使他们无法前进。

之后他将他的女儿伊坡里塔嫁给斐迪南一世的儿子阿方索为妻，解除了那不勒斯的敌意，与法王路易十一联盟而彻底击败奥尔良公国。有些贵族希望他早死以取得他的权力，但斯福尔扎政府成功的事实使他们的计划成空。1466 年，他安然去世。

他的孩子加里亚佐·玛利亚·斯福尔扎由于生于皇室，根本不知贫穷与奋斗为何物，只会玩乐豪奢及勾引朋友的太太，对持异议的人更是残忍无比。这种残忍的性格似乎是得自其仁慈的母亲比安卡所带有的威斯孔蒂家族的血统。米兰人民由于已习经惯极权统治，对他这种暴政未加反抗，但私人复仇的事件引起了公众的恐惧。奥吉亚提（Girolamo Olgiati）对其妹被加里亚佐勾引而后被遗弃之事深感悲痛，兰甫那尼（Giovanni Lampugnani）则认为自己的财产被剥夺，还有卡洛（Carlo Visconti），三人均受教于蒙特诺（Niccoló Monteno），学习罗马历史和思想，还学习布鲁特斯暗杀恺撒的各种方法。在恳求圣徒帮忙后，三人混入加里亚佐做礼拜的圣斯蒂芬教堂，将加里亚佐刺死（1476 年），兰甫那尼和卡洛两人当场被杀。奥吉亚提则被折磨至骨头全断、关节尽碎的地步，然后再被活活剥皮。但在咽下最后一口气之前他仍拒绝忏悔，拒绝要求基督原谅其行为，死时口中喃喃念着文艺复兴的用语：Mors acerba，fama perpetua。（死是痛苦的，名誉却是永存的。）

加里亚佐死后，由他 7 岁的儿子吉安加里亚佐继承。教皇党和保皇党两派不择手段争取摄政权，三年中社会一片混乱，最后由一位文艺复兴时代最为多彩多姿且传奇的人物获得政权——洛多维科·斯福尔扎，他是弗朗西斯科·斯福尔扎的第四子。他父亲赐他马洛（Mauro）之姓，但当时人因他头发和眼睛皆为乌黑色而将马洛改称为伊尔·摩尔（Il Moro），即"摩尔人"，他自己则欣然接受这个绰号。摩尔人的象征和衣饰在宫廷中一时大为流行。这种现象尚可从桑树的同义字（在意文中，Moro 也可为桑树）中观知。桑树也代表他，一时米兰地区的物品都盛行用桑树的颜色，促使达·芬奇以此色装饰城堡的房间。洛多维科的主要老师是学者斐勒佛，他灌输他第一流的文学作品。但洛多维科的母亲警告斐勒佛说"您教的是王子而不是学者"，她认为她的孩子应精通治国战争的大略。洛多维科身体不很强健，但智力过人，因而非常仁慈，如果就所犯的错误与罪恶数目之少来看，他是历史上最开明的人物之一。

他并不漂亮，因而使他不会为此而分心。脸部很肥胖，鼻子太长且弯曲，下颌太厚，两唇又太紧闭，但从布特拉斐尔（Boltraffio）所画的侧身像及留存于里昂和卢浮宫的半身像可以发现其带有一股安静的力量、机智敏锐的气息及文雅高尚的气质。当时他有最狡诈的外交家之称，有时他很优柔寡断，时常喜欢绕圈子，有时不够谨慎，偶尔会做出不忠实的行为。这些特征在文艺复兴时代很常见，或许是从事外交必需的手腕。洛多维科温文有礼，对艺术与美学又独具慧眼，很少发脾气，但疑心甚重又迷信，他可说是万民之主，却是占星家的奴隶。

洛多维科以摄政王身份代其侄治理米兰达13年之久（1481—1494年）。吉安加里亚佐·斯福尔扎生性懦弱，害怕担负治国的重任，而且体弱多病，无力担当繁重的政务——圭恰尔迪尼称他为无能之辈。他乐得将政权交给他既羡且妒的叔叔代管，自己跑去玩乐偷懒。洛多维科舍去公爵头衔的一切锦衣丰食及荣耀，倒是吉安加里亚佐自己坐在王座上接受臣民的效忠并过着豪奢的帝王生活。但吉安加里亚佐的夫人，阿拉贡王国的伊莎贝拉公主，却愤恨洛多维科掌权，一直要吉安加里亚佐亲自执政并要求他父亲阿方索——那不勒斯王位的继承人，出兵帮她取得政权。

洛多维科主政成效卓著。他在维吉瓦诺（Vigevano）城的夏季住所附近办了一间规模宏大的农产和畜牧实验所，曾做各种实验，包括试种水稻、葡萄树及桑树等，并有产制牛油及干酪的工厂，两种东西品质之佳都是意大利前所未闻的。草原和山坡地养了2.8万头公牛、母牛、水牛、绵羊和山羊，马厩中畜养欧洲最好的种马和牝马。

当时米兰丝织工业雇用了2万名工人，并从佛罗伦萨手中抢来许多外国市场。铁器商、冶金商、木材雕工、瓷器工、陶器工、镶嵌细工、玻璃工、香料制造商、刺绣工、绣帷工及乐器制造商构成繁忙的米兰工业，宫廷和贵人家里都装饰得非常富丽堂皇，有些还从东方购入细软的奢侈品。为了使人们与货物的交通更加舒畅，及"使人们得到更多的光线和更好的空气"，洛多维科拓宽主要街道，通往城堡的大道旁边更建有许多贵族的宫殿和公园，大教堂更成为该市的中心。1492年，米兰人口计有12.8万人。洛多维科时代米兰之繁荣比吉安加里亚佐·威斯孔蒂时代有过之而无不及。但是人们抱怨说经济社会的繁荣无助于人民摆脱穷困，只使王朝更加显赫而已。主妇对税捐的繁重摇头叹息，克雷莫纳和洛迪两城都曾因抗议重税而发生暴动。洛多维科辩称他需要经费建设新医院和照顾病患，办帕维亚和米兰两大学，资助农业和畜牧业的实验，推广工业，装修宫廷，使外国大使赞美其艺术及豪华，他认为唯有国家先富强后才会受外邦尊重。

但米兰并不相信此论。1491年当洛多维科迎娶费拉拉公主贝亚特丽斯时，米兰似乎分享其乐，新娘是最温柔与最讨人喜欢的公主。那时他已39岁并已有过多个情妇，其中一位叫比安卡的已帮他生有二男一女。贝亚特丽斯在到米兰前认为应施行一夫一妻制，但当她到达米兰时，发现他夫婿尚有一个美丽的情妇西西里娅·加里那妮（Cecilia Gallerani）住在城堡的套房中。更糟糕的是，在婚后两个月中他仍继续去看她，洛多维科向费拉拉大使解释说他无意遣走这位有修养的女诗人，因她使洛多维科的身躯与心灵获得很大的满足。贝亚特丽斯威胁要回费拉拉，洛多维科只得放弃，并劝贝加米尼伯爵娶西西里娅。

贝亚特丽斯嫁给洛多维科时才14岁。她并非特别漂亮，但她对生命所持有的天真无邪的欢乐却非常迷人。她生长于威尼斯，从小即学会当地各种欢乐的方法，洛多维科富有的环境使她变成一个无忧无虑的挥霍者。她如此奢侈，被称为"疯狂地喜爱奢侈者"。由于她流露一股天真无邪的欢乐，因此人们也就原谅她这种做法——当代有位编年史学家曾这样写道——"日日夜夜地歌唱跳舞和玩乐"——整个宫廷都洋溢着她欢乐的气息。洛多维科原先很严肃，但婚后几个月却深爱上她。他承认除了他新近得到的幸福外，所有的权力和智慧都不重要。在洛多维科的照顾下，她在内心深处渐渐学会优雅仁慈的意念。她学习以拉丁语演说及各种令人头痛的邦国事务，有时服侍其夫婿使他飘飘然。她寄给她的姐姐伊莎贝拉的信是文艺复兴时代马基雅维利式丛林中的芳香鲜花，她的姐姐比她更有名。

米兰宫廷由于有好玩的贝亚特丽斯举办各种舞会，而由勤奋工作的洛多维科付款，成为全欧洲最富丽堂皇的地方。舒弗兹科城堡更是光耀无比，拥有庄严宏大的中央高塔，无数豪华的房间，镶嵌的地板，彩色玻璃窗，绣花垫，波斯地毯，它的绣幄令人再次想到特洛伊和罗马的稗史；到处都有达·芬奇雕刻的天花板和索拉里（Cristoforo Solari）或罗马洛制作的雕像，也有希腊、罗马或意大利艺术的遗物。在这种灿烂辉煌的日子里，学者与战士、诗人与哲学家、艺术家与将军相互往来，妇女们因衣着、珠宝、化妆品而更美艳动人。所有男人发式整洁，打扮入时，连军人也不例外。由各种乐器组成的管弦乐队到处表演，歌声布满各处。这时候佛罗伦萨因出现萨沃纳罗拉而非常混乱，到处都在毁坏有关慈爱和艺术的作品，洛多维科的首都盛行音乐，道德却相当松弛。丈夫纵容太太偷情，以使他们自己能够游览各地。化装舞会经常有，五光十色的服装中不知包含多少罪恶。男男女女尽情地歌唱与跳舞，好像都不会贫穷一样，也好像法国不会计划攻打米兰，对虎视眈眈的那不勒斯也视若无睹。

历史学家科利奥（Bernardino Corio）从故乡到米兰宫廷执事，在《米兰历史》（*Historia di Milano*，约 1500 年）一书中对米兰宫廷曾做生动的刻画与描述：

　　我们君主的宫殿充满各种时髦、新款时装及欢乐，太过富丽堂皇了。然而，各种美德均受人歌颂赞美，密涅瓦（Minerva）女神可与维纳斯女神媲美，而且各个学派都想有所成就。爱神丘比特可算是最美丽的少年。由于少数人的推许，人们也盲目地跟着赞扬，扶老携幼前往观赏丘比特雕像。密涅瓦女神也不落人之后，各种学术机关也都有她的雕像。洛多维科更是不惜重金从欧洲聘请最有学问与最有艺术天才的人到米兰来，不但有人学希腊文，而且到处有人歌咏拉丁诗与散文，更出现许多大诗人。米兰也聚集了各国雕刻与绘画的名家，各类悦耳的歌曲与音乐更是不绝于耳，真像天国降临此处一样。

或许是因为贝亚特丽斯太富于母性之爱，她带给洛多维科与意大利灾难。1493 年，她为洛多维科生下一男孩，取名为马克西米连（Maximilian），显然这孩子会继承王位。贝亚特丽斯担心洛多维科死后她跟孩子的命运。因为她夫婿统治米兰并无法统上的根据，吉安加里亚佐有那不勒斯人的帮助，随时会宣告废除她儿子，或放逐她，甚至杀死她。如果吉安加里亚佐有儿子的话，显然公爵的爵位会传给这个儿子，而不顾洛多维科。洛多维科对爱妻这种忧虑也很同情，于是他派遣一位密使去谒见神圣罗马帝国皇储马克西米连，答应将其侄女比安卡·斯福尔扎（Bianca Maria Sforza）嫁给他，并陪嫁 40 万杜卡特，但要求马克西米连继位后，将米兰公爵的头衔与权力授予他。马克西米连同意这个条件。过去几任将公爵名衔授予威斯孔蒂的皇帝都拒绝批准洛多维科的请求。我们可知，米兰法统的治理权仍须受神圣罗马帝国的委任。

吉安加里亚佐只关心他的狗与自己的身体，对这种演变根本无暇顾及，但是心中老是愤愤不平的夫人伊莎贝拉觉察到这种趋势，因此再次请求她父亲出兵帮她取得政权。1494 年 1 月，阿方索继位为那不勒斯国王，对米兰采取一种不友善的政策。教皇亚历山大六世不但与那不勒斯结盟，而且欲联合弗利等城以增强教皇的地位，弗利城那时由吉安加里亚佐统治。素与洛多维科极友善的佛罗伦萨主人洛伦佐·美第奇在 1492 年去世。洛多维科为了保护自己，竟不顾一切与法国结盟，同意让法王查理八世和法国军队无碍地通过意大利西北部以维护查理对那不勒斯王位的权力。

因此招来法国人，洛多维科以主人迎接查理并祝福他远征那不勒斯成功。当法国人向南进军时，吉安加里亚佐·斯福尔扎却因数病齐发而去世，人们怀疑是洛多维科下毒加害他。1495 年，洛多维科自己匆忙加封为公爵，使这种谣言更见确凿。这时，奥尔良公爵路易带领另一支法军侵入意大利，宣称他是吉安加里亚佐·威斯孔蒂的后裔，因此米兰是他的地方。洛多维科现在发现他原先欢迎查理是彻头彻尾错误，他即刻改变政策，与威尼斯、西班牙与教皇亚历山大六世、神圣罗马帝国皇帝马克西米连组成"神圣同盟"，合力将法国人赶出意大利半岛。查理匆忙退出，1495 年在法诺沃（Fornovo）曾遭受小挫折，几乎不能带领他的残余军队返回法国。这样一来，奥尔良的公爵路易只有等待，俟机再起。

洛多维科对他这种曲折的政策所获得的成功大感满意：将奥尔良打败，也是给阿方索一个教训，好让他不再轻举妄动，这种政策也使同盟获胜。现在洛多维科的王位似乎相当稳固，他放松外交方面的戒心并再次享受宫廷的豪华生活。当贝亚特丽斯怀第二胎时，他不尽丈夫的责任反而妍上卢克雷齐娅·克里维里（Lucrezia Crivelli）。贝亚特丽斯对他这种不忠的行为感到非常悲伤，她再也不歌唱，再也没有欢乐，将全部精力灌注于两个孩子上。洛多维科在情妇与夫人之间左右为难，祈祷能够兼爱两人。1497 年，贝亚特丽斯又产下第三胎，不幸是个死胎。产后半小时，她在极度痛苦中去世，时年 22 岁。

从这时起，对于这个城市和洛多维科来讲，每件事似乎都变了。当时有个人曾这样说道："人们显示的忧伤情形是米兰从未有过的。"宫廷都染上悲哀的气氛。洛多维科情妇克里维里隐藏到一个没人知道的地方，洛多维科克服懊悔与悲伤的心情，独自鳏居祈祷了几天。这个从未想到宗教的强人，现在却祈求恩赐——希望让他也死去，以与贝亚特丽斯见面并恳求她的原谅并再得到她的爱。14 天中，他拒绝会见官员、使节或他的孩子，每天参加三次弥撒并到圣玛利亚教堂探视夫人的坟。他命令索拉里雕刻贝亚特丽斯横卧的雕像，他希望他死后与她葬在一起，并将两人的雕像放在一起（以后也确实这样做了）。在帕维亚城，西托萨修道院尚留有简陋的石碑以纪念洛多维科、贝亚特丽斯。至此，达·芬奇时代光辉灿烂的日子，已近尾声了。

悲剧很快发生。1498 年，奥尔良公爵继位为法王路易十二，并重申他取得米兰的志愿。洛多维科觅寻盟邦，但无人愿意与他结盟，威尼斯直言不满过去结盟抵抗查理八世时他过河拆桥的作风。洛多维科命令西维里诺（Galeazzo di San Severino）统率大军抗敌，这个外貌英俊的将军胆小如雀，一看见敌军即落荒而逃，法军逼近米兰。洛多维科再指定他信任的朋友科利奥防卫工事良好的舒弗兹科城堡，并命令他支持至马克西米连的援军来到。然后，洛多维科自己化装潜往因斯布鲁克向马克西米连求援。当法军由特里沃奇奥（Gian Trivulzio）将军率领攻入米兰时，科利奥因得到 15 万杜卡特的贿赂而毫无抵抗地献出舒弗兹科城和财宝，向他投降。特里沃奇奥是米兰的将军，过去因洛多维科触怒他，才离开米兰投靠法国。他为此悲伤地说："背信弃义出卖朋友的人罪大不赦。"全意大利各地都有同感。

路易命令特里沃奇奥要收回征服付出的代价，于是税捐加重。更由于法军的粗暴无礼，人民都期待洛多维科归来。洛多维科带了一小批瑞士、德国与意大利雇佣兵回来，法军退守舒弗兹科城堡，洛多维科以胜利姿态进城（1500 年 2 月 5 日）。在他短暂的停留期间曾掳获了一员以勇气与礼貌出名的法军骑士贝亚德（Bayard），洛多维科归还他的佩剑与马匹，并释放他回法营。法军却不以礼相待，驻扎城堡内的军队一直炮轰米兰街道，迫使洛多维科为保护及安抚人民而将总部迁至帕维亚城。他的财源已耗尽，无法发饷。那些军队要求以劫掠意大利城镇作为报酬，但洛多维科禁止他们这样做，使他们愤愤不已。洛多维科延请贝亚特丽斯的妹夫弗朗西斯科·贡萨加指挥这支小型军队，他自己却秘密与法人讲和。当法军在诺瓦拉出现时，洛多维科带领他的杂牌军队与法军作战，第一仗即溃不成军，他们的领袖即与法军谈条件准备投降。当洛多维科化装准备逃走时，他的瑞士籍的雇佣兵将他出卖（1500 年 4 月 10 日）。洛多维科除要求随身携带放在帕维亚图书馆的《神曲》这本书外别无所求，他安静地接受这种命运。他被领着走过充满敌意的里昂街道并被关在伯利（Berry）城的圣乔治城堡中，头发虽已变白，他仍很精神。路易十二拒绝见他，并不理会神圣罗马帝国皇帝马克西米连关于释放他的请求，但路易允许洛多维科在城堡内散步，在壕沟垂钓及见朋友。当洛多维科染患重病时，路易派他的私人医生萨罗蒙（Maitre Salomon）替他治疗，并从米兰派了洛多维科的一个侏儒陪伴他。1504 年，路易将他转拘于罗奇（Loches）城堡并给他更多的自由。1508 年，洛多维科试着脱逃，他躲在稻草车中离开城堡，自己在森林中迷路，最后被猎犬发现抓回，以后被严格地监禁，不准看书和写作，长期关在地牢中。1508 年 5 月 17 日，洛多维科在黑暗和孤独中与世长辞，时年 57 岁。

洛多维科违背了人民及意大利的意愿，但他爱好美学，替米兰引进了许多艺术、音乐、诗和学识方面的人才。一个世纪以前，一位意大利最伟大的历史学家提里布奇（Girolamo Tireboschi）曾说过：

假如我们单从他以厚禄名位从意大利各地引进无数有学问的人到米兰来看，如果我们再回想到他所延聘的那么多著名建筑家和画家及他建造的著名建筑物，他建筑宏伟的帕维亚大学及在米兰开设各类科学学校的苦心，上述之外，从各国学者对他生动壮丽的颂词及各种书信来看，他都可以算是历史上最好的一位君主。

文学

　　洛多维科和贝亚特丽斯网罗了许多诗人，但由于宫廷生活过得太舒适，这些诗人无法专心致力于创造杰作。阿奎拉（Aquila）的诗人西拉菲诺（Serafino）形貌短小丑陋，但其抒情诗配上他自己的维忽拉唱出，却为贝亚特丽斯和她的朋友所欣赏。贝亚特丽斯去世时，他由于无法忍受房间过度的静寂而偷偷地离开米兰。洛多维科邀请托斯卡纳的诗人卡梅利（Camelli）和伯利西安到宫中，希望他们能润饰伦巴底诗词中粗犷的措辞。这导致一场托斯卡纳与伦巴底诗人之间的笔墨战争，到处充满恶毒的十四行诗，纯净的诗集不再复有。伯利西安由于过分好斗，死后被对方在他的坟墓上题字，警告过路人小心行走，否则墓中的尸体会出来咬人。后来洛多维科任命一位伦巴底人加斯帕罗·威斯孔蒂（Gasparo Visconti）为宫廷诗人。1496 年，加斯帕罗以刚劲字体在乳白色皮纸上写了 143 首十四行诗及其他类诗献给贝亚特丽斯，上饰各种精致的小画像，全部装订于镶花镀银的木板上。他可以说是一位真正的诗人，却生不逢时，无法完全发挥他的天分。加斯帕罗非常喜爱彼特拉克，加斯帕罗所作的诗即拥有彼特拉克和但丁两人的优点，他常以此与帕拉曼特发生激烈而友善的争辩。在文艺复兴时代的宫廷中，这种押韵诗的竞技非常热烈，几乎人人都参加，连将军们也都是作十四行诗的好手。在斯福尔扎时代，以举止动作文雅的朝臣尼科洛·柯勒乔写得最好。他是贝亚特丽斯结婚时跟来的随从人员，由于深为贝亚特丽斯和洛多维科喜爱，他被留下来，替他们两人作诗和从事外交工作，贝亚特丽斯死时他曾撰写了一篇伟大的诗文。洛多维科的情妇西西里娅·加里那妮就是一个女诗人，管理一间专供诗人、学者、政治家和哲学家集会的大场所。法国 18 世纪中所有著名的生活与文化上高雅的举动，在米兰洛多维科时皆已非常盛行。

　　洛多维科对学术方面虽没有洛伦佐·美第奇那么热心，但也相当支持。他曾引进 100 位学者到米兰，但在他们相互的往来中却未能替米兰造就出有名的学者。斐勒佛以博学和谩骂闻名于全意大利，他生于图林提斯（Tolentinos），就学于帕多瓦，18 岁时即成为该地的一名教授，曾在威尼斯任教一段期间，1419 年以威尼斯驻君士坦丁堡领事秘书的身份前往君士坦丁堡访问。在君士坦丁堡时，他跟随克里索罗拉斯学习希腊语并与其女结婚，以后在拜占庭宫廷中当了几年的小官。当他返回威尼斯时，他已成为一位研究希腊文化、语言、文学的专家。他曾吹嘘说，在意大利，除他之外没有人能彻底了解古典文学与语言。虽有点夸张，却也属实。他以希腊文和拉丁文作诗、演讲。他受任教授威尼斯语言和文学，年薪高达 500 塞昆（sequins）。1429年，佛罗伦萨以更优厚的待遇延请他在此，他成为当地的学术巨擘。他向他一位朋友这样说道："整个城市的人都注视着我……每个人口中都会提到我的名字。不但民间领袖为我引道，连贵族妇女也如此，他们对我这么崇敬使我惭愧不已。每天听众达 400 人，都是达官显要。"由于斐勒佛天生好斗并疏远延请他到佛罗伦萨的尼科洛·尼科利、安布罗齐奥·特拉韦萨里和其他人，这种盛况很快消失。当科西莫·美第奇被囚于维奇奥宫时，斐勒佛力请政府将他处决；当科西莫·美第奇获胜，他即溜掉。斐勒佛跑到锡耶纳和博洛尼亚两地教了6 年书。1440 年，菲利普·玛利亚·威斯孔蒂请他到米兰，年薪高达750 金币。他在米兰度过余生。

斐勒佛精力充沛，一天用希腊语、拉丁语或意大利语做 4 小时的讲学，阐述古典作家或但丁、彼特拉克的著作，在公私庆典中演讲。他以弗朗西斯科·斯福尔扎的英雄事迹为题材写了一部拉丁长诗，10组讽刺诗，10 部庄严的抒情诗及 2.4 万行的希腊诗集。1465 年，他编了 1 万行的诗选，但未付印。斐勒佛有 3 位太太，共为他生了 24 个孩子，还有 1 位私生子。虽然家事已够劳累，他仍有时间跟诗人、政客与人文学者大打笔墨官司。斐勒佛的薪水与其他收入已非常高，但时常叫穷，在诗词中往往要求其资助人供给他金钱、食物、衣服、马匹与主教帽子。他攻击波焦·布拉乔利尼是一个错误，也因此使后者发现他专做一些市井无赖的事。[1]

话虽如此，斐勒佛的学问使他仍是当时最值得一提的一位学者。1453 年，教皇尼古拉五世在梵蒂冈接见他并赐他 500 杜卡特。阿方索一世在那不勒斯封他为桂冠诗人，并授予爵位。在费拉拉城，波索（Borso）公爵对他礼遇有加，在曼图亚城有洛多维科·贡萨加侯爵，在里米尼城则知遇于独裁统治者西吉斯蒙多·马拉泰斯塔。当弗朗西斯科·斯福尔扎去世而引发暴乱，使他无法在米兰稳居其位时，他轻易地在罗马大学觅得一职位。但由于教皇的司库未给他适当的薪水，他又返回米兰。斐勒佛渴望能够与洛伦佐·美第奇在一起以终其生，希望他能以过去他提名为王之孙的名义逝世。洛伦佐原谅他过去的一切，并授他为佛罗伦萨城希腊文学第一把交椅的名位。这时，斐勒佛穷得连旅费都没有，米兰政府只好借他旅费。他总算来到佛罗伦萨，但两周后因痢疾逝世（1481 年）。斐勒佛是意大利文艺复兴时代耐人寻味的一个人物，在学识上深受时人喜爱，而文学上则时有笔墨官司。

艺术

专制政治对意大利艺术的发展大有裨益。许多统治者拼命网罗建筑家、雕刻家和画家，以建设装饰他们的都城并使他们的声名永垂不朽。竞相敦聘各类名家所费颇多，艺术经费可说空前的充足。这使文艺复兴时代意大利的艺术变成宫廷式并带有贵族化的气息，时常会因当时君主或教会的需要而在形式和内容上划分出明显的界线。最庄严高贵的艺术首推哥特式大教堂和古典希腊与罗马的寺院，他们都是汇集许多人辛劳建成的。

---

[1] 波焦对斐勒佛曾作了许多绝妙的描述，可惜很多无法译述。

许多批评的人公开指责米兰大教堂装饰太多，以致建筑的线条模糊不清。但米兰人民聚集于这种巨型建筑中已达5个世纪之久，至今他们仍非常珍惜这种集体创作并引以为荣。它由吉安加里亚佐·威斯孔蒂于1386年开始建造，希望能适合他梦想的意大利统一后首都的规模，能容纳4万人做礼拜及向他欢呼致敬用。传说当时米兰妇女在怀胎时得了一种怪病，许多婴儿均夭折，吉安加里亚佐对自己三个孩子出生后即死亡之情形感到非常悲伤，于是他致力建造一所大教堂献给玛利亚，他祈祷能有一个子嗣并愿米兰各地的母亲都有自己的子孙。吉安加里亚佐从法国、德国及意大利各地招请建筑人员，从事大教堂的兴建工作。北方地区的人负责哥特式大教堂的形式，意大利人则负责装饰工作。由于各组人员意见发生冲突，格调无法调和而延迟了两个世纪方完成。建造过程中，世界的嗜好已经改变。建造完工时，人们的感受与当初开工时的人的感受完全不同。1402年吉安逝世时仅完成墙壁部分。那时即因缺少经费而耽搁下来。洛多维科请来建筑家布拉曼特及达·芬奇和其他人员设计圆屋顶，希望能使凸起的部分带有塔尖的粗野气息。他们这种构想无法实现，1490年，从建造帕维亚城之西托萨修道院的人员中请来阿马迪奥及大批人员，并由阿马迪奥负责整个教堂的建造工作。阿马迪奥和大部分的助手是建筑师而非雕刻师，他们不知道哪部分表面不需要雕刻或装饰。他将他后半辈子都花费在这一工作上（1490—1522年），但到1759年时圆屋顶才完成。教堂正面自1616年开工，直到拿破仑完成其帝国大业时才竣工（1809年）。

在洛多维科时代它是世界上第二大教堂，面积有12万平方英尺。在今日与圣彼得和西维大教堂相较，仅规模不如它们，但仍可以它的长度与宽度（长486英尺、宽289英尺）傲世，从地面至圆顶塔尖上圣母玛利亚头部高达354英尺，135个尖塔和居于尖塔、柱子、墙面和屋顶上之2300座雕像也使它增色不少。这些全部以白色大理石做成，屋顶也是，大理石从意大利12处采石场耗费许多人力运来。与宽度相比，正面是太矮了一点，但正好显露出精美的圆屋顶。人们必须立于空中才叮看到地上立着的似石笋的迷宫，也必须沿着坟墓多次绕行游览、在扶墙的阵雨中才可体会出多数君主的奢侈浮华。当人们从狭窄与拥挤的城市街道中突然步入杜莫（Piazz del Duomo）巨大空旷的广场中，才能完全领略教堂正面的庄丽和塔尖使意大利太阳在巨石上闪烁的雄伟，人们更须在圣日与其他人在正门拥挤入内并让那些空间、柱子、柱头、拱门、拱形圆顶屋、雕像、祭坛和彩色玻璃在无言中道出信仰、希望与崇拜的神秘，方能领略教堂的真正意义。

如果将大教堂视为吉安加里亚佐·威斯孔蒂留下的纪念品，洛多维科与贝亚特丽斯的纪念品则为帕维亚城的西托萨修道院，而大医院则为弗朗西斯科·斯福尔扎留下的纪念品。斯福尔扎为了使它能够显示出公爵统治权及米兰城的伟大与显赫，特别在 1456 年从佛罗伦萨请来阿维努里（Antonio Averulino），为该医院设计伦巴底–罗马式建筑。布拉曼特则为中庭与内院的建筑家，圆形拱门是双排并列，每排都有优雅的飞檐高耸于上。直至第二次世界大战，大医院仍是米兰引以为荣的古迹之一。

在洛多维科时代米兰最杰出的艺术家应为布拉曼特而非达·芬奇，因为达·芬奇在当时仅显露出部分才能而已。布拉曼特生于乌尔比诺附近的杜兰特（Durante）城堡，原先以绘画为业。后来他前往曼图亚城求教于曼特尼亚，之后他能够画普通的壁画，还为数学家帕乔里（Luca Pacioli）画了精彩的人肖像画。在曼图亚城中他遇到正在设计圣安德烈亚教堂的里昂·巴蒂斯塔·阿尔贝蒂。由于屡次尝试各种透视法，布拉曼特从绘画工作转而从事建筑工作。1472 年，他到米兰研究大教堂的建筑工作，强烈渴望做出伟大的事情。1476 年，他得以在圣萨提诺（San Satiro）教堂周围设计圣玛利亚教堂而有了展示他才能的机会。在这个淳朴质实的杰作中显出他特殊的建筑格式——半圆形小屋及圣器收藏室，八角形的圆屋顶，圆形的圆顶，并都有优雅的飞檐高耸于上，一样配一样构成整个建筑。由于缺少空间建造东面的半圆形小屋，布拉曼特漫不经心地想出在祭坛后面的墙上画出一幅圆形小屋，那种一致的线条使人误以为有空间的深度。他在罗马格雷西圣玛利亚教堂加盖圆形小屋、圆屋顶和美丽的修道院回廊，但后来都毁于第二次世界大战。洛多维科去世后，布拉曼特即到南方，准备改建罗马。

　　洛多维科时代的雕刻家没有像多纳泰洛与米开朗基罗这样的巨擘人物出现，但他们为西托萨修道院、大教堂和宫殿雕刻了100具带有迷人温雅味道的人物。驼背的索拉里所做的洛多维科与贝亚特丽斯的坟墓如果尚存，人们定会想起他。罗马诺温文有礼，歌声美妙，赢得众人的一致赞誉。他是西托萨修道院主要的雕刻家，贝亚特丽斯死后他努力地工作了一年再到曼图亚城。在曼图亚城他为伊莎贝拉在她的帕拉底索（Paradiso）书房中雕刻了非常美丽的门廊，并照她的喜爱创作出一种属于文艺复兴时代最好的奖牌。之后他到乌尔比诺城为伊丽莎贝塔·贡萨加（Elisabetta Gonzaga）女公爵效劳，并成为卡斯底里欧尼宫廷中的领导人物。米兰最伟大的奖牌雕刻家为佛芭，绰号"卡拉多索"，贝亚特丽斯所戴的隐约发光的宝石即出自其手，手工之细连切利尼都自叹弗如。

　　在达·芬奇到来前30年，米兰即有许多名画家。佛芭生于布雷西亚城，在帕多瓦城成为画家，但主要在米兰工作。他在圣欧斯特希奥（Sants Eustorgio）所作的壁画在当时是非常有名的，在西托萨修道院墙上所画的圣塞巴斯蒂安至今犹存。他的继任者安布罗齐奥·博尔戈尼奥内留下更多的史迹：布雷拉城的圣母画廊，米兰的安布罗西安娜画廊，在都灵、柏林都留有他的作品，它们均带有温和柔顺的传统；在伦敦华莱士作品收藏馆（Wallace Collection）中即留有一幅令人喜爱的吉安加里亚佐·斯福尔扎似小孩的画像；在洛迪城因科罗纳塔教堂中即存有一幅天使加百列奉告圣母耶稣将诞生的作品（天使报喜），这是表现这种主题的一幅很成功的画。当达·芬奇到达米兰时，安布罗齐奥·德·芭里底斯（Ambrogio de Predis）是洛多维科的宫廷画家，他的作画方式与达·芬奇的《岩石上的圣母》（*Virgin of the Rocks*）很相似。在伦敦国立艺术馆有他的迷人天使音乐家的作品，但是他最著名的遗物是存于安布罗西安娜的两幅人像画。其中一幅为一位严肃的年轻男人，身份未知。[1] 另一幅为一位年轻的妇女，目前大家认为是洛多维科的亲生女儿比安卡。很少艺术家能像在这幅画中表现的一样将女孩子那种天真无邪的娴静与朴素美的迷人之处描绘出来。

归附于米兰各城市的天才均被吸引到首府米兰，他们之中有几位试图建立艺术的历史地位。科莫城不但以它的湖泊闻名，而且也以它的科莫塔（Torre del Comune）、布罗里托（Broletto）出名，它们的声名远超过大理石建造的大教堂。在斯福尔扎统治时代（1457—1487年）有宏伟的哥特式的正面建筑，在科莫城南方布拉曼特设计完成美丽的门廊，在东部索拉里以布拉曼特式的建筑格调建造了一座迷人的教堂半圆形的小屋。更引人入胜的是正门口旁的一对雕像，左边是老普林尼，右边是小普林尼。科莫城古代的市民，凡是开化的异教徒，在洛多维科时代中都不会被基督教教堂的正门画像排斥。

贝加莫城之宝是科莱奥尼礼拜堂。威尼斯的雇佣兵队长即诞生于此，他热切地希望有一间小礼拜堂以安放他的尸骨，并想要有一座衣冠冢以纪念他的丰功伟业。阿马迪奥为他设计了颇负盛名的礼拜堂与坟墓；纽伦堡城的西里（Sixtus Siry）以木制的骑马的雕像置于其坟墓上，可惜的是韦罗基奥在这位队长的雕像上铸了青铜，否则它一定更有名。贝加莫城由于太接近米兰，以至于画家都去米兰，很少留在该城。普雷维塔利（Andrea Previtali）即为留下的一位，他曾到威尼斯跟乔万尼·贝利尼学习绘画，1513年回到贝加莫城作画，为该城留下了可资观摩与相当优雅的一些画。

---

[1] 某些学者认为该人像为达·芬奇，也可能是洛多维科宫中的一位音乐家加弗里（Franchino Gaffuri）。

　　布雷西亚城有时归顺威尼斯，有时又受米兰的统治，因此两地的艺术对它均有影响，因而发展成另一种派别的艺术。佛芭在 6 个城市中展露他的才华后即回到他的故居布雷西亚城度其余年。他的学生西维奇奥（Vincenzo Civerchio）与画家费拉莫罗（Floriano Ferramolo）共同创出"布雷西亚派"（Brescian School）。罗马尼（Girolamo Romani），别人叫他罗马尼诺（Romanino），最先向费拉莫罗习画，后来又到帕多瓦与威尼斯做研究，之后以布雷西亚城为活动中心，他在该城或意大利北部其他城镇作画，作品包括一系列壁画、祭坛画及人像画等。他的作品颜色非常优美，线条则不能恭维。在圣方济各教堂中有一幅《圣母与圣婴》，画框非常华丽，由斯蒂法诺·伦巴底（Stefano Lamberti）代其装饰。罗马尼的学生布维西诺（Alessandro Bonvicino），被人称为"布雷西亚的莫里托"。由于在威尼斯人胜利的意识中混入炽热的宗教感情，使威尼斯王朝的艺术达于全盛状态，使布雷西亚城的绘画暗淡无光。在圣西尔索教堂，提香放了一件名为《天使报喜》的作品，而莫里托也画了一幅与它势均力敌的《圣母加冕》，他的大天使画像格式与人物之细腻足可与柯勒乔媲美。他与提香一样，兴致一起时能画出令人欣喜的维纳斯女神的画像，他的《莎乐美》（Salome）不是以女凶手为题材，而是以文艺复兴时代全部艺术最甜蜜与温文的面孔出现。

　　克雷莫纳城以其 12 世纪之大教堂及邻接的图拉佐（Torrazo）钟楼闻名——该钟楼足可与乔托及吉纳达两钟楼抗衡。在萨奇大教堂内，波第诺（Il Pordenone）绘有《耶稣背着十字架》的作品。布比（The Bembi）、博卡奇尼与坎皮（The Campi）三个不平常的家族连续几代都有杰出的人才，为克雷莫纳城的绘画增色不已。博卡齐奥·博卡奇尼（Boccaccio Boccaccini）在威尼斯学画，后来在罗马与米开朗基罗之一次比赛中将手指头灼伤后即返回克雷莫纳城，并以大教堂中的《圣母玛利亚》的壁画赢得赞誉。他的儿子卡米洛师承其优点。加里亚佐·坎皮的作品也同样由其儿子朱利奥及安东尼奥和朱利奥的学生博纳迪诺·坎皮所效法继承。加里亚佐·坎皮曾设计克雷莫纳城的圣玛格丽特修院，并在修院中绘了一幅壮丽的《圣殿献礼》（*Presentation in the Temple*）。因此，文艺复兴时代意大利的艺术在君主的照料及多才多艺的天才的发挥下达到空前的兴盛，也是伯里克利时代的雅典所未料及的盛况。

第二章 ｜ **达·芬奇**
（1452—1519）

成长期（1452—1482）

这位文艺复兴时代最受瞩目的人物，于 1452 年 4 月 15 日诞生在距离佛罗伦萨约 60 英里一个名叫芬奇（Vinci）附近的小村子里。他的母亲是个农家女，叫凯泰丽娜（Caterina）。达·芬奇出生那年，稍有资产的律师彼得罗娶了一个与他有同样社会地位的女人。凯泰丽娜不得不屈服于她的农民丈夫，把她可爱的小孩让给了彼得罗夫妇。达·芬奇就在半贵族式的安适而没有母爱的情形下被抚养大。也许早期的环境使他养成了奢求美服的习惯，同时嫌恶女人。

他在邻近的一个学校上学，特别喜欢算术、音乐和绘画，他的父亲对他的维忽拉弹奏和歌唱大为赞赏。为了能画得更好些，他好奇而有耐心地研究所有事物，科学和艺术很显著地牢结在他的心里，使他从事详细而根本的观察。刚满 15 岁时，他的父亲带他到佛罗伦萨韦罗基奥的画室，要求这位多才多艺的艺术家能收他为学徒。所有读过书的人都知道瓦萨里所说的故事，说达·芬奇如何在韦罗基奥所画的《基督受洗》左侧画了个天使及这位老师如何被这个画像的美丽震惊，以致放弃绘画而潜心致力于雕刻。这个放弃很可能是后来附会的说法，因为韦罗基奥在《基督受洗》一画后仍有几幅其他的作品。也许在这段当学徒的日子，达·芬奇画了现存于卢浮宫里那幅有着不优美的天使和受惊少女的《天使报喜》。他几乎不能从韦罗基奥处学到他的优点。

在这一时期，彼得罗发达起来了，他带着财物举家搬到佛罗伦萨（1469 年），先后娶了四个妻子。第二个仅仅比达·芬奇大 10 岁。1472 年，彼得罗娶进第三个妻子，还跟来一个孩子，达·芬奇为了缓和拥挤，便搬去和韦罗基奥同住。在那年他获得了圣路加团体的会员资格。这个行会主要由药剂师、医师和艺术家组成，它的总部设在新圣玛利亚医院。达·芬奇也许发现那儿有些做解剖的机会。也许在那些年头他（或者不是他？）画了幅在梵蒂冈画廊标名是他所画的骨感而解剖式的《圣哲罗姆》。而且也很可能约 1474 年，他画了色彩丰富而不成熟的《天使报喜》。

达·芬奇 24 岁生日的前一周，和三个年轻人应佛罗伦萨政府一个委员会的传唤，出庭答辩同性恋行为的指控，出庭的结果无人知晓。1476 年 6 月 7 日，这一控诉又被提出，该会暂时监禁达·芬奇，随后因为没有证据，只好撤销控诉，释放了他。毫无疑问，他是一个同性恋者。只要他能拥有他自己的画室，他就聚集很多英俊的青年跟他在一起。他带着他们中的一批从一个城市迁到另一个城市，在他的草稿中也称呼他们中一两个为"最喜爱的"（amantissimo）"最亲爱的"（carissimo）。他与这些年轻人的亲密关系我们并不知道，在他的笔记中的几节显示他厌恶任何形式的两性聚会。达·芬奇可能理智地怀疑，那时候的意大利，同性恋是那么的普遍，为何唯独他和那几个人被提出公诉？他对他受拘捕的不名誉一直不能释然于怀。

很显然，他把那件事看得比市民们所想的严重得多。控诉案过后一年，他接受一项邀请，同意在美第奇家族花园里的画室工作。1478 年，佛罗伦萨当局要求他为维奇奥宫的圣伯纳德教堂画祭坛边的饰物。为了某些理由，他并没有履行他的约定，吉兰达约接过这事，由菲利皮诺·利比完成。然而当地领主又给他和桑德罗·波提切利另一项任务，去绘——我们不能说得更为逼真——一幅因为帕兹反对洛伦佐和朱利亚诺的阴谋而被问吊的两个人的实体画像，达·芬奇由于他对人类丑陋及苦痛半病态的兴趣，可能在这项令人毛骨悚然的工作里感到少许引人入胜的魅力。

事实上他对任何事物均感兴趣。所有人体的动作与姿态，所有老幼面部的表情，从田野中的麦波到天空中的飞鸟，所有有关动植物的运动与器官，所有山脉的环蚀与起伏，所有的风动水潮，天候的喜怒无常，大气的黯黑以至天空中的千变万化——这一切似乎对于他充满了无止境的奇妙，重复并没有使他对新奇和神秘感到枯燥无味。关于这些，他在仔细观察中绘满了无数的纸页，绘出了无数的样式。当斯库皮托的教士们要求他为他们的教堂作一幅画时，他为了这许多特征和样式作了相当多的草图以致使他一直在细节里打转，终没能完成《东方博士的朝拜》一画。

虽然如此，这仍是他伟大作品中的一幅。它的基本设计图是基于严谨的几何透视方式连同将整个空间划分成缩小的方格而绘成的。达·芬奇肚里的数学家经常和他的艺术家竞赛——也时常合作。但是"艺术家"已经长成，《圣母》（*Virgin*）一画已保持达·芬奇作品到最后的姿态和表情，《东方博士的朝拜》一画表现出——一个年轻人对老年人的特性和表情的深刻了解，同时在左侧的"哲学家"真正像是在半怀疑地沉思下出神，宛如这位画家带着勉强而怀疑的神情看基督故事，但仍然虔信。在这些人物的外围，还聚集了 50 个人，每一种男人或女人都似饥饿已极地急于寻求粮桶，找寻生命的意义和一些"世界之光"，结果在生的溪流里找到了答案。

这幅未完成的杰作，由于时间久远几已大部剥蚀，现存于佛罗伦萨的沃夫兹画廊，但是后来由小利比完成，为斯库皮托第尼兄弟所接受。开始构思得太多，使它完全置身在试验细节中。他以一个有神秘意味的明暗对照法，溢越了他的主题，毫无限制地观察人、动植物和建筑的形象，看岩石和山脉、溪流云彩和树林，将之收进图画的哲学里，而不仅仅是技巧上的表现。如此为了显出意义的绘法和构设的图案遗留给他人较少的加色工作，继长时期的操作和思考之后，从那些由他双手和材料使梦想变成形体的不完美中感到失望和沮丧。这就是达·芬奇的性格和命运，最后只有少数作品例外。

米兰时期（1482—1499）

30岁时，达·芬奇（1482年）在致米兰摄政洛多维科的信中没有表现出丝毫彷徨和时光无情的感觉，而只有在萌芽茁壮的力量下滋养的年轻而无限的抱负。他在佛罗伦萨住得腻烦，想看看新地方新面孔的欲念在他的心里上升。他曾听说洛多维科想要一个军事工程家、建筑师、雕刻家和画家，这可好，他正可以一身兼做这些事，所以就写下了他有名的信：

最显赫的领主，我曾仔细地观察和考虑所有那些自称为战争工具的发明家和专家们所提出的证明，同时发现他们的发明和所说的工具的使用，在各方面与日常所用者均无差异。我并不对任何人有所偏见，胆敢与阁下通信，是因为想让阁下认识我的秘密，此后如阁下有兴趣，我均可亲自展示我所有的物件，兹将部分节要记录如下：

一、我有桥梁的计划，非常轻便、坚牢而且很容易地适于运送……

二、当一个地方被围时，我知道如何从壕沟去切断水路，与如何去建造无数的……云梯和其他工具……

三、（原文未附第三点）

四、我有制炮的计划，非常便利而容易运送，可以像冰雹一样猛掷小石块……

五、同时如果可能的话，战争起于海上，我有很多制造最适合攻防的机械计划，而且船只能够抵挡最重火炮的火焰、火药和烟雾。

六、我也有若干个借着巨大的地穴和秘密而弯曲的通道到达一个事先预定地点的方法，不发出任何声音，甚至必要时在一条河流或很多壕沟下面通过。

七、我也能制出安全而不受攻击的装甲车，它可以携炮进入敌人密集的行阵里，没有任何一个武装连能强大到不被它攻破。而且在它背后，步兵将能相当安全地跟进，不会有任何反抗的障碍。

八、如果有需要，我能够制作异于一般所使用的各种形式美丽而又实用的大炮、白炮和轻炮。

九、如果在某些地方不能使用火炮，我能提供弩炮、射石机、轻便的踏梯和其他非寻常所用而有奇特功效的机器。简而言之，在各种不同环境的需要下，我能无限地供应任何的攻防机器。

十、在和平时期我相信不论在建造公私建筑，或从一地引水到他地，我都能给阁下提供满意的解决方案，不比任何建筑师差。

我能在大理石、青铜或黏土上雕刻，也能绘画，我的作品将能跟任何人相比较。

不仅如此，我将从事塑铜马的工作：那将带着不朽的光辉和永远的荣耀赋予阁下的父亲和斯福尔扎氏的显赫之家。

如果任何前述的事物看来不可能或不实用，我将亲自在阁下的庭园或任何阁下指定的地方从事那些事物的试用，我怀着所有可能的谦逊推荐自己。

我们不知道洛多维科如何答复，但我们知道达·芬奇在1482年或1483年抵达米兰，很快地走进了摩尔世家的中心。一个记事说洛伦佐曾引他去见洛多维科，并赠送一把漂亮的维忽拉。另一则说他曾在那儿赢得一场音乐比赛。他被留下并不是因为他所称的"怀着所有可能的谦逊"的任何力量，而是因为他的音乐、迷人的谈吐和那把他自己亲手做成马头形状的七弦琴所发出的柔美音调。洛多维科接纳他似乎并不是出于他自己的评价，而是把他当作一个有才干的青年——即使他可能在建筑上不如布拉曼特，而且在军事工程方面没什么经验，使人无法信赖他——他可能会设计宫廷舞剧、城市化装游行、为妻妾和公主们装饰衣服、绘壁画和肖像，也许还能建造运河改善伦巴底平原的灌溉。令我们难过的是，这么多才多艺的人必须去耗费不可挽回的时间为洛多维科可爱的新娘贝亚特丽斯制作精细的腰带、为比武的骑士和宴会设计服装、组织游行或为马厩装饰。但是一个文艺复兴的艺术家就被期望做这些事，布拉曼特也与他共事。除了那些女人，谁知道达·芬奇乐于设计服饰和珠宝？除了那些多才多艺的骑士，谁又知道他乐于绘些快马在马厩的墙上？他为了贝亚特丽斯的婚礼装饰城堡的跳舞厅，为她建了一个特别浴室；为了她暑期的享乐，在花园里建了一个可爱的小亭；同时为了宫廷庆典绘了几个房间。他替洛多维科、贝亚特丽斯和他们的孩子画像，又替洛多维科的宠妾西西里娅·加里那妮及卢克雷齐娅画像。除了卢浮宫那张以卢克雷齐娅为模特画的《美女图》（*La Belle Ferronière*）尚存外，其余这些画都遗失了。瓦萨里说这些家庭画像是"奇妙的"，同时卢克雷齐娅的画像曾激起了一篇诗的创作，热烈地赞美这位小姐的美丽和这位艺术家的技巧。

也许西西里娅正是达·芬奇画《岩石上的圣母》的模特。这幅画是由美术协会（Confraternity of the Conception）订下来当作圣方济各教堂祭坛的中央部分，后被弗兰茨一世收买，现存于卢浮宫。站在画前，我们注意到这温柔的母性脸庞，达·芬奇在此后的作品中重绘了10多次。一个天使使人想起在韦罗基奥所作的《基督受洗》里的天使。两个婴儿画得很精美，而且有一个突出半悬的岩石背景，那是只有达·芬奇才能够想象的圣母的栖息地。颜色曾被逐次加暗，可能这位艺术家想利用模糊的效果，同时在他的图画里充满一种意大利称为"sfumato"（"烟雾般"之意）的朦胧气氛，这是达·芬奇伟大的绘画里的一幅，仅次于《最后的晚餐》、《蒙娜丽莎》（*Mona Lisa*）及《圣母、圣子与圣安妮》（*The Virgin，Child and St. Anne*）。

《最后的晚餐》和《蒙娜丽莎》是世界上最有名的绘画。每一小时、每一天、每一年，无数的旅客进到拥有达·芬奇最具野心的作品的餐厅。在那简单长方形的建筑里，格雷西圣玛利亚教堂的多米尼克修道士们进餐。这位艺术家方抵米兰公爵洛多维科处不久，就被要求在这餐厅最远的墙上画《最后的晚餐》。在 3 年时间里（1495—1498年），达·芬奇断断续续地时而工作时而闲荡，使公爵和修道士对他的拖延感到烦躁不快。修道院副院长（如果瓦萨里值得相信）对洛多维科抱怨的是达·芬奇明显的怠惰，同时怀疑为什么他有时面对着墙一坐几小时而不画一笔。达·芬奇不必花工夫向公爵解释——但他必须解释给修道院副院长听——一个艺术家最重要的工作是在构思而不是在动作，同时（如瓦萨里所说）"当天才的人工作得最少时，他是做得最多的"，就这件事来说，达·芬奇向洛多维科表示有两个特殊的难题——想象基督的真正表情和描绘像犹大这样无情的人。也许他很狡黠地暗示，他可能用他经常看到的修道院副院长的脸孔当作犹大的模拟对象。[1] 达·芬奇穿遍整个米兰找寻头和脸谱，希望能对他画基督的 12 门徒有所帮助。从无数次地斟酌和考量后他选择一些特征熔进那些令人惊异而具有个性的人头，创造出不朽的杰作。有时候他会从街上或他的画室冲向餐厅，在图画上加一两笔随即离去。

这个主题是宏伟的，但是从一个画家的角度来看，这是一件艰险的事，创作被限制在单纯的男性人物和在一个陋室中的一张朴素的桌子里，只有最模糊不清的景象与背景，没有女性的温文能供作男人

---

[1] 这个说法可能是一个传说，我们只有瓦萨里的证词。有一个传说称《最后的晚餐》没有和现实的人相似的地方，也没有任何证据反对这一说法。

力量的衬托，没有活泼的动作能带进人物的动作和传达一种实体感。达·芬奇在基督身后由三个窗子让背景闪出一丝光亮，为了代替动作。基督预言门徒中的一个将出卖他，而每一个门徒似怀着害怕或恐怖或震惊地问:"是我吗?"这紧张的一刹被画家凝固下来。在画里可能采用了圣餐的惯例，但是必须把13张面孔冻结进一种静止不动而形式固定的肃穆里。这里，相反有一种超乎身体动作的东西，有一个精神的寻求和启示，再也没有一个艺术家能如此深奥地在一张画中显示出如此多的灵魂。为了画门徒，达·芬奇打了无数的初稿。有一些为约翰、腓力、犹大所作的画，如此的技巧和笔力，也只有伦勃朗和米开朗基罗能与之抗衡。当他正欲构思基督的表情时，达·芬奇发现12个门徒已经使他灵感用尽。依罗马索（Lomazzo）的记载（1557年），达·芬奇的老朋友泽纳莱（Zenale）曾劝他让基督的脸空着不要去完成，他说:"有一个事实就是，比起那些大约翰或小约翰的脸，那是难以想象的更可爱或更温和的面孔，接受你的不幸吧！然后就让你的基督残缺着:因为不这样，当他跟他的门徒比起来，他将不是他们的救世主或老师了。"达·芬奇接受了忠告。他，或是他的一个学生，曾作了基督头像的著名草图（现存布雷拉画廊，Brera Gallery），但是他画的是一种优柔的悲伤和顺从，而不是静静走进客西马尼（Gethsemane，蒙难地）般英雄似的拯救。也许达·芬奇缺少崇敬恭顺之心，如果他有，再加上他的敏锐、深度和技巧，可能使这幅画更近完美。

作为一个思想者和艺术家，达·芬奇把壁画当作思想的敌人一样来规避，因为在润湿而且新涂的石灰上作画，一定要在石灰干涸以前完成。达·芬奇偏好用晦暗的色彩混在胶质物里做颜料在干墙上作画，因为这个方法允许他沉思和试验。但是这些颜色并不稳固地附着在表面上，甚至在达·芬奇生前——一半是由于餐厅的潮湿和偶尔大雨造成的水患——这幅画已经开始成片剥落或掉下。当瓦萨里看到画时（1536年）它已经模糊不清，当罗马索看它时——完成后60

年——它已失修毁坏。修道士们后来更在门徒们腿的部分，开了一个通往厨房的门，更加速了它的毁坏（1656 年）。后来使这画在整个世界被复制的原版画并不是出自原来已破损的真本，而是出自达·芬奇的一个学生奥焦诺（Marco d'Oggiono）所作的一幅不完美的复制品。今天我们能研究的仅有结构和一般的轮廓，几乎不能研究色度或精微之处。但是不论达·芬奇留下它时缺点几何，有些人立刻了解到它是文艺复兴所能产生的艺术品中最伟大的。

1483 年，达·芬奇正从事一项完全不同但仍相当困难的工作。洛多维科深深希望了为了纪念他的父亲弗朗西斯科·斯福尔扎，要建一个能比得上多纳泰洛在帕多瓦所作的加塔梅拉塔的像和韦罗基奥在威尼斯所作的科莱奥尼的骑士塑像。达·芬奇的野心被激起。他亲自研究马的习性、动作及生理解剖，同时画了 100 幅有关马类活泼动作的草图。不久他又专心去制作一个灰泥的模型。当一些在皮亚琴察的市民要求他推荐一位艺术家为他们的修道院设计和铸造铜门时，他很有个性地写信回答：“除了佛罗伦萨的达·芬奇外没有一个人是能干的，他正在制作弗朗西斯科公爵的铜马像，你们甭想能请到他，因为他有了一个足以持续他一生的工作，而且我恐怕这项工作如此浩大以致他将不能完成它。”洛多维科也不时这样想，而且要求罗马索找些其他的艺术家把工作完成（1489 年）。罗马索和达·芬奇一样，想不出什么人比达·芬奇本人更好。

最后（1493 年），灰泥模型完成了。所有剩下的就是铸铜的工作。11 月这个模型在拱门下公开展出，以装饰洛多维科的侄女比安卡的婚礼行列。人们惊异于它的体积和壮丽。马和骑者共高达 26 英尺，诗人们写十四行诗赞美它，而且没有一个人会怀疑当它铸铜时在力量和生命上都将凌驾于多纳泰洛和韦罗基奥之上。但是它从没有被铸过。很显然，洛多维科不能拨出所需要的 50 吨铜的费用。当达·芬奇忙于他的艺术和男孩子，忙于科学和实验，忙于机械和草稿时，这个模型被留置在旷地里。法军进入米兰（1499 年）时，他们的弓箭手把灰泥模型当作靶标，将之击成碎片。路易十二（1501 年）希望把它用车运回法国当作一项战利品。此后我们再也没见到它了。

这次巨大的惨败使达·芬奇烦躁不安心神疲惫了一段时间，而且很多事情破坏了他和公爵的关系。平常洛多维科支付他的"阿佩莱斯"很优厚的报酬。一位红衣主教听到达·芬奇除了很多礼物和特权外，每年还收到 2000 个金币，大吃一惊。这位艺术家生活得像个贵族。他有几个学徒、用人、童仆和几匹马，雇用了很多乐师，身穿绸丝皮毛，戴刺绣的手套，脚踏特选而昂贵的皮靴。虽然他的作品超过这些报偿，但是他看来似乎时常拖延工作或者为私人在科学、哲学或艺术上的研究或创作而停顿。1497 年，洛多维科厌烦了这种拖延，他邀请佩鲁吉诺来装饰城堡的几个房间。佩鲁吉诺不能前来，而达·芬奇又接下了这工作，但是后来的事变伤害了两个人的感情。约在同时，洛多维科由于外交和军事费用紧缩了他的开支，他感到付不起达·芬奇薪酬。达·芬奇支撑了将近两年，后来很温和地提醒公爵（1498 年）。洛多维科和蔼地替自己辩解，而在一年后送给达·芬奇一个葡萄园用作收益的来源。随即洛多维科的政治大厦垮了……法国人进占米兰，洛多维科逃走，而达·芬奇发现他自己不太情愿地解除拘束了。

他搬到曼图亚（1499 年 12 月），而且在那儿绘了一幅有名的伊莎贝拉女伯爵的画像。她让她的丈夫把此画送人了。而达·芬奇不太欣赏这种慷慨，又到威尼斯去了。他惊异于该城的美丽，但发现其富于色彩和哥特–拜占庭式的饰物太过辉煌，不适合佛罗伦萨人的喜好，于是又回到他年轻时所住的城市。

佛罗伦萨时期（1500—1501，1503—1506）

当他想重新开始他曾在大约 17 年前折断的生命之索时，他已经48 岁了。他变了，佛罗伦萨也变了。佛罗伦萨在他不在的岁月里变成了一个半民主、半清教徒的共和国，他却仍然习惯于公爵的统治和舒适贵族化的奢侈与生活方式。佛罗伦萨人经常批评他的丝绒、他和蔼的举止和他那些鬈发的年轻家仆。比他小22岁的米开朗基罗憎恨跟他自己那破鼻子成明显对比的那些姣好面孔，屡屡陷入贫困的他怀疑达·芬奇是从何处得到这么多钱过如此富裕的生活。达·芬奇在米兰的日子里曾积攒下约600多个金币。现在他拒绝任何委托，甚至曼图亚那专横的马尔凯斯也请不动他，而且当他工作时他仍然带着过去惯常的闲散慵逸。

托钵苦行派的修道士们曾请小利比为他们的阿努西亚塔教堂画一个祭坛。达·芬奇偶尔表示他想做类似的工作。小利比很礼貌地把这件差事交给这位被公认为欧洲最伟大的画家。苦行修道士们让达·芬奇和他的"家眷"住在修道院里，而且似乎支付他们一大笔费用。1501年的某一天，他揭开计划要画的《圣母、圣子、圣安妮与圣约翰》（*The Virgin and Child with St. Anne and the Infant St. John*）一画的稿图。它"不仅让每一个艺术家惊奇"，瓦萨里说，"而且当它展示出来……男女老幼在两天时间里拥去观赏，宛如喜庆节日一样，令他们感到非常惊异"。我们不知道这幅现存于伦敦柏林敦宫（Burlington House）中属于皇家艺术学院珍藏的画是否与真人一般大小，虽然法国权威人士们愿意相信它是相当不同于存在卢浮宫里的画的第一幅。轻带骄傲的微笑使画稿中圣母的面孔更温柔更愉快，这是达·芬奇的一个奇迹。与它相比，蒙娜丽莎的微笑是粗俗的、冷嘲的。然而，虽说它仍是列在文艺复兴最伟大的绘画中，但它是失败的。圣子并不平稳地坐跨在母亲张开的两腿之间，显得有些不雅，韵味不佳。很显然，达·芬奇没有为苦行修道士把这个草稿变成一幅画，他们必须请小利比，后又请佩鲁吉诺来画祭坛。但是不久之后——也许不同于那幅存于柏林敦宫的画稿——达·芬奇绘了那幅现存于卢浮宫的《圣母、圣安妮和耶稣》（*The Virgin，St. Anne and the Infant Jesus*），从安妮加冠的头到圣母的脚——令人反感地赤裸着，却非凡的美好——这是一次技术上的胜利。在长方形的构图里那些曾在画稿中失败的，在这里却完全成功了。圣安妮、圣母、孩子和羔羊的四个头画出了一个完好的结构：小孩和他的祖母正专注在圣母身上，以这些女人举世无双的衣饰填满了发散的空间。达·芬奇特殊的障眼手法使所有轮廓变得缓和，有如模糊的影像使他们的生命变得温柔。达·芬奇风格的微笑——在画稿中的圣母上或在绘画中的安妮上——创立了一个由达·芬奇的崇拜者继续了半个世纪的风尚。

从这些对微微召唤不可思议的着迷到替恺撒·博尔贾当军事工程师（1502 年 6 月），达·芬奇经过一段几乎令人难以置信的转变。博尔贾崛起于罗马纳他的第三次战役中，他要一个能制地形图、装建堡垒、桥梁或者导引河流及能发明攻防武器的人。也许他曾经听过达·芬奇说出或绘出新的战争机械的想法。例如他为一辆装甲车或坦克做的草稿，车的轮子是由它挡板里面的军士来移动的。达·芬奇曾写道：“这些车子代替了象……它能由兵士举枪刺戮，能由兵士持风箱发出吼声惊吓敌人的马匹，它可以带着配枪的兵士打垮每一个连队。”“或者，”达·芬奇说，“你可以在战车的侧腰上装上可怕的大镰刀，而且可以在向前突出的车辕上装上更能致命的回转镰刀。这些砍人将像在田里割草一般。或者你可以使战车的轮子转动一个机械装置，那将使车轮旋转时在四个方面致命地打击敌人。你可以让兵士借着保护的掩盔攻击一个碉堡，而且你可以借着掷进有毒瓦斯的瓶子驱散被围者。”达·芬奇曾计划写一本“如何利用放水造成狂暴的水灾以逐退军队”的书和一本“如何借着关闭留经峡谷流水的出路淹没军队”的书。他曾经设计一些机器，如能从一个回转的平台上自动地发射一连串箭枝的设计，如能在车架上举起炮来的装置，如在一支围攻的兵力试图攀登城墙时拥挤的梯子能向前倾的装置。恺撒·博尔贾把大部分这些新奇的机器当成不能实用的东西搁置起来。他在 1503 年围攻塞里（Ceri）城时试用过一两样。虽然如此，他还是发布权威的特许状（1502 年 8 月）：

致所有我们的副官、城主、队长、雇佣兵队长、官员、兵士及百姓：

　　我们强迫和命令对此状持有者，即我们最优秀及备受敬爱的仆人、建筑师和总工程师达·芬奇——我们任命此人彻底检视在我们领土上的要塞和碉堡，依照它们的需要和他的咨议，我们可以提供必需品——给予完全免除通行税及租税、对他本人及其友人致友善的欢迎，完全如他所愿地自由去观看、检查或做准确的实验，而且为了这个任务如他所需地给予人力协助，及所有可能的支援和帮助。我们的意旨要求在我境内主持任何工作的每个工程师必与他商议并遵照他的指示。

　　达·芬奇的著作很多，但很少有关于他自己的。我们会喜爱他对博尔贾的意见，而且也可以拿他对佛罗伦萨在这时出使博尔贾的特使——马基雅维利的看法相比。但是我们所知道的是，达·芬奇曾访游过伊摩拉、法恩扎、弗利、拉韦纳、里米尼、佩萨罗、乌尔比诺、佩鲁贾、锡耶纳及其他城市。当博尔贾在那儿设陷及绞杀四个背叛的队长时，他正在圣尼加利亚，而且他献给博尔贾意大利中心地区 6 幅详明地图，其中显示河流方向、地势的轮廓和特性，河流、山岳、碉堡和市镇间的距离。随后不久他知道博尔贾已死在罗马，博尔贾帝国正在崩溃，同时博尔贾的敌人登上了罗马教皇的王位。达·芬奇活动的新世界在他面前凋落，他再次回到佛罗伦萨（1503 年 4 月）。

　　这年 10 月，彼得罗·索德里尼——佛罗伦萨政府的首脑——提议达·芬奇和米开朗基罗，每人为维奇奥宫新建的五百人厅（Hall of the Five Hundred）各作一幅壁画。两人都接受了，订定了严格的契约，两位艺术家各回他们的画室设计草稿。每人画些佛罗伦萨军队的胜利场面。米开朗基罗画对比萨之战，达·芬奇画佛罗伦萨军在安吉亚里大胜米兰军之役。一些机敏的市民随着作品的进度把这当作一项罗马斗士般的竞赛，在双方的优点和风格上兴奋地争论，而且有些旁观者认为任何一幅画绝对地优于另一幅，都会决定以后的画家到底跟随达·芬奇对纤细微妙感情的喜好，或者跟随米开朗基罗对有力肌肉和有魔力的力量的偏好。

也许就在那时，米开朗基罗，这位年轻的艺术家由他原来对达·芬奇的厌恶变成了穷凶极恶的侮辱。有一天，在圣特里尼塔广场，一些佛罗伦萨人正在讨论《神曲》里的一行诗，看见达·芬奇经过，他们拦住他，要求他解释。就在那时，米开朗基罗也出现了，他热衷于研究但丁是众所周知的。达·芬奇说："米开朗基罗在这里，他会解说这节诗。"这位不高兴的"泰坦"（Titan）以为达·芬奇开他玩笑，非常轻视地开始说："你自己解说！你就是那个做了个马模型去铸铜而没铸就让它没完成的人，可耻！而那些米兰阉鸡们还以为你能完成它呢！"我们听说，达·芬奇深深地吓了一跳，但没有回答，米开朗基罗则继续生他的气。

达·芬奇很谨慎地准备他的稿图。他参观在安吉亚里交战地点的景色，读有关它的报告，制作了无数战争的愤怒或死亡的痛苦中有关人和马的素描。他发现虽然过去在米兰很少，现在却有一个把动作放进他的艺术品中的机会。他完全利用上了，而且描写生死冲突如此激烈，可以看到佛罗伦萨儿乎在颤抖。没有一个人会想到这位佛罗伦萨最精练的艺术家能够想象或画出这么一幕爱国战争的景象。也许达·芬奇运用了他过去在博尔贾军队中的经验，那些他可能曾经目睹到的恐惧能够在他的画里表达出来，并从他心里祛除。约 1505 年 2月，他完成了他的稿图，同时开始在西奇辛托（Sala dei Cinquecento）大厅画它的中央部分——斯坦德之役（The Battle of the Standard）。

曾经研究过物理学和化学而不曾知道《最后的晚餐》的命运的他，现在又犯了一次悲惨的错误。因为做过用热力固着色彩的试验，他想借着地板上火盆的热力把色彩固着在灰泥墙上。房间是潮湿的，冬天时很冷，热力传达不到上面的部分，灰泥不能吸收色彩，上面的颜色开始退落，而任何疯狂的努力也不能修复这些损坏。同时，财政的困难发生了。贵族院每个月只付达·芬奇 15 个金币，这完全不能与在米兰洛多维科聘他时给付 160 个左右金币的数目相比。当一个不机警的官员用铜币付他月薪时，达·芬奇拒绝接受。他在羞辱和失望中放弃这桩事业，而仅仅在米开朗基罗的一件事上得到稍稍的安慰，那就是米开朗基罗在完成他的稿图之后，竟然没有在那儿绘上一笔，就接受了教皇尤利乌斯二世（Julius Ⅱ）的召请去罗马工作了。

　　1503 年至 1506 年，达·芬奇断断续续地绘了《蒙娜丽莎》的肖像。《蒙娜丽莎》就是伊丽莎贝塔（Madonna Elisabetta），弗朗西斯科（Francesco del Giocondo）的第三个妻子，他在 1512 年成为贵族院的一分子。或许弗朗西斯科在 1499 年埋葬的孩子是伊丽莎贝塔的孩子中的一个，而这次丧子可能有助于塑造在伊丽莎贝塔的微笑后面严肃的表情。在这 3 年里，达·芬奇一定召她到他的画室很多次，他一定在她的绘像上耗费了所有他技术上的秘密和色彩上细密的差异——以明暗柔和来塑造她，在一个想象的水天和山树的背景下来框衬她——给她穿上织成折纹用绒缎做成的衣服，它的每一个褶折都是一个杰作——热衷而谨慎地研究使嘴巴移动或成形的微妙肌肉——带来了乐师为她演奏，促使她的表情显出了一位母亲从对失去小孩的怀念中醒悟过来的慈祥。这些令人微微感觉到，在画里达·芬奇达成了使哲学和绘画融和的精神。一千次的停顿，一百个分心的兴趣，与"安吉亚里之役"一画同样的努力，所留下的是他的观念中未曾破损的整体和对他热衷的事物非同寻常的执拗。

　　不久之后，就是这张脸使成千上万的纸张投向油墨之海。这不是一张非常可爱的脸，有着一个略短的鼻子，和很多油画和大理石上的少女——如在任何柯勒乔的画上——相比，"丽莎"并不过分美好；而是她的微笑——在双眼中一道初生的闪光，她在双唇上的一道愉快、抑制而微微上扬的曲线——使她能幸运地流传很多世纪。她对什么发笑？是乐师的努力使她高兴？或是笑一个画了 1000 多天而还没完的艺术家那份不匆忙的勤勉？或者那不只是蒙娜丽莎的微笑，而是女人，所有的女人，对男人说："可怜热情的爱人！一股自然的控制力量继续不断地用你们对我们肉体荒诞地渴求来燃烧你们的神经，用一个对我们的魅力加以相当不可理喻地理想化来软化你们的头脑，促使你高唱抒情诗却用成就来抑消你们的快乐——而所有的一切可能使你们被掷进为人父亲的状态！还有比这些更荒谬的事吗！但是我们都一样被诱谄了，我们女人比你们为你们的迷恋付出更重的代价。现在，可爱的傻瓜！我们所要的只是快乐，而当我们被爱时，生活得到了补偿。"或者蒙娜丽莎带有的就仅仅是达·芬奇他自己的微笑——笑他内向的性格几乎没有勇气去轻轻地触摸一个女人的心，而除了在男人的遗忘中使小小名声微微地动摇之外，可以相信自己已经没有天才或恋爱的命运了？

当画完最后的背景时，达·芬奇留住这张画，声称这张在一般画像来讲已算完成的画还不够完整。也许这位丈夫不喜欢看到他妻子从墙上时时向他或他的宾客卷起双唇。很多年后弗兰茨一世花了4000克朗买下它，框置在他枫丹白露的宫殿里。由于日推月移，它的精微部分显得模糊，它存挂在卢浮宫高贵的卡洛厅（Salon Carré）里以娱每天成千的膜拜者，并等待着时间冲淡或加深蒙娜丽莎的微笑。

米兰和罗马时期（1506—1516）

默想一下这样一幅画，回想在画上的每一细节，花费无数个钟头的思考，我们要修正我们过去以为达·芬奇看来似乎懒散的判断，而且我们也已经感觉到他的作品使时间凝固，使形象永存。这正如一位黄昏漫步的作家，在夜晚仍清醒地躺着塑造明天的章、节，或卷动心里的舌头说出一些具有风味的形容词和令人陶醉的片语。而在佛罗伦萨的5年里可以看到完整的《圣母、圣子与圣安妮》《蒙娜丽莎》的稿图及熔化的《战争》。达·芬奇找时间画了其他几幅画像，现存于维也纳的吉尼瓦·德·本茨的画像，在曼图亚城的侯爵夫人不断地请求下，他最后让步而画的一幅现已失传的《年少的基督》(*Youthful Christ*，1504 年)。她的官员给她一张短笺说："达·芬奇渐渐对绘画感到厌烦，而他大部分的时间都花在几何学上。"也许表面看来在那段时间里达·芬奇的艺术被科学埋葬，阿派里兹被浮士德 (Faust) 所埋葬。

科学到底无法带来薪水。虽然他现在日子过得很朴素，但仍哀悼他曾在米兰作为艺术之王的日子。路易十二派在米兰的总督查尔斯·安布瓦兹 (Charles d'Amboise) 邀请他回去时，达·芬奇向索德里尼求去，但被他拒绝了。最后 (1506 年) 他急于成全法王的好意让达·芬奇走，不过条件是 3 个月后回到佛罗伦萨，否则罚款 150 杜卡特。他去了。虽然他在 1507 年、1509 年及 1511 年重回佛罗伦萨，他仍然住在米兰，一直受雇于安布瓦兹和路易到 1513 年。索德里尼提出抗议，但是被路易怀着自信、和蔼而有礼貌地批驳了。路易把事情弄得相当清楚，于 1507 年任命达·芬奇为御前画家和工程师。

这不是一份领干俸的职位。达·芬奇要自食其力地过日子。我们又听到他开始装饰皇宫，设计并建筑运河，准备化装游行，计划一个特里沃齐奥元帅的骑士碑，与杜雷 (Marcantonio della Torre) 合作从事解剖研究。大概他这次 (第二次) 居留在米兰期间，画了两幅水准较低的画。存于卢浮宫的《圣约翰》是其中的一幅。《丽达与天鹅》(*Leda and the Swan*) 一画 (为罗马的私人收藏品) 那一张脸和肉体的细柔，使人想起《圣约翰》和早先被认为是属于达·芬奇所绘的《酒神》(*Bacchus*)，但是它很可能是由这位大师的一幅失去的画或稿图模拟出来的复制品。

1512 年，法国人被逐出米兰，而洛多维科的儿子马克西米连开始一段短期的统治。当瑞士人放火烧米兰时，达·芬奇在那里停留过一段时间，写了一些有关科学与艺术的难读的笔记。但在 1513 年，他听说利奥十世被选为教皇，他以为在美第奇家族统治的罗马可能会留一席之地给他这样一个 61 岁的艺术家，于是带着 4 个弟子出发。

在佛罗伦萨，利奥的兄弟朱利亚诺收达·芬奇做他的随从，给他 33 个杜卡特的月俸。到达罗马，达·芬奇受到这位爱好艺术的教皇的礼遇，赐给他在布尔瓦德尔宫里很多的房间。也许达·芬奇碰到——事实上他影响到——拉斐尔和索多玛。利奥可能曾经让他绘一幅画，因为瓦萨里曾记载，教皇发现达·芬奇在开始绘任何图画之前先混合涂料而感到惊奇。据报告所写，利奥曾说："这个人要想完成一件事很难，因为在一开始之前他就开始想到了最后的一个步骤。"事实上，达·芬奇现在已经停止绘画，科学更能吸引他的注意力。他在医院里研究解剖，在光的问题上钻研，而且做了很多有关几何的记录。他悠闲时借着自制的机械蜥蜴自娱，他借着注射水银使这个有须、有角、有翅的蜥蜴拍翅跳动。利奥对他失去了兴趣。

这时弗兰茨一世继承了路易十二的皇位，他也是一位艺术的爱好者。1515 年 10 月，他重据米兰，邀请达·芬奇去他那边。1516 年初，达·芬奇向意大利道别，伴随弗兰茨一世去了法国。

这个人

这位艺术之王到底是什么样的人呢？ 对他有许多确实的描写，但都是属于 50 岁以后的！ 瓦萨里以不寻常的热诚说道："他身体之美从未被适当地称赞……他脸上那种极为美丽的光彩，会使每一个悲伤的人感到宁静。"但瓦萨里是根据传闻而说的，因此我们没有这种像神之人的画像。甚至在中年，达·芬奇留着长须——洒上香水，而且是卷曲着的。在温莎的皇家图书馆（The Royal Library at Windsor）里，有一幅达·芬奇的自画像，显出他的脸是那样的宽厚、仁慈，发长垂肩，满脸白须。在沃夫兹画廊里，一幅由一位不知名的艺术家所绘的画像，便以坚毅的脸、探寻的眼光、白发白胡及柔软的黑帽来描画他。拉斐尔的《雅典学园》（School of Athens，1509 年）里那位高贵的人物——柏拉图，在传统上被许多学者称之为达·芬奇的画像。在都灵画廊里，一幅用色粉画的自画像中，显出他半秃的头，同时前额、脸颊、鼻子都布满了皱纹。

他看上去比实际年龄要大；虽然他是一位很注重素食主义养生的人，却于 67 岁时逝世。轻视养生、被疾病接二连三侵袭的米开朗基罗却活到 89 岁。他穿着华丽的衣服，而米开朗基罗却过着非人的生活。达·芬奇能用手把马蹄铁弄弯，以他的力量闻名。他是一位训练马跳栅的专家，而且精于骑术和管马，同时他认为马是最高贵、最美丽的动物。显然，他以左手来素描、绘画、写字，这并不是为了要让人难以辨识，而是使他在写作时，可由右写到左。

我们已经提到他的同性恋并不是天生的，而是由于后母与私生子之间不融洽的关系造成的。他需要接受与施予感情，而这些在他日后搜罗英俊的青年时获得满足。他画妇女没有画男人那样频繁，虽然也赞赏她们的美丽，但似乎与苏格拉底一样。在他全部的原稿中，对妇女的爱和温柔未提只字，然而他非常了解许多阶段中妇女的特性。在描绘处女的纤美、母亲的焦虑、女性的精妙上，无人能凌驾于他。他的敏感性、他秘密地将字母颠倒、使用密码及夜晚将画室双重下锁等，表明他感觉到自己的性取向及恐惧可能被指控为异端邪说的根源。他并不渴望他的作品被许多人阅读。在《事物的真理》中他写道："对于优秀的智者而言，思考是至高无上的粮食，但对于迷途的智者则否。"

他的性取向对其性格的其他部分可能有影响。对于他的朋友而言，他是一位温和善良的人。他反对杀生，"不允许任何人伤害任何生物"；把关在笼子里的鸟买来，让它们自由。但在其他方面，他在道德上似乎是迟钝的。他显然被设计战争工具的问题吸引。他对法国人将曾经慷慨供养他 16 年的洛多维科囚入地牢也不觉得气愤，并且毫无疑惧地为佛罗伦萨城令人畏惧的恺撒·博尔贾服务。他也像每一位艺术家、作家及同性恋者一样，有着不寻常的自觉、敏感及自负。他写道："假如你是孤单的，那么你完全是属于你自己的；若与一位同伴在一起，那么你就只有一半是属于你自己的了。"在同伴当中，他能成为一位出色的音乐家和健谈者，但他却宁可孤孤单单地专心于自己的工作。"大自然最主要的礼物，"他说道（永不知挨饿为何物的他），"便是自由。"

他的美德是其缺点中较好的一面。由于对性行为的嫌恶，使他可以自由地全心致力于工作；由于过分的敏感，使真实的各种刻面得公之于世，而这些却无法为平凡的眼睛所看出。他沿着无数的街道望去，甚至以整天的时间来注视一些不平常的脸庞，然后在画室里将其画出，宛如模特儿就在面前一样！ 他的心灵攫取许多奇异的事物——奇异的形式、行动、思想。"尼罗河，"他写道，"流注于大海的水，比目前地球上所有的水还多"，因此"所有的大海与河流，不知已经有多少次流经尼罗河口了"。由于相似的嗜好，使他沉溺于奇特的戏谑中，所以，有一天他把洗清的公牛肠子藏在一房间里，而当他的朋友们聚集在那儿的时候，他便在隔壁的房间里用一个风箱把肠子吹胀起来，一直到膨胀的肠皮把客人挤到墙边。在他的记事本中，记载了许多不入流的奇谈和笑话。

他的好奇心、性取向、敏感、追求完美的热情等，全部成为其致命缺点的一部分——没有能力或不愿意完成他已经开始做的事。他也许是为了解决一个成分、颜色、图案等的技术问题而着手每一项艺术工作，而当解决时便失去工作的兴趣！ "艺术，"他说，"在于构想和设计，而不在于实际的执行——这是心智较差者的工作。"或者，他想象自己是聪明的、重要的、完美的，因此他那有耐心的手——最后都变成无耐心——是无法完成工作的，所以在绝望中放弃他的努力，基督的脸庞就是其中一个例子。他很快便会从一个工作或题材转移到另一个，而且对许多事情都有兴趣，因此缺乏一个一致的目标和一个显著的思想。这个完美的人是许多优越部分的混合体，由于具有太多的能力，也因此而很难将之倾注于单一的目标。最后他悲伤地说："我已经白白浪费了许多时间。"

他写过 5000 多页的草稿，却从未完成一本书。若就数量而言，与其说他是一位艺术家，不如说他是一位作家。他谈及已写好的 120 页的草稿，但只有 50 页仍然保留，那些都是以半东方式的书法由右写到左。他的文法很差，拼字是个人式的，而所阅读的种类极多，而且是极为散漫的。他拥有一座藏书 37 卷的图书馆——伊索、第欧根尼·拉尔修、奥维德、李维、老普林尼、但丁、彼特拉克、波焦、斐勒佛、菲奇诺、浦尔契等人的著作及有关数学、宇宙志、解剖学、医学、农业、手相术及战争、艺术的论文。他说道："古代及地理的知识滋润了我们的心智。"但是由于许多地方犯了时代错误，证明他对历史只有一些片断的认识。他渴望成为一位优秀的作家，在雄辩中便曾做过数次的尝试，正像他不断地描述洪水一样，同时也写过许多有关暴风雨和战争的鲜明的记事。显然，他想出版他的一些著作，而且为了这一目的时常将注释加以整理。虽然，据我们所知，于其一生中他并未有任何著作出版，但他必定曾允许某些朋友阅读若干加以挑选过的原稿，因为在弗拉维·比昂多、哲罗姆·卡达诺（Jerome Cardan）及切利尼等人的著作中曾提及他的作品。

在科学和艺术两个方面他写得同样好，而且很平均地将时间分配于二者。原稿中最大部分便是 1651 年初版的《论绘画》（*Trattato della Pittura*），虽然他致力于近代的编辑，但各部分的编辑和安排仍很松懈，而且经常重复。达·芬奇同那些认为绘画只可由绘画中学来的人有所争辩，他考虑到一套健全的知识应有理论上的帮助，同时对批评置之一笑。他最基本的感觉是：研究艺术应研究大自然，而不是模拟其他艺术家的作品，"噢，画家，注意：当你迈进绘画的领域时，你要注意许多的事物，反过来说，你要先特别注意一个事物而后及于其他，你要在那些比较没有价值的事物中挑选出一堆不同的东西来"。当然，画家必须研究解剖学、透视法及由光线和阴影所画的模型，若严格界定绘画的范围，将会使一幅图画显得生硬呆板。"总是要成为一个能使自己的心胸与头脑不在同一方向上的人。"这是达·芬奇自己的构图之所以优雅的秘密。在绘制《蒙娜丽莎》时他是否忘了这样做？或者他夸大了我们所能了解的包含在眼里和嘴唇里的神韵？

　　达·芬奇在他的素描中比在绘画中或记事中显得更清晰、更多变化。其数目极多，一份在米兰的原稿——《科第斯》(*Codice Atlantico*)，便有 1700 多页。许多作品是草草速写的，而许多作品却是绝妙之作，因此我们不能不将他列入文艺复兴时期最有才能、最精妙、最深刻的大师行列。即使是米开朗基罗和伦勃朗的造诣，也无法与存于柏林敦画廊的《圣母、圣子及圣安妮》相比。他喜欢用木炭、红粉笔、铅笔或墨水来画精神生活和身体的每一部分。还有 100 名小姑娘的丰腴的有浅浅涡纹的大腿，陈列在他的草图中。还有 100 位青年，其中半数是侧面像的希腊人，半数是热情的妇女。还有 100 位具有端庄、温柔风采的美丽少女，秀发在风中波浪起伏。运动家骄傲于他们的肌肉，而战士们渴望战争。从柔美的圣塞巴斯蒂安，到形容枯憔的圣哲罗姆，仁慈的圣母期待着世界在其儿子的手里获救，化装舞会复杂服饰的素描，围在头上或颈边的披肩、围巾、丝带，或是缠绕在手臂上，或从肩膀上下垂，或在膝头打折等，都受到光线的照射，诱惑人们去抚摸。这些，都比披在我们身上的任何外衣都要真实。但散播于其中的却是古怪的、讽刺的——变了形的头、抛媚眼的傻蛋、残忍的面孔、残废的身体、因愤怒而面孔扭曲的泼妇、蛇发的女妖、因年老而干瘪并布满皱纹的脸孔、失去魅力的女人，这些是真实的一面。达·芬奇以其公正而宽广的眼力将之确确实实地攫取，并坚定地将之绘下。由于他对美的忠实，以其画保持这些恐怖，但他必须在他的哲学中找寻寄托之处。

　　或许大自然比人更能令他愉快，因为自然是中立的，不能因怨恨而被指为邪恶，在公正的眼里，包含于大自然中的任何事物都是可以谅解的。所以，达·芬奇画了许多风景画，并且斥责波提切利忽略了它们，他忠实地以其笔绘出蜷曲的花朵，几乎没有一幅画不以树木、河流、岩石、山脉、云、海等做背景来增添其魅力和深度。在他的绘画中，他几乎摒弃了所有的建筑物，因此，能使其所画的个别或群体的图案，由于有更多的空间赋予大自然，形成了一个和谐的整体。

有时他也尝试去绘建筑图案，在他的素描中有建筑物的幻想，那是奇怪的而又带有半叙利亚式的。他喜欢圆顶，也曾速写了一幅可能是洛多维科想在米兰建造的圣索菲亚大教堂，但它并没有真正被建造。洛多维科请他到帕维亚帮忙设计大教堂，他却发现帕维亚的数学家和解剖家比大教堂更吸引人。他对意大利城镇的嘈杂、肮脏、狭小感到悲伤，所以他研究城镇的设计，同时提呈一份两层的都市草图给洛多维科。下面的一层将全部作为商业运输用途，同时"为一般人使用"，上面的一层将是以拱廊作为支柱的 40 英尺宽的马路，"交通工具不得行驶于其上，而仅供上流人士行走"，螺旋形的楼梯偶尔连接上下两层，同时散于各处的喷泉用于冷却和洗涤空气。洛多维科没有经费来支持这项计划，所以米兰的贵族们仍然停留地上！

发明家

我们很难理解：对于洛多维科而言，正如对恺撒·博尔贾一样，达·芬奇主要是个工程师，甚至他为米兰大公设计的化装游行也包括了精巧的自动机器。"每天，"瓦萨里说，"他都在制造很容易便能移动山脉的模型设计图，同时能将之戳入，以便由一地移至他地；并且借杠杆、起重机、绞盘以举起、拉曳重物；设计清扫港湾及从深处汲水的方法。"他发明出一种机器来切断螺旋纹，而且在制造水车上，其理念是正确的；他发明了滚子轴承的带状刹车器。他设计了第一支机枪，及用有柄的齿轮来扩大射程的迫击炮，还有二轮马车、三种速度的转模齿轮、可调整的活动扳钳、可碾压金属的机器、可移动印刷机的底部、能举起梯子的自动上锁的螺旋轮。他有海底航行的计划，却拒绝解释它。他重用亚历山大里亚（Alexandria）对蒸汽引擎的观念，同时说明枪膛里的压力可以将铁弹推至 3600 英尺。他发明了一个在转动的纺锤上可以卷绕并均衡分配纺纱的机器及手一动便能开关的剪刀。他提出能在水上行走的胀大的雪屐，或是能同时演奏数种乐器的水车。他描述一具降落伞："假如一个人有一个由亚麻所织的帐篷，宽、深均为 12 腕尺（1 腕尺相当于 18 至 22 英寸），而其中的小孔又全部塞住，则他可以由任何高度跳下，而不会受伤。"

综其半生都在研究人类的飞翔，他也像托尔斯泰一样，羡慕鸟类是在许多方面都优于人类的种属。他详细研究了它们的翅及尾部的动作、起飞、滑行、转向及降落等的机能。他以热烈的好奇心和极其敏锐的眼光来注意这些动作，观察鸟类是如何在气流和气压中飞行。他计划征服大气：

> 你应对鸟翼做一解剖，连带也可及于使其双翼振动的胸部肌肉。而且对人，你也应这样做，以便说明一个人以双翼的振动而维持他在空中的可能性。鸟类的起飞，无须振动其翼，因其于气流当中循环的运动所至，而非其他原因……你心目中的鸟除了蝙蝠外将不会有其他的模型，因为它的薄膜是将翼弯曲的一种工具……鸟只是依照机器法则而运作的一种器具，这种器具，在人们的能力范围内，得以其全部的运动而非以相同程度的力量加以复制。

他曾对一个螺旋型的器械做过许多素描，凭借着这种器械，人们用双足的动作，可以使双翼快速地振动而飞至空中。在简短的《论飞行》（*Sul Volo*）中，他描述用浆硬的亚麻布、羽毛及生丝做成的皮带等制成的飞行器，他称之为"鸟"，并详细记述如何使用它的说明：

> 如果这个机器是由一个螺旋器做成的……而且很容易便扭上，这个螺旋将使其在空中盘旋上升……在水面上试用这种机器，那么，假如你降落时便不会受伤。大鸟第一次的飞行，将使

世界充满惊异，而且将因其盛名留下记录，并且在外界的光荣，也会带返至其出产之处！

他真的试图飞吗？ 在《科第斯》（*Codice Atlantico*）中有一段记事："明日早晨——1496 年 1 月 2 日，我将系上皮带来尝试。"但不知这意味着什么。物理学家赫罗尼莫·卡达诺之父法西奥·卡达诺（Fazio Cardano）告诉他的儿子说：达·芬奇自己试验飞行。有人认为达·芬奇的助手安托尼奥于 1510 年时摔断了腿，便是试飞他的机器。是否如此，我们不得而知。

达·芬奇的方向是错误的，因为人类的飞行除了滑行之外，是不能模仿鸟的，而只能将引擎内部燃烧，应用到一个能使空气逆流而非往下流的推进器中，并且只有向前飞的速度才能使得向上飞行成为可能。但人类最卓越的特性，在于其对知识的热情。虽然被战争及人类之罪恶所震惊，为人类自私的特性而感到伤心，对于人们的迷信及轻信的性格而感到悲哀，但当我们发现能怀抱着远大高超的梦想时——由传统中的德狄勒斯（Daedalus）及伊卡洛斯（Icarus）起，经过达·芬奇及其他无数人的不断摸索，直至今日光荣而悲惨的胜利——我们感觉到在某方面人类是获救了！

科学家

与其素描并肩而至者，乃是许多的注解，有时是在同一页，有时却是在男人、妇女、风景或机器等的速写上乱画乱涂，这是那不满足的心灵被大自然的运行及法则所困惑之故！ 也许科学家是由艺术家所产生，由于绘画而迫使他去研究解剖学、比例及透视的法则、构图及光线的反射、颜料及油料的化学成分等。由这些研究中他能更精湛地探究动植物的结构及功能，也因此产生了一有关宇宙及永恒自然法则的哲学观念。艺术家也时常由科学家中产生，因科学的绘画，其本身可能便是一件美的事物，或者其终极也便是一个优雅的图饰。

达·芬奇与其同时代的多数科学家一样，企图指出科学的方法是经验而非实验。"记着，"他忠告自己，"当讨论水时，首先举经验为证，然后说明理由。"因为任何一个人的经验在真实中不过是极其细微的片断，所以达·芬奇便以阅读来补充其经验的不足。他细心地并批评性地研究萨克森的阿尔伯特（Albert of Saxony）的著作，获致了一些有关罗杰·培根（Roger Bacon）、大阿尔伯图斯（Albertus Magnus）、古沙的尼古拉（Nicholas of Cusa）等人的观念，并且在与巴齐奥里、杜雷及帕维亚大学的教授们的交往中学到很多。但他以自己的经验来试验。"无论是谁，若涉及权威，则须以记忆而非理智来工作。"在他那个时代中，他是一位最不玄奥的思想家，他反对炼金术和星象学，同时希望有一个"星象家都被排斥"的时代。

他几乎试验了各种科学。他沉迷于数学中，认为数学是最纯粹的推理形式，认为几何图形中有某种美，并在研究《最后的晚餐》时画了某些几何图形。他有力地表现出一项科学的基本原理："没有确定性——无论是数学或基于数学都不能应用。"他很骄傲地附和柏拉图所说的："绝不让那些不是数学家的人来阅读我的著作。"

天文学对他有极大的魔力，他要"制造眼镜来看放大的月球"，但显然没有制造出来。他写道："太阳并不移动……而地球并非在太阳的同心圆中，也不在宇宙的中央。""月球每月都有冬夏。"他敏锐地讨论月球上黑点的成因，这是阿尔伯特的意见。他也同样受到阿尔伯特的指引，他说："由于每一重物均向下压，而无法永远地承负，地球一定会变成平面，而且将被水覆盖。"

他在高地上注意到海底动物的化石壳，而推断水曾达到那样的高度，约 1338 年薄伽丘曾于其《菲洛柯波》（*Filocopo*）一书中提过。

他反对宇宙洪水的概念，而将其归之于地球的古迹，如果发表出来，这个观点将震撼当时的正统。他认为随波河（the Po）挟带而来的累积物已持续了 20 万年。他绘制了一幅如他想象的，已在早期的地质时代的意大利地图。而他认为撒哈拉沙漠曾一度被盐水覆盖，山脉由雨水的侵蚀而成。海底由于所倾注的河流挟带着瓦砾，因而不断地高涨。"许多大河流在地底流。而在地球当中，赋予生命的水的运动，与人体内血液的运动是相似的。"索多玛及蛾摩拉之所以被毁，并不是因为人类的弱点，而是由于地质缓慢地运动，而且极可能是因为他们的泥土下陷于死海。

达·芬奇贪婪地尾随着 14 世纪的物理学家让·比里当（Jean Buridan）及阿尔伯特所推展的前进。他写了 100 页有关运动和重量的论著，及更多有关热学、声学、光学、颜色、水利学、磁学等方面的论著。"机械学是数学的乐园，因为借着它的方法，一个人在有用的工作中得以进入数学的核心。"他喜欢滑轮、起重机、杠杆，认为其所能举起和移动的是无止境的；他对那些永恒运动的追求者却加以嘲笑。"因物质的运动而产生的力量，及因压迫而产生的重量，是人类所有的工作所以存在及达到目的的四个偶然之力。"但他不是一位物质主义者；相反，他将力量界定为"精神的能量，其所以是精神的，是因为其中的生命是无形的而且不需要躯体……其所以是无法触知的是因为其所制造的躯体，无论在大小和重量方面均无法令其增大"。

他研究声音的传播，同时将其媒介减至仅剩声波。"当维忽拉琴弦撞击它时……便传播一个运动至另一个具有相同音调的维忽拉琴弦上，当你将一截稻草，放在一根与正要拨弄的琴弦类似的弦上试一下便可知道。"他对电话有自己的概念。"若令你的船停下来，而后置一长管的一端于水中，而另一端置于耳旁，则可以听到距你极远的船。同样也可将管子的一头置于地上，而后便可听到在远处行走的任何一个人。"

视线和光线比声音更令他着迷。他对眼睛极为惊异："谁会相信这样小的空间能将宇宙所有的影像包含无遗？"他对能回忆很久以前的影像的心灵力量更是惊异。而对能补偿衰弱的眼肌的眼镜，他作了一番极为优越的描述。他以照相机里倒影装置的原理来解释视神经的运作：在照相机及眼睛中，光线照在物体而进入相机或眼睛时，变成一锥形，因此影像会倒转。他分析在霓虹中光线的折射。他和阿尔贝蒂一样，对补充颜色有一很好的概念，比米歇尔（Michel Chevreul）要早 400 年。

他开始并计划了许多有关水的论文的注解。水的运动吸引了他的眼睛和心灵，他研究河流、山泉和瀑布、气泡和水泡、大雨和豪雨，及风雨交加时的狂暴。"若没有水"——在 2100 年后，他重复塔莱斯（Thales）所说的——"则我们之间就没有能活着的东西"。他已预期了帕斯卡（Pascal）的流体静力学的基本原则——流体上的压力是被流体转移的。他注意到：正在传递的容器中的液体仍保持同一水平。继承米兰在水利工程方面的传统，他设计并建造运河，疏导佛罗伦萨至海洋间的阿尔诺河，使佛罗伦萨无须仰仗比萨为其外港。

他以特奥夫拉斯图斯在植物方面的著作充实自己，而后其机敏的心灵便转向"自然史"。他解释树叶围绕其枝干而排列的方式，他观察在树木横断面上的圆圈，那是以其数目记录其生长的年龄。同时以其间的宽度表示某一年的湿度。他似乎也怀有在他那个时代有关某些动物的谬见：由于动物的出现或触摸动物便能治愈人类疾病。他彻底研究马的解剖。他已写好了论文，但在法国占领米兰时遗失了。他同时研究人和动物的四肢，因此他一手开创了近代的比较解剖学。他将陈旧过时的盖仑（Galen）的著作弃之不顾，而研究真正的尸体。关于人的解剖，他不仅以文字叙述，而且以绘画来描述，他计划写一本有关解剖学的书，从数百个说明和注释着手。在其令人惊异的图画和注释中，他首次绘制了一幅合乎科学的子宫，并且正确地描述了围绕着胎儿的三层薄膜。他是首次描画出支持着双颊的骨腔，即现在著名的高位腔。他将蜡倾入一只死牛的心脏瓣膜里，以便获得正确的概念。他是第一位描述右心室的。他被网状的微血管迷惑。他预测血液的循环，却未完全领略其机能。"心脏，"他写道，"比其他肌肉更强健……当心脏瓣膜打开时所流回的血液，与其关闭者不同。"他很正确地描绘身体的微血管、神经和肌肉，他认为老人都会动脉硬化，原因是缺乏运动。他开始写作一卷有关人类形体的适当比例的书，以有助于艺术家，而他的一些概念被编入他的朋友——巴奇奥里的论文《论比例的神圣》（*De Divina Proportione*）中。他分析人们由出生至死亡的物质生活，然后计划作精神生活的探究。"啊！应请求上帝让我能像描述人类的身体一样解释人类习惯的心理！"

达·芬奇是一位伟大的科学家吗？洪堡（Alekander von Humboldt）认为他是 15 世纪最伟大的物理学家。而亨特（William Hunter）认为他是那个时代最伟大的解剖学家。他并非如洪堡所称的那样是一位始祖，因为许多物理学的观念是由让·比里当、阿尔伯特及其他先驱传递下来的。他是一位有可能犯大错的人，正如他写道："任何与空气接界的水面，一定比海面高。"但像这样的错误，在对有关地球及天空所做的这么多的注释中，却是很少的。他理论上的机械学是属于高度业余性质的，因为他缺乏训练、工具和时间。但他能在科学上获得如此成就，真可谓一种奇迹。

有时他也是一位哲学家，他说："噢！奇异的必需啊！你以至高无上的理性迫使所有的果，成为他们之因的直接结果，同时以至高无上和不能改变的法则使每一自然的行动在最短的过程中服从你！"这是时代的强音，而且也暗示达·芬奇已散发出神学的气息！瓦萨里在他第一版的《艺术家的生活》中写道：他有"邪说异端"所铸之心，所以并无任何宗教信仰，也许当一位哲学家比做一位基督徒还好。但在其后数版里，瓦萨里删除了这一页。正如那时的许多基督徒一样，达·芬奇也时常攻击牧师，称他们是伪善者，指控他们以冒牌的奇迹来欺骗普通人，同时嘲笑他们以未来天国里期票的"假钞"换取现世的银钱。在某年的基督受难日，他写道："今天因为东方有一人逝世，整个世界都陷入悲愁的境地。"他似乎认为死去的圣人们，无法听到祈祷者对他们的倾诉。"我希望我能具有某种语言，其能力能使我责难那些对人颂扬高于对太阳颂扬的那些人……希望把人视为神而加以礼拜的那些人，已经犯了极大的错误。"对基督的肖像，他比文艺复兴时期其他的艺术家采取更开明的态度，他隐匿了光环，圣子在其母膝上，而孩提的耶稣企图骑那象征性的羊。他在物质中发现心灵，同时相信一个精神心灵，但显然认为心灵只有经过物质并且符合不变的法则而后始能行动。他写道："心灵永远不会因为躯壳之腐化而腐化。"但他又说："死亡同时毁减了记忆和生活……若没有躯壳，心灵既无法行动也不能感觉。"他在许多草稿中以恭谦卑微而狂热的态度谈论上帝，他却又指出神是大自然、自然法及"必需"。直到晚年，神秘的泛神主义始终是他的宗教信仰。

法国岁月（1516—1519）

抵达法国时，达·芬奇已经 64 岁了，而且还生病，与其忠实的同伴，24 岁的梅尔齐（Francesco Malzi）定居于卢瓦尔河上的安布瓦兹城堡与市镇之间的克洛斯（Cloux）的一栋漂亮房子里，那时国王经常住在那儿。他与弗兰茨一世交往，并被任命为"国王的画家、工程师、建筑师及国家机械师"——年薪 700 克朗。弗兰茨一世是慷慨的，即使在没落时仍然珍视大才。他很愉快地与达·芬奇交谈，切利尼断言："在世上从未有人像达·芬奇一样懂得那么多，不仅在雕刻、绘画、建筑等方面，而且除此之外，他还是一位伟大的哲学家。"他的解剖素描令法国宫廷的物理学家们惊异！

有一个时期，他很努力以工作赚取薪水。他为皇家的展览安排化装舞会和化装游行；按计划来开凿运河以连接卢瓦尔河和索恩河（the Saône），同时疏浚索洛涅（Sologne）的沼泽；可能也参与一部分卢瓦尔城堡的设计；一些证据使他的名字与喜爱珠宝的尚博尔（Chambord）连在一起。1517 年以后，他可能很少作画，因为那年他患了麻痹性的中风，使身体的右半边无法行动；他左手也能绘画，但这是需要两只手的工作。他已是满脸皱纹的老人了，而年轻时所享有的身体健美和面孔清秀的美誉，已传给比他小 50 岁的瓦萨里了。他一度感到骄傲的自信已丧失，他精神上的宁静已被衰弱的痛苦抛弃，他对生活的爱好也被宗教的希望取代。他只写了简单的遗嘱，但在葬礼上要求全部的宗教仪式。他曾写道："一日操劳，睡得安逸；一生尽责，死亦无憾。"

据瓦萨里记述，1519 年 5 月 2 日，达·芬奇在国王的手臂中逝世。但这显然是虚构的，因为那时弗兰茨一世在别的地方。他埋葬在安布瓦兹圣佛罗里廷的大圣堂的修道院里。梅尔齐写信给他的哥哥告以此事，并说："他的死，我实在无法表达我的痛苦，同时我将永远活在悲伤中。大家也将因此人的逝世而悲哀，因为大自然无法再创造出像他这样的人。愿万能的上帝让其灵魂安息吧！"

我们如何来论定他呢？——我们当中有谁具有评判这位多才多艺的人所需的各种知识与技术呢？由于他那具有多方面才能的心智的魔力，我们夸大了他实际的成就，而他在理论方面比在实际工作上更杰出。他不是那个时代最伟大的科学家、工程师、画家、雕刻家、思想家，他只是一个统合了这些知识的人，并且在每个知识领域里，他都可以与最杰出者一争短长。在医学院里一定有人比他更了解解剖学。在达·芬奇来到米兰之前，最著名的工程设施已经完成。拉斐尔或是提香所留传下来的画作有些比达·芬奇的更令人印象深刻。米开朗基罗是伟大的雕刻家，而马基雅维利及圭恰尔迪尼是极为深奥的学者，但达·芬奇对马的研究，可能在那时的解剖学上是最杰出的。洛多维科及恺撒·博尔贾二人，从整个意大利挑选他作为他们的工程师。拉斐尔、提香及米开朗基罗等人的绘画，无一幅可与《最后的晚餐》相提并论。在色彩方面，其细微差异的精妙，或是在描绘感情、思索、默想等方面的微妙，无人能与之匹敌。那时没有一尊石膏像能有他的《斯福尔扎》那样高的评价，没有一幅素描能凌驾于《圣母、圣子及圣安妮》之上，而且文艺复兴时期的哲学，没有比他的自然法更高超了。

他并非文艺复兴之人，因为他太温和、太内向、太文雅，不能刻画出一个在语言和行动上极为猛烈而强有力的时代。他并非一个完美的人，因为他不具有政治家和管理者的性格。虽然如此，他仍可以说是文艺复兴时期或者是整个人类历史上最完美的人。当我们注意到他的成就时，我们惊异于人类在这样早的时代便已有所创造，并因此恢复对人类成功的信念。

达·芬奇学派

他活在一群米兰年轻艺术家的心中，他们太钦佩他，以致无法自己创造。其中的四个人——波特雷费欧、沙莱诺、塞萨雷及奥焦诺——被刻在坐落于米兰斯卡拉的达·芬奇雕像底部的石头上。其他的人，如索拉里、费拉里、孔蒂、梅尔齐等，全部在达·芬奇的画室里工作过，因而知道如何模仿他优雅的线条，却无法达到他的精妙和深度。另两位画家承认是他的学生，虽然我们不能确定他们认识他本人。巴齐——借索多玛之名而认为自己继承了历史——可能曾与达·芬奇在米兰或罗马会面过。卢伊尼升华了感情，却以一种迷人的直率引来批评之声。他挑选圣母及圣子为其再三重复的主题，也许他很正确地在这个最古老的绘画题材中看到了生活是生生不息的，爱凌驾于死之上，以及除了在母亲时代才有的那种女性成熟之美。他比其他门生更能掌握达·芬奇那种纤柔温婉的达·芬奇式的微笑。在米兰的安布罗西安娜画廊的《圣家》便是达·芬奇的《圣母、圣子及圣安妮》的变异形式，而在萨龙诺（Saronno）的《斯帕萨里齐奥》（Sposalizio）一画里便是完全体现了柯勒乔的仁慈。他似乎与达·芬奇一样，对农村少女生了一位神的动人的故事从未怀疑。他以达·芬奇所无法感觉或描绘的那种单纯的虔敬，使线条及其颜色变得柔软。在卢浮宫，即便是不相信神话的怀疑论者，也会更喜爱卢尼尔的《睡着的耶稣》（Sleep of the Infant Jesus）和《东方博士的朝拜》，而不是达·芬奇的《圣约翰》。观赏者们仍然尊重那些可爱的、神秘的、鼓舞人心的传说，而且能从中获得更深刻的满足感。

因为这些风雅的消失，伟大的米兰时代也随之而去。曾使洛多维科的宫廷极为光辉的那些雕刻家、建筑家、画家、诗人，很少是本地人。当仁慈的君主衰落时，他们当中的许多人又另寻他处的牧草。在随之而来的混乱与奴役时期，没有杰出的天才兴起以取代他们。而一代之后，唯一留存之物便是城堡和大教堂——这是米兰在其光辉灿烂的 15 世纪的最后十年里引导盛况空前的意大利文艺复兴的象征。

第三章 | 托斯卡纳与安布利亚

弗朗切斯卡

现在让我们回头谈谈托斯卡纳。我们发现佛罗伦萨就像另一个巴黎一样，吸收了其属国（地）人才的创作精华。但是，除佛罗伦萨外，其他地方对我们仍具有相当的吸引力。卢卡于 1369 年自查理四世帝国获得许可成为自治的城邦，并且一直维持自治，直至拿破仑时代才改变。当地人民对他们 11 世纪建立的大教堂甚以为荣，时时整修以保持原状，并使它成为一个真正的艺术博物馆。在那里我们可以观赏唱诗班华丽的坐席（1452 年）及染色的玻璃（1485 年），奎尔恰在 1406 年所建造的宏大陵墓，巴托罗米奥最深奥的画——《圣母、圣斯蒂芬与施洗者圣约翰》（*Madonna with St. Stephen and St. John the Baptist*，1509 年）及卢卡之子玛泰奥·西维塔里许多美丽的作品。

皮斯托亚宁愿受佛罗伦萨人的统治而不愿享受自由，因为当地党争激烈、社会秩序混乱不堪，当地政府不得不诉请佛罗伦萨人接掌政权（1306 年）。此后，皮斯托亚的艺术和法律皆来自佛罗伦萨。如塞波医院（Ospedale del Ceppo）——其命名源自一种盛着慈善捐献的中空木墩，它是一条缀着赤褐色浮雕的布带，由乔万尼·罗比亚及其助手为"七件善事"捐献而设计（1514—1525 年）。这七件善事是受寒者有衣穿、饥饿者有饭吃、看护病患者、慰问坐监者、款待异乡人、安葬死者、慰藉遗族。宗教的精神在此发挥无遗。

　　比萨曾经非常富有，使其有能力用山上的大理石建造大教堂、洗礼堂和斜塔。这该归功于该城位居阿尔诺河口，地理位置甚佳。正因为如此，佛罗伦萨对之甚为垂涎，终于在 1405 年将它征服。可是比萨人从来不肯接受这种奴役，一再反抗。1431 年，佛罗伦萨人禁止比萨的男人持有武器，并以他们的妻儿为人质，以防反抗行为的出现。比萨人曾于 1495 年利用法国入侵的机会图谋独立。他们与佛罗伦萨的雇佣兵对抗了 14 年之久，在经过一次激烈而英勇的抵抗之后，终于屈服了。许多有钱人家宁愿选择流亡，也不愿臣服于佛罗伦萨，他们移民到法国或瑞士。其中有西斯蒙迪后裔的历史学家，在其 1883 年所著的《意大利共和国史》（*History of the Italian Republics*）中有感人的描述。佛罗伦萨为补偿其专制作风，对比萨大学给予财政上的补助，并派遣艺术家装饰大教堂与圣坎普公墓。即使拥有那些绘于亡者圣地（Holy Field of the Dead）上的贝诺佐·戈佐利著名的壁画，也无法弥补一个在地理位置上失去其重要性的城市的悲哀。阿尔诺河中的碎石逐渐积向海岸线，在 6 英里外的里窝那（Livorno，即莱格霍恩）形成一个新港口，使比萨失去其在商业位置上的重要性。

　　圣吉米拉诺之名来自圣吉米尼亚，他曾于 450 年拯救这个当时尚属初期村落的城市，以免受匈奴游牧民族阿提拉王的扫荡，此城到 14 世纪时已经发展成为一个相当繁荣的城市。城内的富豪之家却分立成敌对的党派，他们建立了 56 个城堡，使该城得到圣吉米拉诺的美名。由于内部的斗争愈演愈烈，1353 年该城接受佛罗伦萨的统治，自那时起生活似乎有了变化。吉兰达约的壁画使圣菲那大教堂成为有名的礼拜堂，贝诺佐·戈佐利以圣奥古斯丁在圣阿哥斯第诺教堂中的生活情景完成其美第奇礼拜堂骑兵的壁画，贝内代托为那些神庙雕出宏伟的圣坛。但是，由于贸易改经其他路线，产业萧条，缺乏刺激成长的因素，终使圣吉米拉诺城内狭窄的街道与逐渐分裂的堡垒变得寂静无声。1928 年，意大利将此城设立为国家古迹胜地，借以保存中世纪的生活方式。

阿雷佐位于佛罗伦萨以北 40 英里的阿尔诺河畔，是佛罗伦萨防卫与贸易的要冲。佛罗伦萨人早就对之虎视眈眈，而于 1384 年自安茹公爵手中买下此城。阿雷佐人永远不会忘掉这个耻辱。佛罗伦萨的统治虽然产生了彼特拉克、瓦萨里及彼得罗·阿雷蒂诺等大艺术家，却未真正地拥有他们，因为这些艺术家的创作精神仍然是中世纪的。卢卡又名阿雷蒂诺，离开阿雷佐到比萨，在圣坎普公墓画了生动的壁画，画中表现出 1390 年至 1392 年战争的恐怖气息，但画中基督、圣母及圣徒的像，给人一种强烈的虔诚感。如果我们相信瓦萨里的记载，他说卢卡将撒旦魔王的像画得那么恐怖，以致他时常梦见此魔正猛烈地申斥他，终于因惊恐过度而死。

伯戈城位居台伯河上游，在阿雷佐的东北方，看似小得无法产生一个高水平的艺术家。彼罗原先从母姓，被称为弗朗切斯卡，因其父早死，其母寄望于他，关爱、养育他，让他接受数学和艺术的教育。他虽然生于圣墓之城，首次崭露头角却是 1439 年在佛罗伦萨，正是费拉拉臣属于佛罗伦萨的那一年。根据推测，彼罗·弗朗切斯卡叮能看到了到该地协商希腊与罗马教会团结的拜占庭主教及王子们的华丽衣着。另外，我们也相信他曾在布兰卡奇礼拜堂研究过马萨乔的壁画，因为这是佛罗伦萨城内任何学习艺术的学生必采的途径。弗朗切斯卡的画中融入了马萨乔的画所具有的威严、力量与坚定的希望，表现出一种东方君主所具有的尊贵和庄严风格。

1442 年，36 岁的弗朗切斯卡回到伯戈，被选为市议员。3 年后他首次受命，为圣弗朗西斯科教堂画一幅《慈悲的圣母》（*Madonna della Misericordia*），这幅画现仍保存在库姆纳尔（Comunale）宫，画中由许多忧郁的天使、面色慈祥合十作祈祷状的半东方式的圣母、严厉的天使长加百列向圣母玛利亚告示她将怀孕、衣衫褴褛的耶稣钉在十字架上，及栩栩如生的悲伤的圣母玛利亚与使徒圣约翰画像等很巧妙地集合而成。这虽是弗朗切斯卡的早期作品，却表现得相当有力：没有美感，没有精致的装饰，也没有感人的悲剧故事，只表现出形体虽因生命的挣扎而消损，可是在他们静默的忍受、祈祷与宽恕中仍升华至崇高的境界。

弗朗切斯卡之名后来传遍意大利，很多人想请他画画。在费拉拉（约 1449 年），他曾替公爵宫邸画过壁画。罗吉尔·冯·维登当时是该宫廷的画家，弗朗切斯卡可能是由他那里学到将颜料加进油中的新绘画技巧。在里米尼他画了西吉斯蒙多·马拉泰斯塔暴君、谋杀者及艺术的守护神——以一个虔诚的祈祷者的态度，奉献两只庄严的狗以赎罪的画。1452 年至 1464 年，弗朗切斯卡在阿雷佐为圣弗朗西斯科教堂画了一系列的壁画，这是他艺术的巅峰时期。这些画叙述了耶稣的十字架的故事，而以十字架为科斯努二世（Khosru II）所获，后被希拉克略（Heraclius）皇帝重新发现并送回耶路撒冷为其高潮。此外，他更妥适地安置了一些插图，如亚当之死、示巴女王游访所罗门及君士坦丁在密尔维安（Milvian）桥大胜马克森蒂纽斯等。亚当临死前的枯瘦憔悴状、夏娃苍白的面孔及枯瘦的身躯、他们强壮活泼的子女、示巴女王侍从的威严风度、所罗门深奥而富启示性的面孔，在《君士坦丁之梦》（*The Dream of Constantine*）中慑人心弦的光辉，在《希拉克略之胜利》（*The Victory of Heraclius*）中混乱的人马等，都是文艺复兴时期给人印象最深的壁画。

在弗朗切斯卡的这些精心杰作中，可能还包括他在佩鲁贾所画的一幅祭坛画和在梵蒂冈所画的一些壁画——这些画后来被刷白，以腾出更大的空间让拉斐尔完成他的名画。1469 年在乌尔比诺，他又完成一幅最有名的画——动人的费德里科公爵的侧面像。费德里科在一场比武中鼻子受伤，右颊留下一道疤痕。弗朗切斯卡画的是他的左面像。费德里科公爵像虽较完整，但仍凹凸不平地散布着几颗痣。他的鹰钩鼻，表现出勇敢与现实；坚定的双唇、微闭的双眼及严肃的面孔，显示出他是一位管理者，是一个能克制情感，不重视财富与权势的人。画中表现出那么多的特征，然而我们所想念的是费德里科高尚的嗜好，这种嗜好促使他组织了宫廷乐队，搜集古典名著的原稿成立他著名的图书馆。在沃夫兹的双连画中与费德里科公爵侧面像配对的是他的妻子巴蒂斯塔的侧面像。她的脸孔很像是荷兰人，脸色苍白。画面上的背景是田野、小山、晴空和城墙。在这两帧侧面像的正面，弗朗切斯卡画了两辆双轮轻便马车，一辆拉着费德里科，另一辆则载着他的妻子巴蒂斯塔，他们表情严肃、仪态高雅。

约 1480 年，他已 64 岁，患上了眼疾。瓦萨里认为他可能会变瞎，可他仍然画得很好。在他的晚年，他写了一本《透视法入门》（*Manual of Perspective*）及一篇《绘画中的几何学原理》（*De Quinque Corporibus Regolaribus*）的论文，分析绘画中的几何关系与比例。他的学生巴齐奥里在他所著的《论比例的神圣》中，即采用弗朗切斯卡的观念。也许是经过巴奇奥里的介绍，弗朗切斯卡的数学观念才影响了达·芬奇对艺术几何的研究。

世人曾经遗忘了弗朗切斯卡的著述，却重新发现他的画。当我们知道早在达·芬奇尚未成名之前他已完成所有的作品后，我们应将他列为 15 世纪意大利画家的领导人物。他的人像画中的人物看起来粗犷，他们的面孔粗暴，并有许多带着几分佛兰德斯人的气概。但他们那份静默的尊贵、庄严的风采、堂皇的风度及动作上所显示的感人意义，使他们显得非常高贵。和谐的画面设计使弗朗切斯卡的画变得非常完美，尤其在他那蔑视理想与情感的手笔下所表现的坚定信心，代表着他对眼睛所见和心中所想的表达。

由于弗朗切斯卡所住的地方离文艺复兴发源地太远，他的艺术无法达到最完美的境界，也未能充分发挥其影响力。虽然如此，他的学生中出了一位西尼奥雷利，他影响巴奇奥里形成他的风格。邀请弗朗切斯卡到乌尔比诺的是拉斐尔的父亲，虽然这是拉斐尔出生前 14 年的事，但这位幸运的青年一定看到并研究了那些弗朗切斯卡留在当地及佩鲁贾的作品。梅罗佐·达·弗利（Melozzo da Forli）从弗朗切斯卡那里学到画面设计的气魄与优雅。看到梵蒂冈里梅罗佐的乐师天使画，就会令人想起弗朗切斯卡的最后一幅画——保存在伦敦国家画廊的《耶稣诞生》，正好像看到弗朗切斯卡的天使合唱团画，就会令人想起卢卡·罗比亚的《耶稣复活》。人们往往将他们的遗产传给他们的继承人，而这种传统正是文明形成的主要方式。

西尼奥雷利

当彼罗·弗朗切斯卡在阿雷佐创造他的杰作时，历史学家始祖瓦萨里邀请了一位学艺术的年轻学生住在他家并随弗朗切斯卡习画。1441 年，西尼奥雷利出生于阿雷佐东南 14 英里外的科托纳。弗朗切斯卡到此地时西尼奥雷利才 11 岁，而当弗朗切斯卡的作品完成时，他已经 24 岁了。在这期间，西尼奥雷利对这位画家的艺术满怀着学习的热情，他从弗朗切斯卡那里学到以绝对的真诚画裸体画，并将此传给米开朗基罗。无论在画室、医院、绞刑架或墓地，他都尽量设法看裸露的人体。他所要求的不是美而是力，他似乎除此之外别无所好，他画其他的画都很不情愿，并总要加上一些裸体像。像米开朗基罗一样（如果我们大胆地说），他也不善于画女性的裸体。至于男性的裸体，他与达·芬奇和索多玛一样，不喜欢画年轻漂亮的，而较爱画那些肌肉结实、具有男子气概的中年男子。

西尼奥雷利怀着这份热情来往于意大利中部的城市，留下许多裸体画。在阿雷佐的伯戈完成了一些早期的作品后，他来到佛罗伦萨（约 1475 年），画了《潘神的学校》（*The School of Pan*）献给洛伦佐，这是一幅画着一群裸体的异教神像的油画。另外一幅现收藏在沃夫兹的《圣母与圣婴》，可能也是他画的。画中的圣母虽胖但相当漂亮，其背景大多以裸体男子组成。米开朗基罗曾由此画中获得灵感。

这位世俗的异教徒虔诚地作画。他那幅收藏在沃夫兹的《圣母与圣婴》是文艺复兴艺术中最好的画像之一。在教皇西克斯图斯四世的吩咐下，他于约 1479 年到洛雷托画了许多有关传道者和圣徒的壁画，作为圣玛利亚圣堂的装饰。3 年后，他在罗马为西斯廷礼拜堂画摩西的一生。1484 年访问佩鲁贾时，他也曾在教堂中画了一些小型壁画。此后，他定居于科托纳，在那里作画，再送到其他地方。大部分是送至锡耶纳、奥维托和罗马等地。在靠近锡耶纳的奇苏里（Chiusuri），他以圣本笃的生活为题材，为奥利弗托（Monte Oliveto）修道院画了一幅画。在锡耶纳的圣安哥斯提诺教堂中他完成了一幅祭坛画。此画也属他的最佳杰作，现在只留下两翼。另外，他也为锡耶纳的独裁者潘多尔福·彼得鲁奇的宫廷，以古典的历史传说为题材作了一幅画，然后他转到奥维托，在那里创造他最高峰的成就。

那里的教堂议会曾邀请佩鲁吉诺为圣布里奇奥（San Brizio）礼拜堂装饰，结果没成，后来虽曾考虑请平图里基奥，也没结果。直到 1499 年才请到西尼奥雷利担任这个一个世纪以前弗拉·安杰利科所未完成的工作。在这个大教堂中，那令人喜爱的祭坛，其上方横悬着一幅很旧的《圣布里奇奥和圣母》（*Madonna di San Brizio*），人们相信她可以减轻分娩的痛苦，使情侣与夫妇彼此忠诚相待，避患疟疾及停息风暴等。天花板上的壁画中，有一幅是安杰利科所画的《最后的审判》，充分表现出中世纪人的希望与恐惧。西尼奥雷利也以同一主题画了《反基督者》（*Antichrist*）、《世界末日》（*The End of the World*）、《乐园》（*Paradise*）、《死人复活》（*The Resurrection of the Dead*）及《被诅咒者堕入地狱》（*The Descent of the Damned Into Hell*）等。不过这些旧的主题对于他而言，只是一个用来表现各种不同姿态的裸露人体与人类的种种欢乐与痛苦的骨架而已。文艺复兴时期的艺术，直到米开朗基罗的《最后的审判》出现以后，才再有人对人类肉体做如此大胆的表现。不管是美丽或残废的躯体、冷酷或神圣的面孔、恶魔的狞笑、罪犯被火焚而挣扎及遭棒击牙齿、大腿的痛苦状等，在西尼奥雷利的画里都可以看见。到底他是喜欢这些情景，还是奉命而画的？

无论如何，他是以一种冷眼旁观的态度画出他的感受。

西尼奥雷利以 3 年的时间完成这些壁画之后，便返回科托纳，为圣玛格丽特教堂画一幅《基督之死》（Dead Christ）。就在这时发生了一件不幸的事，他的爱子不幸死亡，当尸体交给他时，瓦萨里说："他以奇特的刚毅精神脱下其子的衣着，没有落下一滴眼泪，然后画下尸体，希望从这件作品，经常看到自然所赋予他的及残酷的命运所带走的——他的爱子。"

1508 年，又发生了一件不幸的事。教皇尤利乌斯二世委托他和佩鲁吉诺、平图里基奥及索多玛去梵蒂冈装饰他的卧室。他们的工作正进行时，拉斐尔来了，教皇看了他的早期壁画后，对拉斐尔非常赏识，便将所有的房间都交给他，并解雇其他艺术家。当时西尼奥雷利已经 67 岁了，或许双手已失当年的技巧与坚稳。但 11 年后，他仍成功地完成一幅祭坛画，并博得喝彩。此画是受阿雷佐的圣吉罗拉莫团体（Company of San Girolamo）之托所作的。此画完成后，该团体之诸兄弟即前往科尔托纳，并扛着这幅《圣母与圣徒》（Madonna and Saints）一路来到阿雷佐。西尼奥雷利跟瓦萨里一起来，又寄宿其家中。瓦萨里的 8 岁小孩乔吉奥·瓦萨里受到他的鼓励，开始研究艺术。西尼奥雷利曾经是一位热情而激烈的青年，而现在已是年近 80 的慈祥老绅士，住在故乡，过着中层人的生活，受全镇人民的崇敬。他 83 岁时，最后一次被选为科尔托纳市议会的代表，同年（1524 年）去世。

一些最优秀的学者认为西尼奥雷利的功劳高于他的名声，他是一位灵巧的图案工。他对人体的骨骼、姿势、透视法、构图研究及人体画上的成就是惊人的。他的画，除了在画圣母玛利亚及在洛雷托画音乐天使时偶尔带有柔和感外，都是以解剖的态度描画人体，他所画的人体，不含肉欲之念，没有艳丽的装饰和华丽的色彩，也没有所谓神秘的美。他不知道人体是个人用以表现其微妙复杂的心灵与性格的工具，也不了解艺术工作的最高境界在于透过肉体的外表而揭示灵魂深处。米开朗基罗曾以西尼奥雷利这种崇拜人体构造及不含任何目的的作画态度,在西斯廷礼拜堂中创作了《最后的审判》中强烈的人物形象。不过在同一礼拜堂内天花板上的画及他的雕刻作品,他都以人体作为灵魂之声来表现。西尼奥雷利的画使中古时期的艺术从恐怖与柔和的特色进入一种缺乏灵性的巴罗克式的夸张作风。

锡耶纳城与索多玛

14世纪,锡耶纳无论在商业上、政治上与艺术上,几乎都与佛罗伦萨并驾齐驱。至15世纪该城发生了激烈的党争,其严重之程度,较欧洲任何城市有过之而无不及。五个党派——锡耶纳人称之为monti,意为"山丘"——都曾先后统治该城,每一党先后被革命推翻,被推翻之后,其较具影响力的党员,有时甚至达数千人之多,即被放逐。

由其中两党所作的毁灭对方的誓言中(1494年),我们可以想见他们都处在敌对的痛苦中。一位受惊的目击者这样描述他们:一个寂静的夜晚,在宽阔而暗淡的教堂中,他们严肃地汇集在各走廊下——

> 谈论着那长达八页之多的和平条件,并附带一个可怕的宣誓,充满谴责、诅咒、破门律、念咒召唤恶魔、财物充公及许多其他听起来骇人的灾祸,那些违背誓言的人即使是死前的圣礼也不能拯救他,只有加深他的诅咒。我……相信这是我从未听过的最可怕的诅咒。随后,书记记下所有向祭坛左右两边耶稣受难像宣誓的党徒名字,当每一位宣誓者轻吻耶稣受难像宣誓时,教堂钟声响起,同时唱诗班随着管风琴的伴奏歌颂着"我们赞美上帝"。

最后,从这一场骚动、混战中脱颖而出的是彼得鲁奇家族。1497

年，潘多尔福·彼得鲁奇自立为主，号称执致者，并计划重整锡耶纳秩序，使之安宁，并实行专制政治。佛罗伦萨也是在美第奇专制统治下而繁荣的。潘多尔福是个智者，每次危机过后都能稳住地位，甚至逃离恺撒·博尔贾的报复。他对艺术家甚为优遇，但由于他常使用秘密暗杀的手段以巩固政权，在他去世时（1512 年），大家均欢呼庆贺。1525 年，这无可挽救的混乱城市付 1.5 万杜卡特给查理五世皇帝，请求其保护。

在这段和平时期，锡耶纳艺术有了长足的进展。巴里尔（Antonio Barile）中古传统的奇异木雕，洛伦佐（Lorenzo di Mariano）为方提吉斯塔（Fontegiusta）教堂建造的富有古典美的高大祭坛。奎尔恰之名取自锡耶纳的一个乡村，其早期的雕刻得到奥兰多的经济协助，此人匿称其名为"恶颜"（Evil Faces）。当奥兰多因朝代转换、失势被放逐之后，奎尔恰离开锡耶纳到卢卡（1390 年），在那里，他为卡拉托（Ilaria del Carretto）设计墓碑的图样。后来在佛罗伦萨与多纳泰洛和布鲁尼里斯哥竞争失败后，他来到博洛尼亚，为圣彼特尼奥正门上方及两侧雕刻大理石雕像。70 年后，米开朗基罗看到这些作品，对这些充满活力的裸体像与雄起起的男性人像甚为仰慕，深得启示与激励。奎尔恰返回锡耶纳后，10 年之内，他大部分的时间都用于创作其主要作品《快乐活泉》（*The Fonte Gaia*）。在底部的大理石上，他刻了圣母的浮雕，作为该城的最高主宰，并在圣母的四周刻上了"七种基本的德行"，恰当地加刻《旧约》，并适度地利用空间雕上儿童与动物——整体充满了力的感觉与效果，这是米开朗基罗雕刻作风的前兆。锡耶纳人感谢他的功劳，称其为伊库甫，赏予 2200 克朗。他于 64 岁逝世。他一生致力于艺术，死后人民哀悼他。

这座神气的城市在 14 世纪和 15 世纪先后聘请了百位来自各地的艺术家，将其大教堂装饰成为意大利的建筑之宝。1413 至 1423 年，英塔西亚（Intarsia）派之主科罗——教堂工作的监督，他和玛泰奥·乔万尼、多米尼克·比加弗米（Domenico Beccafumi）、平图里基奥及许多人以大理石雕绘《圣经》中的故事，嵌入大殿堂的底板，成为世界上最奇特的教堂走道。费代里吉为大教堂雕塑两对美丽的洗礼盘，而韦基耶塔（Lorenzo Vecchietta）也以青铜铸制一个闪耀的圣柜。萨诺在坎坡广场建立商品长廊，韦基耶塔和费代里吉在其台柱上雕以协调的雕像。14世纪，有12座著名的宫殿，如萨利贝尼（Salimbeni）、布西加诺里（Buonsignori）、萨拉西尼（Saracini）、格罗塔内里（Grottanelli）等，及约1470年伯纳多·罗塞利诺设计的佛罗伦萨式的皮科洛米尼（Piccolomini）家族的公馆。布雷诺（Andrea Bregno）为皮科洛米尼设计大教堂的祭坛（1481年）。皮科洛米尼于1495年建造一座图书馆，以收藏其叔父庇护二世遗赠给他的书籍，作为中央教堂的一部分，洛伦佐则为该图书馆设计了一个意大利最美的正门。平图里基奥与其助手（1503—1508年）在墙上和栋梁上，描绘著名学者教皇生活趣事的图案。

锡耶纳在15世纪拥有许多优秀画家。巴托里、多米尼克、洛伦佐、斯蒂法诺、萨尼、玛泰奥·乔万尼、弗朗西斯科，他们继续强化了锡耶纳艺术的宗教传统，画虔诚的题材与忧虑的圣徒，决心使中世纪永远延续下去。斯蒂法诺因为突然闪过脑际的一个念头而恢复其名气。他以简单的线条和颜色画出"三贤人"与随员安详地越过山脉向基督出生的小屋行进，并将圣母生产图，以三幅优雅的画描绘而成。

直到15世纪末，锡耶纳才产生一位艺术家，其大名——美名与恶名，响遍意大利。其真名为巴齐，但他同时代的某些人都改称其为索多玛，因为他是一个非常坦率的娈童者。他以高度的幽默感接受了别人不会接受的绰号。他出生于韦尔切利（1477年），后来搬到米兰，可能跟达·芬奇学过画。在其布雷拉的《圣母玛利亚》画中，他加入了达·芬奇式的微笑，模仿他的《丽达》（Leda）惟妙惟肖，因此有好几个世纪其仿画一直被误为系出名师的真笔。在洛多维科衰微之后，他迁居锡耶纳，发展自己的绘画风格，他以人类的形体创作各种基督教主题的画，但带有异教色彩。也许巴齐就在第一次迁居锡耶纳时，完成了那幅有力的《圆柱旁的耶稣》（*Christ at the Column*）——关于基督虽受鞭挞，但躯体丝毫未伤的故事。他为奥利弗修道院的修士们画了一集关于圣本笃故事的壁画，有些是粗制滥造的，有些则美得迷人，甚至使该男修道院院长坚持"画中的裸体像应该加画衣裳，以维持修道院内心灵的平静"，否则不付酬劳。

1507 年，银行家基吉（Agostino Chigi）访问其出生地锡耶纳，对索多玛的作品极为欣赏，便邀请索多玛去罗马。教皇尤利乌斯二世将尼古拉五世在梵蒂冈的宅寓的一室，安排给索多玛装饰，但索多玛空负盛名，浪费了很多时间，因而老教皇遭其离职，代之以拉斐尔。而索多玛在那时虚心研究这位年轻名家的风格，并吸收了他圆熟的涂饰与精巧文雅的手法。基吉为了帮助索多玛，聘请他在其别墅画亚历山大和罗萨拉（Roxana）的生平逸事。不久，利奥十世继位，索多玛又重得教皇之宠。他为教皇绘卢克莱修自刺而死的裸体画，利奥重赏他，并赐以基督的骑士勋位。

载誉回到锡耶纳，索多玛接受许多牧师与俗人请他绘画的委托。他是一个怀疑论者，但所画的圣母画像几乎可与拉斐尔的媲美。圣塞巴斯蒂安殉教的主题，是他最偏爱的，而他在比蒂宫所画的圣塞巴斯蒂安像从未被超越。在锡耶纳的圣多米尼克教堂，他将圣凯瑟琳衰弱的表情画得那样逼真，因而巴尔塔萨·佩鲁兹（Baldassare Peruzzi）曾宣称在这方面其画是举世无双的。索多玛仍然从事这些宗教题材的绘画工作，他的生活却令所有的锡耶纳人感到讶异，瓦萨里说他是"野兽的追求者"：

> 他的生活放荡而可鄙，因为他热爱那些经常围绕在其身边的青年幼子，而得到索多玛的别号。他不引以为耻，反而引以为荣，还为这个"美名"写诗，弹着维忽拉唱给他们听。他喜欢让各种奇异的鸟兽充满屋中：獾、松鼠、猿、豹、矮驴、巴巴利（北非沿海地区）种马、厄尔巴岛幼马、穴鸟（鸟类）、矮鸡、斑

鸠及类似的动物……此外，尚有一种受其训练会说话的大乌鸦，会模仿其声，特别是在应门时，使人误以为是其主人的声音。其余的动物都很温顺，经常以它们各种奇特的性情欢跃于他身旁，因此其居屋可称为真正的"诺亚方舟"，好似动物的救难所。

他同一位家世良好的女子结婚，但其妻在为他生了一子之后即离世了。等到在锡耶纳不受人欢迎、积蓄也用光之后，他便前往安托尼奥、比萨、卢卡，寻找新的资助人。当这些资助枯竭之后，他再度返回锡耶纳，与其动物共度 7 年的贫苦生活后与世长辞，享年 72 岁。在没有旁人深入的指引下，他已达成所有具有艺术天才者所能达到的境界了。

接替索多玛在锡耶纳地位的是多米尼克·比加弗米，当佩鲁吉诺于 1508 年抵达该地时，比加弗米即学他的风格。佩鲁吉诺离开后，比加弗米到罗马探寻更深的指导，使自己熟悉古典艺术的遗风，探讨拉斐尔与米开朗基罗两人成功的秘诀。然后又回到锡耶纳，先是模仿索多玛的画，很快便与他媲美。贵族院邀请他绘饰宗教法庭（Sala del Consistorio），他费了 6 年的时间（1529—1535 年），努力在墙上画上罗马历史，绘画的技巧虽然高超，但毫无精神。

锡耶纳的文艺复兴随比加弗米之死而结束了。斐路契虽为锡耶纳人，但去了罗马。于是锡耶纳的艺术又重新为宗教服务，当地也很适应反宗教改革。一直到今天，锡耶纳仍保有很浓的传统气氛，以简单的虔敬吸引好奇的灵魂。每年都举行的多彩多姿的赛跑（Palio，自 1659 年开始），和那些不为现代所感染的宝贵传统一起，一直存留迄今。

安布利亚与巴格廖尼

假如我们在地图上画一个范围，使托斯卡纳居东部，则拉丁姆平原（Latium）位于南部，马尔凯斯在北部，东部隆起的是多山的安布利亚（Ambria）。特尔尼、斯波莱托、阿西西、弗里诺、佩鲁贾、库比是安布利亚区的几个城市。首先，我们先讨论靠近马尔凯斯边界的法布里奥，真蒂莱·法布里亚诺（Gentile da Fabriano）是安布利亚学派的先驱。

真蒂莱是一个不太有名气但很重要的人物，他曾在库比、佩鲁贾、马尔凯斯及其他地方绘过中古世纪的画。多少受点早期锡耶纳画家的影响，逐渐发展成熟到显赫的阶段，因而潘多尔福·马拉泰斯塔（Pandolfo Malatesta）赞其画有惊人的传统，付他 1.4 万杜卡特，请他为布雷西亚的布罗里托礼拜堂画壁画（1410 年）。约 10 年后，威尼斯的元老院委托他在元老院的会议厅画一幅战争情景的画。真蒂莱·贝利尼（Gentile Bellini）当时可能是他的一个学生。接着，他到佛罗伦萨，为圣特里尼塔教堂画一幅《东方博士的朝拜》。即使骄傲的佛罗伦萨人也赞其为杰作。此画现在仍保存在沃夫兹。画的内容是一队鲜明而生动的国王与侍从、雄壮的马、蹲坐的猴子、机警的犬、可爱的圣母玛利亚，而所有的焦点都集中在一个迷人的婴儿身上，他那一只好奇的手正摸着跪在身旁忠诚者的头。画中愉悦的色彩与流动的线条令人激赏，但对透视画法的无知，则是一大缺点。教皇马丁五世召请真蒂莱到罗马，他在罗马的圣乔万尼大教堂画了一些壁画。这些画后来遗失了，但我们可从罗吉尔·冯·维登对它的赞美推知这些画的优异。维登在欣赏过那些画后，赞称真蒂莱是意大利最伟大的画家。他在圣玛利亚教堂画的一些壁画后来也遗失了，其中之一，使米开朗基罗对瓦萨里称赞说："他有一双实至名归的妙手。"1427 年，真蒂莱死于罗马，正是他声誉达到最高的时候。

他的成就证明了安布利亚的确产生了许多艺术天才，并有自己的风格。总体而言，安布利亚的画家是从锡耶纳起家的，并继续保持着宗教气氛，未曾中断。从乔托至佩鲁吉诺，乃至早期的拉斐尔作品，都有这种特色。阿西西是安布利亚艺术的精神泉源。圣方济各教堂与圣方济各的传奇传遍邻近各省，为人信仰，并支配着当地的绘画和建筑艺术，阻止了那些正侵袭意大利各地的异教或世俗绘画主题的入侵。安布利亚的画家很少被人请去画肖像，不过有些人家往往倾其终生积蓄，请一位艺术家（通常都是当地的画家）为他们喜爱的礼拜堂画一幅《圣母像》或《圣家》。因此几乎每一个教堂都可以毫无困难地募足资金完成这种充满着希望的虔诚与教堂光荣的工作。这种风气使得库比得以拥有他们自己的画像。内利和弗里诺出了尼古洛，而佩鲁贾也自夸拥有邦菲利（Bonfigli）、佩鲁吉诺及平图里基奥等人。

佩鲁贾是安布利亚区各城镇中最古老、最大、最富有而且最混乱的一城。它在海拔 1600 英尺的高坡上，俯视着四周的乡镇。伊特拉斯坎人（Etruscans）在罗马建国之前在此建成一个城市。很久以前罗马教皇就声称要使之成为教皇的属地，可是佩鲁贾在 1375 年宣布独立，独立之后，陷于党争达一个世纪之久，其激烈程度仅次于锡耶纳。两个富有的家族争夺该城的商业、政治、圣俸及 4 万人口。奥迪（Oddi）与巴格廖尼两党相互残杀，有时秘密暗杀，有时在街道上公然行凶，他们的血染污了城堡下的平原。巴格廖尼党以其英俊的面孔、身材、勇气、凶猛而闻名。在敬神的安布利亚人心中，他们侮蔑教堂，给自己取异教徒之名——埃尔科莱、特洛尔罗、阿斯卡尼奥、阿尼巴尔、阿塔兰特、皮尼洛普、拉维尼亚、西诺比亚。1445年，巴格廖尼党击败奥迪党，掌握了佩鲁贾城，随后巴格廖尼即统治该城，虽然表面上属于教皇的采邑，但行其专制统治。佩鲁贾的历史学家马塔拉佐（Francesco Matarazzo）这样描述巴格廖尼政府：

> 自奥迪被驱逐之后，我们的城市由不好变得更坏。所有的青年都逐商业而趋之。他们的生活都毫无规律，每日放纵恣肆，城内已失去真理和公正了。有权势的人狐假虎威、滥用权力、鱼肉良民。教皇虽然派了许多使节，企图整顿社会秩序，但无一不是怀着恐惧被杀的心情回去的，因为巴格廖尼威胁要把他们砍成碎

片，然后扔进他们宫廷的窗户里，因此，除了他们的朋友外，没有一位红衣主教使节敢到巴格廖尼城。此城变得更加悲惨，越是无法无天的，越受褒奖。那些杀死二三人的，可以身佩长剑、自由出入宫廷、找任何官员谈话。每个有财产的人都被那些得贵族之宠的暴徒欺凌压制，没有一个公民可以安全地保有私人财产，贵族们到处抢夺别人的财物，强占别人的土地，所有政府公职均被出卖，课税繁重，陋规又多，令人痛心。

一位红衣主教曾问教皇亚历山大六世："对这些不怕上帝的恶魔该怎么办？"

巴格廖尼党驱逐奥迪党之后，自身又分裂成好几派。丈夫被暗杀而成寡妇的阿塔兰特·巴格廖尼（Atalanta Baglioni），以其子格里弗尼托（Grifonetto）长得英俊为安慰——马塔拉佐形容其子很像希腊神话中被宙斯带去为众神司酒的美少年加尼米德——直至其子娶了一位甚为相配的美丽妻子西诺比亚（Zenobia Sforza）后，才重展笑颜。但这时巴格廖尼的一小党派图谋倾覆掌权的派系——阿斯托尔、圭多、西莫尼托及姜巴洛派，因重视格里弗尼托的勇气，谋叛者即欺骗格里弗尼托，使他相信姜巴洛曾勾引其妻，诱他参加他们的谋反计划。于1500年的一个夜晚，巴格廖尼党所有掌权的家族们，聚集在佩鲁贾城，参加阿斯托尔与拉维尼娅（Lavinia）的婚礼，谋叛之徒趁其熟睡之际，攻进他们的房内，砍杀殆尽。只有姜巴洛幸免，他爬上屋脊，与几个受惊的大学生藏匿了一夜，然后着学士袍，化装成大学生，于黎明时分逃出城门。阿塔兰特听到其子参与这件谋杀案时，非常震惊，诅咒他并将他赶出家门。谋反未遂，这些叛徒各自逃亡，留下格里弗尼托无家可归，在城里游荡。造反的第二天早上，姜巴洛带着护卫队，进入佩鲁贾城，在一个广场上碰见格里弗尼托，他愿意宽恕格里弗尼托，但士兵们已将他杀伤。当阿塔兰特与西诺比亚从藏匿之处赶来时，发现他已倒卧街上，濒临死亡。阿塔兰特跪在尸体旁收回诅咒，为他祈祷，请他饶恕杀死他的人。然后，据马塔拉佐说："这位尊贵的青年伸出右手，压在其母白净的手上，咽下最后一口气。"佩鲁吉诺与拉斐尔当时在佩鲁贾作画。

姜巴洛因怀疑有共谋犯，便在街道和教堂屠杀了100人，将他们的首级悬挂在库姆纳尔宫，并附上他们的画像，这就是佩鲁贾的艺术家们的重要工作。此后姜巴洛统治此城，其间再未发生不稳的情形，直到1506年，他将此城献给尤利乌斯二世，同意以教皇的教区牧师名誉统治该城，可惜他只知暗杀而不懂治理之法。1520年，利奥十世厌恶其罪行，诱骗他到罗马，在圣安杰洛城堡将其斩首，这种诱杀的方式也是文艺复兴时期的外交手腕之一。其他的巴格廖尼党仍赖武力暂时维持政权，但在马拉泰斯塔·巴格廖尼（Malatesta Baglioni）杀死一位教皇的使节后，教皇保罗三世即派军占领此城，作为教会的属地（1534年）。

佩鲁吉诺

在这种混乱、钩心斗角、紧张刺激的政治情况下，文学与艺术惊人地兴盛起来，因不安而激起的热情气质，包括崇拜圣母、轻蔑主教、谋杀近亲，使人感到有一股创作的热流，愿意挺身为艺术奋斗。马塔拉佐的《佩鲁贾的无政府主义》（*Cronaca della Città di Perugia*）——描述巴格廖尼党最兴盛时期的情形，是文艺复兴时期最生动的文艺作品之一。早在巴格廖尼取得政权之前，佩鲁贾商业发达，已累积足够的财产以建造宽大的哥特式的库姆纳尔宫及毗邻其旁的贸易大楼，并以意大利最好的艺术装饰其内。大楼内有一个法官的宝座和货币交换柜台，它们雕刻得太精致，没有人敢讥讽佩鲁贾的商人没有审美力。圣多米尼克教堂拥有十分优美的唱诗班坐席与一座由乔托设计的玫瑰经礼拜堂。乔托在雕刻与建筑设计之间踌躇着，通常他两样都做，例如他在"圣乐"或圣伯纳德诺祈祷礼拜堂（1461年）

的作品，其正面几乎全覆以雕像、浮雕、蔓藤花纹和其他的装饰。没有装饰的表面，总会激起意大利画家的创作欲。

至少有 15 位画家忙于应付在佩鲁贾的挑战。佩鲁贾的年轻一辈中，贝内代托·邦菲利是一位领导人物。很显然，通过融合多米尼克·韦内齐亚诺或弗朗切斯卡的风格，及研究贝诺佐·戈佐利在蒙特法科（Montefalco）所作的壁画之后，贝内代托学到了一些马索里诺、马萨乔、乌切洛及其他人在佛罗伦萨发展的新技巧。当他为库姆纳尔宫作壁画时，虽然画中人物都是旧面孔，而且穿着难看的衣服，但它所展示的透视法对于安布利亚的画家而言，是一项新技术。有一位年轻的对手——费奥伦佐（Fiorenzo di Lorenzo）在色彩运用方面和贝内代托一样暗淡无光，但他以细微的感情和不寻常的优雅，凌驾于贝内代托之上。

贝蒂（Bernardino Betti），又称平图里基奥，随费奥伦佐学习调和画法（一种以水与蛋黄调和颜料的画法）与壁画，但他从不采用自佛罗伦萨传入佩鲁贾的油画技巧。1481 年，正值 27 岁，他陪同佩鲁吉诺去罗马，在西斯廷礼拜堂留下一幅毫无生气的《基督受洗》，不过后来又改进了。当英诺森八世命其为布尔瓦德尔宫的凉廊作画时，他开创一条新路，画热那亚、米兰、佛罗伦萨、威尼斯、那不勒斯及罗马各地的风景。这些画虽不完美，却有一股赏心悦目的气息，颇为亚历山大六世所喜爱。和蔼的博尔贾希望装饰其在梵蒂冈的居室，委托平图里基奥及一些助手为居室的墙壁和天花板作壁画，画的内容包括预言家、女巫、音乐家、科学家、天使、圣母画像和一位夫人，这些作品同样令教皇满意。因此，当教皇在圣安杰洛城堡设计一幢宅寓时，便请这位画家为其绘一些关于教皇与查理八世相争（1495 年）的故事。这时佩鲁贾已闻悉平图里基奥的声名，于是请他回乡，圣玛利亚教堂请求他作一幅祭坛画。他画的是《圣母、圣婴与圣约翰》，大家都感到满意。就我们所知，在锡耶纳他为皮科洛米尼图书馆画了一幅关于庇护二世生活与逸闻的画，极其生动，使该馆光彩倍增。虽然有许多技术上的错误，但这幅描绘生动的故事使该室成为文艺复兴艺术最悦人的遗迹之一。平图里基奥用 5 年完成这项工作，然后动身前往罗马，对拉斐尔的成功感到惭愧。其后即自绘画界隐退，也许是因为生病，也许是佩鲁吉诺与拉斐尔的名气显盛于他，不得而知。根据一篇不可确信的记载，他是在锡耶纳饥困而死的，时年 59 岁（1513 年）。

佩鲁吉诺之所以获得这个姓，是因为他以佩鲁贾为家，佩鲁贾人也以其家族之姓万努奇称呼之。他本出生于皮耶韦城（Città della Pieve）附近（1446 年），9 岁时被送至佩鲁贾，成为一位不知名画家的学徒。由于他的老师根据瓦萨里将佛罗伦萨的画家列为意大利最好的画家，而劝他去佛罗伦萨习画。佩鲁吉诺至该地后，谨慎模仿马萨乔的壁画，并成为韦罗基奥的学徒和助手。达·芬奇在约 1468 年加入韦罗基奥的画室，很可能佩鲁吉诺当时见过他。佩鲁吉诺比他大 6 岁，但佩鲁吉诺还是认真地向他学习收笔、优雅、透视、着色及油画的技术。佩鲁吉诺的这些绘画技巧都出现在其《圣塞巴斯蒂安》中，背景衬以美丽的建筑及宁静的风景。佩鲁吉诺离开韦罗基奥后，回到温柔端庄的玛利亚式的安布利亚风格。佛罗伦萨式较严酷而传统的画，被他软化、融入巴托罗米奥及安德烈亚·萨尔托热情的理想主义中。

1481 年，佩鲁吉诺 35 岁，其时他已声名卓著，被西克斯图斯四世请到罗马。他在西斯廷礼拜堂画了许多壁画。其中，只有一幅题名为《基督给彼得天国之匙》（*Christ Giving the Keys to Peter*）的画幸存至今。虽然这幅匀称的作品过于因袭传统，然而此画中，观其苍天，带着稀薄之层次的光芒，而成为此画的一个十分显明的部分。过去在邦菲利陈俗古旧的雕像，在这里显得充满活力。这些画中的面孔，有些塑造得很能表现各个代表的个性，如耶稣、彼得、西尼奥雷利。虽然佩鲁吉诺的画都是有关基督教的，但肥胖而好色的他根本不是基督徒。

　　1486 年，佩鲁吉诺又到佛罗伦萨，由该城的档案记载可知，他当时曾因暴行罪而遭逮捕。他与一位朋友乔扮伪装，拿着棍棒，在12 月的一个黑夜，埋伏在隐暗之处伏击一些仇敌，事后其友逃之夭夭，而佩鲁吉诺则被课以 10 弗罗林的罚金。在罗马发生另一件事故之后，他到佛罗伦萨成立一个工作室（1492 年），雇用助手替人作画，但对于那些来自远近四方的顾客，他总是不能谨慎地完成受托之画。他为吉苏提同胞作的《圣母抱耶稣尸体哀怜像》（*Pietà*），他和他的助手曾复制了 100 多种不同姿态的悲伤的圣母，沉思的抹大拉的玛利亚像，以应有钱机构及私人之需。其《圣母与圣徒》流传至维也纳、克雷莫纳、法诺等地，《荣耀的圣母图》（*Madonna in Glory*）则在佩鲁贾、梵蒂冈、沃夫兹等地都有人收藏。他的竞争者批评他已将画室变成制造工厂，他们认为他那么富有，肥胖是必然的。对于种种批评，他只是置之一笑，照样提高售价。威尼斯曾出价 400 杜卡特，邀请他去为公爵宫邸作两幅画，但他要求 800 杜卡特，结果未成。他仍居于佛罗伦萨。他卖画都是现金交易，不接受赊账。他并不像别人那样，外表假装轻视财富，内心却爱财如命。他不愿意在年老不能动笔时遭受饥饿的威胁，便在佛罗伦萨与佩鲁贾广置家产。他在佩鲁贾的康比欧（Cambio）所画的自画像（1500 年）是一个相当诚实的自白：肥硕的面颊、大鼻，头发在密实而无边缘的红帽子下披散着，安详的眼睛十分锐利，傲慢的双唇，僵硬的颈项与健壮的身体。他就是这种人，谁也骗不了他，警觉性高、充满自信，并对人类不作很高的评价。瓦萨里说："他不是教徒，不相信灵魂不灭说。"

　　他虽然一派商人作风，有时也相当慷慨。他对宗教虽然持怀疑态度，但仍然完成了一些文艺复兴最温和虔诚的画。他为西托萨制作了一幅可爱的《圣母像》（现藏于伦敦），而他在卢浮宫画的《抹大拉的玛利亚》如此平实，根本不需要神圣的怜悯来宽恕这位抹大拉女子的罪恶。另外，在佛罗伦萨他曾为圣克拉拉的修女画一幅《入葬》（*Entomhment*），画中的女子都有少见的姿色，他刻画出她们历尽沧桑的生命，以线条勾画出无血的基督圣体、岩石坡那几棵柔弱的树及远在平静海岸的城镇，整幅画寂静的气息淹没了死亡与忧伤的凄景。佩鲁吉诺的确能画又能卖。

他在佛罗伦萨的成功，终获佩鲁贾人的信服。当康比欧商人决定装饰他们的贸易大楼后，他们即将这项工作交诸佩鲁吉诺。他们所给予的报酬之多，几使他们囊空如洗。他们要求大厅的装饰一定要包含有基督与异教题材的画：如天花板上饰以 7 个行星与黄道带标记，在一面墙壁上画的是《基督诞生》与一幅《基督变容》（*Transfiguration*），另一面则画上《永恒之父》（*Eternal Father*）、《先知及六位异教的女巫》。另一面壁上描绘的四个传统的美德，每一个都以异教的英雄加以表述：努马（Numa）、苏格拉底及法比尤斯（Fabius）三人代表谨慎，庇塔库斯（Pittacus）、弗留斯（Furius）及图拉真（Trajan）等代表公正，卢西乌斯（Lucius）、莱昂尼达斯（Leonidas）及霍雷修斯（Horatius Cocles）等代表坚忍，伯里克利、辛辛纳图斯（Cincinnatus）及西庇奥（Scipio）三人则代表节制。这些画都是由佩鲁吉诺及其助手（包括拉斐尔）在 1500 年完成，而这年正是巴格廖尼党肆虐、血染佩鲁贾之年。当党争平息之后，人民即涌入康比欧欣赏那些美丽的作品。他们觉得异教的英雄有点呆板，认为佩鲁吉诺不应该只画他们的某种姿态而应以动作表现画中人物的活力。至于《大卫》则甚为庄严，《圣贝尔纳德显灵》（*Erythrean Sibyl*）几乎可以媲美拉斐尔的《圣母像》，而《永恒的父》则表现出画家惊人的想象力，60 岁的佩鲁吉诺在那些壁上所画的画，发挥了其最高的潜力。1501 年，该城感激他的功劳，推其为市修道院副院长。

全盛之后，他的声望急剧下跌。1502 年他曾画了一幅《圣母的婚礼》（*Marriage of the Virgin*），两年之后拉斐尔在斯帕萨里齐奥模仿该画。约 1503 年，他又回到佛罗伦萨。他对该城为米开朗基罗的《大卫》费尽心思十分不快。他是被召去讨论该雕像放置地点的画家之一，他的意见被米开朗基罗一口否决。不久二人再次相遇，相互辱骂。29 岁的米开朗基罗骂他笨蛋，并说他的画"落伍而荒诞"。佩鲁吉诺告他诽谤，结果什么也没得到，只落得被人嘲笑。1505年，他应允阿努西亚塔之托，继续小利比未完成的《耶稣下十字架》(*Deposition*)，并于其上加画《圣母升天图》，其中很多人物是他从前已经画过的，因而佛罗伦萨的画家们（妒忌他以前所得的高报酬），骂他不诚实、懒惰。他愤怒地离开该城，定居于佩鲁贾。

不可避免的年龄上的劣势又再现显现。1507 年，他接受尤利乌斯二世之请，为其梵蒂冈的一所华府装饰。工作已进行一部分时，他从前的一位学生——拉斐尔出现了。拉斐尔样样技艺都超越在前，佩鲁吉诺心里很不是滋味，终于心情沉重地离开罗马，返回佩鲁贾。回到家乡之后，他仍然寻找绘画的工作，未尝中断。6 年中（1514—1520年），他为圣安哥斯提诺教堂完成一幅复杂的壁画，重述基督的故事。1521 年为特拉维（Trevi）的圣母之泪（Madonna delle Lagrime）教堂作《东方博士的朝拜》，虽然有些地方笔画颤抖，但对于一位 75 岁高龄的老人而言，这已是相当惊人的作品了。1523 年，当他正在邻镇方提那诺作画时，他成为一场瘟疾的牺牲者，也可能是因年老力衰而死。据传，临终时他竟拒绝"临终礼"，说他宁愿看看他那顽强不屈的灵魂在另一个世界里，究竟会变成什么样子。

每个人都知道佩鲁吉诺作品的缺点在于夸大情感、过分忧伤与做作的虔诚，画里净是些发系丝带、脸孔圆圆的古董面孔，头总是垂得低低的。若以这种千古不变的笔调作画，欧洲与美洲必可找出 100 位"佩鲁吉诺"。艺术家的杰出不在多产而在富于创造力。他的画缺少活动与生气，所反映出的是安布利亚人信仰的需要，而非人生的意义与真实。虽然如此，他的画仍有许多超越矫揉造作的地方，如生动的光辉、谦逊美丽的妇女，发须鬈髯威风十足的老人，柔静的色彩、安静掩盖着的悲惨的凄景。

久居佛罗伦萨而于 1499 年重返故里佩鲁贾的佩鲁吉诺，将佛罗伦萨绘画的技巧带进了安布利亚。他逝世之前，已经将那些技巧忠实的传授给其同业者与学徒。这位艺术大师终遂其所愿：拥有财富，留下遗产，训练出一位比他更杰出的学生拉斐尔。这位学生是佩鲁吉诺更无瑕、更完美的化身。

第四章 | 曼图亚
（1378—1540）

维托里诺·德·费尔特

曼图亚非常幸运，在整个文艺复兴时期，只受一个家族的统治，未尝遭受革命、宫廷谋杀及政变之祸。路奇（Luigi Gonzaga）成为波波罗（Popolo）的首领（1328 年）时，由于其家室的权势建立得极其稳固，他有时可以离开都城而兼任其他数城的将军——他的继承者将这种习惯持续了好几代。其曾孙吉安弗朗西斯科·贡萨加一世于1432 年被他们仅居虚位的君主西吉斯蒙德皇帝封为侯爵，此名衔从此成为贡萨加家族的世袭荣耀。1530 年，荣升为公爵。吉安弗朗西斯科是一位优秀的统治者。他改良低洼地区排水状况，提倡农业与工业、赞助艺术、聘请教育史上地位最崇高的人来曼图亚做他儿子的家庭教师。

维托里诺以他的故乡之名——意大利东北的费尔特镇为其姓氏。由于渴求获得在 15 世纪风行于意大利的古典学问，他前往帕多瓦，在各名家指导之下，潜心研究拉丁文、希腊文、数学、修辞学，以为他们帮佣的方式缴付学费。他完成大学教育之后，创办了一所男子学校。他收学生以才能和兴趣为准，而不以门第和贫富为取舍，对富家子弟依其家产多寡收取费用，对穷学生则免收学费。他不准学生游手好闲，要求他们努力用功，维持严格的纪律。1423年，他将学校迁至威尼斯。1425年，他应吉安弗朗西斯科的邀请，到曼图亚教导一群经特别遴选的男女孩童，其中包括侯爵的四个儿子与一个女儿，及若干意大利统治家族的子女。

侯爵捐给该校一幢别墅，即闻名的"快乐之屋"（Casa Zojosa）。维托里诺将其改为半修道院的建筑，他与学生便住在其中，起居饮食都很简单，将他们自己献身于"健康身心"的传统理想中。维托里诺本人是运动员和学者，擅长剑术和骑马，他颇能适应天气，无论冬夏，均着同样的衣服，即使在寒冬也只穿草鞋。为压抑色欲及易怒之性，他定期斋戒，每日鞭挞肌肤。与他同时代的人都相信，直到他死时，他仍保持着童贞。

他为磨炼学生的本性，造就他们的人格，严厉要求他们实行有规律的祈祷，并逐渐灌输他们强烈的宗教意识。他严斥亵渎神圣、淫秽或口出恶言者，严惩那些陷入争吵辩驳和说谎的学生。他所教的是一些将来可能面临管理的事务或战争的王子。为使他们身体强健，他要他们做各种健身运动，如赛跑、骑马、跳跃、摔跤、剑术、军训等，使他们能耐艰苦，而不受伤或有所抱怨。他接受中古世纪的伦理观念，但他反对中古世纪对躯体的嘲笑，他和希腊人一样相信身体健康对人类之优秀有很大的影响。他一方面以运动和苦役增强学生的体魄，用宗教和纪律陶冶学生的品性；另一方面教以绘画和音乐，培养学生的嗜好，又教以数学、拉丁文、希腊文及古希腊或罗马文学，增进学生的心智。他希望他的学生具有基督徒的德行、无神论者敏锐的思考力及美学素养。文艺复兴时期所谓"完美的人"要具备三个要件：健康的身体、坚强的性格及充实的心智。这种要求在维托里诺身上首次达到。

他那套教学法不仅闻名于意大利，还传至国外。许多到曼图亚的游客，不是来看侯爵，而是来参观该地闻名的教育家。吉安弗朗西斯科也向他要求特准其子进这所"王子学校"，他同意了。此后，贵族如乌尔比诺的费德里科、弗朗西斯科·卡斯特隆及塔提奥（Taddeo Manfredi）等人的子弟均送入该校就读。最有希望的学生能享受校长的特别照顾，师生同宿一室，每日接受无价的德智教诲。维托里诺坚持凡是穷困但合格的申请者，均准予入学。他说服侯爵拨予经费，充实设备及聘请助教，以资助 60 位穷学生的教育和生活费用。当经费不足时，他自掏腰包补足。当他去世时，人们发现他留下的钱连付葬礼都不够。

　　继承吉安弗朗西斯科而为曼图亚侯爵的是洛多维科·贡萨加（1444 年），这是其师的光荣。当年维托里诺教育他时，洛多维科是个 11 岁的胖而懒的男童。维托里诺教他控制食欲，并把他培养成一个有能力治理国事的人。洛多维科表现良好，死时颇得好评。他像一个真正的文艺复兴王子，拨出部分财富赞助文学与艺术。他建立了一个最好的图书馆，大部分收藏的是拉丁古典文学。他雇用纤画家刻上叙事诗《埃涅阿斯纪》（Aeneid）和《神曲》的图案，他还设立了曼图亚第一部印刷机。波利希安、彼科、斐勒佛、瓜里诺、普拉蒂纳（Platina）等人都是曾得到他的恩惠、并住在他宫内的文学家。他自佛罗伦萨邀请里昂·巴蒂斯塔·阿尔贝蒂到此描绘科罗纳塔礼拜堂、圣安德烈亚教堂及圣塞巴斯蒂安教堂。多纳泰洛也来此为洛多维科雕了一尊半身铜像。1460 年，这位侯爵聘请了文艺复兴最伟大的一位艺术家。

安德烈亚·曼特尼亚（1431—1506）

　　安德烈亚·曼特尼亚生于邻近帕多瓦的以索拉（Isola di Cartura），早桑德罗·波提切利 13 年。他 10 岁时，即已加入帕多瓦画家公会。当时弗朗西斯科·斯奎尔乔内（Francesco Squarcione）不仅是帕多瓦，也是意大利最有名的绘画老师。安德烈亚进入该学校，由于进步神速，颇得斯奎尔乔内赏识并收他为义子。经古典学家的激励，斯奎尔乔内的画室中收集了所有重要的古典雕刻与建筑遗物，使他的学生有机会不断模仿，以其作为拘束有力、协调设计的模型。曼特尼亚热心遵行教诲，他爱上了古罗马的一切，理想化了罗马的英雄，他钦佩罗马的艺术，其作品中半数以上以罗马的建筑为背景，一半的画像（不论是哪一个国家或哪一个时代）均带有罗马的标记和装扮。他的艺术便是经由这种迷恋而受益。他从这些古典名家的画中，学到了艺术的庄严与纯洁，却未能完全免除雕刻作品呆板的缺点。多纳泰洛到帕多瓦时，安德烈亚年仅 12 岁，也受到雕刻的影响与趋向现实主义的压力。同时他也沉迷于新的透视法，这种方法是不久前由佛罗伦萨的马索里诺、乌切洛及马萨乔等人发展而出的。安德烈亚研究其规则，并提出远近缩小法，使同时代的人感到惊骇。

1448 年，斯奎尔乔内受托为帕多瓦的爱利米塔尼教堂作壁画，他将这项工作分派给两位他最喜爱的学生皮佐罗（Niccolò Pizzolo）和安德烈亚。皮佐罗只完成一幅风格不错的画，即在一次打架中丧命。17 岁的安德烈亚继续这项工作，他在随后的 7 年间，完成了 8 幅画，也因此使其名声传遍意大利。那些画的主题均属于中古时期，画面的处理颇具革命性：背景是详细描绘的古典建筑，配上体格强壮、穿着发亮的甲胄、并带有基督徒忧郁气质的罗马士兵。异教与基督教的精神在这些壁画中的结合，比任何古典学家描述得更为生动。他将绘画带至另一种正确与优雅的境界，它的透视也表现出一种苦心创造的完美。我们很少能从绘画上看到一个举止、外貌像在罗马判官前护卫圣徒的士兵那样壮丽的人物，或像执刑者举棒挥打殉道者的头那样残酷而写实的画面。许多远方的艺术家慕名而来，向这位惊人的帕多瓦青年拜师。除了两幅以外，这些壁画全毁于第二次世界大战的战火中。

伊库甫·贝利尼也是一位颇负盛名的画家。1454 年，他似已注定会遭到厄运。当他看了安德烈亚·曼特尼亚正在进行中的绘画时，非常欣赏，有意将自己的女儿许配给他。曼特尼亚接受了，但斯奎尔乔内反对这个婚事，曼特尼亚于是想摆脱他们之间的收养关系，斯奎尔乔内气极而骂他所作的爱利米塔尼壁画是生硬而毫无色泽的大理石老古董。更怪的是这位暴脾气的艺术家居然接受了这个批评，从研究雕刻转移至潜心观察生活的一切及细节，并因此得益。在他那爱利米塔尼画集中的最后两幅里，描绘着 10 位当时人物，其中一位蹲坐的胖子，就是斯奎尔乔内。

与他老师断绝关系的曼特尼亚，可以自由接受各方的邀请了。洛多维科请他到曼图亚（1456 年）。此前他又为维罗纳的圣芝诺（San Zeno）教堂作了一幅《波利提奇》（*Polyptych*），那座高贵的大厦现在仍是一个朝圣之地。这幅画的中间是庄严的罗马式圆柱、飞檐、三角楣饰及圣母怀抱圣婴像，音乐天使与合唱队围绕着他们。其下方为《耶稣被钉十字架》，显示出罗马兵丁撕扯基督的衣服的情景，十分有力。画的左方则为"橄榄园"，画着崎岖不平的风景。可能达·芬奇也自此得到灵感，画他的《岩石上的圣母》。这幅《波利提奇》是文艺复兴时期最伟大的画作之一。

在维罗纳停留 3 年后，安德烈亚·曼特尼亚终于同意前往曼图亚（1460 年）。此后他除了曾短暂地住在佛罗伦萨、博洛尼亚，并在罗马停留两年之外，一直住在曼图亚，直到去世。洛多维科赠给他房子、燃料、玉米，每月还给他 15 杜卡特。安德烈亚曾装饰过许多宫殿、礼拜堂及连续三代的侯爵别墅。他在曼图亚创作的作品，现在仍残存的是一些在公爵宫邸著名的壁画，特别是在订婚礼堂（Sala degli Sposi），为洛多维科之子费德里科与巴伐利亚的路易之女玛格丽特（Margaret）订婚而取名并装饰的，陈列在订婚礼堂的一些名画，其主题则是这一统治家族：侯爵、侯爵夫人、他们的子女、朝臣，与他父亲洛多维科所欢迎的自罗马归来的年轻红衣主教弗朗西斯科·贡萨加。这是一座藏有许多相当真实的画像的画廊，其中有一幅是曼特尼亚，他看起来比实际年龄（43 岁）更老，脸上有许多皱纹，眼睛凹陷。

洛多维科衰老得很快，其晚年一直被许多烦恼的事缠磨。他的两位女儿成了残废，年年战争，使岁收大减。1478 年发生天灾，曼图亚被吞噬得经济生活几至停顿，地方收入减少，公务人员领不到薪水，曼特尼亚也是久未领取薪俸者之一。这位艺术家写信责询洛多维科，但侯爵只复信请其忍耐。天灾终于结束了，洛多维科却没能活下来。自洛多维科之子费德里科治下，曼特尼亚即开始创作其最好的作品——《恺撒的凯旋》（*The Triumph of Caesar*），而至费德里科之子吉安弗朗西斯科统治时始告完成。这 9 幅画是以水与蛋调和颜料，在画布上完成的，是为公爵宫殿里的维奇亚庭园而设计的。它们后来被一位曼图亚穷公爵卖给英格兰的查理一世，现在藏在汉普顿宫（Hampton Court）中。它们是一条很大的饰带，长 88 英尺，描绘着军队、牧师、俘虏、奴隶、音乐家、乞丐、大象、公牛、大旗、战利品、猎获物的大游行，大众护送着骑在两轮战车上并荣获胜利女神褒奖的恺撒。在这里曼特尼亚又重温其对古罗马的恋情，他又像雕刻家般地作起画来，不过这次他的人像画已带有生气与活力了，虽然有100 张如画的细图，但整个画的重点，是在那个代表最高潮的加冕典礼。这位画家的艺术手法包括构图、勾笔、配景及细节的观察，均汇集于此画中，使其成为一幅杰作。

曼特尼亚自着手画《恺撒的凯旋》至完成之间的 7 年中，也曾受英诺森八世之邀，作了几幅壁画（1488—1489 年），它们后来都随着罗马的更迭变迁而消失了。由于不满教皇的吝啬（教皇却抱怨他无耐心），曼特尼亚回到曼图亚，画了百幅描述宗教故事的画后，结束了他这个多产的职业。那时他已忘了恺撒，而又画起基督来。这些画中最著名的而又令人不悦的是《死去的基督》（*Cristo morto*，存于布雷拉画廊），画着死去的基督，其双足用透视法由大渐小地向着观赏者，看起来更像酣睡的雇佣兵队长，而不像一个疲惫的神。

曼特尼亚晚年的作品是一幅异教画。在他所作的《帕那萨斯山》（*Parnassus*）中，他一反常情，描绘得十分写实，而不求画面之美，他暂时向非道德的神话俯首，画了裸体的维纳斯女神登至帕那萨斯山上，旁边跟着战神，山底下则有阿波罗神与缪斯九位女神，正唱着歌跳着舞，赞颂她的可爱。九位女神之一可能就是吉安弗朗西斯科侯爵之妻，绝代美人伊莎贝拉。

这是曼特尼亚的最后一幅佳作。他的晚年甚为凄惨，健康欠佳，脾气暴躁，债台高筑。他愤恨伊莎贝拉对他的画要求过苛。他变卖了大部分的艺术藏品，甚至卖掉房子，愤怒地隐退。1505 年，伊莎贝拉这样描述他："他悲伤、激动、面孔消瘦，看起来生不如死。"一年之后他便撒手离世，享年 75 岁。在圣安德烈亚他的陵墓上，有一座愤怒而写实的半身铜像（也许是曼特尼亚自己雕的），雕刻的是一位曾经献身于艺术达半个世纪之久、饱经风霜、疲惫不堪的天才。

世界第一夫人

"世界第一夫人"——诗人尼库洛（Niccolòda Correggio）如是称呼伊莎贝拉。小说家玛泰奥·班狄洛认为她是"女中豪杰"。阿廖斯托对她的美丽、高贵、谦逊聪慧及在文学与艺术上之涵养，称赞说："不知如何做最高的赞颂，只能以慷慨且宽宏大量的伊莎贝拉称之。"由于其美丽的姿色及多方面的成就，使这位曾受过教育的文艺复兴时期之妇女，成为历史上的杰出人物之一。她具有良好的修养，无须特意矫饰，便表现出天生的聪慧与丽质。但她并非美艳绝伦，男人所仰慕的，是她的气质、灵性、敏锐的鉴赏力及高尚的嗜好。她可以竟日骑马，然后再彻夜跳舞，而每一刻都能保持着女王的风采。虽然她的丈夫晚年虚弱多病、心志不定，并患有梅毒，她仍能以其优良之见识及判断力把曼图亚治理得井井有条，她经常与当时的名人保持联络。教皇与公爵都希望获得她的友谊，一些领主都慕名而到她的宫廷来拜见。她几乎吸引了每一位画家来为她作画，并激起诗人为她吟诵。本博、阿廖斯托及塔索虽明知所得的酬赏不多，仍愿为她效劳。她所搜集的书籍及艺术品都是经过学者及艺品鉴赏家精选的。无论她行迹何处，总为意大利留下文化的精粹与时尚样本。她出身名门世家——伊斯坦西。这个家族曾产生许多费拉拉的公爵、教会的红衣主教及一位米兰女公爵。伊莎贝拉生于 1474 年，只比她的妹妹贝亚特丽斯大 1 岁。其父为费拉拉之埃尔科莱（Ercole）一世，其母为阿拉贡之埃利奥诺拉（Eleonora）——那不勒斯国王费兰特一世之女。由于家世优异（她们都受到良好的教养），贝亚特丽斯被送到那不勒斯她祖父的宫中，过着欢快丰裕的生活，而伊莎贝拉则接受那些使费拉拉曾在意大利大都会中辉煌一时的学者、诗人、戏剧家、音乐家及美术家的熏陶。6 岁时，她已是个令外交家都咋舌的天才儿童，布尔特拉米诺（Beltramino Cusatro）在 1480 年寄给曼图亚的费德里科侯爵信中，曾说道："虽然我曾听说过她很聪慧可爱，但我仍无法想象这是可能的事。"费德里科认为她是他儿子吉安弗朗西斯科的好对象，乃向其父提亲。因埃尔科莱一世需要曼图亚的支持，以对抗威尼斯，遂同意此事，因此 6 岁的伊莎贝拉即与 14 岁的男孩订婚了。订婚之后，她仍在费拉拉留住 10 年，学习缝纫、歌唱、写意大利诗和拉丁文散文、弹奏翼琴与维忽拉，跳优美而活泼的舞蹈。她的肤色白皙，黑眼闪烁，秀发罩着金光。至 16 岁时，即脱离了快乐的童年生活，成为骄傲而严肃的曼图亚女侯爵。吉安弗朗西斯科长得又黑又壮、一头密发，喜欢狩猎，在战争与爱情上的表现均极热烈。幼年时即热心参与政治，且忠诚资助曼特尼亚及几位学者留居于他的宫中。在方努（Fornove）之战，其所以致胜，所用的勇气多于智力，事后他威风十足，且小心翼翼地将掠自逃难的国王营中的战利品奉献于查理八世。他利用军人特权，开始对他那首次生产的夫人不忠。婚后第四年，一次在布雷西亚参加赛马时，他居然带着情妇提奥多拉（Teodora），身着华服参与盛会。关于这件事，也许伊莎贝拉也该负起部分责任，例如她婚后变得有些冷淡，长期在费拉拉、乌尔比诺及米兰等地访游。但是毫无疑问，侯爵已不愿意遵守一夫一妻之传统了。伊莎贝拉耐心地肩负责任，掩饰他们之间的端隙，仍表现出一个贤妻的模样，对政事谏以良言，对国家利益，则以其外交手腕与女性魅力为他争取。但在 1506 年伤心之余，她写了一封寥寥数言而句句温暖的信给他（他当时正带领着教皇军出征在外），信的内容是这样的："不必等别人告诉我，我知道过去阁下爱我是多么少。然而这是一件令人多不快的事。我……不愿意再去提它了。"后来她之所以专心于美术、写信及交友，部分原因是为了忘却那段痛苦而空虚的婚后生活。伊莎贝拉曾向恺撒·博尔贾要了米开朗基罗的《爱神丘比特》（Cupid）雕像，而此雕像乃自占领乌尔比诺时偷来的。在洛多维科这位喜欢向她猛献殷勤的小舅子下台之后，她就动身到米兰，参加洛多维科之征服者路易十二所举行的舞会，在舞会之中，也许是她运用了温柔之术，使得她丈夫不智的直率没有引起路易对曼图亚的愤怒。她的外交手腕实运用了当时与现代那种"国与国之间无所谓道德"之观念。她的确是一位好女子，全意大利的男子，无不以能侍奉她为荣。本博曾呈书于她，说："真希望能像服侍教皇般服侍您、愉悦您。"

她说拉丁语，当时没有一位妇女能与之匹敌。在马努蒂乌斯将其精选的古罗马文学付梓之初，她已是最热心的主顾之一。她聘请学者翻译普卢塔克和菲罗斯特拉图斯的著作，又请一位博学的希伯来人翻译希伯来文的诗篇，以便自己能亲身体会诗中原有的华丽意境。她也搜集有关基督教的古文学，且勇气十足地读基督教最初 6 世纪之主要作家之作品。她珍藏书籍之态度更像一位搜集家，而不仅是一位读者或学生。虽然她很尊崇柏拉图，但更喜爱英豪的传奇故事，与她同代的阿廖斯托及次一代的塔索也喜欢这类文学。她喜欢装饰品与珠宝更甚于书籍与美术，即使是在她晚年时，意大利与法国的妇女仍将她推为时尚的领导者。她能集结其本身具有的优秀条件、衣着、风采与心智之魅力，去感动大使及红衣主教们，这也是她外交手腕中的一招。当他们被她的美丽、衣着与文雅的气质所吸引时，还自以为是倾慕她的博学或聪颖呢！除了串演政治人才之外，她很少表现深奥的样子。

就像她同时代的人们一样，她也听信占星家之预言，且她还依照星象去预测她的事业。她又以侏儒表演来娱乐自己，将他们聚集在她的周围，并依照他们的身材建造六个房间与礼拜堂，将他们软禁于城堡中。她也喜欢猫狗，它们是经由一位玩赏家之慧眼挑选而来的，死后又以隆重的葬礼埋葬，参加葬礼的有活着的宠物及宫中的绅士和女士们。

她所管理的城堡（又称里吉阿宫或公爵宫），是一个包含着各个时期与不同来源的建筑物的混合体，不过它们的形式都是堡垒包围于外，宫殿座镇于内。费拉拉、帕维亚及米兰城也属于这种形式。城堡中有部分建筑，如首领府（The Palazzo del Capitano）于 13 世纪期间被布那库西（Buonacolsi）的统治者夺回。那协调的圣乔治堡（Castello San Giorgio）实为 14 世纪的创作；而镜厅（Camera degli Sposi）则是 15 世纪洛多维科·贡萨加与曼特尼亚的作品，许多房间在 17 与 18 世纪又重建；又如华丽的订婚礼堂，在拿破仑时代也曾予以重新装饰。整体看来优美而和谐，聚集着许多居住的房间、接待厅及行政办事处，它们或面对着宫殿、花园、威吉尔的曲折的明西奥（Mincio），或那环绕曼图亚的湖。在这迷宫中，伊莎贝拉先后以不同的宫殿作为她的寝宫。晚年的她最喜欢的是拥有 4 个房间的小型佳寓，人称为画室或帕拉底索，其中她用一间称为克罗托（il Crotto）的房子收集书籍、美术品及乐器。收集手抄本、雕像、画、意大利陶器、大理石古董及金匠之艺术品等。她委请朋友或雇用由米兰至罗得斯间各城市的特殊代理商代为采购，由于她的财富与她为完成理想所需的支出相比，显得太少，因此她难免讨价还价。虽然她的收藏室很小，但每样收藏品都属于其同类中的高级品。她虽已拥有米开朗基罗的雕像以及佩鲁吉诺、弗兰西亚（Francia）的画，但仍不感满足，还一再地要求达·芬奇及乔万尼·贝利尼为她作画，但是他们均予推辞，原因之一是替她作画所得的往往是夸奖多于酬金，另外一个原因是她常常坚持要每幅画多赠一份。有一次为了买冯艾克（Jan Van Eyck）的《红海之旅》（*Passage of the Red Sea*），她甚至举重债以满足对一幅杰作的渴望。虽然她对曼特尼亚不够大方，不过当这位索价昂贵的天才死时，她就劝服其夫婿以可观的待遇聘请洛伦佐·科斯塔（Lorenzo Costa）来曼图亚。科斯塔为装饰弗朗西斯科·贡萨加喜爱的一个僻静的宫殿圣塞巴斯蒂安，作了一幅他们全家的画像，并为圣安德烈亚教堂画一幅平凡的《圣母像》。

1524 年庇皮（Giulio Pippi）请了拉斐尔最伟大的学生罗马诺到曼图亚定居，这位建筑师兼画家的高超技艺震惊了整个宫廷。几乎整个公爵宫邸都依照他的设计，由他和他的学生普里马提西奥（Francesco Primaticcio）、尼科洛（Niccolò dell' Abbate）及安瑟门（Michelangelo Anselmei）等人重新加以装饰。到伊莎贝拉之子费德里科继位时，因他与罗马诺一样，也接受了罗马人喜爱异教题材及裸体画的品位，乃将其在城堡的数个房间之墙与天花板，请人画上有关曙光之神（Aurora）、阿波罗神、巴利斯之最后审判（Judgment of Paris）、海伦之被劫及其他古典神话的画。1525 年，罗马诺开始在该城近郊建造其最著名的建筑物——首领府（Palazzo del Te）。[1] 它是一栋长方形的一层大建筑，由设计简单的石砖砌成，装饰有文艺复兴形式的窗子。围绕此建筑物的本来是一座可爱的花园，一经战事的祸殃摧毁，现已变成废墟。其内部则是一系列令人惊异的设计：以半露方柱装饰得颇雅致的房间，有雕饰的飞檐、着画的三角壁及经镶饰的拱形圆屋顶、墙壁、天花板及半圆壁均画着泰坦及奥林匹斯山（The Olympians）诸神，如丘比特和赛姬（Psyche），维纳斯、阿多尼斯（Adonis）和战神，宙斯和奥林匹亚（Olympia）平原间的故事，都是一些在狂欢的美丽裸体人物，带着文艺复兴后期那种多情而奔放的气息。普里马提西奥受了他的影响，后来以曼特尼亚画《恺撒之凯旋》的笔调，雕刻了一幅罗马军伟大的游行浮雕，也表现出这种肉欲的放纵。当普里马提西奥与尼科洛被弗兰茨一世召至枫丹白露时，他们也把这种风格

---

[1] 此字之出处与意义均不确定。

的装饰带到法兰西的宫殿——充满欢愉之情的裸体像。这种风格是罗马诺在罗马与拉斐尔一起工作时培养出来而带到曼图亚的。异教之艺术正由基督教信仰的城堡向基督教世界发射光芒。

伊莎贝拉的晚年生活，甘苦参半。她帮助患病的丈夫治理曼图亚。她的外交手腕先后数度挽救了曼图亚。首先是免于恺撒·博尔贾，其次是路易十二，而后是弗兰茨一世，再后是查理五世之蹂躏。每次当吉安弗朗西斯科或费德里科面临政治危机时，她都能圆滑而冷静地应付过去。1519 年继父位的费德里科是位有能力的将军及君主，但他让他的情妇取代了他母亲在曼图亚宫中女主人之地位。也许是因为受了这种侮辱，伊莎贝拉才萌生退意，转赴罗马（1525 年），为其子埃尔科莱（Ercole）争取红衣主教职位。克莱门特七世并未表示意见，不过红衣主教们都表示欢迎她，并在科隆纳宫为她安排一套客厅家具，请她久留。甚至罗马遭劫时（1527 年），她也被软禁在宫中，最后她终于运用了她素行的圆熟技巧，为其子埃尔科莱赢得了红衣主教的职位，胜利地返回曼图亚。

1529 年，55 岁的她风韵犹存。她前往博洛尼亚国会（the Congress of Bologna），请求皇帝及教皇准许乌尔比诺与费拉拉的君主保有他们的主权，不要把它们划入教皇管辖区内，并劝服查理五世封费德里科为公爵。同年提香来到曼图亚，为她画了一幅著名的画像。此画现已下落不明，不过从鲁本斯所作之仿画中，我们仍可看出她的生命中一直充满着活力与爱。8 年之后访问她的本博对于她那愉快且富变化的心灵及广泛的兴趣颇感惊讶，说她是"最聪慧且最幸运的女子"。可惜智慧的高超还是无法使她晚年的生活过得快乐些，她终于在 1539 年与世长辞了，时年 65 岁，跟以前的几位曼图亚君主同葬于圣方济各教堂的伟人角（Capella dei Signori）。她的儿子替她建了一座美丽的陵墓，一年之后也跟着去世了。1797 年法国人掠夺曼图亚时，曼图亚王族的坟墓尽被摧毁，所有的骨灰均混成一堆，成为无法辨识的尘土了。

第五章 | 费拉拉
（1378—1534）

以斯特学院

16 世纪前 25 年，文艺复兴的主要中心在费拉拉、威尼斯和罗马。今日那些游过费拉拉的学生，在还未参观过雄伟的城堡以前，很少有人相信这个偏僻而古旧的城市曾是一个强大王朝的发源地，其宫廷当时是欧洲最华丽的，而且该地曾出过一位伟大的诗人。

费拉拉之所以能够存在而繁荣，部分是因其位居博洛尼亚至威尼斯的商业线上，部分是因为有农业腹地可作为市场，又有波河三个支流流经该地。它曾先后被丕平三世（Pepin Ⅲ）及查理曼划为罗马教皇的领域，也曾被托斯卡纳的玛蒂尔达（Matilda）女伯爵立据转让给教会（1107 年）。虽然它名义上是教皇的采邑，事实上它是一个独立自治的地方团体，受到几个互相敌对的商业家族支配。不堪这些世仇家族的扰乱，费拉拉终于接受了以斯特伯爵阿佐（Azzo）六世来做它的邑长（podesta），并使之成为世袭。以斯特位居费拉拉之北约 40 英里处，帝国的一个小封地，皇帝奥索一世（Otho I）将其封给卡诺萨（Canossa）的阿佐伯爵（961 年）。1056 年，它变成这个家族的中心，旋即命名为以斯特。其后，此地出现的皇族有不伦瑞克

（Brunswick）和汉诺威（Hanover）。

1208 年至 1597 年，以斯坦西家族（Estensi）很有技巧地统治着费拉拉，名义上为帝国与教皇的封臣，实际上却是独立的领主，并获得公爵（1470 年之后）或伯爵的头衔。其治下的人民须缩紧腰带强装富足，以满足宫廷中的皇帝、教皇及那些学者、艺术家、牧师等高贵侍从的奢侈的需求。以斯坦西家族的统治，没有严苛的法律及经年的战事，乃能使其臣民对其效忠达 4 个世纪之久。1311 年，教皇克莱门特五世的一名使节曾强迫费拉拉为教皇领地，可人们发现教会的统治比非宗教性的剥削更令人苦恼，便于 1317 年驱走教皇的使节，让以斯坦西家族重掌政权。当教皇约翰二十二世停止该城的教权时，这些丧失领取圣餐权的人民，开始埋怨政府的无能。以斯坦西家族向教会求和，并接受了十分苛刻的条件：承认费拉拉为教皇的领地，根据这项条件以斯坦西家族实际上成为教会派驻当地的代理主教。此外，还保证他们及后代每年自地方收益中，纳贡 1 万杜卡特给罗马教皇。

在尼科洛三世长期统治时期（1393—1441 年），以斯坦西家族的权力发展到最高峰，不但控制了费拉拉，还扩张至洛维科、摩德纳、雷焦、帕尔马，甚至有一阵子还控制过米兰。尼科洛的婚姻与他所控制的领域一样宽广，拥有不计其数的妻妾与情妇。其中一位最美并最得人缘的妻子帕尼西娜，因与其继子乌哥通奸，双双被他处死（1425年）。他下令凡是费拉拉的妇女有犯通奸罪之嫌者，一律处死。后来因为这一敕令明显地使费拉拉人口减少，只好将其撤销。除此之外，其他方面尼科洛均治理得很好，他实行减税，鼓励工商，聘请西多罗斯·加扎来大学教授希腊文，并延请瓜里诺在费拉拉设立一所学校，而使它的名声与成就媲美曼图亚的维托里诺学校。

尼科洛之子利奥尼洛（Leonello）是一位少有的人物，他是一位宽厚、威武、精明干练、能力强、智慧高且重实际的统治者。曾经受过各种战术训练的他，却崇尚和平，后来成为意大利各城市统治者之间争端的仲裁与调解者。经瓜里诺教导文学之后，这位比洛伦佐·美第奇早一辈的统治者，成为当时涵养最好的人之一。博学多闻的斐勒佛就惊奇于利奥尼洛精通拉丁文与希腊文、修辞学及诗词、哲学与法律。这位公爵是第一位揭发圣保罗致塞涅卡的信是假造的人。他设立了一所公共图书馆，为费拉拉的大学提供最新的"知识资本"与灵感，并设法邀集最好的学者做他的参谋，主动参加他们的讨论。他的统治从未受到毁谤，也未发生过流血事件。当他不幸于40岁那年与世长辞时，所有的意大利人都为他哀悼。

另一位能干的君主继位之后，继续了利奥尼洛开启的黄金时代，此人即其兄波索（1450—1471年）。他生性严酷，为政却力主和平，使费拉拉的繁荣招致他国的嫉妒。他不喜欢文学和艺术，但仍多方面予以资助。他以灵活的手腕及相当程度的公正治理他的领土，但对人民所课的税捐太重，课来的税收不少用于宫廷的盛会与展览。他喜欢名衔与地位，渴望像米兰的威斯孔蒂一样成为公爵。1452年，他用厚礼说服腓特烈三世授予摩德纳及雷焦公爵尊位，并为此大事铺张地庆祝一番。19年之后，又从他的另一位领主教皇保罗二世得到费拉拉公爵的头衔，因而名扬地中海地区，巴比伦与突尼斯的统治者均向其进贡，视其为意大利最伟大的君主。

波索在其兄弟之中堪称幸运。利奥尼洛给了他一个最好的榜样。拒绝参加一项推翻他的阴谋的埃尔科莱，自始至终是他的一位忠心耿耿的助手，现在已继承了他的权位。埃尔科莱继续保持6年的和平政权、赛会、诗篇、艺术与赋税。他为巩固与那不勒斯的友谊，娶费兰特之女——阿拉贡的伊莲娜拉为妻，并用费拉拉前所未有的最奢华的典礼迎接她（1473年）。1478年，西克斯图斯四世因愤怒帕兹叛徒被惩罚，而对佛罗伦萨宣战时，他加入佛罗伦萨和米兰一方，对抗那不勒斯和教皇。战后，西克斯图斯又引诱威尼斯与之联合攻打费拉拉（1482年），当威尼斯军队已逼近城外4英里时，埃尔科莱正卧病在床，城外的农民涌进城内，加入饥饿的群众，使城内饥馑的程度更加严重。当此危难之际，脾气急躁的罗马教皇因害怕威尼斯会夺取费拉拉，与埃尔科莱和解，此时尚在洛维科的威尼斯人只好退回到他们的礁湖。

荒废的田园又开始生产了，食物输入城市，商业复兴，赋税也征收了。埃尔科莱抱怨亵渎神明的罚金，一年征得的总额逐渐少于正常之数——6000杜卡特，他不信亵渎神的罪人较前为少，认为应严格执行法律。埃尔科莱觉察人口的增加已超过房屋供给数倍时，便缩减开支，省下每一分钱用来扩建旧城，新增建的部分几乎与旧城一样大。这个由埃尔库莱（Addizione Erculea）设计的拥有罗马时代以来意大利城市前所未见的宽敞街道，使费拉拉成为"欧洲第一个真正的现代城市"。10年之内人口的增长与集中填满了每一处增加的空间。埃尔科莱又建立教堂、宫殿及女修道院，吸引高尚的妇女定居费拉拉。

12世纪所建的教堂是民众聚会的场所，一些社会名流则喜欢尼科洛二世所建（1385年）的巨大城堡，这原是政府为抵御外侮和内乱而建的。历经7代不时地整修和重建，它宏伟的高塔仍是该城的中心。塔底是一个地牢，帕尼西娜和其他许多人即死于此处。塔的上方则是一些由多索·多西及其助手装饰的宽阔大厅，这是公爵与公爵夫人曾举行觐见礼、音乐家演奏或演唱、诗人朗诵诗歌、丑角表演滑稽动作、男士追求女子、淑女与骑士通宵跳舞的地方。安静的时候，已婚的妇女与未婚的少女便在此找间安静的房间，阅读武士的传奇。埃尔科莱与伊莲娜拉于1474年和1475年生了伊莎贝拉与贝亚特丽斯两位公主。她们在这富裕、充满欢乐与歌声、艺术之风鼎盛、战争频仍的环境中，出落得如仙女般美丽。但溺爱孙女的祖父将贝亚特丽斯带到那不勒斯，而订婚又使她转往米兰。1490年，伊莎贝拉也离开曼图亚。她们的分离确使费拉拉许多人痛惜，但她们的婚姻加强了以斯坦西、斯福尔扎与贡萨加三个家族之间的联盟。埃尔科莱的几个儿子中有一位伊普里托，11岁即被任命为大主教，14岁担任红衣主教，是当时最有教养、最放荡的主教之一。

我们必须注意教会这种罔顾年龄与资格的任命方式，是当时外交联盟手段之一。从1492年，罗马教皇亚历山大六世一直讨好埃尔科莱，因为他想使其女儿卢克雷齐娅成为费拉拉的女公爵。当他向埃尔科莱提议让埃尔科莱的儿子——爵位的继承人阿方索与卢克雷齐娅结婚时，埃尔科莱的反应甚为冷漠，因为当时卢克雷齐娅的声望还没有后来那样高。最后他还是同意了，因为他取得了教皇的某些让步，他被亚历山大讥为爱讨价还价的店东。教皇所作的让步是教皇给卢克雷齐娅10万杜卡特的嫁妆，并将费拉拉每年向教皇的进贡由原来的4000减为100弗罗林，另外教皇认可将费拉拉的公爵爵位永久授予阿方索及其继承者。虽然教皇所答允的条件相当优厚，阿方索还是不愿接受这项婚事，直到他见了新娘之后，才改变想法。

1505年，他承继了公爵荣位。他在以斯坦西家族中是一个较为特殊的人物。他曾游历过法兰西、苏格兰低地及英格兰，还曾研究工业与商业技术。卢克雷齐娅受他的影响，也获得艺术与文学的熏陶。他献身政治，研究机械与陶器制造术。他曾亲手绘制一具很好的意大利陶器，并铸造当时最好的加农炮。他一直在研究筑城的技术，直到他成为这一方面的权威。他是一个正直的人物。尽管卢克雷齐娅写给他的信并无诚意，他待她仍很亲切。当遇到须专心研究对付外患与内乱时，他对男女之情就表现得较冷淡了。

在卢克雷齐娅周围的一些贵妇中，有一位叫安哥拉（Angela）的，阿方索的两位兄弟伊普里托与朱利奥对她颇为迷恋。安哥拉因一时冲动，傲慢地痛骂了伊普里托，说在她心中，他的整个人都比不上他弟弟朱利奥的一双眼睛，终促使这位红衣主教带着一帮凶手伏击朱利奥，还特意盯视着朱利奥那双被桩子刺入的眼睛（1506年）。朱利奥诉请阿方索替他报仇，公爵下令放逐这位红衣主教，但不久之后又允许他复职。受到阿方索这种明显地差别待遇后，朱利奥与另一个兄弟费兰特共同谋杀公爵与红衣主教。不幸事情败露，朱利奥与费兰特被关入城堡的密牢中。费兰特于1540年死于其内，朱利奥则经过50

年的监禁后，于 1558 年阿方索二世即位时获释。此时的他已垂垂老矣，白发苍苍，须髯蟠蟠，穿的是半世纪之前的衣服。释放后不久，他即去世了。

阿方索的个性与能力正合他的政府所需要的条件，因为威尼斯正计划向罗马纳扩张，想吞并费拉拉。不过当时新教皇尤利乌斯二世不满那些在卢克雷齐娅婚事中对以斯坦西家族所做的让步，决定降低它的地位至一个服从并向教会输贡的教皇封地。1508 年，尤利乌斯说服阿方索加入他与法兰西及西班牙的联盟，征讨威尼斯。阿方索渴望收复洛维科，便答应加入。威尼斯集中火力攻打费拉拉，他们航行到波河的舰队在半途却被阿方索埋伏的大炮击沉，他们的军队则被伊普里托这位对战事的爱好仅次于对性的喜爱的红衣主教所率领的部队击溃。正当威尼斯濒临溃败之际，尤利乌斯不希望这个意大利抵御土耳其人最坚强的堡垒被破坏得太严重，便与之谈和，并命阿方索也照办。阿方索却一口回绝，而开始同时与他的敌人及原来的盟国作战。雷焦与摩德纳相继沦陷，而阿方索似乎已经失败了。他冒险到罗马与教皇谈和解的条件，尤利乌斯要求以斯坦西家族放弃控制费拉拉，将之并入教皇辖区。阿方索拒绝接受，于是尤利乌斯想逮捕他，阿方索及时逃走，经过 3 个月的躲藏、流浪及冒险，终于抵达他的都城。1513 年，尤利乌斯死后，阿方索又夺回雷焦和摩德纳。利奥十世又继续教皇对费拉拉的战争。不断改良炮兵战术及变更外交策略的阿方索，仍不改变他的态度和立场，直到利奥十世去世（1521 年）。教皇阿德里安六世（Adrian VI）对这位不屈不挠的公爵提出一项很体面的和解办法后，阿方索才有余暇将他的天才发挥到艺术方面。

费拉拉的艺术

费拉拉的文明纯属贵族式的文明，其艺术也只供少数贵族玩赏。公爵家族常与罗马教皇作战，给人民一个对上帝虔诚的最坏榜样。他们建立了一些新教堂，却毫无纪念意义。大教堂的建筑模仿 15 世纪一种不甚受欢迎的钟楼，教堂内的唱诗班席位是文艺复兴式的，走廊是美丽的哥特式，正门则是圣母玛利亚像。当时的建筑师和富有人家偏爱宫殿式的建筑。在约 1495 年，罗塞蒂（Biagio Rossetti）设计了一座最佳的宫殿——洛多维科宫（Palazzo di Lodovico il Moro）。洛多维科自忖总有一天会被逐出米兰。果然，在宫殿未完成之前，他即被带往法兰西。洛多维科宫的内院为简单而优雅的连环拱廊，是文艺复兴时期较差的建筑。洛维利尔（Lovelier）宫殿的天井，是为斯特罗奇而建筑的（1499 年），后来改名为"醉饮泉"（Bevilacqua）。壮丽巍峨的大马提宫（Palazzo de Diamanti）是罗塞蒂替埃尔科莱公爵的兄弟西吉斯蒙多设计建造的，正面有 1.2 万个大理石浮雕，装饰成钻石状，这是该建筑名称的由来。

　　建造享乐用的宫殿是当时的风尚，而且每座宫殿都有一个好听的名字，如圆厅别墅（La Rotonda）、布尔瓦德尔宫，尤其是以斯坦西家族的避暑宫殿（Palazzo di Schifanoia），或腓特烈大帝的无忧宫（Sans Souci）。无忧宫始建于 1391 年，1469 年由波索最终完成，它作为朝臣的住家并供公爵家族中的少数成员住宿之用。费拉拉衰落之时，该宫殿即被改成烟草工厂，而弗朗西斯科·科萨（Francesco Cossa）、图拉等人在大厅中所作的那些画，均被粉刷掉。直到 1840年人们才把粉刷层刮掉，发现 12 幅中有 7 幅是完好的，这些画可以说是关于波索时代的服装、工业、庆典及娱乐的一个完好记录，其中奇异地夹杂着异教神话中的人物。它们是那个使费拉拉成为意大利的艺术中心达半个世纪之久的画派的最好作品。

　　在尼科洛三世邀请外国的艺术家，如来自威尼斯的伊库甫·贝利尼、帕多瓦的曼特尼亚及来自威洛那的皮萨内洛等，增加了竞争程度，刺激当地停滞不进的艺术水准之前，费拉拉的画家本来是谦卑地沿袭着吉奥塔斯科（Giottesque）的传统，促成意大利画家使用油料作画的罗吉尔·冯·维登于 1449 年到费拉拉来，使竞争的程度更加激烈。同年来自伯戈城的弗朗切斯卡也在公爵宫作了许多壁画（现已遗失）。

最后促使费拉拉画派的形成，该归功于图拉在帕多瓦潜心研究曼特尼亚的壁画，及在那里向斯奎尔乔内学得的技巧。

图拉成了波索的御用画家（1458 年），为公爵家属画肖像，也参与装饰西法诺亚宫的工作，颇负盛名，拉斐尔的父亲将其列为意大利画家的领导人物之一。尚蒂（Giovanni Santi）显然是喜欢图拉气质高贵而略带忧郁的外形，装饰华丽的建筑，其奇异岩石的风景画，就拉法埃洛（Raffaello Santi）作的这类画来看，缺乏一种温和或优雅的特质。不过这种气氛我们可在图拉的学生罗勃蒂（Ercole de Roberti）的画中找到，他在 1495 年继承其师为御用画家。可是这位海格力斯的画，除了那幅陈列在伦敦艺术馆（London Gallery）、一度认为是他在哈西亚（Frans Halsian）所绘的《音乐会》（Concert）外，均缺少活力。图拉最伟大的学生弗朗西斯科·科萨在西法诺亚宫所作的两幅杰作：表现费拉拉宫廷生活迷人与快乐的《维纳斯的凯旋》（The Triumph of Venus）和《奔》（The Race）则颇为生动、高雅。当波索拟按每英尺画布付 10 块金币的公定价来支付酬报时，弗朗西斯科·科萨大为不满并提出抗议，但未被接受，他愤而离开费拉拉，前往博洛尼亚（1470 年），13 年后同样的情形又发生在科斯达身上，他也同样离此他往，使费拉拉画派失去了两位最好的绘画天才。

多索·多西是使费拉拉画派重振声威的人物，他在威尼斯学画时，正是乔尔乔纳（Giorgione）的巅峰时期，到费拉拉后，他即成为阿方索一世公爵最宠爱的画家。其友阿廖斯托将他列为当时不朽人物之一，这些人包括：达·芬奇、曼特尼亚、乔万尼·贝利尼、多索·多西、米开朗基罗、巴斯蒂亚诺、拉斐尔、提香。

我们可以了解为什么阿廖斯托喜欢多索·多西，因他的画带有户外活动的特质，可以说是阿廖斯托森林叙事诗的一种阐释，所用的颜料则抄袭自威尼斯画家的暖色（红、黄、橙三色）。由于阿方索对运动的喜爱更甚于诗词，多索·多西与他的学生以古代竞技方式的生动情景装饰城堡中心康西奇利奥（Sala di Consiglio）。多索·多西晚年以不匀的笔锋在奥罗拉（Sala dell'Aurora）的天花板上画些关于寓言与神话题材的画，画中体现了整个意大利的无神论者得意地庆祝肉体美与快乐的生命。也许费拉拉的艺术在此时开始衰微（主要原因是阿方索在位时连年征战，财力枯竭），人们都强调肉体的快乐，忽视精神的价值，使那些庄严而富感情的宗教题材的艺术凋谢，听任世俗的艺术弥漫各地。

在这衰颓时期中最有名的艺术家是蒂西（Benvenuto Tisi），又名加罗法洛（Garofalo）。两次访问罗马后，他颇醉心于拉斐尔的艺术。虽然拉斐尔仅比他大两岁，他还是到这位年轻名师的画室当助手。后来他因家务事须回费拉拉时，曾答应拉斐尔要再回来，可是回到费拉拉后因阿方索与其他贵族委托他的画太多，始终无法再分身到罗马。他耗尽精力，竭尽所能，画了很多画，其中约 70 幅留了下来。这些画无论在力的表现或最后一层涂饰都不尽完美，就从存放在梵蒂冈的《圣家》而看，文艺复兴时期的小画师都可胜过他几筹。

还有很多从事微细画的画家，他们精美的作品，较之一些所谓的名画更吸引人。西法诺亚宫内即收藏了几幅这种画作的精品。尼科洛三世从佛兰德斯带回精于编织花毯的人，由费拉拉的艺术家提供设计，然后再交给他们编织。于是这种需要高度耐性的艺术便在利奥尼洛与波索的领导下滋养着，而织成的花毯便用来装饰宫殿墙壁，在王子与贵族举行庆典时也借给他们用。金匠们则忙于制造教会用的器皿与私人的装饰品。曼图亚的斯皮兰第奥（Sperandio）与维罗纳的皮萨内洛，在此完成了一些文艺复兴时期最好的奖牌。

在费拉拉，最不重要的艺术是雕刻。克·费伦佐（Cristoforo da Firenze）塑人，巴诺西里（Niccolò Baroncelli）雕马，二人合作为尼科洛三世雕塑了一尊青铜像，这是在 1451 年完成的，约在多纳泰洛的加塔梅拉塔在帕多瓦崛起前两年，1470 年在它旁边又放置了波索公爵的青铜像，公爵静静地坐着，显得非常平和、安详。1796 年，这些纪念像被革命分子摧毁，他们指称这些是暴政的纪念品，便将它们熔铸成加农炮，拿来结束暴君政治与战争。阿方索·伦巴底以庄严的雕像装饰城堡的"雪花石膏制的屋子"之后，也像许多费拉拉画家一样逃亡到博洛尼亚，那里我们可发现他光荣的事迹。费拉拉的宫廷人士在观念上非常落伍，品味和支付的酬金都不高，无法使易逝的财富变成不朽的艺术。

文学

费拉拉的知识生命有两个来源：大学与瓜里诺。于 1391 年创立的大学不久即面临经费短缺的困难，后虽由尼科洛三世接办，仍处于半饥饿的状态中，直到 1442 年利奥尼洛公布一张布告，重新改组、筹措资金，始见好转。布告的前言值得纪念：

> 很早以前，不但是基督徒，就是异教徒也认为上苍、海洋与大地终有毁灭的一日。如往昔许多壮丽的城市，现在所见到的只是一片废墟与黄土，而从前的世界征服者——罗马，现在也埋在尘埃之中，分解成碎片了。只有神圣与对人类诸事的了解，即智慧，才不被岁月磨蚀，得以永垂不朽。

1474 年之前，共 45 位大学教授拥有很高的酬金，该校天文、数学及医学的成就，在意大利只有博洛尼亚与帕多瓦的大学能与其匹敌。

1370 年生于维罗纳的瓜里诺，曾在君士坦丁堡居住 5 年，精研希腊语，后来携带了一批希腊手抄本返回威尼斯。他在威尼斯教授希腊文，在其诸学子中，有一位是维托里诺·德·费尔特。其后，他又先后到维罗纳、帕多瓦、博洛尼亚及佛罗伦萨各城吸收古典知识。在接到费拉拉的邀请时，他已年届 59 了。他在那里担任利奥尼洛、波索及埃尔科莱的私人教授，他曾训练出三位文艺复兴史上最开明的君主。他教希腊文与修辞学，他的成功成为意大利人谈论的话题。他的文学著作十分流行通俗，许多学生甘冒寒霜，千里迢迢地赶到他预定讲课的教室门外等候。有的来自意大利各城，有的甚至自匈牙利、德意志、英格兰、法兰西远道而来。他们之中有许多在此接受教育后，回国（或乡）担任教育、法律及治国的要职。和维托里诺一样，他用自己的基金支持贫苦学生的生活，本人则居陋巷，一日仅食一餐，他邀朋友来，并无山珍海味的招待，仅是豆子与谈话。他像人文主义者一样，用笔恶毒地谩骂，而只把这当作纸上游戏。除了读书之外，他一向能节制自己，因此他能一直保持健康、活力及清心，活到 90 岁。费拉拉诸公爵之所以支持教育、学术和诗，并使该都城成为欧洲最负盛名的文化中心，主要归功于瓜里诺。

　　随着古物（antiquity）的复兴，古典戏剧也再生了。平民子弟普劳图斯及贵族社会解放者特伦斯（Terence）的戏剧社在 15 世纪之后得以复兴，并在佛罗伦萨和罗马上演了一些短剧，主要还是在费拉拉上演。埃尔科莱一世特别喜好古代喜剧，为了它们的演出不惜支付国库的收入，如《门尼奇米》（*Menaechmi*）的戏竟花去他 1000 杜卡特。米兰的洛多维科在费拉拉观赏到这出戏时，即要求埃尔科莱派一些演员到帕维亚重演，埃尔科莱非但答应派他们去，自己也随团在 1493 年同去。卢克雷齐娅嫁到费拉拉时，埃尔科莱为庆祝结婚这一喜事，安排了 5 出普劳图斯的喜剧上演，演员有 110 位，阵容强大，其间穿插的音乐与芭蕾舞多得数不过来。瓜里诺、阿廖斯托及埃尔科莱亲自将这些拉丁语剧翻译成意大利语，用本地方言演出。意大利戏剧的形式是模仿这些古典戏剧而来的。博亚尔多、阿廖斯托等人为公爵的戏团编剧。费拉拉及欧洲的第一个永久性剧场（建于 1532 年）是由阿廖斯托设计的，其固定的布景则由多索·多西绘出。

　　音乐与诗词也赢得宫廷的资助。不过提托·斯特罗齐（Tito

Vespasiano Strozzi）写的诗并不向公爵要求津贴，因为他是佛罗伦萨富豪的后代。他用拉丁文创作了 10 本赞颂波索的诗，遗憾的是直到他去世之时仍未完成，临终时他嘱托其子埃尔科莱·斯特罗奇（Ercole Strozzi）须完成其志业。埃尔科莱十分适合接任这项工作。他能用拉丁文和意大利文写很好的抒情诗。有一篇较长的诗叫《狩猎》（La Caccia），是他为卢克雷齐娅而作的。1508 年，他娶了女诗人巴巴拉（Barbara Torelli），但婚后 13 天他被人发现死在自家附近，尸首惨遭戳刺，伤口多达 22 处。这件神秘的案件经过 4 个世纪仍未侦破。有人认为是曾与巴巴拉交往过而后来被驱逐的阿方索，为了报仇，差遣刺客暗杀了这位占上风的情敌。这不太可能，因为在卢克雷齐娅有生之年，阿方索对她始终忠贞不贰。这位孤独的年轻寡妇写了一阕挽歌，其忠贞的情操在费拉拉宫矫饰的文学著作中是罕有的。她悲伤地问着那被砍死的诗人："为什么我不能随你同去？"——

> 假如我的热情能够温暖你冰冷的身体，
> 假如我的眼泪能够使死灰复燃，
> 重新给予你生命的愉悦。
> 那么我必勇敢而激奋地对
> 那拆散我们的人呼道："残酷的魔鬼啊！看爱的力量多么伟大！"

在文雅的上流社会中，悠闲而美丽的女士们每日都以法兰西骑士的传奇故事作为精神食粮。费拉拉有一些普罗旺斯的吟游诗人，他们曾在但丁时代吟诵抒情短歌，并留下了一种富有想象力而爽快的骑士风格。关于查理曼与其骑士，及其与穆斯林战争的传奇故事，在费拉拉与北意大利为人所熟知，几乎像在法兰西那样。法国的叙事诗人曾将这些传奇故事传播至各地，并夸赞为《武功歌》（Chansons de Geste）。而他们所谓的叙事，是插曲中再加入插曲、女英雄中再加入英雄的画蛇添足，因此变成一大堆虚构的作品，还混杂着一些荷马的故事，合编成一部连续性的故事。

英国骑士托马斯·马洛里（Sir Thomas Malory）在这部叙事诗中，写完亚瑟王与圆桌骑士（Arthur and the Round Table）的传奇故事后不久，一位意大利贵族便着手写查理曼的整套事迹。斯堪第尔罗（Scandiano）的伯爵博亚尔多（Matteo Maria Boiardo），是费拉拉宫中最显赫的人物之一。他是以斯坦西家族的大使，担任重要的任务，并受托管理他们最大的两个属地摩德纳和雷焦。虽然治理不善，但他颇得美誉。他献给卡帕拉拉（Antonia Caprara）一些热情的诗句，赞美她的美丽，但怪罪她不忠实。他娶塔第尔（Taddea Gonzaga）为妻时，便将缅怀往事的情思转移到较安全的牧场上，此后（约1486年）他便开始写一篇叙事诗《奥兰多》（Orlando Innamorato），细述奥兰多（罗兰）对女巫安·卡帕拉拉之爱的烦恼，并加写100个关于长矛战、赛马及战事背景的传奇故事。有一则幽默的传奇故事中，博亚尔多讲述了一个自吹自擂的萨拉逊人要为自己寻找一个响亮的名号。当他偶然发现罗多蒙特（Rodomonte，"说大话"之意）这个很厉害的绰号时，伯爵封地斯坎第尔罗的钟随即鸣响不已，好似知悉它们的主人不经心地将一句话夸大成一打之多。

在我们情绪激动之时，甚至当我们正激动地述说马上长矛战及马上比武的情形时，关于奥兰多、里纳尔多（Rinaldo）、阿斯托尔福（Astolfo）、鲁杰罗（Ruggiero）、阿格蒙特（Agramante）、萨克里潘特（Sacripante）的种种战争与爱情故事，及引诱我们、或施展她那超自然的魔术摧毁我们的安格里坎（Agricane），这些故事适于在宫殿的凉亭或花园隐蔽之处对听众述说。的确，听说伯爵是在费拉拉宫廷中阅读这些诗篇的——他必是一口气读完一篇或两篇。假如我们想即刻从博亚尔多和阿廖斯托那里拿到一首叙事诗，对于他们来说太过分了，因为他们只悠闲地为不急着要的人物或阶级而写，博亚尔多甚至为一个从未目睹查理八世攻占意大利事件的人写。当大家觉察到这种屈辱，意大利人也发现其艺术与诗的光辉竟无力抵抗北方残酷的强

权时，博亚尔多感到十分迷惘，在他写到第 6 万行时，写下一节绝望
的诗句，遂弃其笔：

> 啊！救世之主！即使在我最欢乐的时刻，
> 意大利被烈火焚烧的惨境依然浮现在眼前，
> 那些气焰高涨的高卢人正企图
> 将每一个角落化成灰烬。

他结束得恰到好处，并且在侵略达到高潮之前，就安然去世
（1494 年）。在他的诗中隐约表现出的高贵骑士情操，在那个动乱不
安的时代，获得了很少的反响。虽然在现代浪漫诗的历史上，他赢
得了一席神圣的地位，他的声音在阿方索战乱的统治下、在意大利
遭受外力的劫掠下及在阿廖斯托婉约娴静的诗章影响下，不久就被遗
忘了。

阿廖斯托

在我们欲了解意大利文艺复兴时期最优秀的诗人之前，我们得提
醒自己，诗篇是一种不能翻译的音乐，我们既非天生即通晓意大利语
言，所以也无须知道为什么意大利在其诗人行列中，将阿廖斯托排在
但丁后，而他们热爱《奥兰多之恋》的程度远超过英语系国家人民喜
爱莎士比亚名剧的程度。因此我们将只听到诗句而略过旋律。

阿廖斯托于 1474 年 9 月 14 日生于雷焦，其父是此地的君主。
1481 年，举家迁至洛维科，显然他是在费拉拉接受教育的。他也像
彼特拉克一样，虽然被安排攻读法律，却喜欢写诗。1494 年，法国
侵略该国时，阿廖斯托并未遭到干扰，反而在查理八世二度突击意大
利（1496 年）时，创作了一首贺拉斯式的短诗，适当地把这件战事
当作背景：

查理王与其军队的来击关我何事？

我将到碧荫底下休憩，

聆听流水声潺潺，

静观收割者殷勤的工作。

而你——啊！

我的菲利丝将在五彩缤纷的花丛中伸展着白净的双手，

为我编织花环，

哼出音乐般悦耳的声音。

　　1500年其父殁亡，遗留给10个孩子的财产只够维持一两个人的生活，长子阿廖斯托成为一家之主，开始与窘境奋斗。长年的渴望，形成他胆小而痛苦的卑屈性格，从未经历对诗饥渴的人很难理解。1503年，他在红衣主教伊普里托之下服公职。伊普里托对诗词的品位很低，而让阿廖斯托忙着外交上的差遣及其他无足轻重的琐事，诗人十分不称心。他每年所得的报酬只不过240里拉，而这份薪水难得按时发放。他为了改善职位，改写赞美诗，颂扬红衣主教的勇气和清高。伊普里托愿为他加薪，但规定他须听从命令，并让他享得许多利益。

　　他大部分的剧本都是那时写的，他已成为一名演员，且是被埃尔科莱派至帕维亚剧团中的成员之一。他的《卡萨利亚》（*Cassaria*）于1508年在费拉拉上演，而其《斯普西提》（*Suppositi*）于1519年在罗马利奥十世面前上演。此后他继续写剧本，直到他生命的最后一年，写出一本《论艺术》（*Scolastica*），这是他最好的作品，可惜在未完成之前便撒手西归了。他的剧本几乎都采用古典的题材，多半写一个或数个青年男子听纳仆人的机智与计谋，如何娶得或吸引了一位或数位青年女子，终于得到芳心。阿廖斯托的剧本在意大利喜剧中占有很高的地位，但在整个戏剧史上的地位很低。

　　他最伟大的叙事诗《奥兰多之恋》（*Orlando Furioso*）也是在伊普

里托之下服职时完成的，由此可见这位红衣主教毕竟不是一位刁难人的上司。当阿廖斯托将此手稿呈阅于伊普里托时，这位现实的主教问阿廖斯托："阿廖斯托先生，你在哪里找到这些无意义的东西？"只有那种奉承式的赞美他才认为有意义。这位红衣主教付钱出版了这首叙事诗（1515 年），并取得属于阿廖斯托的全部的出版权与收益。意大利人并不认为这首诗毫无意义或只是打趣的胡闹，1524 至 1527 年，他们出版了 9 版之多。不久，部分精选的诗便在整个意大利半岛上广为传诵或吟唱。这些诗，阿廖斯托在曼图亚时，也曾为卧病的伊莎贝拉读过许多次，在后来的几版中，作为颂词赞美她的耐心。他花费了 10 年的时间（1505—1515 年）写《弗里奥苏》（*Furioso*），而花 16 年的时间修改。随时随地补述一篇，最后写到 3.9 万行，分量几乎与《伊利亚特》和《奥德赛》两首诗之和一样多。

起初他只想接续并增加博亚尔多的《奥兰多》篇幅。凡是这位先人对骑士的配置及主题、关于查理曼诸骑士的爱情与战斗故事、中心人物、无插曲故事的结构、未采用一个故事接着一个故事的章回写法及改变故事的魔术，甚至由追索以斯坦西家族的家谱谈到神话中卢奇尔洛和博亚尔多的婚姻，他都模仿。不过在他所赞颂的百余人中，从未提及博亚尔多之名，因为他认为博亚尔多是债务人，从不列为英雄。也许是阿廖斯托认为这个主题与这些人物是属于这一套传奇故事的，而非属于博亚尔多的。

他不像这些传奇故事而像伯爵一样，强调爱情的地位在战争之上，他在开首几行便声明：

我歌颂女人、骑士、军队、爱情及侠义冒险的事业。

这故事的大体结构是这样：它是一连串的攻击，有些是支持基督教攻击伊斯兰教，大部分起因于女人。有 12 位伯爵与国王在追求安吉莉卡（Angelica），她一个接一个地玩弄着他们。当她爱上某个英俊的俗子时，便逐渐减低了对原来情人的热度，还不及对此人的收入调查清楚便嫁给他。在第 8 篇之后，也出现在这故事中的奥兰多，走过 3 个大陆为了去追求她，而忘了去协助他的君主查理曼王抵御攻击巴黎的穆斯林。到第 13 篇当他知悉已失去她时，便发疯了，直到第 16 篇之后才恢复理智。他失去的理智是在一个月夜中才找到，被儒勒·凡尔纳（Jules Vernae）的一位先人找回的。这则中心主题到此便混淆了，因为插入 12 个武士的冒险事迹，描写他们追求自己仰慕的女人，这些诱人的诗计有 46 篇之多。这些女士喜欢这种追逐，不过也许伊莎贝拉除外，她宁可说服罗多蒙特砍她的头，也不愿被奸污，后来这成为一则纪念性的事迹。圣乔治的老故事也包含在内，其内容是：美丽的安吉莉卡被人用石块捆绑在海边，做海龙的贡品，以求和解，因为它每年都要求一个少女，在卢奇尔洛赶来解救之前，这位诗人以柯勒乔（意大利画家）之鉴赏眼光做这样的默想：

> 一群凶狠、冷酷而粗鲁的人，将
> 一个最美丽的女人裸露其玉体
> 曝置于海边，献给海龙王。
> 她依旧像造物者最初塑造她时那样甜美，
> 没有一点遮饰掩蔽着她那百合般白净，
> 玫瑰般朱红的肌肤，它带着
> 仲夏的热情与寒冬的冷酷
> 在那完整肢体上闪亮着光泽。
> 在他眼中她似是一尊雕像，
> 也许是雪花石膏塑的，也许是大理石雕的，
> 被雕刻家精巧地雕在石头上，
> 他既未能见到一颗闪亮的眼泪滴落在她那
> 玫瑰般朱红、蜡树般雪白的面颊上，也未看到
> 微风吹拂着她金黄的秀发。

阿廖斯托写此诗时并不十分认真，只想写着娱乐人心的。他竭其文思欲以诗句吸引我们进入幻想的世界，又以神仙、魔术武器及妖术的题材使他的故事玄妙，用迫急的字眼描述长双翼的马凌空驾云，人变成树，堡垒瞬间消逝。奥兰多用矛枪一次刺杀6个荷兰人，阿斯托尔福（Astolfo）将叶子丢入空中可以制造舰队，在气囊中能抓住风。阿廖斯托在这些故事中也同我们一样大笑，对骑士的马上比枪与虚伪只是耐心地笑笑，而不嘲笑。他高度的幽默，用温和的讽语作苛刻的批评。因此在第34篇关于《地球的废物存放在月球上》之中，他加写了伪君子的祷告、诗人的谄媚、朝臣的奉承、君士坦丁王（三十四世）的捐赠。偶尔在某些序言中，阿廖斯托才讲伦理哲学。

意大利人喜爱《弗里奥苏》，其富于旋律且自然流露的言语及有趣的诗句，吸引我们一则一则地往下读。他们不在乎冗长迂回的描述及那些数不尽而有时又过于做作的明喻，因为它们也都披戴着闪耀诗句的外衣。当这位诗人推敲出一个触目惊心的句子时，他们便得到报偿了，并轻呼着"好极了！"就如他这样地描述泽比诺（Zerbino）："造物者创造了，又毁坏了这个模造物。"向阿廖斯托要求对以斯坦西家族做阿谀之辞，对伊普里托做赞美歌，或歌颂卢克雷齐娅的纯洁，是不费力的。这些尊礼是当时的一种风尚，马基雅维利须俯首屈身才能求得奖助，而这位诗人也需要津贴度日。

当红衣主教决定到匈牙利活动、命令阿廖斯托陪伴同去时，这种生活变得困难了。由于阿廖斯托拒绝命令，伊普里托免除了许多他服务的机会与酬赏。好在阿方索解救了这贫穷的诗人，每年赐予他84杜卡特的薪俸，另外配给他三个仆侍与两匹马，而不求回报。阿廖斯托经过47年难熬而几乎独身的生活后，才娶贝鲁奇（Alessandra Benucci）为妻！当她仍为提托·斯特罗齐之妻时，他就已爱上她了。他们婚后未再得子，但婚前已有两个私生子。

他曾统治加法那那（Garfagnana）三年（1522—1525年），但作为该地的君主并不愉快，因为这个山区经常有盗匪出没。他又不适于为政或指挥，因此希望退休，后来在费拉拉度过其生命的最后 8 年。1528 年，他在该城郊外购置一块地产，建造了一栋美丽的房屋，现在仍在阿廖斯托大道（Via Ariosto）供人参观，并由国家保护。他在前门题记着贺拉斯骄傲而简朴的诗句："它虽嫌略小了点，对我却十分适宜，不损伤人，并不华丽，却是用自己的资财得到的一个家。"他在这里安静地生活，偶尔在花园里工作，每日都修改或增补《弗里奥苏》。

他进一步地效仿贺拉斯，写给几位朋友七封诗信，这些信被人取名为"讽刺诗"并传沿至今。不过它们并不代表敏锐与坚实，也不像尤维诺尔（Juvenal）的那样锐利与致命。它们虽出自心灵的爱，内容却不和平，它们充满了对时代的鞭斥、轻蔑与狂人的傲慢。讽刺诗第一封是描述牧师的罪恶、蔓延在罗马的买卖圣职的歪风，及散布在各教皇间的族阀主义。第二封则痛诋伊普里托付给仆侍的酬金比给诗人的多这一过错。第三封讥讽当时多数妇女不忠贞的风气，并提供了选择或驯服妻子的技术。第四封是悲痛一位朝臣生活的各种屈辱，并歪曲地描述他对利奥十世一次不很成功的拜访：

> 我吻了他的脚，他便从那神圣的宝座上屈身而下，拉起我的手，回吻我的双颊。此外他还答应免课我一半的印花税捐。虽然身躯被雨淋湿、被泥玷污，但我的胸怀充满了希望，之后我便到白羊宫去进晚餐。

第五、六封是哀痛他在加法那过着穷困的生活，描绘他的日子是在"威胁、责罚、劝服或偿债之中度过的"，他的诗才如何被罪恶、诉讼及吵架所惊吓及麻痹以至于消失的。此外他的情人，也远离在数英里之外。最后一封信是请求本博（Bembo）为阿廖斯托之子弗吉尼奥（Virginio）推荐一位希腊文私人教师：

> 这位希腊人须有学识并通晓正直的法则与原理，因为道德比

博学还重要。可惜当此之时很难求到这样的老师。很少人文主义者能免于抛弃道德的奥名，而知识的空虚也使他们大多数成为怀疑论者。为什么求知与不忠实会牵连在一起呢？

阿廖斯托一生对宗教的态度始终很轻率，不过他也像文艺复兴时期所有的知识分子一样，最后与宗教保持和平。年轻时他便患有支气管炎，病情可能因做红衣主教的从员，随其外出旅行而恶化。1532年，麻烦更大了，因为病情转成肺结核，他一直与病魔挣扎，好像不满意于仅在名声上的不朽。1553年终于逝世，享年仅58岁。

他死之前已成为第一流的作家。早在23年前，拉斐尔就曾画过他。他在梵蒂冈的《帕那萨斯山》的壁画中，与荷马、维吉尔、贺拉斯、奥维德、但丁、彼特拉克并列。意大利人称他是意大利的"荷马"，其《弗里奥苏》被喻为《伊利亚特》，但对于一位崇拜他的意大利人而言，并非仅止于此。除了特洛伊长期无情的战争之外，阿廖斯托的世界是愉快而奇异的，他的武士们情感丰富，性格各异，其中有阿伽门农统帅的尊位、阿喀琉斯的热情、内斯特的智慧、赫克托耳的尊贵和普里阿摩斯的悲惨。由此看来，谁又会把美丽而轻浮的卡帕拉拉同女性中的女神及克服挫折的海伦并列在一起呢？我们最后一句话仍与第一句话一样：只有彻底了解阿廖斯托所有语言的人，只有察觉出他的欢乐与情感上细微的差异的人，及对其整个梦想中的音乐旋律有感受的人，才能批判阿廖斯托。

余波

对两篇《奥兰多》的浪漫精神提出矫正的，还是活泼而具有幽默感的意大利人自己。在阿廖斯托逝世前6年，吉罗拉莫（Girolamo Folengo）便出版了一篇《奥兰多之恋》，这叙事诗以讽刺的手笔描述着荒诞的故事，并大肆夸张。吉罗拉莫在博洛尼亚时听到蓬波纳齐

（Pomponazzi）的一些怀疑论的文学作品，便在学校制造桃色事件，从事阴谋、拳击与决斗诸事，终于被大学开除。他的父亲也与他断绝关系。他在1507年做了圣本笃派修士，也许只是想借这个职称得以维生。6年后他坠入情网，并与情人私奔。1519年，他假借马卡罗内（Maccaronea）之名出版了一部讽刺性文章。《奥兰多之恋》是恣意嘲弄的叙事诗，用粗劣而通俗的方言写成的，有时以认真的态度描写了一二节之后，突然用一些句子惊吓读者，这种轻浮、随意的态度几乎与那些枢密顾问官不相上下。骑士们的装备是厨房的用具，他们骑在跛行的骡背上冲进了比武场。故事中的引导牧师是格里法洛斯托，他的图书室中也放着烹调的书籍，并点缀着一些食物与美酒，而"他所知道的诺言都属于牛与猪的"。吉罗拉莫由他而讽刺意大利牧师，进而嘲讽路德派牧师。虽然这个作品使人捧腹大笑、拍掌叫好，这位作者依旧过着三餐不济的生活。终于他又隐退到修道院，写着虔诚的诗篇，在他53岁那年（1544年）带着神圣的美誉离开人间。拉伯雷很欣赏他，阿廖斯托在晚年可能也偏爱他这种风格。

　　阿方索一世排除教皇的威胁，极力保护着领地的安全，并于1527年煽动日耳曼和西班牙军队围攻掳掠罗马，以示报仇。查理五世十分赏识他，将费拉拉原有的封地摩德纳与雷焦交还给他，而阿方索也将他的领区原封不动地传给后代。1528年，他差遣其子埃尔科莱到法兰西，带回一位具有外交手腕的妻子，她出生于皇族——里尼（Renée）或雷纳塔（Renata），长得纤细、阴沉而丑陋，私下是加尔文派（Calvinist）信徒。阿方索在卢克雷齐娅死后，有一个情妇——罗拉·黛安提（Laura Dianti）得以慰藉，可能在其逝世（1534年）之前曾与她结婚，他一生虽能以智取胜每一个敌人，却无法取胜易逝的光阴。

第六章 | 威尼斯王国
（1378—1534）

帕多瓦

帕多瓦在卡拉雷西国王的统治下，成为意大利境内最具威胁性且足以与威尼斯王国抗衡的国家。1378 年，帕多瓦联合热那亚，意图控制整个意大利半岛。1380 年，威尼斯由于热那亚之战国力耗竭，割让位于其战略要地特雷维索（Treviso）给奥地利公爵。1383 年，帕多瓦国王弗朗西斯科一世由奥地利公爵手中买下特雷维索，并试图攻取维琴察、乌迪内（Udine）及弗留里（Friuli）等地。这个战略一旦成功，则将可控制从威尼斯至其国境内的阿古都（Agordo）铁矿的交通及与德国之间的贸易通道。威尼斯由于外交策略上的成功得以幸免，它联合吉安加里亚佐·威斯孔蒂对抗帕多瓦。吉安加里亚佐·威斯孔蒂毫无诚意与威尼斯联盟，其之所以结成联盟，目的在于利用威尼斯的默认扩张其东方的领土。1389 年，弗朗西斯科一世不幸战败退伍，继位者为弗朗西斯科二世，他于 1399 年，重订 1338 年与威尼斯所订的条约，该条约中，帕多瓦承认为威尼斯的附庸。弗朗西斯科二世在国力逐渐恢复后，攻击维罗纳和维琴察，却为威尼斯所败。弗朗西斯科一世和二世被俘后，被判处死刑。威尼斯将帕多瓦直接置于元老院的统治下。帕多瓦与威尼斯之争，于此结束。

饱经战乱的帕多瓦，在外来的有力统治及当地人民的恣意享乐下，渐趋繁荣，终于成为威尼斯管辖下的教育中心。各地拉丁基督教国家的学生，都远道而来此地著名的大学。这里产生了许多后世闻名的学者和艺术家，如彼科、阿廖斯托、本博、圭恰尔迪尼及意大利诗人塔索、物理学家伽利略（Galileo）、后来成为瑞典国王的瓦沙（Gustavus Vasa）及成为波兰国王的索比斯基（John Sobieski）等。1463 年开始希腊文的教授，德米特里斯·卡尔孔狄利斯（Demetrius Chalcondyles）在他前往佛罗伦萨之前，一直任教了 16 年。一个世纪之后，莎士比亚仍对帕多瓦十分赞赏，称其为"美丽的帕多瓦，艺术的园圃。"

出身为裁缝的帕多瓦人斯奎尔乔内，后来成为一位著名的教育家。他对古典艺术有特殊的爱好，足迹遍及意大利和希腊。他精心研究希腊的绘图、罗马的雕刻和建筑，搜集古钱、古徽、雕刻等，回到帕多瓦后，成为当时最著名的古物收藏家。他创办一所艺术学校，并将搜集的古物展示于该校，教导学生从事古典艺术及新科学的研究。他还多方延聘当时颇负盛名的 137 位艺术家中的几位，远道而至帕多瓦，如画家乔托从佛罗伦萨来为竞技场作壁画；阿蒂基耶罗（Altichiero da Zevio）从维罗纳来粉饰圣安东尼教堂；雕刻家多纳泰洛发挥才能，为帕多瓦的教室及广场留下其天赋的心血与结晶。又有多纳泰洛的学生巴·贝拉诺（Bartolommeo Bellano）为加塔梅拉塔教堂雕琢两座可爱的女神石像。威尼斯的皮·隆巴尔多（Pietro Lombardo）也锦上添花，增塑一位雇佣兵队长之子的塑像及装饰一座富丽堂皇的安托尼奥·罗塞利的坟墓。另有安德烈亚·布里斯科（Andrea Briosco）、安托尼奥及图里奥·隆巴尔多（Tullio Lombardo）三人为加塔梅拉塔教堂雕刻一个宏伟华丽的大理石浮雕。同时，里奇又为教堂建造一根意大利最华丽动人的柱子。他还与威尼斯的亚历山德罗·列奥帕第、安德烈亚·莫隆（Andrea Morone）共同设计坐落于圣吉斯提那（Santa Giustina）的尚未完成的教堂。这一设计，是后世文艺复兴时代建筑样式的典型。

帕多瓦与维罗纳的伊库甫·贝利尼、皮萨内洛将绘画的种子带进威尼斯的学校，使威尼斯在绘画上的成就威名远播、名扬于世。

威尼斯的经济与政策

1378 年是威尼斯王国最黯淡的时期：它在亚得里亚海的贸易被强大的热那亚舰队取代；它与意大利内陆的联系也被热那亚与帕多瓦的军队封锁；它的人民陷于挨饿的困境；政府则准备投降。但半个世纪之后，它统治帕多瓦、维琴察、维罗纳、布雷西亚、贝尔加莫、特雷维索、贝鲁诺、费尔塔、弗留里、伊士特里亚、达尔马提亚海岸、莱潘托、帕特拉斯及科林斯等地。由于围绕在城堡四周的护城河所带来的安全，它颇能经得住意大利境内各政权的变迁。它的财富与国势与日俱增，并颇有执意大利牛耳之势。1495 年，法国出使威尼斯的大使菲·科明（Philippe de Comines）称其为"我所见过的最富丽堂皇的城市。"另一位从米兰来的大使彼得罗·卡索拉（Pietro Casola）也大为赞赏，誉其为"无法形容其美丽与财富之城。"该城由 117 个岛屿、150 条运河及 400 座桥梁组成，并由一条大运河贯穿全城。无怪乎法国大使菲·科明誉之为"世上最美丽的街道"。

威尼斯何以如此华丽壮观？其支应的财源部分来自国内成千的工业，如造船、制钢、玻璃制品、制革、工具、宝石磨制及纺织等，所有产业都分别由专业人才组成工会。其大部分的财源则来自庞大的商船队，航行于各大洋，运送威尼斯及其附庸国的商品远至德国及欧洲各地，横跨阿尔卑斯山，远至埃及、希腊、拜占庭及亚洲各地，并从东方载回丝绸、香料、地毯、药材和奴隶。平均出口所得，年达1000 万杜卡特，当时无一城市能与此辉煌的贸易成就相比。威尼斯的商船从黑海的特拉布宗港至西班牙的加的斯港、里斯本、伦敦、布鲁日，甚至远至冰岛也随处可见。来自世界各地的商人汇集于威尼斯的贸易中心里奥托（Rialto）。海上保险的收入及进出口贸易的税收也是主要财源。1455年，威尼斯政府的岁收为80万杜卡特。同年，佛罗伦萨的岁收为20万杜卡特，那不勒斯为21万杜卡特，教皇区为40万杜卡特，米兰为50万杜卡特，西班牙为80万杜卡特。

由于威尼斯的财政支出大部分仰赖贸易收入，贸易便支配了国家的政策，商人权力大增，形成商人贵族阶级，可世代世袭，还控制全国各机关。1422年，威尼斯全国有19万工人，所有生产完全仰赖国外。由于自然环境的限制，威尼斯的民生必需品几乎完全仰赖进口，工业所用的原料也赖外来的木材、金属、矿产、皮革、布匹等。为支付巨额的进口费用，威尼斯唯有加快扩展其产品外销。为确保民生必需品、原料、产品的供应，它须不断地战争赢得意大利北部的控制权。由于同样仰赖国外非意大利地区的供给，它亟须控制国外原料的供应地、产品销售的市场及通商大道。它成为"天命注定"的帝国主义国家。

威尼斯的政治史完全视其经济需要为转移。当维罗纳王国的斯卡里吉里与帕多瓦的卡拉雷西及米兰的威斯孔蒂，试图将势力扩展到意大利东北部时，威尼斯深受威胁，终于诉诸武力，又因惧怕费拉拉王国可能控制波河出口，便试图派遣侯爵镇守该地，同时向教皇抗议费拉拉取得该地。威尼斯向西的扩展，触怒了有相同意图的米兰。1423年，菲利普·玛利亚·威斯孔蒂攻击佛罗伦萨时，托斯卡纳共和国求助于威尼斯，并指出米兰的野心；因为托斯卡纳一旦被并吞，意大利北部所有的天主教国家都将为米兰所并。在一次史上闻名的辩论会中，面临危机的总督莫西尼科（Tommaso Mocenigo）以威尼斯的和平为理由与弗朗西斯科·弗斯卡里（Francesco Foscari）激烈争辩，结果以"主动攻击为最佳防御"获胜。威尼斯用弗朗西斯科之言，与米兰开始为期30年的长期战争（1425—1454年，其间几度停战）。后来，由于米兰国王威斯孔蒂的去世、米兰境内安布罗西安共和国的叛乱及土耳其进占君士坦丁堡，两个敌对国在洛迪签订和约，威尼斯虽获胜却已耗竭了国力。

威尼斯在亚得里亚海的扩展，有一个合法的借口，它的地理位置恰好在地中海的最北岸。这是一个十分有利的位置，但其先决条件为控制亚得里亚海。其东海岸的小岛和港湾又利于海盗船的匿藏和海盗的活动，成为威尼斯商船的一大威胁。1202 年，威尼斯贿赂十字军以助其攻取扎拉（Zara），在该地屯兵驻守，并逐年清除海盗的巢穴，直到所有达尔马提亚海岸都接受它的管辖。

十字军攻占君士坦丁堡后，威尼斯同时接受此城为它的战利品，并与克里特岛（Crete）、萨洛尼卡港（Salonika）、基克拉泽斯群岛（Cyclades）及斯坡拉第群岛（Sporades）结成贸易同盟。它又积极征服都拉索与阿尔巴尼亚海岸，伊奥尼亚岛及弗留里，伊士特里亚半岛与拉韦纳，俨然成为亚得里亚海的统治者，并对往来于该海域之非威尼斯船只收取过路费。

奥斯曼土耳其逐渐进逼君士坦丁堡时，拜占庭感到已无力保障它边远的属地（希腊各邦），许多希腊城邦和岛屿都转向威尼斯，乞求保护。其中，塞浦路斯庄严的女皇卡特琳娜·科拿洛（Caterina Cornaro）是吕西尼昂（Lusignan）王朝最后一位君王，自感无力与土耳其抗衡，便依附威尼斯，并为讨好威尼斯一省长及获 8000 杜卡特的年金而同意退位。

威尼斯在外交和武力上的成就，及贸易上的各种成果，正好面临奥斯曼帝国的兴起。1416 年，在加里波利（Gallipoli）的土耳其驻军攻击威尼斯舰队，威尼斯人奋勇反击，打败了土耳其。其后约 30 年间，敌对双方一直陷于胶着状态，彼此仍有商业上友善的往来。欧洲各国大为着急，希望促成威尼斯与土耳其的火拼，但君士坦丁堡的陷落也没终止此友好关系。威尼斯与战胜的土耳其签订一条件尚可的商业协定，改订彼此的礼节，然而威尼斯在黑海的贸易出入通道，已控制于土耳其手中，屡受其掣肘。教皇庇护二世为宣扬基督教教义与开放欧洲贸易，号召十字军东征土耳其。欧洲各国保证人力、物力的援助，威尼斯负责进行筹划，希望击退土耳其，重演 1204 年的历史。只是欧洲各国每不履行出兵诺言，威尼斯只得独军对抗土耳其（1463年），坚持 16 年后，终于为土耳其所败，于 1479 年签订和约，割让尤比亚岛（Euboea）、斯库塔里（Scutari）及摩里亚（Morea）给土耳其，赔偿军费 10 万杜卡特，并每年以 1 万杜卡特换取土耳其境内各港口的贸易权。当时欧洲各国讥之为"基督王国的叛徒"。当另一教皇意图再号召十字军东征时，威尼斯充耳不闻，它与欧洲各国一样，认为贸易远比基督教来得重要。

威尼斯政府

威尼斯政府的组织闻名于世，其敌国也大为钦佩，远道遣使而来，学习其政府的组织与运作。其海军与陆军的组织，也是当时意大利境内最具效率的。庞大的商船队，在战时也能改装为战舰。1423年，威尼斯拥有 43 条战舰和 300 条辅助舰。当威尼斯转战于意大利内陆时，经常使用海军军力，如 1439 年，威尼斯人装战舰于滑轮车上，运入内陆，过高山涉深谷，停留在加尔达湖（Garda），从该处攻击米兰的属地。当意大利各国尚习于用雇佣兵打仗时，威尼斯已开始建军，由本国人民组成自卫队，施以优良的训练，并装配最新式的滑膛枪和大炮。此外尚有由战略学校训练出来的将领，优秀的领导及精良的装备，使威尼斯纵横于意大利。其与米兰之战，曾栽培三位才干卓越的将领，即卡马诺拉、伊·那尼（Erasmo da Narni）、加塔梅拉塔和巴托罗米奥·科莱奥尼。后两位因贡献卓越，被后人塑像纪念而名垂千古。另一人则被斩首于市，以惩其通敌之罪。

威尼斯的政权是一种严密的寡头政治，由因经商致富的古老家族统治，即使文化鼎盛的佛罗伦萨亦衷心模仿。这些家族严格限制康西奇利奥（Maggior Consiglio）会员资格，规定只有 1297 年以前参加过大会议（Great Council）的男嗣，才有权参加。1315 年的 480 名合格人员，都载入《金册》中，从这 480 人中，元老院又提名 60 人，后增为 120 人。普雷加第（pregadi），即受邀请之人，每年一任，充任立法元老院大会议，有权指定全国各政府机关的行政首长及直接向大会议负责的执行长——总督。总督为终身职，管理并主持大会议，必要时由大会议罢免。总督总理全国行政，并与六个枢密委员共同组成执政团西贡诺里亚，因此执政团和元老院是威尼斯的统治阶层。大会议成员太多，不能有效地处理重大事件，逐渐变为选择总督与监督的大会，大权旁落执政团。

为防止内部的叛乱，康西奇利奥每年从会员中选出 10 人组成公共安全委员会。通过该会秘密法庭的侦查和审判等程序，该委员会成为当时最有权力的机构。甚至威尼斯大使也经常向该委员会秘密通报，对其重视程度，远甚于元老院。该机构颁布的命令就是法律。并每月由会员中选出 2 至 3 人，称为国务调查员（Inquisitori di stato），负责调查全国人民及政府官员中有无渎职或叛国的嫌疑。公共安全委员会的决定及判决必须向大会议负责。该委员会甚至规定必须有 4/5 的投票通过才能成立控诉，开庭审判，任何被拘捕者均有权自选 2 个法律辩护人，任何有罪的判决必须经过该委员会 5 次投票的多数通过。因此定罪的数目实际上非常少。但这并不包括秘密暗杀间谍及国外的威尼斯敌人。1582 年，元老院深感该委员会太擅权专断，时有越权之事，便削减其权力，此后，公共安全委员会已名存实亡了。

由大会议指定 40 位法官制定有效且严厉的法律，使司法有明文的规定，严格限定贵族及平民的权利和义务。囚犯通常被关在狭小的监房里，黑暗、空气不足、鞭笞、烙刑、断舌、砍断手足、肢解身体、弄瞎眼睛等皆为当时法律规定的刑罚。死刑犯常在狱中被绞死、秘密淹死、吊死或悬于木桩上烧死，重刑犯或盗窃犯或受烙刑，或被纵马拖死，或被斩首及肢解躯体。为了掩饰它的残暴，威尼斯开门庇护外国被迫害的知识分子和政治犯。当伊莎贝拉被允许离开曼图亚时，威尼斯竟不惜得罪可怕的恺撒·博尔贾，而庇护伊莎贝拉和圭多巴尔多。

15 世纪，威尼斯的行政管理几乎是当时欧洲最出色的，虽然也有贪污的现象。1385 年，政府成立公共卫生局，负责检验饮水的清洁及防止地层下陷。其他尚有专门维持物价水准的机构，还设立邮政，以便利政府邮件及私人信件和包裹的传递。退休的公务人员，可领取养老金，孤儿、寡母也有定额的补助金。其他位于意大利岛上的附庸国家的管理，由于相当公正且颇能有效地控制，这些国家在威尼斯的统治下，反而比以前来得繁荣。因战争而隔离的国家，又纷纷回到威尼斯的统治下。只是威尼斯对海外属地的统治尚不够完善。常视国外属地为战利品，将其分封给贵族或有功的将军。当地的平民，虽仍保有在当地政府中的职位，却很少晋升为高级官员。

威尼斯的外交关系靠其杰出的外交家维系得很好。当时欧洲各国的观察团和谈判家，很少有像伯纳多·基斯提尼亚尼（Bernardo Giustiniani）如此敏锐与能干的。威尼斯大使的情报、政府的分析，再加上元老院的机敏应变，使威尼斯政府经常能在外交斡旋中赢回由战场失败导致的损失。

就道德观点言，威尼斯政府并不优于他国政府，尤其处罚立法比他国更坏。其纯视利益关系与外国缔交或断交，毫无顾忌，又无信用。这是文艺复兴时期诸国一致的情形。威尼斯人也颇能接受这一唯利主义原则，他们只要威尼斯成功，而不计如何赢得胜利。他们为本国的国力和安定感到骄傲，个人向国家所表现的爱国精神及全心全意的服务，是当时任何国家的人民所不能相比的。他们对总督的尊敬仅次于上帝。

总督是国会和元老院的代理人，非其首长。他的显赫远超过其权力。在公共场合，他永远是盛装出现，佩戴各种宝石。仅军帽上的珠宝即价值 19.4 万杜卡特。威尼斯的画家可从他的礼服学习到画笔下的各种绚丽的色彩，几幅光彩夺目的绘画就是以总督的礼服为题材。

威尼斯人相信，礼仪的展示一方面能加深外国使节和访客的印象，另一方面引起人民的敬服，展示其奢华。甚至总督夫人也荣获加冕。总督负责接待国外贵宾，签署所有的国家重要文件，在一年一任的选聘中，其终身任职对国家的影响力既深且长。虽然在理论上，总督只是人民的公仆和政府的发言人。

在威尼斯的历史中，可找到一长列多彩多姿的总督，但他们当中鲜有能在国家的命运与发展上烙下深刻影响的。素称雄辩的总督莫西尼科行将就木时，元老院又选出一野心勃勃的新总督弗朗西斯卡来接替他。新总督行年50就位，在位34年，南征北讨，使威尼斯一直处于战乱中，攻米兰、败贝尔加莫、布雷西亚及克雷莫纳等，战绩辉煌，权力达于空前的顶点。但由于其日增的专制统治，引起十人安全委员会的嫉妒，他们控诉他因行贿而当选，但又因无法提出有力的证据，遂又诬陷其子伊库甫叛国，私通米兰。伊库甫禁不住严刑逼供，招认通敌之罪，被判放逐罗马尼亚，旋又许其居于特雷维索附近。1450年，十人安全委员会中曾行逼供的一人被刺，伊库甫又被控以该罪。伊库甫虽受严刑，始终不认供，再度被放逐到克里特岛。伊库甫终因心灵受创太深而丧失神志。1456年，他被带回威尼斯，再度被控私通米兰，几经折磨后认罪，又被放逐到克里特岛，此后不久，终于离世。而他的父亲——一位长期忍受孤独、独立承担战争风险与责任的老总督，功在社稷，竟不能为其子开罪，洗脱冤情，终于在法庭的判决下痛失爱子，精神大受打击，年高86岁时，再也不能处理国事，由元老院免除其职，并年颁2000杜卡特为养老金。退居家乡后几天，他即因脑溢血而死，其时新的总督恰在教堂的祝贺钟声中宣布继位。

老总督弗朗西斯卡的胜利，引起意大利各国对威尼斯的仇恨，邻近各国因无法对抗威尼斯的势力而不安，因此而有12种联合以对抗威尼斯。1508年，费拉拉、曼图亚、尤利乌斯二世、西班牙、法国路易十二与神圣罗马帝国皇帝等组成坎布雷联盟（League of Cambrai）

联合击毁威尼斯。1501 至 1521 年，威尼斯在总督列奥纳多·罗里丹诺（Leonardo Loredano）的领导下，奋勇抵抗，但终为坎布雷联盟所败，一个世纪来，威尼斯在意大利的努力成果，几乎丧失殆尽。但威尼斯人上至总督、贵族等慨捐家产，下至人民都各自武装，以备作最后奋斗，与该联盟决一死战。威尼斯民心的聚合，终因自助天助，而幸免于难，并收回一部分意大利的属地。但由此耗尽了国力，总督罗里丹诺去世时，画家提香不过 57 岁，而丁托列托和韦罗内塞尚未出现，但威尼斯人已深知他们在财富、权势上光荣的巅峰期已经消逝。

威尼斯人的生活

15 世纪末 16 世纪初是威尼斯人生活最光辉灿烂的时期。贸易的巨额盈利，使威尼斯能与土耳其和平共存，同时绕道非洲与大西洋航运的开放，也未影响其贸易的成长。各地财源、物质的大量涌入，使威尼斯到处盖满了教堂，运河旁修建了美丽的宫殿，殿内饰以珍贵的金属及家具。妇女穿上华丽的衣服，戴着珍贵的首饰，宫内则挂满了各式的名画，运河中漂浮着灯火辉煌的画舫，轻舟上的歌声与潺潺的流水声汇成一片。

威尼斯底层人民的生活，类似苦役。城里的各个拱桥上及大运河旁，每天都挤满了苦力，搬运从世界各地进口的产品。威尼斯的奴隶远多于其他欧洲城市，这些奴隶大部分是从伊斯兰教国家运来的，通常充为家庭的奴仆、随从或低级护士，或卖身为妾。总督彼得罗·莫西尼科 70 岁时，曾随身留了两个土耳其奴隶，作为性奴。威尼斯的野史，曾有一段有趣的记载，一传教士将一女奴售给另一传教士，但第二天买方即要求退货，因他发现这个女奴已经怀了孩子。

威尼斯上层阶级的生活，虽然尊贵，但并没有造成懒惰的性格。大部分人在成年后，从事经商、理财、外交活动、任政府官员或从军。从历史的画像中，可以充分看出他们的自豪个性。他们自豪于美丽的住宅，但仍不忘个人应尽的义务。或许是为了取悦那些为他们作画的画家，从画像中，可以看出他们大都穿着丝绸或皮裘。另有一些青年——紧身裤的一群，时时炫耀他们的丝织锦缎的紧身上衣及缀上金银宝石的紧身长裤。但是每一个年轻贵族被选为元老院的元老时，则需要特别的装束，通常都穿上宽大的外袍，借着外袍使男人显得更严肃，使女人显得更神秘。偶尔在瑰丽的宫里或在坐落于穆拉诺（Murano）的别墅或其他郊区中，贵族们尽出其秘密财富，慷慨款宴宾客；或于某些国家庆典或家族的纪念日，大宴宾客。1542年，红衣主教格里玛尼（Domenico Grimani）就任高级教职时，大宴宾客3000人。这些宾客都用灯火辉煌的画舫接送，船上饰以华丽的天鹅绒和垫子。宴会中有一流的乐队、杂技及走绳表演、舞会、丰盛的晚餐等，极尽奢侈之能事。

威尼斯中产阶级的生活，是各个阶级中最惬意快乐的。他们通常担任基层教职、政府职员、医师、律师、教员、工厂或工商协会的管理员，对外贸易的会计人员或本地商业的经理人。他们不像高阶人员那样汲汲于保有其俸禄，也不似低阶人民为养活妻小而劳碌奔走。他们生活悠闲，偶尔以打牌、掷骰为乐，喜欢演奏乐器及唱歌、跳舞。对于他们来说，庆典或盛大的夜间舞会是司空见惯之事。每个家庭都备有名贵乐器并随时一展歌喉，阿德里安·维拉尔特（Adrian Willaert）率领其享誉各地的合唱团至圣马可教堂时，威尼斯万人空巷。

威尼斯节日在教堂、皇宫及海上举办的庆典，其盛况是当时欧洲各国难与匹敌的。总督的就职典礼、宗教的庆典或国定假日、外宾来访、重要和约之签订、妇女节、圣马可或工商协会守护神的周年纪念日，都极为华丽、壮观。每逢庆典，马上比武是不可或缺的节目之一。1491年，威尼斯以盛大国礼接待退位的塞浦路斯女王时，即从希腊调来一支部队，在冰冻的大运河上举行马上比枪。这种马上竞技不利于海军的发展，逐渐被水上活动竞舟取代。每年最大的一次庆典称为海上婚礼（Sposalizio del Mare），是亚得里亚海一带最神圣、最多彩多姿的仪式。1493 年，最美丽迷人的米兰女大使贝亚特丽斯出使威尼斯时，其接待仪式盛况空前。整条运河被装饰得如圣诞节时的大道，各种神奇古怪的船只，也以紫色和金色饰成威尼斯的象征，成千的船只驶向贝亚特丽斯的坐船，以示欢迎的热情。每只船都饰以花环和各式旗帜，据后来的史学家记载，当时的船只之多，挤满了运河，一英里外尚看不见水域。

根据记载，贝亚特丽斯晋见总督的情形，颇具戏剧性，大部分是由戴着面具的演员（momari）以手势来表达的哑剧。威尼斯人非常喜爱这种表演，直到 1462 年，仍保留这一偏好。虽然当时禁止喜剧的上演，由于公众的需求，导致宗教性剧本的改变，而成为各种肤浅、杂乱无章的喜剧。人文主义的兴起，唤醒了意大利人对古典喜剧的兴趣。意大利早期的喜剧名作家普劳图斯和特伦斯的剧本又被搬上舞台。1506 年，阿莫尼奥（Armonio），修道士、演员、音乐家，用拉丁语在爱利米塔尼的修道院上演第一出喜剧《千金》（Stephanium）。威尼斯的喜剧开始蓬勃发展，至 18 世纪初的喜剧大师哥尔多尼（Goldoni）时为全盛时期，媲美哈里昆（Harlequin）和潘塔农（Pantaloon）的艺术节。

这种放纵不拘、亵渎神圣与正统信仰并存于威尼斯人的个性中。每逢星期日或国定假日，群众聚于圣马可教堂聆听教义，由流传的镶嵌、雕像或浮雕可以看出当时人们内心的恐惧与希望获救的神情。教堂设计的威严，更能加深传道时的影响。甚至妓女也暂时藏起卖淫的标志——黄手帕——混入教堂祈祷、忏悔，希望获得内心的安宁。威尼斯元老院为了鼓励这种对宗教的虔诚，经常由总督主持全国性的宗教仪式。君士坦丁堡陷落后，更不惜巨资从海外购入东方圣者的遗物，并斥资 1 万杜卡特购置耶稣基督的内袍。

但某些被诗人彼特拉克喻为神道的集团，一再藐视教会的权威。他们不顾教皇最严厉的命令破门律，公开收容那些对教会持怀疑论的人，凶恶地指责教士攻击犹太人的不当，并希望造成教会的国家化，使之直接受命于威尼斯政府。威尼斯的主教通常由元老院选出后，再由罗马教皇确认。但后来逐渐演变成不论教皇确认与否，由主教自行认定。1488 年后，除非是威尼斯人，否则不能被选为威尼斯主教。在威尼斯境内，除非经政府允准，教会不得收税或使用捐款，教堂或修道院直接由政府监督管理，而且传道士不得任官。所有教产都必须付税，教会法庭则受政府的严厉监督，犯罪的神职人员和俗人接受同等处罚。长久以来，这个共和国反对宗教裁判所的引入，后虽接受宗教裁判，但一切裁决都由元老院组成的小组审判，在威尼斯宗教裁判史上，只有 6 件判案裁定为死刑。威尼斯政府颇自得于这一事实，宣称除了神圣的总督之外，不承认任何特权，并公开承认主教的联席会议高于教皇的原则，教皇欲参加未来的联席会议必须提出申请。1483年，西克斯图斯四世在位时，颁令由十人委员会命令国内所有的牧师照常执行职务。尤利乌斯二世即位后，却重颁新令反对威尼斯，十人委员会则禁止其令于国内公告，并托罗马的法定代理人在圣彼得教堂门口贴一为教皇申请加入未来主教联席会议的请求（1509 年），尤利乌斯赢得此项胜利，迫使威尼斯绝对遵从宗教权威的领导。

威尼斯人的生活在物质上远比精神上来得诱人。政府相当能干并有魄力克服逆境，只是有时则失之于野蛮和自私，它从未虑及威尼斯终是意大利的一部分，也未考虑这种国土分割将导致何种悲惨的后果，而自行发展成强有力的个性——不依赖他人、精明、狡猾、成熟、勇敢、果决、自傲等，我们可从成百的历史画像中看出。它的文明较之于佛罗伦萨则失之于浅薄，较之于米兰又缺乏精巧与优雅，但它是历史上最多彩多姿、最奢华、最享乐的文明。

威尼斯的艺术

·建筑与雕刻

鲜明而柔和的颜色是威尼斯艺术和建筑的基本色彩。许多威尼斯的教堂、大厦或商业大楼，其大门都少不了细致的镶嵌或壁画。随着年代的剥落，圣马可教堂的大门闪烁着镀金及其他修补所掺杂的颜色，使这一伟大建筑的表面，变成掺杂雕刻、镶嵌等奇形怪状的混合物。其装饰的特色，常使人忽略了整个神殿的建筑。为瞻仰神殿正门，须远离大门约 576 英尺，退至圣马可广场的另一端，始能窥其全貌。那是罗马式建筑的大门，哥特式的"S"型镶嵌，古典的柱子，文艺复兴式的栏杆及拜占庭式圆顶等，混合成一种奇特的幻象——一种天方夜谭里阿拉丁神奇的幻象。

圣马可广场以前不像现在宽敞、庄严。15 世纪，广场还没有铺设道路，其一部分种植葡萄和树木，另一部分是石头铺成的庭院，有一间古式厕所。1495 年，铺上砖块；1500 年，亚历山德罗·列奥帕第又在这里立下三根与众不同的旗杆；1512 年，小布奥（Bartolommeo Buon）又兴建一庄严宏伟的钟楼（该钟楼于 1902 年倒塌，后人依其样式重建），另有圣马可市政府大楼二幢（分别建于 1517 年和 1640 年），它们巨大单调的大门，面对面矗立于广场北方与南方的边缘。

圣马可广场与大运河之间，则为威尼斯最高统治者所在地——总督府。由于该府经过多次整修，目前已无法窥其原状。总督巴塞焦于 1309 年至 1340 年重建位于南方的大楼，使面向大运河。布奥及其子小布奥又于西北角落处建一哥特式大门。在南面与西面之间，另有许多拱廊和亭台，是文艺复兴时代的代表作。后来正门又雕上许多华丽的浮雕，罗斯金（Ruskin）认为这些柱头上亚当与夏娃的浮雕，是全欧洲最好的雕刻。在小布奥与安托尼奥·里佐两宫之间，有个华丽的拱门，以弗朗西斯卡命名，由三种不同的形式混合而成，它有文艺复兴式的大柱及横木、罗马式的拱门及哥特式的尖顶。在拱门的壁龛处，里佐又添了两个奇怪的雕像——亚当抗议他的无知及夏娃受到惩罚的困惑神情。另有由里佐设计而由威尼斯的皮·隆巴尔多完成的东边正门，是一文艺复兴式的飞檐及阳台所构成的拱门。里佐又设计由地面至第一层楼板的大楼梯，式样简单而庄严，以奎尔恰所雕刻的两大雕像以战神和海神命名。总督府大厦内有监牢、行政人员办公室、接待室、元老院及十人委员会会议厅，每一间房里皆饰以历史上最享盛名的画家的壁画。

当威尼斯共和国在建筑上大放异彩时，贵族们竞相在大运河旁建私人宫殿。每一座宫殿皆有以白色大理石、斑纹石或蛇纹石镶嵌的大门，哥特式的窗户或文艺复兴时代的列柱。精雕的大门面朝大运河。庭院中则兴建各种雕像、喷泉、花园、壁画及瓷缸。房间内部则铺大理石或花砖，装饰有大而华丽的壁炉、镶嵌细致的家具、马诺（Murano）所产的玻璃、丝织的华盖、金银色的窗帘，青铜的支形吊灯，有镀金、搪瓷、雕镂等样式。精致的天花板，墙上则有画家的壁画，大部分出于名画家之手，如提香、贝利尼、丁托列托等。房间内的布置，华丽重于舒适，如椅子的靠背太直，窗户漏风。宫殿的兴建，动辄耗费 20 万杜卡特。1476 年的立法限制，每一房间的装饰费不得超过 150 杜卡特，但据传每间的摆设费仍超过 2000 杜卡特。当时，私人宫殿装饰得最金碧辉煌的，首推金屋（Ca d'Oro），该屋有大理石制成的大门，每一英寸皆镀金，配以哥特式阳台和花饰窗格，使其成为大运河旁最瑰丽的建筑。

这些百万富翁，一面修建宫殿，一面也构筑城堡。圣马可教堂直到 1807 年才变为威尼斯教堂。此前则为总督私人教堂及市民朝圣之圣地，属于国家之教堂。在威尼斯教会，主教之职权常不受重视，故由圣马可教堂移至城内东北角之小教堂卡斯特洛（San Pietro di Castello）。而多米尼克修道士则移至圣保罗教堂，此亦为画家真蒂莱与乔万尼·贝利尼埋骨之处。这一时期最著名的教堂则为圣方济各会之费拉里教堂。此教堂在国外虽无甚名气，在国内则因不少名垂青史之艺术家，如提香、弗朗西斯卡及卡诺瓦（Canova）等埋骨于此而颇具声望。该教堂有一画廊，艺术家安托尼奥·里佐为总督尼科洛·托隆（Niccolò Tron）设纪念碑于此。贝利尼之《圣母雕像》及提香设于祭坛之后的《圣母雕像》，皆为该教堂增加不少艺术杰作。

其他教堂也收集了不少艺术品；如圣扎卡里亚（San Zaccaria）为圣乔万尼及帕耳玛·维奇奥（Palma Vecchio）教堂设圣母雕像。圣奥托（Santa Maria dell' Orto）教堂则保有丁托列托之杰作《圣母之赠送》（*Presentation of the Virgin*）以及提香的骸骨。圣塞巴斯蒂安教堂则收集了韦罗内塞的遗物及最佳图画，另外圣萨拉瓦托（San Salvatore）教堂亦保留提香于91岁高龄所作题名为《天使报喜》的名画。

　　威尼斯宫殿和教堂在建筑及装饰方面之所以取得如此成就，阿方索·伦巴底贡献至大。阿方索·伦巴底来自意大利西北部，在威尼斯赢得康科诺门（Cognomen）之姓，其原名为斯洛里（Solari），曾为洛多维科及贝亚特丽斯雕像，与其弟索拉里均同时作画于威尼斯和米兰，并颇享盛名。另有彼得洛·隆巴尔多专为威尼斯的建筑物铭石留念，并与其子安东尼奥和图利奥共同设计与众不同的圣吉布（San Giobbe）及马拉柯圣玛利亚教堂。此外，彼得罗·莫西尼科和尼古拉·马尔赛罗在特雷维索教堂为瓦格纳（Wagner）设计坟墓。这些坟墓或其他建筑，大多由当地富豪商人支持。皮·隆巴尔多在总督府即有不少建筑和雕刻作品。安东尼奥与图利奥由于得到亚历山德罗·列奥帕第的资助，为文德拉明在圣乔万尼建一坟墓，此墓之大实属罕见。由于这些文艺复兴时代的建筑家和艺术家苦心孤诣地创作，在建筑和装饰方面压倒了传统的哥特式建筑。威尼斯的建筑在深受东方建筑的影响下，由于过分的装饰而失其特性。在罗马的古典传统下，这一新式样的建筑，仍有待于进一步的发展。

·贝利尼家族

　　在建筑与雕刻之外，威尼斯的艺术，最有成就者为绘画。由于贵族、权贵的多方延揽，画家很是受宠；而各地教会必须负起传播基督教义的职责，而一般人们的知识水准太低，故不得求助于图书或雕刻，以加强传道的效果。各地教会于是广泛地收集各种名画，如：《天使报喜》、《基督诞生》（*Nativities*）、《朝拜》（*Adorations*）、

《造访》（*Visitations*）、《呈献礼物》（*Presen tations*）、《无辜婴儿被屠杀*》（*Massacres of the Innocents*）、《逃亡埃及》（*Flights into Egypt*）、《变容》（*Transfigurations*）、《最后的晚餐》（*Last Suppers*）、《钉十字架》（*Crucifixions*）、《下葬》（*Entombmonts*）、《复活》（*Resurrections*）、《升天》（*Ascensions*）、《圣母升天》（*Assumptions*）、《殉道》（*Martyrdoms*）。当这些画褪色或破损变旧后，教会则售与收藏家或博物馆。通常他们均作定期保养或重画，故即使原画家复活于今日，也无法辨认其作品。当然，壁画是无法重画的，但仍易随墙土的风化而不易辨认，故有时为了避免此种自然的耗损，改为画在帆布上，然后再固定于墙上，如元老院会议厅之名画。在威尼斯，政府和教会竞相发展壁画，因为壁画确实可以提高人民的爱国心，又可使政府在贸易或战争上取得胜利而举办的庆典中增加仪式之富丽堂皇。此外贵族也时常延聘画家为其宫殿作壁画或旗画，以纪念其所支持赞助的圣者，或一年一度的赛会。富豪商人亦喜壁画，以增加其华屋美厦的外观或内部装饰之华丽，敦聘画家画其肖像，传诸后世以博美誉。政府也为每一任总督定作肖像画，甚至圣马可市地方官吏亦留画以传子孙，由于各方面对绘画的需求，遂使私人画像风行于威尼斯。

直到 15 世纪中期，威尼斯在绘画上尚无很大的成就。当威尼斯人发现色彩可以增进生活的情趣之后，绘画才有长足的发展。威尼斯人对色彩的感觉可能一部分受东方传来的观念及货物的影响。某些到过东方的商人，对东方彩色花砖和镀金屋顶有着深刻的印象，加上由东方带回的丝、绸缎、绒布、锦缎及金银色之布匹等遍布威尼斯的市场、教堂前的广场或住家里，这些都深深地影响威尼斯人对色彩的感受。威尼斯人从未考虑其究竟属于东方或西方，在里奥托岛，确实混合东西方色彩。威尼斯画家除受东方的影响外，也受威尼斯周遭自然环境的影响。他们观察各种光线和雾的变化，及落日照射下的教堂、钟楼、宫殿或海面的反射等光色的变化。同时，威尼斯在陆战和海战上的胜利，及解除被围攻的威胁，唤起了画家们和艺术赞助者的自豪意念，便将其表现在艺术上。财富的获得并无多大的意义，除非能将其转化为真、善、美。因此威尼斯的艺术，在财富的支持下，获得辉煌的成就。

外来的刺激促成了威尼斯绘画学派的产生。1409 年，真蒂莱·法布里亚诺获得来自维罗纳的安托尼奥·皮萨诺的协助，为元老院的会议厅作画装饰。或许当时他们两人的成就并不高，但他们的创作激起了威尼斯画家突破传统的暗淡、一成不变的拜占庭式及精雕细刻的吉奥塔斯科学派苍白、毫无生趣的形式，变成有较柔和的线条与颜色鲜明的表现形式。或许另一部分影响来自阿尔卑斯山边的吉尔瓦尼（约1450 年）。但吉尔瓦尼是成年后学画于穆拉诺及威尼斯。他与其连襟安托尼奥·维瓦里尼（Antonio Vivarini）一起为圣扎卡里亚（San Zaccaria）教堂作祭坛画，画中人物温柔优雅的表现为后来的贝利尼兄弟带来不少启示。

对威尼斯绘画影响最深的是来自西西里岛或佛兰德斯的安托内洛，后者为一个颇为成功的商人。他年轻时，绝没想到他的名字会流传于艺术史中达几个世纪之久。从画家契马布埃至安托内洛时代，意大利的绘画尚以胶状物（有时使用蛋黄）混合颜料作画于木板或画布上。用这种颜料作画会在画布上留下一层粗糙的表面，对较浅的颜色或层次，每易混淆，而且容易导致龟裂或褪色。安托内洛在那不勒斯港发现佛罗伦萨商人呈献给阿方索国王的油画后，发现这种用油混合成的颜料有易调、易洗、明暗清晰、耐久等好处，于是远至布鲁日学习佛兰德斯颜料与油的混合技巧，最终获得成功。他终其一生定居于威尼斯。他放弃企业的经营，终身从事绘画，他为圣卡西诺教堂作的祭坛画成为后世的典型。那是一幅圣母玛利亚为四位使徒加冕，脚边伴着欢乐天使的绘画，各饰以锦缎装束和鲜明的颜色。安托内洛将这种新的绘画方法传授给其他画家，从而揭开了威尼斯伟大的绘画时代。当时，许多贵族聘请安托内洛为他们作画，有几幅保留下来——收藏于帕维亚的《诗人》（Poet），存于法国卢浮宫的《佣兵队长》

（*Condottiere*），保留于费城强森收藏馆（Johnson Collection）的《男人肖像》（*Portrait of a Man*），收藏于纽约的《年轻人肖像》（*Portrait of a Young Man*），收藏于伦敦的《自画像》（*Self-Portrait*）等。正当享誉的巅峰时，他突然罹病去世，年仅 49 岁。威尼斯的艺术家们为他举行隆重的葬礼，墓志铭如下：

> 葬于此地者为墨西拿及全西西里岛最伟大的画家——安托内洛，生前不但以优异的绘画享誉各地，而且为第一个将颜料与油混合的技巧带进意大利之人。他为意大利带来了辉煌的绘画成就。

真蒂莱·法布里亚诺在威尼斯所传授的学生中，以伊库甫·贝利尼最为出色，他是文艺复兴时代艺术的主要创始者，作画于维罗纳、费拉拉及帕多瓦，并将其女嫁给安德烈亚·曼特尼亚。由于这一姻亲关系，他的画又受到斯奎尔乔内的影响。他回到威尼斯后，带回了帕多瓦与佛罗伦萨的绘画技巧、威尼斯的绘画传统及安托内洛的颜料混合技巧，所有这些，他都传给了伊库甫的儿子——才华横溢的真蒂莱·贝利尼和乔万尼·贝利尼两兄弟。

1452 年，当贝利尼举家迁往帕多瓦时，真蒂莱·贝利尼才 23 岁，并自觉深受其姐夫曼特尼亚的影响。当他为帕多瓦教堂作画时，很细心地模仿爱利米塔尼的壁画上那种表现生硬的人像。后来在威尼斯为圣洛伦佐画肖像时，他的风格趋于温和。1474 年，威尼斯政府指定他与其弟为元老院会议厅重画 14 幅古画。真蒂莱·贝利尼完成了这一工作。重画的 14 幅画是他早期在威尼斯的油彩画，于 1577 年遭大火而焚毁。由其残留的轮廓，尚可见真蒂莱的惯用笔法，那种叙述性形态的表现法——将主题画于中央，将陪衬事件置于主题之旁。画家瓦萨里见过真蒂莱的画后，对其画中所表现的写实、富于变化及复杂的表现方法赞叹不已。

土耳其国王穆罕默德二世向威尼斯政府要求派遣一名优秀的肖像画家时，真蒂莱奉命前往。1474 年，他在君士坦丁堡，以神来之笔将宫殿和苏丹画得惟妙惟肖、生趣盎然。今收藏于伦敦的苏丹画像及收藏于波士顿的纹章绘像，显示出名家手笔的气派。穆罕默德死于 1481 年，继位者是一个虔诚的穆斯林，他遵从穆斯林不得描绘人体的禁令，除上述两幅画之外，尽毁所有真蒂莱在土耳其首都所作之画。幸运的是，真蒂莱早于 1480 年，带着老国王穆罕默德所赐予的厚礼回到威尼斯。他于公爵宫邸与乔万尼·贝利尼一同完成政府所指定的工作，并获得威尼斯政府给予的每年 200 杜卡特的年金。

真蒂莱老而弥坚，在年老时绘出最伟大的画。圣约翰福音会拥有其所相信能行神迹的耶稣十字架遗物。因此，聘请真蒂莱画了三幅画，其一是描述该遗物医治病人，其二是持该遗物游行的情景，其三是神迹般找到十字架的其余部分，以激起教徒对神迹的重视。第一幅宣扬当时国家的富强。第二幅画于真蒂莱 70 岁时完成，以圣马可市的圣马可广场为背景，配以主教们、唱诗班及持蜡烛的行列等构成一幅伟大的全景。第三幅画为其 74 岁时的作品，描述十字架遗物掉落在圣洛伦佐运河中，惊慌的群众拥集于桥上及河旁，许多人跪下来祷告，此时文德拉明奋勇跃入水中，取回该神物，并借其浮力游回岸边的情形。画中每一个人物的刻画都非常真诚虔敬。其后有许多画家模仿它的故事，画中表现一个船夫撑船前去救圣物及一黑色裸体的摩尔人跃入水中的情形。

真蒂莱最后一幅伟大的作品（存于贝列）是于 76 岁高龄时为他自己的圣马可修会所绘，画中显示使徒在亚历山大传道的情形。同以往的表现手法一样，画中拥集了许多群众。真蒂莱偏好这种人性的整体表现。他死于 1507 年，时年 78 岁，留下一幅未完成的画，由其弟完成。

乔万尼·贝利尼比其兄真蒂莱年轻两岁，却比其兄多活 9 年。在其 86 年的人生里，他很慎重地安排整个艺术生涯，培养自我的风格，并首次将威尼斯带向绘画的巅峰。他在帕多瓦时吸收意大利早期画家曼特尼亚的技巧，却无曼氏生硬而拘谨的格调。在威尼斯时，其颜色混油的方法获得前所未有的成功，他是第一个在绘画上充分利用色彩的威尼斯人。又因他对线条的表现极为明朗优美，感觉细腻，诠释深入，即使在其兄真蒂莱的全盛时期，他仍是威尼斯最伟大、最得宠的画家。

威尼斯的教会、工商协会及艺术赞助者对乔万尼的圣母画像颇为喜好，从不厌倦，因为他对圣母有上百种画法，作品分散 12 处，仅威尼斯学院就收集了不少他的作品，诸如《圣母与睡婴》(*Madonna with the Sleeping Child*)、《圣母与二圣女》(*Madonna with Two Holy Women*)、《圣母、圣保罗与圣乔治》(*Madonna with St. Paul and St. George*)、《加冕的圣母》(*Madonna Enthroned*) 等，其中最好的是《圣约伯和圣母》(*Madonna of St. Job*)。这些画据说是他最初的油画作品之一，也是威尼斯及全世界最瑰丽的作品。在圣马可广场西边尽头的科雷尔博物馆(Museo Correr)，存有他所画的另一幅纤柔、悲伤而可爱的圣母画像。费拉里的教堂也有一幅乔万尼的《圣母加冕图》，圣母表情略带僵硬而严肃，被忧郁的圣徒们包围，但着深蓝色外袍的圣母看起来仍耐人寻味。其他的圣母画收藏于维罗纳、贝尔加莫、米兰、罗马、巴黎、伦敦、纽约、华盛顿等。乔万尼是圣母画的多产画家，当时除了佩鲁吉诺和拉斐尔两人在作品数量上可资抗衡外，只有提香在费拉里教堂的圣母画像能与之比拟。

乔万尼的耶稣画像则不如圣母像。收藏于巴黎卢浮宫的《基督的祝福》(*Christ Blessing*) 只能算是中品，但其《神圣的会谈》(*Sacred Conversation*) 则画得非常生动。收藏于米兰布雷拉的名画《圣母抱耶稣尸体哀怜像》也颇获好评，最令人欣赏的是米兰私人收藏的《圣尤斯蒂纳》(*Santa Justina*)。该画一贯地采用夸张手法，颇能表现出轮廓的优美，加上适度下垂的眼皮及漂亮的衣着，是乔万尼最成功的一幅画。他为总督列·罗里丹诺画像，以其灵巧的笔法将总督的深思熟虑、锐利的眼神及坚决沉着的态度充分地表现出来，使人深信总督必能领导威尼斯人与全意大利及阿尔卑斯山北方的欧洲国家相抗衡，并获得光荣的胜利。乔万尼又与以后最具声誉的画家达·芬奇媲美，达·芬奇仅能在技巧与构图上胜过他。他还画各种不同的风景，如岩石、山脉、城堡、绵羊、湖水、树木及天上云层的变化等，并镇定地接受各方面的批评。

乔万尼年老时厌倦于一再以《圣经》为题材转而尝试以古典的神话或譬喻为作画对象，他将所谓知识、快乐、真理、中伤、炼狱、教会都变为许多人或故事，并以诱人的风景来陪衬画里的人物。他的两幅异教徒画像——《俄耳甫斯迷人的野兽》（*Orpheus Charming the Beasts*）及《诸神飨宴》（*The Feast of the Gods*），描绘一个袒胸的女人和半裸半醉男人的野餐，悬挂于华盛顿国家艺术馆。此画注明的日期为 1514 年，那是乔万尼为阿方索公爵所作，其时他年高 84 岁。阿尔菲耶里（Alfieri）评价他是一个多产画家，他在意大利的成就要比在其他地方更大。

乔万尼在立下遗嘱一年后逝世。他的一生多彩多姿，充满了欢乐。他拥有数量惊人的艺术杰作，他的画优美，构图和活力都凌驾吉奥塔斯科及拜占庭画风之上。他的画清新明朗，易于了解，不似真蒂莱失于枯燥紊乱，也不似曼特尼亚只知画罗马，或提香只重视从弗罗拉到查理五世的绘画体裁。他的学生乔尔乔纳继承他的风格，又发展出自己的格调，精于高山流水的田园诗画。当时与乔尔乔纳同期的提香，也秉承这一伟大的传统。世代相传，知识的累积，再加适时的创新，使威尼斯在绘画上的成就，达到空前的高峰。

·从画家乔万尼·贝利尼到乔尔乔纳

贝利尼家人的辉煌成就，使绘画在威尼斯大受欢迎。此后画室林立，赞助者大开荷囊，造就了不少有名的大家，如文森佐·加第南（Vincenzo Catena）因画得太出色常被误认是乔万尼·贝利尼或乔尔乔纳的作品，安托万·维瓦里尼之弟巴托罗米奥则以精于斯奎尔乔内及多种颜色的调和技巧而著名。阿维斯·维瓦里尼（Alvise Vivarini），巴托罗米奥的侄子也是他的学生，则以专画圣母像而出名，甚至可媲美乔万尼·贝利尼的圣母画像。阿维斯曾完成了一幅不朽的祭坛画《圣母与六圣徒》（*Madonna with Six Saints*）。阿维斯除了绘画的成就外，也是一位成功的老师，他有三个学生在绘画上都相当有成就。他们是巴尔托洛梅奥（Bortolommeo Montagna）、乔万尼·康尼里奥罗（Giovanni Conegliano）及马可·巴萨第（Marco Basaiti）。乔万尼·康尼里奥罗精于画圣母玛利亚，他有两幅出色的画，一幅存于意大利北部的帕尔马市，是天使长米歇尔的画像，另一幅则藏于美国克利夫兰。第三个学生巴萨第也留下两幅名画：收藏于伦敦国家艺术馆的《一位青年》（*A Youth*）及收藏于威尼斯的《西庇太儿子之蒙召》（*Calling of the Sons of Zebedee*）。

画家卡罗·克里维利（Carlo Crivelli）也可能曾是维瓦里尼的学生。1457年，在他17岁时逃出威尼斯，但旋又因诱拐一个船员之妻而入狱。出狱后，居于帕多瓦，并学习斯奎尔乔内学派的画法。1468年，迁往阿斯科利后，终其下半生（约25年）定居于此，并在当地及附近以为教会作画为业。或许因为他太早离开威尼斯，他几乎未受威尼斯绘画成就的影响。他比较偏爱传统的颜料，不喜欢混油颜料，倾向于以传统的宗教背景为体裁，并采用拜占庭的装饰法，在他完成的画上涂上亮漆，并用镀金的框镶起。他的圣母画像令人觉得冷酷无情，但他那细腻的笔法，对画家乔尔乔纳仍深具威胁。

在从贝利尼时代至乔尔乔纳之间的少数艺术家中，最出色、最有成就的，应数卡帕西奥（Vettor Carpaccio）。他从基本的透视法和构图学起，受教于名画家曼特尼亚，并采用真蒂莱的叙述表现法，加上他本身富于浪漫的幻想，着重于简单美妙的田园诗画，舍弃以当时的事物为题材。他早期的画，与其日常活泼快乐的个性，颇不相称。如收藏于纽约的《十字架苦难的冥想》（*Meditation on the Passion*）是一幅恐怖之画，描述圣哲罗姆和奥诺弗里乌斯（Onofrius）想象基督坐在他们前面，是死的。他们的脚下画有骷髅及交叉的骨头，而以低垂的云层为背景。1488 年，他 33 岁时，接受圣乌秀拉（St. Ursula）学院的委托，为该校作系列画，以说明该校的创建历史。他以他的 9 幅连续合并画，说明英俊的英国王子科农（Conon）如何来到布列塔尼（Brittany）与国王的女儿乌秀拉结婚。公主要求延缓婚礼，直到她募集到 1.1 万个处女，陪同她的车队至罗马朝圣后再举行。王子同意了她的要求，并陪伴她至罗马接受教皇的祝福。当时天使围绕在公主身旁，宣布她与众多的处女必须到科隆殉道。公主离开伤心欲绝的王子，乘其座车远至神圣的科隆；该地异教徒国王强迫她与自己结婚，公主拒绝之后，国王杀死了所有处女。这则神话故事颇符合卡帕西奥的幻想。他很喜爱画中的少女和朝臣，将每一个角色都予以贵族化，为他们画上彩色的衣裳；对每一画面的处理，除了以最细腻的绘画技巧下笔之外，还加上他个人对实际事物的认识，如建筑物的形式、装货上船的情形、漂浮的云层等背景。

　　在卡帕西奥为乌秀拉学院工作的 9 年间，他为圣约翰福音学院画了一幅《着魔的人被医治》（*The Healing of the Demoniac*），以耶稣的遗物为主题，描述威尼斯运河旁的情形。与真蒂莱一样，他在这幅画里描绘的情景，也是耶稣的遗物，掉落在运河中，河旁拥集了无数教徒，河上泛着轻舟及河旁无数的宫殿。他的表现甚为出色，几乎超越真蒂莱的成就。卡帕西奥的成功引起了各界的瞩目，斯拉夫的圣乔治学院邀请卡帕西奥为威尼斯的教堂作壁画，将该教会的赞助人画于墙壁上以资纪念。卡帕西奥又花了 9 年的时间画了 9 幅画，这些画与乌秀拉之画不同。50 岁时，他不失敏锐的鉴赏力，尚能表现出各种人像的优美与协调，以富于幻想的建筑物为背景。其后圣乔治学院又请他再为圣哲罗姆作一幅画，在此圣哲罗姆是一个安静的学者，沉醉于研究，住在一个极华丽的房间，没有同伴，只有他的狮子陪伴左右。卡帕西奥将房间内的每个细节，都忠实明确地表现出来，即使掉在地上的乐谱，也清晰可见。后来莫尔门蒂（Molmenti）根据此谱，将它谱成钢琴曲。

　　1508 年，卡帕西奥与两个默默无闻的艺术家被要求为一年轻画家画于芳达科（Fondaco dei Tedeschi）仓库外墙之壁画估价，该仓库为一条顿商人所有，位于里奥托桥旁。卡帕西奥估计该画约值 150 杜卡特。此后他又活了 18 年，其间他只画了一幅伟大不朽的画——《教堂中的献礼》（*A Presentation in the Temple*），是 1510 年专为萨努多（Sanudo）家族在圣吉布教堂所画的。此画与乔万尼·贝利尼的《圣约伯的圣母》（*Madonna of St. Job*）无形中又较量了一下。虽然卡帕西奥的圣母像画得极为和蔼可亲，与杰出的乔万尼·贝利尼相比，终于败下阵来。也许在另一个世纪里，卡帕西奥确可能成为时代的代表画家，他不幸与乔万尼·贝利尼和乔尔乔纳同时，多方比较，终难脱颖而出。

·画家乔尔乔纳

　　16 世纪初，威尼斯人必须付出高价才能聘得艺术家为他们作壁画，因为从 1507 年以来，威尼斯人对绘画的需求日增，深觉没有彩色的世界是多么枯燥，加上一些外来的商人（如从德国纽伦堡），深受其本国画家阿尔布雷特·丢勒（Albrecht Dürer）独特的绘画风格的影响而喜欢活泼的色彩。因此，有商人从盈余中拨出一笔钱，聘请最有名的画家画了两幅画。该画很快就因为太阳和咸湿的空气损坏，仅残留下模糊的画面，即便如此，画这两幅画的画家乔尔乔纳，却因而证明了他在绘画上的成就。当时他年仅 29 岁，无人知道他的真实姓名，传说他是贵族巴巴内里（Barbarelli）与平民妇人所生。但传言不尽可信。约 1490 年，他被从弗兰科堡（Franco）送到威尼斯充当乔万尼·贝利尼的学徒，其时十三四岁。他的学习能力很强，进步神速，赚得不少钱。后来他购置房产，并在房屋的正面，亲自画上一幅壁画。他弹得一手好维忽拉，家中时有音乐传出，他嗜酒并喜好画美丽妇女的裸体。他的绘画技巧受何人影响，则甚难考证，因为他的画风不似那时的其他画家而自成一格，可能部分受卡帕西奥的影响。影响乔尔乔纳最大的，或许不是来自艺术，而是文学。当他二十七八岁时，意大利的文学正转变为歌颂田野的牧歌文学，如伊库甫·桑那札罗（Iacopo Sannazaro）于1504年出版的《世外桃源》（Arcadia）。乔尔乔纳或许读过此书而深受书中的恋情及浪漫幻想的影响，而获得某种启示。1500年，达·芬奇的作品传入威尼斯，乔尔乔纳由其中学得神秘得如梦一般的表现法及色彩细致的差别技巧等，使他在经过一段悲剧性的短暂变化后，成为威尼斯艺术界的领袖人物。

在他早期的作品中，有两幅木板画很难确定出自他的手笔，那是描述希腊神话幼年帕利斯获救的情形，并由此引出另一幅牧羊人和农村景色的画。由为大众所熟识的《吉卜赛人和军人》（The Gypsy and the Soldier），可以看出典型的乔尔乔纳式的幻想，此画描述一个肩上披了围巾的裸露妇人，坐在垫着所脱下的衣服的岸边，岸上长满了青苔，河里水流潺潺。她专心一致地照顾旁边的小孩，在她的背后，则以罗马式的拱门为背景。旁有小溪，溪上有小桥，对面是一座庄严的寺院及树林。画中，天空乌云密布，间有银色的闪电。在妇人的身旁站着一个英俊的青年，手拿着牧羊杖，身穿牧羊装，表情欢悦，无视即将来临的暴风雨。此画颇为费解，其意或表示乔尔乔纳对浪漫的一种幻想，他喜欢画中年轻、面目姣好的妇人，及在恶劣天气下所表现的大自然。

1504年，他遵从同乡的遗嘱，画了一幅非常奥妙美丽的圣母画像。圣母像的前面是身穿中古世纪闪闪发亮盔甲的骑士圣利贝拉莱（St. Liberale），手持长矛，圣方济各则对着空中说教。在一个大台座之上的是圣母玛利亚与其子，圣子倚在圣母之旁。在圣母像的脚边，是绿色和紫罗兰色的丝绒，颜色鲜艳。圣母身上所披的长袍，折缝都画得非常自然，脸上流露着温柔的神情。背景以达·芬奇式的神秘表现手法画成，天空是碧蓝色。

当乔尔乔纳与其友提香同时接受为芳达科作壁画后，乔尔乔纳选择了面向大运河的墙壁，提香则选面向里奥托岛的一面。半个世纪之后，画家瓦萨里看过了乔尔乔纳的壁画，盛赞他画在墙上的战利品、裸露的身体、头部明暗颜色的表现、远近柱子的透视、马上人物的刻画，及其他种种乔尔乔纳的幻想所表现出来的事物，在颜色的调配与应用上，他成就空前。

乔尔乔纳的天才不仅表现在颜色方面，他在思想上的发挥尤为出色。他为爱神维纳斯所画的《睡梦中的维纳斯》（*Sleeping Venus*），是目前珍藏于德国德勒斯登（Dresden）艺术馆的无价之宝。他认为爱神应是人的各种最佳感受的组合，因此他的爱神画像确切地表现了美的最高境界，而不予人有任何邪念。他的维纳斯画是威尼斯的艺术，从基督教的领域中走向采用异教的主题与情感，不受宗教的束缚，而取材于自然。画中描绘的维纳斯，横睡于一红色的垫子和白色的丝袍上，裸露着身体，右手垫于头下，左手置于身上，双脚交叉，脸上是一片淳朴与祥和的神情，很少有画家能将天鹅绒式似的女性肌肤和体态画得如此逼真。乔尔乔纳在此画的表现上已超越了美与丑的意念，而将欲念升华至美的境界。另一幅存于法国卢浮宫的《田园交响乐》（*Fête Champêtre*）也表示性的诱惑，却仍保持淳朴无知的本质，画中是两个裸体的妇人和两个穿衣服的男人在郊外度假。一个年轻的贵族男人，穿着一件红色丝绒的紧身上衣，漫不经心地弹着维忽拉。其旁是一个衣衫不整的牧羊人，痛苦地试图要沟通两颗不同环境下的心！一个贵族女人正以美妙的姿态将水晶大水瓶里的水倒向井里；另一个女人，则耐心地等待身旁的男人来欣赏她的妩媚和横笛，画里引不起人任何的邪念，维忽拉与横笛将性升华为自然的和谐。人像的背后，则衬以意大利最美的风景。

乔尔乔纳的最后一幅画《音乐会》（*The Concert*）藏在比蒂宫内。该画似乎已超越了人的欲望而变为一种微妙的感情，画中洋溢着音乐。一直到 19 世纪，大部分乔尔乔纳式的画都被认为是出自乔尔乔纳的手笔，虽然有许多鉴赏家认为是提香的作品。他一生嗜好音乐仅次于女人，醇酒美女，耽于享乐，因此作品较少；而提香则拥有不少不朽的名画，分一个给朋友也无妨。此画左边笔直地站着一个青年，脸上略显消极、缺乏生趣，另有一僧侣坐于翼琴之旁，修长漂亮的手指按在琴键上，脸微微转向站在右边的光头传教士，传教士一手搭在僧侣的肩上，另一手握着一个落地的大提琴。似是刚演奏完毕，又似刚开始演奏。此画最感人之处在于画中僧侣脸上所流露的深沉气质与音乐所美化的高贵感情。其他服饰、乐器及脸部的刻画，虽非十全十美，也非常逼真、深沉。这是一幅文艺复兴时代绘画中的奇迹之作。

乔尔乔纳活得不长，但非常愉快。他一生之中与不少女人交往，罗曼史从未间断。瓦萨里认为乔尔乔纳是从最后交往的女人身上染上了传染病，但据我们所知，他是 1511 年死于流行疫疾，享年 34 岁。他在绘画上予后世的影响既深且长，很多后世画家竞相模仿乔尔乔纳式的乡村与音乐的表现手法，但没有一人能够真正地学到他的神韵、格调及情绪的表达。他有两个学生，成就极大，一个是皮翁博（Sebastiano del Piombo），后来离开威尼斯至罗马另谋发展；另一个是提香，为威尼斯最伟大的画家。

·提香：形成期（1477—1533）

提香出生于多罗迈特（Dolomites）山脉下的小镇皮耶维。家乡崎岖的山峰，都被他画入风景画中。他约 10 岁时被带至威尼斯学画，受教于萨·祖卡托（Sebastiano Zuccato）、真蒂莱·贝利尼及乔万尼·贝利尼等画家。在乔万尼的画室里，他与比他大一岁的乔尔乔纳一同工作。乔尔乔纳自行开设画室后，提香可能曾到他那里做助手。由于受到乔尔乔纳深刻的影响，某些他早期的作品常被误认为是乔尔乔纳的作品，而乔尔乔纳后期的某些作品则被误认为是提香所画。

自从乔尔乔纳死于流行的疫疾后，坎布雷同盟的战争构成了对威尼斯艺术的威胁，提香于 1511 年逃至帕多瓦，并在该地为圣斯库欧

拉（Scuola del Santo）画了三幅描述圣安东尼神迹的壁画。后来提香
又回到威尼斯，于 1513 年 5 月 31 日致书总督及十人委员会，其内容
如下：

> 高贵而全能的总督阁下：仆，卡度（Cadore）的提香，自幼
> 习画，一生不求其他功利，只望享誉画坛……过去几年来一直为
> 教皇及其他领主竭诚服务，今仆祈求阁下开恩，赐仆能有机会为
> 此伟大的城市留下我的画，若蒙垂爱，仆极愿竭尽所能为元老院
> 大厅作画，并愿从皮亚西塔（Piazzetta）旁先以战争的油画开始。
> 这项绘画工作甚为困难，尚无一画家愿意从事。在不计较酬劳而
> 为最合理的情况下，仆极愿意为阁下服务，如前面所说，仆如此
> 做仅为了荣誉及求取阁下的恩典。仆切望阁下能赐予这种特权，
> 同时希望能获得与乔万尼·贝利尼同样的条件、同样的费用及享
> 受免税的优待，同时希望两位助手的费用与颜料等必需品的支出
> 皆由盐税局支应，为了报答阁下的恩惠，仆将加速工作的进展，
> 尽量使阁下满意。

很显然，提香的请求获得元老院的初步核准，于是，他开始在公
爵宫邸墙上画《卡度之战》。但他的竞争者说服元老院，拒绝设立经
纪人的要求，并于 1514 年延迟贷款给他的两个助手。经过各方面的
协调，于 1516 年在不设立经纪人而付款的情况下，他接受了这项工
作。结果提香对该工作拖延甚久，直到 1537 年，他在大会议厅开始
的画尚未完成。这些画于 1577 年毁于大火。

提香有时十分懒散，但早在 1508 年，他敏锐的观察力和绘画的
技巧，使他在人像绘画上的成就超过其他画家。一幅无名的人像画，
一度曾命名为阿缪斯托，画中富有乔尔乔纳的风格。那是一张带有
诗意的脸，一双小而灵巧并略带阴狠的眼睛，身穿华丽的衣服，这也
成为后世人像画的典型。1506 年至 1516 年，这个成熟的艺术家早已

熟知如何将女人画得活泼、生动。他继承乔尔乔纳的遗风，并将之再传至鲁本斯。提香继续由圣母像画至维纳斯，尽管他已形成自己的风格，在他的作品中我们仍然可以看出乔尔乔纳的深刻影响，即使那些在后世甚具声望的宗教画也不例外。他以《吉卜赛圣母》(*Gypsy Madonna*) 及《牧羊人之崇拜》(*Adoration of the Shepherds*) 的宗教画闻名，却以同一支笔画出《梳妆的女人》(*A Woman at Her Toilet*) 及藏于沃夫兹画廊的《花神》(*Flora*)。后者是肉体美的化身。在《希罗底的女儿》(*The Daughter of Herodias*) 这幅画里，提香描绘出温柔的脸庞和丰满的胸部，其中的莎乐美十足像个威尼斯人。

约 1515 年，提香画了两幅他一生中最值得庆贺的画。《人的三阶段》(*The Three Ages of Man*)，描绘了一群睡于树下的裸体婴孩，爱神丘比特盘旋在空中，很快地灌输给他们追求的意念；另有一位 80 余岁满脸胡须的老人注视着一个头盖骨；一对青年男女则沉醉于爱的甜蜜中，以渴望的眼神望着彼此，深切地领会彼此的爱慕。另一幅现称为《神圣与世俗的爱》(*Sacred and Profane Love*)，若提香复生则将惊诧不已，因 1615 年提香发表时题名为《文饰的与未文饰的爱》(*Beauty Adorned and Unadorned*)，也许他画此画的目的不在于提倡道德观念，而只想美化一个故事。这不是一幅神圣的裸体画，而是提香作品中最完美的人体画像，画中的维纳斯也免不了被世俗化。

她那嵌有珠宝的腰带、迷人的眼睛、丝制的长袍使人想去触摸，也许她就是《花神》和《梳妆的女人》中摆姿势的那个丰满美丽的妓女。假如看得仔细点，将会发现在图的后面有一幅复杂的风景。花、草和一片浓密的树林；一个牧羊人正在照料他的羊群；一对情人；猎人们和狗在追逐一只野兔；一个小镇和少数镇民；一间教堂和钟塔；一片碧绿的乔尔乔纳式的海；多云的天空。我们无法知道这幅画的寓意，它的美丽令人想停下来多看一眼。

提香善于表现女性的美丽、装饰和自然美，他的画颇受欢迎。早在 1516 年，他接受阿方索一世的邀请到费拉拉的城堡画几幅画，在其后的 5 个星期内，他和两位助手寄居在那里，并经常往来威尼斯与费拉拉之间。提香为雪花厅画了三幅乔尔乔纳式的异教徒的画。

在《酒宴》（*The Bacchanal*）中，有些男人和女人是裸体的，他们在棕色的树林、蓝色的湖和银色的云前喝酒、跳舞、求爱，在地上有一卷纸，上面写着一句法国箴言："喝酒的人若不再喝，将不知什么是喝酒。"在远处，有一个喝醉的老挪亚裸体地仰卧着，最后一对少年男女加入了舞蹈，他们的衣服在微风中旋转。近景有一个女人，丰美的乳房显示出她的年轻，她一丝不挂地睡在草地上。在她旁边一个不安的小孩拉着衣服遮身，带着酒醉的人绕圈子。

在《酒神与阿里亚德妮》（*Bacchus and Ariadne*）中，一个放纵的女人在酒神的行列里，被一个突然由森林暗处出来的半人半兽的森林之神惊吓；一个裸体的男人被蛇缠绕；一丝不挂的酒神从他的双轮战车上跃下来，捕捉正在逃跑的女公爵。在这些画及《维纳斯的崇拜》（*The Worship of Venus*）里，提香把异教徒的文艺复兴时代完全表现出来。

其后，提香给他新的赞助人，阿方索公爵，画了一张引人注意的肖像。一张英俊而富有智识的脸，肥胖的身体穿着长袍，显得很庄严，一双美丽的手放在一尊他所喜爱的加农炮上，这是一幅甚至连米开朗基罗都赞美的画。阿廖斯托坐着供人画像，同时用一封短函夹在稍后出版的《弗里奥苏》中来答复那些赞美。据说提香也曾为卢克雷齐娅画过一幅肖像画，可惜未能流传下来。同时，阿方索公爵夫人黛安提也曾为一张现只残存一幅摹本而存放在摩德纳的画摆过姿势。可能是为了阿方索，提香画了一张最好的画《贡钱》（*The Tribute Money*）：一个具有哲学家思想的古犹太法利赛人很诚恳地发问请教，而这位基督徒则毫无愧色地回答他的问题。

这是一种时势的特征，提香能够从酒神画到基督，从维纳斯画到玛利亚，然后再画回去，他安宁的心神却没有明显的失落。1518 年，他为费拉里的教堂画了他最伟大的画《圣母升天》，该画挂于高耸的神坛后面，裱于一个高贵的大理石框架里。那个为威尼斯作记录的人萨努多却不认为这件事有什么价值："1518 年 5 月 20 日，昨天提香为……画了一张画……修道士把它收藏起来。"在今天瞻赏费拉里教堂的《圣母升天》，无疑是一件有意义的大事。在这张无边图画的中心，是圣母玛利亚的肖像，丰满而强壮，穿一件红色袍子和一件蓝色的外套，带着惊讶和期待的狂喜，被一个戴有光环和有翼的天使托起直穿云霄，在她上面的必然的是那无法画出的上帝——所有的衣服、胡须及头发都被一阵大风吹得凌乱。漂亮的天使从他那里带了一顶皇冠给圣母玛利亚，其下的一群使徒，有的因惊讶而凝视，有的跪着祈祷，有的抬头上望，希望被她一同带入天堂。面对如此有力的召唤，怀疑者不再怀疑，认可神秘的美与追求的渴望。

1519 年，塞浦路斯的帕弗斯（Paphos）主教伊库甫·佩萨罗（Iacopo Pesaro）为了感激威尼斯舰队战胜了土耳其舰队，命令提香为费拉里教堂画一幅祭坛画，该教堂是主教家庭奉献给神的。提香知道他接受画《佩萨罗家族的圣母玛利亚》（*Madonna of the Pesaro Family*）的工作与他在近来才受人欢迎的作品相比，是一个挑战。在他离开他的画室之前，他花费了 7 年的时光在那张新画上。他尊崇圣母玛利亚的圣洁，只是与传统的形式不完全相同，他把圣母放在画布上的右角，把贡奉者画在左边，成对角线的安排，圣彼得和圣方济各则放在她的脚边。这一构图颇不相称，但是为了明显地表现圣母和圣婴不得不如此。很多艺术家厌倦传统的集中及尖塔状的构图，欢迎并模仿这种尝试。

约 1523 年，费德里科·贡萨加侯爵邀请提香到曼图亚，这位艺术家并未停留太久，因为他在威尼斯和费拉拉另有合约，他开始一连画了 11 张当时罗马帝王的画，但这些画都消失了。在他到各地的访问中，他替一个年轻而有胡须的侯爵画了一张吸引人的肖像，同时为费德里科·贡萨加美丽的母亲伊莎贝拉画了一张画，因为画得不够逼真，她将其束之高阁，同时要求提香为那张弗朗切斯卡在 40 年前替她所画的像重新临摹一张。因此，提香画出了这张戴着无边帽、华丽的袖子、披着毛皮长围巾及带有漂亮面孔的名画。伊莎贝拉称她从来没有如此漂亮过，但她仍使这张令人回忆的肖像画传与后代。

在此我们暂时放下提香。我们欲了解他晚年的生涯，必须先了解他的政治背景，因为他那伟大的赞助者查理五世，于1533年后与他有密切的关系。1533年提香已届56岁，但是谁敢说在他的下半生，不能像早期那样，画出许多杰作？

·其他艺术及艺术家

我们现在必须再折回前面，同时简短地介绍并褒赏两位生在提香之后却死在他之前的画家。我们非常地膜拜吉罗拉莫（Girolamo Savoldo），他从布雷西亚和佛罗伦萨到威尼斯，且画出了很多幅极佳的图画。例如目前存放在布雷拉画廊的《圣母与圣徒像》，在首都艺术博物馆一幅传神的《圣马太像》（*St. Matthew*，耶稣的门徒之一），在柏林的《抹大拉的玛利亚像》，画得比提香所画那位肥胖的抹大拉的玛利亚更为诱人。

贾科莫·尼各里提（Giacomo Nigreti）被叫作帕耳玛（Palma），是因贝加马山（Bergamasque Alps）靠近他的出生地塞里纳（Scrina）附近的群山之故。当时，他被称为帕耳玛·维奇奥，他的孙侄帕耳玛·乔万尼（Palma Giovane）也获令誉。有一段时期，他被其同时代的人视为与提香齐名。有一些猜忌在帕耳玛与提香之间发生，这令人不愉快的猜疑是由于提香曾盗取帕耳玛·维奇奥情妇的样子作为其画作的题材。维奇奥曾经以其情妇为模特画"维奥兰特"，而提香曾取维奇奥情妇的姿态画他的《花神》。维奇奥处理神圣的宗教主题或非神圣而繁杂的世俗事务时，虽然风味与提香不同，其运用的技巧却相同。维奇奥极精于神圣的交谈或圣洁的语词，但他拥有最好声誉的，却是那张描绘有丰满胸脯的威尼斯金发美人的肖像，这些金发美人把她们的秀发染成赤褐色。虽然如此，他最好的几幅画仍有宗教色彩，如圣玛利亚教堂的圣巴巴拉像；威尼斯城炮兵的守护神像；及存放在德勒斯登艺术馆里的《雅各布和其爱妻拉切尔》——一位英俊的牧羊人正与其健美的爱妻共享甜美的拥吻——维奇奥的肖像画是在他那个时代和那个城市的画家群中画得最好的一个。在那个时代，除了提香外，尚有数十位极有声望的画家。

维奇奥的学生博尼法齐奥（Bonifazio de Pitati）被称为韦罗内塞，是由其出生地的人们叫开的。他采取乔尔乔纳的《野宴》和提香的《狄安娜》（Diana）的形式装饰威尼斯城墙，同时在墙上加饰一些优美的风景名画和一些迷人的裸体画。

洛伦佐·洛托（Lorenzo Lotto）比博尼法齐奥稍为逊色些，他仍得到很多佳评。他的胆怯、忧郁及对宗教虔诚的情怀，使他很少停留在威尼斯的老家，因为当威尼斯教堂的钟不响，唱诗班的歌声停止时，异教徒又再度获取他们的势力。早在他 20 岁那年（1500 年），他即画出一张名画，就是收藏在法国卢浮宫的《圣哲罗姆像》——也是现有文艺复兴名画中的一张，这幅名画几乎从第一眼就可看出它没有憔悴隐士的陈腐思想，倒是予人一种如一位老态龙钟的学者，处身于幽暗不明的深坑和崎岖坎坷不平的乱石中的感觉。在这困难重重的危险里，这位老学者显得瘦小、单薄，带有近乎中国学者的特征。这是第一张在绘画上以自然的原野作为背景的欧洲名画。洛伦佐经过特雷维索时，为圣克里斯蒂娜（Santa Cristina）的教堂画了一幅不朽的祭坛画《加冕的圣母》。此画使他声名大噪，荣耀远播意大利北部。更由于他在雷卡纳提（Recanati）为圣多米尼克教堂画了另一幅不朽的《圣母画》，而荣获教皇的召见。尤利乌斯二世特命他为教廷的宫室作画，但是由于拉斐尔式的壁画出现，洛伦佐·洛托的画法大受影响。也许这种挫折加深了洛伦佐表现在绘画中的忧郁情调。他缓和威尼斯艺术的强烈色彩，将之转变为柔和的色调，从而使画作显得更加虔诚，这一特殊才能深得贝尔加莫人的欣赏。他在该处作画 12 年，虽然待遇不高，但他在贝尔加莫的成就远胜于在威尼斯的表现。他为圣巴托罗缪教堂画了一幅显得过分拥挤却很美丽的祭坛画《荣光中的玛利亚》（*Madonna in Majesty*）。他画于布雷西亚的那幅《牧羊人的崇拜》，在表现柔和的眼神和精神方面，远较威尼斯的画家为佳。

像洛伦佐·洛托这样的画家，有时远比提香更能洞察人性。某些画家颇能模仿洛伦佐的名画，如洛伦佐在米兰的城堡所画的《一个男孩的画像》，就被模仿得惟妙惟肖。洛伦佐在他的《自画像》里，显示了他的健康和强壮，但在柏琪斯画廊陈列的《病者》（*The Sick Man*）那幅画中，又表现了他对病患和痛苦的感受。另存于罗马卡利里亚（Galleria）艺术馆与《病者》同名的画——描绘一个手抚着胸、脸上流露迷惑和痛苦表情的人，似乎在哀怨为何天生如此瘦弱。一张更著名的肖像画，描绘一个十分漂亮的女人，同样迷惑于生命的奥秘，发现除了归诸宗教信仰之外，别无其他解释。

洛伦佐也有了慰藉。一向生活不安定、孤寂且单身的他，漂泊在各处，也许是一再冷静考虑的结果，直到晚年（1552—1556年），才定居在洛雷托之圣卡萨的一个修道院。靠近圣堂的地方，这是朝圣者认为曾经被神所庇护之处。1554年，他把所有的财产捐给修道院，同时发誓献身于宗教。提香称赞他这种举动"尽善尽美"。洛伦佐也曾隐居一段时期。因此也可以说，他生活在教会的庇护之下。

在这一段生机勃勃时期（1450—1550年），威尼斯的商业接连受到挫折，但威尼斯的画，却有了更辉煌的成就，大部分艺术作品，共享这文化的繁荣时期。这对于他们来说，并不是文艺复兴，因为他们在意大利彼特拉克时期已达成熟老练，他们不过是继续他们在中古世纪所创造的辉煌成就。也许那些镶嵌细工师曾失落了他们某些技巧与耐心，但他们在圣马可的工作，至少赶得上当代的作品。制陶工人也开始学习如何制造瓷器，马可·波罗曾经从中国带回少许瓷器，同时一位苏丹也在1461年送了一些好的样品给当地的首长。1470年，威尼斯人已能自己制造陶器。穆拉诺的吹玻璃工人，在这个时期所制造的晶体有美丽的风格和图案，使他们的艺术达到最高峰。那些吹玻璃工人中的佼佼者的大名传遍了欧洲每一个角落，每一个皇室都拥有他们的产品。大部分的工人用模型来制造，有些人不用模型，他们把刚从熔炉中倒出来的玻璃熔液，吹成一个气链，而依照物质的性质制成酒杯、导管、高脚酒杯。并用百余种色彩来装饰，制成上千种的形式。有时，他们用一种从阿拉伯国家学来的方法，在容器的表面涂上瓷釉或金色颜料。制造玻璃的工匠，对他们的制作过程严格保密，同时威尼斯政府也有一种严苛的法律以避免这些奥秘为其他国家所知晓。1454年，十人会议公布了如下条文：

> 任何工人若把艺术品或其他手工艺品带到其他国家，而损害到国家的利益，他必须遵照命令立刻回来。假如他违背命令，他最亲近的亲属将被牵连下狱，直到他的家人说服他回来。假如他坚持违命的行为，政府将采取秘密之法，不论他到何处，都要置其于死地。

这种暗杀行为，唯一为人所知的案例，发生在18世纪的维也纳。16世纪，威尼斯的艺术家和工匠发现了一条越过阿尔卑斯山的道路。从这条路他们带着所拥有的技术，到达法国和德国，作为给征服意大利者的礼物。

在威尼斯的工匠，有一半是艺术家。他们用优雅的镶边和美丽的合金，修饰碟子、大浅盘、有倾口的大杯子和一般杯子。制造兵器的工匠，用优雅的形式制造出金属镶嵌的胸甲、头盔、盾、长剑、匕首、剑鞘上的雕刻等。另外有些专家可以做出短小的武器，附有象牙的把柄，饰以宝石的钉子。约1410年，一个佛罗伦萨人用雕刻过的骨头，作为祭坛后方的饰物，其第39个部分，现存于纽约的大都会博物馆。那些雕刻木头的人，雕刻出很好的图案和浮雕，就像在卢浮宫的《割礼》（Circumcision）或是由巴尔托洛梅奥·蒙塔尼亚所画的大木箱。威尼斯的贵族名流，用浮雕和镶嵌图案来装饰他们的天花板、门和家具。同时把教堂里唱诗班的席位，雕刻得像费拉里和圣扎卡里亚的教堂一样。威尼斯的珠宝商颇受国内的重视，他们化时间使其珠宝由量到质逐步提高。金匠用德国的风格来代替原先东方的影响，生产出大量的金银器皿。那些由花体字和彩绘装点的手抄本，也逐渐为印刷品所取代。法国人和佛兰德斯人的影响改变了威尼斯棉织品的图案设计。但威尼斯人利用染色技巧，在产品上加了自己喜爱的色彩。1532年，法国皇后派遣专人到威尼斯收集300匹染色绸缎。这是用舒适且高贵的原料，由威尼斯的商店制作而成，并在威尼斯特制的大桶里染上颜色。那些伟大的威尼斯染匠，将他们最出名的艺术杰作呈现在一件堂皇气派且光彩夺目的大衣上。威尼斯几乎变成了罗斯金理想中的经济制度的具体体现，它的每种工业都是一种艺术上的成就。每种产品都骄傲地表现出每一个工匠的性格和艺术家的才华。

威尼斯的文学

·马努蒂乌斯

　　威尼斯在这个时期显得非常忙碌，但对书籍的出版并没有太多的用心，同时学者、文学家、诗人和画家们也没有多大的贡献，在人文主义运动中也没有卓越的表现。虽然如此，人文主义仍然有其优越的地方。伊·巴巴洛（Ermolao Barbaro）在14岁时，便被国王冠以诗人的美名，他教希腊文并翻译亚里士多德的作品，对待他的同胞像医生那样细心仁慈，像外交家那样处处为他的国家着想，像红衣主教那样尊敬教堂。可惜于39岁时他死于瘟疫。威尼斯的女人当时很少受教育，她们满足于肉体上的享受，却希望受人尊敬。例外的是斯皮林贝戈（Spilimbergo）的爱琳（Irene）在提香的指导下学习绘画，并于1530年为文人学者开设了一间沙龙。她有一副甜美的嗓子，对于弦乐器、大键琴及维忽拉都有相当高的造诣，同时也很健谈，喜欢学习古代及现代的文学作品。威尼斯对从土耳其和西方基督教国家来的知识分子，给予庇护。在此，阿雷蒂诺能够放心、安全地嘲笑教皇和国王，就好像几个世纪以后拜伦在此地庆贺他们的没落一样，不受威胁。为了提高文化水平，贵族和一些职位较高的教士建立了一些对音乐和文学有专门研究的学会和俱乐部，同时开放他们自己的藏书，以供那些勤勉而博学的学者研读。修道院、教堂及家族广为搜集各种著作，格里玛尼主教送给威尼斯 8000 本书，约翰·贝萨里翁主教也拿出了他所珍藏的原稿作品。为了收藏这些书籍、接受彼特拉克的遗赠，威尼斯政府两次命令当局建造一座公共图书馆，但战争和一些纷乱事件阻止了这项计划，直到 1536 年元老院下令伊库甫·圣索维诺建造维奇亚图书馆（Libreria Vecchia），这座在欧洲建筑史上最富丽堂皇的图书馆才告完成。

此时，威尼斯的画家们出版了一本在当时最好的画册。此举在意大利并非首次，斯维希姆（Sweynheim）和帕那兹（Pannartz）曾经在美因茨帮助约翰·福斯特（Johann Fust），又于 1464 年在亚平宁山脉的斯比亚库修道院开始了意大利历史的第一次印刷。1467 年，他们将这种技术带到罗马，在随后的三年里，共出版了 23 本书。1469 年，可能更早些，印刷术已在威尼斯和米兰出现。1471 年，伯纳多·西尼尼在佛罗伦萨开设了一个印刷所，却引起了波利希安的不安，他认为"许多愚蠢的想法，在一瞬间能变成 1000 多倍的数量而且传播到外国"。那些失业的抄写员们，徒劳地公开谴责这个设计精巧的小机械的工作。15 世纪，意大利共出版了 4987 本书，其中佛罗伦萨 300本、米兰 629 本、罗马 925 本、威尼斯 2835 本。

威尼斯有这种令人佩服的卓越成就，应归功于马努蒂乌斯，他曾将他的名字由提·曼努奇（Teobaldo Manucci）改为阿·曼努齐奥（Aldo Manuzio），后来又把它拉丁化而改为阿尔都斯·马努蒂乌斯。他于 1450 年出生于罗马纳的巴西亚诺（Bassiano），并在瓜里诺的教导下在罗马学拉丁文、在费拉拉学希腊文，后来在费拉拉讲授古典文学。他的学生彼科邀请他到卡尔皮（Carpi）教他的两个侄子列昂内尔（Lionelle）和阿尔贝托·皮奥（Alberto Pio）。马努蒂乌斯在他自己的名字上加上了"皮奥"（Pio），同时阿·皮奥和他在卡尔皮当伯爵夫人的母亲，同意对第一次大规模的出版事业供以经费。马努蒂乌斯计划对那些从历史激荡中所救回的伟大的希腊文学作品先予以收集资料，再编纂、付印，并发给大众传阅，只收取极低的费用。有10种原因显示这是一项困难的计划：原稿作品很难收集到；不同的原稿而属于同一类的文学作品，在原文里常常变化，颇难了解而令人沮丧；几乎所有原稿的抄本都有严重的错误；编纂者需要花费时间整理和校对原文；原始的拉丁文和希腊文字体需要重新修改一番；需要进口数量相当多的纸张；打字工人和印刷工人需要有保证并受过训练；印刷机器需要临时制造；读者要求的水准越来越高；而所有为了解决这些问题所支付的代价却没有版权的保障。

马努蒂乌斯选择威尼斯作为他的办公所在地，因为它的商业关系而成为一个货物分销中心，这里是意大利最富有的城市，许多大企业家可能用这些原稿书来作为他们房间的装饰品。此外，这里是一些希腊学者的避难所，这些学者也很乐意被雇用，作为编辑或校对员。约1469年，施派尔的约翰在威尼斯设立了第一座印刷机。法国的珍森（Nicholas Jensen）曾在美因茨向古登堡学习新的技术，一年以后他自己也设立了一间印刷厂。1479年，尼·珍森把他的印刷机卖给托里西诺（Andrea Torresano）。1490年，马努蒂乌斯搬到威尼斯，并在1499年与安·托里西诺的女儿结婚。

在他家，圣安哥斯提诺教堂附近，马努蒂乌斯收留了一些希腊学者，并让他们编纂古典文学的原文，他用希腊文和他们交谈，并用希腊文来撰写他的献词和序文。在他家里，印刷机是重新铸造的，墨水也被量产，所以书本也就源源而出。1495年，他第一本出版的书是康·拉斯卡里斯所著的希腊文和拉丁文的文法书，同一年他开始发行亚里士多德的原文作品；1496年，出版了西多罗斯·加扎的希腊文法；1497年，出版了一本他自己所编纂的希腊拉丁文双解字典。为了成为一名学者，他不顾出版业中的冒险和困难，经过数年的努力，出版了一本自己所编的《拉丁语文法》（*Rudimenta Grammaticae Linguae Latinae*），并附了一篇用希伯来文写的序言以让人评论。

约 1495 年，他继续出版了许多希腊古典文学作品，如莫修斯（Musaeus）的《海洛与利安得》，海希奥德（Hesiod）、狄奥克里塔（Theocritus）、西奥尼斯（Theognis）、阿里斯托芬（Aristophanes）、希罗多德、修昔底德、索福克勒斯、欧里庇得斯、狄摩西尼、埃斯基涅斯、李西亚斯（Lysias）、柏拉图、品达等人的作品以及普鲁塔克的《论道德》（*Moralia*）……他还发行了许多拉丁和意大利的作品，从昆体良到本博和伊拉斯谟的作品《阿达伽》（*Adagia*）。伊拉斯谟认为马努蒂乌斯的事业甚为重要，所以他亲自来找马努蒂乌斯，并跟他住了一段时期。他不但出版了自己所著的《成语字典》，还出版了《特伦斯》（*Terence*）、《普劳图斯》（*Plautus*）和《塞涅卡》（*Seneca*）等书。为了印刷拉丁书，马努蒂乌斯设计了一种优雅的半草书印刷字体，不是出于传说中彼特拉克的笔迹，而是出于一位熟练的书法家弗朗西斯科·波罗那（Francesco da Bologna）。从此，这种字体我们便称之为斜体字。对希腊原文，他采用了与来自克里特的希腊学者马库斯·马索鲁斯（Marcus Musurus）相同的字体，在他所出版的书籍中都印有一句箴言——"慢工出细活"，旁边印着一只海豚代表快速，另外一只锚系在旁边表示稳定。这种区别于他人的记号托里西诺曾用过，这成了印刷者或出版者在书中附上标志的传统。[1]

马努蒂乌斯对他的事业非常认真。在他出版的亚里士多德《伦理学》的序言中，他写道："那些发扬文学的人所需的书须供应无缺，除非实现这一点，否则我将永不停止。"在他书房的门上，他贴了一句座右铭："不管你是谁，必须诚恳而热心地去做，很快地着手去做，这是我对事业的看法……因为这是一个工作的地方。"他全神贯注于

---

[1] 这成为封面设计之先导。

他的出版事业，以致忽略对家庭的照顾与朋友的联络，而这种工作方式也严重损害了他的健康。许多困难耗竭了他的精力，一连串的打击使他失掉了日常生活的规律。威尼斯为生存而与坎布雷联盟所展开的战争也使他的工作停顿，那些花费他很多金钱的原稿和希腊原文却被意大利、法国和德国的竞争者相继翻版。他那些小而便于携带、印刷清晰并有漂亮书面的书，在此时于适当的价钱下有良好的销路，这使他大为振奋，同时他的辛劳也得到了回报，他告诉自己，希腊的光荣将照耀在曾经留心接受它的人身上。

除了他的事业外，许多威尼斯的学者于 1500 年和他共同建立了新学园（Neacademia），贡献新的学识，编纂和出版希腊文学作品。他们在集会时只讲希腊语，他把自己的名字改成希腊文，并参与编纂的工作。许多著名人士都在这所学校工作，如本博、阿尔贝托·皮奥、荷兰的伊拉斯谟及英国的利纳克尔。为了使他的事业成功，马努蒂乌斯给他们相当多的利益，但他仍靠着自己的意念和能力来完成。1515 年去世时，他虽两袖清风，却完成了这项工作。他的儿子们继续他的事业。1597 年，当他的第二个儿子阿尔多死后，公司也就宣布解散。他曾经诚心诚意地追随自己的目标，将希腊古典文献由那些收藏家手中收集起来。甚至当 1530 年意大利遭受破坏时，这些文献仍极广泛地得以传播，在欧洲的"三十年战争"中，这些古老的遗物在古罗马面临毁灭之下得以保存。

·本博

新学园的学员们除了致力于复兴希腊文学之外，还致力于当时文学的发展。被称为沙毕利可斯（Sabellicus）的安·科西亚（Antonio Coccia）于其数十年中编纂成《威尼斯史志》。纳瓦吉罗（Andrea Navagero）以近乎完美的形式撰著拉丁诗集，而使愉悦的国人为其成为自佛罗伦萨至威尼斯的文学先导而欢呼。萨努多记有一本关于政治、文学、艺术、风俗和道德各方面时事的生动的日记，这本包括

58 册的日记跟意大利任何城市志相比，更完整、更生动地描绘出威尼斯的真实状况。

　　萨努多以风趣的日用语言写作。他的朋友本博半生致力于以拉丁文和意大利文琢磨出一种矫饰文体。本博之所以能习染其发源地的文化，因为他是富贵又学问渊博的威尼斯望族的子弟。他出身于佛罗伦萨讲托斯卡纳方言的名门。他在西西里的康·拉斯卡里斯门下学习希腊文，在帕多瓦的蓬波纳齐门下攻研哲学。或许，我们由他不以严肃的态度接受罪恶观点的行为中，可以断定他从质疑灵魂不朽的蓬波纳齐处习染了一些怀疑论。但他过于保守而无法鼓动信仰者，当这位鲁莽的教授被指控为异端时，本博劝教皇利奥十世宽大处理。

　　本博一生最快乐的时光是 1498 至 1506 年在费拉拉欢度的那段时日。在那里，他与出身高贵的名媛卢克雷齐娅坠入情网。他被她娴静的气质、提香式的秀发芳泽及她的名声所迷惑，而疏忽了她在罗马的可疑背景，因为名声毕竟和美貌一样足以令人如痴如狂。他写信给她，那些书信的柔情蜜意足以与她的丈夫阿方索相比。他以"柏拉图式爱情"题献给她一本意大利对话录《吉里苏拉尼》（*Gliasolani*），并以不输于罗马的白银时代中任何高雅作品的手法写作赞颂她的拉丁挽歌集。她也以细巧的笔法写信给他。那缕寄送给他的秀发，如今仍连同她寄给他的信札被收藏在米兰的安布罗西安娜图书馆。

　　本博从乌尔比诺移居费拉拉时，正值其巅峰时期。英俊高大的本博，出身显贵门第，风采卓越，而无丝毫唐突与傲慢。他能以 3 种不同的文字作诗，其作品已普受重视，其谈吐则兼具基督徒、学者和绅士的特质。他的《吉里苏拉尼》于其留居乌尔比诺期间出版。威尼斯的艺术家们由此书获得史实及提示，费拉拉的公爵夫人则得到令人崇拜敬爱的献辞，罗马教士们为其宗教精神的发扬而欢悦，矜夸肉欲根源的乌尔比诺的所有意大利人尊呼本博为高雅情操和洗练文体的大师。当卡斯底里欧尼把他在乌尔比诺的公爵宫殿中所听闻及想象有关求爱者的论题理想化时，他给本博最卓越的地位，并遴选他分析柏拉图式爱情中最有名的那章终结篇。

1512 年，本博陪伴朱利亚诺至罗马。一年后，朱利亚诺的哥哥成为教皇利奥十世。本博很快被邀请到梵蒂冈担当教皇的秘书。利奥极赏识他的才华、他的西塞罗式的拉丁文及他随和的态度。7 年来，本博是罗马教廷的光荣、社会崇拜的偶像、拉斐尔聪慧的祖师及深受百万富豪和高贵仕女们喜爱的对象。他担当的虽是次要的圣职，具有最清高声望的维多利亚·科隆纳（Vittoria Colonna）也极溺爱他。

其时，在威尼斯、费拉拉、乌尔比诺、罗马各地，他写作些诸如卡图鲁斯和狄巴拉斯式的拉丁挽诗、田园诗、墓志、抒情短诗等；在许多率直的异教徒眼中，他的著作《韵文》（*Priapus*）具有文艺复兴时代的豪放风格。本博和波利希安的拉丁文可以说含有方言的完美特质，虽然他们写作于 15 世纪和 16 世纪，不足以成为他们国家、时代甚至其阶层的舆论代表。本博深知于此，因此在其小品文《意大利语言探讨》（*Delia Volgar Lingua*）中，为文学宗旨而尽力维护意大利文的应用。他尝试以著作《诗歌集》（*Canzoni*）来表现出彼特拉克的文体风格，但他的文饰情操削减了他的诗文活力，并将他的恋情变为诗意的幻想。而他的许多诗文被谱成如恋情短歌般的乐曲，有些甚至出自伟大的巴勒斯提那。

敏感的本博在其朋友比别纳（Bibbiena）、基吉和拉斐尔去世后，深觉罗马是一个宗教城市。他辞去罗马教皇令下的职位，和彼特拉克一样在邻近帕多瓦的一间乡间村舍中过着静养身心的寻幽生活。现在，他 50 岁了，他不再相信纯柏拉图式的恋爱。在他生命的最后 23 年，他和莫罗西娜（Donna Morosina）无拘无束地结合，共同生活。她不仅为他生养了 3 个子女，还令他拥有安乐、慰藉、关怀和照顾，而他以往未曾享有的声望在其晚年却得以倍增。他依旧享用多项教会圣职的薪俸。他将钱财用在收集上等图画和雕刻品上。在那些藏品中，除《玛利亚和基督》外，《维纳斯和乔武》（*Venus and Jove*）占有极受人尊重的地位，而他的住处变成了文学朝圣者的目的地和艺术家、才子们的沙龙。他又为意大利立下了文体法则。他担任教皇秘书时，他还警戒其同事萨多莱托不要研读圣保罗的使徒书信，以免那些民俗的未洗练文辞损毁其风格。本博如此告诫他："远弃这些无价值的废物，因为这类荒谬言论与高贵人士是不相称的。"他又向意大利宣告：所有拉丁人都应仿效西塞罗，而全意大利人则应效法彼特拉克和薄伽丘。他在晚年亲自撰著佛罗伦萨和威尼斯的历史；此作品虽属美好，但缺乏生气。他的莫罗西娜去世后，这位伟大的文体家忘却他的惯例，遗忘了柏拉图、卢克雷齐娅和卡斯底里欧尼，并写了一封充分流露其情意的追悼信：

> 我已失去了这世上最至爱的一颗心，它曾那般柔情地照顾我的一生，而疏忽自己的存在；它是何等坚强地主宰着自己，而无视世俗金银珠宝的华贵饰物，仅以拥有我给予的那至高唯一的爱意为无上的满足。这颗心，为爱情的赌注伸展其温柔、最高雅、最娇美的支脉；它同时赋予我在今世中所曾遇见过的最可爱的容貌和最甜美、最优雅的形象。

他永不能忘怀她的临终遗言：

> "我将我们的子女完全委托于你，并恳求你照料他们，就算是看在我俩的情分上吧！无疑地，他们仍是你的亲骨肉，这点，我未曾欺骗于你；这也就是此刻我能平静地把上帝所赐予的肉身和灵魂相契合的原因。"接着，在一段长久静寂后，她又加了一句："愿与上帝一同安息。"
>
> 过了数分钟，她永远地阖上了那双曾经是我一生疲乏旅程中见过的最为清澈、闪耀而忠贞的星辰般的眼睛。

4 年后，他仍然悼念着她。除去生活的羁绊，他终于变得极为虔

诚。1539 年，保罗三世赐封他为祭司和红衣主教。在最后的 8 年岁
月中，他成为教会的栋梁和模范。

维罗纳

假如我们现在把超群的阿雷提诺留到稍后的篇章里，而将威尼斯
移至它的北方和西方属地，我们将会在那里感受到黄金时代的光辉。
特雷维索颇自负其能拥有洛伦佐·洛托和帕里斯·波登，同时其总教
堂有提香所画的《天使报喜图》和一个由无数伦巴底人所筹组的优越
唱诗班。波登这座小城市授其名萨奇，并在它的杜莫教堂中展示一项
杰作——《圣母与圣徒及捐赠者》（*Madonna With Saints and Donor*）。
乔万尼是一位充满活力、自信、机智和权威的人，他喜欢到各处做各
种冒险的尝试。他还到乌迪内、斯皮林贝戈、特雷维索、维琴察、费
拉拉、曼图亚、克雷莫纳、皮亚琴察、热那亚及威尼斯各地作画，模
仿乔尔乔纳的风景画、提香的建筑远景及米开朗基罗的肌肉线条，从
而树立其独特的风格。他欣然地接受至威尼斯的邀请（1527 年），并
急切想以其画笔与提香竞技。他为圣罗科教堂绘的《圣马丁与圣克里
斯多弗》（*St. Martin and St. Christopher*）画像，达到完全以光线和阴
影形成的雕刻效果。无怪乎威尼斯称他为提香最大的劲敌。曾三度结
婚并有杀害兄弟嫌疑的波登酷爱旅游，曾被匈牙利国王约翰（John）
赐封为爵士，接着他返抵威尼斯（1533 年）与提香再次竞技。当地
贵族想激励提香完成在公爵府邸的竞赛作画，因此怂恿波登在对面墙
上作画。1538 年，达·芬奇和米开朗基罗之间的竞赛，也在此地附
带以"佩带腰上长剑的波登"的戏剧性插曲展开。波登画的色彩虽属
绚丽多姿，可惜在状态上似略嫌过于夸大，因而被评价为次等的最佳
作品。他到费拉拉为埃尔科莱二世设计一些绣帷，但在他抵达当地
两周后即去世。他的朋友说他死于谋杀，他的仇敌却诬蔑他的死为
自杀。

　　维琴察也是英才荟萃之地。在此，巴尔托罗梅奥·蒙塔尼亚创立了一所专长绘画中等圣母像的绘画学校。蒙塔尼亚的最佳作品是存于布雷拉的《圣母登极像》，它完妥地把安托内洛的模型中分立于左右两侧的四位圣人和伏于圣母脚边奏乐的天使们很清晰地呈现出来。这些天使的神韵真是名不虚传，而娴静慈祥、身穿飘然长袍的圣母像确是文艺复兴时代圣母肖像画中的佳作之一。皮亚琴察的鼎盛时期，还要等到帕拉迪欧（Palladio）的出现才告开始。

　　维罗纳在经过1500年的灿烂年代后，1404年至1796年之间成为威尼斯的属地，虽然她自身有完整的文化历史。当地的画家们在画坛上的确落后于威尼斯的画家，但当地的建筑师、雕刻师、木匠们在"最宁静"大柱中所表现的技艺并不落于他人之后。14世纪斯凯利葛家族的墓石过于华丽，显示出其雕刻的人才济济。而坎·格兰德·德拉·斯卡拉的那尊描绘有衣袂飘拂的逼真动作的骑马雕像，仅次于多纳泰洛和韦罗基奥的杰作。意大利最负声望的木雕专家是安杰利科，他曾在许多城市工作，但他大部分的时间致力于雕刻及镶嵌他故乡奥加诺的圣玛利亚教堂内的唱诗班席位。

　　瓦萨里称焦孔多（Giocondo）为一向在维罗纳建筑界享有盛名的天下奇才。他不仅是希腊学者、植物学家、博古家、哲学家、神学家，还是著名的多米尼克会士、那个时代建筑师和工程师的领导者。在居法国之前曾于维罗纳行医的著名学者尤利乌斯·恺撒·斯卡利杰尔（Julius Caesar Scaliger）曾向他研习拉丁文和希腊文。焦孔多仿罗马古器上的题铭而奉赠以此主题为主的书给洛伦佐·美第奇。在他停留法国时，曾建造两座横跨塞纳河的桥梁。布雷塔（Brenta）河中的碎岩有填塞那促使威尼斯繁荣的碆水湖的迹象时，焦孔多即奉劝贵族院竭尽一切所能使河流转向，注入南方。倘若没有这条妙策，威尼斯恐怕不能成为今日拥有澄清街道的名胜。难怪路易吉·科尔纳罗（Luigi Cornaro）称誉焦孔多为威尼斯城第二创建者。他在维罗纳的杰作是康西奇利奥宫——有高雅飞檐的纯罗马式凉廊，其间陈列有维罗纳的许多古代名流如柯尼里・那波斯、凯特拉斯、维特鲁维亚（Vitruvius）、小普林尼和埃米利乌斯・玛瑟（Emilius Macer）的雕像。罗马还选派焦孔多与拉斐尔和朱利亚诺・桑加罗合作完成圣彼得的肖像。他于 1514 年去世，时年 81 岁。他的一生可以说过得很有意义。

焦孔多在罗马古迹方面的作品激励了另一位维罗纳建筑师吉・法科尼托，他在完成古物的临摹后，即动身前往罗马从事同类工作，并于其岗位上前后工作了 12 年之久。后又返回维罗纳参与政治活动，但不幸失势，再次回到帕多瓦。在帕多瓦，本博和科隆纳勉励他往建筑术的古典设计方面发展其才华，而这位百岁老人的确极宽爱吉・法科尼托，充分供应他的住居、饮食和经济需要，直到这位享年 76 岁的艺术家生命终结。他在生前曾为科隆纳在帕多瓦的府邸设计一处凉廊，并参予帕多瓦市的两扇大城门和格雷西圣玛利亚教堂的筹建及设计。焦孔多、吉・法科尼托及圣米凯利（Sanmicheli）组成一个三人建筑师团体，只在罗马才遇见匹敌者。

圣米凯利一生致力于筑城术的钻研，作为维罗纳建筑师的后代，16 岁即到罗马细心观察古代建筑物。他在各教堂和宫殿的设计界建稳自己的声誉后，奉克莱门特七世的选派为帕尔马和皮亚琴察建造防御工程。他著名的军事建筑特色是五角形的棱堡，而炮火则可从他所设计的棱堡的观望台上朝五个不同的方向发射。当他视察威尼斯的炮台时，竟被怀疑是间谍而遭逮捕。幸而那些审察官为其才华所感，命派他负责维罗纳、布雷西亚、扎拉、科孚岛（Corfu）、塞浦路斯及克里特岛各地炮台的建造。后来，他返回威尼斯，在利多（Lido）建筑一个炮台。为了扎稳工程的地基，他以快速压制水量，又仿效焦孔多的范例，先把联结大建筑物的一双壁顶冠石沉殁，抽干介于两圆环之间的水量，再把地基定于干燥的轮环之内。这的确是一桩极其冒险的工程，即使到最后一分钟也未敢断言是否能够成功。一些鉴定专家预测当巨大炮火从炮台发射时，这些建筑物将因自身震动和地基松懈以致崩塌。于是政府把大量枪炮安置于威尼斯的炮台内，下令立即全面发射炮火。邻近的孕妇们争相疏散至他处以避免早产。但当那些炮火发射后，炮台仍坚稳地矗立在那里，那些将为人母者也重返家居。圣米凯利受到威尼斯全城的热烈庆贺。

他曾为维罗纳设计两扇装饰着多利安式的圆柱及壁板的堂皇城门。瓦萨里因其建筑技艺的高明而将他所建筑的工程与那些从罗马时代遗存下来在维罗纳境内的古罗马式剧场和竞技场并排列名。他又曾在维罗纳修筑比维拉古（Bevilacqua）、格里玛尼及莫西尼科宫殿，同时他为大教堂建钟楼，并为圣乔治修道院筑一个圆形楼顶。由其朋友瓦萨里的描述，我们可知圣米凯利在年轻时虽曾一度沉湎于风流韵事，但后来，他变成一位模范基督徒，没有丝毫物质私欲，对待他人极其和蔼、谦恭。他将其技艺传授给伊库甫·圣索维诺和他最宠爱的一位侄子。当他侄子为维护威尼斯在塞浦路斯抵御土耳其人之战而身亡的消息传到他耳中时，圣米凯利即发高烧，数天后去世，时年 73 岁（1559 年）。

在文艺复兴时代，甚至在所有时代中最好的铸币家，无疑非维罗纳莫属。在历史上以皮萨内洛知名的皮萨诺时常签其名为皮卡特，并自认为是一名画家。他的作品中有 6 幅佳作留传后世，但他享誉数世纪之久并非因为他的画。皮萨内洛在获得有关希腊、罗马古币图案设计的技术和详尽的设计理念后，融合他精湛的巧艺，以真实的精确度铸造直径不大于两英寸的圆型雕物，而他的这项类似奖牌的设计，堪称文艺复兴时代值得瞩目的代表成就之一。它们虽非渊深之作，也没有哲学意味的弦外之音，但它们是出自辛劳手艺的珍宝，并具历史启蒙性。

除了皮萨内洛和卡洛特家族外，维罗纳在绘画方面一直维持中古世纪的作风。斯凯利葛家族没落后，它才退居次要角色。它不是经济中心的佛罗伦萨，更不像国际名都罗马。它既不邻近东方，也未受到人道主义的影响，因此其基督教的信仰并未熏染异教色彩。反之，它留存着中古世纪的传统特色，其艺术界亦未显现出一股像乔尔乔纳、提香、柯勒乔及拉斐尔的怀古美感风格。后来，维罗纳的一位从事异教教义研究的后辈确以其城市而闻名，但韦罗内塞宁愿是威尼斯人而不愿是维罗纳人。维罗纳终究沦落了！

14 世纪末，斯蒂法诺（Stefano da Zevio）到佛罗伦萨，跟从安哥洛·加第研习吉奥塔斯科的传统学，后返回维罗纳完成一幅壁画，他所画的那张壁画被多纳泰洛称誉为画坛现存杰作中的最佳者。他的学生吉兰达约·莫罗内以研习皮萨内洛和贝利尼家族的作品而技艺精于其师一筹。在曼图亚的城堡中《布那库西之败》（Defeat of the Buonacolsi），此图力求与真蒂莱的众多全景画匹敌。吉兰达约的儿子弗朗西斯卡（Francesco）因他的壁画装潢配饰乔万尼的木制艺品而使奥加诺的圣玛利亚教堂的圣器成为名闻意大利的宝藏所在地之一。吉兰达约的学生吉罗拉莫（Girolamo dai Libri）在 1490 年为同一所闻名的教堂绘祭坛画——《耶稣下十字架》（Deposition from the Cross），据瓦萨里描述："当这个祭坛画掀开覆盖物时，其壮观吸引着全市市民前去向艺术家的父亲道贺。"此作品中的风景画是 15 世纪艺术界的最佳杰作之一。另一幅吉罗拉莫的图画中，有一棵描绘得极具真实感的树，值以引用圣人多米尼克的话——鸟儿争相飞来树枝栖息——来形容它。严厉的瓦萨里曾亲口赞说吉罗拉莫为奥加诺的圣坶利业教堂所画的《基督诞生》中的兔毛简直清晰可数。吉罗拉莫的父亲曾因其绘饰写本的技艺而赢得"德·利博瑞"（dai Libri）之名。其子秉承其艺术天赋，技艺之优冠于全意大利的纤细画家（miniaturist）。

约 1462 年，伊库甫·贝利尼作画于维罗纳。在他的助手中有位名叫利贝拉莱（Liberale）的，这位利贝拉莱，使一股夹带着威尼斯特质的色彩和活力的潮流涌入维罗纳的绘画界。利贝拉莱像吉罗拉莫一样，深知自己擅长装饰原稿，便到锡耶纳以其纤细画赚取 800 克朗。晚年因为他结婚后的女儿对他极为刻薄，他将财产遗赠给他的学生弗·托比多，并跟这位学生同住，至 85 岁高龄逝世（1536 年）。托比多也随乔尔乔纳学过画，成就凌驾于利贝拉莱之上。利贝拉莱的另一位学生卡洛特（Giovanfrancesco Caroto）在圣芝诺深受曼特尼亚的技艺影响。他去曼图亚师从那位权威大师研习，获得极大进步，以至曼特尼亚将卡洛特的作品当作自己的作品销售出去。卡洛特还为圭多巴尔多、伊丽莎贝塔和乌尔比诺公爵及公爵夫人绘制逼真的肖像。他返回维罗纳后成为一个富翁，过着随心所欲的生活。当一位牧师指控他画色情肖像，他立即反问道："假如画中人物使你有此感受，请问若你遇到真的人物，又如何能不为之所动呢？"卡洛特是属于那些少数远弃宗教信仰的维罗纳画家中的一员。

假如我们把邦西格诺里（Francesco Bonsignori）、帕洛·马兰多（Paolo Marando）、布鲁萨索奇（Domenico Brusasorci）及乔万尼·卡洛特（Giovanni Caroto，卡洛特之弟）诸位加入文艺复兴时代的维罗纳画家名单中，将使之变得完美无缺。这些画家大都是品行高雅之士，瓦萨里几乎对他们每位给予道德上的赞誉。他们的生活也合乎艺术家所应具备的井然有序，而他们在作品中所呈现的雅静和善良美感，更足以反映出其天性和环境。维罗纳的确曾为文艺复兴的歌咏曲谱出一小段虔敬、安谧的和谐乐音。

第七章 | 艾米利与前哨
（1378—1534）

柯勒乔

维罗纳以南 50 英里，便是古老的艾米利大道（Via Emilia），从皮亚琴察经过帕尔马、雷焦、摩德纳、博洛尼亚、伊摩拉、弗利和西斯纳，一直到里米尼，全长共 175 英里。我们经过皮亚琴察，不久又经过帕尔马，发现雷焦东北方 8 英里的地方有一个小小的村落，叫柯勒乔，是意大利几个小城中只因为出了某位天才、人们给他取个罗马人的姓氏便永垂不朽的地方。当地的统治家族也叫柯勒乔。其中有个名叫尼科洛·柯勒乔的人曾给贝亚特丽斯和伊莎贝拉写过典雅的诗文。这里自然容易让人产生憧憬，因为我们会想到这是天才出生、成长、安逝的地方，但实际上，实在不值得逗留，这里没有意义深刻的艺术，也没有明晰的传统供后世师法。

16 世纪前半期，柯勒乔一家是由伯爵吉尔伯特十世（Gilbert X）领导，而伯爵夫人韦罗妮卡·甘巴拉（Veronica Gambara）是文艺复兴时代的一位才女。她能说拉丁语，熟谙经院派哲学，撰文评注早期基督教先贤传述的神学，并且擅长彼特拉克式的精致文体，被人称为"第十位缪斯女神"。她把自己的小宫廷布置为艺术家和诗人聚会的沙龙，帮助传播浪漫式女人崇拜的风气。此外，她还将意大利的艺术塑造成女性魅力的呈现。1528 年 9 月 3 日，她写信给伊莎贝拉说："我们的安东尼奥·亚莱格里（Messer Antonio Allegri）刚刚完成一幅旷世佳作——描绘抹大拉的玛利亚在沙漠的景象，充分显示他是一位高雅艺术的大师。"

安东尼奥·亚莱格里的父亲是个小地主，足以帮儿子娶一个附带 257 杜卡特嫁妆的新娘。安东尼奥初展绘画的天才时，便拜他舅父洛伦佐·亚莱格里（Lorenzo Allegri）为师。以后谁指导他我们则不得而知。有人说他去费拉拉求教于弗朗西斯卡·班吉·费拉利（Francesco de' Bianchi Ferrari），之后，去博洛尼亚的洛伦佐·科斯塔的画室学习，后又转到曼图亚，在那里深受曼特尼亚大量壁画的影响。总之，他在柯勒乔大半生的时间始终鲜为人知，他也许是城内唯一怀疑自己被后世列入"不朽"之林的人。他似乎曾学过莱蒙迪从拉斐尔那里学来的那种雕刻，也可能看过达·芬奇的主要作品，虽然可能是复印本。这些融汇入他个人的风格中，以柯勒乔的名字闻名于世。

1500 年至 1515 年，他作品的主题是关于意大利知识阶层中宗教观念的衰微，及世俗赞助制度的兴起。他早期的作品，即使是专为私人购买者（其中大多是教会）而作的作品，也是基督教中的故事：《东方博士的朝拜》，画中圣母有一张美丽的面孔，后来成为柯勒乔用来描绘其他配角的范本；《圣家》；《圣弗朗西斯的圣母》，其特点至今仍具传统格调；《埃及归来小憩》（The Repose on the Return from Egypt），其构思、色调和人物刻画令人耳目一新、独创一格；《母子像》（La Zingarella），圣母慈爱地俯望怀中的婴孩，充分显示柯勒乔笔法的优美；《玛利亚敬拜圣婴》（The Madonna Adoring Her Child），画中婴孩的荣光灿烂四射，成了画面上的光源所在。

他转向异教的题材，其中有一段很奇特的插曲。1518 年，乔瓦娜（Giovanna），帕尔马圣保罗女修道院的院长，请他帮忙布置厅堂。

这位女士的家族观念远比对宗教的虔敬来得浓厚，她选择贞洁的女神狄安娜的壁画为主题。柯勒乔在火炉架上摆设一幅狄安娜乘一辆华丽四轮车的画像，在她之上 16 道金光汇聚在圆顶，他根据古典神话画了一些人物景色。其中有一幅画描绘一只狗被稚童亲昵地抱在怀里，它那双相当生动的眼睛表现出受宠若惊的神情，一切凡人、神祇羞惭于他的华美纷纷走避。此后，人体（大部分是裸体）成了柯勒乔图画装饰的要素，而异教的动机居然也闯进他以基督教为题材的画里，女修道院长使他叛离了基督教。

他的成功在帕尔马城引起了一场骚动，给他带来许多有利可图的工作。1519 年，他画了一幅《圣凯瑟琳的神秘婚礼》（*The Mystic Marriage of St. Catherine*），圣女和圣徒在画中都有一种无以言喻之美。4 年后，柯勒乔的功夫更上层楼，他用同一个题材——姣好的面孔、诱人的景色和光线在柔软衣裳和波动头发上的神奇应用——作了一幅画，该画现藏于卢浮宫。

1520 年，柯勒乔接受帕尔马的一件艰辛的任命，负责替一座圣乔万尼传道会（San Giovanni Evangelista）新建的圣本笃教堂在拱顶、讲坛上和教堂两边作壁画。他在这桩大工程上劳苦了 4 年，并于 1523 年将家小都搬到帕尔马以便于工作。他在圆顶上画了 12 名使徒，绕着一个圈子舒适地坐在柔软的云上，定睛望着基督。从下往上望，这位基督的躯体因立体构图显得更小。从远处看这幅画，让人产生一种非常强烈的印象。圆顶的精华在于那 12 位被塑造成超凡入世的使徒，他们有些人全身袒露，几可与菲狄亚斯的众神竞美，在肌肉的表达上或许还可以和米开朗基罗 12 年前在西斯廷大教堂的屋顶上所作的画互相辉映。两边圆拱之间画的是一位健壮的圣安布罗西正跟万神殿诸神的使徒约翰讨论神学。轻快活泼的形式，想象中的天使，空隙间也填饰了天使的面孔、臀部、腿和股。人文主义学者认为已经陈旧的希腊复古，通过基督教艺术大放光明。

1522 年，帕尔马的大教堂为这位年轻的艺术家开启大门，答应付他 1000 杜卡特作为替教堂、半圆形圆顶和拱顶作画的报酬。他接受这项任务后继续从事艰辛的劳作，从 1526 年到他去世做了整整 8 年。拱顶部分他选的是《圣母升天》，他使出浑身解数，以人类的肉体回旋成一幅图案，确使教堂的许多教士大吃一惊。图的中央是圣母凭依在空中伸展双臂使圣子升上天空的景象。一大群使徒、门徒和圣徒环绕在她的周围和下方，似乎以膜拜的气息吹她扶摇直上。此外陪衬她的是一队天使唱诗班，个个酷似展露美体的少年。这些都是意大利艺术中最可爱的少年裸体像。有一位教士对这些手臂和大腿大惑不解，当众批评这画为"群蛙大餐"，教会里的其他人士，也对这种以人的躯体的组合祝贺圣母的画像表示怀疑。柯勒乔在教堂内的工作似乎曾因此中断了一段时间。

如今（1530 年），他已迈入中年，希望得到一份安定的宁静生活。他在柯勒乔城外购买几亩地，跟他父亲一样也成了地主。他卖力地靠着画笔维持家庭和农田的支出。这一时期，还创作了不少宗教画，几乎每幅都是传世佳作：《阅读中的抹大拉的玛利亚》（*Magdalen Reading*）；《圣塞巴斯蒂安的圣母》（*The Virgin of St. Sebastian*）是柯勒乔城内最美丽的圣女；《圣母玛利亚像》（*Madonna della Scodella*），有时称作《手中持一小碗和一帧举世无双的基督幼时的画像》；《圣吉罗拉莫的圣母》（*The Madonna di San Girolamo*），有时称作《白昼》（*Il Giorno*），画中的哲罗姆颇得米开朗基罗的赞赏。画中，一个天使在基督面前手持一本书，给人一幅柔美的意象。《抹大拉的玛利亚》把面颊贴在"基督"的大腿上，不啻一个最纯洁、最体贴的"罪人"。帆布上调和的鲜红和鲜黄，堪与提香的杰作相比。另一幅叫《牧羊人的崇拜》，原名叫《夜晚》（*La Notte*）。使柯勒乔对这些画像感兴趣的，不是宗教的情操，而是美学的价值——虔敬崇拜的年轻慈母，她自己多么适合一张鹅蛋脸，光滑的秀发、柳条似的眉毛、细削的鼻梁、樱桃小口、丰满的胸脯，或是雄伟的圣徒身上具有的阳刚之美的肌肉，抹大拉玛利亚的娴静动人及稚童玫瑰色的身体。柯勒乔从大教堂的搭架上走下来，将一切美好事物综合成各种画面，使自己焕然一新。

约 1523 年，在费德里科·贡萨加的敦聘下，他得以在作品里充分表现异教的特点。侯爵为了讨查理五世的欢喜，不停地订购画，作为献给这位帝王的礼物，结果得到他日夜贪求的头衔——公爵。对于柯勒乔而言，只有在罗马的异教熏陶下，才能够画出一系列神话中庆祝爱情或欲望的《奥林匹亚式胜利》。维纳斯在《爱神的教育》（*The Education of Eros*）中蒙蔽丘比特的眼睛，以免人类遭受浩劫；在《朱庇特与安提欧》（*Jupiter and Antiope*）中，神祇被画成半人半兽的怪物，步向青草地上假寐的裸女；在《黛安娜》里，一位长有翅膀的信使揭开美丽少女的罗帏，准备迎接丘比特的到来，她的床边有两个小孩正在嬉戏，丝毫没把众神的操行当成一回事；在《我》中，丘比特乘着一朵隐匿的云彩离开他烦闷的天地翩然下降，以一只万能的手紧抱着一个犹豫不决、神态美妙、终于屈服于欲望的丰满少女；在《加尼米德的遇劫》（*The Rape of Ganymede*）中，一只老鹰匆忙将一名美少男带给天上的诡诈之神；在《丽达与天鹅》中，大神宙斯化为一只天鹅，将丽达置于自己的羽翼之下。甚至在《圣母和圣乔治》中，两个裸呈的丘比特在圣母面前喧闹戏游，而身着闪闪发光盔甲的圣乔治正是文艺复兴时代青年的理想化身。

我们千万不能因此认定柯勒乔是偏爱描绘肉体的感官派画家。他也许过于热爱美好的事物，他在这些神话中也太过广泛地强调美的表面，但在他的《圣母像》里，他很恰当地表达一种深沉的美。当他信手画奥林匹斯山时，生活过得像普通人一样有规律，热爱他的家庭，除了出去工作，很少离开家。“他知足常乐，”瓦萨里告诉我们，“过着虔诚的基督徒的生活。”他“十分胆小，并且带着忧郁”。其实，每天从美梦的追寻中遽然进入一种丑陋的成人世界，谁会不忧郁呢？

他在大教堂工作的报酬，也许引起了一些争论。提香访问帕尔马时听到一些流言蜚语后，表示如果可以把圆顶倒转过来用杜卡特填满，也不足以付给柯勒乔在上边作画的工资。总之，付钱的事和这位艺师家的早夭有奇异的牵连。1534 年，他领到 60 克朗的分期付款，全都是铜板。他携带这些沉重的金属徒步离开帕尔马。结果中暑，喝了过多的水，发了一场高烧，于 1534 年 3 月 5 日死在他的农庄，时年 40 岁（另一说 45 岁）。

如此短暂的一生，成就却如此辉煌，除了拉斐尔以外，远超过达·芬奇、提香或米开朗基罗在他们前 40 年的表现。在线条运用、轮廓塑造及人体表达上，柯勒乔与他们不分伯仲。他的色彩鲜艳流动，充满反射和透明的活泼，他用紫色、橘色、玫瑰色、蓝色和银色时，都比后世所采用的耀目的色彩来得柔和。他是明暗对照法的大师，擅长明暗的组合与呈现，在他一些圣母画像中，实体几乎成为光线的形式和作用。他大胆地在作品中尝试各式各样的图案——角锥形、对角线、圆形，他在圆顶壁画中却以使徒和天使错综交织的腿将整体分裂。他动不动就利用透视的立体构图，以致圆顶上所画的人物虽然符合科学精确的条件，但显得拥挤、笨拙，圣乔万尼传道会里耶稣升天的景象就是一个例子。另一方面，他不喜欢机械呆板，因此他画的许多人物，如弥考伯（Micawber），便少了一切有形的东西可以支撑。他怀着高尚的情操创作一些以宗教为题材的作品，不过他最大的兴趣依然在躯体的美妙、举动、态度、欢乐。他晚期的作品象征 16 世纪的意大利在艺术上维纳斯凌驾于圣母的趋势。

他在意大利和法国的影响力只有米开朗基罗可堪匹敌。16 世纪后期，由卡拉西（Carracci）主持的博洛尼亚绘画学校，选他作为他们的典范，他们的门徒与圭多·雷尼（Guido Reni）、多蒙尼基尼（Domenichino）也根据柯勒乔创立一种肉体美和感官情操的艺术。查尔斯·勒布朗（Charles Lebrun）与皮埃尔·米诺德（Pierre Mignaud）也借着异教的形象、放矢的丘比特与丰满无邪有翅膀而可爱的天使，把玫瑰色娇艳的装饰式样介绍到法国，并在凡尔赛大行其道。征服法国的是柯勒乔而不是拉斐尔，他作品的影响力在华托（Watteau）之前一直历久不衰。

他的作品在帕尔马持续盛行，后来因为来了一位被意大利人称为帕尔米贾尼诺（Parmigianino，帕尔马人）的弗朗西斯科·马佐利（Francesco Mazzuoli）而改观。马佐利出生时是个孤儿，由两个当画家的舅父抚养，天才得以早熟。他 17 岁时接受一份工作，负责装饰柯勒乔正在里边画圆顶的同一教堂——圣乔安尼传道会——的一间会堂。在这些壁画里，他的风格几乎臻于柯勒乔的优美，他在上面加入自己对华衣的偏好。大约同时，他面对镜子画了一张了不起的自画像。这是艺术上最动人的自画像，呈现一位少年的文雅、敏感和骄傲。当教皇的军队围攻帕尔马时，他的舅父赶紧把这幅画和他其他的画作包裹好，带他逃到罗马（1523 年），在那里他学习拉斐尔和米开朗基罗的作品，并寻求教皇克莱门特七世的赞助。他正要声名大噪时，不巧罗马遭劫，只有逃到博洛尼亚避难（1527 年）。当地有个家伙竟把他所有的雕刻和图画抢劫一空。他两个舅舅可能也在这时去世。为了生活，他只有替以前曾住在德勒斯登的阿雷蒂诺·彼耶特罗画女王容貌般的《圣母玛利亚》，又给一些修女画圣玛格丽特，该画今藏博洛尼亚。查理五世前往重建历经浩劫的意大利时，弗朗西斯科给他画了一幅画像，很得帝王的欢心，很可能使这位艺术家发了一笔财。

他回到帕尔马（1531 年）后为斯提卡特圣母院（Madonna della Steccata）的拱形圆顶作画。他正处于巅峰状态，即兴的作品都具有很高的水准：《土耳其奴隶》（Turkish Slave）里的奴隶倒像个公主；《圣凯瑟琳的婚礼》（*Marriage of St. Catherine*）可与柯勒乔对这种题材处理的功夫相比，书中的小孩有一种超俗的美。还有一张相传是他的情妇安蒂亚（Antea）的无名画像，她被誉为当时最有名的情妇。可是，画中天使般的娴静和华丽的衣裳恐怕只有女王才相配吧！

这位"帕尔马人"也许受到灾祸与贫穷的刺激，开始热衷于炼金术，建了几个熔炉炼金，把绘画忘得一干二净。圣乔万尼的教士无法叫他回去工作，控告他违反合约，并下令通缉他。画家逃到卡萨尔修道院，不修边幅，也不关心自己的起居生活和健康，得了一场寒热病，也跟柯勒乔一样猝然逝去（1540 年）。

博洛尼亚

我们匆忙经过雷焦和摩德纳，倒不是因为这两地没有值得纪念的疆场豪杰或诗文雅士。雷焦城中有一位名叫安布罗齐奥·卡里皮诺的奥古斯丁会僧侣，曾编过一本拉丁文和意大利文对照的字典，连续发行了好几版，后出版多达 11 种文字的版本（1590 年）。卡尔皮也有一座由斐路契设计的美丽教堂。摩德纳有一位雕刻师名叫圭多·马佐尼，他的赤土陶器《死亡的耶稣》（*Cristo Morto*），其真实感震惊了同乡的居民。11 世纪的大教堂陈设 15 世纪唱诗班的席位，正与教堂和钟塔的美丽互相辉映。曾跟拉斐尔在罗马共事、后来回到自己家乡的佩莱格里诺（Pellegrino），要是不被企图杀害他儿子的恶棍所杀，很可能成为有名的画家。

博洛尼亚位于意大利贸易要道的交汇点，一直兴盛不衰，当人文主义压倒经院学派时，其在知识上的领导地位便旁落于佛罗伦萨了。这里的大学是意大利许多大学之一，再也不能当着王公贵族的面宣读律法。但当地的医学院仍十分优秀。许多教皇都宣称博洛尼亚是罗马教皇的管辖地，阿布诺佐主教也曾仓促重申前令（1360 年）。但教会里教皇之间的钩心斗角造成教会的分裂（1378—1417 年），使天主教的约束力徒具虚文。有个叫本蒂沃利的豪族崛起当权，以温和的独裁手段维持整个 15 世纪的政权。这段时期，他保留共和的形式，承认教皇的宗主权，但始终不把它当一回事。领主乔万尼·本蒂沃利（Giovanni Bentivoglio）治理博洛尼亚前后 37 年（1469—1506 年），他睿智公正，赢得贵族的崇敬和人民的热爱。他广铺大道、修护马路、开辟运河、施物济贫、组织公共事务以减少失业，他还积极赞助艺术，就是他把洛伦佐·科斯塔带到博洛尼亚来的。弗兰西亚为他和他的儿子作画；斐勒佛、瓜里诺、乔万尼·奥里斯帕与其他的人文主义者都被邀请到他的宫廷。他晚年受到他人阴谋反叛的刺激，开始使用严刑峻法来维持他的权势，使他丧失百姓的好感。1506 年，教皇尤利乌斯二世率领教会军队进逼博洛尼亚，强迫他让位。他毫无反抗地投降，得到保证后安全离去，两年后死于米兰。尤利乌斯同意博洛尼亚由当地的元老院统治，但立法被教会反对时，教皇代表有否决权。教皇的统治果然比本蒂沃利来得有秩序和自由得多。当地的自治政府得到认可，大学也享有充分的学术自由。拿破仑来临前（1796 年），博洛尼亚不论在名义上和事实上一直是教皇的管区。

文艺复兴的博洛尼亚深以其民间的建筑自豪。商人公会捐建了一幢精致的商业大厅（1382 年），律师们重建他们富丽堂皇的公证大厦（Palazzo dei Notari），贵族们也建了许多漂亮的宫殿，如 1547 年举行特伦特会议的醉饮宫，被誉为"只有帝王才配享用"的帕拉维西尼（Pallavicini）宫及坐落于宏伟的政府机构所在地的统治者宫，后者于 1492 年得到全新的风貌，布拉曼特还为它设计了一个庄严的螺旋形阶梯，许多建筑物正面的拱廊与街道平行，一个人能够在城中徒步数英里，而不被日晒雨淋。

大学里的怀疑论者，如蓬波纳齐，对灵魂不朽表示怀疑时，百姓和教皇仍建造新教堂，并修茸旧的，又对曾发生过奇迹的神祠慷慨奉献。圣方济各修会的修道士甚至给他们多彩多姿的殿堂增建一座意大利最漂亮的斜塔。多米尼克修会为了充实圣多米尼克教堂，特地请贝尔加莫的达米亚诺雕刻、镶嵌唱诗班的栏架。他们敦聘米开朗基罗在珍藏创始人骨骸的神龛上，雕刻 4 个人物。博洛尼亚艺术的盛衰都表现在圣彼得罗纽斯教堂里。远在 5 世纪，圣彼得罗纽斯主教在这城市服务，他的恩慈深受人们的爱戴。1307 年，很多信徒宣称他们从他神龛下面的井中取水洗涤生病的地方，把聋、瞎或其他的疾病完全治愈。不久，这个城市不得不设法找地方给成千上万前来寻求治病的朝圣者居住。1388 年，当地的市议会宣布应该替圣彼得罗纽斯盖一座教堂，而且它应该使佛罗伦萨人和他们的大教堂相形见绌。它应该700 英尺长，460 英尺宽，拱形圆顶离地面 500 英尺。壮志固然可嘉，金钱却十分短缺。结果，只有本堂左右两边的走廊到侧廊及教堂正面较低的部分完成。但这较低矮的部分仍是反映文艺复兴艺术的高尚情操和气质的旷世杰作。正门的侧柱与楣梁都刻有浮雕，在题材上可与吉贝尔蒂为佛罗伦萨洗礼堂雕刻的大门相比，功力则远在其上，唯一逊色的只是精致的功夫。在三角墙上，与不太惹人注目的圣彼得罗纽斯和安布罗西并列的，是一幅《圣母与圣子像》，雕刻得十分有力，可与米开朗基罗的《圣骸》（*Pietà*）相提并论。锡耶纳的奎尔恰的作品给米开朗基罗很大的灵感，他如果能从奎尔恰的图案里多学习一点古典的纯粹性，或许可以避免过分夸张的肌肉的雕刻风格。

博洛尼亚的雕刻足与建筑媲美，罗西（Properzia de' Rossi）为圣彼得罗纽斯的正堂雕刻浅浮雕，赢得许多赞誉。当教皇克莱门特七世莅临博洛尼亚时，他要求见她一面，可惜她就在那个星期阒然去世。以浮雕博得米开朗基罗赞美的阿方索·伦巴底因追随提香而名留青史。有一次他探知查理五世来博洛尼亚开会（1530 年），要提香帮他作画，便说服提香把自己以仆人的身份一道带去。当提香作画时，阿方索·伦巴底半躲在他后面用灰泥替君王素描，被查理发现了，要求看看他的作品，结果非常喜欢，于是让阿方索·伦巴底把它复制在大理石上。查理付给提香 1000 克朗时，还嘱咐他其中有一半是给伦巴底的。伦巴底把完工的大理石拿到热那亚给查理，又得到额外的 300克朗。伊普里托·美第奇主教把成名了的阿方索·伦巴底带去罗马，指派给他雕刻利奥十世和克莱门特七世坟墓的工作。1535 年主教去世后，阿方索·伦巴底便失去了工作和赞助者，不到一年便去世了。

14 世纪，绘画在博洛尼亚主要是装饰图画；即使后来演变成壁画，其追随的也是生硬的拜占庭风格。很显然，费拉拉的两位艺术家把博洛尼亚的画家从严峻、死板的拜占庭迷梦中唤醒过来。科萨刚搬到博洛尼亚时（1470 年），他的画中仍然有某种曼特尼亚式的严峻，雕刻的线条也显得十分生硬，但他学会将感情、尊贵注入他的人物中，使他们栩栩如生。洛伦佐·科斯塔刚到博洛尼亚时（1483 年），也不过是个 23 岁的小伙子，他在此处一住就是 26 年。他和弗兰西亚同在一间画室工作，两人很快变成莫逆之交，互相切磋以臻于成熟的境界，他们有时合力画一张画。科斯塔因为在圣彼得罗纽斯替乔万尼·本蒂沃利画了一幅非常美丽的《加冕的圣母》，获得不少名利。当可怕的尤利乌斯节节逼近时（1506 年），乔安尼急着逃难，科斯塔便接受邀请接替曼特尼亚在曼图亚的位置。

这时，弗兰西亚也以博洛尼亚画派的盟主自居。他的父亲叫马可·拉伊博利尼（Marco Raibolini），但意大利人都不计较姓氏，弗兰西亚便以他金匠师傅的名字闻名于世。他学了数年的冶金术、造银术、黑金镶嵌术、瓷釉的制法与雕刻。他被任命为造币厂的厂长，帮本蒂沃利和教皇雕刻城市用的铜板。他雕刻的铜板美得超凡脱俗，是收藏家收藏的对象，他死后价格倍增。瓦萨里把他描写成一个和蔼可亲的人。"他谈话十分风趣，可使最忧郁的人忘忧解愁，博得王子、诸侯和一切认识他的人欢心。"

我们不知道什么事情使弗兰西亚转到绘画上。本蒂沃利发现他的天才，聘请他为圣贾科莫的教堂作祭坛画（1499 年）。独裁者大悦，派他用壁画将他的宫殿装饰起来。1507 年，民众洗劫宫殿时，这些艺术瑰宝尽数被毁。瓦萨里论到这里时说："这些壁画使弗兰西亚在城里受到似神祇般的尊敬。"聘约接踵而来，他也许接受太多的工作，无法充分发挥他的潜力。曼图亚、雷焦、帕尔马、卢卡和乌尔比诺等地都有他的作品，博洛尼亚的皮纳柯底卡家族（the Pinacoteca）甚至收集了一屋子他的镶框画。维罗纳有一幅《圣家》，杜林有《埋葬》（*Entombment*），卢浮宫有《基督被钉十字架》，伦敦有一幅《基督之死》与巴托罗米奥·比安奇的鲜明画像，摩根图书馆存藏一幅《圣母与婴孩》，大都会艺术博物馆有一幅赏心悦目的费德里科·贡萨加年轻时的画像。这些没有一幅称得上是第一流佳作。不过，每幅画都笔调优美，色彩柔和，充满了柔和与虔敬。他称得上拉斐尔的前驱。

弗兰西亚和拉斐尔借书信往来的友谊是文艺复兴时期最令人愉快的逸事之一。维蒂（Timoteo Viti）是弗兰西亚在博洛尼亚的学生，后来成为拉斐尔早期在乌尔比诺的一位老师。弗兰西亚的某些特点可能传给了这位年轻的艺术家。拉斐尔在罗马成名时，特地邀请弗兰西亚来访。弗兰西亚推辞年纪太大，不过还是写了一首十四行诗赞美拉斐尔。拉斐尔于 1508 年 9 月 5 日写给他一封信，充满了文艺复兴时期的谦让：

敬爱的弗兰西亚先生：

　　我刚刚接到你的画像，到我手里时仍安然无恙……真是由衷地感谢您。它这么美丽，这么生动，使我时常错以为自己就在您身边，恭听您的教诲。我祈求您原谅我的自画像的姗姗来迟，这是因为许多重要的事务缠身，使我无法根据我们之间的默契亲自下笔……不过，我同时给您寄上另一幅《基督诞生》的画，敬请笑纳。我在作这幅画的同时也画了许多其他的画，信手挥笔，代表我的信服和爱心。如果可以换取您一幅画的话，我想得到您那幅叙述朱蒂丝救民事迹的画，我会把它当成自己最亲爱，最珍贵的宝贝。

　　达塔里奥迫切地等待您小幅的圣母像，利拉奥主教要的是大幅的……我怀着喜悦和满足的心情等候它们的到来，看见您的大作都会引起我的赞叹。有生以来从没有见过能比您的作品更美丽、更虔诚、更完美的了！

　　同时，提起勇气来，以您的睿智照顾自己，请相信您的苦痛就是我的苦痛。请继续爱护我一如我全心全意地敬爱您。

　　　　　　　　　　　永远愿为您效劳的

　　　　　　　　　　　　　拉斐尔敬上

　　我们可以从这封信的字里行间读出客气的措辞，这种真挚成熟的情感，在拉斐尔将他著名的《圣西西里娅》送给弗兰西亚时所写的另一封信中流露出来。这幅画是摆在博洛尼亚的教堂里的，拉斐尔请他"以朋友的身份，不吝指教"。瓦萨里后来说，弗兰西亚看到这幅画时，立即被它的美迷住了，这才痛苦地认清自己作品的不如人，因此再也提不起劲来作画，后来生病，不久便去世，时年 67 岁（1517年）。这是瓦萨里所怀疑的一个死因，但他亲切地补充说，除此之外还有许多其他的看法。

　　也许，弗兰西亚死前在罗马看过他的学生莱蒙迪根据拉斐尔的画作成的雕刻。莱蒙迪访问威尼斯时，看到丢勒在铜板或木牌上的雕刻。他几乎把所有的旅费都拿来购买雕刻《基督受难图》（*Passion of Christ*）的纽伦堡大师的 36 块木头雕刻。他把它们复印在铜板上，依照复印本做成版面，以丢勒作品的名义把版面卖出去。往罗马途中，他把拉斐尔的画刻在铜板上，十分逼真，拉斐尔才答应他的许多作品可供人雕刻，制版出售。莱蒙迪也复写拉斐尔和别人的作品，把复写本做成铜板后将版面卖掉。他以这种新奇的方法赚钱维生，使欧洲的艺术家即使不用亲访意大利，也可以知道文艺复兴诸大师名作的图画。弗兰西亚、莱蒙迪与后来者对艺术的贡献，跟古登堡、马努蒂乌斯等人在学问和文学上的贡献相仿：他们继往开来，给了年轻人了解先贤遗产的机会。

艾米利大道

　　博洛尼亚东边有一连串的小镇，对文艺复兴的繁荣均有所贡献。伊摩拉小镇出了一位英诺森·伊摩拉（Innocenzo da Imola），他求学于弗兰西亚，留下一幅几乎与拉斐尔作品相当的《圣家》。法恩扎一地取名自它的彩陶工业。15 世纪和 16 世纪，那里的意大利陶工和库比、佩萨罗、杜兰特和乌尔比诺一样，用不透明的瓷釉美化了陶土的表层，用金属的氧化物涂在上面，使彩陶在焙烧时可以浮现出亮丽的紫色、绿色和蓝色来。弗利也因为两位画家而闻名。梅罗佐有个学生名叫马可·帕尔梅扎诺（Marco Palmezzano），替成百的教会和恩主画过许多有关早期基督教题材的画，留给我们一张卡泰丽娜·斯福尔扎（Caterina Sforza）蒙人耳目的妖魅画像。

刚生下来就许配给米兰大公加·斯福尔扎（Galeazzomaria Sforza）的卡泰丽娜后来嫁给弗利贪婪残狠的暴君里亚里奥。1488年，他的臣属起来反叛，将他弑害，拘捕卡泰丽娜和她的小孩，但效忠她的军队仍紧紧守住城堡。她向叛军的首领保证，如果释放她，她一定说服这些军队投降。他们同意了，但把她的小孩留下当人质。她一进城堡，立刻下令将所有城门紧闭，勇敢地指挥守军战斗。当叛军威胁除非她跟手下投降，否则将加害她的小孩时，她严斥他们，站在碉堡上向他们说，她的体内怀着另一个小孩，而且以后可以很容易得到更多。米兰的洛多维科及时派军前来解围，毫不留情地将叛军平定。卡泰丽娜的儿子里亚里奥（Ottaviano Riario）便在其母的羽翼下，担任弗利的首长。

艾米利大道的南北方至今仍遗留着两个古都：拉韦纳（曾一度是罗马帝王的避难所）和圣马力诺。约9世纪，圣马力诺修道院曾在能攻易守的峻崖上，组织了一个小小的自治地，远离文艺复兴的一切影响。1631年，教皇乌尔班八世正式承认它的独立，意大利政府以其地无税可收，也给予种种便利。拉韦纳在威尼斯人于1441年占领该地后，恢复往日的繁荣。1509年，尤利乌斯二世重申此地为教皇的管区。3年后，在附近打了一场大胜仗的法国军队，觉得完全有资格抢劫该城。

卢比肯（Rubicon）的南方，艾米利大道濒亚得里亚海的终站里米尼，因为出了一个统治该地的马拉泰斯塔家族——诨名"魔头"（Evil Heads），而闯进文艺复兴的历史。10世纪末，他们先以神圣罗马帝国尉官的身份替奥索三世（Otho III）治理安科纳省的边陲地区。

他们交替扮演教皇党和保皇党的角色，一会儿表示效忠皇帝，一会儿表示效忠教皇，无形中控制了整个安科纳、里米尼和西斯纳。他们俨然以暴君自居，否定一切道德，但凭着阴谋、诡诈和武力巩固权势。马基雅维利的《君主论》，隐约反映当时的实际情形——铁血化成墨汁，一如俾斯麦变成尼采。卡洛·马拉泰斯塔大力赞助文学艺术，为他的家族建立起美誉。西吉斯蒙多·马拉泰斯塔统治期间，把权力、文化和暗杀的混乱情形搅到前所未有的程度。他的许多情妇替他生了好几个小孩，有时竟同时出生。他前后结过三次婚，捏造通奸罪名杀掉两个妻子。他对最后的情妇阿蒂却异常地忠诚，后来还和她结婚。阿蒂死后，他在圣方济各教堂立了一块纪念碑，上面写着：献给圣洁的爱索达（为阿蒂之名）。他似乎否定上帝和不朽论，他认为将教堂里的圣水钵装满墨水、望着信徒进来时把自己搞得一身墨渍是十分有趣的游戏。

　　他做尽恶事，但也有好的一面。他是一个能干的将才，素以莽勇见称，能忍受军队生活可能遭遇的各种艰苦。他作诗，学习拉丁文和希腊文，资助学者和艺术家，并乐与他们为伍。他特别喜欢阿尔贝蒂，指派他负责将圣方济各教堂改成罗马式。阿尔贝蒂抛弃13世纪哥特式教堂的完整形式，尝试在教堂的正面，依据公元前27年立在里米尼的奥古斯都拱门饰以古典的图案。此外，他计划在诗班席位上盖一个圆顶，可惜始终没有完成，成了一个不堪入目的框架，当时的人称它为"马拉泰斯塔大庙"。西吉斯蒙多再度修饰的内部艺术则是异教精神的礼赞。在弗朗切斯卡所作的一幅明艳的壁画中，西吉斯蒙多竟卑躬屈膝跪在圣徒恩主面前，但这几乎是教会仅存的基督徒象征。爱索达埋在里面的一间会堂里，早在她死前20年，碑文上便刻有："谨以意大利的美丽、德行与荣耀献给里米尼的爱索达。"另一间会堂的陈列分别代表战神、商业之神墨丘利、农神、狄安娜与维纳斯。教堂的墙壁刻有上乘的大理石浮雕，主要是乔托的作品，代表森林之神、天使、唱歌幼童与人格化了的艺术与科学，纹章装饰着西吉斯蒙多与爱索达的大写姓氏。热爱古典作品的教皇庇护二世把这座新建筑描写成"高贵的殿堂……到处充满异教的象征，使它似乎变成不信神者崇拜异端的地方，而不是基督徒灵交的神祠"。

教皇庇护二世于 1459 年曼图亚太平无事时，强迫西吉斯蒙多将他的领地归还教会。见他顽固如前，庇护拿起开除教籍的敕书丢在他身上，控他迷信异端、忤逆父母尊长、乱伦、通奸、伪誓、叛国、亵渎神明。西吉斯蒙多对敕书付之一笑，这件事一点儿也没有影响他的酒量和食欲。然而，受不了这位学者教皇的毅力、军队和策略的压力，他终于在 1463 年跪在教皇使节面前悔罪，领土归附教会，得到赦免。即使如此，他仍然精力旺盛，指挥威尼斯军队和土耳其人交战，赢得好几次胜利，为里米尼带回一件宝贵得有若最伟大的圣徒骨骸的奖品——哲学家盖米斯都·布雷托的骨灰。布雷托是信奉柏拉图学派的希腊人，曾主张以新柏拉图学派的异教信仰取代基督教。西吉斯蒙多把他的珍藏埋在他殿堂旁边的坟里。3 年后（1468 年），西吉斯蒙多去世。我们想到文艺复兴的总体印象时，千万不能忘记他。

假如西吉斯蒙多代表公开拒斥中古基督教信仰的少数，那么具有影响力的团体，我们只要沿着亚得里亚海，从里米尼深入边陲地区直到洛雷托，就可以发现仍然活在意大利人心中的古代宗教的生动象征。文艺复兴时期，每年成千上万的虔诚朝圣者，千里跋涉到洛雷托瞻仰《圣屋》（Casa Santa）。相传玛利亚、约瑟和耶稣原住在拿撒勒（Nazareth），后来据神迹般的传说，天使先把他们神奇地迁徙到达尔马提亚，然后越过亚得里亚海到雷卡纳蒂附近的桂树林中。小石屋的周围有一道大理石屏障，是根据布拉曼特的图案建造的，圣索维诺又补上雕刻的图画。圣屋的上面有一座教堂，由朱利亚诺·马亚诺和朱利亚诺·桑加罗斥资兴建（1468 年）。圣屋里小祭坛的上边，有一个玛利亚和圣婴的黑色柏木雕刻，竟是出自传道者路加的手笔，1921 年毁于一场大火后，当地人用复制品代替，饰以珍珠宝石。它前边的银灯日夜熊熊燃烧，大放光明。这也是文艺复兴的一部分。

乌尔比诺与卡斯底里欧尼

　　离亚得里亚海 20 英里的内陆，洛雷托与里米尼的中途是乌尔比诺小诸侯国，高高隐藏在亚平宁山脉风景如画的支脉中，它的面积只有 40 平方英里，是 15 世纪世界上文明最发达的地区之一。200 年前这块幸运之地归一个靠当雇佣兵队长起家、花钱十分谨慎的蒙泰费尔特罗（the Montefeltri）家族所有。费德里科·蒙泰费尔特罗统治乌尔比诺 38 年，政通人和，连了不起的洛伦佐都瞠乎其后。他拜费尔特的维托里诺为师时，已经表现出他的深谋远虑，他的一生是他尊贵的老师所曾得过的最好的礼赞。他治理乌尔比诺时，还亲自远征那不勒斯、米兰、佛罗伦萨及罗马。他从不曾打过败仗，也不曾让战火蹂躏他的国土。他不费一兵一卒只借一封伪造的函件就占领一个城镇，甚至根本用不着深思熟虑便攻下安托尼奥城。他是当时闻名遐迩的一位最仁慈的统帅。私底下，他是一位言行合一、受人敬重的君子。他当雇佣兵队长时已经赚了不少钱，因此用不着强迫人民纳税给政府。他深信老百姓真诚的效忠，和他们在一起时，既不携带武器，也不用人保护。每天早上，他在四通八达的花园里垂听民间的疾苦，下午则操着拉丁文审理案件。他救济贫穷，帮孤女添置嫁妆，丰收时囤积粮食，荒年时贱卖五谷，宽免破落商人的债务。他是一个好丈夫、好爸爸，慷慨大方的朋友。

　　1468 年，他为自己、他的朝廷及属下的 500 位官员盖了一座宫殿，不像是防御的堡垒，倒像是行政中心和文学艺术的避难所。达尔马提亚人卢恰诺·诺拉那（Luciano Laurana）把它图饰得惟妙惟肖，使洛伦佐·美第奇派蓬泰利前来素描。建筑物的正面计有四层楼，中央有四个附加上去的拱门，每一边都有一个突廊塔。内院的拱廊十分精致美观，大部分房间已不复可见，但从存留下来的雕刻和华丽的壁炉仍可看出当时的奢华时尚。卡斯底里欧尼根据这个庭院的中心塑造他的"朝臣"。费德里科最喜欢的部分就是收藏书籍的房间，他常跟艺术家、学者和诗人畅谈，他们也享受他的友谊和恩宠。举国上下他是有多方面成就的人，他欣赏亚里士多德的程度甚于柏拉图，还通晓伦理学、政治学和物理学。他把历史看得比哲学重要，深信自己通过观察人类的行为，比在理论中摸索蛛丝马迹，更能彻底地了解生命。他热爱古典，但不抛弃对基督的信仰。他每天读烦琐的神学，也记得望弥撒。不论平时或战时，他都衬托出西吉斯蒙多的伟大。他的藏书充满了早期教父的遗著、中古文学与古典作品。13 年来，他始终聘有 30 个抄写员誊写希腊和拉丁典籍，使自己的宫殿成为梵蒂冈以外全意大利藏书最丰富的地方。他同意他的图书管理员，韦斯帕西亚诺·比斯底奇的看法，凡是印刷的书籍都不应在收集之列，因为他们把一本书看成不只是传达思想的工具，它应该也是一件用装订、书写与图案组成的艺术品。宫廷里的每一本藏书几乎都是异常细心地写在牛皮纸上，附有绘图说明，用猩红色的皮革和银线捆绑。

袖珍形的画像在乌尔比诺是很受欢迎的艺术。梵蒂冈图书馆购买费德里科的收藏，其中有两册《乌尔比诺圣经》（*Urbino Bible*）尤其珍贵。据韦斯帕西亚诺说，伯爵指令他和其他人将这两册典籍加圈批注，"务必尽可能使其成为最宝贵的书籍"。费德里科为了美化宫廷的墙壁，特地邀来许多织缀锦画的艺匠，并请来佛兰德斯的冯·吉希提（Justus van Ghent）、西班牙的佩德罗·布鲁格第（Pedro Berruguete）、佛罗伦萨的鲍罗·乌切洛、伯戈城的弗朗切斯卡与梅罗佐等画家。梅罗佐在此画出他一生中最好的两幅作品（一幅现在伦敦，另一幅现在柏林），显示出作者在乌尔比诺朝廷里受到文学和哲学的熏陶。这两幅精彩的作品都是费德里科的肖像。由这些画家及弗兰西亚和佩鲁吉诺的影响，发展出由拉斐尔父亲所领导的乌尔比诺学派。恺撒·博尔贾于 1502 年将宫廷的艺术瑰宝占为己有时，其估价值约为 15 万杜卡特。

费德里科交友满天下，没有仇敌。教皇西克斯图斯四世封他为公爵（1474 年），英王亨利七世封他为嘉德骑上（Kight of the Garter，为骑士最高勋位）。他死时，遗留下来一个兴隆的侯国，发扬公正与和平的传统。他的儿子圭多巴尔多尽力效法先父，不幸由于南北征战得了一场大病，终生瘫痪。1488 年，他与曼图亚女侯爵、伊莎贝拉的姐姐——伊丽莎贝塔·贡萨加结婚。伊丽莎贝塔身有残疾，因为身体虚弱显得胆小、温和。她知道她丈夫性事无能，或许曾松一口气吧！她说她以姐妹的身份和他生活在一起已经心满意足。他们避免夫妻间的争吵。她待他倒像个妈妈而不像姐姐，亲切地照顾他，即使在他颠沛流离时也不曾将他抛弃。她写给伊莎贝拉的一些书信，在道德品格常被忽略的文艺复兴时代显得尤其可贵，因为它们表达的是纤细的情感和对家庭的关怀。活泼的伊莎贝拉在乌尔比诺玩了两个礼拜回到曼图亚时，伊丽莎贝塔给她写了这样一封动人的短信：

> 你走之后，我觉得不仅失去一位敬爱的妹妹，生活也失去了意义。除了每个小时给你信，把要讲的话在纸上和你诉说以外，我不知道如何减轻内心的悲戚。我相信我要是能够表达我的忧伤，你一定会兴起怜悯的心来看我的。假如我不怕激怒你的话，我自己说不定会跟着你走。可是，因为你姐夫的缘故，这些事都不可能实现，我只有祈请你时时惦记我，并记着我永远把你记在心头。

圭多巴尔多和伊丽莎贝塔在宫廷里有次讨论这样的问题："除坚忍外，什么是爱情最好的证明？"答案是："同甘共苦。"这对年轻的夫妻的确做到了，有许多事实可以证明。1502 年 11 月，恺撒·博尔贾向圭多巴尔多抗议过几次后，突然把军队折向乌尔比诺，声称该侯国原是罗马教皇的领土。乌尔比诺所有的妇女把她们的钻石、珠宝、项链、首饰与戒指全都献给圭多巴尔多公爵，资助紧急防御动员。但博尔贾的诡计使对方根本来不及抵抗。公爵夫妇临时召集的部队，在平时训练有素、残暴狠毒步步逼近的大军面前，不啻待宰的羔羊，流血屠杀实在不值得。夫妇俩逃往曼图亚，博尔贾担心圭多巴尔多会在那儿重整旗鼓，要求伊莎贝拉和她的侯爵驱逐流亡者；圭多巴尔多和伊丽莎贝塔为了保全曼图亚，搬到威尼斯寻求不畏权势的参议员的庇护。几个月后，博尔贾和他父亲亚历山大六世在罗马感染激烈的霍乱病，教皇不治，博尔贾却复原，但财政已一败涂地。乌尔比诺百姓揭竿起义，把他的军队赶出城去，兴高采烈地迎接圭多巴尔多和伊丽莎贝塔回来（1503 年），伯爵收容他的侄子弗朗西斯科·罗维尔（Francesco Maria della Rovere）为王位继承人，罗维尔是教皇尤利乌斯二世的侄子，这个小侯国维持了 10 年的和平。

以后的 5 年，乌尔比诺朝廷成为意大利文化的典范。圭多巴尔多虽然喜欢古典文学，却鼓励大家用意大利文创作。意大利最早的一出喜剧比别纳的《格兰大》（*Calandra*）的首演就是在他的宫廷里举行的（1508 年）。偶尔，雕刻家和画家创作布景，旁观的人便坐在地毯上观赏，藏在后台的乐队奏乐助兴，小孩子咏唱前奏曲，每一幕之间有芭蕾舞表演，结束时有一位扮装丘比特者出来吟诗，琴师弹弹没有歌词的调子，还有 4 人合唱爱的礼赞。乌尔比诺是意大利道德水准最高的地方，也是把女人视为十全十美的运动的中心，喜欢清谈爱情——柏拉图式或非哲学化的爱情。另外，这圈子因为下面这些人的加入更显得朝气蓬勃：诗人本博，剧作家比别纳，推动美学的著名歌唱家贝尔纳迪诺·阿科尔蒂（Bernardino Accolti），还有我们在米兰遇到过的雕刻家罗马洛。这个圈子还吸引了不少贵族，洛伦佐之子朱利亚诺·美第奇，即将成为热那亚总督的奥塔维亚诺·弗雷格索（Ottaviano Fregoso），他的哥哥费德里科，是红衣主教的热门人选。卡诺萨的路易后来成为罗马教廷派驻法国的大使，这些人都是那里的常客。继续加入这一圈子的还有高阶层传教士、将军、官僚、诗人、学者、艺术家、哲学家、音乐家及著名的访客。这个五花八门的团体晚上在女公爵的沙龙聚会、闲谈、歌舞、玩牌、谈论。那里的谈话艺术——温文有礼，不论是庄重是诙谐，都言之有物——臻于文艺复兴的巅峰。

这一群文雅之士，就是卡斯底里欧尼在文艺复兴时期最有名的一本书《朝臣》所描绘与理想化了的人。他自己更是典型的君子、好儿子、好先生，身处淫靡的罗马社会仍保持荣誉与操行的大丈夫，受敌友敬重的外交家，不背后道人之短的忠实朋友，是我们所能想到的最好的君子。卢浮宫里挂有一张拉斐尔所画的画，生动地将他内在的个性在画像里表现得淋漓尽致：一张沉思的面孔、乌黑的头发、柔和的蓝眼睛，除了那正直的魅力，实在看不出具有一个成功的外交家所有的狡诈，明明白白显出他是一个怀着诗人的多愁善感与哲人的深思内涵，去爱女人、艺术、言行与风格中的美。

他是卡斯底里欧尼伯爵之子，在曼图亚有一处产业，并娶弗朗西斯卡侯爵的一个亲戚为妻。18 岁时，他被派到米兰的洛多维科朝廷服务，他的好脾气、优雅的举止风度与运动、文学、音乐和艺术各方面的多才多艺深得大家的欢喜。他父亲死后，母亲催他结婚。卡斯底里欧尼虽然能写最细腻的情书，还是坚持不结柏拉图式爱情的婚。结果让他母亲苦等了 17 年后方才接受她的忠告。他加入圭多巴尔多的军队，什么也没学到，倒把脚踝敲破了，在乌尔比诺公爵的宫殿里悉心休养后才逐渐康复。他逗留在那儿的 11 年，深深地迷上山间的空气、朝廷里的朋友、文雅的谈话及与伊丽莎贝塔的友谊。她长得并不漂亮，比他大 6 岁，两人的体重也不分上下，但她温和的心地俘虏了他的心。他把她的照片藏在房间镜子的后面，偷偷写十四行诗歌颂她。圭多巴尔多为了缓和局面派他去英国办事（1506 年），可是他一抓住机会就赶回来。公爵宽宏大量，同意与他和伊丽莎贝塔共享三位一体的柏拉图式爱情。卡斯底里欧尼住下来一直到伯爵去世，仍和寡妇保持神交的关系。他住在乌尔比诺，直到后来教皇利奥十世罢黜圭多巴尔多的侄子，另立他自己的侄子为公爵时才离开（1517 年）。

他回到曼图亚附近的祖产，心不由衷地和小他 23 岁的伊坡里塔·特罗里结婚。他开始跟她恋爱时，先是把她当成小孩，然后把她当成母亲。他发现他不曾真正了解女人或自己。这种崭新的体验给他带来意想不到的幸福。可是，当伊丽莎贝塔说服他担任曼图亚驻罗马的大使时，他把妻子交由他母亲照料，依依不舍地前往述职。不久，从亚平宁山脉的另一边寄来一封情意真挚的信：

> 我生了一个小女孩，我想你不会失望才是。可是，我的身体比以前差多了。发了三次高烧，现在舒服一点了，希望不会复发才好。因为身体还不很好的关系，我不想多写。全心全意怀念着你。你痛苦得有点疲倦的妻子伊坡里塔·特罗里笔。

伊坡里塔·特罗里写完这封信不久便告病逝，卡斯底里欧尼的爱情生活也随她寿终正寝。他继续在罗马为伊丽莎贝塔和费德里科家族做事，可惜，在利奥十世颇具排场的朝廷里，他不但找不到曼图亚老家的安谧，也找不到乌尔比诺圈子里的那种睿智、和蔼、优雅。

他在乌尔比诺开始写作的一本书（成书于罗马）使他留名千古。这本书的目的是分析构成君子的条件与行为标准。卡斯底里欧尼假想乌尔比诺的美好的人们正在讨论主题，他也许是根据在那儿听来的谈话，加以润饰，他所用的名字都是在那里讲话的男女的姓名，并依各人的个性赋予各种感情。他因此借本博之口道出对柏拉图式爱情的讴歌。他把原稿寄给本博，看这位现在的教皇秘书对使用他的名字有没有异议。坦率的本博表示没有异议。然而，胆怯的作者仍然把这本书压到 1528 年才出版。他去世前一年，因为一些朋友强迫他在罗马出售该书，才不得已公之于世。不到 10 年的工夫，已有法文的译本。1561 年，霍比爵士（Sir Thomas Hoby）把它列为古怪有趣、痛快淋漓的英文古典文学，为每一个伊丽莎白时代知识分子的必读作品。

卡斯底里欧尼不敢确定，但宁可相信君子的重要条件是出身高贵。譬如说，在没有悠闲气氛的家庭中长大，要具备良好的风度，这是相当困难的事。上流社会似乎不可缺少保管人和仆人，他们是风度、典范与口味的工具。其次，君子年少时必须是一名好骑士，并娴习战术。平时热衷于艺术和文学，但绝不可狂热到足以削弱平民的军事素养，否则国家有被奴役的危险。但太多征战也会使人变成禽兽。要想成为意志坚定、有良好判断力的人，不只需要严格的军事训练，也需要本人的潜移默化。"不论多伟大，没有一个朝廷能够没有女人而能有悦目、光明或快乐在其中。"女人在言谈举止或衣着上避免模仿男人。她必须保持身材使其匀称，注意谈吐的柔和，培养心灵的谦和。为了达到这些目的，她应该学习音乐、舞蹈、文学及娱乐的艺术。如此或许才能获得内在美，激发真诚的爱情。"美借以闪耀的身体，并非美的源泉……因为美是抽象而无形体的。""爱只是贪图享受美。"可是"谁想占有肉体享受美时，则离正道甚远"。

卡斯底里欧尼所想象的精致文化与相互关怀的大同世界的理想，终于在罗马的一场浩劫中破灭（1527 年）。他在该书的末页写道："财富所在一向是大毁灭的原因。就拿贫瘠的意大利来说，不健全的政府与它丰富的财富自古以来一直是外国均分的赃物。"他可能是责备自己应对大劫数负责。克莱门特七世于 1524 年派遣他以教皇大使的身份去马德里与查理五世重修旧好。克莱门特本身的行为加深任务的困难，结果失败。查理五世进犯罗马，囚禁教皇，并将尤利乌斯、利奥和成千的艺术家所创造的财产与文化摧毁殆半。消息传到马德里，卡斯底里欧尼心灰意冷。1529 年，这位文艺复兴时代最文雅的君子在托莱多去世，时年 51 岁。

他的遗体被运回意大利，他那位"违反自己的旨意在他死后仍活着"的母亲，在曼图亚郊外加里西亚的圣母玛利亚教堂内辟了一块纪念他的坟墓。由罗马诺设计纪念碑，本博题字。不过，刻在石碑上最美的文字，还是卡斯底里欧尼本人写给他亡妻的碑文。人们依照他的遗嘱把她的骨骸摆在他的身旁：

> 最亲爱的妻啊！我现在虽生犹死，因命运将你的身形从我生命中夺去；但是，当我与你同卧一墓时，我一定要活下去，我的骸骨将同你的合而为一。

第八章 | **那不勒斯王国**
（1378—1534）

豁达大度的阿方索

马尔凯斯东南部和囊括意大利本土的罗马教皇教区构成了那不勒斯王国。在亚得里亚海岸这边则包括佩斯卡拉、巴利、布林底希和奥特兰托。稍向内陆有一个名叫福查（Foggia）的城市，曾是神奇的腓特烈二世时代生气蓬勃的首都。在"足背"的古老港口塔兰托，在"趾部"的雷焦，还有在西南部海岸如舞台上华丽景色般相继出现的萨莱诺、阿马尔菲、索伦托、卡普里岛及充满繁忙、嘈杂、饶舌、热情、喜乐的那不勒斯（它曾是其中唯一的大都市）都是这个王国较为发达的城市。除它们和各港口以外，这个国家是农业的、中古的、封建的。土地由农奴或奴隶耕种，或由乡人自耕但不得一饱，或做工来换取面包和一件衬衫，他们处在拥有大采邑的贵族们无情的统治下，这些贵族公然反抗君权。国王从那些地区很少能获得利益，他从自己的封建领地中，或从剥削那些日渐式微的皇家所控制的商业中所得的收益，必须用来支付政府和朝廷的财务费用。

安茹王朝出于皇后乔安娜一世越轨行为而迅速衰微，在都拉索的查理令她以丝绳自缢（1382 年）。乔安娜二世在她即位时虽已年近

40（1414 年），但她与乔安娜一世同样易于激动。她曾结婚三次，第
二任丈夫被她驱逐流放，第三任丈夫则被她谋杀。当她面临反叛危机
之际，召阿拉贡和阿方索前来辅佐，并以后者为义子和继承人（1420
年）。但当她得知阿方索计划推翻她时，又否认了这一决定（1423
年）。她死时将王位传给安茹的勒内（René of Anjou）。这样一来，引
起了一场长期争夺继承权的战争，阿方索在那场战争里，将目标指向
那不勒斯，意欲夺得王位。他围攻吉塔（Geata）时被热那亚人俘虏，
并被带往菲利普·玛利亚·威斯孔蒂跟前。他用学校里绝对无法学到
的无懈可击的逻辑，说服公爵在那不勒斯重建法国的势力，以增强法
国已经从北部进迫米兰和从西部进逼热那亚的势力，这样便可像虎头
钳般控制半个意大利。菲利普对他的建议首表赞同，便释放了他，并
祝他平安打回那不勒斯去。阿方索胜利了。统治那不勒斯的安茹王朝
（1268—1442 年）就此结束，阿拉贡王朝（1442—1503 年）代之而起。
这场篡夺给了法国在 1494 年入侵意大利的合法借口，同时也是意大
利悲剧的第一幕。

阿方索对他的新王位异常喜悦，将阿拉贡和西西里的统治权给了
他的兄弟约翰二世。他并非一位宽和的统治者，他严征税收，允许财
政官员压榨人民，然后自己再压榨财政官，并以威迫犹太人受洗来勒
索他们的金钱。但他大部分的税收取自商人阶级。那不勒斯人认为他
是一个好国王。他走在人群中不带武器，毫无戒心，也无恐惧。他的
妻子不能生育，宫女们替他生了几个孩子。他的妻子杀死了这些竞争
者之一，从那以后阿方索再也不准皇后在他面前出现。他是一位热心
的聚会者，并诚信地听讲布道。

然而，他染上了人文主义者的狂热，支持古典学者，他们称他
为"大施主"。他欢迎洛伦佐·瓦拉、斐勒佛、詹诺佐·曼尼提及其
他人文学者与他一起用餐，并参观他的宝藏。他付给波焦·布拉乔利
尼 500 克朗，要他将色诺芬写的《语义学大全》（Cyropaedin）翻成拉
丁文；付给巴托洛米奥·法齐奥（Bartolommeo Fazio）500 克朗，要

他写一本《阿方索传》(*Historia Alfonsi*)，在这本书完成后，又给了他 1500 克朗。1458 年，他将 2 万杜卡特分送给一些文人。无论到哪里他总随身携带古典文学的书籍，在家中或征战中进餐之际，便诵读这些古典文学，并准许对此有兴趣的学生旁听。当疑是李维的遗骸在帕多瓦出土时，他派安托尼奥・贝卡代利 (Antonio Beccadelli) 到威尼斯买回一块骨骸，并以一个善良的那不勒斯人的敬畏和虔诚接受了它，注视着圣耶诺里斯 (St. Januarius) 血液的流动。当马内蒂以拉丁文向他演说时，阿方索深深地被佛罗伦萨城学者的文句语体迷住，以致在演说结束之前，苍蝇在他的鼻头上宴乐，都没察觉。他给人文学者充分的演说自由，即使对异端和猥亵文字也不干涉，并保护他们不受罗马天主教宗教裁判所的审讯。

阿方索的朝廷中最值得一书的学者是瓦拉。他生于罗马（1407年），与莱纳尔多・布鲁尼同习古典文学，变成一个热心甚至狂热的拉丁文学者。在他的许多次战斗中，其中之一便是打倒意大利文为文学语言的运动，而使拉丁文复活。他在帕维亚教授拉丁文和修辞学时，写了一篇激烈而冗长的议论来反对有名的法学家巴尔托鲁，嘲笑他艰深难懂的拉丁文，并争论道，只有精通拉丁和罗马历史的人，才可能了解罗马的法律。这所大学的法科学生为巴尔托鲁辩护，而文科学生则为瓦拉助阵；双方由争辩演至动武，瓦拉被解聘。在《新约注释》(*Adnotationes ad Novum Testamentum*) 中，他应用了在语言学上的造诣，又对哲罗姆的拉丁文《圣经》译本不满，对他那英雄般的工作指出许多错谬之处。伊拉斯谟后来也赞扬、节录、并应用瓦拉的评论。在另一篇论文《优美口语化的拉丁文》(*Elegantiae Linguae Latinae*) 中，瓦拉给拉丁文的优雅和淳朴立下了法则，嘲弄中世纪的拉丁文，也痛快地揭出许多人文学者拙劣的拉丁文。他对昆体良的喜爱超过曾名重一时的西塞罗。他去世时几乎没有一个朋友。

为了稳固其孤立的地位，他出版了一本对话体的《喜乐和真善》(*De Voluptate et Vero Bono*)。在那本书中，他以令人吃惊的鲁莽抨击人文学者所谓的非道德观。他利用三位名人饰演讲话的角色：布鲁尼护卫着注重美德、主张禁欲的斯多葛派，安托尼奥·贝卡代利则为享乐主义辩护，尼科洛·尼科利调停基督教义和哲学的冲突。贝卡代利被写成一位强有力的说服者，使读者们直觉地想到他的见解即是瓦拉自己的见解。贝卡代利论道：我们必须设定人性本善，因为它是上帝赋予的，事实上，天性与上帝同为一体。因此，我们的本性是善良的，我们追求喜乐和幸福的本性是天生的，追求这些是无罪的，也是人生正确的目标。所有的享乐，不论是感官上还是知识上的，在它未被证明有害之前，都将被合法地保存着。我们有迫切的求偶的本性，却没有终身贞洁的本性。所以禁欲是不自然的，是违反天性的，那是一种不可忍受的痛苦，不应像美德般来倡导。贝卡代利下结论说，童贞是错误和不必要的，文雅高尚的妓女较之尼姑对人类有更多的价值。

在他财力所及的范围内，他一直生活在这样的哲学里。他是一个情欲旺盛、脾气暴躁、言论偏激的人。他从一个城市流浪到另一个城市，想谋得一个文学上的职位。他求得罗马教皇书记的职位，但旋又离去。阿方索起用他时（1435 年），阿拉贡和西西里的国王正凭借阿方索仇敌之一——教皇尤金四世（他主张那不勒斯是罗马教皇的领地）——争夺那不勒斯的王位。一个像瓦拉这样漠视一切的学者，博通历史，精于争辩，无患得患失之心的人，的确是对抗教皇的利器。在阿方索的保护之下，瓦拉写出了他最负盛名的论著《君士坦丁的假信和欺捐》（*On the Falsely Believed and Lying Donation of Constantine*）。他痛斥因《康斯坦丁诏令》（*Constitutum Constantini*）一文而使第一位基督教的皇帝转换成教皇西尔维斯特，完全世俗地统治了全西欧之事为荒谬的造假。古沙的尼古拉曾于 1433 年在他为巴塞尔会议（Council of Basel）所写的《论天主教的协和》（"De Concordantia Catholica"）一文中，揭发捐赠的虚假，并质疑尤金四世的地位。

瓦拉和阿方索不以学术的争论为满足，他们还宣战。瓦拉说："我不仅攻击已故去的人，也攻击活着的人。"他以惯用的咒骂痛诋与受人尊敬的尤金有关的事物。"即使捐赠是真的，那也是无足轻重而且无用的，因为君士坦丁没有能力这样做，再说罗马教皇政治制度的罪恶已使它抵消了。"瓦拉下结论——不考虑丕平三世和查理曼对教皇制度的捐赠——假如那些捐赠是虚假的，那么教皇世俗的权力便是历时千年的篡夺了。世俗的权力带来了基督教的腐化，也带来了意大利的战争，还有那"威严的、野蛮的、专制的僧侣的统治"。瓦拉请求罗马人民起来推翻教皇政府，并邀集欧洲的王子们来夺占教皇的领属。这种做法恰似马丁·路德，但实则是由阿方索授意，人文主义演变成了战争的武器。

尤金以宗教裁判所作为反击。瓦拉被召至该所在那不勒斯的代表处。他大肆讥讽正统的学说。阿方索命令宗教裁判所释放他，他们不敢违命。瓦拉继续攻击基督教：他说明诿罪于最高法院法官狄奥西修斯（Dionysius）的著作是不可信的，由尤西比乌斯（Eusebius）出版的阿伯格鲁斯（Abgarus）致耶稣的信也是伪造的，及耶稣的使徒与使徒的信条毫无关联。不管怎样，当他推断阿方索有意与罗马教皇修好时，他决定自己最好也和他们谈和。他向尤金公开道歉，撤回他的异说，再度肯定尤金的正统学说，并请求原谅他的过错。教皇未予置理。尼古拉五世成为教皇并广召天下才学之士时，瓦拉当了一名教廷的书记（1448 年），受聘将希腊文翻译成拉丁文。他死时是圣约翰浸礼所教堂的教士，被安葬于圣墓（1457 年）。

他友善的对手，安托尼奥·贝卡代利写了一本猥亵的书来说明他一生中各时期的品行。1394 年，贝卡代利出生于巴勒莫，因此绰号叫作"帕诺里米塔"，他在锡耶纳接受了高等教育，也许还包括他那含糊的道德律。约 1425 年，他用拉丁语和色情文学的笔法写了一集名为《阴阳人》（Hermaphroditus）的拉丁文挽歌和短诗来对抗马休尔。科西莫·美第奇也许没有读过这本诗集，但接受了他的呈献。有德行的瓜里诺赞扬它雄辩的语言，其余的赞颂纷至沓来。最后西吉斯蒙德皇帝将一顶诗人桂冠戴在他的头上（1433 年）。僧侣们公开指责这本诗集，尤金宣称任何人阅读这本诗集将被逐出教会，修道士公开在费拉拉、博洛尼亚、米兰等地焚毁诗集。但安托尼奥·贝卡代利仍在博洛尼亚和帕维亚大学演讲《诗学大全》（*Summa Cum Laude*），从菲利普·玛利亚处支领 800 金币的薪俸，并被邀至那不勒斯做宫廷的史官。他的历史著作《阿方索国王的嘉言嘉行》（*Of the Memorable Words and Deeds of King Alfonso*）以极能表现拉丁语特性的笔法写出，以至于教皇庇护二世考虑将其作为拉丁文的范本。贝卡代利终年 77 岁，死时名利双收。

费兰特

阿方索将他的王国传给其子斐迪南。费兰特——斐迪南的子民这样称呼他——出身可疑。他的母亲是伊哈尔的玛格丽特（Margaret of Hijar），她除了国王之外还有其他情人。费兰特的秘书蓬塔诺（Pontano）断言他的生父是一个巴伦西亚城的马拉诺（marrano）——信奉基督教的西班牙籍犹太人。瓦拉是他的家庭教师。费兰特在男女性事上如何，不为人知，但由于热情的天性，不受固定道德的约束，做无理的反抗，也在所难免。他具有大多数人的恶习，教皇卡利克斯特斯三世使其出身合法化，但拒绝承认他为国王。他宣称阿拉贡家系在那不勒斯已绝种，并主张这个王国是基督教的领地。安茹的勒内意图夺回乔安娜二世传给他的王位。当他登陆那不勒斯的海岸时，封建贵族们也群起反叛阿拉贡王朝，并与国王在国外的敌人组成联盟。费兰特以愤怒激出的勇气面对这些同时而来的挑战，击败他们，并设计谋加以报复。一个接着一个，他用假意的和解引诱他的仇敌，为他们设下最好的筵席，而在甜食之后杀死了一些人，监禁了其余的，让几个人饿死在他的地牢里，几个人关在笼中，以供其随时取乐。当他们死时，将他们涂上防腐香料，替他们穿上他们所喜爱的服装，将他们像木乃伊似的保藏在他的博物馆里。这些故事，也许是敌方军营中的历史学家捏造出来的"战争暴行"。1479 年非常公平地对待洛伦佐·美第奇的国王便是他。1485 年的革命几乎把他推翻，但他又站稳了脚跟，完成了 36 年的统治，死于太平盛世。

费兰特并没有继阿方索之后对学者加以庇护，但他设想他的首相必须是一个兼具诗人、哲学家和老练的外交家的气质的人。蓬塔诺扩展那不勒斯学会，该学会是由贝卡代利创设的。它的会员必须是文学之士，他们定期集会以交换诗文和思想。他们取了拉丁文的名字（蓬塔诺改为蓬塔努斯，Jovianus Pontanus），并老爱把自己当作经过一段长而残酷的纷乱之后，承继罗马帝国庄严文学的承先启后之士。一些人写出了文学上的白银时代里具有价值的拉丁文学。蓬塔诺就伦理学用拉丁文写了一篇论文，赞颂那些被费兰特忽视的美德，还写了一本动人的散文《论原则》（De Principe），将《君主论》都会轻视的那些所谓和善的德行灌输给统治者。蓬塔诺献上这本可为模范的小册子给他的学生——费兰特的儿子和他的继承人阿方索二世。蓬塔诺用韵文教授就像散文一般，并用拉丁文的六音步诗来解释天文学的奥秘和橙树的正确栽培方法。在一部喜乐的诗集中，他赞美各种正当的情爱：对健康的青春共同的向往，新婚夫妇的亲切爱慕，婚姻中的相互满足，父母爱的喜与忧，长年交往的休戚与共……他还有惊人的善用拉丁文字典的能力，写如维吉尔那样自然的诗来描绘那不勒斯人假日的生活：工人们仰卧在草地上，竞技者活跃在竞技场上，郊游野餐的人们乘着二轮马车，诱人的女孩子跳着快速的旋舞使手鼓铿锵作响，少男少女在海湾的盛大舞会中调情，爱侣们不停地约会，贵族们在拜尔耶洗浴，就像回到 15 世纪前奥维德的销魂狂喜与悲观绝望的时代。蓬塔诺曾用意大利文以吉庆和幸福为主题写过作品，现在又以拉丁文诗歌的方式来表现这些主题，我们应该把他与说两种语言的彼特拉克和波利希安列在同等地位，他们有见识去追随时代的潮流，也徜徉在过去的日子里。

在蓬塔诺之后，学会中最杰出的会员是伊库甫·桑那扎罗。像本博一样，他也能写出最纯的托斯卡纳方言的意大利文——与那不勒斯的语言大相径庭。和波利希安及蓬塔诺一样，他也能创作拉丁文的挽诗和短诗，并不逊于狄巴拉斯或马休尔。因为作了一首短诗赞颂威尼斯，威尼斯便送了 600 杜卡特给他。阿方索二世与亚历山大六世作战时，带着桑那扎罗一同征战，将诗的利箭射向罗马。恺撒·博尔贾养了一只穿着盔甲的西班牙公牛，又选了朱莉娅·法尔内塞（Giulia Farnese）作为他所声称的女教师时，伊库甫·桑那扎罗用两行诗攻击他，那些阿方索的士兵一定后悔他们不懂拉丁文：

Europen Tyrio quondam sedisse iuvenco
quis neget？ Hispano Iulia vecta tauro est

有一次尤萝芭骑着古泰尔的公牛，
谁会怀疑呢？一只西班牙的公牛生下了朱莉娅。

当恺撒·博尔贾进占那不勒斯，一个芒刺横在路中：

Aut nihil aut Caesar vult dici Borgia；quidni？
cum simul et Casar possit et esse nihil

该称呼他恺撒，还是只称呼博尔贾；
为什么不连在一起称呼，他不是两样都是吗？

这样的笑评流传在意大利，也占了稗史的一页。

在另一种温和的心境下，桑那扎罗创作了一本拉丁文史诗《处女诞生说》（*De Partu Virginis*）。那是一本惊人的力作：它用古典文学中异教多神的结构，将他们像伴随物似的带进福音故事里去，并在他诗的主体中引用其中有名的第四首田园诗与维吉尔较量。这是最美好的拉丁文，也让克莱门特七世很愉快。

桑那扎罗的绝妙之作《世外桃源》，是以生动的语言和混合着散文与诗的笔法写成的。就像狄奥克里塔在古老的亚历山大港一样，这位诗人生了厌倦城市之心，喜爱上乡间的气息和宁静。那原是洛伦佐和波利希安曾经在 20 年前用极为诚挚的态度表达过的一种住在都市的人的情绪。这个时代的风景画绘出了不断增长的对乡间的欣赏，世间的人们开始喋喋不休地谈论森林和原野、清澈的溪流及强健的牧羊人用牧笛吹出的恋歌。桑那扎罗的作品捕捉住这些人们所流露出来的幻想，受到普遍的喜爱，因而名利双收。他引着读者走进一个只有壮男和美女的虚构的世界——没有一个是老的，大家几乎都是裸体的。他用一种诗般的散文描写出他们的壮丽与自然的景色，首先在意大利，接着在法兰西和英格兰创造了一种风格。在这本书里，典型的田园诗诞生了，比起古老的诗也许没有那么优雅，却较长而奔放，对文学和艺术具有久远的影响。此时此地的乔尔乔纳、提香（和继他们之后的上百个艺术家）都替他们的颜料找到了画题；埃德蒙·斯宾塞（Edmund Spenser）和菲利普·锡德尼爵士（Sit Philip Sidney）留下了《仙后》（*Faerie Queene*）和一部英文版的《世外桃源》，给人们留下深刻的印象。桑那扎罗发现了一个和谐的乌托邦，那里任何有阅读能力的人都可进去，无须翻动书页即可建造起迎合自己爱好和奇想的城堡来。

这本书的写作技巧比诗歌本身的精神雄壮得多，虽然里面也出现了柔弱的意大利的笔触。多纳泰洛和米开罗佐来自佛罗伦萨，他们在尼罗河畔的圣安杰洛教堂为红衣主教里纳尔多·布兰卡奇建造了壮丽的陵寝。豁达大度的阿方索下令为新皇堡——始于安茹的查理一世（1283 年）——新建一座大门，由弗朗西斯科·劳拉那（Francesco Laurana）设计，由彼得罗·马蒂诺——或许朱利亚诺·马亚诺也参加——刻上表现国王战争与和平的丰功伟绩的美丽浮雕。智者罗伯特所建的圣奇亚拉（Santa Chiara）教堂，至今仍保留着乔万尼兄弟和帕斯·费兰策（Pace de Firenze）在国王于 1343 年死后，旋即建立起来的哥特式纪念碑。圣热内罗（San Gennaro）大教堂在 15 世纪接受了一种新的哥特式内部装设。在宝贵的提索罗（Cappella del Tesoro），那不勒斯守护神——圣耶诺里斯的血液一年内流动了三次，以信心和爱确保一个城市的繁荣，使它不因商业的疲惫和几个世纪来的重担而衰微。

西西里避过了文艺复兴。她产生了少数几位学者如奥里斯帕，几位画家如安托尼洛，但他们很快便移往有更多机会的大陆去了。巴勒莫、蒙雷阿尔（Monreale）、切法卢（Cefalu）等地都有艺术巨作，但仅似旧日拜占庭式、伊斯兰式或诺曼底式的建筑那样，已成为遗迹了。拥有土地的封建贵族们，喜爱 11 世纪更甚于 15 世纪，因而他们过着骑士般侮蔑轻视文学的生活。那些被他们剥削的人们太穷困了，除了他们富有色彩的衣饰、他们戴着发亮的嵌镶饰物却怀着黯淡希望的宗教、他们的歌及爱与感情简单的诗而外，不能有什么文化上的表现。这个可爱的小岛从 1295 年至 1409 年，拥戴着他们自己的阿拉贡国王和皇后。自此之后的 3 个世纪，这里一直是西班牙皇冠上的一颗明珠。

关于不包括罗马的意大利，已用冗长的文字描述过，但对这个热情的半岛上各种各样的生活，也只是浅谈一番而已。至于道德和风俗、科学和哲学，可能要延后到我们谈文艺复兴时代的教皇们时才会说到。但即使在那些我们接触过的城市里，有多少珍贵的次要人物和艺术躲过了我们的眼睛！我们对于意大利文学的另一支，属于文艺复兴后期的最伟大的短篇小说尚只字未提哩。

我们对那些在意大利人的身体、心灵和家庭里当作装饰品的较次艺术中的特色无力述及。那些变形的修补过的画，却被郑重其事地用作织物上的图画！在威尼斯的画像里的大公和贵妇们，若没有天鹅绒、丝缎、绸衣和织锦，如何能衬托他们的荣华富贵？他们做得很好，既遮掩起他们可耻的裸体，同时也遮掩了他们的罪恶。他们也都很聪明，筑起庭园花圃来使他们的夏日过得凉爽，尽管看上去都是千篇一律的。他们以彩色的砖瓦铺在屋顶和地板上，用铁锻成花边图案和错综的图饰，铜器闪闪发光，青铜和象牙的雕像提醒他们男子和女子可以美好到什么程度，木制品被雕刻镶嵌和制作得可用千年之久，光辉的陶器点缀着桌子、柜橱和壁炉架，有神奇刺纹的威尼斯镜子欲以其脆弱向时间挑战，金钩银扣的小皮带圈绕起由快乐的文人之笔加以绘饰的珍贵名著，来美化他们的家庭。许多画家如萨诺·彼得罗（Sano di Pietro），情愿损毁视力来绘制和着色象牙或精美牛皮纸上的小画像，而不愿将他们灵巧和内心的美梦大笔地涂敷在画板和墙上。当一个人走遍画廊而感到厌倦的时候，偶尔也可以去看看珍藏在费拉拉的西法诺亚宫或纽约的摩根图书馆或米兰的安布罗西安娜，那些有着漂亮的字母和极佳书法的画稿，并愉快地消磨几个钟头。

所有这些伟大的艺术、劳苦和喜爱、奸谋险诈和政治才能、挚爱和战争、信心和哲学、科学和迷信、诗歌和音乐、憎恨和愉快、可爱和易怒交织成意大利的文艺复兴，并给美第奇家族统治下的罗马带来了满足和毁灭。

第三部

文艺复兴在罗马

米开朗基罗创作的位于意大利佛罗伦萨的《大卫》雕像。

第一章 | **教会的危机**
（1378—1447）

教权的分裂（1378—1417）

格列高利十一世移驾罗马，教皇是否永驻此地？选举他继承人的秘密会议（由红衣主教团组成）一共包括 16 位红衣主教，其中只有 4 人是意大利籍。市内的权贵们向秘密会议陈情，新选的教皇必须是罗马人，或至少是意大利人。为了支持这项提议，罗马的群众聚集在梵蒂冈城的外围，鼓噪喧闹，发出恫吓：如果秘密会议不选举罗马人继任教皇，他们将杀死所有非意大利籍的红衣主教。受了恫吓的红衣主教们，在 15 比 1 的表决下，仓促地选举（1378 年）巴利的大主教普里那诺（Bartolommeo Prignano）为教皇，即乌尔班六世后，深恐生命遭受威胁，之后便奔离罗马城。罗马接受了这项妥协。

乌尔班六世以他暴戾的脾气和独裁的个性统治教会和罗马。他任命元老院的参议员和市里的行政官员，并将一向动荡不安的首都制服，使之成为秩序井然、温柔顺服的城市。他宣布即将由上而下改组教会。这项宣布，令红衣主教们震惊不已。两个星期后，在一次公开的布道会上，他公然谴责红衣主教和教会高级职员的道德恶劣。他禁止他们受领养老金，规定举凡教廷的一切业务，都必须妥善处理，并不得索取任何报酬。当红衣主教们私下埋怨的时候，他命令他们"停止愚蠢的交谈"。奥西尼红衣主教当即提出抗议，表示不满，不料被骂为"蠢材"。里摩日的红衣主教相继挺身反对教皇的态度，乌尔班火上加油、怒不可遏地冲向前去，刮他一记耳光。听到这些情形，圣凯瑟琳规劝愤怒的教皇："处理事情务须谦和为怀……不宜过分；因为凡事过分，总是破坏多于建设。且看在十字架上吾主的分上，将你急躁的秉性收敛些吧！"乌尔班不理会旁人的意见，擅自宣布将任命更多的意大利籍红衣主教，以便在红衣主教团中造成多数，垄断教权。

　　法国的红衣主教在阿纳尼集会，计划反叛。1378 年 8 月 9 日，他们发布一项宣言，宣称乌尔班的当选无效，因为那次选举是在罗马暴民的威胁下举行的。所有意大利籍的红衣主教都加入他们的行列。9 月 20 日，红衣主教集团推举日内瓦的罗伯特为教皇，是为克莱门特七世。克莱门特七世定都阿维尼翁，乌尔班仍留居罗马。教权的分裂，于此开始。事实上，教权的分裂多半归因于新兴民族国家的相继崛起。法国之所以另拥教皇，是希望在对英国作战时及将来与日耳曼、意大利对抗时，能获得教皇的有力支持。在法兰西的倡导下，那不勒斯、西班牙和苏格兰相继拥护克莱门特七世；但英国、佛兰德斯、日耳曼、波兰、波希米亚、匈牙利及葡萄牙承认乌尔班的合法地位，使教会成为敌对阵营。在基督教国家，一半的基督徒指斥另一半的基督徒为异端、亵渎神灵，应受破门律的处分。圣凯瑟琳宣称克莱门特七世不过是一个出卖耶稣的犹大，而圣文森特·费雷尔（St. Vincent Ferrer）也以同样尖锐的字眼加在乌尔班六世身上。敌对双方都认为由对方的牧师所施行的圣礼是无效的，如果婴儿的洗礼、罪者的忏悔及临终抹油礼是得自对方牧师的话，是不能洗脱尘世的罪恶的，死亡之后仍免不了进入地狱饱受煎熬之苦。这种相互之间的仇恨程度，几乎仅见于极端惨烈的战争中。在大分裂阶段，有一些乌尔班新任命的红衣主教图谋以"具有危险性，不能胜任工作"为由，将他监禁起来，结果计未得逞，反有 7 位遭逮捕、拷打，并被处死（1385 年）。

乌尔班的去世（1389 年）并没有为分裂的教会带来妥协。他的阵营里尚存的 14 位红衣主教，旋又任命托玛西里（Piero Tomacelli）继任为教皇博尼费斯九世，这延长了教会的分裂局面。克莱门特七世逝世（1394 年）后，阿维尼翁的红衣主教也拥立卢纳（Pedro de Luna）为教皇贝尼狄克特十三世，与罗马抗衡。法国国王查理六世提议两位教皇同时逊位。这项提议没有被贝尼狄克特接受。1399 年，博尼费斯九世宣布翌年为大赦年。他知道有许多有意朝圣的教徒，可能会因为时局的混乱不安而宁愿留在家乡，便授权他的代理人出售大赦年的赦罪券，只要基督徒肯向教会捐出来往罗马的旅费，再做适当的忏悔，皆可获得教皇的赦免。他所派遣的搜刮者，并非个个都是谨慎的神学家，有许多人只接受教徒的捐赠便予以赦罪，并没有要求教徒自我忏悔。博尼费斯表面上对这些粗心大意的代理人予以痛责，暗地里却为自己生财有道而感到得意洋洋。根据他的秘书所说，博尼费斯纵然陷身在结石症的剧烈痛楚里，也"永不停止对黄金的渴求"。他的搜刮者中，凡试图欺瞒他的皆遭受毒打逼供的苦刑。有些无辜的搜刮者，因为没能让基督徒到罗马来花钱，而让他们在故乡接受大赦年的赦免，竟被罗马暴徒分尸。正当大赦年的狂欢热烈举行时，科隆纳家族领导罗马的人民掀起恢复共和政体的要求。博尼费斯拒绝了这一要求，科隆纳家族于是领军 8000 人起而反抗。这位白发苍苍的教皇，在圣安杰洛负隅顽抗。最后，罗马的人民反转，打击科隆纳家族，叛军相继拖甲曳兵而起，为首的 31 名叛军领袖被捕入狱。其中的一位，因答应执行吊死罪囚的任务，得以苟全性命。他吊死了 30 名叛首，包括他的父亲及他的一位兄弟。

博尼费斯逝世、英诺森七世新继之际，暴乱再度发生，英诺森为了避难，逃往维泰博。乔万尼·科隆纳率领罗马的暴民洗劫梵蒂冈城，用污泥涂抹英诺森的象征物，并将教皇的谕令散落在大街上。经过一阵子的骚乱，罗马的人民唯恐少了教皇，罗马可能招致毁灭，与英诺森重修旧好。英诺森在万民的欢呼下，重归罗马城。只是没多久便与世长辞了（1406 年）。

他的继承人格列高利十二世，邀请贝尼狄克特十三世共同参加一个会议。贝尼狄克特建议格列高利与他一并辞卸教皇职位，被格列高利的亲戚劝阻了。于是，他的一些红衣主教弃他前往比萨去了。在比萨，这些红衣主教呼吁召开宗教大会，新选一位能被基督教世界共同接受的教皇。法国国王适于此时再度规劝贝尼狄克特退位。贝尼狄克特再度拒绝他，法国自此宣布中立，不再继续支持贝尼狄克特。贝尼狄克特因为见弃于他的红衣主教，只得逃往西班牙。他的红衣主教们与离弃格列高利的红衣主教携手合作，一起在比萨筹划于 1409 年 3 月 25 日召开宗教会议。

教皇与宗教会议（1409—1418）

早在一个世纪之前，反叛派哲学家就已为"宗教会议运动"奠下基础。奥坎的威廉（William of Occam）曾经抗议将教会与教士人员视为一体。他认为教会是所有信仰者的整体，此一整体应具有权力，且其权力应凌驾于教会中任何人员之上，它可以将其权力转移给宗教会议，宗教会议可据此职权以选举、谴责、惩罚、甚或罢免教皇。帕多瓦的马西留（Marsilius of Padua）认为宗教会议是基督教世界的综合智慧，何人敢将其个人的智慧凌乎其上？此一议会不仅应包括圣职人员，而且还应包括由教民选举出来的非圣职人员，其所作的种种决定，教皇不应予以控制。巴黎大学的日耳曼神学家朗根施泰因（Heinrich Von Langenstein），在其 1381 年撰就的论文《和平会议》（"Concilium Pacis"）中，曾将这些观念提供给分裂的教会作参考。他文中指出不论教皇为其至高无上的权力所作的辩护是基于何种逻辑推理，至少，当前面临的危机，就不是靠逻辑推理所可以解决的。只有在教皇之外、红衣主教之上，另建立权威，才足以挽救教会的危机，而此一权威，唯有宗教会议足以当之。巴黎大学校长让·热尔松

（Jean Gerson）曾于一次在塔拉斯孔（Tarascon）举行的布道会上当着贝尼狄克特十三世的面前公开指出：既然教皇召开宗教会议的绝对权力，实际上已无补于结束教权的分裂，因此，为适应紧急状态，先前树立的法则——即教皇有召开宗教会议的全权，也应该因势易革。宗教会议必须采取另一种方式召集，以便承担结束危机的大任。

比萨的会议如期召开了。在一座巨大的教堂里，集聚了26位红衣主教、4位总主教、12位大主教、80位主教、87位大修道院院长、所有大修道会会长、主要知名大学的代表、300位宗教法博士，而且，除了匈牙利、那不勒斯、西班牙、斯堪的纳维亚及苏格兰等国之外，所有欧洲国家的政府皆派遣使者参加。会议宣称本身是合法（教会法）并代表全基督教世界的，这种宣称，显然无视东正教。它曾征召贝尼狄克特和格列高利列席参加，但两人皆拒绝与会，它随之宣布予以罢免，另立米兰红衣主教为教皇，是为教皇亚历山大五世（1409年）。会议授权新任命的教皇在1412年5月之前召开另一次宗教大会后，便告休会。

这次会议原期望能够结束分裂的局面，然而，贝尼狄克特与格列高利皆拒绝承认它的威权，使原已双方对峙的状态变为三雄鼎立。亚历山大五世登位不久便去世了（1410年），对教权的统一并没有多少贡献。他的红衣主教另推举一位教皇约翰二十三世，他是所有名叫约翰的教皇中，最不能胜任职务的人。博尼费斯九世为扩展势力，任命科萨（Baldassare Cossa）为博洛尼亚的教皇代理人。他以铁腕统治该城，到处征税，甚至连妓院、赌坊、放高利贷者也不放过。根据他秘书的报道，他曾诱奸200名处女、有夫之妇、寡妇和修女，长于政治和战争。他敛财有道、富可敌国，统领一支效忠其本人的军队。就实力而言，他或许可以征服格列高利，面南称孤。

约翰二十三世对召开另一次宗教大会并不感兴趣，因此，他总是尽可能地延迟会期。1411年，西吉斯蒙德继承罗马王位，名义上袭受神圣罗马帝国皇位。他强迫约翰召开会议，为了避免意大利的干扰，也为了方便帝国影响力的波及，他选择康士坦斯作为会议地点。他和君士坦丁大帝一样，擅自以私人名义邀请基督教世界的皇亲贵爵、学者、僧侣与会。除了三位教皇及其随从外，欧洲各国都相继响应。由于自各地而来的显要人物太多，单是聚齐这些与会人士便费时半载。最后，当约翰二十三世同意在 1414 年 11 月 5 日召开会议时，不多时便有 3 位总主教、29 位红衣主教、33 位大主教、150 位主教、100 位教士、300 位神学博士、14 所大学的代表、26 位王公、140 位贵族及 400 位牧师参加。他们有意使这次会议成为基督教历史上最大的一次会议，及自 325 年的尼西亚会议以来最重要的一次会议。康士坦斯有约 6 万居民，如今，这里额外容纳约 5000 名与会人士。同时，为了迎合他们的需要，还容纳了大批由外地来的奴仆、侍从、小贩、医生、歌者及 1500 名妓女，以应需要。

会议行将举行之际，召集人教皇约翰二十三世突告离奇出走，使会议无法编列议程。约翰二十三世曾有不良的把柄掌握在反对者手中，这些反对者恫吓他将在会议上公布他的生活记录、罪恶及邪行。约翰二十三世恐怖不已，一个委员会劝告他：如果他能与贝尼狄克特及格列高利同时逊位，他昔日的不良行为就可免除非难。他同意了。但突然间又改变主意，伪装成男仆逃离康士坦斯（1415 年 3 月 20 日），托庇于奥地利大公腓特烈在沙夫豪森（Schaffhausen）的城堡中。3 月 29 日，他宣称所有他在康士坦斯所作的承诺无效，因为这些承诺都是在暴力的压逼下而做的。4 月 6 日，会议公布"神圣教规"，这条教规，曾有一位历史学家称之为"人类历史上最具革命意味的公报"，其内容约略如下：

在圣灵的感召下，为了赞美吾主、平息目前的分裂，也为了教会的统一及改革，这次康士坦斯的神圣教徒大会，合法地聚集此地，由与会的代表们一致通过如下规条：第一，这次会议……代表现世教会，其权力直接受自耶稣基督；任何人——不论何等职阶、何等地位，包括教皇在内，对有关信仰问题、平息教权分裂问题、教会改革问题，皆须服从会议的指示；倘若任何人——不论何等职阶、何等地位，包括教皇在内，敢于拒绝服从这次神圣会议所通过的法条、规章、命令或其他性质相同的神圣会议所通过的法条、规章、命令，皆须处以适当的惩罚……如果必要的话，应施以正义的援助。

许多红衣主教，深恐自此之后他们不复再有选举教皇的权力，起而反抗这项法规。会议征服了他们，使他们无法抗议。

现在，会议派遣一个委员会前往沙夫豪森，要求约翰二十三世逊位。约翰二十三世未予肯定的答复。会议为达到目的，接受了 54 宗控诉教皇的案件。这些控诉案件，极尽诛伐之能事，所列罪名，举凡指责他为异教徒、压迫者、说谎者、鬻职者、叛徒、色徒、盗徒等不一而足，几将天下罪恶毕集其身。5 月 29 日，会议宣布罢免约翰二十三世。他出于无奈，只得接受。为使会议继续举行，西吉斯蒙德下令将约翰软禁于海德堡城堡。约翰在 1418 年被释放，其时，他已是一名年迈力衰的老者，伶仃孤苦无力自养，最后，只得投靠科西莫·德·美第奇终养天年。

首度罢免教皇的成功，为会议带来无比的信心和希望。为示庆贺，他们在康士坦斯举行狂欢游行，但当他们重回岗位、继续工作时，却面临进退维谷的狼狈处境。贝尼狄克特与格列高利的教权未衰，各有其统治领域，如果他们依循前例再选新教皇，极有可能重蹈覆辙，造成教会三元化的局面。幸好格列高利解除了顾虑。他提议，倘若尊重他的传统权力，由他重新召集会议解决问题，他便同意引退辞职。1415 年 7 月 4 日，教会终于在这种方式下重新集会，接受格列高利的辞职，认定他任命的职位是有效的，并任命他为安科纳的合法统治者。两年之后，格列高利在安科纳安静地去世了。

贝尼狄克特仍作困兽之斗，他的红衣主教离弃他，与宗教大会达成协议，共谋和平。1417 年 7 月 26 日，宗教大会解除他的职位。他退居距巴伦西亚不远的家乡静养，不久也谢世了，时年 90 岁。临死之前，他仍以教皇自命。10 月，会议通过教谕，决议在 5 年之内召开另一次宗教大会。11 月 17 日，会议的选举团公拥奥顿·科隆纳（Oddone Colonna）为教皇马丁五世。所有基督教国家一致接受。自此，纷扰 39 年的教会大分裂局面终告结束。

至此，会议总算圆满地达成它的第一个目标，但第二个目标遭遇了失败，这就是教会的改革。马丁五世承继教皇职位后，掌握所有教皇的大权。他代替西吉斯蒙德成为会议的主席，并以谦虚的态度、灵活的演说周旋于各民族间，相互筹商每一民族国家内局部的教会改革。他巧妙地运用政治手腕，造成民族国家之间意见的不合，而后，再利用含混的语词，保全每一个民族国家的颜面，以便接受他提出的最低限度改革标准。此时的宗教大会，历经漫长的集会之后，实在感到劳累了，因此也就任其摆布，不再反对。它已经工作了 3 年，与会代表们都渴望回家，有关教会改革的细节问题，未尝不可留待下次会议再行讨论。1418 年 4 月 22 日，康士坦斯的神圣宗教大会，终于宣布解散。

教皇权的胜利（1418—1447）

马丁五世虽是罗马人，却不能立刻回到罗马。那时，由康士坦斯通往罗马的道路，被一名雇佣兵队长布拉乔所把持。马丁认为先停驻日内瓦，然后经曼图亚取道佛罗伦萨较为安全。最后，当他重新踏上罗马故土时，不禁被罗马的凋敝景象震慑了。这座基督教世界的首府，竟然会是全欧洲最不文明的地方。

如果我们指责马丁滥用职权，将教会名器轻易授给他的科隆纳家族，也许难得事理之平。马丁这样做，是有其背后原因的。他必须在梵蒂冈厚植势力，否则人身安全就缺乏保障。那时的"教皇领地"，前后受到那不勒斯、佛罗伦萨、威尼斯及米兰的武力威胁，而马丁又没有自己的军队，如此情形，哪能不戒慎恐惧、寝食难安。教皇的大部分领域再度沦落于小独裁者之手。他们名义上虽以教皇的代理人自称，自从教权分裂之后，都已实际掌握主权了。在伦巴底，圣职人员几个世纪以来与罗马的主教采取敌对立场。阿尔卑斯山以北的欧洲基督教国家，又因为群雄割据、秩序荡然，对教皇的尊敬已大不如昔，就连应纳的贡赋，也逐日减削。

马丁是一位雄才大略的教皇，企图从废墟里重建罗马。他所继承的库府几近空虚，他仍拨出部分经费局部修建首都。他以大刀阔斧、雷厉风行的作风，肃清了道途和罗马的盗匪。他摧毁了蒙特里波的贼穴，斩杀了为首的土匪。他重新为罗马带来秩序，编纂了罗马社会法法典。就其用人方面而言，也不乏知人善任的例子：任命早期的人文主义学者波焦·布拉乔利尼为教皇的秘书，网罗真蒂莱·达·法布里亚诺、皮萨内洛、马萨乔为圣玛利亚教堂、圣约翰和拉提朗宫绘制壁画，任用高才饱学、品优德备之士如圭里亚诺·切萨里尼（Giuliano Cesarini）、路易·亚里曼德（Louis Allemand）、卡普拉尼卡（Domenico Capranica）、普罗斯佩罗·科隆纳（Prospero Colonna）为红衣主教，如此等等，皆为人们津津乐道。他重组教廷，使其效能卓著。却苦于经费无着，而不得不出售圣职。在他看来，教会可以历经百年不改革，而仍得维持守成的局面，却不能在一周没有金钱接济的状况下苟延残喘，因此，他断定金钱的需要比改革的需要来得迫切。1423 年，他依照康士坦斯的弗里魁恩教谕，在帕维亚召集会议。会议的场面远不如昔，与会的代表寥寥无几。适时瘟疫在该地流行。会议的地点被迫迁往锡耶纳。开会的结果，议会要求掌握绝对的大权。马丁命令它立时解散。主教们深恐祸延及己，只得俯首听命。为了缓和改革的要求，马丁在 1425 年颁布一项训令，对教廷的程序和征款方式，做了一些令人惊奇的改变，未料迅即遭到各地的非难和反对，因而这一项改革的计划，便淹没在时间的长河里了。1430 年，日耳曼派驻罗马的使者，呈与其主上的信函，最足以刻画当时教廷改组的隐忧：

> 贪婪之风笼罩了罗马教廷；日复一日，教廷人员不断地设计一些诡谲伎俩……以便假借教会的名义，剥削日耳曼的金钱；因此，不平之声……随处可闻……今后，许多有关教皇的权限问题，将引起怀疑；甚而，为了逃避意大利人的非法压榨，过去对教皇的一贯服从态度，将悉遭扬弃；在我看来，后种途径，可能为多权国家一致接受。

如果要解决教会一直以来的各种问题，马丁的继承者最好是一位善于玩弄政治的教皇。当时的教廷政治色彩较宗教色彩更为浓厚，因此，教皇必须是一位政治家或斗士，方足以担当大任，而不应该是一位虔诚的圣方济各会教士。不幸得很，马丁的继承者，竟然就是一位出生于圣方济各会的教士。尤金四世可以说是一位圣者，他个性刚毅木讷，不善政治，一生身体力行，皈依天主。他身有痛风，手臂经常痛苦不堪，再加上烦恼似海，使他遇事不耐，显得与现实社会格格不入。但他生活朴实、工作认真、温良恭俭、宽厚爱人。由古迄今，很少能有教皇像他那样赢得许多敌人的敬重。

他当选教皇后，第一桩事便是应付红衣主教索取选举的酬报。这些人生怕尤金成了马丁第二，独揽全权，因此，选举后立即要求他签订一项协定——内中规定他们有言论自由、职位保障、半数库收的控制权及重要问题的咨询权。这些协定，一直是教皇选举时彼此之间相互信守的原则。尤金的第二桩应予记述的事迹，是在罗马树立了强大的敌人——科隆纳家族。他相信马丁一定将大量的教产移转给他的家族，于是不顾一切，强令追回，为了套取口供，他将马丁以前的秘书鞭笞至死。科隆纳家族愤然与教皇宣战。尤金借用佛罗伦萨与威尼斯的军队击败了他们，但在交战的过程中，引起罗马市民的愤慨。

那时，马丁召集的贝赛尔会议，恰于新教皇登基的第一年（1431 年）举行，再度高揭议会权力凌驾教皇之上之说。尤金命令议会解散，议会非但拒绝，还转令他列席备询，随后又派遣米兰的军队远赴罗马打击他。科隆纳家族乘此报仇的大好良机，在市内发动革命，建立共和政体（1434 年）。尤金仓促弃城乘筏逃抵台伯河，罗马市民不断沿江向他投掷长矛、石块、箭矢。他在佛罗伦萨暂寻避难之处，旋又转往博洛尼亚。如此辗转流离，不获归罗马达 9 年。

贝赛尔会议的与会代表们绝大多数是法国人。他们的目的，诚如图尔的主教所说，"但求从意大利人手中夺取教皇的职权，姑不论这项职权是落入法国人手中还是其他国家手中"。因此，这次会议一再使用教皇的特权：发布大赦、惠赠补偿金、任命圣职人员、要求所有圣职人员第一年所得的捐输对象应为议会，而不是教皇。尤金忍无可忍，再度命令解散议会。议会不甘示弱，将他予以罢免，并任命萨伏依的阿马德乌斯八世为教皇菲利克斯五世，以与分庭抗礼。新的教权分裂再度掀起。为了彻底打击尤金，法王查理七世在布尔日（Bourges，1438 年）召集大会，遴选法国的教士、王公和律师参加，复倡议会至上说，并公布《布尔日诏典》（*The Pragmatic Sanction of Bourges*）：自此之后，担任教职者须由地方教士集团或牧师集团选举决定，但国王对选举有推荐的权力；诉讼案件除非在法国已无法获得最终的司法裁决，否则一律不准呈送教廷；教皇征收圣职人员第一年岁入之权，禁止再行应用。事实上，这项诏令创立了一个崭新、独立的法兰西天主教会，而以国王为其领袖。一年之后，日耳曼也在美因茨召集会议，循相同的方法，在国内建立一个以国家为基础的天主教会。波希米亚随后效仿，在胡斯（Hussite）动乱中脱离了教皇的羁绊。布拉格大主教也目无教皇，公然称之为"《启示录》中所记之兽"。罗马教会的整个体系，似乎面临崩溃，教会国家化的序幕，似乎早路德 100 年就已揭起。

正值欧洲邦国相继脱辐而去之际，土耳其人无意中帮助尤金解除了困境。奥斯曼帝国日益进逼君士坦丁堡时，拜占庭认为君士坦丁堡有必要作一次罗马弥撒，而且，希腊欲获得西方世界的军事援助，必须与罗马公教重行结合。鉴于这种形势，约翰八世派遣使者晋谒马丁五世（1431 年），建议双方教会举行会议，共谋团结。事隔两年，贝赛尔议会派遣使者抵达拜城，参谒约翰（1433 年），解释议会的权力高于教皇，并在西吉斯蒙德皇帝的保护之下。如果希腊教会会商的对象是议会，而不是马丁教皇的话，它将获得金钱、军队，维护君士坦丁堡的安全。尤金见情势日亟，也派遣私人特使赴拜占庭交涉，同意提供援助，却附带一项条件，即东西复合之议，须由他出面在费拉拉召开集会讨论。约翰决定接受尤金的提议。尤金于是召集一些仍然忠心于他的人员，往赴费拉拉集会。许多教士领袖，包括圭里亚诺·切萨里尼和古沙的尼古拉，都认为教会最主要的问题在于与希腊和谈上，因此，相继背弃贝赛尔投往费拉拉。贝赛尔会议虽然苟延残存，声望与日俱减。

希腊与罗马教会，自从 1054 年分裂以来，又首度谋求统一的消息，震惊了整个欧洲。1438 年 2 月 8 日，拜占庭皇帝暨君士坦丁堡总主教约瑟夫、17 位希腊大主教及一大群希腊主教、僧侣、学者等抵达威尼斯（那时威尼斯一部分仍属拜占庭管辖）。尤金在费拉拉以隆重之礼接见他们。会议召开后，东西方教会试图和解的各种歧异观点：教皇至上、使用无酵饼、炼狱的苦痛性质及圣灵来自圣父（和）或圣子的过程等，立刻引起热烈的争辩。历经 8 个月之久，他们不断地辩论这些问题，却未能统一看法。此时，瘟疫蔓延费拉拉城。科西莫·德·美第奇邀请会议迁往佛罗伦萨继续举行，并让出自己和朋友的房屋，容纳与会代表们。这一美意为代表们所接受。学者中便有人认为意大利的文艺复兴应自这批博学的希腊人流入佛罗伦萨之时，即 1439 年开始算起。议会同意希腊人所持的原则——"圣灵由圣父传于圣子"，与罗马人所持的原则——"由圣父与圣子之身"，是同一意义的。1439 年 6 月以前炼狱苦痛的性质也获致协议。一波方平，一波又起，教皇至上的问题导致了另一次激烈的争辩。希腊皇帝甚至以终止会议威胁尤金。幸赖尼西亚大主教贝萨里翁出面调解，大家才平息纷争，同意承认教皇的普遍性权威，但东正教既存的各种权力和特权应予保留。1439 年 6 月 6 日，在一座庄严的大教堂内，贝萨里翁与切萨里尼分别以希腊语和拉丁语诵读东西教会复合的文告。随后，两位教士相互拥吻，庆贺大功告成。所有与会的代表们，在希腊皇帝的率领下，共同屈膝于数年来一直遭受漠视、奚落的可怜教皇尤金跟前。

　　基督教世界的美梦，不久就破灭了。希腊皇帝与其随员回到君士坦丁堡后，便遭受一连串的质询和谩骂，城市的教士和居民抗议他们向罗马屈服。圭里亚诺·切萨里尼红衣主教奉命派赴匈牙利率领军队联合拉狄斯拉（Ladislas）和匈牙迪（Hunyadi）的队伍。他们在尼西（Nish）打了胜仗，于 1443 年的圣诞夜进抵索菲亚并奉穆拉德二世（Murad II）之令出师瓦尔纳（Varna）。在君士坦丁堡，反对东西教会复合的一派占得上风，拥护东西教会联合的总主教格列高利，只得逃往意大利。1452 年，格列高利率领军队打回圣索菲亚，于 1452 年在该地宣读联合文告。但此后，大教会却遭受人民的遗弃。反联合派的教士，诅咒所有联合派的附和分子，坚决地拒绝曾参与联合文告宣读的人们隶属希腊教会，并劝诫人们宁可死而不施圣礼，也不要接受任何拥护教皇的牧师们为他们施行圣礼。亚历山大、安条克及耶路撒冷的总主教甚至批评佛罗伦萨的集会为"强盗议会"。东西教会的激烈冲突，终于在穆罕默德二世占领君士坦丁堡并以之为土耳其首都（1453 年）后，情势方始平定下来。穆罕默德准许基督徒保有充分的信仰自由，并任命反联合派的激烈分子甘纳狄（Gennadius）为总主教。

　　罗马混乱的共和政府及专好兴风作浪的科隆纳家族，最终为教皇的私人将领维提拉茨（Vitelleschi）红衣主教以极端残暴的手段镇压下来。1443 年，尤金凯旋至罗马。教皇停驻佛罗伦萨期间，由于广泛接触与会的希腊学者，又得科西莫·德·美第奇不断地从旁介绍，得以认识人文主义及艺术的发展，对濒临灭亡的君士坦丁堡所可能丧失的古典艺术品，也油然兴起保存的兴趣。他在秘书群中，增加了波焦、弗拉维·比昂多、莱纳尔多·布鲁尼及其他擅长希腊语的人文主义学者。他携同弗拉·安杰利科俱归罗马，为梵蒂冈的圣礼教堂作壁画。为了模仿吉贝尔蒂所设计的佛罗伦萨浸礼所前的铜门，尤金任命费拉里在古老的圣彼得教堂制作数扇相同的门（1433 年）。有一件事是相当有意义的，虽然人们已不再注意它：这座在拉丁基督教国度中最为人所瞩目的教堂的大门上，塑满了五花八门、各色各样的雕像，其中不仅包含基督、圣母及耶稣的使徒，还包括罗马和希腊神话中许多不同的人物，如战神马斯与罗玛、希洛与黎安德、朱庇特与加尼米德，甚至还有丽达与天鹅等。我们可以说：尤金虽战胜了贝赛尔会议，却为罗马带来了异端的文艺复兴。

第二章 | **罗马的文艺复兴**
（1447—1492）

世界之都

教皇尼古拉五世登上世界上最古老的皇座时，罗马的面积和人口（8万人）几乎仅及奥勒留大帝当初创建时（270—275年）的1/10，尚不及威尼斯、佛罗伦萨和米兰。北方蛮族的屡次入侵破坏了境内的主要渠道，7座山丘已无充分的水量足供饮用。承凋袭敝，虽然尚有少部分的小渠道、泉水、贮水池及井水保留下来，但大部分居民都饮用台伯河的河水。境内的居民，绝大多数都居住在不卫生的平原上，经常遭受河水泛滥之灾。邻近沼泽地区是疟疾发源地。一旦发生疟疾，难免蔓延罗马。卡皮托林丘（Capitoline Hill）因为它的斜坡地已成了山羊的放牧区，已被称为卡布里诺山了。帕拉丁曾因其丘上华厦栉比而得名，现在几乎是没有人烟的僻野了，栉比的华厦，已变成脏乱不堪的采矿场。梵蒂冈城在河流的贯穿下，簇拥着日渐衰落的圣彼得教堂，景象萧条，和都市里的小城郊没有两样。某些教堂，如圣玛利亚教堂或圣西西里娅教堂，内部虽美丽如昔，外表却平庸无奇。总之，整个罗马，找不出一所像样的教堂，足以与佛罗伦萨或米兰的大教堂相较；找不出一所像样的修道院，足以与帕维亚相比；找不出一所像样的市政厅，足以与威契尔厅、威尼斯的总督府甚或锡耶纳的公共厅抗衡。几乎所有的街道都是泥泞、污秽不堪，只有极少数的街道铺着圆石子。夜晚，整座城市，仅有几条街道闪耀着荧荧灯火。这些街道，除非遇有特殊的场合，像大赦年或某些非常重要的人物进城时，难得打扫一回。

城市经济主要靠教会的税收维持。畜牧业和羊毛的生产，只是收入的一小部分。农业并不发达，商业更微不足道，至于工业和对外贸易，则因为土匪猖獗、治安不良而无从发展。就社会组织而言，几乎没有维系社会安定的中产阶级，社会的组成只有三种阶级：贵族、教士与平民。贵族们拥有一切不属于教会的领地；他们雇用流氓和无赖组成私人卫队，凭借暴力剥削佃农、平抑叛变。教会对他们的所作所为，也无力干预。某些大的家族——最大者如科隆纳、奥西尼家族等——在罗马及其近郊强占坟墓、浴场、戏院及其他建筑物，作为私人的堡垒，他们的乡村城堡都是为备战而设计的。一般来说，贵族总采取与教皇敌对的立场。他们时或施用压力，以求操纵教皇的选举，或控制教皇。有好几次，他们在城市内制造骚乱，使教皇不得不弃城而逃。庇护二世曾经祷告：愿以任何城市替代罗马，作为他的首都。由此看来，当西克斯图斯四世和亚历山大六世与这些人交战频繁时，我们着实应该原谅他们为保护教皇的权位所作的奋斗。

总体而言，罗马是被教士阶级统治的。教会有各种名目的税收。居民必须依赖各国的贡赋、教会的雇佣及教皇的慈善事业，才勉可维生。他们对任何削减金钱收入的宗教改革都缺乏热心。基于生活需要，他们不再发动武装暴动、驱逐教皇了。暴动虽然没有了，代之而兴的是欧洲向所罕有的尖锐的讽刺。诺瓦纳广场（Piazza Navona）有一座雕像，也许是雕刻希腊的大力士神海格力斯的，被人们改名换姓，称作帕斯奎诺后，被拿来当作最新讽刺诗的公告栏。诗的文体，大多是用拉丁文或希腊文写成的，内容不外乎反对教皇的统治。罗马的市民，并不是完全没有宗教活动。最低限度，在某些时候，他们也会集在一起，接受教皇的祝福。他们很喜欢模仿外国使节亲吻教皇的足底，并以此沾沾自喜，他们对教皇并没有绝对的尊敬。一次，西克斯图斯四世为痛风所苦，不能如期出现在群众面前为他们祝福时，罗马的市民就毫不客气地拿秽语辱骂他。类似这种情形，屡见不鲜，这只是教皇不幸处境的一面而已。自从尤金四世摧毁罗马的共和政府以来，教皇已成为罗马俗界的统治者，还不时要承受市民们惯常加给政府的侮慢。我们真要为教都不幸坐落在全意大利最无法律和秩序可言的城市而慨叹！

教皇自认为在一定的程度及范围内要求尘世的权力是正当的。作为一名国际组织的领袖，他们不能屈服于任何国家之下，如同他们在阿维尼翁所遭遇到的那样。在那种束缚之下，他们不可能公正无私地为全民服务，更谈不上作为各个政府的精神领袖。虽然"君士坦丁的捐赠"之说，显是出于捏造（此事在尼古拉任用洛伦佐·瓦拉时，已予承认），但丕平大帝（查理曼大帝之父）确已将意大利中心地带划归为教皇的领地（755 年），并得到查理曼大帝的证实（773 年）。在他们的领地之内，教皇早在 782 年，就开始私铸钱币。几个世纪以来，没有一个国家对他们的这项权利感到怀疑。当时的欧洲各国，都致力于国家的统一运动，教皇领地也不例外，正努力将地方势力和封建诸侯置于中央的管辖下。自尼古拉五世至克莱门特七世，教皇都顺应当时欧洲国家的统治方式，以绝对的主权治理辖内的居民。这种统治方式却遭到当时部分人士的反对。巴黎大学校长让·热尔松就是主张教会民主化最力的人。他要求教会民主，却不要求国家民主。对于教会而言，这种要求显然过分了。在印刷术还没有普及的时代，教会与国家如何实行民主？尼古拉五世即位之后，第 7 年古登堡才翻印他的《圣经》、第 30 年印刷术才传到罗马、第 48 年马努蒂乌斯才首次出版他的著作。在知识不普及的时代，民主政治实在是安全与和平的奢侈品。

教皇的世俗权力直接管辖的区域，是旧时所称的拉丁姆平原。该省位于托斯卡纳、翁布里亚、那不勒斯王国及第勒尼安海（Tyrrhenian）之间。此外，他们也对翁布里亚、马尔凯斯及罗马纳发号施令。这四个地区，延伸于两海之间，在意大利中部构成一条宽阔的地带，大约包括26个城市。遇上有能力的教皇，这26个城市便由教皇的代理人统治，否则便被各辖区的统治者瓜分了。此外，英诺森三世曾与腓特烈二世有过协定，西西里与那不勒斯王国也宣称是教皇的藩属。但这些国家每年的采贡问题，成为雷诺与教皇之间争论的焦点。最后，玛蒂尔达女伯爵也将她的封建领域——托斯卡纳的全部（包括佛罗伦萨、卢卡、皮斯托亚、比萨、锡耶纳及阿雷佐）遗赠教皇（1107年）。在这些地方，教皇只能在名义上充任主权者，很少能够给予实际上的影响。由于教廷内部腐化、军力薄弱、财政枯竭，加之欧洲与意大利的政治混乱不堪，教会与尘界事物的划分混淆不清。因此，几个世纪以来，教皇皆在奋斗中寻求自保之径，以免内受佣兵统领篡夺，外受意大利城邦蚕食。当时意大利的情势，是群雄割据、弱肉强食的局面。米兰时时伺机进犯博洛尼亚，威尼斯攫取拉韦纳之后想进而吞并费拉拉，而那不勒斯何尝不想扩张版图，将它的势力引入拉丁姆平原！面临这些隐忧，教皇很少考虑利用自己有限的军队解决问题，却在外交上下工夫。他们针对强国贪得无厌的弱点，采取均势外交政策，居中翻云覆雨，以强国打击强国，阻止任何一个强国扩展实力，吞并教皇的领域。马基雅维利、圭恰尔迪尼有鉴于此，曾慨叹意大利不能统一，部分原因未尝不是教皇的这一策略使然。但平心而论，教皇除了采取这一不得已的策略勉强可以自保外，又何足以抵挡虎视眈眈的强邻进逼呢？

作为一名政治领袖，教皇认为效法其他世俗统治者的统治之道，为谋求生存的必需途径。迫于环境的需要，举措无论合宜与否，只要能解决问题、平息纷争，就是正当的。因此他们将教会的名器分授予社会上具有影响力、甚或稍有影响力的人，以便偿付政治债务、促进政治目的、网罗有才之士。他们将婚姻视为政治的手段，从而安排了许多政治婚姻，以与王公侯爵，厚结姻亲。他们像尤利乌斯二世一样动兵，像利奥十世一样使用外交的欺骗伎俩。他们建立了一个层级节制的行政体系，组织的庞杂程度不亚于一般国家的政府。教皇颁布的法律也如同其他国家一样严峻。窃盗或骗徒，一经定罪，便由教皇派遣各区的代理人处以极刑。多数的教皇，只要不失官方的礼节，生活总是尽量简朴。对他们的批评，多少掺入个人情感的好恶在内，因此也就不足以采信。至于一般治理教会教务及政务的红衣主教们，情形则大不相同了。他们自视为一个富有国家的参议员，生活极尽奢侈之能事。多数的红衣主教构建邸馆、任用私人，甚至与妇女发生暧昧苟且的行为。总而言之，他们也如同那时代的人们一样，接受的只是极其松弛的道德规范。

作为一名精神领袖，文艺复兴时代的教皇面临一个困难，即如何使人文主义与基督教并存不悖。人文主义是半异端的。教会过去曾一度高举旗帜，要打倒所有异端主义的根、枝叶、教条及艺术。它鼓励、赞助人们摧毁异端的庙宇和雕像。举例来说，奥维托大教堂的兴建，才是最近几年的事，它的大理石部分取自卡拉拉，部分取自罗马的废墟。一位教皇的使者曾出售从古罗马圆形大剧场运来的大理石块，以供人们烧成石灰后作为建筑之用。威尼斯宫大教堂也是1416年圆形露天竞技场毁灭后，才因利乘便、着手动工。尼古拉五世对大兴土木甚感兴趣，而他用于再造罗马宫殿的2500车大理石和石灰石，也是从罗马的大剧场、竞技场及其他古代建筑中搬运过来的。要改变过去一贯反对异端的庙宇及雕像的观念，而采取保存珍惜并收集仅存的古希腊罗马的艺术和古典的态度，必须在教会的传统思想上，做一番彻底的革新。人文主义的声望已如此高涨、新异端运动的潮流如此澎湃，该运动领导者的热诚又是如此强烈，如果教会不能容许这股新兴的力量在基督教生活领域里存在，很可能会丧失意大利甚至整个欧洲的知识分子的支持。幸运的是，教会此时出现了一位热爱文艺的教皇尼古拉五世，适时勇敢地伸展双臂，迎接人文主义，成为新文学与新艺术的领导者。在这个百花齐放的世纪里（1447—1534 年），诚如斐勒佛所说的，它给予意大利人民充分的思想自由，给予意大利艺术如此慷慨的赞助和机会，促使罗马成为文艺复兴的中心，并在人类历史上创造了一个光辉灿烂的时代。

尼古拉五世（1447—1455）

托马斯·帕伦图切利出身于萨尔扎纳的贫苦家庭，早年曾在博洛尼亚大学受业 6 年，因为经济不济，一度辍学赴佛罗伦萨当莱奥纳尔多·阿必齐和帕拉·斯特罗齐的家庭教师。赚足了学费后，他回到博洛尼亚大学继续未竟的学业，终于在 22 岁，获得该校的神学博士学位。毕业之后，博洛尼亚大主教阿尔伯加第（Niccolo degli Albergati）请他总管大主教的家务，并带他前往佛罗伦萨晋谒当时流落该地的尤金。在佛罗伦萨的这几年，这位教士成了一名人文主义学者，但他没有终止对基督教的信仰。他结交了几名热情的朋友，如利奥纳多·布鲁尼、马尔苏皮尼、詹诺佐·曼尼提、乔万尼·奥里斯帕、波焦等。随着他们的兴趣，他也加入了行列，成为一名古物的收藏者。不久，这位惯为人文主义者称为"萨尔扎纳的托马斯"（Thomas of Sarzana）的教士，便不由自主地倾向于古典著作的收藏。他的所有收入几乎都花在购买书本上，对力所不及的昂贵手稿，不惜举债收购。他祈望有朝一日能有充足的经费，筹设一座图书馆，陈列世界上所有伟大的著作。在这一雄心的驱使下，梵蒂冈图书馆开始有了模糊的影子。因为个人的浓厚兴趣，他欣然接受科西莫的敦聘，为玛西亚图书馆（Marcian Library）编纂目录。这一份新的工作使托马斯得以沉酣于古人的手稿中。他万万没有想到，以后的自己，竟会成为文艺复兴时代的第一任教皇。

在佛罗伦萨和博洛尼亚，他为阿尔伯加第服务近 20 年之久。阿尔伯加第过世时（1443 年），尤金任命托马斯继承大主教之位。他的博学、虔诚及理事能力深获尤金欣赏。3 年之后，教皇拔擢他为红衣主教。一年后，尤金驾崩。选举教皇时，奥西尼与科隆纳两派势均力敌，相持不下，红衣主教们为打开僵局，推举托马斯登极皇位。这一次出乎意外的选举，托马斯做梦也不曾想过。他曾对韦斯帕夏诺·比斯底奇说："有谁会想到一个一文不名的穷教士，竟然摇身一变，成为尊荣集于一身的教皇。"他的当选，为人文主义学者带来无比的欣喜。有一位人文主义学者弗朗西斯科·巴巴洛（Francesco Barbaro），公开宣称柏拉图设计的理想国，已经在世俗中实现了：哲学家已成为国王。

即位后的托马斯改称尼古拉五世。他希望在任内完成三个愿望：成为一名好的教皇，重建罗马及恢复古典文学的著作、艺术。他以谦和的态度和优秀的才能日理万机，一天 24 小时几乎都是他的会客时间。他的外交政策是同时与日耳曼和法国保持友善态度。贝赛尔会议推举出来与尤金抗衡的菲利克斯五世，知道尼古拉五世终必赢取基督教国家的民心，便自动放弃伪职，向教皇谢罪。仁慈的尼古拉原谅了他。残余的不统一的贝赛尔会议，迁往洛桑之后，不久便解散了（1449 年）。自此，扰乱教会数十年的宗教会议运动，正式终止。教皇对立的局面，也归于一统。虽然如此，来自阿尔卑斯山彼侧的改革教会的呼声，仍然响彻云霄。尼古拉深知要满足这种改革的愿望，必须撤换所有在职人员。他实在不忍心、也不可能这么做。为了对基督教国家有所交代，他企图转移目标，领导教会成为文艺界的领袖，以重振几十年来因分裂而一度中落的声望。其实，他之所以支持学术运动，并不是纯粹出于政治上的动机。他树立这种目标，完全是由衷的、单纯的感情因素。他数度远赴阿尔卑斯山外，寻求古人的手稿。在贝赛尔发掘出德尔图良（Tertullian）的著作的，正是这位热爱文艺的教皇。

此时，尼古拉有了充分的财富偿其夙愿了。他派人分赴雅典、君士坦丁堡及日耳曼和英国的大小城市寻求、购买或抄写拉丁文和希腊文的手稿，无论是异教的还是基督教的。他在梵蒂冈设立一个誊写、编纂中心。意大利几乎所有知名的学者都被邀请到罗马。韦斯帕夏诺兴奋地写道："尼古拉在位期间，世界上的学者皆聚集罗马，有一部分固然是他邀请去的，另一部分则是自动前往的。"他赐给学者工作的酬劳，比起慷慨好施的哈里发，也毫不逊色。洛伦佐·瓦拉翻译修昔底德的著作，获酬500杜卡特；维罗纳（Guarino da Verona）翻译斯特拉博的著作，获酬1500杜卡特；尼可洛·佩罗蒂翻译波里比阿的著作，获酬1500杜卡特；波焦翻译狄奥多罗斯的著作，西多罗斯·加扎远从费拉拉被聘到罗马重新翻译亚里士多德的著作。斐勒佛将《伊利亚特》与《奥德赛》两篇流传千古的史诗，译成拉丁文，获得的回报，除了1万杜卡特的现酬及罗马的一栋公馆外，教皇还为其在乡间置产。不过，这项荷马式的事业，随着尼古拉的去世而结束。如此丰厚的报酬，学者们不敢贸然接受。尼古拉带着轻松的口吻提醒他们："请勿拒绝，以后你可能再也遇不到第二位尼古拉了。"罗马疫疠流行时，他随身携带一批翻译者和抄写家避往法布里奥，以免他们遭灾，爱护之深，可见一斑。他对翻译古人著作的兴趣是多方面的，一般人所谓的传统基督教文学，他也关注有加。他出金5000杜卡特，广求《马太福音》的原文稿。他敦聘詹诺佐·曼尼提和特拉布宗的格列高利翻译西里尔、巴西尔、格列高利·纳齐安、尼萨的格列高利及其他人的文学作品。他任命曼尼提及其助手翻译希伯来文和希腊文的《圣经》。这项工作，也因教皇的过世而中辍。这些拉丁译文，虽因完稿仓促而显得不甚完善，但对于不谙希腊文的学者而言，至少使他们能首次阅读希罗多德、修昔底德、色诺芬、波里比阿、狄奥多罗斯、亚庇安、斐洛及特奥夫拉斯图斯等人的著作。斐勒佛说："希腊文化并没有死亡，而是移植到意大利——以前所说的大希腊。"曼尼提身蒙圣恩，感激之余，不免语带夸张地说，尼古拉在位的8年中译就的译本，比过去500年累积下来的译本还要多。尼古拉不只关心书本的内容，也讲究书本的外观和形式。他本人便是一位书法家，他要求译好的文稿必须由誊稿专家工整地书写在羊皮纸上，书页只限于使用深红色的绒纸，完成的册子都要以银钩夹好。他所储存的书籍，计有拉丁文稿 824 卷、希腊文稿 352 卷。这个数目，加上历任教皇所收集的，总计多达 5000 卷左右——任何一个基督教国家图书馆的书籍总量，都赶不上。如此庞多的书籍，如何完整地遗传给后世，确是亟待解决的问题。因此，梵蒂冈图书馆的兴建，更加成为尼古拉梦寐以求的目标。

他不仅是一名学者，也是一名建筑家。从初任教皇开始，他就决心使罗马领导世界。1450 年的大赦年转眼将届，预计有成千上万的朝访客拥抵罗马。为了顾全教会和教皇的声望，他们所看到的基督教之都，不能是一座破落的城市，而应使"崇高的名字与崇高的建筑相配"，这样"圣彼得教堂的声誉，才能再度鹊起"。尼古拉在病榻上欷歔地解释他的期望。他重修市里的墙垣、城门，疏浚渠道，并在渠道的入口处设计一座华丽的喷水泉。他敦请里昂·巴蒂斯塔·阿尔贝蒂负责兴建宫殿、群众广场及一条遮日避雨、香气袭人的廊道。他铺设了街道，翻新了桥梁，整饰了圣安杰洛城堡。他借钱给市内的知名之士，搭盖邸馆，以烘托罗马的雄伟。在他的吩咐下，伯纳多·罗塞利诺大事粉刷了圣玛利亚、圣乔万尼、圣保罗、圣洛伦佐及格列高利一世用以充作十字军歇息站的 40 所教堂。他拟就构筑梵蒂冈皇宫的伟大计划：皇宫的花园，预备包含所有梵蒂冈的山丘在内，皇宫的大小，预计容纳教皇及其随员、所有红衣主教及教廷的大小行政官员。在有生之年，他完成了自己的寝宫（后来为亚历山大六世所有）、图书馆和一套房间（后来由拉斐尔装饰）。他从佩鲁贾请来贝内代托·邦菲利，从佛罗伦萨请来卡斯塔吉诺，由他们两人为梵蒂冈墙垣上已经脱落的表面，重新作画。他说动了年迈的弗拉·安杰利科修道士回到罗马，为教皇的礼拜堂绘画圣斯蒂芬与圣劳伦斯的故事。他有意拆除圣彼得教堂内年久失修的礼拜堂，并在基督徒的坟墓上，建筑一座世界上最壮丽堂皇的教堂。但这一雄图，只能留给尤利乌斯二世来完成了。

所有这些工程上的耗费，尼古拉都希望从大赦年的收益上获得补偿。他宣布这次的盛节将连同庆祝教会的重归和平统一而扩大举行。他的号召获得了欧洲各国人民的热烈响应。朝圣的教徒纷纷自拉丁基督教国家的每个角落拥入罗马，人数之多，创造了历史纪录。罗马的人潮，挤得水泄不通。目睹者曾形容人潮像密密麻麻的蚂蚁一般，蠕蠕而行。由于群众过分拥挤，教皇不得不规定将每个朝客在停留罗马的最长期限，由五天、三天，直减为两天。有一次，曾因人潮拥挤过度，许多人被挤入台伯河，造成 200 人惨死。这一不幸事件发生后，尼古拉不得不拆除通往圣彼得教堂大道两旁的房屋，以腾出更大的空间，容纳更多的人。这次从朝圣者的奉献所得的收入，连教皇都大感意外。它不仅补足了筹迎大赦年的工程上的花费，甚至花在学术研究和古籍收藏上的，也获得弥补。意大利的其他城市，皆大感经济短绌，因为——一个佩鲁贾人埋怨道——"财富都流入罗马了"。罗马的旅馆业者、钱币交换者及贸易商获利最丰。尼古拉仅在美第奇银行，就存入 10 万弗罗林。阿尔卑斯山外的欧洲各国不满金钱流入意大利的声音不绝于耳。

这一次，尼古拉总算恢复了罗马昔日的繁荣，但罗马人民并没有欣喜地接受。在尼古拉看来，既然他已经向共和派人士让步求全，将市里大小行政官员的任用权及税收的控制权委授他所任命的 4 名公民，他的政府应该够得上开明、公正了。他万万没有想到罗马总有一群不满的人士，时时俟机打击他的政府。过去，当教皇沦落阿维尼翁及大分裂期间，罗马的领导权是掌握在参议员与贵族手中的。这些人现在一旦丧失了领导权，难免挟怨与教皇政府发生摩擦。其次，罗马的暴民过去可以为所欲为，发动暴乱，驱逐教皇（尤金的遭遇就是一个明显的例子）；而现在，尼古拉已将梵蒂冈改造成坚固的堡垒，不容他们轻举妄动、摆布教皇了，这群好生事端的人，也因而憎恨起教皇来了。再者，布雷西亚的阿尔诺德与里恩佐仍然在市内宣扬共和理论，颇能赢得部分人士的趋附。综上种种，罗马表面上看似风平浪静，其实里面隐伏了许多危机。教皇登基的当年，有一名群众领袖斯蒂法诺·波尔卡罗（Stefano Porcaro）向群众做了一次激烈的演讲，要求恢复自治政府。尼古拉遣送他到阿纳尼。不久之后，波尔卡罗又逃回罗马，并趁一个节日向一群激动的群众高唱自由的呼声。尼古拉只得再度将他放逐到博洛尼亚，除规定每天须向教皇的使者报到一次外，允许他充分的行动自由。虽然如此，波尔卡罗并没有就此死心。他在博洛尼亚计划一项叛变的阴谋，秘密交由他在罗马的 300 名追随者执行。主显节（1 月 6 日）那天，正当教皇和红衣主教们在圣彼得教堂做弥撒时，梵蒂冈遭受了袭击。财富被夺去充作建立共和国的经费，尼古拉本人也被拘禁了。事变之前，波尔卡罗秘密离开博洛尼亚（1452 年 12 月 26 日），并在计划突击的当天夜晚，适时加入叛变的行列。他的遽然失踪，引起了博洛尼亚的注意。信差星夜驰函提醒梵蒂冈加强戒备。最后，波尔卡罗终被查获。1 月 9 日，他被处死于圣安杰洛。共和派人士抗称这项处决无异于谋杀行为。人文主义学者却谴责这种不轨阴谋，实为对仁慈教皇的大不敬。

　　这一次突发事变使尼古拉大感震惊。他满以为自己的所作所为，无不为增进全民福祉而努力，殊不料仍有一大部分公民视他为暴君。这种精神上的打击，的确不是一般人所堪忍受的。在猜疑、愤懑的交迫下，再加上痛风症的煎熬，他迅速地苍老了。1453 年，东罗马帝国传来君士坦丁堡失陷的消息。土耳其人利用 5 万具基督徒的尸体，筑为攻城的高垒，遍踏而过，一举拔城。更难堪的是圣索菲亚教堂竟然被改为清真寺。相继的不幸事件接连发生，使他感到过去任内的光荣成就，几乎一扫而光。失望颓唐之余，他再鼓余勇，呼吁欧洲各国参加十字军讨伐异族，重新夺回沦陷的基督教东都。他要求西欧各国捐献 1/10 的岁入，作为十字军军费，同时保证教会也提供相同比率的岁入，共襄壮举。岂奈时移势迁，教皇的声望已大不如昔，他的呼吁又有谁理会？欧洲的人民埋怨过去捐做十字军军费的，实际上都被以前的教皇移用到其他目的上。意大利各邦则只图近利，哪里还顾得上家国大恨？威尼斯一心指望与土耳其人签订商业协定；米兰冷观威尼斯无力再取布雷西亚，正满心欢喜地想乘隙取利；佛罗伦萨眼见威尼斯丧失对东方世界的贸易，也躲在一旁，大打其如意算盘。现实的残酷，使教皇不得不低头。人性的贪婪，寒透了他的背脊。外交上的节节失利，已够他伤心了，兼以历任教皇的应得之罪，还要由他一身肩负。这位不幸的教皇，终于忍不住种种打击，在 1455 年郁郁而终，时年 58 岁。

他为教会带来和平，为罗马带来秩序和繁华。他兴建了一座最大的图书馆，融和了教会与文艺复兴的分歧，他一生未尝用兵诛伐，未尝瞻恩徇私。他不遗余力地挽救意大利。他府库的充盈，远超过以前任何一位教皇。他只热爱教会与书籍，个人的生活极其俭朴，只有在礼物的赠予上，才显得大方。一位悲伤的历史学家，在描述这位学者教皇时，同时表达了一般意大利人的感受：尼古拉"聪明、仁慈、和蔼、宽厚、热诚、慷慨、谦虚……天性包含各种道德"。这是一项爱的裁判，也许波尔卡罗未必同意。公理自在人心，就留之后世吧！

卡利克斯特斯三世（1455—1458）

意大利四分五裂的局面严重地影响紧随而来的教皇选举。派系之间的明争暗斗，导致没有一位意大利人能够获得选举团的多数拥护。几经折冲的结果，选举团终于推举一名西班牙红衣主教阿方索·博尔贾继承皇座，即卡利克斯特斯三世。他已是 77 岁高龄的老人，不可能再有什么大作为。众人皆知，他即将不久于人世。等他去世后，红衣主教们可以再有另一次，也许是更有利的抉择机会。因此，他们暂且让步，暂予拥立，以息纷争。卡利克斯特斯是一位精研教会法和擅长外交的专家，守成有余，进取不足，对古典文学不甚热心。他继任教皇后，所有非罗马籍的人文主义学者，悉数遭受冷落，只有瓦拉能保其教皇秘书的职位，但也已翻然改其志节了。

卡利克斯特斯是一位老好人，热爱自己的亲戚。他登基 10 个月后，便提拔他的两个侄儿——米拉（Luis Juan de Mila）和罗德里戈·博尔贾（Rodrigo Borgia）——及葡萄牙的杰姆出任红衣主教。三人的年龄，分别为 25、24、23 岁。罗德里戈（后来的亚历山大六世）过去曾与良家妇女有过苟且行为，卡利克斯特斯却"好而不知其恶"，让他担任教廷最优厚的职位——副大臣。同年，又委以教皇军总指挥的大任。裙带关系（nepotism）一经卡利克斯特斯开其先河后，便成为不良传统，为日后教皇相继效尤，后世的教皇提拔自己的侄子、亲戚（有些甚至是他们的儿子），被视为理所当然的事。尤使意大利人愤慨的，莫过于眼见卡利克斯特斯的左右之人，尽为其本国之人。如此一来，罗马岂不成了加泰罗尼亚人的天下？其实，卡利克斯特斯这么做，也有不得已的苦衷。他在罗马是一位缺乏根基的外国人。罗马的贵族和共和派人士，时时伺机倾覆他。他希望周围的人都是他所熟悉的，这样，他的安全才能有所保障，他致力于十字军东征时，也才能免于后顾之忧。况且，红衣主教团越来越猖獗，企图从教皇手中夺走一切决策大权，如果不在红衣主教团内多安插几位拥护者，后果可能不堪设想。正如国王最终击败贵族一样，教皇也征服了红衣主教团所酝酿的夺权运动。其中的原因，或许是因为国家经济取代地方经济的地位而兴起，国家经济关系已随时代的演变而日趋复杂，根据环境的需要，中央集权成为大势所趋。

卡利克斯特斯以垂暮之年，穷毕生之力，设法鼓动欧洲人奋起抵抗土耳其人。但他的心血也是白费了。欧洲各国并不赞助他所热心的事业。他去世时，罗马因得免于"野蛮人"的统治而交相庆祝。当皮科洛米尼红衣主教被推选为他的继承者时，罗马举城欢腾，在过去 200 年里，他们不曾为任何教皇的当选而庆贺。

庇护二世（1458—1464）

皮科洛米尼于 1405 年诞生于距锡耶纳不远的科西那诺（Corsignano）镇，祖先曾是当地望族，至其父母时，家道中落。他在锡耶纳大学研读法律。但他的兴趣不在法律，而在文学。研读法律带给他敏锐的判断力和清晰的头脑，对他以后的行政、外交工作大有裨益。在佛罗伦萨，他随斐勒佛研究人文学，此后，他便成为一名人文主义学者。27 岁时，他充任卡普拉尼卡红衣主教的秘书，并随之前往参加贝赛尔会议。在那里，他终日与反对尤金者为伍。因此，曾有数年为维护宗教会议运动而反对教皇。不久，他荣任菲利克斯五世的秘书。后来，自感到长久伴着一颗即将陨落的星辰，终究不是善策，便以巧舌说动一名主教引荐他晋见腓特烈三世皇帝。不久，他便在皇宫内谋得一个职位，并在 1442 年伴随腓特烈前往奥地利。跟随腓特烈皇帝的那几年，这位四处为家的游子，总算暂时定下心来侍奉明主了。

他在成长的岁月里，似乎是一个没有定型的人——除了成功之外，没有信守的主义和固定的目标作为人生的指南。他周旋于万物之中、妇女之间，左右逢源，无往而不利，却不失赤子之心。他的文学造诣极佳，曾写给一个朋友一封情文并茂的情书。他有好几个私生子，其中一位，他送给他的父亲养育。关于这个孩子，他坦然向其父亲承认"既不似大卫王那么神圣，也不似所罗门王那么聪明"。这位年轻的魔鬼，没有明显的是非观念，为了达到目的，甚至不惜引用《圣经》的话自我辩护。他模仿薄伽丘的文体写了一本小说，结果风行一时，被译成欧洲各国的文字。但这本小说在他日后成为教皇时，给他惹来许多麻烦。他最后致力于教会的神圣职务，但开始时他并不热衷于此，他压根儿就没有从事教职的打算，因为他与奥古斯丁一样，对自己的禁欲能力不无怀疑。他看不惯教士的独身生活，还写文章大肆抨击。

这是他不拘小节的一面。其实，文学方面，他倒是一向忠心耿耿的。他天性喜爱美感，美感的追求固然腐化了他的道德，却也使他热爱自然、酷好旅游，并树立了他的独特风格，终于使他成为 15 世纪时欧洲最伟大的作家和演说家。他写作时几乎都用拉丁文，写作的范围五花八门，无所不包，举凡小说、诗歌、对话录、散文、历史、游记、地理、纪事、回忆录、喜剧等文体，无不擅长。文笔的传神，比彼特拉克最活泼生动的散文，也不逊色。他下笔千言，不论官方公报或演讲词，无不挥毫即就。他所处的时代，文人极受礼遇，因此他虽贫无立锥之地，却能依赖一支生花妙笔，终于荣登教皇宝座。他的文章，由于多是匆匆下笔、急急完稿，并无传世价值，却因流利异常，而得以从谦虚的腓特烈三世手中，赢得诗人的王冠（1442 年）。他的散文，使人读后心旷神怡，无形间掩饰了他缺乏信念与立场的缺点。他所写的文章，可以是"法庭生活的悲哀"（"The Miseries of Court Life"），也可以是"马的天性与养护"（"On the Nature and Care of Horses"）等风马牛不相及的题材。在那个时代，文人皆以反叛教会为荣，这可从他致波希米亚王拉狄斯拉的一篇论教育的长信中得到证明。在该信中，他所援引的佐证中，除了一个例子以外，都是异端的作者与例子，强调人文主义研究的光荣。他认为，"一切重要的事情都是以战争而不是赖法律的方式解决的"，因此，他鼓励波希米亚王任命其子担当战争重任。他的游记在文艺复兴时代是最出色的作品。他不仅可以生动地描写城市或乡村的景象，而且对工业、政治、政体、民情、风俗也一样刻画细致。意大利自从彼特拉克之后，再没有第二人能如此美妙地记述田野风光。几个世纪以来，他是意大利人中唯一热爱日耳曼的。他曾写文章赞扬日耳曼民族乐观及与世无争的性格。他称呼自己是"永远渴望看到不同的事物的人"。他时常喜欢拿一句话挂在口头："守财奴对金钱的欲望是永远不会满足的，聪明人对求知的欲望也是如此。"后来，他的兴趣集中于历史研究。他写了许多当代名人传记：腓特烈三世的一生、胡斯暴动始末及世界史大纲。他计划写一部内容更充实的《世界历史和地理》。这部大作，在他身为教皇的时候，仍然继续执笔撰写，并已完成亚洲部分。哥伦布曾很感兴趣地读它。身为教皇的那几年，他每日记载个人工作日志，从未间断，直迄临终之日，他同时代的人普拉蒂纳说："他每日躺在床上阅读、工作，直到深夜。他一日的睡眠时间，充其量不超过五六小时。"他对腾出教皇的时间从事文学写作之事，深以为歉。他说："我们不应从自己应尽的义务里，抽出时间从事私人工作。我们的写作时间，应从睡眠时间中拨出来。老年人的休息时间不必太多。唯有占用老年人的休息时间，我们才有可能将记忆之事，笔之于书，流传后世。"

1445 年，腓特烈皇帝派遣他充任使节，晋谒教皇。他过去曾再三著文抨击教皇，不意今日却不得不与教皇接触，时势所逼，他只得对过去的种种不韪表示歉意。他那能言善道的本事，冰释了他与仁慈的尤金之间的不快。从那时起，他的心灵便归属尤金了。1446 年，他成为一名牧师，其时，他已年届不惑。从此，他过着寡欲而正常的生活。他促使腓特烈皇帝忠于教皇，并运用巧妙的——甚至诡诈的——外交，使日耳曼的选民和教士，再度臣服于教皇之下。对罗马和锡耶纳的访问，唤醒了他对意大利的热爱。逐渐地，他缓和了与腓特烈三世之间的关系，转而进入教皇的宫廷服务（1455 年）。他时常希望回到颇具刺激性的祖国参与政治。在罗马，他的夙愿终于得偿。他所承理的正是极具机要性的工作。在混乱的时代，谁能说他将来不会成为一名教皇？1449 年他被任命为锡耶纳主教，1456 年晋升为皮科洛米尼红衣主教。

选举卡利克斯特斯的继承人时，意大利的红衣主教，为了阻止法国的红衣主教埃斯图特维尔当选，便全力支持皮科洛米尼。他们希望教皇的职位及教皇枢密院都属于意大利人。他们的这种决定，除了掺杂个人的因素之外，最主要的原因是他们不愿再看见一个外国教皇，滥施恩赏于他本国的人，或从意大利人手中取走教皇的特权。选举时，没有一人指责皮科洛米尼年轻时代的种种罪过。罗德里戈红衣主教将他决定性的一票投给皮科洛米尼，大势便决定了。大部分红衣主教认为皮科洛米尼虽然冠上红帽未久，但他阅历甚广，在日耳曼工作多年，是一名成功的外交家，又具高才实学，凡此种种，皆足以胜任教皇的职务。

他已是 53 岁的人了，年龄虽然不高，却因饱受风霜雪剑之苦，健康大受影响，从外表上看来，已像年届古稀的老人。有一次，他在自荷兰前往苏格兰的途中（1435 年），遭遇了恐怖的大风浪——以致花了 12 天方从斯鲁伊斯（Sluys）到达邓巴（Dunbar）——他许下一个誓言，如果个人生命得以安然无恙，帆船靠岸后，他将跣足朝谒最近的圣母玛利亚教堂。后来，在怀特克尔克（Whitekirk），他果然实践他的誓言，赤着脚在冰地上步行了十多英里路，以致得了严重的痛风症，有生之年受其煎熬不浅。1458 年，他患了肾结石，又染上长期的气喘病，两眼深陷，面色惨白。有时，普拉蒂纳说："除了从声音中尚可辨认他仍然活着，他几乎不像个活人。"他的教皇生活极其俭朴，在梵蒂冈，他自家的花费之低，在所有纪录中，无出其右者。当他的责任减轻时，他退居到乡野僻静之处闲居，在那里"他自处不像是一名教皇，而是一名诚实、谦虚的村夫"。树荫之下、橄榄林之中或泉水溪流之旁，常是他召开会议或接见使者的地方。他称呼自己是树林的爱好者。

成为教皇后，他的名字取自维吉尔的庇护·埃涅阿斯（Pius Aeneas），如果我们习惯上容易将"pius"（庇护）误认为"pious"（虔诚），他也确实名副其实，当之无愧。他处事的态度是虔诚的、忠厚的，他性情温和、待人仁慈。罗马一些愤世嫉俗的人，都不免为其真情所感。他已革除了年轻时的浪漫，成为一名模范教皇。他并不掩饰早年的贪恋男女之情，也不隐瞒过去一度曾支持宗教会议反抗教皇之事。为了痛改前非，做一名足为万世风范的教皇，他下诏自责（1463 年），谦恭地请求上帝和教会原谅他的罪孽。人文主义学者原先以为皮科洛米尼当了教皇后，他们都可蒙受恩泽了，但不久，他们都失望了。他对待人文主义学者，的确礼遇有加，也的确拔擢了几位能任事者在教廷内任职。但他不动用教皇的财产滥行恩赏。所有教皇的财产，他都善加保存，以供十字军抵抗土耳其人之用。闲暇之时，他仍然维持人文主义者的本来面目，虚心地研究古代的遗迹，并防止它们遭受更严重的毁坏。他大赦阿尔皮诺（Arpino）的人民，因为西塞罗诞生于此。他任命专家重新翻译荷马的著作，任用普拉蒂纳和比昂多为教皇的秘书。他聘请米诺·达·费舍尔负责雕刻，弗拉·菲利皮诺·利比负责绘画罗马的教堂。他唯一逞其虚荣心之事，是在其故乡科西那诺建筑一座教堂和一座别馆。他具有一种贫穷贵族的自负心理，为了教会的益处，他对朋友和亲人非常忠心。在他任内，整个梵蒂冈似乎成了皮科洛米尼的蜂巢。

有两位受重用的学者，对其教皇事业助益匪浅。弗拉维·比昂多自从尼古拉五世以来，一直担任教皇的秘书。他热爱古物，半生从事记载古代历史和遗迹。虽然如此，他始终都是一名虔诚的、正统的、务实的基督徒。庇护二世待之如良师益友，不时邀他巡游罗马古迹。比昂多曾著了一部《百科全书》，内容共分为三部分——罗马的复兴，罗马的胜利，意大利图解——记载古意大利的地形、历史、制度、法律、宗教、风俗及艺术。他又准备完成另一部史大的著作——《罗马帝国衰亡史》（*Decline and Fall of the Roman Empire*）——这是中古时期第一部批判历史的著作。比昂多的文体没有独特的风格，但他确实是一位出色的历史学家。他的作品问世后，意大利人引以为荣的种种富有神奇色彩的传说，便不攻自破、消于无形了。他的后一部著作，实在太浩大了，他虽然活了 75 岁，也不能在有生之年如愿完成。然而，这一部未竟之作，为以后的历史学家树立了良好的风范：治学必须秉着良知，握一分证据，说一分话。

约翰·贝萨里翁（John Bessarion）红衣主教将希腊文化移入意大利。他诞生于特拉布宗，在君士坦丁堡彻底受过希腊诗、演讲诗及哲学的洗礼。此后，他又在米斯特拉追随知名的柏拉图派学者盖米斯都·布雷托继续深造。他曾以尼西亚大主教的身份参加佛罗伦萨宗教会议，并领导希腊教士谋求希腊与拉丁基督教的复合。回到君士坦丁堡后，他与其他拥护罗马教皇的人，同样遭到希腊基督教低层教士的唾弃。1439 年，尤金任命他为红衣主教，贝萨里翁便携带大量的希腊手稿，移往意大利了。在罗马，他的邸宅成为人文主义者的聚会所。波焦、瓦拉和普拉蒂纳都是他最亲密的朋友。瓦拉称他为——拉丁人中最博学的希腊人、希腊人中最有成就的拉丁人。他几乎花费所有的收入搜购手本，或加以抄写。他自己重新翻译亚里士多德的《形而上学》，但他因为在盖米斯都承弟子之礼多年，他本人更喜爱柏拉图之学。那时，柏拉图学派与亚里士多德学派相互口诛笔伐，他领导柏拉图学派与亚里士多德学派展开激烈的辩论。舌战的结果，柏拉图派赢得了最终胜利。从此，西方哲学界长期以来由亚里士多德支配的局面便告终止。尼古拉五世曾任命贝萨里翁为使者，驻于博洛尼亚，统治罗马纳和马尔凯斯。贝萨里翁不负所托，治绩彰著，被尼古拉誉为"和平的天使"。庇护二世临朝期间，他再膺重任，负责平息日耳曼如火如荼的反抗罗马教会的暴动。临终之时，他将其一生收藏的书籍捐给威尼斯，成为玛西亚图书馆的宝藏之一。1471 年，他以极微的限差，丧失了登极皇位的大好机会。一年之后，他便谢世，留给全世界的学者无限的惋惜和感叹。

　　贝萨里翁的日耳曼之行所以失败，部分原因是庇护二世改革教会的努力遭受挫折，部分原因是庇护二世继尼古拉之后，再度要求征收什一税，支援十字军对抗土耳其，引起阿尔卑斯山北部诸国对罗马的极度不满。平心而论，前一个原因，罪过并不在庇护二世本人。庇护二世早于继位之初就有改革教会之意。他曾召集一个由高阶层教士组成的委员会，负责草拟改革计划，并将古沙的尼古拉提出的建议，列入教皇的敕令之中，准备付诸实施。无奈人单势孤，难起作用，罗马人民没有一个支持其计划的。面对这种漠不关心及不合作的态度，连意志坚强的庇护二世，也不能免于失败的厄运。此时，日耳曼、波希米亚、法兰西诸国又带给他无数的困扰，而他筹划的十字军东征，也因经费不足，不得不声嘶力竭地呼吁各国捐助。他的种种努力，都不能赢得时人的关心。心灰意冷之余，他只有回过头来，谴责奢侈无度的红衣主教，并整饬教会的纲纪，以泄其愤懑。1463 年，他向红衣主教们做最后一次语重心长的演说，希望他们能从多年的恶习中，幡然悔悟过来：

> 人们常说我们生活在安逸之中，厚积财富而傲慢自大：我们衣丝乘车，豢养猎犬以追禽逐兽，优礼伶人和食客以赏心悦目，头顶红帽，实则于信仰之事一无挂心。人们的传说，并非全属虚妄：红衣主教及教廷人员中，确有许多人过着人们所说的这种生活。我们不必否认事实，我们教廷里的生活，确实太过奢侈了。这也就是人们为什么痛恨我们、为什么不再听信我们的原因，即使我们所说的是公正的、合理的话。你们想想处在这种可耻的状态下，我们如何能有所作为呢？……我们必须躬身反省，以前我们的先辈是采行何种途径，为教会赢得崇高的威望的……前事不忘，后事之师，今日我们也要采取同样的途径，再度挽回教会的威望。节制、守身、清白、热心教务……轻视俗世享受、以身殉道精神，如此等等，皆是罗马教会之所以能为万民景仰、领导世界的原因所系。

皮科洛米尼在成为教皇之前，曾经是一位卓越的外交家，然而当了教皇之后，与欧洲各国的交涉屡遭挫折。路易十一曾因为主动撤销《布尔日诏典》，而为教皇带来短期的外交胜利，但当庇护二世拒绝声援安茹夺回那不勒斯时，路易便毫不客气地宣称他撤销《布尔日诏典》之举无效。与法兰西外交上的失败，仅是教皇外交挫折上的一面。波希米亚反抗罗马教会的运动，自胡斯肇其开端以来，一直持续未已。事实上，那里的教会改革运动，先于路德一个世纪，就已如火如荼地进行着，而新王乔治·波杰布拉德（George Poděbrad）继位以后，更倾力支持。日耳曼的圣职人员和君王联合抵抗教皇征收什一税，他们再度发出昔日的呼声，准备召集宗教会议，改革教会、左右教皇。庇护二世迅即颁发敕令（1460年），谴责、阻止任何未经教皇发起或同意而召集的宗教会议。他强调，如果这种会议得在任何时期里由反对教皇政策者所召集，则教皇的统辖权将依于何理？而教会又有何纲纪可言？

这种争执桎梏了教皇统一全欧力量对抗土耳其的努力。在他加冕之日，他曾经提出警告：穆斯林不久之后将沿多瑙河入侵维也纳，并由巴尔干半岛直抵波斯尼亚。希腊、伊庇鲁斯、马其顿地区、波斯尼亚正沦于基督教敌人的手中，谁能保证有朝一日穆斯林不会横渡亚得里亚海入侵意大利？他继位后一个月，便邀请基督教各国参加在曼图亚举行的扩大会议，共同筹商收复东正教的领土。

他于1459年5月27日抵达曼图亚。他身乘銮轿，由教会的贵族和封臣抬着，在教廷庞大人员的簇拥下，盛装入城。面对广大的群众，他发表了一生中最生动的演说。但没有一个国王或王公，自阿尔卑斯山北远道前来参加，也没有一个国家派遣全权代表前来承诺参与对土战争之事。民族主义，完成宗教改革的愿望，已强烈到足以使教皇成为不受支持者。红衣主教们奉劝他返回罗马。他们没有一个愿意交什一税支援十字军。有些人寻欢作乐去了，有些人甚至当着庇护二世面责问他是否有意让他们热死在曼图亚的炎夏里？庇护二世只是耐心地等待皇帝的莅临。但是腓特烈三世——这位一度曾是庇护二世忠心侍奉的主人——非但不莅临解除他的困境，反倒对一向抵抗土耳其最积极的匈牙利发动战争，为的是扩大自己的版图。法兰西这时再度向教皇提出有条件的合作，如果教皇支持他们对那不勒斯之役，他们便派遣代表参加会议。威尼斯深恐在爱琴海的剩余领土成为欧洲对奥斯曼帝国之战的最先牺牲品，因此中途退出会议。最后，到了8月，勃艮第的菲利普公爵终于派遣使者参加了。9月，弗朗西斯科·斯福尔扎也现身会议。在他的领导下，其他意大利王公相继到会。26 日，大会首次召开，其时已为庇护二世到达后第四个月了。历经 4 个月的集会讨论，庇护二世策划发动的神圣战争，总算获得了勃艮第和意大利的支持。不过，它们的支持，同时附带一个条件：如果战争胜利的话，土耳其及以前拜占庭在欧洲部分的领土，将由战胜的国家予以瓜分。在这一协议下，与会国家一致决定：所有基督徒须捐献个人所得的 1/13、所有犹太人捐献个人所得的 1/12、所有教士捐献个人所得的 1/10，支援义举。会议结束后，教皇带着几乎完全崩溃的身体回到罗马。虽然如此，他仍然为建立教皇舰队而发号施令，并不顾自己周身的病——痛风、气喘、结石，决定亲自出征。

然而，教皇本不是一个喜好战争的人，他所幻想的是一次和平的胜利。流言传说穆罕默德二世的母亲是一个基督徒，穆罕默德本人在内心深处对于基督教甚具好感。教皇误信流言，在 1461 年，致书穆罕默德，诚恳地请他接受基督的福音。他这封书信写得实在太好了，在他一生中，从没有这么出色的杰作：

> 如果你皈依基督教，尘世上将没有一个国王的荣耀能超过你，也没有一个国王的权力能与你相埒。我们都会承认你是希腊和东方的帝王。自此之后，你以暴力夺得、以霸道统治的土地，将转而成为你合法的所有……啊！和平之为物是何等的完美！诗人骚客一向讴歌颂扬的奥古斯都黄金年代将重临大地。只要你加入我们的行列，广大的东方瞬息之间都会成为基督教世界。整个世界的和平系于一人的意志，而那就是你的意志。

教皇致书之举，并没有得到穆罕默德片言只字的回音，他知道要防范西方的军事力量，最足以自恃者，是他的子民狂热的宗教心理，而不是教皇片面的承诺。和平的努力既然归于失败，庇护二世只有诉诸实际行动，致力于征收教士的什一税。1462 年，在教皇辖地拉丁姆西部的托尔法（Tolfa）发现了丰富的明矾矿产，成千上万的人相继拥到该地掘矿。不久，这一矿产每年为教皇带来 10 万弗罗林的收入，庇护二世对外宣称：这个发现是神迹，是上帝有心帮助对土战争的表示。自从发现这批矿产后，教皇已经成为全意大利最富有的政府，依次而下为：威尼斯、那不勒斯、米兰、佛罗伦萨、摩德纳、锡耶纳、曼图亚。

威尼斯知道教皇发动战争的决心甚为坚定，便积极做战前准备，以助教皇讨伐土耳其。其他国家则裹足不前，或仅提供口头上的承诺而已。为了支援十字军而征收什一税之举，在各地几乎都遭到强烈的反对。弗朗西斯科·斯福尔扎眼见威尼斯对教皇忠心耿耿，便企图以利引诱威尼斯背离教皇，条件是：如果威尼斯不响应教皇的号召，他便答应偿还威尼斯丧失的领土与贸易。热那亚曾经担保提供 8 艘军舰，现在也撤销承诺。事态演变至此，勃艮第公爵奉劝教皇另待良机，再事东征之举。但庇护二世毅然宣称安科纳之行势在必行。他准备在该地集合教皇和威尼斯的舰队，而后，率领这支联合舰队往拉哥萨（Ragusa），与波斯尼亚的斯坎德培（Skanderbeg）及匈牙利的马赛亚斯·科文纳斯大会师之后，再躬亲率领征讨土耳其。所有红衣主教都反对他的计划。他们对挥师巴尔干之举毫无兴趣，他们提醒教皇，波斯尼亚正瘟疫流行、异端猖獗。病入膏肓的教皇，并没有接受他们的劝导，他率领十字军挥别罗马，扬帆前往安科纳去了（1464 年 6月 18 日）。

不幸得很，原先预计与他会师的那些军队，像是着了东方魔术般的杳无踪影。米兰当初答应派遣的军队，并没有如约到来；佛罗伦萨派遣的军队，却因为装备极端不良，几乎无一可用。庇护二世到达安科纳（7 月 19 日）时，发现大部分集合该地的十字军，都因为不耐久等及担忧补给不足，而四处涣散。威尼斯的舰队起航后不久，船上发生疫疠，以致迟延赴约日期 12 天之久。眼看他的军队消失无踪，威尼斯的舰队又迟迟未能到来，教皇真是心痛如绞。遭受这种意外打击，原来沉疴已深的教皇，病情更加恶化，奄奄一息。威尼斯的舰队终于出现了，教皇派遣他的卫队和他们会师海上。在侍卫的扶持下，教皇举步维艰地蹒跚到窗口，亲眼目睹舰队威壮地驶进港口。当联合舰队映入他的眼帘时，他也郁郁地含恨而终了（1464 年 8 月 14 日）。他去世之后，威尼斯立即撤回它的舰队，其余的军队也作鸟兽散，整个十字军队伍，就此涣散。

现在，为庇护二世一生的功过做一总评：这位一生无往而不利的攀登者，曾经创造无数的成功，位极君王，显赫一时，观其人——蔼然有学者之风，基督济人之志，最后还不免失败的厄运，后世论史者，怎能不为其扼腕浩叹？他年轻时代，虽然纵情声色，但君子贵乎知过能改，他能在理智成熟的后半生，幡然悔悟已往的过错，试图在有生之年贡献个人绵薄之力造福人类，对同侪中惯乎嬉笑怒骂的不负责任态度，深感不齿，最后以个人的壮烈牺牲，表明仁人志士的磊落风范，可称为人格高贵之人。

保罗二世（1464—1471）

历史上著名人物的生平，往往昭示我们：一个人的品性如何，身故之后，可以任由史学家编造。如果一个统治者，对历史学家优渥礼遇有加，去世之后，这些历史学家自然会对其歌功颂德一番；反之，如果他触犯了他们，他们难免就要舞文弄墨、大肆报复了。保罗二世与普拉蒂纳曾有一段不愉快的过往，普拉蒂纳所写的教皇传记，是后世评判保罗功过的唯一依据。在传记中，普拉蒂纳描述保罗是一个贪得无厌、爱慕虚荣、穷奢极欲的怪物。

普拉蒂纳的指责，固然有部分真实性，但总不如不受主观好恶影响的传记来得公平。彼得罗·巴尔博是圣马可的红衣主教，一向以容貌英俊自豪，这也无可厚非，多半的男人何尝不是如此？当他获选为教皇时，他半开玩笑似的提议定名为"福尔摩沙"（Formosus）——

漂亮的人。这项提议显然是荒谬的。事后，他虚心地接受旁人的规劝，正式定名为保罗二世。他的私生活非常单纯，但他知道华宫美服有助于统治。因此，对宫廷的花费从不节省，对于朋友与客人的款待更不惜挥金如土。在选举教皇之初，他像其他红衣主教一样，曾保证一旦当选为教皇，将对土耳其发动战争；召集大宗教会议；限制红衣主教的人数为 24 人，其中教皇的亲戚不会多于一人；不任命未满 30 岁的人担任红衣主教；有关重要的任命案，必先咨询红衣主教的意见，如此等等。这些承诺，都是由来已久的竞选宣传，向来没有教皇认真付诸实施，保罗当选之后，自然也将之抛诸脑后。为了安抚红衣主教们，他将他们每年的收入提升为 4000 弗罗林。他本人生于商人家庭，对财物的追求不厌其多，对服装修饰也非常讲究，单是他一顶镶满珠宝的冠冕，其价值就堪比一座富丽堂皇的宫殿。他担任红衣主教期间，金匠们时常为了给他镶造珠宝徽饰而疲于奔命。这些珍宝及其他昂贵的古典艺术品，他都储存在为自己所建造的圣马可宫里。他所有的收入并非从出售圣职和赦罪券上取得的。他统治罗马，纵然不是宽厚为怀，至少也是公正无私。

　　他一生中，最遭人非议的，便是与罗马的人文主义学者交恶。这些人有些是教皇或红衣主教的秘书，大部分则担任教会中职位较不重要的书记——草拟书信或管理记录的。他们冲突的开端，肇始于保罗将教廷里的书记院解散，而将这些工作分配到其他部门。他之所以采取这项行动，或许是基于经济上的原因，或许是想铲除庇护二世所任命的 58 位锡耶纳人书记。但他这项措施，毕竟使 70 位人文主义学者失业，或被贬为闲职。在遭受解聘的人文主义学者中，普拉蒂纳是最富辩才的人，他向教皇呈请重新雇用遭解职者，被保罗拒绝了。普拉蒂纳见其愿不遂，便上书给保罗一封恐吓信。保罗毫不客气地逮捕了他，将他加上重枷，收禁在圣安杰洛 4 个月之久。后来弗朗西斯科·贡萨加红衣主教出面为他说情，普拉蒂纳方蒙释放，但保罗下令普拉蒂纳在释放期间必须受到监视。

在罗马，人文主义学者的领袖为莱托（Iulio Pomponio Leto）。他是萨莱诺的桑塞佛里翁（Sanseverion of Salerno）王公的儿子，年轻时来到罗马，受教于瓦拉门下，并且继瓦拉之后，在大学担任拉丁文教授。他热爱异端文学的程度，几乎使人怀疑他不是生活在尼古拉五世或保罗二世时代，而是生活在加图或恺撒时代。他是第一位编纂瓦罗和克伦姆莱农业古典著作的学者。他学用合一，处理自己的葡萄园，也恪遵书本上的指示。他安贫乐道，多半时间潜心于历史遗物的研究，对既往文物的破坏，最感悲戚。他为自己取了一个拉丁名字庞波尼乌斯·雷图斯（Pomponius Laetus），平时他总是穿着罗马的服装，徐徐步入教室。他的学生为了一听启迪，几乎在黎明时就聚集在教室，有些甚至在前一天晚上，就在教室占位置，因为没有一间教室能容纳那么多学生。他蔑视基督教，在他看来，教士们皆是表里不一的伪君子，不值得人们尊重。因此，他以斯多葛学派的道德观替代基督教的道德观，教导学生。他的住宅可以说是罗马古代文物的博物馆，是热爱罗马文学的教师和学生们的聚会所。约 1460 年，他组织罗马学院，以经常出入其住宅的师生为会员。学院会员多改换异端名字，他们的孩子在接受洗礼时，也以异端名字命名，并以罗马的"英雄"代替基督教的信仰。他们上演拉丁喜剧，以异端仪式庆祝罗马的开国纪念。在仪式上，参加者称为祭司，而莱托则被尊称为"至尊圣皇"。有些热心的会员，日日幻想重建罗马共和。

1468 年初，有一名市民向教皇的禁卫军密告：罗马学院正密谋罢免逮捕教皇。这宗密告为许多红衣主教所采信。他们联合奉告教皇，罗马正在谣传，说他将死于非命。保罗因此命令拘捕莱托、普拉蒂纳及学院的其他领袖。莱托在囹圄之中，上函谢罪，语气诚恳，不久之后即被释放。从此，他授课时便恪遵基督教义。正因如此，他去世时（1489 年），尚有 40 位大主教参加他的葬礼。至于普拉蒂纳，因为前愆已深，以致饱受鞭笞之苦。教皇强迫他提供密谋证据。虽然多次搜寻，也毫无所获。尽管如此，保罗仍然将普拉蒂纳下狱一年，对他的再三致书道歉视若无睹。罗马学院因发生这起事件，被保罗视为是异端者的窠臼，因而被迫解散。保罗同时下令，所有罗马学校均禁止教授异端文学。他的继任者允许罗马学院改组之后再度开办，而悔过后的普拉蒂纳也受命职掌梵蒂冈图书馆。在那里，他搜集丰富的资料编写《教皇传记》（*Invitas Summorum Pontificum*）。当他作传至保罗二世时，数年的积怨，便借着寸管之笔宣泄无余。他的种种指控，用之于西克斯图斯四世，也许更为恰当。

西克斯图斯四世（1471—1484）

保罗逝世后，新任教皇的选举共有 18 位红衣主教参加；其中 15 位是意大利人，其余 3 位，罗德里戈·博尔贾是西班牙人，埃斯图特维尔是法兰西人，贝萨里翁是希腊人。这一次选举，据一位当事人事后描述，弗朗西斯科·德拉·罗维尔之所以获得当选，主要是运用"密谋与贿选"。但这无非是说，为了获取红衣主教的支持，竞逐者秘密答应将职位分配给不同的红衣主教而已。关于这点，新教皇即位之后总算付诸实现了，所有意大利籍的红衣主教皆平等地获得教皇的报酬。这位新任的教皇，生长在皮科里尔（Pecorile）的一个农村家庭里，童年时身体孱弱，屡生疾病。他的母亲为了他的康复，曾在祷词中答应将他奉献给圣方济各会，因此，9 岁时他便被送往圣方济各会修道院，以后又被送入圣济院。曾有一段时间，他在德拉·罗维尔家里任家庭教师，就因为这段缘分，他也冠上了他们的姓氏。他在帕维亚、博洛尼亚及帕多瓦攻读哲学和神学，并在这三个地方及其他各地教授这两门课程。他的学生遍及意大利，意大利下一代的知识分子皆称与他有师生之缘。

他在 57 岁时登上教皇宝座，取名西克斯图斯四世，当时的他不离书生本色，以博学和正直见闻于世。说来也是极富传奇性的；他几乎一夜之间即成为一名政治家和斗士。他曾游历欧洲各国，鉴于欧洲的局势太过纷乱，欧洲的政府太过腐化，谈不上对抗土耳其的侵略。基于此，他决定回到意大利，贡献个人的绵薄之力。然而，回到意大利后，他同样发现，教皇的权威已被地方统治者漠视。在拉丁姆平原，贵族们常常发生暴动，置教皇的权力于不顾。罗马的暴民更是无法无天，就在他加冕的那一天，暴民们竟然因为游行的队伍阻碍了街上的交通，而愤怒地向他的仪队投掷石块。西克斯图斯决定在罗马重新建立秩序，在教皇国家重新树立教皇的权威，并将整个意大利置于教皇统治下。

当时的局势混乱不安，西克斯图斯不愿信任陌生人，他本人又具有浓厚的家族情感。基于这些原因，他任命他的几个贪得无厌的侄子充任教廷要职。在他担任教皇期间，最遭人非议的过失就是任人不当——所有他喜爱而委以重任的人，事后皆被证明是最恶劣的人，而导致整个意大利的交相指责。他一个最得宠的侄子，彼得罗·里亚里奥是一个多方面具有吸引力的年轻人——朝气蓬勃、禀赋聪颖、彬彬有礼、慷慨乐施，却纵情于物欲声色的享受上。虽然教皇赐予他的俸禄极为丰厚，这位出生贫苦的教士，还是不能量入为出。他25岁时，西克斯图斯任命他为红衣主教，并赐特雷维索、圣尼加利亚、斯帕拉托、佛罗伦萨及其他地方作为他的采邑，他每年的总收入约6万杜卡特。彼得罗将这笔庞大的收入悉数耗尽，尚还负债累累。他的主要花费，无非是添置金银容器、制作美丽的服饰、购买锦罗刺绣、沉酣于昂贵的公共游戏及赏赐艺术家、诗人、学者等。有一回，他与他的表兄朱利亚诺，为了欢迎罗马费兰特的女儿埃利奥诺拉，举办了一次历时6小时的盛宴，花费之庞大，几乎是自卢卡卢斯或尼禄以来无人可与之相比的。当彼得罗志得意满时，他以胜利者的姿态，历游佛罗伦萨、博洛尼亚、费拉拉、威尼斯及米兰等地，俨然如具有皇室血统的王子一般，在各地享受皇家身份的礼遇，并向他的情妇们展示他一身的昂贵服饰。尤有甚者，他还处处显示想要继承他叔叔的大权的野心。但他回到罗马后，因为生活过度糜烂而早逝（1474年），时方28

岁。为他算一下总账：两年中，他共花掉 20 万杜卡特，积欠 6 万杜卡特。他的弟兄吉罗拉莫是教皇军的总指挥和伊摩拉及弗利的领主。教皇的另一个侄子莱奥纳多·罗维尔（Leonardo della Rovere）身为罗马的司令官。莱奥纳尔多去世之后，他的兄弟乔万尼（Giovanni）承继他的职位。在这些侄子之中，最能干的应推朱利亚诺·德拉·罗维尔（Giuliano della Rovere），这个人便是以后的尤利乌斯二世，他的生活方式比较可取，他之所以成为教皇，多得力于个人的聪明睿智和品德。

西克斯图斯富国强兵的计划，使意大利诸国惶惶不安。洛伦佐·德·美第奇计划为佛罗伦萨占领伊摩拉，西克斯图斯击败了他，并以帕兹家族替代美第奇家族成为教皇的银行家。美第奇愤愤不平，试图毁灭帕兹家族，对方也试图杀害他。西克斯图斯支持帕兹家族，但不赞成谋杀事件的发生。他告诉这些阴谋者："只要不发生残杀事件，尽可去做你们想做的事。"就因为教皇这么一句话，便爆发一场前后 3 年（1478—1480 年）的战争，直到土耳其人威胁到意大利的安全时，方告平息。那个危险事件消弭以后，教皇迎来整饬内政的大好机会，可惜好景不长，旋踵间它又陷于混乱状态之中。1480 年底，弗利的领政者奥狄拉菲（Ordelaffi）家系式微，该市的人民请求教皇接管弗利。西克斯图斯派遣吉罗拉莫一并接管伊摩拉和弗利。吉罗拉莫得陇望蜀，建议教皇乘机进取费拉拉。并且说动西克斯图斯和威尼斯参加埃尔科莱公爵的战争（1482 年）。那不勒斯的费兰特派遣军队保卫他的女婿，佛罗伦萨和米兰也出兵援助费拉拉。事态演变至此，西克斯图斯——这位在其统治初期原希望为全欧带来和平的教皇，不幸却发现他几乎使整个意大利陷于战争状态中。教皇南有那不勒斯的威胁，北有佛罗伦萨的牵制。罗马本身又极度混乱，在内忧外患的状态下，西克斯图斯不得不与费拉拉握手言和，结束为时一年的战争。这项协议威尼斯拒绝接受。教皇不顾昔日并肩作战之情，竟然对威尼斯处以破门律。甚至还联合佛罗伦萨和米兰，对他过去的盟友发动战争。

罗马的贵族，原来就性好仇杀，如今遇上好战的教皇，更加肆尤忌惮地从事相互仇杀。罗马有一种礼俗：当红衣主教获选为教皇时，任何人都可以掠劫他的住宅。循此礼俗，贵族瓦勒（Valle）家中的一员，乘机大肆抢劫德拉·罗维尔家族的一名年轻红衣主教弗朗西斯科的住宅。这位年轻贵族不甘受劫，便砍断瓦勒的足踝，以示报复。随之，瓦勒的亲戚又斩了弗朗西斯科的首级为自己的族员复仇，而普罗斯佩罗也杀了彼罗·马加尼为弗朗西斯科复仇。这两个家族之间的仇恨扩展到整个城市。奥西尼家族和教皇军支持圣塔·克罗科家族，科隆纳家族则袒护瓦勒家族。在相互杀伐中，洛伦佐·奥顿·科隆纳被逮捕、审判、严刑逼供。他的弟兄法布里齐奥（Fabrizio）以科隆纳家族的两个堡垒，向教皇投降，希望教皇能释放洛伦佐，但洛伦佐还是在圣安杰洛被处决了。愤怒的普罗斯佩罗·科隆纳联合那不勒斯对教皇作战，他们蹂躏罗马城四周的平原，袭击罗马。西克斯图斯征召里米尼的罗伯特统率教皇军讨伐叛逆。摩图谷（Campo Morto）一役，罗伯特击溃了那不勒斯与科隆纳家族的联合部队，胜利回到罗马。作战期间，罗伯特因在坎佩那的沼泽地染患热病，回到罗马不久就去世了。吉罗拉莫继承他的空缺。西克斯图斯曾举行官方仪式，祝福这支由他的侄子率领的队伍，出师后能节节胜利地攻克科隆纳家族的城堡。历经一连串的战争，教皇的好战精神并未减退，但他的身体却也因为长时间紧张生活的折磨，终而衰弱不堪。1484年6月，他同样患了热病，卧床不起。8月11日，前方传来消息，说他的军队不顾他的反对，断然与威尼斯签订和约。他拒绝批准该和约。第二天，他便与世长辞了。

在许多方面，西克斯图斯俨然是尤利乌斯二世的前身，就像吉罗拉莫是恺撒·博尔贾的前身一样。他是一个严厉的、庄严的教士，热爱战争、艺术及权力。但他追求他的目的，不用理智，而凭一股盲目的冲动。他与其他好战的教皇相似，任何企图以毁谤的方式削减他的武力的，他一概视之为敌人。关于他纵任彼得罗及吉罗拉莫为所欲为之事，有些闲言闲语，说那是因他们二人是他的儿子。其他的人，如英费苏拉，则将他们两人解释为教皇的情人，而毫不犹疑地认定教皇是一位同性恋者。这些令人难以置信的传言姑且抛开不提，单看西克斯图斯一生的画像，也够丑陋不堪了。保罗二世遗留下来满满的库财，被他几个侄子花费一空。为了负担对外战争的经费，西克斯图斯将圣职出售给出价最高者。一名不满西克斯图斯作为的威尼斯使节，曾口录他的话称："教皇只需要一支笔和墨水，就可以得到他所要的钱数。"他在教皇国中，垄断玉米的买卖。他将优等的售往国外，而将劣等的留给他的人民。他这套把戏，学自同时代的其他统治者，如那不勒斯的费兰特便是如此。他出售的东西，价钱或许并不比一般企业家为高，因为根据经济学的不成文定律，货物的价格如何，决定于购买者的可欺程度。但贫穷的人难免埋怨西克斯图斯以他们的饥饿换取了教皇家族的奢侈。尽管西克斯图斯生财的勾当层出不穷，在他去世之时，仍然积欠 15 万杜卡特。

他的经费中，有一部分用于艺术及公共工程上。他曾想竭干弗里诺周围的沼泽地，因为这里是传染病之源，但未竟全功。他还幻想将庞廷沼地（Pontine Swamps）化为陆地。他修筑并拓宽了罗马许多主要街道，改善了供水系统，重建了许多桥梁、城墙、城门及城堡。他在台伯河上造了一座跨河大桥，取自己的名号，命之为西斯图桥。他建造一座新的梵蒂冈图书馆，上面设有西斯廷教堂。他创组一支西斯廷唱诗班，重建陈旧的圣灵医院（Hospital of Santo Spirito），这所医院内有一间足有 365 英尺长的病房，可容纳 1000 名病人。他改组了罗马大学，并将保罗二世所建造的卡皮托林博物馆（Capitoline Museum）公之于众。这是欧洲第一所公共博物馆。在他任内，他新盖了两所大教堂，一所为佩斯教堂（Santa Maria della Pace），另一所为人民圣母教堂（Santa Maria del Popolo）。除此之外，他还整修了许多教堂。这些工程，多是由蓬泰利督导完成的。在佩斯教堂，米诺·达·费舍尔与布雷诺为克里斯托福罗（Cristoforo della Rovere）红衣主教雕刻了一座美丽的坟墓（约 1477 年）。在阿拉库里（Aracoeli）的人民圣母教堂，平图里基奥将锡耶纳的圣伯纳德诺的生平绘在画壁上，这是当时罗马少有的最佳壁画之一（约 1484 年）。

西斯廷教堂出自多尔西（Giovannino de Dolci）的设计。它只是作为西克斯图斯本人及一些高贵的教士礼拜之用。这是一座简单但华丽的礼拜堂，内有一间米诺·达·费舍尔精心设计的大理石圣殿，其南面壁上，画有摩西的故事；北面壁上，是耶稣生平的画像。为了作这些画，西克斯图斯特地请来了那个时代的画坛巨匠，如佩鲁吉诺、西尼奥雷利、平图里基奥、多明戈·吉兰达约、贝内代托·吉兰达约、桑德罗·波提切利、科西莫·罗塞利、彼罗·科西莫等人。对这些人在教堂内画的 15 幅佳作，西克斯图斯皆给予额外的报酬。罗塞利自知在设计方面远不如其他人，便在着色方面下工夫，想以鲜艳的色彩掩饰画工的不足。他的同伴们都取笑他画上布满深蓝和金黄色，但西克斯图斯还是给予奖赏。

除这些画匠之外，这位好战的教皇还从各地召来了许多画家，并将他们组成一个小集团，由圣路加保护。弗利的梅罗佐一生中的最佳作品，就是在西克斯图斯礼贤艺术家时所作的。他曾随弗朗切斯卜习画，于1472年来到罗马。他在圣徒教堂（Santi Apostoli）画了一幅《耶稣升天图》，引起了瓦萨里的崇拜。这幅壁画，在教堂重建（1702 年）后，除了部分遗失之外，大多都还保存着。他又在沃夫兹教堂画了一幅《天使报喜图》，画中人物慈祥和蔼，图案调配极为得宜。但他在梵蒂冈画的一幅《天使奏乐图》最为出色。图上的两位天使，一位手提弦乐器，一位身抱维忽拉。梅罗佐最为杰出的作品，还不在以上之列，而是作于梵蒂冈图书馆的壁画，正因为画工完美，稍后便被移上画布。这幅画，适与梵蒂冈图书馆金碧辉煌的气象相得益彰。画上共有 6 位人物：西克斯图斯庄严地高坐其位，右侧站着彼得罗·里亚里奥，前面站着高大而黝黑的朱利亚诺·德拉·罗维尔，后面站着乔万尼·德

拉·罗维尔和吉罗拉莫·里亚里奥伯爵，高额头的普拉蒂纳则双膝下
跪在西克斯图斯之前，受膺为图书馆长。好一幅教皇生活的写真！

　　1475 年，梵蒂冈图书馆的藏书计有 2527 卷拉丁和希腊著作。西
克斯图斯另又增加 1100 卷。他首次将这些藏书公布于众。对人文主
义学者，他复施嘉惠。自然，赏额的高低难免因人而异，投其所好
者，酬佣较多，不为其所爱者，酬佣较少。他征召弗朗西斯科·斐勒
佛至罗马。斐勒佛为了取悦西克斯图斯，大事歌颂其丰功伟绩，远落
他人之后时，便不再歌颂，直到年薪达到 600 弗罗林。在这期间阿基
洛普洛斯也被教皇从佛罗伦萨邀请至罗马。他在罗马所做的希腊语言
文学演讲，听众之中有红衣主教、大主教及外国留学生如洛易希林
（Johann Reuchlin）。日耳曼的科学家约翰·米勒（Johann Muller）远
自异地受西克斯图斯所聘抵达罗马，担负修正恺撒历的任务。但米勒
抵罗马一年之后便去世了（1476 年），日历的修正工作延后一个多世
纪（1582 年）方付实现。

　　很显然，西克斯图斯这位圣方济各会的修士，哲学和神学教授，
是文艺复兴时代第一位世俗化的教皇——准确一点说：是第一位热心
于建立教皇的威信，使之成为意大利一个强固政权的文艺复兴时代的
教皇。也许除了费拉拉之外，西克斯图斯南征北讨之举，应该是师出
有名。身为一名教皇，必须使教皇领地真正属于教皇，并使罗马及其
周围属地为教皇安全使用，因此发动战争以达成上述目的在所难免，
我们又何能怪罪西克斯图斯连连兴兵呢？再者，西克斯图斯的外交政
策与当时的其他国家毫无二致，处在尔虞我诈的环境里，是不能以道
德标准去定其是非的，就此而论，我们也不必对其外交政策置评。对
发动战争，他非但不审慎考虑其必要与否，竟然崇武至极，致使整个
时代动荡不安，凡此种种，皆难获人们的谅解。摩图谷一役，死伤
枕藉。在文艺复兴时代，意大利所有战事中，伤亡人数之众，无逾其
上者。他的劣迹，并不止此。他滥用亲人，出售圣职，放纵亲族奢侈
无度，使原已道德恶劣的罗马宫廷更无道德可言。亚历山大六世之所

以能登上教皇宝座，未尝不是西克斯图斯自毁家门所赐，而意大利之所以形成无法无天的状态，也应归咎于西克斯图斯。他任命托克马达（Torquemada）主持西班牙异端裁判所。在罗马赐权异端裁判官，禁止翻印他们不喜爱的书籍，以防止讽刺诗文充斥城市，造成目无法纪的现象。他临终之时，应该承认几点失败：兴兵讨伐那不勒斯、费拉拉、威尼斯等，甚至连科隆纳家族，却未予以平服。不过，他一生中仍有三点辉煌的成就值得称述：第一，他使罗马成为一个较为健全的城市；第二，他为罗马输入了新鲜的艺术空气；第三，他在欧洲诸强国中，重新树立了教皇的权威。

英诺森八世（1484—1492）

西克斯图斯的统治，可以肯定，是失败的。他驾崩之后，罗马立刻掀起了一阵骚乱。暴民们抢劫教皇的谷仓，劫掠热那亚的银行，并攻击吉罗拉莫的住宅。梵蒂冈的侍从人员，也将教皇宫殿里的家具掠夺一空。贵族们个个关门闭户以求自保。他们的防御工事多被破坏，丢弃在街道上。吉罗拉莫见事态严重，只得停止对科隆纳家族作战，仓促班师回城。科隆纳乘机再度夺回许多失陷的城堡。秘密会议在梵蒂冈紧急召开。博尔贾与朱利亚诺相互交换承诺、施行贿赂之后，终于选举希博（Cibo）为教皇，即英诺森八世。

他52岁登基，外表高大英俊，仁慈和蔼的程度几乎到了柔弱的地步。他的才智与经验都很平庸。他同时代的人形容他是一位"并非完全无知"的人。他至少有一个儿子和一个女儿，也许更多。对于这件事，他很坦然地承认。自从进入修道院后，他就独居终生。罗马诗人喜欢写一些短诗，讽刺教皇子女众多，多数罗马人对教皇年轻时的风流韵事并不加指责。但当英诺森在梵蒂冈公然庆祝他的儿子和孙子的婚礼时，罗马人也难免会皱一皱眉头。

说实在的，英诺森最多希望当一个幸福的祖父，享享含饴弄孙的乐趣和清闲。他除了赏赐波利希安200杜卡特，以酬佣他翻译希罗多德的著作之外，脑海里再没有其他人文主义学者的影子。他安于恬静的生活，举凡罗马市容的整修和美化工作，他都委由代理人处理。他任命安东尼奥·波莱奥罗在梵蒂冈花园兴建"布尔瓦德尔宫别馆"，又任命安德烈亚·曼特尼亚在别馆附近的一所教堂制作壁画。但是他多半将赏赉学者和艺术家之事，托付大企业家和红衣主教。他的统治方式近于放任无为。外交方面，他起初委任朱利亚诺·德拉·罗维尔红衣主教，旋又专责洛伦佐·德·美第奇全权处理。这位权倾一时的银行家，有位年已及笄的女儿玛达利纳，他希望以丰盛的嫁妆将女儿嫁给教皇的儿子弗兰西斯采多·希博。英诺森应允了这桩婚事，并与佛罗伦萨缔结联盟（1487年）。此后，教皇的一切决策，悉由这位经验丰富、酷爱和平的佛罗伦萨人代为筹划。意大利总算享受了5年的和平。

英诺森统治期间，可谓得天独厚，还发生了一件令欧洲国家雀跃不已的幸事。穆罕默德二世去世（1481年）后，他的两个儿子巴雅泽二世（Bajazet Ⅱ）和杰姆（Djem），为了争夺奥斯曼帝国王位而发生阋墙之争。布鲁萨（Brusa）之役，杰姆战败，逃往罗得斯岛向圣约翰武士团投降（1482年），借以保全性命。他们的"伟大主人"德奥比松（Pierre d'Aubusson）拘留杰姆作为要挟巴雅泽的人质。苏丹答应每年付给武士团4.5万杜卡特，表面上作为杰姆的生活开支，实际上希望德奥比松不要另拥立杰姆，以免觊觎土耳其皇位，甚至与十字军联合对抗土耳其。为了更安全地看管这位身价千金的俘虏，德奥比松将他发送法兰西，交由武士监视。杰姆流亡法兰西的消息瞬间传开。埃及的苏丹、西班牙的斐迪南与伊莎贝拉、匈牙利的马赛亚斯·科文纳斯、那不勒斯的费兰特及英诺森本人，皆愿高价接管杰姆。这场竞争，最终教皇获胜。因为他除了支付金钱之外，还答应任命德奥比松为红衣主教，并帮助法王查理八世获得安妮女王布列塔尼的属地。1489年3月13日，这位当时被称为"伟大的土耳其人"的杰姆，有如王公般的在盛装卫队的护卫下，经过罗马街道，进入梵蒂冈，接受养尊处优的监禁。巴雅泽见事已至此，只得接受事实，致送 3 年薪俸，作为杰姆的看管费，以示祝贺教皇在"杰姆争夺战"中的光荣胜利。1492 年，他派遣使者，呈献英诺森一根当年钉在耶稣身上的钉头，谋与教皇修好。部分红衣主教怀疑这根钉头的真伪。但教皇还是决定将这件稀罕的纪念物从安科纳接抵罗马。当它送达波塔·波波洛（Porta del Popolo）教堂时，教皇躬身接受它，并以隆重的仪式，将它送往梵蒂冈。博尔贾荣任受礼人，他高高举起钉头供万民景仰，随后转交给教会。

尽管苏丹在经济上已帮助教会不少，英诺森仍苦于财源短拮，收支无法平衡。他像西克斯图斯及当时欧洲多数的统治者一样，为了广开财源而出售圣职。他发现这是一条生财之道，因此增设许多职位，以待有心者问津。他将教皇的秘书增至 26 位，从而获得 6.24 万杜卡特。他又增加 52 位掌玺者，每位收取 2500 杜卡特的职位金，这些人的工作，只不过在教皇的谕令上加盖铅印而已。这些购职者，为了补偿其损失，不满足于受领薪水，还借职务上的方便贪污受贿。如，有两位教皇的秘书曾承认在两年中伪造了 50 多纸教皇敕书，矫赐恩典。事后教皇获悉，将其问吊焚尸（1489 年）。在罗马，下自司法宥恕，上自教皇职位，几乎件件都可以用金钱购得。在不可全信的英费苏拉的著作中，曾记述有一位承认奸杀自己两个女儿的父亲，付过 800 杜卡特赎金后，竟无罪获释。有人问博尔贾红衣主教："为什么尘世上再无公道可言？"殊料，博尔贾回答："上帝并不愿意一个犯罪者被处死，而愿意他们付出赎金后，得以继续活着。"教皇的儿子是一个恬不知耻的无赖，经常奸淫良家妇女。举凡罗马教会法庭征收而来的罚金，他都要从中抽取多成纳为己用。这些赃款，他多耗在赌桌上。他曾于一夜之间，输给拉法埃洛·里亚里奥（Raffaelle Riario）红衣主教 1.4 万杜卡特。事后他向教皇诉怨，说是里亚里奥欺骗了他。英诺森八世试图为他取回输款。里亚里奥却推说他已把那一笔赢来的钱用于正在兴建的坎塞勒里亚宫（Palazzo della Cancelleria）上。

教会的世俗化——涉及政治、战争、财政——使红衣主教的人选，不乏长于行政、雄于财力、在政治上具有影响力并善于贿选的人。英诺森曾答应限制红衣主教的人数在 24 人以下，后来却增加了 8 位。增加的人选，很显然，皆不适合担任圣职，如 31 岁的乔万尼·德·美第奇专门负责与洛伦佐的交涉事宜。大多数红衣主教都受过高等教育，是文学、音乐、戏剧、艺术的热心赞助者，极少数是圣人。有些人只受过一点教规的熏陶，还不曾是教士，绝大多数是世俗中人。他们之所以不免成为尘世中人，也与他们的职务有关。他们既然担负政治、外交及财政任务，在波诡云谲的国际环境中，自然免不了与意大利或阿尔卑斯山北的其他欧洲国家的政府官员，折冲于口舌之间。他们世俗化的生活，与罗马贵族相差不大。他们的住宅也戒备森严，大都雇佣一群武装人员，以防范罗马贵族、暴民及其他红衣主教的侵袭。[1] 有关当时红衣主教的生活情形，伟大的公教历史学家帕斯托尔（Ludwig von Pastor）的记载，容或抨击过分，也可从中略见梗概：

> 洛伦佐·德·美第奇诋贬英诺森时代的红衣主教团，不幸皆信而有征……在世俗化的红衣主教中，阿斯卡尼奥·斯福尔扎、拉法埃洛·里亚里奥、奥西尼、史克雷芬那图斯、巴吕、朱利亚诺、萨韦利及罗德里戈·博尔贾等人，尤为其中之最。所有这些人皆深深感染上文艺复兴时代流行于意大利上层阶级的腐化风气。深居于华丽的豪宫中，他们的宫内，尽是高度文明地区所制造的精贵奢侈品。他们的生活，与俗世王公毫无二致。他们的教士打扮，在他们看来，只不过是代表他们崇高职位的装饰品之一。他们日日所从事的，无非打猎、赌博、宴饮、嬉戏，道德为何物，他们从未放在心上。这些人当中，放纵最过分的，首推罗

---

[1] 在 1486 年 6 月的一次宗教会议上，博尔贾红衣主教曾谴责巴吕红衣主教纵饮过度，沉醉不醒。巴吕悻悻然反唇辱骂这位未来的亚历山大六世为“娼妓所生”。

德里戈·博尔贾。

上层阶级的无法无天，反映、更助长了罗马的道德混乱。暴动、盗窃、抢劫、贿赂、谋杀、复仇事件层出不穷。每天破晓时分，都可在巷道上发现夜间遇害者的尸体。朝圣者和外国使节漫步于教都时，常因暴徒的袭击而侧卧道旁，有时全身被剥得精光。妇女们不论在街上或家宅，都难免遭受突击。一座镀银的真十字架的一小片，在特拉斯特尔圣玛利亚教堂的圣物收藏室内被偷窃出来，取去它含银的部分后，留下来的木头后来竟然被发现置弃于葡萄园中。这种宗教怀疑主义遍及各地。罗马有 500 户以上人家被判为异端，但缴纳罚金后都被释放了。罗马圣职人员的昏庸贪暴程度已然如此，西班牙方面更甚。那里的异端裁判官与吸血魔鬼无异，在西班牙横行霸道，无恶不作。在这个混乱不堪的时代，连教士们也心起怀疑。有一位教士，因为做弥撒时以自己的话语换上一般的祷词，而被控亵渎神灵。且听听他的祷词，何其荒谬："噢，愚蠢的基督徒啊！你们像上帝一样，只在意吃喝。"英诺森八世期限届满时，许多预言家均声称末日渐临。在佛罗伦萨，萨沃纳罗拉扬言当代为《圣经》中所记反基督的时代。

据一位历史学家的记载，1492 年"9 月 20 日，罗马城起了一阵大的骚动，商人关闭了店门，在田野及葡萄园工作的人们惊慌失措地奔回家里，因为宣布英诺森八世驾崩"。他临死之时，有许多奇异的传闻，记述当时宫廷内发生的事情：红衣主教们如何将杰姆置于特别监视之下，以免弗兰西斯采多·希博乘隙挟以自重；博尔贾与朱利亚诺·德拉·罗维尔如何在教皇丧榻之旁相互争吵，几至动武。我们不敢完全置信的英费苏拉，对类似的传闻，也有一段最古老而独一的记载。他说，教皇临终之时，有三位无辜的男童，为了挽回他的性命，而死于输血过多。英诺森逝世之后，共留下 4.8 万杜卡特给他的亲戚。他被葬于圣彼得教堂。安东尼奥·波莱奥罗为他造了一座华丽的坟墓，掩埋他一生的罪恶。

第三章 | 博尔贾家族

（1492—1503）

红衣主教博尔贾

文艺复兴时代最有趣的教皇1431年1月1日出生于西班牙的莎蒂瓦（Xativa）。他的双亲是表亲关系，都属博尔贾家族，这个家族并不显赫。罗德里戈在莎蒂瓦、巴伦西亚、博洛尼亚等地接受教育。当他的伯叔父当了红衣主教，而后又做了教皇卡利克斯特斯三世，便为这个年轻人的教职生涯打开了坦途。到意大利后，他恢复了他的名字博尔贾，25岁时做上了红衣主教，26岁时接受了教皇朝廷中最具实权的职位——副大臣，朝臣之首。他干练负责，以行政能力见长，清心寡欲，生活严肃，赢得了许多朋友。满37岁之前，他已不再只是一个教士了。

他年轻时非常英俊。他优雅的风度、热情欢愉的脾性、雄辩与诙谐，实在使女士们不能拒绝他的邀游。在15世纪的意大利，风俗败坏，道德沦丧，许多教职人士甚至教士，都允许自己享受男女情欲，并得到社会宽宥。这个年轻的浪荡子（Lothario）即具异禀，决意享受上帝赋予他和别人的所有恩赏。庇护二世训诫他，因为他参加"放荡迷惑的舞会"，但教皇接受他的忏悔，仍委以副大臣之职，信赖倚

重如旧。这年，罗德里戈的第一个儿子佩德罗·路易（Pedro Luis）
出生了，或许他的女儿吉罗拉玛（Girolama）也是在这时出生的，她
于 1482 年结婚。他们的母亲不知是何人。佩德罗在西班牙一直住到
1488 年，并在这一年来到罗马，不久后去世了。1464 年，罗德里戈
伴随庇护二世去安科纳，在那里染上了轻微的性病，他的医生说：
"因为他不曾独睡。"

1466 年，他与瓦娜莎·卡塔内（Vanozza de Catanei）维持了较
长时间的关系，那时她约 24 岁。后来，她与多米尼克·阿里那诺
（Domenico d'Arignano）结婚。瓦娜莎曾替罗德里戈生了四个孩子：
1474 年生了乔万尼，1476 年生了西撒（我们以后称他为恺撒），1480
年生了卢克雷齐娅，1481 年生了乔弗雷。这四个名字都刻在瓦娜莎
的墓碑上，罗德里戈承认是他的孩子。如此固定的父母亲说明了一个
拟似一夫一妻家庭，与其他的教职人士相比，博尔贾主教或许可被列
为稳重而忠于家庭的人了。他是柔和而慈祥的父亲。可叹的是，他努
力栽培孩子并不曾带给教会什么光彩。当罗德里戈把雄心放在教皇的
职位上时，他为瓦娜莎找到了一个宽容的丈夫，同时助她致富。她
两度守寡，两度结婚，过着质朴的退隐生活，眼看孩子们成名致富，
颇觉欣慰，感伤自己离开儿女，赚得虔敬令名。她 76 岁去世（1518
年），把名下所有的不动产都捐给教会。利奥十世派遣代表参加她的
葬礼。

如果我们以我们时代的道德标准——或年轻人的道德标准——
来评断亚历山大六世，我们未免太缺乏历史感了。在他所处的那个时
代，做教皇之前的性犯罪在教条上是该定罪的，然而在那时的道德气
氛下，这是可以原谅的。在庇护二世与罗德里戈坐上教皇宝座之间，
舆论对教职独身生活的性犯罪问题更宽容。庇护二世，在做僧侣之
前，曾有过几个可爱的孩子，曾赞同教士结婚。西克斯图斯四世曾有
几个孩子，英诺森八世曾把孩子带到梵蒂冈。有人谴责罗德里戈的道
德，但当秘密会议选举英诺森的继承人时，没有人提及这些事。5 个

教皇，包括智行兼修的尼古拉五世在内，曾允准他在这许多年里营利
孳息，曾委以重任，但都不曾注意到他子孙满堂（当然庇护二世一度
例外）。人们只注意到他曾任职副大臣达 35 年之久，前后由 5 个教皇
任命，他任职期间，勤奋干练人尽皆知，并在他外表富丽堂皇的宫廷
内过着相当朴素的私人生活。1486 年，伊库甫·达·沃特拉（Iacopo
da Volterra）把他描绘成"一个天纵才俊、具有伟大情愫的人；他是
一个天生的演说家，聪明天成，在处理事务上颇富技巧"。罗马人对
他很熟悉，他曾借游戏使罗马人震惊；当格拉那达（Granada）陷入
基督徒手中的消息传到罗马时，他正在罗马观看西班牙式的斗牛。

　　或许，1492 年 8 月 6 日，红衣主教们举行秘密会议时，他们也
对罗德里戈的财产感兴趣。罗马人的记忆中，除了埃斯图特维尔之
外，他的五度任职使他成为最富有的红衣主教。红衣主教们要求凡投
他票的人应得些实际的利益，他答应了。对红衣主教斯福尔扎，他承
诺予以副大臣职位、财富及在罗马的博尔贾宫殿；对红衣主教奥西尼，
他承诺予以卡塔赫纳的教职与税收、蒙蒂切利和索里亚诺镇的税收及
马尔凯斯总督职；对红衣主教萨韦利，则予他西维塔、卡斯泰拉纳的
教职与税收及玛约卡大主教职，如此等等。英费苏拉描述这个过程是
"博尔贾福音的分配，他把财富分给比他穷的人"。这并不是一个特别
的过程。在过去的多次秘密会议中，许多候选人都这样做过。红衣主
教盖拉尔多的意见颇为重要，他这时 96 岁，"几乎不能做他的工作"。
最后所有红衣主教都倒向赢方，一致通过选举罗德里戈·博尔贾为继
任教皇（1492 年 8 月 10 日）。当被问到做教皇后称他为什么时，他回
答："用所向无敌的亚历山大为圣名。"

亚历山大六世（1492—1503）

　　从未有一个教皇的选举带来这么多愉悦，也不曾有过一次加冕式
如此有意义和壮观。白马列队，如寓言般的人物，装饰美丽如画，骑

士与显贵，箭队与土耳其马兵队，700 名教士，穿着彩衣的红衣主教及亚历山大。他已 61 岁，但肃穆挺拔，洋溢着健康、能力与高傲，总使百姓欢愉。一个目击者说他"神色清朗，肃穆端庄"，看起来像皇帝，甚至于当他祝祷群众时亦然。只有几个人，如朱利亚诺·德拉·罗维尔与乔万尼·德·美第奇，提到他们对新教皇的担心，他会不会是个嗜欲的教父，会利用他的权力扩大他的家族，而不是净化和强化教会。

他开了个好头。从英诺森之死到亚历山大即位之间的 36 天，罗马城中发生了 220 件谋杀案。新教皇严惩第一个被抓到的刺客，凶手被处以吊刑，他的兄弟与他吊在一起，房子被拉倒。市民赞成这种严刑重罚，罪行龟缩，秩序恢复，全意大利都欣慰有这么个强人做教会的舵手。

艺术和文学是时代的代表。亚历山大在罗马城内外都建了一些颇具规模的建筑。斐迪南与伊萨贝拉的贡礼，美洲带来的黄金，重新装饰圣玛利亚教堂的天花板；重新塑造哈德良的陵寝，使之成为坚固的圣安杰洛城堡，同时装饰其内部，做了许多小隔间，用来关押教会的囚犯，一些较舒服的隔间供被拘捕的教皇居住。在城堡与梵蒂冈之间建了一个长长的有凉篷的走廊，1494 年曾助他躲避法王查埋八世的攻击，同时曾救克莱门特七世免受在罗马抢劫的路德教派的劫持。平图里基奥被聘来装饰在梵蒂冈的博尔贾寓所。其 6 个房间中的 4 个，在利奥十三世时恢复并对公众开放。其中一面新月形的屋顶画着一幅生动的亚历山大遗像——愉快的面庞，雍容的身材，穿着悦目的礼服。在另一房内，画了一个童女在教孩子读书。瓦萨里解释道：这是朱莉娅·法尔内塞的遗容，她被公认为教皇的情妇。瓦萨里又说这图像也包含了"教皇对她的钦慕"，但里面没有画到他。

他重建了罗马大学，聘请九位杰出的教师。他喜欢歌剧，同时感谢罗马学院的学生们为了他家族的节日表演喜剧和芭蕾舞。他喜欢轻松愉快的音乐，不喜欢枯燥的哲学。1501 年，他重建出版物审查制度（censorship），以敕令要求凡未得地方枢机主教允准的书籍都不能付印，但是他允许有较宽的讥刺与争辩的自由。一些人对他的攻击，他只是一笑置之，并拒绝了恺撒·博尔贾的提议：教训这些喜欢暗箭中伤的人。他告诉费拉拉的大使说："罗马是个自由的城市，任何人都可以说和写自己喜欢的。他们曾诽谤我，但我不在意。"

他早年任教职时，他的教令行政业务便非常有效率。英诺森八世任内财政空虚，还留下一笔庞大的债务，"需要亚历山大全副财政能力恢复教会的财政；为了平衡预算，他花了两年的时间"。梵蒂冈任职人员裁减了，紧缩开支，但账簿要记清楚，薪水要提高。亚历山大从事各种宗教礼仪，固然是出于信仰，但有时也因他是个忙人而对繁文缛节感到不耐烦。他的礼仪大臣是一个日耳曼人，名叫约翰·伯查德，负责在日记上记载所看到的他的所有行为，甚至包括那些亚历山大不希望被看到的。对红衣主教们，这位教皇给了所有他在秘密会议中曾承诺的，甚至对长期反抗他的，像红衣主教美第奇，给的更慷慨。他即位后一年，新增了 12 个红衣主教。其中有些确实有能力，有些是基于政治权力的要求，有两个恶名昭彰的年轻人——伊普里托·以斯特（15 岁）与恺撒·博尔贾（18 岁）。亚历山德罗·法尔内塞得位，是因为他的妹妹朱莉娅·法尔内塞，许多人相信她是教皇的情人。油嘴滑舌的罗马人，并没有预见到这个亚历山德罗后来会成为保罗三世，而称他为裙带红衣主教。年长的红衣主教中最强的是朱利亚诺·德拉·罗维尔，他曾左右英诺森八世的政策，很不愉快地发觉到他不能影响亚历山大。亚历山大选红衣主教斯福尔扎做他的近宠咨议。一怒之下，朱利亚诺退到他在奥斯蒂亚的主教职位，同时组织了一个卫队。一年后他逃抵法国，同时劝说查理八世入侵意大利，召集宗教大会，罢免亚历山大，说他是一个无耻的售卖圣职的教皇。

同时，亚历山大正面对教皇领地的各种政治难题，他必须思考如何重建意大利人的权力。教皇统领的诸邦曾再度落入地方上的独裁者之手，他们自称是教会的代表。英诺森八世的无能，使他们得以重掌大权，这种独立原先在阿布诺佐或是西克斯图斯四世手中失去。有些教皇统辖的城市为邻邦所窃据：那不勒斯曾在1467年占了索拉和阿奎拉，米兰在1488年占了弗利。亚历山大第一步是把这些国家都纳入集中的教会控制与纳税的体系之下，如同西班牙、法国与英国曾抑制封建贵族所做的那样。他指派恺撒·博尔贾完成这些事情，恺撒·博尔贾用马基雅维利所赞成的那粗野与速度完成了。

　　紧邻罗马且最使罗马困扰的，是贵族的喧嚣自主。对于教皇而言，在理论上，他们是臣民，实际上则是危险的敌人。自博尼费斯八世以来，教皇国的软弱不振，使一些男爵在他们各自的国度内维持了中古的封建主权，自定法律，自组军队，从事自私与无谓的战争，破坏了拉丁姆平原上的秩序与商业。亚历山大即位之后，弗兰西斯采多·希博把他父亲英诺森留给他的领地以4万杜卡特卖给弗吉尼奥·奥西尼。奥西尼是那不勒斯军队的高级军官。他把领地以更高的价格转卖给费兰特，结果那不勒斯在教皇的领土上掌握了两个战略要地。亚历山大与威尼斯、米兰、费拉拉及锡耶纳组成了联盟，集合了军队，在圣安杰洛与梵蒂冈之间筑了城，以抵抗那不勒斯。西班牙的斐迪南二世担心这个针对那不勒斯的联盟会终止阿拉贡王室在意大利的权力，劝亚历山大与费兰特谈和。奥西尼付给教皇4万杜卡特，因为他擅自出售教皇国的土地；亚历山大答应让自己的儿子乔万尼（才13岁），娶那不勒斯王（1494年）的美丽孙女桑西亚（Sancia）。

　　为回报斐迪南令人愉快的斡旋，亚历山大以美洲作为酬答。亚历山大继位约两个月后，哥伦布发现"印度群岛"，把这个岛屿呈献给斐迪南与伊萨贝拉，葡萄牙借着卡利克斯特斯三世（1479年）的敕令要求得到新大陆。卡利克斯特斯三世的敕令曾允准所有大西洋的土地归葡萄牙所有。西班牙反驳说，这个敕令所指其实只是东大西洋。双方处于战争边缘，亚历山大规定亚述群岛与佛得角群岛以西，自北极向南极划分一条想象的界线，以西所发现的土地给西班牙，以东则属葡萄牙，条件是两国必须在从未住过基督徒的土地上，运用各种努力使他们新的臣民信奉基督。教皇的允准，当然只是肯定了一次武力征服，但是维持了半岛上西葡两国的和平。似乎没有人会想到非基督徒们对自己所居住的地方应享有的权利。

如果亚历山大分配旧大陆，他会发觉维护梵蒂冈的困难。1494年，那不勒斯的费兰特去世，查理八世决定入侵意大利，重新恢复法国控制那不勒斯的状态。亚历山大害怕被罢免，竟请求土耳其的苏丹予以支持援助。1494年，他派了一个教皇国的国务大臣，乔吉奥·博恰尔多，去警告巴雅泽二世说查理八世计划入侵意大利，夺取那不勒斯，控制教皇或罢免教皇，同时在一次反对君士坦丁堡的十字军中，让杰姆伪装为奥斯曼王朝的代表。亚历山大提议巴雅泽应与教皇国、那不勒斯及威尼斯同心协力对抗法国。巴雅泽用东方宫廷礼仪接待博恰尔多，让他带回4万杜卡特用以维持杰姆的生活，同时带给亚历山大他的公使。在圣尼加利亚，博恰尔多被他的兄弟乔万尼·德拉·罗维尔俘房，4万杜卡特被掠夺，连5封苏丹致教皇的信也一并被夺。一封信提议亚历山大处杰姆死刑，同时把尸体送到君士坦丁堡。苏丹收到后将付给教皇30万杜卡特，用这笔钱"阁下可以为您的孩子买一些领地"。红衣主教罗维尔把这封信复制后送给法王。亚历山大宣称是红衣主教自己写了这封信，同时捏造了整个故事。这证明了亚历山大的信确实送到了巴雅泽，无论苏丹的回答究竟如何。威尼斯与那不勒斯已经与土耳其人签订了类似的协议，弗兰茨一世后来也这样做了。对于统治者而言，宗教不过是权力的工具而已。

经过友好的米兰与敌对的佛罗伦萨，查理来到了罗马（1494年12月）。科隆纳以准备入侵罗马的计划，来支持他。一支法国舰队占据了奥斯蒂亚——罗马在台伯河的港口——同时威胁断绝西西里的谷粮。许多红衣主教，包括阿斯卡尼奥·斯福尔扎，宣布支持查理八世。弗吉尼奥·奥西尼打开他的城堡献给法王，罗马一半的红衣主教恳求他罢免教皇。亚历山大退避到圣安杰洛城堡，同时派遣许多公使与征服者磋商。查理并不想逼迫教皇退位，因此遭到西班牙的对抗。

他的目的是那不勒斯。他的官吏日日垂涎这里的财富。他与亚历山大媾和，条件是他的军队得以平安经过拉丁姆平原，教皇宽宥支持法国的红衣主教以及杰姆的投降。亚历山大屈服了，回到梵蒂冈，享受查理的三拜大礼，免了吻教皇脚趾的礼，接受法王形式上的服从。于是，法王把罢免亚历山大的计划撤销了。1495 年 1 月 25 日，查理带杰姆来到那不勒斯。2 月 25 日，杰姆患支气管炎去世。流言说亚历山大给他服了慢性毒药，但是没有人相信。

法国人一走，亚历山大的勇气就来了。这时，他重新想到他的理想：一个强大的教皇国，有好的军队和好的将领保护教皇的安全，不受世俗领袖的左右。联合威尼斯、日耳曼、西班牙与米兰，他组成了神圣同盟（1495 年 3 月 31 日），名义上为了共同防卫、抵抗土耳其人，实际上为了把法国人从意大利驱逐出去。法王查理得到暗示后，从罗马退到比萨。亚历山大躲避他，寄宿到奥维托与佩鲁贾。查理躲回法国后，亚历山大凯旋回罗马。他要求佛罗伦萨参加同盟，驱逐或孤立萨沃纳罗拉，因为他是法国的朋友，与教皇为敌。他重组教皇军，任命他最年长的儿子乔万尼做首领，要他把叛变的奥西尼城堡收复回来（1496 年）。乔万尼不能为将，在索里亚诺被打败，不得已回到罗马，同时放纵情欲，或许这导致了他的早死。亚历山大恢复了卖给弗吉尼奥·奥西尼的据点，同时又从法国手中夺回了奥斯蒂亚。克服了所有的困难后，他命令平图里基奥在圣安杰洛城堡教皇所住房间的墙壁画上壁画，内容是教皇战胜法王凯旋。亚历山大正在他生命曲线的最高峰上。

罪人

罗马人赞赏他的内政外交。对他的恋爱故事，恣意细心照顾他的孩子，只是微感不耐，但对他在罗马任命了大批西班牙人则深表不满。这些西班牙人的风格与语言颇使意大利人不悦。与教皇有亲族关

系的 100 位西班牙人聚于罗马。一个目击者说："10 个教皇国也满足
不了这些堂兄弟。"亚历山大在他的文化政策与行为上已完全意大利
化，但他仍爱西班牙，说西班牙语，常常与恺撒及卢克雷齐娅用西班
牙语交谈，并任命了 19 个西班牙人做红衣主教。他的随身侍从都是
嫉妒的罗马人，半幽默、半愤怒地称他为"只听西班牙话的教皇"，
暗指他那基督教化了的西班牙犹太裔血统。亚历山大宽宥自己的做
法，是因为在许多意大利人，特别是红衣主教的选举团中，并不对他
忠心，因此他必须带一批人形成一个支持他的核心。这批人效忠他个
人，因为他是他们在罗马的保护者。

　　亚历山大曾有一段时间希望他的孩子乔万尼能帮助他保护教皇诸
领地，但是乔万尼继承了其父对女人的热情，却没有得到亚历山大驭
人的能力。认识到他的孩子中只有恺撒拥有这种刚毅的铁胆作风，而
在这动乱的时代，唯有这种胆识才能掌握意大利的政治。亚历山大给
了恺撒一笔惊人的赏赐，这笔收入让这年轻人能逐渐得权。甚至温雅
的卢克雷齐娅也是政策的工具，用来加强对这个城市的控制，或者只
是这个有前途的公爵的踏脚石。教皇喜欢卢克雷齐娅，他所表现出来
的情愫，引起了严厉的流言，人们纷纷谴责他的乱伦，同时绘声绘色
地说他与他的儿子争夺女儿的爱。他曾有两次离开罗马，请卢克雷齐
娅负责照管他在梵蒂冈的房屋，有权拆看他的信件，同时参与所有他
的日常工作。把权力委托给女人，在意大利诸统治家族中是常事——
如费拉拉、乌尔比诺、曼图亚——但这在罗马仍引起轻微的震撼。当
乔弗雷与桑西亚在婚礼之后来到罗马，恺撒与卢克雷齐娅出去迎接。
4 个人急促地来到梵蒂冈，而亚历山大很高兴把他们带在身边。圭恰
尔迪尼说："别的教皇为了隐瞒他们的丑闻，习惯上称他们的孩子为
侄子，但是亚历山大并不在乎这个世界知道他们是他的孩子。"

　　这个城市曾忘了这教皇的旧情人瓦娜莎，但对他的新情人朱莉
娅颇感惊奇。朱莉娅·法尔内塞确实漂亮，尤其是她的金发。当她让
金发垂肩，一直垂悬达脚上，这种景象颇能打动男人的心弦，纵使比

亚历山大更年老体衰的男人也不例外。他的朋友称她为好施主,萨努多(Sanudo)称她为"教皇的爱人,一个聪明睿智、慈悲温顺的年轻女子"。1493 年,在卢克雷齐娅的婚宴上,英费苏拉称她为教皇的姘妇。佩鲁贾的历史学家马塔拉佐也用这个字眼称朱莉娅,也许是借用自英费苏拉。1494 年,一个佛罗伦萨人称她为基督的新妇,这个名词常用以形容教会。有些学者想借卢克雷齐娅以了解朱莉娅,因此卢克雷齐娅——她在研究上颇有价值——一直与她的朋友维系着良好的友谊。而朱莉娅的丈夫奥尔西诺·奥西尼(Orsino Orsini),为纪念她而建了一个礼拜堂。1492 年,朱莉娅生了个女儿劳拉(Laura)。官方记载说这孩子是奥西尼的,但红衣主教亚历山德罗·法尔内塞认为这个女孩是亚历山大的孩子。

亚历山大无疑是一个淫荡的人,热血奔腾使他对独身生活不能忍耐。他在梵蒂冈举行过一次节日庆典,在那里曾演了一次喜剧(1503 年 1 月),他惊奇地高声大叫,愉快地与披发的女人挤在一起,让她们坐在他脚边的小板凳上。像那时的许多教士一样,他似乎感到教职的独身生活是希尔德布兰德(Hildebrand)造成的错误,甚至于一个红衣主教也应该分享有女伴的乐与苦。他对待瓦娜莎就像丈夫对待妻子,他记挂朱莉娅的安危也是典型的父女情愫。另一方面,他照顾其子女,有时更甚于他对教会的虔敬,也足以成为争论教会的法典要求教士守独身的观念是否聪明的理由。

在他任教皇这些年中,在他的锋芒被恺撒·博尔贾盖过之前,亚历山大曾有过一些成就。虽然在公共场合,他让自己带着骄傲的尊严,一副引人讨厌的样子,但在私人场合他是愉快的,脾性温良、热诚、热爱生活,常从他的窗口望着戴着面具的街兵——这个面具是男相,拥有大而长的鼻子——用鉴赏的态度高声大笑。如果我们可以相信平图里基奥画在博尔贾寓所墙上的画像,我们可说他是颇威武的。虽然所有的记载都说他的生活很有规律,花费很少,以致其他主教不愿与之同席进餐。他工作勤奋,常批阅公文到晚上,并密切注意基督教世界内各地的教会情形。

他的基督徒的外表是否只是伪装呢？或许不是的。他的信，甚至在写给朱莉娅时，都充满了怜悯的热情，这在私人的信件中在所难免。他的行动非常富有男人味，也完全吸收了那个时代的松散道德观，偶尔才会注意到他的生活与基督教伦理之间的矛盾。和许多人一样，在神学理论上他完全是正统的，但在行动上完全是世俗的。他似乎已感觉到在他所处的环境，教皇国需要一个政治家，而不是圣人。他赞成神圣庄严，但认为这只属于僧院生活与私人生活，对一个被迫需要每一步都要与狡猾而贪婪的独裁者，或与跋扈且不可靠的外交家周旋的人，则不适合。他终于用尽了所有的方法，及他们的前人在教皇国所曾用过的欺瞒手段。

因为他的政府与他发动的战争需要资金，他卖官鬻爵，收回已死的红衣主教的领地，召集1500年的庆祝大会以敛财。解约与离婚也被用来作为政治上讨价还价的筹码，如匈牙利王拉狄斯劳斯七世（Ladislaus Ⅶ）付3万杜卡特就可宣布与那不勒斯的贝亚特丽斯的婚约无效。假如亨利八世能与亚历山大这样一位教皇相处的话，他一定仍是一名信仰的维护者。庆祝大会开得并不成功，因为香客们害怕抢劫、黑死病及战争而留在家里。亚历山大了解这些，同时史无前例地发出一个训谕（1500年3月4日），声称付若干费用以上就可获得赦罪，而不必去罗马，付若干忏悔费就可免除近亲结婚的罪，又付多少可以让一个教职人员能自行买卖圣职而"不必按规矩"。12月16日，他把这庆祝大会扩展到埃皮法尼。募集者承诺庆祝大会筹募的款项将用来组织十字军抵抗土耳其。在波兰与威尼斯的筹款实践了前项诺言。但恺撒·博尔贾把庆祝大会的筹款用于恢复教皇国。

为了盛大举行庆祝大会，亚历山大（1500年11月28日）又任命12位新的红衣主教，他们为这次任命总共付款达12万杜卡特。圭恰尔迪尼说："这种晋升不是给那些最有成绩的，而是给那些奉献最多的。"1503年，他又以相当的代价任命了9个候补红衣主教。同一年，在教廷里他任命了 80 个新官吏。依有敌意的威尼斯大使吉斯提亚尼说，这些职务每一个都卖 760 杜卡特。一个讽刺家在帕斯奎诺的雕像（1503 年）上写下了这样的讽刺诗：

> 亚历山大卖的钥匙、祭坛与基督，由于他曾付钱，都是正义的。

根据教会法典，一个教职人员死后所留下的财产要归还教会，除非教皇做了其他的允准。除红衣主教的外，亚历山大合理地给予一些特许。在胜利而挥霍的恺撒·博尔贾的压力下，亚历山大制定一个分配这些高级教职人员所留下的财富的通则。有些红衣主教为逃避教皇，在预知死期将至时散布财产，也有些在生前就预先构筑华丽的墓碑。红衣主教米歇尔死时（1503 年），他的屋子立刻被教皇的代理人搜罗一空。如果我们相信吉斯提亚尼的话，那么教皇亚历山大净赚了 15 万杜卡特，还抱怨只有 23832 杜卡特是现金。

对过分长寿的教职人员，是否用毒药促其蒙主宠召，这种考虑亚历山大或恺撒·博尔贾是否曾提出过，我们得此结论——"没有证据显示亚历山大毒害过任何人。"

但这并不能使他清白。"他在历史上的表现太过奸猾。但是他不能阻止讽刺家、小册子的作家及其他的目击者，把他们的该死讽刺诗提供给他的对手。"我们曾看到，教皇与那不勒斯冲突时，伊库甫·桑纳扎罗用致命的对句诋毁教皇及其子。英费苏拉用他的诽谤的笔触为科隆纳服务。杰罗尼莫·门乔内（Jeronimo Mancione）对于萨韦利男爵而言，值一团的兵力。1501 年，亚历山大发了一道敕令，详述萨韦利与科隆纳的罪恶，作为他对抗罗马四周平原贵族的一部分。门乔内有一封给萨韦利的有名的信，详述亚历山大与恺撒·博尔贾的罪恶，更为夸张。广为流传的这个文件，把他描述成一个颠倒黑白、残忍跋扈的怪物。亚历山大赢得了战争，但他的这个原先没有被教皇尤利乌斯二世制伏的高贵的敌人却赢得了名誉，同时让他们的图像流传千古。

他太不注意舆论，很少对诽谤提出答辩，这种诽谤残酷地夸张他的错误。他决定建立一个强国，同时知道这个目标不能用基督徒的手段去达成。他运用各种传统治国的工具——宣传、诈欺、阴谋、训练、战争——注定会抵触那些喜好基督教会更甚于一个强有力国家的人，也必定要违逆那些利益系于处在意大利强权与罗马贵族之间组织松懈而衰弱的教皇及教皇国身上的人。亚历山大偶尔也会以救世的标准来衡量他的一生，然而很快地仍容许自己成为一个鬻卖圣职的罪人，一个乱伦的人，甚至于一个刽子手。一旦他的幸运之星陨落，所有他的骄傲与快乐便似立刻解体，他抛弃了马基雅维利式的不伦道德主义，坦诚自己的罪，同时发誓改造自己与教会。

他爱儿子乔万尼更甚于他的女儿卢克雷齐娅。佩德罗·路易斯死时，亚历山大认为乔万尼应该接受在西班牙的公国。溺爱的父亲没认识到这个年轻人是爱动的孩子，而非战神的孩子。他让乔万尼做将军，而这年轻人带兵确实无能。乔万尼认为一个漂亮的女人比俘获一个城市更宝贵。1497年7月14日，他与兄弟恺撒及其他的客人在母亲瓦娜莎的家中聚会。当他们回家时，乔万尼离开了恺撒与其他人，说他要去拜访他熟悉的一个妇人。他一去便不再生还，他的失踪使教皇异常惊讶。一个船夫说在14日的晚上，曾看到一具尸体被丢到台伯河里。问他为什么不报告，他回答说在他一生中曾看到过数百具这样的尸体，不报告只是为了免得给自己惹上麻烦。这条河被疏浚过，找到了尸体，全身有9处伤痕，很明显，这个年轻的公爵受到几个人的围攻。亚历山大非常悲伤，他把自己关在一间屋内绝食，他的呜咽声在街上都可听到。

他命令搜寻这些谋杀者，但很快，他宁愿让此案成为不解之谜。尸体在彼科的城堡附近发现，据说彼科漂亮的女儿曾被他儿子勾引。许多人，包括曼图亚的大使斯卡洛纳（Scalona），认为这次谋杀的凶手是受雇于彼科伯爵。这似乎是最接近事实的解释。其他人，包括佛罗伦萨与米兰在罗马的大使，把罪行归之于奥西尼家族，这个家族不久即与教皇兵戎相见。有些谣言说乔万尼被卢克雷齐娅的丈夫，乔万尼·斯福尔扎的随从刺杀。在这个时候没有人谴责恺撒·博尔贾。恺撒这时21岁，与他的兄弟相处得水乳交融。他是一个红衣主教，有自己的前途。在之后14个月内，他转为军职。但他兄弟的死对他毫无用处。他也很难提前预知乔万尼在从瓦娜莎宅邸回家的路上离他而去。亚历山大这时没有怀疑恺撒，任命他为乔万尼事件的执行人。首先揭示恺撒可能是谋杀者的是一封信，费拉拉大使彼格那（Pigna）在1498年1月22日写的，其时距这事件的发生已有8个月。未待恺撒粗暴残酷的个性显露时，大众已将他和此案牵上关联。马基雅维利和圭恰尔迪尼更同意这种说法，假若当时乔万尼在某些重要政策上与他作对，他或许可能对其加以谋害，像他以后的作风一样。然而当时的谋杀案，他确实是无辜的。

当教皇恢复了自制之后，他召集了一个红衣主教的主教公会（1497年7月19日），接受他们的吊慰，告诉他们，他曾经"爱乔万尼甚过这世界上任何其他人"，这样沉重的打击——"重得使他崩溃"——是上帝对他罪行的惩处。他继续说："人生在世固然是要过幸福生活，也是要改革教会……因此福赏应该只给应受的人。我们要依红衣主教的投票做决定。我们要唾弃所有任用私人的作风。我们要从自身做起，把改革的工作贯彻到教会的每个部分，直到所有的改革完成为止。"6个红衣主教组成一个委员会起草改革计划。热诚的工作之后，呈给亚历山大一个改革的敕令。这个敕令的内容周详，如果依各条文切实执行，就可使教会免受宗教改革与反宗教改革。但当亚历山大面对教皇国的岁收问题以及没有卖官鬻爵所得的经费，如何维持教廷的开支问题时，他得不到满意的答复。同时，法王路易十二正准备第二次入侵意大利，恺撒·博尔贾立刻提议从各反抗的教区长手中夺回教皇管辖的诸邦。教皇仍梦想着一个有力的政治结构，这个政治结构在叛乱流行、变幻无常的世界内能够供给教会稳定的财政。他把改革计划一天天搁置下去。最后他的儿子继承他的意愿，为他征服了一块土地，让他真真实实地成为一个国王，终于使他忘了改革的计划。

恺撒·博尔贾

亚历山大有太多理由炫耀他现在这个最年长的儿子。恺撒像许多意大利人一样，头发与须髭都是金色的。白面碧眼，目光锐利，修长挺拔，魁伟雄壮，气势凌人。利奥纳多·罗维尔曾提起他的故事，说他曾赤手弄弯马蹄铁。他惯喜驯服烈马。他嗜猎，喜闻血腥。在举行庆祝大会期间，在罗马剧场斗牛中，让人吃惊的是，他只一击就打倒了一只公牛。1502 年 1 月 2 日，在圣彼得教堂他安排了一场正式的斗牛，他与 9 个西班牙人骑马进入斗牛场中，用他的矛单手向两头非常凶猛的公牛攻击；下马后，他扮演了一会儿斗牛士。充分证明了自己的勇气与技巧之后，他把这个斗场让给了职业斗牛家。他把这运动介绍给罗马尼亚和罗马。但在几个业余的斗牛士受伤之后，这里的人们把运动送还了西班牙。

认为他是恶徒，那就大错了。当时有人称他为"一个伟大的、才智超人、品行优秀、乐观进取、神采奕奕的年轻人"。另外有人把他描绘成"比他的兄弟甘迪亚公爵更俊秀聪明"。男人们注意到他态度的优雅、样式简单却昂贵的衣服、坚定的目光及似乎他一人拥有全世界的那股傲气。女人尊敬他，但不太爱他，她们知道他太不把她们放在心上。他在佩鲁贾的大学学习过法律，更磨利了他敏锐的思想。他很少看书，或者说，很少从事文化工作，但他也像别人一样写过诗歌，在他的部属之前宣读他的诗歌。他对艺术有很高的鉴赏力。当红衣主教拉法埃洛·里亚里奥拒绝买一个丘比特的画像时，恺撒用很高的代价买下了。

很明显，他没有准备以教职作为职业。但是亚历山大——他的教权大过王权——任命他做巴伦西亚（1492 年）的大主教，之后（1493 年）任命他做红衣主教。没有人认为这任命是宗教性的，这只是给这个具有权势做后盾的年轻人提供一笔收入，同时给他实际处理教会财产与人事的训练机会。恺撒很少下命令，但也不曾成为一个教士。因为教会的法典不容许私生子做红衣主教，在 1493 年 9 月 19 日的敕令中，亚历山大宣布他是瓦娜莎与阿里纳诺合法的儿子。1482 年 8 月 16 日，西克斯图斯四世曾说道:恺撒是罗德里戈主教与副大臣的儿子。公众很习惯这虚构的合法故事，不禁会心地微笑。

乔万尼死后不久，1497 年，恺撒去那不勒斯做教皇代表，同时有幸为某位国王加冕。或许触摸王冠激动了他的热血，他回到罗马后，他强迫父亲让他放弃教职。除非亚历山大对红衣主教选举团坦诚恺撒是他的非婚生子，否则无法解除这项职务。因此，这年轻的私生子做红衣主教的任命也宣布无效（1498 年 8 月 17 日）。他的不合法身份恢复后，恺撒把兴趣转向政治。

亚历山大希望与那不勒斯的国王费德里科联姻，但是费德里科另有打算。遭到坚决的反对后，这位教皇转向法国，希望法国保证维护教皇诸领地。当路易十二要求允准他的婚姻无效，这婚姻是在他年轻时父母定的，他想宣称这婚姻有名无实时，机会来了。1498 年 10 月，亚历山大送恺撒到法国，带着准许离婚的敕令，同时带了 20 万杜卡特恳求赐给一个新娘。感谢离婚顺利，更要感谢教皇容许他娶英国的安妮、查理八世的遗孀为妻，路易同意让恺撒与夏洛特·阿尔伯莱特（Charlotte d'Albret），那瓦尔（Navarre）王的妹妹成婚。此外，他任命恺撒为瓦伦蒂诺斯（Valentinois）及蒂俄斯（Diois）的公爵，对这两块法国的领土，教皇国拥有合法权利。1499 年 5 月，这位新的公爵——意大利人称他为瓦伦蒂诺（Valentino）——与善良、美丽、富有的夏洛特成婚。亚历山大宣布这个消息后，罗马大放烟花庆祝他们王子的婚礼。这场婚礼让教皇国与法王结成同盟，而原先法王曾公开计划入侵意大利，同时占领米兰和那不勒斯。1499 年，亚历山大像洛多维克与萨沃纳罗拉在 1494 年那样犯了错。这个同盟完全摧毁了所有亚历山大为 1495 年组成的神圣同盟所做的工作，同时促成了与尤利乌斯二世的战争。1499 年 10 月 6 日，恺撒·博尔贾成为护送路易十二入米兰的贵胄之一。卡斯底里欧尼描述这位瓦伦蒂诺公爵道："在所有王的扈从中，他是最修长最俊秀的。"他的高傲显现在他的外观上。他的指环上铸着这样的句子——"做你必须做的，无论你会得到什么。"他剑上铸着盖利乌斯·恺撒的生活景象，同时记着两行座右铭：一边是"死生由命"，另一边是"止于至善"——原意是以恺撒为榜样。

亚历山大终于发觉到这个勇敢的年轻人与快乐的战士就是他要找的将军，可以让其率领教会的武力重新征服教皇统辖的诸邦。路易提供了 300 个长矛，甄选了 4000 多名瑞士人，2000 多名意大利雇佣兵。要征服多达 12 个专制君王，这支军队人数太少，但恺撒渴望冒险。为了使军队师出有名，教皇发了一道敕令，严正地宣布卡泰丽娜·斯福尔扎与其子奥塔维亚诺统领伊摩拉与弗利，潘多尔福·马拉泰斯塔统领里米尼，朱利奥·瓦拉诺（Giulio Varano）统领卡美里诺，阿斯托尔·曼弗雷迪（Astorre Manfredi）统领法恩扎，圭多巴尔多统领乌尔比诺，乔万尼·斯福尔扎统领佩萨罗。他们只是篡夺了长久以来在法律和正义上属于教会的土地、财富和权力。他们是滥用权力与剥削臣民的暴君，必须自请退位，否则用武力驱逐。或许依某些记载，亚历山大确实有意把这些小国家组成一个王国交给他的儿子。亚历山大也必定知道，他的继承者乃至意大利其他的国家，也不能长期容忍这样一个以暴易暴的局面。恺撒本人则梦想一个至高无上的地位。马基雅维利也希望那样，也愿意看到一个强人统一意大利，同时驱逐所有外敌。终其一生，恺撒断言除了为教会赢取国土之外没有其他目标，他本人满足于做罗马尼亚的统治者和教皇的藩属。

1500 年 1 月，恺撒与他的军队横过亚平宁山脉到达弗利。伊摩拉立刻向他的代表投降，弗利的百姓箪食壶浆以迎王师。但卡泰丽娜·斯福尔扎与她在 12 年前所做的一样，勇敢地带着她的部队守着这个堡垒。恺撒婉转致意，但她宁愿战斗。在短时间的围城之后，教皇的军队进入了罗卡，把抵抗者喂了锋锷。卡泰丽娜被送到罗马，在梵蒂冈的布尔瓦德尔厢房内不情愿地接受招待。她拒绝退位，又尝试潜逃，后被送到圣安杰洛。18 个月后，她被送入一个女修道院。她是一个勇敢的女人，但实在泼悍。她是一个最坏形式的封建统治者，在她的领地与在罗马尼亚其他地方一样，恺撒被认为是一个天遣的复仇者。

恺撒的麻烦很快就来了。他的外国军队叛变了，因为恺撒付不出足够的费用；当路易十二命令法国军队帮助他收复一度为洛多维科所占据的米兰时，这些军队几乎无法安抚。恺撒率领他剩余的部队返回罗马，接受几乎如同得胜归国的罗马将军般的荣宠。亚历山大以他儿子的成功为荣。威尼斯大使这样报告："教皇从未如此开心。"他任命恺撒为这些被征服的城市的教会代表，同时对他的孩子言听计从。庆祝大会的募款与卖官鬻爵的所得已补足了国库，恺撒现在可以计划第二次行动了。他给保罗·奥西尼一笔保证金，邀请他带武士参加教皇的军队。保罗来了，一些贵族也随之而来。运用这些精明的手段，恺撒壮大了他的队伍。或许用简单的劝说以及承诺以酬佣，他把姜巴洛·巴格廖尼的仆从与军队及佩鲁贾的地主组织起来，同时任命维特罗佐·维泰利（Vitellozzo Vitelli）率领炮兵。路易十二送他一小团枪骑兵，但是恺撒不再依赖法国人的援助。1500 年 9 月，在亚历山大的授意下，他攻击敌对的科隆纳，夺取在拉丁姆平原的萨韦利所占领的城堡。敌对者一个接一个地投降。很快，亚历山大穿过这些教皇国一直丧失的领土，安全而欢欣地巡游。他接受各地民众的欢呼，因为这些封建男爵不曾受臣民拥戴。

当恺撒踏上他第二次征程时（1500 年 10 月），他有 1.4 万人的军队，有诗人、高级教士与娼妓扈从随征。在他们到达之前，潘多尔福·马拉泰斯塔退出里米尼，朱利奥·瓦拉诺、斯福尔扎逃离佩萨罗。这两个城市欢迎恺撒做解放者。在法恩扎，阿斯托尔·曼弗雷迪顽强抵抗，他普受百姓拥戴。博尔贾开出宽大的条件，曼弗雷迪表示拒绝。整个冬天在围城的困境中度过。最后，法恩扎在恺撒承诺宽恕所有人的条件下投降了。他仁慈地对待这些城民，对曼弗雷迪解除抵抗非常赞赏，让其归顺自己，成为部属或扈从。曼弗雷迪的小兄弟也这样做，虽然他们都能来去自如。两个月来他们跟随恺撒，同样地出生入死，也受到最高礼遇。来到罗马之后，他们忽然间被关进圣安杰洛城堡，留在那里达一年之久。1502 年 6 月 2 日，他们的尸体浮出台伯河。恺撒或者亚历山大为何惩处他们，我们并不知道。恺撒的头衔又加上了罗马尼亚公爵，研究地图，卡美里诺和乌尔比诺还须征取。乌尔比诺虽然在法律上是属于教皇的，要除去像圭多巴尔多与伊丽莎贝塔夫妇这样热爱国家的人，似乎是一件不名誉的事，同时这个国家现在也同意做个名副其实的教皇的代表。但恺撒认为这城市封锁了他到亚得里亚海的路；同时，如果这城市在敌人手中，能切断他与佩萨罗和里米尼的通讯。我们不知道亚历山大是不是同意。很难相信他会这样，因为在这时候他劝圭多巴尔多把炮兵供给教皇国。很有可能恺撒欺骗了他的父亲，或者是改变了他的计划。1502 年 6 月 12 日，带着达·芬奇做他的工程师，他开始了第三次行动。首途赴卡美里诺，突然他挥兵转北，迅速地到了乌尔比诺，这里无能的统治者迅速逃窜，留下一个毫无防御的城市轻易地落入恺撒之手（6 月 21 日）。如果这个行动亚历山大预先知道并同意，那就是历史上最卑劣的欺瞒事件之一，即使马基雅维利也被他的狡猾震惊。胜利者对待居民狡猾而宽和，仅把这个逃走了的公爵收集来的艺术珍品搜罗一空，同时将拍卖价款酬劳军队。

同时，他的将军维泰利自作主张，占领阿雷佐。这里一直以来都是佛罗伦萨的属地。惊恐的贵族院把安托尼奥主教与马基雅维利送到乌尔比诺向恺撒控诉。他以成功的欢愉接待他们，他告诉他们："我

不是来这里做暴君的，而是消灭暴政的。"他答应制止维泰利，同时
把阿雷佐重新还给佛罗伦萨；但他要求佛罗伦萨与他制定一个友好的
确定的政策。这里的主教相信他的热诚，同时马基雅维利带着非外交
的狂热写给贵族院一封信：

> 这位主人华丽且庄严，他很勇敢，他做的事情那么伟大，至
> 少对他而言并不算小。为了获得荣耀与主权，他穿着战袍休息，
> 无论危险还是疲乏都是如此。他来到一个地方，用意何在常不为
> 人所知。他让自己受士兵爱戴，挑选意大利最好的人。就是这样
> 带着用不尽的好运道。

7 月 20 日，卡美里诺向恺撒的军官投降，教皇管辖的诸邦再度
归于教皇。恺撒本人或派任代理人，都能治绩隆盛，正好证明他以扫
除暴政自期，并非托付空言。在这些暴君中，除了乌尔比诺与法恩
扎，都会为他的陨落哀伤。当他听到弗朗西斯科·贡萨加，伊丽莎贝
塔的兄弟、伊莎贝拉的丈夫，带着几个人走向米兰，投效路易十二，
并说服路易十二对抗他，恺撒急速横越意大利，截住他的敌人，并迅
速地再度获得法王的赞助（1502 年 8 月）。这点颇值得注意，作为一
个主教、一个国王，甚至是一个有名的诡计多端的外交家，都应该赞
颂恺撒，认为他的作为与他的目的是正义的。

然而，在意大利到处都有人祈祷他倒下来。威尼斯虽曾让他做一
个荣誉公民，却并不愿意看到教皇诸领地再次强大并控制了广大的亚
得里亚海岸。佛罗伦萨恼怒距佛罗伦萨领土仅 8 里地的弗利，竟然落
入这样一个不可思议的莽撞的年轻人手里，虽然他是个很有政治手腕
的作战天才。比萨把统治权交给他（1502 年 12 月），他婉拒，在走
向卡美里诺的途中改变路线会发生什么呢？伊萨贝拉可能对他强夺乌
尔比诺表示愤怒。科隆纳与萨韦利，奥西尼也有一点，已经被他的胜
利摧毁，只是争取了一些集合起来反对他的时间。姜巴洛·巴格廖尼

开始为他在佩鲁贾的统治权不安。乔万尼·本蒂沃利也为他在博洛尼亚的统治权不安。拉维纳公爵、保罗·奥西尼与弗朗西斯科对这事颇感惶恐：恺撒蹂躏了科隆纳之后，奥西尼家族还能苟安多少时间。维泰利在愤怒地被迫放弃阿雷佐后邀请这些人，同时费尔摩（Fermo）的奥利维罗多（Oliverotto）、锡耶纳的潘多尔福·彼得鲁奇和圭多巴尔多的代表们，在特拉西梅诺湖（Trasimene）上的拉·玛乔理（La Magione）会谈（1502年9月）。他们同意掉转军队攻击恺撒，俘虏他同时使他去职，结束他在罗马尼亚和马尔凯斯的统治，同时恢复那些被赶走的地主。这是一个可怕的阴谋，他们的成功会使亚历山大与他儿子的苦心计划成为泡影。

　　这个阴谋开始非常成功。叛军在乌尔比诺和卡美里诺组织了起来，人民也支持他们。教皇国的军队被驱逐。圭多巴尔多回到他的王位（1502年10月18日）；各地倒下去的地主都重新抬起了头，计划重掌权力。恺撒突然发觉他的部将不再服从他，他的军队已减少到无法控制已经征服的地区。在危机中，红衣主教费拉里（Ferrari）恰好死了，亚历山大仓促地搜得他留下的5万杜卡特，同时卖掉他的一些财宝；把所得都交给恺撒，恺撒又迅速地组成了一支6000人的军队。同时亚历山大个别地与这些阴谋家拟定协议，取得他们的承诺，重新赢得他们的服从。10月底，他们再次与恺撒维持了和平。这是个惊人的外交手腕，恺撒以沉默的怀疑态度接受了他们的歉意；同时他注意到虽然圭多巴尔多再度逃离乌尔比诺，奥西尼仍掌握了公国的重要据点。

　　12月，恺撒的部将在他的命令下围攻在亚得里亚的圣尼加利亚。此城立刻被攻陷了。但是城堡的总督拒绝投降，除非是向恺撒本人。一个使节被派遣到西斯纳公爵那里。他急速地下到这海湾来，带着2800个忠心的士兵。到圣尼加利亚后，他热诚地问候这4个谋叛者——维特罗佐·维泰利、保罗、弗朗西斯科·奥西尼以及奥利维罗多。他邀请他们到总督的宫殿内举行会议。他们一来，就被逮捕。就在这个晚上（1502 年 12 月 31 日）维泰利与奥利维罗多被处以绞刑，两个奥西尼则被送入狱中，直到恺撒与其父联络上为止。很明显，亚历山大同意他儿子的观点，在 1 月 18 日把这两个人处死。

恺撒对其在圣尼加利亚所做的狡猾的攻击颇感自负，他认为意大利应该感谢他，因为他清除掉的这四个人不只是教皇领地上的封建暴君，也是无助百姓们的反动的压迫者。他向马基雅维利辩解道："让设置陷阱的人落入陷阱是应该的。"马基雅维利同意这种看法，同时认为这时，恺撒是全意大利最勇敢最聪明的人。历史学家、主教保罗·焦维奥（Paolo Giovio）称他为阴谋的魁首——"一个最善用诡计的人"。伊萨贝拉非常谨慎地祝贺恺撒及 100 多个化装艺人，慰劳"因光荣的远征而感到疲惫"的他。路易十二赞赏这个政变为"罗马的所有伟大日子中最值得庆祝的日子"。

亚历山大满怀激愤恣意解释这项意在反对他儿子、反对他收回隶属教会诸邦努力的阴谋。他宣称有证据证明红衣主教奥西尼曾联络亲朋设法谋刺恺撒。他逮捕了这个红衣主教与其他几个同谋（1503 年 1 月 3 日），占领了红衣主教的王宫，同时把他的财产全部没收充公。这个红衣主教在 2 月 22 日死于狱中，或许是受尽了刑罚。罗马猜疑这个教皇可能用了毒。亚历山大劝恺撒把奥西尼在罗马及其周围平原的残余势力根除。恺撒并不那么急切，或许他也是太疲惫了。他拖延时日回转梵蒂冈，然后不情愿地围攻朱利奥·奥西尼的强固的城堡（1503 年 3 月 14 日）。在这次围城中——或许是另一次——博尔贾用了达·芬奇的作战机械，一种可移动的高塔，能装载 300 多人，同时能够举升至敌人的墙头。朱利奥投降了，与恺撒同去梵蒂冈求和。教皇答应了，条件是所有奥西尼在教皇领地中的城堡应该归还教会。

同时，佩鲁贾与费尔摩接受了恺撒派去的总督。博洛尼亚仍被占领，但费拉拉很高兴地娶了卢克雷齐娅·博尔贾做他的公爵夫人。除了这两个主要的王国——在亚历山大的子嗣占领下——教皇统辖诸邦已重新统一了，恺撒·博尔贾这时仅 28 岁。这半岛上的领地能与他相比的，只有那不勒斯王国。大家公认他是意大利最有名望、最有权势的人。

在梵蒂冈，他静静地过了一段日子。他将妻子留在她法国的家里，在他作战期间，她给他生了一个孩子。偶然他会给她写信、寄些礼物，但没有再去看她。这个瓦伦蒂诺女爵在布尔日过着谦逊与退隐的生活，或是住在道芬（Dauphiné）摩德·芬里尼的城堡里（Motte-Feuilly）盼望着丈夫遣人来接她或回来看她。当他身受重伤时，她试着去看他；当他死时，她在门上悬挂黑布，为他哀恸，直至去世。假如他有几个月比较平静的日子，或许稍后会去接她。看来他不太重视这个纯粹是政治的婚姻，觉得没有义务那么温柔体贴。显然，他并非不懂得温柔体贴，但他用在了卢克雷齐娅身上，他对她的感情已不只是兄妹之情。甚至匆促地从乌尔比诺到米兰与路易十二设计欺诈他的敌人时，他也曾绕道去探访他在费拉拉的妹妹，那时她正身染重病。从米兰回来，他又留在那儿，让她在他的臂弯里，由医生替她放血，照顾她直到她脱离险境。恺撒对婚姻毫不在意。他有情人，但都不长久。他把精力都耗在争取权力上，没有女人能分享他的时间。

在罗马，他单身独处，几近隐居。他在晚上工作，白天很少看到他。他工作勤奋，休息很少。他密切地注意教会诸邦中他所任命的人，如有失职必受严惩，曾有一个官吏因为残酷与贪婪而被处死。他常常出巡，告诫在罗马尼亚的总督或维持罗马治安的守官。了解他的人都折服于他的捷思，他有能力审时度势，洞烛先机，果敢决断。他照顾部属无微不至，与士卒打成一片，但是训练严格，令出必行。他们非常赞赏他用贿赂、策略乃至欺诈手段减少敌人的人数及瓦解敌人的士气，同时也减少了其部属的战斗次数与伤亡人数。外交家们颇感纳闷，他们发觉这个行动莫测、初生无畏的年轻将军聪明睿智，非他们的捷思狡猾所能应付，纵使耗尽了他们的才干与雄辩也无济于事。敌对国家的大使或被罢职了的贵族们，会捏造散布一些丑恶的风闻。一个有趣的故事，是亚历山大与他的儿子运用一个巧妙的敕令，逮捕了几个有钱的教职人员，索取了一笔相当巨额的赎金或罚金。先以莫须有的罪名把西斯纳的主教投入圣安杰洛，在付了 1 万杜卡特之后始将其释放。我们无法说这是公道的还是掠夺。如果对亚历山大公道些，我们要记住，在这之后，世俗的与教会的法庭才有这种用罚金代替服刑的方法。根据威尼斯的大使吉斯提尼亚尼与佛罗伦萨大使维多里奥·索德里尼（Vittorio Soderini）所述，犹太人常常被以异端为由逮捕，只有捐献巨额的财产给教皇才能证明自己是属天主教的。这颇有可能。但是罗马则以其对待犹太人十分公平而知名，也没有犹太人被认为是异端，或是被宗教裁判所查得不得安宁。

许多风闻说博尔贾父子毒害红衣主教，以使他们的辖境早日归回到教会的统辖之下。有些偶发事件似乎颇有证据，很为一般新教历史学家所接受，而后的司法学家雅各布·柏卡德（Jacob Burckhardt）也同意这种看法——其实只是不断重复，而使人信以为真，并非真有什么证据。天主教的史学家帕斯托相信"极端的说法，或许恺撒毒害了红衣主教米歇尔，为了要得到他缺少的钱"。这个结论是基于这个事实：在尤利乌斯二世（极端敌视亚历山大）的手下有一做副执事的主教亚奎诺·达·珂罗勒多（Aquino da Colloredo）在严刑之下，坦承他在亚历山大与恺撒的训令下毒害了红衣主教米歇尔。尤疑，罗马认为这任期的最后三年对于一个富有的红衣主教而言颇为危险。伊莎贝拉给她丈夫写信，当她提到恺撒时，很小心地写道："他对自己的亲族都会毫不犹豫地谋害。"显然她也认为他杀了甘迪亚公爵。罗马人谈到一种慢性毒药西塔雷，以砒霜为主剂，研细成粉末撒布于食物或酒中——甚至掺入作弥撒用的圣酒中——能让人安详地死去，并难以查寻其死因。史学家们渐渐地不再相信文艺复兴时代有这种慢性毒药，而只当作野史杂谈，但是博尔贾毒杀了富有的红衣主教的案子确有那么一两件。

最坏的故事是谈到恺撒的。据说他将几个已判定死刑的囚徒释放到庭院，然后叫弓箭手向四处寻找安全处所的囚徒射箭，以娱乐亚历山大与卢克雷齐娅。这个故事出自威尼斯公使卡佩洛（Capello）之口。恺撒不太可能这样做，也许这个外交家说谎。许多文艺复兴时代的教皇的历史都是作战宣传和外交的谎言。

　　博尔贾最难以置信的恐怖事件出自亚历山大之礼仪大臣约翰·伯查德的日记。日记记载，1501 年 10 月 30 日，在梵蒂冈城的恺撒·博尔贾的屋内午宴，一群裸体的妓女争夺散在地上的栗子，亚历山大与卢克雷齐娅则在旁驻观。佩鲁贾籍的史学家马塔拉佐也说过这个故事，他不是取材自约翰·伯查德（因为日记在那时仍是秘藏），而是取自罗马散布到意大利各地的闲谈。他说："这事大家都知道。"若是这样，奇怪的是，费拉拉的大使这时也正在罗马，奉令调查卢克雷齐娅的道德，及嫁给埃尔科莱公爵之子阿方索是否合宜，他的报告中并未提及此事，而是对她颇为激赏（这事后面还会提到）。也许他受了亚历山大的贿赂，也许他不采信不可证明的谎言。但这故事是如何写进伯查德的日记中的呢？他不会佯称有这些事，也绝不可能这样做，因为他是一个刚毅正直的人，通常他必在目睹之后，或是基于权威性的报道，才会记载下来。这个故事的原稿被篡改过吗？原稿只残留下来 26 页，都是有关亚历山大的龌龊的事情。这日记的残本也只留下复本。所有的复本都记着这个故事。有可能是一个怀敌意的代书篡改了这个故事，他想用一个有趣味的故事把枯燥的编年记史弄得生动起来。或许伯查德自己把这个流言记了下来，或是原来记的就是流言。也许原来确实有那么个宴会，但花边新闻则是因为空想或怨恨而附加上去的。佛罗伦萨的大使弗朗西斯科·佩皮（Francesco Pepi）由于博尔贾父子常与佛罗伦萨争执，自然成为博尔贾的敌手，在这件事的第二天记载道，晚间教皇在恺撒的会客室中多待了一个钟点，那里在"跳舞嬉笑"，没有提到妓女。难以置信的是，教皇正在尽一切努力让他的女儿与费拉拉公国的继承者成婚，怎会冒着可能使婚约破裂、并招致一个外交同盟敌对的危险，而容许卢克雷齐娅看这样一场景况。

卢克雷齐娅·博尔贾（1480—1519）

亚历山大赏识儿子，又有点怕儿子，他对女儿的关爱却是出乎天性之外的热情。她恰到好处的美貌、金色的长发、随韵律轻松地舞蹈、给予他的孝顺，他都引以为乐，在程度上胜过来自瓦娜莎或朱莉娅的魅力，她并不特别漂亮，但年轻的她被描写成有着"甜蜜的面孔"，在道德沦丧的时代和环境里，她经历几次离婚和几乎目击自己丈夫被害的惨事，她维持这"甜蜜的面孔"一直到虔诚的生命终止，因为这在费拉拉的诗篇中经常出现。

意大利画家平图里基奥画了她的肖像。像所有能力所及的意大利女孩一般，她入修道院受教育，在一个今已不详的年龄，她由母亲瓦娜莎家里到贵妇人阿德里亚诺·米拉（Adriana Mila）的家中，阿德里亚诺是亚历山大的表姐，在那里，卢克雷齐娅和阿德里亚诺的儿媳朱莉娅·法尔内塞建立终生不渝的友谊，朱莉娅据说是她父亲的情妇。除了合法地位之外，卢克雷齐娅运气很好，在快乐的童年中长大，亚历山大以她的快乐为乐。

无忧无虑的青春岁月随结婚而结束，当她父亲为她挑选一位丈夫时，也许她没表示不快，在那个时代，这是所有好女子择偶的正常程序，和我们自己靠浪漫爱情进行挑选的智慧相较，前者招致的不幸并不比后者为多。亚历山大跟任何统治者一样，认为子女的婚姻应该用来促进国家的利益。对于卢克雷齐娅说来，这似乎也理所当然。那时，那不勒斯与教皇敌对，米兰又仇视那不勒斯，因此，她的首次婚姻受到环境的限制。13岁时，她嫁给佩萨罗贵族洛多维科公爵的外甥，米兰摄政、26岁的乔万尼·斯福尔扎。亚历山大仁慈地在梵蒂冈附近红衣主教芝诺的大厦为他们安排美丽的家园，并以此为乐。

但她必须和丈夫住在佩萨罗一段时间，住在遥远的国度，远离溺爱她的父亲，隔绝了罗马城中的生活刺激和显赫尊荣，她憔悴了，几个月之后，她回到罗马。后来，乔万尼和她在一起，但1497年复活节之后，他留在佩萨罗，她没离开罗马。同年 6 月 14 日，亚历山大要求她同意以丈夫无能的理由取消婚姻关系，这是教规里解除正当婚姻关系唯一认可的理由。或许因为悲伤或羞愧，或许为了阻止散播流言者的中伤，卢克雷齐娅隐退到修道院。几天后，她的兄弟甘迪亚公爵被杀，罗马敏感的见证人暗示他是被企图勾引卢克雷齐娅的斯福尔扎手下谋害的，她的丈夫否认自己无能，并暗示亚历山大和其女犯了乱伦罪。教皇任命一个委员会，在两位红衣主教的率领下，调查卢克雷齐娅和乔万尼的婚姻是否已完成实际关系，卢克雷齐娅发誓说还没完成，委员会向亚历山大保证她仍是处女，洛多维科向斯福尔扎建议，他应该在一个包括教皇驻米兰使节在内的委员会面前证明他的能力，乔万尼情有可原地拒绝接受，但签字正式承认婚姻未曾完成，并归还卢克雷齐娅价值 3.1 万杜卡特的嫁妆。1497 年 12 月 20 日，他们的婚姻关系结束。没有替乔万尼生育的卢克雷齐娅后来却为她再婚的丈夫生下子女，而乔万尼的第三任太太，在 1505 年，也为他生了一个可能是他自己的儿子。

以前的说法假定亚历山大为了促成一宗更有利的政治婚姻而破坏了卢克雷齐娅的首次婚姻，不过并无证据可加以肯定，更可能的是她曾说出可怜的真相。亚历山大不能让她继续寡居，为了企图与困扰教皇的敌国那不勒斯重修旧好，他向费德里科王建议，卢克雷齐娅和费德里科的继承人阿方索二世的私生子比谢列公爵（Duke of Bisceglie）结合，费德里科王同意了。1498 年 6 月，正式订婚达成签字手续，代表费德里科王的是离婚的乔万尼的叔父红衣主教斯福尔扎，米兰的罗德里戈也鼓励费德里科接受这个计划。显然，乔万尼的叔父并未因前次婚姻的结束而生恨。8 月，婚礼在梵蒂冈举行。

卢克雷齐娅与丈夫相爱甚深，使许多事情更为方便，因为她现年 18 岁，他只是个 17 岁的大孩子，她能尽母亲之职。但不幸的是，政治又介入他们的婚姻。在那不勒斯被拒的恺撒·博尔贾到法国去找了个新娘，时为 1498 年 10 月。亚历山大和那不勒斯公开宣布与路易十二结盟，年轻的比谢列公爵在遍布法国官员的罗马逐渐坐立不安，他突然逃到那不勒斯，卢克雷齐娅伤心欲绝。为了使她心情平复和弥补婚姻裂痕，亚历山大任命她为斯波莱托摄政（1499 年 8 月），阿方索在那里和她重聚，亚历山大到内皮（Nepi）会晤他们，向他们重作保证，于是带着他们回到罗马。在罗马，卢克雷齐娅生下一个男孩，以她父亲之名命名，叫罗德里戈。她的快乐日子很短暂，不论是因为阿方索不能控制的敏感，或恺撒·博尔贾与法国结盟，阿方索极端厌恶傲然归来的博尔贾。1500 年 7 月 15 日夜，阿方索离开圣彼得大教堂时，遭到几个暴徒的攻击，身上多处受伤，总算逃到波底哥（Portico）圣玛利亚的红衣主教家中。卢克雷齐娅受召而到，看见他后一度昏厥，但立即清醒过来。她和她的姐妹桑西亚忧心重重地照料着他，亚历山大派了一队 17 人的卫士保护他，使他免于再受伤害。阿方索逐渐痊愈。一天，他看见恺撒在附近的花园里走动，阿方索相信这就是雇请凶手的人，他拿起弓箭，朝对方射去，试图杀死对方，箭尖却失去准头。恺撒不是给敌人第二次机会的人，他召来了卫士，令他们进入阿方索的屋内，他们用枕头压在他脸上，一直到他死为止。也许卢克雷齐娅在场亲眼看着悲剧的发生。亚历山大接受了恺撒的解释，为阿方索举行一个安静的葬礼，尽一切力量安慰伤心的卢克雷齐娅。

卢克雷齐娅隐居在内皮，在一封亲笔信上签着"最可怜的王子"几个字，并命马赛斯（Masses）祈求阿方索的灵魂安眠地下。说也奇怪，阿方索死后仅两个半月，恺撒就到内皮拜访她（1499 年 10 月 1 日），并留下过夜。她坚忍而能顺应时势，在她的一生中，有许多证据可以说明她对其兄之爱经得起一切考验，也许因为他像她的父亲一样，以西班牙式的热情爱她。罗马的见证人，更准确地说，敌对的那不勒斯见证人，继续控告她乱伦，一位作家称她为教皇的女儿、情妇和儿媳，她只有默默地忍受。

从追求更有利的政治目的着眼，为她安排再婚，恺撒杀死阿方索的说法未必可信。经过一段悲伤的日子后，她被介绍给奥西尼家族的一员，然后又认识一位科隆纳家族中人，两者都几乎不能和那不勒斯王位继承人之子相提并论。1500 年 11 月，亚历山大为她向费拉拉埃尔科莱公爵的儿子阿方索提亲。1501 年 9 月，她和他订婚，可能亚历山大希望女婿治理下的费拉拉，和久已借婚姻关系与费拉拉扯在一起的曼图亚，事实上会由此成为教皇领地。恺撒赞同这项计划。埃尔科莱和阿方索迟疑不决。阿方索已经提出与安古莱姆（Angoulême）女伯爵联姻的建议，但亚历山大以丰富的嫁妆、取消费拉拉向教皇每年的贡礼为保证，粉碎了他向女伯爵求婚的建议。即使如此，那也是令人难以置信的：欧洲最古老、兴旺的家族之一会接纳她为未来公爵的妻子，而他已相信罗马下层知识界流传的关于她的许多可怕故事，因为埃尔科莱和阿方索都没见过卢克雷齐娅。他们循这种外交撮合的习惯程序，要求费拉拉驻罗马大使提供有关她外貌、德行、才艺方面的报告，他回复如下：

> 显赫的主人：
>
> 在今天晚餐之后，杰拉尔多·撒瑞先尼先生和我代表阁下本人和阿方索陛下拜访显赫的卢克雷齐娅女士，表示对她的敬意，我们曾就各项问题谈了很久。她是一位极聪慧可爱而且可以说是非常和蔼的淑女。依照我们两人得到的看法，阁下您和阿方索先生将对她很欣赏，她除了在各方面都很仁慈以外，还是一个很平和、很可爱、很庄重的人，而且，她是一个很虔诚敬畏上帝的基督徒。明天，她将到教堂去做忏悔，并且在圣诞节的那个礼拜她将领受圣餐。她非常漂亮，但她举止谈吐的优雅相比外形更引人注目。总之，她的德行是如此的良好，因而我们不认为种种怀疑她邪恶的事情是可能发生的，相反，我们只找到最好的……1501 年 12 月 23 日于罗马……
>
> 你的仆人卢卡斯

他们被说服了，派遣一队豪华的骑士护送新娘由罗马到费拉拉，恺撒以 200 位骑士伴随她，供应乐师和丑角以娱艰辛的旅途。骄傲而愉快的亚历山大给她 180 名随员，其中包括 5 位主教、特别建造的车辆和 150 头骡子，装载着的嫁妆有价值 1.5 万杜卡特的礼服、1 万杜卡特的帽子、每件 100 杜卡特的 200 件胸衣。1502 年 1 月 6 日，亲自向母亲瓦娜莎告别，卢克雷齐娅开始了越过意大利和未婚夫会合的旅行。亚历山大在向她道别之后，就在她队伍行经的路程上，一程又一程地再设法多看她一眼。当时，她正骑在西班牙小马上，马身披挂着黄金和皮革制成的马具，他一直注视着她和她的 1000 个随员远离了视线。他以为他此生再也没机会见到她了。

经过 27 天的旅程，埃尔科莱公爵和阿方索由一个由贵族、教师、75 位马上射手、80 位号手和吹笛手、14 辆载着身穿丽衣的名门闺秀的彩车组成的壮丽车队陪同，在城外会见卢克雷齐娅。当他们一行抵达教堂之时，两个走绳索的人从高楼上降下，向卢克雷齐娅致敬。当行列走到公爵府邸之时，所有犯人被释放出来。人民为他们未来公爵夫人的美貌和笑容而高兴，阿方索也以自己有如此体面、迷人的新娘而感到快乐。

博尔贾家族权力的崩溃

亚历山大的晚年显然愉快而顺利，女儿嫁入公爵之家，受到所有费拉拉人的尊敬；儿子完成了他的指示，成功地担任将军和行政官的职务；教皇诸领地在卓越的治理下兴盛起来。威尼斯大使描写最后几年的亚历山大为"快乐、积极、无所牵挂、了无烦恼"。1501 年 1 月 1 日，他 70 岁高龄，但据大使的报道，"他似乎一天比一天年轻"。

1503 年 8 月 5 日下午，亚历山大、恺撒和其他若干人在距梵蒂冈不远的红衣主教阿德里亚诺·达·科尔内托（Adriano da Corneto）别墅作户外聚餐，室内的热气令人疲惫。时至深夜，大家仍逗留于户外。11 日，红衣主教发高烧，连续三天，始行消退。12 日，教皇父子也因发烧和呕吐而卧病。和往常一样，罗马谣传有人下毒，私下里也有人说恺撒曾命人毒死红衣主教，以便取得他的财产，但因错误而使几乎所有客人都吃下有毒的食物。历史学家们现在相信治疗教皇的医生的观点，认为罗马的仲夏夜里，他们在户外耽搁太久，感染了疟疾。同一个月，疟疾杀死了教皇一半的家属，许多病例证明这是致命的原因。那一季内，罗马有成百的人死于同样病因。

亚历山大在生死之间徘徊了 13 天，有时恢复到能重开外交会议的程度。8 月 13 日他曾玩牌。医生一再替他放血，可能有一次太多了，耗尽了他的能量，8 月 18 日他终于去世。不久，尸体变得黑而臭，使草率传播的下毒流言得以刻意渲染。约翰·伯查德戏谑地说：木匠和脚夫们苦恼于必须将肿胀的尸体塞进先前准备的棺木中。流言又说：他去世时，曾见到一些魔鬼把亚历山大的灵魂带往地狱。

罗马人为西班牙籍教皇的去世而高兴。暴动发生，卡达兰人被驱逐，不然就当场被杀，房屋遭暴民抢劫，一百幢建筑物化为灰烬，科隆纳和奥西尼的军队分别在（8 月）22 日和 23 日开进罗马，镇压红衣主教团的反抗。爱国的佛罗伦萨人圭恰尔迪尼说：

> 整个罗马城的人以令人难以置信的速度，群集在圣彼得大教堂中的尸体四周。他们不以一望死去的毒蛇为满足。这个恶人把无节制的野心、可恨的奸诈、极多可怖的残酷行为、怪异的贪欲，不论是神圣的或邪恶的，都一视同仁地出卖，已麻醉了整个的世界。

马基雅维利同意圭恰尔迪尼对亚历山大的看法：

> 他只用欺诈，一生中不想其他，也无人立誓遵守他后来毁弃的诺言。可是，他依然处处成功，因为他熟知世界的这个道理。

这些对他的指责以两个假设为基础：罗马流传有关他的故事是真的，他用以经营教皇诸领地的方法被判为不正当；大主教史学家们虽然为亚历山大恢复教皇世俗的权力而辩护，但都指责他的方法和品德。诚实的帕斯托尔说：

> 他到处被描绘成一个恶人，每种罪行都归罪于他，现代的批判性研究在许多方面予他更公正的裁判，拒绝若干对他最坏的控诉。即使如此，我们必须对不加区分就接受一切当时人物传述的亚历山大故事当心……虽然愤恨的罗马见证人无情地找到最称心的方式毁坏他，用流行的讽刺文章和智慧的妙语把他的一生归于令人难以置信的邪恶，仍然有很多地方清楚地证明对他不利，使我们被迫接受拒绝现代洗刷他玩弄真理恶名的各种企图……从天主教的观点，过于严厉地羞辱亚历山大是不可能的事。

新教的历史学家对亚历山大往往表示出慷慨的厚道，威廉·罗斯科在其名著《利奥十世的生活与任期》（1827 年）一书中，首先就为他说好话：

> 无论他的罪名是什么，无疑地已经被过分夸大。他致力于家族力量的扩张，运用他崇高地位的权威在儿子身上，建立对意大利的永久控制，这都毋庸置疑。但当几乎欧洲所有君王都正用同样犯罪的手段满足自己的野心之时，以任何这方面特别少见的可耻行为来污辱他的人格，似乎并不公道。当时，法国的路易和西班牙的斐迪南正联合起来阴谋攫取和瓜分那不勒斯王国。举例来说，亚历山大镇压历经多年借着内战割裂教廷领地的狂烈贵族，征服他对之有公认权力的罗马尼亚境内卑贱君侯们，一般而言，他们那些人同样以非正当的手段获得统治权力；亚历山大可能确信自己的措施是合理的。关于普遍为人相信的，他和女儿间乱伦

交往的指控……也许不难证明未必即有。其次，他性格中不应漠视忽略的许多重要特质并没补救他的种种缺点……即使他最冷酷的敌人也承认他是个有卓越天才、令人怀念、处理一切事情雄辩、仔细、灵敏的人。

M. 克莱顿大主教简述亚历山大的性格和成就，一般都同意罗斯科的看法，但远比帕斯托对亚历山大仁慈。后来，新教学者理查·加奈特在《剑桥现代史》中对他的批判更有力：

> 亚历山大的性格已在现代历史学家的检查下毫无疑问地获知，这是很自然的；一个被控如此多罪行和许多坏事之根源的人，应该是暴君和酒色之徒。但两种描述都不适合他，他性格的根基是极端充溢的自然天性。威尼斯大使称他为嗜欲之人，并不意味任何对他道德上的贬抑，而是指他是具有多血气质的人，不能控制自己的激情与爱好。这使文艺复兴时代那些奉行冷漠不动感情的外交形式的意大利人困惑，他们听闻的谣传又令他们对亚历山大怀有成见。确实说来，他只是比当时大多数侯爵更世俗化而已，过分的物欲使他追求尘世间一切好的和坏的东西，不受道德或任何宗教神灵观念的束缚，他陷入一种粗鄙的色欲之中，虽然在其他方面他适度而有节制。在更可敬的家庭感情乔装下，物欲令他蔑视种种公道原则。他的一位手下说，他只履行圣水所无法完成的工作，另一方面，和蔼与欢乐的气质使他与通常含义的暴政一词绝缘……作为一个留意人民物质利益的统治者，在他的那个时代他可以列为最佳等；作为一个实际政治家，他与任何同时代人物并无二致。但他的真知灼见却为他缺乏政治道德所伤害，他没有了解和预知一个时代的特性与转变的更高智慧，他也不明白原则是什么。

具备与亚历山大对女人魅力与优雅同样感受的我们，在心底深处，不能找到攻击他奸情的任何意念，他当教皇不务正道的行为，并不比和史学家相处如此之好的埃涅阿斯·西尔维乌斯或已被仁慈宽恕的尤利乌斯二世更加可耻，这两位教皇不像亚历山大那样照顾自己的情妇与子女，其事迹却没被记下。的确，有一些家庭方面的事和亚历山大有关，假如教会法规和文艺复兴时代意大利、新教的日耳曼、英格兰的习惯一样，允许神职人员结婚，他会成为一个比较可敬的人。他的犯罪不是针对他的本性，而是因他违反半个基督教世界规定的独身原则。我们不能说他和朱莉娅·法尔内塞的关系是肉欲的，就我们所知而言，瓦娜莎、卢克雷齐娅和朱莉娅的丈夫都没表示任何反对之意，也许那只是一个正常男人对一个美丽女人的诱惑和焕发生命力的单纯喜爱而已。

对于亚历山大政治的判断必须将他的手段和目的予以区分，他的目的完全合法——从混乱的封建贵族手中恢复"彼得的产业"（Patrimony of Peter，基本上是古代的拉丁区）。在僭位的暴君之下重获传统的教皇诸领地，亚历山大和恺撒实现这些目的的方法，和那时、现在一切其他国家使用的方法——战争、外交、欺诈、叛国、违反条约、背弃盟邦——并无两样，亚历山大放弃神圣同盟、购买法籍士兵，争取法国的支持，以放弃米兰为代价，这都是对意大利所犯的主要罪行。那些在无规则可循的国际斗争中，国家使用认为绝对必要的尘世间手段，当教皇以之保证基督信条时却开罪了我们。无论教会向专制政府屈服所冒的危险是什么，假如教会丧失了它的领土，放弃一切尘世的权力变得跟加利利（Galilean）的渔夫一样贫穷，将比用世俗的方法达到政治目的要好。使用这种方法——以金钱资助——教廷得到一个国家，但失去了1/3的基督教世界。

恺撒·博尔贾从病中缓慢地康复，知道自己已陷身一片未可预期的危险中，谁能预知他和他父亲会同时失去能力？当医生们为他放血时，科隆纳和奥西尼的军队迅速地夺回失去的城堡，罗马尼亚被放逐的贵族受到威尼斯的鼓励，开始主张收回他们的领地。既然亚历山大已经死了，失去控制的罗马暴民可能在任何一刻抢掠梵蒂冈，攫取恺撒赖以维持军队的财产。他派遣若干武装人员到梵蒂冈，在剑锋之下，他们强迫红衣主教卡撒诺瓦（Casanuova）放弃对国家资金的掌握，罗马时代恺撒的往事又于 15 个世纪之后重演了。他们带回价值 10 万杜卡特的黄金、值 30 万杜卡特的金银器皿和珠宝。同时，他派遣陆军与兵舰阻止他最强大的敌人红衣主教朱利亚诺·德拉·罗维尔进入罗马。他感到除非他能说服秘密会议选举一位对他有利的教皇，否则，他将失败。

红衣主教们坚持恺撒、科隆纳和奥西尼的军队在不受威胁的选举能够举行之前应该撤离罗马。三支人马都同意让步。恺撒和他的军队退到西维塔和卡斯泰拉纳。然而，红衣主教朱利亚诺进入罗马，在秘密会议中领导所有敌视博尔贾家族的力量。1503 年 9 月 22 日，选举团中敌对的派系选举红衣主教皮科洛米尼为教皇，他建号庇护三世，用以纪念他的叔父埃涅阿斯·西尔维乌斯。他学问丰富，正直无私，子女众多。他已经 64 岁，患有腿疾。他对恺撒友善，允许恺撒回到罗马。但在 10 月 18 日，庇护三世去世了。

恺撒明白自己无力阻止显然是选举团里最有能力的人——红衣主教朱利亚诺·罗维尔——当选教皇。在与朱利亚诺的一次秘密会晤中，恺撒明确表示修好：他答应朱利亚诺，保证西班牙的红衣主教（忠于恺撒的）将给予支持。朱利亚诺答应，假如自己当选的话，批准恺撒为罗马尼亚的公爵，任命他为教皇军队的统帅，其他一些红衣主教，朱利亚诺则以贿赂收买。朱利亚诺终于当选，建号尤利乌斯二世，似乎他将成为另一个恺撒或更好的亚历山大。加冕典礼延至 11 月 26 日，因为星相家们预言那天有一个吉利的星群接近。

威尼斯不愿等待幸运之星，便采取行动占领里米尼，围攻法恩扎，做出尽可能在教廷组成武力之前接管罗马尼亚的迹象。朱利亚诺命恺撒去伊摩拉征募一支新军队保护教皇诸领地，恺撒答应了。为了驶往比萨，他先到奥斯蒂亚。在那里，他接到教皇一封函件，要他放弃对罗马尼亚各堡垒的控制。他拒绝接受，虽然事实明确显示他的对手至少是一位和他有同样坚强意志的人。他竟虑不及此，这是一项重大错误，令人想到疾病已损害了他的判断力。朱利亚诺命他回罗马，他服从了，接着就被逮捕。圭多巴尔多不仅收回乌尔比诺，而且成为新任命的教皇军队统帅，他来探望失势的恺撒。恺撒在这位他曾经废黜和掠夺的人面前表示卑下，求他告诉堡垒的口令，归还乌尔比诺掠夺物中留下的一些珍贵书籍和绣帷，并恳请圭多巴尔多代他向尤利乌斯说情。锡耶纳和弗利拒绝在恺撒自由之前承认口令的效力，尤利乌斯也不肯在恺撒说服罗马尼亚城堡向教皇投降之前释放恺撒。卢克雷齐娅哀求丈夫援救她的兄弟，但阿方索什么也没做，她请求伊莎贝拉·埃斯特，伊莎贝拉·埃斯特也毫无动静，也许他俩晓得尤利乌斯的意志坚定，不能动摇。恺撒终于屈服，向罗马尼亚境内对他效忠的人下达投降命令。教皇释放了他，他逃到那不勒斯（1504 年 4 月 19 日）。

在那不勒斯，他受到贡萨洛·科尔多巴（Gonzalo de Còrdoba）的欢迎，并给他一支卫队，他的勇气比见识恢复得更快。他组织一支小型武装，正准备随军去皮翁比诺（Piombino）。在莱格霍恩附近，贡萨洛奉西班牙斐迪南之命逮捕了他，"天主教王"（Catholic King）授命尤利乌斯立刻采取行动，后者不愿恺撒发动一次内战；8 月，恺撒被押回西班牙，在监狱中折磨了两年，卢克雷齐娅设法使他自由，一切努力终归无效。他已离婚的妻子为他向她的兄弟让·阿尔伯莱特，即那瓦尔之王求助，设计了一项脱逃计划。1506 年 11 月，恺撒栖身那瓦尔宫中，再为自由之人，他立刻找到报答阿尔伯莱特的机会。那瓦尔的附庸莱林（Lerin）伯爵叛变，恺撒率领阿尔伯莱特的部分军队进攻莱林伯爵在维亚那（Viana）的堡垒。莱林伯爵出城反击，为恺撒所败，但恺撒不顾一切地追击败兵。莱林伯爵得到增援，挥军反攻，恺撒为数甚少的军队竟然逃散。在他被击倒杀死之前，只有一位同伴和他并肩作战，他死时才 31 岁。

对一个充满争议的人来说，这是一种光荣的结束。发生在恺撒·博尔贾身上的许多事情令我们无法忍受，他无礼的骄傲，忽视忠于他的妻子，把女人当作纯粹享乐的工具，偶尔对敌人的残忍行为——他不仅判卡美里诺的贵族朱利奥·瓦拉诺死刑，而且扩及朱利奥的两个儿子，显然又命两个曼弗雷迪去死。以他这种残酷和他父亲平和的仁慈比较是很可耻的。通常，他遵照目的完成使命，而任何手段均为正当。他自知被许多谎言包围，在朱利亚诺欺骗他之前，他努力比别人更善于说谎，他兄弟乔万尼之死，几乎可确定他是无罪，他也许是鼓动刺客攻击比谢罗议公爵的人。可能因为曾患病的关系，他缺乏以勇气和尊严面对不幸遭遇的力量。

他有许多长处。他擢升得如此迅速，学习战争、领导、谈判的技巧如此之快，他必有特殊的才干。假如仅用在他指挥下的一支小型武力来恢复教皇在教皇诸领地中的权力，是一件困难的工作，他则以令人惊奇的运动速度、战略技术、经济手段来完成它。他的征服和统治，为罗马尼亚带来许多世纪以来享有的最公平的治理和最繁荣的和平，他受命扫清罗马附近平原令人困扰、叛变的属邦，他以尤利乌斯·恺撒所不及的迅速行动完成任务。身负如此卓越的成就，他可以尽情耍弄彼特拉克和马基雅维利怀抱的梦想；假如征服是必要手段的话，就用来给意大利能使它站起来对抗法国或西班牙集权力量的统一局面。

但他的胜利、他的方法、他的权势、他不可知的神秘、他迅速难测的攻击行动，使他成为意大利的恐怖者而非解放者。他性格上的缺点毁坏了他理性上的成就，从未学习去爱别人是他最根本的悲剧。

此外，再回头谈谈卢克雷齐娅。跟她失势的兄弟比较，她晚年的质朴与幸运生活，是一种多么明显的对照。在罗马，成为中伤者攻击对象的她，却得费拉拉人民的爱戴，被奉为妇德的典型；她设法忘记往日一切的悲惨与苦难，回忆年轻时代的欢乐岁月，并培养对他人的真诚关怀，阿廖斯托、泰巴底奥、本博、蒂托·斯特罗齐和埃尔科莱·斯特罗齐等人在诗中赞美她为"最美丽的女士"。看到她的人，眼睛都舍不得眨一下。也许本博想先为她的情夫，再变为她的丈夫。卢克雷齐娅现在变得有点像一个语言学家，说西班牙语、意大利语、法语，读少许拉丁文和希腊文，我们知道她用这些语言写过诗。马努蒂乌斯把自己的诗篇送给她，在序言中，并暗示她负责担保他的伟大印刷事业。

在家庭生活里，她又为她第三任丈夫生了四男一女。阿方索以不作表露的感情方式深爱着她。1506 年，他一度离开费拉拉，任命她为摄政，她善尽职责，判断力强，以致费拉拉人民愿意原谅亚历山大曾留下她负责梵蒂冈的事务这件事。

她短暂一生的最后几年，致力于教育子女和慈善事业，成为一个虔诚的圣方济各修会信徒。1519 年 6 月 14 日，她产下第七个婴儿，但为一死婴，自此以后，她未离病床。6 月 24 日，卢克雷齐娅·博尔贾去世，时年 39 岁。

第四章 | **尤利乌斯二世**
（1503—1513）

武士

假如我们面前摆着拉斐尔那张意蕴深邃的尤利乌斯二世画像，便立刻可以看出他是一位最坚强的教皇。硕大的头，疲倦而卑逊地低垂着，宽而高的眉，大而象征好斗的鼻子，严肃、深陷而锐利的眼睛，果决而紧闭的嘴唇，带满权威性戒指的手，因权力幻灭而呈现忧郁的脸。就是这个人在10年中，使意大利陷于战乱，从外国军队手中解放意大利，摧毁圣彼得教堂，把布拉曼特等100位艺术家带进罗马，发掘、培育并指导米开朗基罗和拉斐尔。通过他们而贡献给世界一座新的圣彼得教堂和西斯廷教堂天花板，及梵蒂冈的房间——了不起的人啊！

他火暴的脾气，似乎与生俱来。他是西克斯图斯四世的侄子，1443年生于沙沃纳附近。27岁时升任红衣主教，焦虑地经过33年的生涯，才遂其所愿，当上向往已久的教皇。他并不比其他同事更注意独身的誓言。他在梵蒂冈的司仪后来说，尤利乌斯教皇不允许教徒吻他的脚，因为他的脚染患法国病（即梅毒）而破烂。他生了三个私生女，但因为忙于攻打亚历山大教皇，无法对她们施以父爱。他憎恨亚历山大，因亚历山大是西班牙闯入者，并否认他有教皇的资格，称他为骗子、窃位者，并竭尽所能夺取其位，甚至招请法国进攻意大利。

他似乎是天生为亚历山大的对照。那位博尔贾的教皇，快活、乐观而脾气好；尤利乌斯却严厉、威风凛凛、感情丰富、急躁、容易动怒、一仗接着一仗地打，只有在作战时才真正快乐。亚历山大派人督师作战，尤利乌斯却亲自上战场。这位 60 岁的教皇成了战士，穿战袍比穿教皇礼袍还舒服，喜欢营帐和攻城略地，也喜欢自己指挥执枪攻击。亚历山大会玩乐；尤利乌斯却忙完一件事又忙另一件，从不休息。亚历山大可担任外交官；尤利乌斯却发现当外交官极为困难，因为他喜欢直抒胸臆。"他的言语常常粗暴得不拘小节"，"年纪越老，这种错误越明显"。他的勇气，就像他的言语，毫无限制。他在征战中时常生病，一等病好，就再攻击敌人，要使敌人狼狈不堪。

他也像亚历山大一样，贿买一些红衣主教，以便进军教皇宝座。但他在 1505 年的一项训谕中，宣布禁止此种做法。这一改革，他做得很率直。更率直的是，他几乎彻头彻尾地废弃了族阀主义，很少任命亲戚担当官职。但在出售教堂圣俸和升级上，他却模仿亚历山大的旧例。他赠与赦罪状及兴建圣彼得教堂，激怒了日耳曼人。他理财有方，同时资助战争和艺术，并留给利奥教皇大量的财宝。在罗马，他恢复了亚历山大晚年以来的社会秩序，并以明智的用人政策统治教皇领地。他允许奥西尼和科隆纳重得他们的城堡，与这些权势贵族通婚，以巩固他们的忠心。

当他掌握大权时，他发现教会领地处于混战中。亚历山大和恺撒·博尔贾的大半事业被毁坏了。威尼斯于 1503 年攻占法恩扎、拉韦纳及里米尼；乔万尼·斯福尔扎重得佩萨罗；巴格廖尼家族再度君临佩鲁贾，本蒂沃利家族也重占博洛尼亚。这些城市税收的损失，威胁到罗马教廷的偿付能力。尤利乌斯同意亚历山大的看法，认为罗马教会精神上的独立，必得继续拥有教皇领地。他重蹈亚历山大的覆辙，求助于法兰西，以对抗他的意大利敌人（并求助于日耳曼和西班牙来驱逐法兰西人）。法兰西答应派遣 8000 人，条件是交换三个红衣主教的职位。那不勒斯、曼图亚、乌尔比诺、费拉拉和佛罗伦萨允诺派遣小支队支援。1506 年 8 月，尤利乌斯率领其弱小的军队——400 骑兵、瑞士卫队和 4 位红衣主教——离开了罗马。教皇军虽由复位的乌尔比诺公爵圭多巴尔多指挥，但尤利乌斯教皇身先士卒，这是过去几个世纪不曾见的景象。姜巴洛·巴格廖尼自忖无法击退这一联军，便来到奥维托向教皇投降，请求饶恕。尤利乌斯咆哮道："我饶恕你的滔天大罪，但你犯的第一个小罪，我要让你全部偿还。"尤利乌斯凭其宗教权威，在大军抵达城门之前，只带一小队卫士进入佩鲁贾。巴格廖尼大可叫人逮住他，关起城门，但巴格廖尼不敢这么做。站在旁边的马基雅维利非常惊奇，因为巴格廖尼坐失一个"可以永留青史的机会"。马基雅维利像大部分意大利人一样，反对教皇的世俗权力，也反对教皇同时做国王。但巴格廖尼把他的生命（或许是灵魂）看得比死后留名还有价值。

尤利乌斯在佩鲁贾只停留很短的时间，他的真正目标是博洛尼亚。他带着小队将士，越过亚平宁山的崎岖山路，抵达西斯纳，然后从东面攻打博洛尼亚，同时法兰西从西面进攻。尤利乌斯加强攻击，颁布训令，将本蒂沃利及其徒众驱逐出教，并以完全赦罪状为报酬，悬赏杀死他们。这是一种新的战争方式。本蒂沃利逃走，尤利乌斯坐在扛夫肩扛的担架上进入城内，人民把他当作暴政下的解放者而欢迎他（1506 年 11 月 11 日）。他命令米开朗基罗在圣彼得教堂门口为他雕铸巨像，然后返回罗马。他乘坐凯旋车经过罗马街道，被当成胜利的恺撒向他欢呼。

但威尼斯仍占据法恩扎、拉韦纳、里米尼，错估了教皇的好战精神。尤利乌斯冒意大利的险，想攫得罗马尼亚，他招请法兰西、日耳曼和西班牙来帮忙他征服亚得里亚。我们将在日后看到他们在后来的坎布雷联盟上，如何热烈地反应——不是想帮助尤利乌斯，而是想瓜分意大利。尤利乌斯加入他们的联盟，对威尼斯的痛恨超过他对意大利的爱。当盟国以军队攻打威尼斯时，尤利乌斯却以历史上最直截了当的训令，将威尼斯排出罗马教会。他获胜了，威尼斯把窃据的城市归还罗马教会，并接受最卑下的条款。威尼斯的使者，在一项跪痛了膝盖的长典礼中接受忏悔式和破门律训令的解除，时为 1510 年。尤利乌斯后悔请来法兰西国，此时他改变政策，想把他们赶出意大利，并且深信上帝必跟着改变了神圣的意志。当法兰西的大使对他宣称，打败威尼斯是法兰西的胜利时，说："这是上帝的意愿。"尤利乌斯愤怒地回敬以"这是魔鬼的意愿！"

此时他又将好战的眼睛转向费拉拉。费拉拉是公认的教皇采邑，但因为亚历山大为卢克雷齐娅求婚时的退让，仅向教皇国呈献象征性的贡礼。更有甚者，阿方索公爵在教皇命令下对威尼斯宣战时，拒绝教皇讲和的命令，仍是法兰西的盟国。尤利乌斯决定费拉拉必须完全地成为教皇国。1510 年，他以破门律开始作战。这个训令，使一位教皇的女婿变为一个"罪孽深重的孩子及沉沦的祸根"。尤利乌斯在威尼斯人的帮助下，轻而易举地攻占摩德纳城。当他的军队还停留在那里时，教皇误往博洛尼亚城，消息突然传来，一支奉命援助阿方索的法兰西军队，已兵临城下。教皇的军队离得太远，帮不了忙；博洛尼亚城内只有 900 名兵士，而城民因受教皇使节阿利多西红衣主教（Cardinal Alidosi）的压迫，不能赖以抵抗法兰西人。因热病卧倒于床上的尤利乌斯一时绝望了，想到吞药自尽。当他即将卑屈地向法兰西求和时，西班牙和威尼斯的援军赶到，法军退却，尤利乌斯以一劳永逸地开除教籍逼他们仓皇遁去。

费拉拉城也严阵以待，尤利乌斯判断他的军队还没有能力攻取这座城市。他不为军事荣耀所惑，亲率军队围攻费拉拉公爵国的北方前哨据点——米兰多拉镇（Mirandola，1511 年）。虽然已是 68 岁的年纪，他仍在深雪中行军，在冬天作战。他主持战略会议，指挥大炮的操作和安置，检阅军队，酷嗜军旅生活，不让任何人超越他。部属们有时会笑他，但大都欣赏他的勇气。敌人炮火击毙他身旁的侍者时，他就转移阵地，而新阵地又被米兰多拉的炮火打到时，他便冒着生命危险，耸着弯曲的肩膀，回到第一个据点。米兰多拉抵抗两个星期后投降。教皇命令在城中发现的所有法兰西兵士，一律予以处死，但没有发现一个法兰西兵士。他禁止抢劫，保存了这个都市，并出售8个新红衣主教职位，所得用以补给及资助军队。

他企图在博洛尼亚休息，但立刻又被法兵围攻。他逃到里米尼，法国人恢复了本蒂沃利的职权。百姓欢迎这位被驱逐暴君的回来，他们把尤利乌斯建造的堡垒捣毁，铲掉米开朗基罗为他雕刻的塑像，当作破铜片卖给费拉拉的阿方索公爵。这位冷酷的公爵将之熔铸为一尊大炮，命名为拉朱利亚（La Giulia），以纪念教皇。尤利乌斯又颁布另一项训谕，把那些参与推翻教皇在博洛尼亚权威的人，全部驱逐出教会。法兰西部队以重占米兰多拉回报。尤利乌斯发现，在里米尼圣方济各教堂的门上，贴有一张9个红衣主教签署的文件，定于1511年9月1日，在比萨召开大会，检讨教皇的行动。

尤利乌斯心神劳瘁地回到罗马，虽充满了灾厄，却不向失败低头。圭恰尔迪尼声称：

> 虽然教皇发现自己为虚幻的希望所惑，但他在行为上，似乎仍一味模仿神话作家笔下的安泰俄斯。安泰俄斯常为大力士海格力斯的力量所败，却能恢复更伟大的力量和精神。逆境在教皇身上，也有同样的效果。当他似乎是山穷水尽、濒临绝望时，又恢复了精神，以更坚韧不拔的意志和更坚定的决心，东山再起。

为抵制这些反叛的红衣主教，他下令开会，定于1512年4月在拉提朗宫召开大会。他日夜不停地苦干，想建立一个联盟，来对抗法兰西。眼看即将成功，他却于1511年8月17日罹患重病。随后3天，挣扎于生死边缘。到8月21日仍不省人事。红衣主教们准备召开枢密会议，选举教皇继承人。此时，列蒂（Rieti）的主教——庞培·科隆纳（Pompeo Colonna）呼吁罗马人起来反对教皇的统治，重建里恩佐共和国。但次日（22 日），尤利乌斯苏醒过来，不顾医师的劝言，喝下一大口酒。他的复原，使所有人惊奇，更使许多人失望。共和国运动也就此烟消云散。10 月 5 日，他宣布成立神圣联盟，由教皇国、威尼斯和西班牙组成。11 月 17 日，英国的亨利八世加入该组织。势力增强后，他罢黜签署召集比萨会议的红衣主教，并禁止这类会议的举行。在法兰西王的昭买下，佛罗伦萨王准许这项禁会在比萨召开。于是，尤利乌斯向佛罗伦萨宣战，并计划让美第奇复位。1511 年 11 月 5 日，27 位教士连同法兰西王和几所法兰西大学的代表，集会于比萨。但因居民的威胁及佛罗伦萨的不情愿，该会于 11 月 12 日迁往米兰。在法兰西驻军的护卫下，这批分裂的会议出席人，战战兢兢地忍受人民的嘲骂。

尤利乌斯赢得对主教之战后，又转入作战。他买通瑞士参加联盟。瑞士出兵攻打米兰的法军。进攻失败，瑞士军队退回老家。1512 年 4 月 11 日复活节，法军在阿方索的炮兵支援下，由戴法克斯（Gaston de Foix）率领，在拉韦纳击败神圣联盟所组成的军队。事实上，罗马尼亚已全部被法兰西控制。尤利乌斯拒绝主教们求和的请求。米兰会议宣布废黜教皇，借以庆祝此次胜利。尤利乌斯听后置之一笑。5 月 2 日，他乘轿前往拉提朗宫，召开第五次拉提朗会议。然而他很快又丢下会议不管，匆忙赶回战场。

5 月 17 日，尤利乌斯宣布日耳曼已经加入神圣联盟，共同对抗法兰西。瑞士再度被收买，从蒂洛尔（Tirol）进兵意大利，抵住一支因胜利和统帅死亡而解体的法兰西军队。此时，法兰西在兵力上转居下风，于是放弃拉韦纳、博洛尼亚和米兰。分裂派的红衣主教便逃到法兰西。本蒂沃利又逃走了，尤利乌斯成为博洛尼亚和罗马尼亚之主。他趁热打铁，又攻入帕尔马和皮亚琴察。费拉拉这时再也不能依靠法兰西的援助，尤利乌斯稳操胜券。阿方索公爵称，只要教皇肯发给他一张安全通行证，他愿意到罗马，领受赦罪式及和平条件。尤利乌斯真的发给他安全通行证，公爵于是来到罗马，领受宽宏的赦罪式。但当阿方索拒绝以费拉拉交换小小的阿斯提时，尤利乌斯立刻宣布他的安全通行证无效，并以将其捕捉入狱相威胁。奉派送安全通行证给阿方索公爵的法布里齐奥·科隆纳（Fabrizio Colonna），自觉名誉受损，便帮助阿方索逃离罗马。阿方索历经千辛万苦，回到费拉拉后，再度武装碉堡城墙。

现在，这位武士型教皇的旺盛精力终于疲竭了。1513 年 1 月下旬，尤利乌斯诸病齐发，呻吟在病榻上。有失厚道的闲话，称此为得了法国病，其他人则认为是暴饮暴食的结果。因为没有什么治疗可以退热，他也就乐天知命了，一面指示埋葬地点，一面催促拉提朗会议照常进行。他忏悔自己是个大罪人，向红衣主教们告别。1513 年 2 月 20 日，他以生前同样的勇气去世。全罗马哀悼他，史无前例的人群前来送葬，并吻他的脚。

我们无法估计尤利乌斯在历史上的地位，除非把他当作意大利的解放者、圣彼得教堂的建造者及所有教皇中提倡艺术最有力者来研究。但同时代的人，大部分都当他是政治家和武士。他们害怕他无穷的精力、他的凶狠、他的诅咒及毫不妥协的怒气。但在他暴烈的背后，他们仍可以感觉到他充满慈爱的胸怀。他们看到他保卫教皇领土时，就像博尔贾一样，是那样地无情与残忍，但丝毫没有私肥自己家族的目的。即使他的言语使人震惊，他的手段令人惋惜，但他的目标，除其敌人外，无不受到赞扬。他统治收复的土地，不及博尔贾统治得好，因为他太喜欢战争，无暇做个好统治者，但他征服的功绩长留人间。此后的教皇领地，均效忠于罗马教会，直至 1870 年的革命，才结束教皇的世俗权力。尤利乌斯犯了与洛多维科、亚历山大等人同样的错误，把外国军队召进意大利。还好当目的达成之后，他比其前人和后继者更成功地将意大利从这些强国中解放出来。也许他在解救意大利时削弱了意大利，使"野蛮民族"误以为可以在风和日丽的伦巴底平原解决争端。在他的伟大之中，有残酷的因素。贪得无厌的心理，误使他

进攻费拉拉，并打下皮亚琴察和帕尔马。他梦想的不仅是拥有罗马教
会的合法土地，还想做欧洲的主宰及独裁统治各国的国王。圭恰尔迪
尼谴责他"用武力和基督徒的血，把帝国带到罗马教廷，却从来不想
以身作则，为神圣的生活树立楷模"。但在那只讲强权不顾正义的世
界里，以尤利乌斯的地位和年龄，要他把教皇领地让给威尼斯和其他
侵略者，冒险把教会的维系纯粹依赖精神基础，简直是不可思议的事。
在时代的环境和气氛下，他做其所当做。他的时代宽恕了他。

罗马建筑（1492—1513）

尤利乌斯遗泽后世最久远的工作，便是他对艺术的奖励。文艺复
兴的首都，因他的关系由佛罗伦萨迁到罗马，并在罗马达到艺术的顶
峰。犹如在利奥十世的奖励下，文学和学术最为发达。尤利乌斯不太
关心文学。对于他的性格而言，文学太文雅、太女性化了，但艺术纪
念物与他的天性和生活十分吻合。所以，他独尊建筑，新圣彼得教堂
便表现出他的精神，而且是他所拯救的罗马教会世俗权力的象征。他
资助布拉曼特、米开朗基罗、拉斐尔等100多位艺术家，发动12次
战争，并留给教廷宝库70万金币。这真是一个奇迹，也是宗教改革
的原因之一。

从未有人带这么多的艺术家前来罗马。他从法国请来马西拉
（Guillaume de Marcillat）在圣玛利亚教堂装上精良的彩色玻璃窗。他
的宽容思想使他企图融合基督教和异教的艺术，如同尼古拉五世在文
学上的努力一样，如拉斐尔的诗篇，不就是古典神话和哲学、希伯来
神学和诗、基督教情操和信仰的一种早已存在的和谐吗？而且，还有
哪一样建筑物，比起圣彼得教堂的门廊、圆顶、内部柱廊、雕像、绘
画和坟墓更能代表基督教和异教的艺术及情感的融合呢？教士、贵
族、银行家和商人都挤到繁华的罗马，在教皇的领导下，纷纷建筑富
丽堂皇的住屋。从这个中古城市的纷乱中，开辟出宽广大道。新辟的

街道有几百条之多。有一条街道，还以这位伟大的教皇为名。古罗马从废墟中复兴，再度成为都城。

除圣彼得教堂外，罗马可说是堂皇的宫室时代，而非教堂的时代。外部装饰是统一单调的：大长方形的正面，用砖、石头或灰泥砌成，石头做的门上通常刻有装饰图案；每一层楼有统一的几排窗子，上面是三角形或椭圆形的人字墙，几乎全有飞檐。结构的壮丽显示了建筑师一项特殊的尝试和苦心。在这种质朴的正面背后，百万富翁们隐藏着豪华的装饰和陈设：一个中央水井，用宽大的大理石台阶围绕或分开；楼下是交易或储藏货物的简单房间；一楼（piano nobile，即我们的二楼）是接待及娱乐宾客的大厅和艺廊，有大理石或坚固的彩色砖铺成的走道；家具、地毯和纺织品，都是精细的质料和式样；墙壁用大理石的挨墙柱支撑着；天花板雕成圆形、三角形、菱形或方形；墙壁和天花板则挂着最著名的艺术家的名画，这些画通常是以异教为主题——因为当时公认的时尚是基督徒，甚或圣职人员都要生活于古典神话的风味中；顶楼则是王公、贵妇、穿制服的仆役、孩子、奶妈、家庭教师、女教师和女仆的卧房。许多富豪，除拥有富丽堂皇的住屋外，还有乡村别墅，用以远离都市的喧嚣或避暑。这些别墅也藏有豪华的陈设、享受的物品及拉斐尔、巴尔塔萨·佩鲁兹、朱利奥·罗马诺、皮翁博诸人的壁画杰作。这种豪华住宅和别墅建筑，从许多方面来看，是一种自私的艺术，其财富得于许多素未谋面的劳工和远方的土地，而财富仅为少数人用于华丽装饰。古希腊和中古欧洲在这方面表现出较完美的精神，他们的财富不用在私人奢侈享受上，而是献给庙宇教堂，为全民的财产、荣耀和灵感，不仅是百姓的家，也是上帝的家。

在亚历山大六世和尤利乌斯二世的时代，罗马杰出的建筑家中，有两位是兄弟，还有一位是他们的侄子。朱利亚诺·桑加罗原先是佛罗伦萨部队中的军事工程官。后到那不勒斯的费兰特（斐迪南一世）手下服务。后来，在朱利亚诺·德拉·罗维尔当红衣主教的早期，成为他的朋友。建筑家朱利亚诺·桑加罗替红衣主教朱里亚诺·罗维尔把格罗塔费拉塔寺院（Grottaferrata）改造成一座堡垒。可能是在亚历山大的命令下，他设计了圣玛利亚教堂的大方格天化板，并镀上从美洲首次带来的金子。罗维尔红衣主教逃亡后，朱利亚诺替他在沙沃纳建筑一座豪华住屋，并跟随他到法兰西。红衣主教终于成为教皇时，又随他回到罗马。尤利乌斯请他提出关于新圣彼得教堂的计划，但当时布拉曼特更受欢迎，于是教皇力排众议，不顾这位老建筑家的指责，选中布拉曼特的计划。朱利亚诺·桑加罗比布拉曼特和尤利乌斯长寿，后来被任命为拉斐尔建筑圣彼得教堂的督导员，但他在两年后去世。同时，他的弟弟安东尼奥·桑加罗（Antonio da Sangallo）以亚历山大六世的建筑师和军事工程官身份，从佛罗伦萨来到罗马，为尤利乌斯建造了壮丽的圣玛利亚·洛雷托（Santa Maria di Loreto）教堂。1512 年，他们的侄子安东尼奥·皮可尼·桑加罗（Antonio Picconi da Sangallo）开始建造文艺复兴时代罗马最壮观的宫殿——法尔内塞宫。

这个时代最伟大的建筑师是布拉曼特。他于 1499 年从米兰来到罗马时，已经 56 岁了。他对罗马废墟的研究，使他沸腾着年轻人的热情，想把古典形式应用到文艺复兴的建筑。在蒙托里奥（Montorio）邻近圣彼得教堂一座圣方济各会修道院的庭院里，他设计了一座圆形教堂，柱子和圆阁楼的形状非常古典，建筑家们研究并评估它，就好像那是刚被发现的古代艺术杰作一样。布拉曼特由此开始，完成了一连串的杰作：佩斯修道院、圣达马索教堂的漂亮内院……尤利乌斯复授之荣衔：建筑师及军事工程师。布拉曼特设计维吉利亚，完成布尔瓦德尔宫，起造梵蒂冈的走廊，并设计了新圣彼得教堂。他对工作很有兴趣，而不大在乎金钱，因此尤利乌斯必得命令他接受薪俸足以维持其生计的职务。然而，有些竞争者控告他挪用教皇经费，并在建造时偷工减料。其他人则描写他是一位风趣而慷慨的人。他的家是西尼奥雷利、平图里基奥、拉斐尔和其他罗马艺术家们喜欢的去处。

布尔瓦德尔宫是为英诺森八世建造的一座夏宫，位于梵蒂冈外缘几百米外的山冈上。布尔瓦德尔宫，取意于美丽的景色，同时也是宫内收藏的雕刻品的名称。尤利乌斯很早就是一位古董收藏家。他最得意的收藏品，是英诺森八世时代发现的太阳神雕像。他当上教皇后，便把它放到布尔瓦德尔宫的内院里，此后便成为举世闻名的雕像。布拉曼特修建布尔瓦德尔宫的正面和花园宫廷，并计划用一排漂亮的建筑物和花园，将布尔瓦德尔宫与梵蒂冈联结起来，但他和尤利乌斯两人都看不到计划完成就去世了。

若将宗教改革归因于出售赦罪状以建造圣彼得教堂，那么在尤利乌斯教皇时代，最重大的事件便是旧圣彼得教堂的毁坏和新教堂的兴建。据说，旧教堂是教皇西尔维斯特一世于 326 年，在尼禄剧院（Circus of Nero）旁边的使徒彼得墓上建造的。自查理曼大帝以后的许多帝王和教皇，都是在圣彼得教堂加冕的。经过几次扩建，15 世纪，它已经是一座大会堂了，有中堂和双走廊，两旁有较小的教堂、礼拜堂和修道院。但在尼古拉五世之前，它已显出 1100 余年的老态龙钟了。墙壁龟裂，人们害怕它什么时候倒下来，是否会压到一群集会的民众。因此，1452 年，伯纳多·罗塞利诺和巴蒂斯塔·阿尔贝蒂奉召用新墙壁加固这座大建筑物。尼古拉去世时，工程刚刚开始，接任的几位教皇要把钱用到十字军东征上，工程因此停工。1505 年，尤利乌斯二世经过考虑，并否决了其他计划之后，决定毁掉旧教堂，而在前人所谓的圣彼得坟墓上，建一座全新的神祠。他邀请几位建筑师提出设计。布拉曼特获胜，他建议按希腊十字形教堂（十字架的伸臂等长）的设计，盖一座新会堂，并以大圆顶横跨左右翼廊。在相传是他作的著名文章里，他要在君士坦丁的大会堂上，盖万神庙圆顶。布拉曼特设计的新大会堂，面积有 8.67 万平方英尺——比起今日的新圣彼得教堂，还多出 3.48 万平方英尺。4 月 11 日，63 岁的尤利乌斯沿着一条长而颤抖不稳的绳梯，下降到很深的地方安置基石。尤利乌斯本人和他的基金，渐渐投注到战争上，因此工程进展得很慢。1514 年，布拉曼特去世，应该庆幸他并不知道他的计划无法实施。

许多虔诚的基督徒，听到要毁坏神圣的旧教堂时，大吃一惊。大部分红衣主教都强烈反对，许多艺术家也抱怨道：布拉曼特把古教堂精致的圆柱和柱头无情地毁坏了，假如小心一点的话，应该是可以完整无缺地拆开的。布拉曼特死后三年，在一本讽刺剧中，描写他抵达圣彼得教堂大门时，被使徒彼得痛骂一顿，不准他进入天堂。但讽刺家说，布拉曼特一点也不喜欢天堂的安排，也不喜欢地球至天堂这一段充满险阻的道路。"我要造一条新的宽敞大道，让年老体衰的人，可以骑在马背上旅行，然后造一座新天堂，里面有天上诸圣的欢乐住处。"当使徒彼得拒绝这项建议时，布拉曼特提议到地狱建一座新而较好的炼狱，因为老年人在这个时候，几乎已被全部杀死了。但彼得回问道："老实告诉我，什么事使你毁掉我的教堂？"布拉曼特试着安慰他说："利奥教皇将盖一座新教堂给你。"使徒彼得说："那么，你必须在天堂门前等待，直到新教堂落成。"新教堂落成于 1626 年。

年轻的拉斐尔

·成长期（1483—1508）

布拉曼特死后，利奥十世提名一位 31 岁的年轻画家继任新圣彼得教堂工程的建筑师职位。这位画家太年轻，双肩承受不了布拉曼特圆顶的重量，但他是历史上最快乐、最成功而且最受大家喜爱的艺术家。

当他刚降生在乌尔比诺杰出画家——尚蒂的家里时，他的好运便开始了。有些画仍有其父的影子，却流露出他不同凡响的天赋。这表示拉斐尔——他依最美丽的天使命名——生长于绘画气氛之中。来访的艺术家，如彼罗·弗朗西斯科等人，时常停留在他父亲家。他父亲很熟悉当时的艺术，在其著作《乌尔比诺诗史》（*Rhymed Chronicle of Urbino*）中，以聪明的笔法描写 12 位意大利及佛兰德斯的画家和雕刻家。拉斐尔 11 岁时，父亲便去世了，但早已将艺术传给他。维蒂跟弗兰西亚学习之后，于 1495 年从博洛尼亚回到乌尔比诺，继续教导拉斐尔，并把从弗兰西亚、图拉和科斯塔学来的东西传授给他。同时这个小男孩在宫廷人士的圈子里渐渐长大了。卡斯底里欧尼在《朝臣》（*The Courtier*）一书中所描述的上等社会里，乌尔比诺的读书人之间，已开始流传拉斐尔在其艺术和生活上所表现出的高贵气质、礼貌和言谈。牛津的亚斯摩尔博物院（Ashmolean Museum）有一张出色的画，相传是拉斐尔在 1497 年至 1500 年所作的自画像。脸很像女孩子，柔和的眼睛又像诗人。这些特征重现于他在约 1506 年所作的动人的自画像中，色彩较暗而有些聪明模样。该画藏于比蒂画廊。

拉斐尔 16 岁时，从安静而秩序井然的乌尔比诺迁到专制而暴乱的佩鲁贾。佩鲁吉诺正在那里，名声满播意大利。负责监护拉斐尔的叔叔，认为这个男孩子才华横溢，应该让他接受意大利最好的画家的指导，本来要将拉斐尔送到佛罗伦萨的达·芬奇那里，接受这位艺术大师的真传。但这位艺术大师，此时在爱情上略有不如意，使拉斐尔的叔叔望而却步。佩鲁贾距离乌尔比诺较近，而且佩鲁吉诺刚回到佩鲁贾（1499 年），他的笔触，据称融合了佛罗伦萨画家的所有技巧。因此，英俊的拉斐尔就在佩鲁吉诺手下工作了 3 年，帮助他装饰康比欧教堂，这熟练了他的秘技，并学到如何像佩鲁吉诺的画那样，把少女画得既忧郁又虔诚。翁布里亚山（Umbrian Hills）——环绕着拉斐尔从佩鲁贾平原可以看得到的阿西西——充分供给他们师生淳朴的题材及年轻有活力的形态。他们已亲身体会到的方济各风格，并将之融合为一体。

1502 年，佩鲁吉诺返回佛罗伦萨，拉斐尔仍留在佩鲁贾，继承他老师的工作，作宗教性的画。1503 年，他替圣方济各教堂画了一幅《加冕的圣母》（该画现存于梵蒂冈）。画中，使徒们和抹大拉的玛利亚围站在空石棺四周，抬头仰视白云深处，基督将一顶王冠戴在圣母玛利亚头上，美丽的天使以维忽拉和小手鼓奏乐庆贺她。这张画仍有许多不成熟的地方：画中的人物没有个性，脸部表情木然，手的形状不对，手指头太僵硬死板，基督显然比他漂亮的母亲还老，走路的样子像参加毕业典礼的毕业生那样笨拙。但拉斐尔画的那些天使音乐家——动作优美，披肩轻垂，容貌温柔——为他的未来打下了基础。

这张画显然是成功的，因为次年在卡斯特洛的西塔（离佩鲁贾30英里）圣方济各会的另一座教堂又订了一幅类似的画——《圣母的婚礼》。早先那张画的几个人物又被重画了，而且模拟佩鲁吉诺的画。但这张画中，圣母已有了鲜活的容貌和表情——她的头谦逊地倾斜着，椭圆形的脸，温柔的率真，肩膀、手臂和衣服曲线柔美。背后是一位妇女，较为丰满、活泼，金发碧眼，非常可爱。右边是一位穿着紧身衣的青年。这些显示出拉斐尔研究人物的形态非常勤勉。此时，他所有人物的手都画得很好，有些还很漂亮。

此时，通过佩鲁贾认识拉斐尔的平图里基奥，邀请他到锡耶纳做其助手。拉斐尔替一些精彩的壁画作写生画和漫画。平图里基奥拿着这些画，在教堂的图书馆告诉大家：像西尔维斯特故事的这类画像，适合用于教皇。拉斐尔在那个图书馆中曾为古代的雕像《三贵妇》（*The Three Graces*）所迷。这个雕像是皮科洛米尼大主教从罗马带回锡耶纳的。年轻的拉斐尔赶紧将它临摹下来，以帮助他记忆。他似乎从3个裸女的雕像中，发现一个不同的世界和道德系统。这是他在乌尔比诺和佩鲁贾那里所见不到的。在这个新世界里，妇女是愉快的美丽女神，而非悲伤的上帝之母。而且，对美的崇拜，就像对纯洁、无邪的奖励一般合法。拉斐尔异教的精神，此时伴着他的天性及他创作《波耳西纳弥撒》（*The Mass of Bolsena*）和《圣母像》（*The Sistine Madonna*）的艺术天分，逐渐形成。后来，他替一位枢机主教的浴室画美丽的裸女，并在梵蒂冈的寝室内，把希腊哲学家画在基督教圣徒的旁边。在拉斐尔的画中，基督教信仰和异教再生的主题融洽并存。这是文艺复兴时代的其他英雄不及的。

拉斐尔到锡耶纳前后，曾短暂地回到乌尔比诺，替圭多巴尔多作了两张画，可能是象征他战胜恺撒·博尔贾：一张是《圣迈克尔》，另一张是《圣乔治》。目前这两幅画都存于卢浮宫。就我们所知，从前还没有一个艺术家，能够像他这般成功地在画中表现动作。图画中的圣乔治，当他的马惊恐地跃起，而一条龙抓住这位武士的腿时，他抽出他的剑，准备攻击，表现出无比的活力。动作之美，令人喜爱。拉斐尔的技巧，已经渐成一格了。

此时，佛罗伦萨邀请他去，就像曾经邀请过佩鲁吉诺及100多位年轻画家一样。拉斐尔似乎感觉到，除非他能在那个充满竞争与批评的环境下生存，而且最先学得最前沿的线条、构图和着色及壁画、涂料混以蛋黄等使色彩暗晦之画法、油画，等等，否则充其量，他只不过是个地方画家。虽富天分，却被限制住，无从发挥，最后的命运是注定老死家乡。1504年底，他最终决定出发前往佛罗伦萨。

他在佛罗伦萨时，一如既往地谦逊，研究搜集该城的古代雕刻和建筑物碎片，跑到卡迈恩临摹马萨乔的作品，找出达·芬奇和米开朗基罗为维奇奥的会议厅所作的画，细加推敲。也许他曾见过达·芬奇，有一段时期，他深受这位不易捉摸的大师的影响。对他来说，与达·芬奇的《三贤者的礼赞》《蒙娜丽莎》《圣母》《圣婴》和《圣安妮》比较起来，费拉拉、博洛尼亚、锡耶纳、乌尔比诺等派的画，似乎死气沉沉，就连佩鲁吉诺的《圣母像》也只是美丽的傀儡，就像没有成熟的乡下姑娘，突然间被赋予不和谐的神圣感。达·芬奇如何获得如此优美的线条、如此细腻的容貌、如此明暗分明的色调呢？拉斐尔的《马塔丽娜·多尼》画像（*Maddalena Doni*）明显是模仿蒙娜丽莎画像，他省略掉微笑，因为多尼夫人显然没有笑意。但佛罗伦萨妇女的粗壮形态，温柔、臃肿、手指戴满戒指的富人闲态及象征她尊贵身份的衣服的华丽针织和颜色，拉斐尔却画得相当出色。几乎是在同时，拉斐尔也画她的丈夫——安杰洛·多尼，黝黑、机警而严厉。

拉斐尔师从达·芬奇之后，转而向巴托罗米奥学习。在圣马可的茅舍中拜访他。他对这位忧郁教士艺术作品的温和表现、热烈情感、模糊轮廓、和谐布局和浓厚色彩感到惊讶。1514年，巴托罗米奥在罗马拜访拉斐尔。这回轮到他惊奇，因为原本默默无名的拉斐尔竟然跃居罗马最享盛名的艺术家之列。拉斐尔的成名，在于他能够继续不断地尝试新的方法和形式，通过模仿从每一件作品中汲取精华，以创作的热情，糅合成自己的体裁。他一点一点地吸收意大利绘画的丰富传统，从而使之完满无憾。

他在佛罗伦萨时期所作的画，目前享誉于基督教世界。布达佩斯博物馆（Budapest Museum）有一张《年轻男子的画像》，也许是他的自画像，和比蒂画廊所藏的一张自画像一样，戴着同样的贝雷帽，也有相同的斜视眼神。拉斐尔年仅23岁时，画了那张可爱的《葛兰都卡圣母像》（*Madonna del Granduca*，藏于比蒂画廊），漂亮的椭圆形脸、丝样的头发、樱桃小嘴及达·芬奇式的眼睑低垂深思，与身上所穿戴的绿面罩和红色衣袍，形成一个温暖的对比。托斯卡纳大公爵即斐迪南二世很高兴沉醉在这张他旅行途中带回来的画中。与这张画同样漂亮的是《卡地利诺圣母像》（*Madonna del Cardellino*），藏于戈尔德芬奇。圣婴耶稣并非构想观念上的杰作，好玩的圣约翰手抓着猎获的鸟凯旋，令人赏心悦目。而圣母玛利亚的脸，生动地表现出年轻母亲无限的温柔。拉斐尔把这张画送给洛伦佐·南施（Lorenzo Nasi），作为结婚礼物。1547年，一次地震震塌了南施的房屋，将那张画压成了碎片。由于碎片连接的技巧很高明，当贝伦松（Berenson）在沃夫兹看到时，只能臆测它的沧桑史。《草原中的圣母》（*Madonna in the Meadow*，藏于维也纳）是另一张较不成功的不同形式的画，但拉斐尔给我们瑰丽无比的景色，沐浴在暮色雾霭中，夜幕正静悄悄地降落在绿色草原、宁静小溪、市镇和远方山冈上。《花容美妇》（*La Belle Jardinière*，藏于卢浮宫），很难称为最出名的佛罗伦萨圣母像，它几乎是复制《草原中的圣母》而成。把"施洗者"约翰从鼻子到脚都画成荒谬的样子。唯一值得称赞的是，美丽的圣婴，用圆润的小脚，踏在圣母的赤脚上，以令人怜爱的自信仰望着圣母。这一时期，最后完成而且最富野心的是《宝盖下的圣母》（*Madonna del Baldacchino*，藏于比蒂画廊）。圣母玛利亚在宝盖下加冕，两个天使拉开宝盖的折缝，每边有两位圣徒，又有两个天使在圣母脚下歌唱。这是一种传统的表现形式，它之所以出名，因为是拉斐尔画的。

1505 年，他离开佛罗伦萨，访问佩鲁贾，做了两件事。他为圣安东尼教堂的修女画了一张圣坛饰画，目前是纽约大都会博物馆最珍贵的藏品之一。在一个雕刻得很漂亮的框架内，圣母坐在王位上，她的样子，就像华兹华斯（Wordsworth）所说的"非常虔敬的修女"；圣子倚在她的膝盖上，抬起一只手为婴儿圣约翰祝福；亚历山大的圣西西里娅和圣凯瑟琳——则分立圣母两旁；前景则是皱着眉头的圣彼得和拿着书的圣保罗，在上面的半圆壁，四周绕着天使，正在为圣子之母祝福。在祭坛的一个方格，基督在橄榄山祈祷，使徒们在那儿睡觉；在另外一个方格，玛利亚捧着死去的基督，而抹大拉的玛利亚则吻着基督被钉碎的脚。整张画面的结构非常完美，女圣徒动人的造型——深思而又充满智慧。情感丰富的彼得构想得很有力。还有，基督在橄榄山上的独特画面，使这一张科隆纳圣母像成为拉斐尔第一幅不容置疑的杰作。1506 年，他又为安西代伊（Ansidei）家族画了一张较不壮丽的圣母像（藏于伦敦国家美术馆）。严肃端庄的圣母，正在教圣子读书；在她左侧，巴利的圣尼古拉穿着华丽的主教礼袍，也在用功读书；在她右侧，"施洗者"约翰（突然变为 30 岁的成人），一如传说，以先驱者习惯性的手指对着上帝之子。

1506 年，拉斐尔似乎又从佩鲁贾来到乌尔比诺。他为圭多巴尔多画第二张圣乔治像。这次多了一支长矛，一个英俊的年轻武士，穿着盔甲，闪闪发光，表现出拉斐尔另一方面的技巧。很可能就是在这一次访问中，他为朋友们画了一张最为人熟悉的自画像（藏于比蒂画廊）：长长的黑发上，戴着一顶黑色的贝雷帽；年轻的脸颊找不出胡子；长鼻子，小嘴巴，柔和的眼睛。总之，是一张令人难忘的脸，就像济慈所说的："透露出一种清新，而对世界每一种美而敏感的神情。"

1506 年底，他回到佛罗伦萨。他在那里作了几张较不出名的画——《亚历山大的圣凯瑟琳》（St. Catherine of Alexandria，藏于伦敦）和尼科利尼·考珀（Niccolini Cowper）的《圣母与圣子像》（藏于华盛顿）。约 1780 年，第三位考珀伯爵把后一张画藏在马车内偷运出佛罗伦萨。虽然它并不是拉斐尔最好的一幅作品，但安德鲁·梅龙（Andrew Mellon）花了 85 万美元买下珍藏（1928 年）。1507 年，拉斐尔在佛罗伦萨开始创作一幅更伟大的画——《基督的埋葬》（*The Entombment of Christ*，藏于柏琪斯画廊）。这张画是阿塔兰特·巴格廖尼为佩鲁贾圣方济各会的教堂所定作的。7 年前，巴氏曾在大街上跪于临死的孩子身旁；也许她可透过圣母玛利亚的悲伤而表现自己的哀思。拉斐尔把曼特尼亚的《证言》（*Deposition*）当作模范，用同样的威力将人物集合在这张佳作上：憔悴的逝去的基督，被一位健壮的青年和一位有胡子的体衰男子抬到席子上；亚利马提亚（Arimathea）的圣约瑟夫红光满面；可爱的抹大拉的玛利亚恐惧地靠在尸体上；圣母玛利亚晕倒在侍女怀中。每一个的姿态都不同，但都有解剖学上的真实感及柯勒乔式的美感。红、蓝、棕、绿诸色混合成灿烂的统一体，加上柯勒乔画中的景色，把各各他（Golgotha）的 3 个十字架辉映在夜晚的天空，构成一种低沉的调和画面。

1508 年，拉斐尔在佛罗伦萨接受了一个改变他生命的邀请。新乌尔比诺公爵——弗朗西斯科·罗维尔是尤利乌斯二世的侄子，是拉斐尔的远亲，布拉曼特此时正得宠于教皇，很显然，罗维尔公爵和布拉曼特两人都曾在尤利乌斯教皇面前推荐拉斐尔。不久，教皇便送给这位年轻画家一张请帖，邀请他到罗马来。拉斐尔也很高兴去，因为这时，罗马已取代佛罗伦萨成为令人兴奋鼓舞的文艺复兴中心。尤利乌斯在博尔贾的公寓住了 4 年，对朱莉娅·法尔内塞为模特儿的圣母像已经感到厌倦。他想搬进可敬的尼古拉五世曾经住过的那 4 个房间，并要这些房间装饰一些与他英雄性事迹和抱负相结合的画。1508 年夏天，拉斐尔来到罗马。

·拉斐尔和尤利乌斯二世（1508—1513）

菲狄亚斯以后，很少有如此多的艺术家于一年内集中在一个城市。米开朗基罗正在为尤利乌斯的大坟雕像，并为西斯廷教皇礼拜堂的天花板绘画；布拉曼特正在设计新的圣彼得教堂；维罗纳的安杰利科是一位木匠师傅，正为教堂卧房雕刻门、椅和装饰物；佩鲁吉诺、西尼奥雷利、佩鲁齐、索多玛、洛托、平图里基奥等人，已经画好几面墙壁；与切利尼同时代的卡拉多索，正在各处镀金。

尤利乌斯分配给拉斐尔“显灵室”（Stanza della Segnatura）——因为教皇在这个房间内常常听人忏悔和宽赦人罪。他很满意这位青年的第一批画，并认为拉斐尔是实现他脑中大构想的优秀而柔顺的执行人。因此，他解聘了佩鲁吉诺、西尼奥雷利和索多玛，并下令将他们的画粉刷掉，让拉斐尔有机会在那 4 个房间的所有墙壁上作画。拉斐尔劝教皇保留一些旧作。不过，大部分还是被粉刷掉，以便让主要的画有统一的思想和技巧。拉斐尔画一个房间的报酬是 1200 金币。在为尤利乌斯所画的两个房间上，他花了 4 年半的时间。此时，他已经26 岁了。

“显灵室”的计划是崇高而壮丽的：画必须在文艺复兴的文明中，代表宗教与哲学、古典文化与基督教文化、罗马教会与国家、文学与法律之间的和谐。很可能是教皇先构想一般计划，选择题材时再与拉斐尔和其他宫中学者商量——这些学者是因吉拉米（Inghirami）和萨多莱托（Sadoleto），后来是本博和比别纳。在由一面墙壁所形成的大半圆形上，拉斐尔用三位一体和圣贤人物来画宗教，同时以圣餐教义为中心，以罗马教会的神父和博士讨论基督教信仰的性质的方式来画哲学。这是第一次考验他作大幅画的能力。为了这幅《圣餐上的辩论》（*Disputa del Sacramento*），他作过 30 次画前研究，可见他是如何小心翼翼地进行准备工作。他回想起巴托罗米奥在佛罗伦萨的圣母玛利亚教堂所作的《最后的审判》及他在佩鲁贾的圣塞维罗教堂所作的《三位一体的礼赞》（*Adoration of the Trinity*），他把这些画当作模仿设计的蓝本。

结果是如此庄严宏大的全景，几乎可以使最顽固的怀疑论者改变信仰。在拱形的上端，向上辐射的线条，使主要人物看起来似乎是向前弯曲的；在下端，大理石通道的辐射线，则使画面有深度感；最顶端，上帝天父——严肃仁慈的亚伯拉罕，用一只手托起地球，用另一只手祝福全景；天父之下，坐着圣子，腰以上全裸，就像坐在贝壳里；他右边是圣母玛利亚，谦逊地礼敬着；左边是"施洗者"约翰，还拿着牧羊人镶有十字架的手杖；他下面是一只鸽子，代表三位一体的第三者——圣灵。画面上什么都有了。救世主四周，丝绒般的云层上坐着12位《旧约》或基督教历史上的显赫人物：亚当，有胡子的米开朗基罗式的运动家，几乎全裸；亚伯拉罕；庄严的摩西，拿着刻于石上的法律条文；大卫王；犹大·麦克比阿斯（Judas Maccabaeus）；彼得和保罗；圣约翰正在写福音书；大圣詹姆士（St. James the Greater）；圣斯蒂芬；圣劳伦斯；两位身份不明的人。在他们12人之间和云层里——除掉胡子以外的每个地方——二级天使和六翼天使飞进飞出，天使们扇动翅膀、遨游天空。将这群天堂会众与下面的世俗民众隔开，又使之连成一气的，是两个拿着福音书的二级天使和一个摆放圣体的圣体匣。在这四周，是一群各色各样的神学家，他们集会讨论神学问题：圣哲罗姆和他的拉丁语《圣经》及狮子；圣奥古斯丁正在口授《上帝之城》（*The City of God*）；圣安布罗斯穿着主教长袍；安那克利特斯（Anacletus）和教皇英诺森三世；哲学家阿奎那、博纳文图拉（Bonaventura）和邓斯·司各特；阴郁的但丁，好像戴着荆棘；温和的弗拉·安杰利科；愤怒的萨沃纳罗拉，他是另一位报复亚历山大六世的朱利安；最后，在一个角落里的，是拉斐尔的朋友布拉曼特。在这些人物中，这位年轻的艺术家表现了惊人的个人化。使每张脸都成为可信赖的小传，许多人有某种程度的超人尊严，使整张画面和主题更显高贵。也许再也没有哪一张画，能如此成功地概括基督教教条的史诗崇高性。

但是，这位28岁的青年，能不能以同样的能力和伟大来表现人类科学和哲学的角色呢？我们没有拉斐尔读很多书的证明，他以笔说话，以眼睛听。他生活在一个形体与色彩的世界里，文字是无足轻重的，除非文字能表达出人们有意义的行为。他必须以速读的方法做准备，准备另一项伟大的构想，他涉猎柏拉图、第欧根尼·拉尔修（Diogenes Laërtius）和菲奇诺等人的作品，并和博学者谦逊地交换意见。他这一个伟大的构想，是《雅典学派》——概括希腊思想鼎盛时代的 50 位人物，他们时逢其盛，在巨大的异教回廊的拱门下集会。在代表神学崇拜的《辩论》（Disputa）一图的正对面墙上，是哲学的阐释：柏拉图有着古罗马主神朱庇特式的眉毛、深沉的眼睛、飘垂的白发和白须，以一只手向上指着他的理想国；亚里士多德静静地走在他旁边，比他年轻 30 岁，英俊而愉快的样子，伸出手，手掌向下，总像是要将他老师远大的理想带到人间可行处；苏格拉底以手指计算着他的议论，而亚西比德忠诚地倾听着；毕达哥拉斯试着把天体的音乐谱在谐音表上；一位美女，可能是阿斯帕西亚；赫拉克利特正在撰写艾菲索斯之谜；第欧根尼敞开外衣，随便地躺在大理石阶上；阿基米德正为四个全神贯注的年轻人，在石板上绘几何图形；托勒密（Ptolemy）与索罗亚斯德（Zoroaster）正互相掷球；左边有位男孩抱着书本热切地跑上来，要找人签名；一位认真的少年坐在一角写着笔记；向左边看去，有曼图亚的小费德里科、伊莎贝拉的儿子、尤利乌斯的宠物；然后又有布拉曼特及非常谦逊地藏得几乎看不见的拉斐尔本人，他留有胡髭。还有其他很多人物，这些人物的身份，就让学者们去争论。总之，这种智慧的精品，是从没有人画过的，也许根本就是空前的构想。而且，居然没有人斥之为异端，没有一个哲学家为此而暴怒，因为此地在教皇的保护下，众说杂陈，多得无法去思考各种错误之间的相异点。拉斐尔这位年轻的基督徒，突然把这些不同的思想放在一起，按各自的特点，以最易让人理解和感觉的方法绘画出来；以各种艺术手法安排得让神学家都发生错觉，连教皇也要深思联合这些异端的过程和人类思想的创造力。这幅图画和《辩论》一图，同为文艺复兴的理想——异教古迹与基督教信仰，和谐共存于一室。

这些组合而成的画，简言之，就其概念、组织和技巧，是欧洲绘画的巅峰，此后再无人能与之匹敌。

剩下的第三堵墙壁，比前两堵都小，而且被一扇向外推开的窗子隔开，因此保持画面主题的完整性几乎是不可能的事。聪明的办法，就是在上面描绘出诗歌和音乐的意境，这样一来，充满神学与哲学的房间，配上和谐的想象世界，就变得明亮了。而且，优雅的音韵，在那间无情地判生死的房间里，可以静静地唱好几个世纪。在这幅壁画——《帕那萨斯山》中：阿波罗坐在圣山顶上的桂树下，用他的乐器弹些小曲子；在他的右边，缪斯悠闲地斜躺着，面对着对面墙上的圣贤，露出她可爱的乳房；盲诗人荷马非常快乐地朗诵着六音步诗，而但丁虽然在美丽的女神和吟游诗人的陪伴下，仍显出非常不和谐的严酷；萨福漫不经心地弹着她的乐器；维吉尔、贺拉斯、奥维德、狄巴拉斯，还有其他一些出色的诗人，与彼特拉克、薄伽丘、阿廖斯托、伊库甫·桑纳扎罗及意大利当时名声较不显著的诗人，统统混杂在一起。因此，拉斐尔这位年轻的艺术家给予人们的启示是："没有音乐的生活是错误的"，诗的风格与意境，必须能提升智慧的短视之处和神学的粗劣之处。

第四面墙壁也被一扇窗子隔开，拉斐尔在此作画，显示出法律在人类文明中的崇高性。在半圆壁上，他画着代表谨慎（Prudence）、力量（Force）和节制（Moderation）的神像。在窗子的一边，他画上《查士丁尼皇帝颁布罗马法典》（*The Emperor Justinian Promulgating the Pandects*），以代表民法。在窗子的另一边，他画上《教皇格列高利九世颁布教令集》（*Pope Gregory IX Promulgating the Decretals*），以代表宗教法规。为了奉承他那位易怒的主人，拉斐尔把尤利乌斯画成格列高利，完成另一幅具威力的肖像画。在那装饰华丽的圆形、六角形、方形的天花板上，拉斐尔画上一些小作品，如《所罗门的审判》（*The Judgment of Solomon*），及象征神学、哲学、法律学、天文学和诗歌的图画。利用这些图画和类似刻有浮雕的宝石之物，还有索多玛遗留下来之类似奖牌的装饰物，完成了最伟大的建筑——教皇宫的签署厅（Stanza della Segnatura）。

拉斐尔为了这些壁画，几乎竭尽所能，以后再也没有完成如此巨大的杰作。1511 年，他开始创作第二个房间壁画，这个房间现以中间那幅画《伊利欧多罗诗篇》（*Stanza d'Eliodoro*）命名。当他开始作画时，教皇和艺术家似乎都无法再有什么灵感了。尤利乌斯已经不能把他的整个套房，献给赞美古典文化与基督教文化的结合。他要献出几堵墙壁，来画纪念《圣经》和基督教故事的图画。也许为了表示要把法国逐出意大利，他选择一堵墙壁画《伪经》的第二册，关于"希利欧多勒斯（Heliodorus）带领他的异教徒同伴，企图携带耶路撒冷教堂的财宝潜逃，却被 3 个天使武士所拦阻"的这一段生动描写。以大石柱和向后斜的拱门为背景，大教士奥拉亚斯（Onias）跪在祭坛上，请求神助。右边，一位盛怒的骑马天使，正践踏那位强盗首领，另外两位天上来的救助者，也正在攻击跌倒的异教徒同伴，偷来的银币撒满了甬道。左边，尤利乌斯二世不顾历史的记载，沉静而庄严地坐着，看着那 3 位入侵者被赶出。在他的脚边，聚集了一些犹太妇女，极不协调地混着一些人——拉斐尔（现不留胡髭，显出一本正经的样子）和他的朋友，雕刻家莱蒙迪及教皇秘书之一乔万尼·德·弗利阿里。这幅画显然不能与《辩论》和《雅典学派》相提并论，就整个内容的价值来看，很明显是为了褒扬教皇的一种奉献，但仍不失为一幅佳作，画中人物的动作栩栩如生，加上庄严的建筑物，几乎可以媲美米开朗基罗对生气和肌肉解剖的表现。

在另一堵墙壁，拉斐尔画上《波耳西纳弥撒》（*The Mass of Bolsena*）。约 1263 年，靠近奥维托的波耳西纳的波希米亚派教士，怀疑圣物是否真的能够转变为基督的血肉，当他正在望弥撒时，非常惊奇地看到，从弥撒用的圣体渗出血滴来。为纪念这个奇迹，教皇乌尔班四世命令在奥维托建立一座教堂，并每年一次地庆祝圣餐节。拉斐尔画这幅图画非常聪明而有技巧。教士怀疑地注视渗血的弥撒圣体。站在教士后面的助手们惊讶地看着这个奇迹。妇女和孩子们站在一旁，瑞士卫队站另一旁，看不到这个奇迹，很明显，他们并没被感动。红衣主教里亚里奥（Cardinals Riario）和斯基纳（Schinner）及其他教士，看着这幅景象，露出惊惧的样子。在祭坛的那边，尤利乌斯二世跪在雕刻着怪异图样的祈祷台上，庄严沉静地注视着，似乎他早知道弥撒圣体会有渗血之事。从技术来看，这是最好的建筑物壁画之一。拉斐尔已经非常巧妙地在窗子的四周和上面作画。他的设计是用稳健的线条和小心翼翼的描绘。画中的人物和帷幔，都赋予新的深沉而温暖的颜色。画中跪着的尤利乌斯，是这位教皇最后一年的写照，虽然他一直是强壮而严厉的武士、骄傲的王中之王，但他还是人，带着他工作的辛劳和奋斗，注定死亡。

在拉斐尔这些伟大的工作中（1508年至1513年），他创作了很多幅值得纪念的圣母画像。《圣母玛利亚的加冕》（*Virgin with the Diadem*，现藏于卢浮宫），回到翁布里亚式的谦逊虔敬。《白屋里的圣母玛利亚》（*Madonna della Casa Alba*），是以粉红色、绿色和金黄色，配合《女预言者》的粗大、流利的线条而成的一幅优美的画作。安德鲁·梅龙花了116.64万美元向苏联政府买下该画。《弗里诺的圣母玛利亚》（*The Madonna di Foligno*）现藏于梵蒂冈。该画所表现的是云中的圣母与圣子、一位苍白的"施洗者"约翰指着圣母、强壮的圣哲罗姆向圣母介绍该画的捐赠者弗利诺和罗马的西吉斯蒙多（Sigismondo）。拉斐尔因受威尼斯派皮翁博的《圣塞巴斯蒂安》（*Venetian Sebastiano del Piombo*）的影响，所以该画有较鲜艳的色彩。《佩斯的圣母玛利亚》（*Madonna della Pesce*），现藏于普拉多，该画的任何一处都显得非常优美，表现于圣母玛利亚的脸部及表情上、圣子（在拉斐尔所画的圣子之中，该画为最好的）、年轻的脱彼特（Tobit）呈献给玛利亚一尾鱼（该鱼的肝治愈了脱必特父亲的眼疾）、天使的外衣、圣哲罗姆大主教的头部。就该画的内容、色彩及色泽而言，可媲美《西斯廷的圣母》（*Sistine Madonna*）。

总而言之，拉斐尔这一时期所作的肖像画达于巅峰状态，只有意大利画家提香再达此巅峰。肖像画是文艺复兴时期作品的特点，可以说是这个璀璨时代个人自信的开放。拉斐尔所作的肖像画为数并不多，但他的画全都居于艺术的最高水准。最好的一幅是《宾多·阿托维提》（*Bindo Altoviti*）。据推测，画中这位敦厚而机警的青年，健康、眼睛清澈明亮，像女孩子一样漂亮，他不是诗人，而是从拉斐尔至切利尼时期，艺术的赞助者。他是一位银行家。当他被画时，年方22岁，1556年，为拯救锡耶纳使其脱离佛罗伦萨而独立，他竭尽全力，庄严而悲惨地死于罗马。约1512年收藏于沃夫兹画廊的《尤利乌斯二世画像》，当然也是属于这个时期最伟大的肖像画。我们不能说这幅画是拉斐尔的亲笔画，很可能是画室的复制品。而在比蒂宫所收藏的仿制品，除了可以和拉斐尔媲美的肖像画家提香以外，没有人可以画出这样的仿制品了。拉斐尔的亲笔画，无人知其下落。

尤利乌斯本人在《伊利欧多罗诗篇》（*Stanza d'Eliodoro*）完成以前即已逝世，使拉斐尔不知是否要完成这一项伟大的计划。但是，像教皇利奥十世这样与诗歌、艺术结合得像与宗教一样深的人，还有什么犹豫的？这位从乌尔比诺来的年轻人，发现利奥是他忠实的朋友。这位幸福、充满活力的天才，在一位愉快的教皇在位期间度过他最幸福的岁月。

米开朗基罗

·青年时代（1475—1505）

米开朗基罗的父亲是洛多维科·西莫尼，他是卡普雷（Caprese）小镇的市长。卡普雷镇位于佛罗伦萨与阿雷佐之间。洛多维科声称与卡诺萨的伯爵们有远亲关系。米开朗基罗也常以有高贵的血统而自豪。但是经过无情的调查，这是错误的说法。

1475年3月6日，米开朗基罗生于卡普雷。像拉斐尔一样，他也是取名于大天使。四兄弟中排行第二。他出生后，被送到德西德里奥·提加那诺靠近大理石采石区的奶妈处，所以从他出生，就开始呼吸雕刻的粉末。后来他曾经谈到他在凿子和锤子里吸奶妈的奶。在他6个月大时，举家迁至佛罗伦萨。在佛罗伦萨他受过教育，使他长大后足以写好意大利诗。他没有学过拉丁文，所以并不像当代的艺术家们会堕入古代的旧思想里，他是希伯来的而非古典的，他具有新教徒的而非旧教徒的精神。

他喜欢绘画甚于写作，他认为写作是绘画的堕落。他父亲曾对他的这种喜好抱怨，但最后还是让步了，在米开朗基罗13岁时，把他送到佛罗伦萨最著名的画家多米尼克·吉兰达约处当学徒。合同书限定米开朗基罗跟随吉兰达约3年，学习绘画的技巧，第一年只能得到6弗罗林，第二年8个金币，第三年10个金币，并供给食宿。这个小男孩在佛罗伦萨流浪期间，睁大了眼睛，看各种与艺术有关的事物，并记录下来，补充老师给他的教导。他的朋友康第维（Condivi）说："因此，米开朗基罗常到鱼市场去，研究鱼的形状、鱼鳍的色彩、鱼眼睛的颜色，等等，所有这些，借着他的绝顶聪明，重新出现在他的图画中。"

当跟随吉兰达约刚好一年时，他的天性及机遇巧合，使他转向雕刻。像许多其他的艺术学徒一样，他可以很自由地到花园去，接近花园里美第奇所收集的古代雕像和建筑式样。他必曾以特别的兴趣和技巧来模拟这些大理石雕像和建筑，因为当洛伦佐·美第奇想在佛罗伦萨办一所雕刻学校，而向吉兰达约要求送几位立了合同的艺术学徒到他那里时，吉兰达约便送去了弗朗西斯科·格兰奇（Francesco Granacci）和米开朗基罗。这个男孩的父亲，很担心他的孩子从一种艺术跳到另一种艺术的改变，他怕他的孩子被利用于裁截石头。而事实上，米开朗基罗的确有一段时间被如此利用，他为洛伦提那图书馆裁截大理石。不过，很快他就开始雕塑雕像了。全世界的人都晓得米开朗基罗雕塑大理石《农牧神》的故事：米开朗基罗雕琢了一排牙齿，放到老农牧神雕像的嘴里。洛伦佐经过时看见了，便说："这么老的农牧神，不可能有这么完整的一排牙齿。"米开朗基罗就把那排牙齿的上排牙敲掉一颗，作为补救。洛伦佐被这男孩的杰作和资质所动，带他到自己家里，视如己出。1490 年至 1492 年，这位年轻的小艺术家就住在美第奇宫，经常和洛伦佐、波利希安、彼科、菲奇诺及浦尔契等人同桌共食，聆听有关政治、文学、哲学及艺术等最有意义的谈论。洛伦佐供给他一间好房间，并每个月给他 5 个杜卡特作为零用钱。米开朗基罗的任何艺术创作品皆由他本人所保有，并且随他的意思安排处理。

如果没有那次与彼得罗·托里贾诺的不愉快事件，住在美第奇宫的这些年，是他成长时期最美好的阶段。有一天，彼得罗·托里贾诺对米开朗基罗所开的玩笑很不高兴，他告诉切利尼："我握紧拳头打他的鼻子，让他的骨头在我的指关节下碎掉，而且这个标记，要让他一直带到坟墓里去。"所以米开朗基罗往后的 74 年，都像是鼻梁击碎了一样。但这并未使他的脾气变得好些。

在那几年中，萨沃纳罗拉正在传道，宣讲清教徒改革的激烈论调的福音。米开朗基罗常去听道，他永难忘怀萨沃纳罗拉所讲的道和这位先驱者的呼喊，揭示腐败意大利的命运及戳穿了寂静而拥挤的教堂时，在他年轻的血液中所引起的战栗。萨沃纳罗拉死后，米开朗基罗仍留有他的一些精神——害怕道德的腐败会接近他，对专制政体的强烈愤怒感，对命运阴郁的预感。那些记忆与害怕形成他的个性，影响他的凿子和画笔。当他仰卧在西斯廷教堂的天花板下时，他记起了萨沃纳罗拉，他画了《最后的审判》，使萨沃纳罗拉又复活了，把这位教士的怒喝，投掷到几个世纪以后。

1492 年，洛伦佐逝世，米开朗基罗回到他父亲的家里，继续雕刻和画图，现在他又加个小房间用以解剖尸体。米开朗基罗作了很多尸体解剖，使他很反胃，有一段时间几乎不能进食，不过他学到了解剖学。当彼罗·美第奇要求他在宫内庭园塑造一座巨大的雪人时，米开朗基罗有一个很可笑的机会来表现他的才学了。他答应了这个要求，彼罗怂恿他再住到美第奇宫里来（1494 年 1 月）。

1494 年底，米开朗基罗匆忙地沿亚平宁山脉踏着冬雪，流浪到博洛尼亚。据说他的朋友按自己的梦境警告米开朗基罗：彼罗将要走下坡了。也可能是他自己的推测。无论如何，受宠于美第奇家族很可能并不安全。在博洛尼亚，他很认真地研究圣彼得正面奎尔恰的浮雕。他曾受雇完成圣多米尼克的墓碑，在上面雕刻优美的跪着的天使。跟着，他接到博洛尼亚雕刻协会的警告，声称他再跟本地艺术家抢活干的话，他们将依据若干行会条例来处置他。同时，萨沃纳罗拉负责管理佛罗伦萨，德威远播。于是，米开朗基罗又回来了（1495 年）。

这时，米开朗基罗有了一位赞助者洛伦佐·迪·皮耶尔弗兰西斯科，他是美第奇的旁系。为这位赞助人，米开朗基罗雕刻了《熟睡的丘比特》（*Sleeping Cupid*）。洛伦佐建议他把外表雕刻得古典些，米开朗基罗同意了。洛伦佐将这座雕像送到罗马，卖了 30 个杜卡特；商人又把它卖给圣乔吉奥的大主教拉法埃洛·里亚里奥，卖了 200 个杜卡特。大主教发现受骗之后，又把它送回去，赎回钱币。之后卖给恺撒·博尔贾，然后，他又转送给乌尔比诺的圭多巴尔多。当恺撒·博尔贾夺得乌尔比诺时，他又把雕像收回，送给伊莎贝拉，她称之为：“当代再无作品，能与之相比。”这座雕像以后的命运，则无史可考了。

多才多艺的米开朗基罗，发现在艺术家与市民几乎一样多的城市里真是谋生不易。里亚里奥的一位代理人邀请他到罗马，保证大主教会雇用他，而且罗马也有很多有钱的赞助者。因此，1496 年，米开朗基罗满怀希望地迈向首都，在大主教家里任职。里亚里奥并不慷慨，伊库甫·加洛（Iacopo Gallo）是一位银行家，委托米开朗基罗雕刻一尊《罗马酒神》和《丘比特》。其中一尊现藏于佛罗伦萨的巴吉诺，另一尊藏于伦敦的维多利亚与阿伯特博物馆。《罗马酒神》并不能给人带来愉悦感，年轻的酒神一副醉醺醺的样子。按全身看来，头太小了，好像很适合于豪饮者的样子；但身体的设计颇佳，有半男半女的柔和样式。《丘比特》是蹲着的年轻人，像运动员，而不太像爱神。可能米开朗基罗把名字取得不适当，就雕像本身来讲，是非常好的。在此，米开朗基罗这位艺术家，几乎一开始就以雕像的栩栩如生而出名。希腊人喜欢宁静气氛的偏好，米开朗基罗不予采用；希腊人喜欢普遍化风格的偏好，他也不采用，只有《圣殇》是例外。他雕刻个人肖像时，构图上富于想象，雕塑细节却非常实际。除了服饰以外，他不模仿古物。他的作品非常有特色，不是文艺复兴的产物，的的确确是个人的创作。

他第一次逗留罗马时，最伟大的创作是《圣殇》，至今圣彼得教堂仍引以为荣。该作品的契约，是由维里尔大主教所签订的，他是法兰西驻罗马教廷的大使（1498 年），价格是 450 杜卡特。事隔一年，米开朗基罗的那位银行家朋友又慷慨地附上保证书：

> 我，伊库甫·加洛，保证最令人尊敬的阁下，即米开朗基罗先生，将会在一年之内完成该作品，并且将完成在今天绝对没有人能创造更好的全罗马最佳的大理石作品。同时，我保证最令人尊敬的大主教，将遵照合约付款给米开朗基罗。

《圣殇》仍略有瑕疵：垂饰物似乎太多了，圣母玛利亚的头比起她的身体来太小了，她左手伸展的姿态不适合，她的脸明显地比她儿子年轻。对最后这点批评，米开朗基罗有所回答，康第维写道：

> 你知道吗？贞节的妇女比不贞洁的妇女能较长久地保持她的青春。从没有淫乱的念头钻进心胸的圣女，她的身体怎会受多少影响！不管，我要继续做下去，而且我坚信，这位纯洁的少女，除了自然因素使她常保青春外，也许是上天有意，借她使世人相

信圣母的贞操与纯洁。

那是一个可爱而又可以宽恕的想象。观众很快地就满足于那温柔、充满苦恼、沉浸于爱与哀伤中的脸庞。失去爱子的母亲，遵照上帝的旨意，以多抱一刻、为死去的爱子擦拭伤口、不避讳地将爱子放置膝上来安慰自己，虽是在死亡的气氛中，仍是非常优美的。所有生命的意义、悲剧性与解救，统统在这简简单单的组曲中：借着妇女的生育以延续种族；借着爱的力量使凡人变得高贵，使每个新生命向死亡挑战。弗兰茨一世宣称《圣殇》为米开朗基罗的最佳成就，的确是对的。在整个雕刻史中，没有人能超越该作品，也许除了那不知名的希腊人所雕刻的《德墨忒尔》外。

《圣殇》的成功，不仅使米开朗基罗享有盛名，而且也使他获得不少金钱，亲友们都来亲近他。他父亲已随着美第奇的衰弱而失去了洛伦佐给他的闲差，他哥哥也已进入修道院，他两位弟弟却挥霍无度。在这种情况下，他现在变成了维持家计的人。对此他曾有所抱怨，但他还是慷慨地担当起来。

也许是家庭经济的困窘，迫使他于1501年返回佛罗伦萨。同年8月，一项罕有的工作又落到他身上。教堂工程部有一块13.5英尺高的卡拉拉大理石，形状非常不规则，所以放了好几百年都没被动用过。教堂工程部请教米开朗基罗，这块大理石是否可以雕刻。他答应一试，于是在8月16日，由都莫剧院（the Operai del Duomo）和羊毛工会（the Arte della Lana）签署下列合同：

> 艺术大师米开朗基罗……被精选来雕饰并完成一座称作艾尔巨人的男性雕像，高度为九腕尺——腕尺（cubit，约20英寸）……工作从9月开始，限于两年内完成，月薪6金币。工作所需工人、木料等，皆由教堂工程部供给。完工后，该雕像由工会执事及教堂工程部人员评审，以决定是否应再给付酬金，而此

事则取决于评审员的判断。

于是，这位雕刻家耗时两年半，才把这块难于处理的素材雕塑完成。他以英雄式的努力，尽量利用素材每一英寸的高度，他称雕像为《大卫》。1504 年 1 月 25 日，教堂工程部举行一项佛罗伦萨杰出艺术家的集会，以讨论艾尔巨人（或称之为大卫王）该陈设于何处。参加会议的艺术家有：科西莫·罗塞利、桑德罗·波提切利、达·芬奇、朱利亚诺·桑加罗及安东尼奥·桑加罗、小利比、吉兰达约、佩鲁吉诺、乔万尼·皮费罗及彼罗·科西莫。会议的结果莫衷一是，最后还是要由米开朗基罗自己来决定。他要求把雕像放在维奇奥宫的阳台上。领主团体同意了。但是从教堂附近的工场，把雕像搬运到维奇奥，却花了 40 个人 4 天的时间，通路上面的墙壁必须打掉，才能让这个庞然大物通过。把雕像抬到阳台上，又花了 21 天时间。该雕像在维奇奥毫无遮盖的阳台上，任凭风吹雨打、顽童的嬉戏及革命的破坏，历经 369 年。就某方面的意义而言，雕像表示一种激烈的宣言，象征光荣复国的共和国，严厉地威胁窃位者。1513 年，美第奇重掌政权时，禁止雕像被触摸。但 1527 年，在驱逐美第奇的一次暴乱中，从窗子飞出一条椅子，把雕像的左臂撞断。弗朗西斯科·萨尔维亚蒂和乔吉奥·瓦萨里当时还是 16 岁的少年，他们把断臂收藏起来，到后来科西莫·德·美第奇公爵时才把断肢重新安上。直到 1873 年，雕像一直受风吹雨打，此时才又费力地把它搬到美术学院。在那里，这座雕像占有非常尊崇的地位，是佛罗伦萨最享盛名的一座雕像。

称这雕像为绝技之作，的确并不为过。所有技术上的困难，都聪明地被克服了。但在美学上仍有一些瑕疵：右手太大，颈子太长，左脚膝盖以下的部分太长，左臂部似乎比正常臂部扁了些。共和国领导人彼得罗·索德里尼认为雕像的鼻子太夸张了。关于这点，瓦萨里曾提到一个故事，也许是传说——米开朗基罗手中偷偷藏一把大理石粉末，爬上楼梯，假装是在凿掉一部分鼻子，让粉末从指缝掉下，瞒过行政长官，向他宣称雕像已修改好了，其实是原封未动。就整个工作效果来看，实在是无可厚非的——壮丽的架构，还未有米开朗基罗以后所作的英雄人物肌肉鼓起的情形，完美的肌肉纹理、强壮又高雅的脸庞、鼻子略张、有点兴奋状、生气而皱缩的眉毛、果敢的外貌，还染上一点面对可怕巨人歌利亚时的缺乏自信的样子，正准备要投掷武器。以上这些，构成了《大卫》，除了一座可以与之相比的雕像外，这雕像是全世界最闻名的。瓦萨里认为："这座雕像，胜过所有其他任何一座雕像，不管古代或现代，不管拉丁或希腊。"

教堂职工部付给米开朗基罗雕刻《大卫》的款额，总数为400金币。对30个月的工作而言，实在是太少了。在这期间，可能米开朗基罗还接受其他工作。的确在这30个月中间，教堂工程部和工会本身，都会雇他雕塑6.5英尺高的《基督十二使徒像》，以放置在教堂内。这项工作，允许他雕刻12年，每个月给予2个金币，并供给他一栋房子，让他随意去留。这12座雕像，唯一幸存的是《圣马太雕像》，而且只剩一半。参观佛罗伦萨研究院时，我们更可以了解到米开朗基罗对雕刻艺术所下的定义："那是一项用力量去芜存菁的工作。"在他的诗里又写道："将粗硬的石头去掉外表，塑造成一座雕像，石头凿掉越多，雕像便越能成长。"他常说，他是在寻找潜伏在石头中的影像，敲掉石头的表面部分，就像是在寻找埋在滚石下的矿工一样。

约1505年，他为佛兰德斯的商人雕刻《圣母像》，存放于布鲁日的圣母院教堂。这座《圣母像》虽备受赞扬，但它是米开朗基罗较差的作品之一——垂饰单调庄重、圣子头部和身体比较起来不成比例，圣母玛利亚的脸突出而悲伤，好像所有的事都不对劲。更奇怪的是，《圣母像》中，不美丽的圣母竟然像安杰洛·多尼。实际上，米开朗基罗是不太在乎美丑的，他对人体较有兴趣，特别是男性，所以他在作品中，有时候把人物的缺陷也表露无遗。或者，有时候他只在表现灵性或观念，很少说要捕捉住美点，把它雕刻在流传久远的石头上。在《圣母像》中，他在圣母玛利亚的背后，刻了一群倚在矮墙上的裸体青年而破坏了情调。他并非异教徒，很显然他是虔诚的，甚至是清教徒的基督徒。不过，在他《最后的审判》中，似乎他对人体的幻想，还超过了他的虔诚。他对人体的解剖深感兴趣，对改变姿势时四肢、躯干、骨骼、肌肉等的牵动情形也非常有兴趣。所以，《圣母像》中的圣母，往后倚靠，很明显地越过肩膀，从圣约瑟夫手中接过圣子。那是很好的雕像，却是没有生命、没有色彩的图画。米开朗基罗也一再声明，画图不是他的专长。

因此，1504 年，彼得罗·索德里尼邀请他在维奇奥的大会议厅作壁画时，他并无多大兴致，而他所讨厌的人——达·芬奇也要在对面墙壁作画。他有上百个理由讨厌达·芬奇：他贵族式的礼貌、华贵而虚伪的服装、一大堆年轻侍从，也许还因为他在绘画上的声名胜过他。米开朗基罗并不敢确信他的绘画可以和达·芬奇相比，不过他很想试试看。首先，他为他的壁画立起一面 288 平方英尺的布面纸。当他接到从罗马来的训令时，他的画已有了一些进展，但尤利乌斯需要这位意大利最好的雕刻家。邀请他作画的人很不高兴，但还是让米开朗基罗离开（1505 年）。也许米开朗基罗对丢开铅笔和画笔并不烦恼，他又重回到他所喜爱的、需要花劳力的艺术。

·米开朗基罗与尤利乌斯二世（1503—1513）

米开朗基罗立刻就发现，他和尤利乌斯一起会很痛苦，因为他们彼此太相似了。两个人都是脾气暴躁而易怒的——教皇是傲慢而易怒，米开朗基罗阴沉而骄傲。他们在精神上和意志上都是巨人，他们不承认有人胜过他们，他们绝不妥协，他们不停地从一个伟大的计划跳到另一个，他们把人格烙印在时间上，他们以这种疯狂的精力做事，因此在他们死后，整个意大利显得精疲力竭而空虚。

尤利乌斯循着从前教皇们所定的往例，希望他的遗骨能存放于大小和光彩皆能代表其伟大的墓园里，传之久远。他羡慕安德烈亚·圣索维诺为大主教阿斯卡尼奥·斯福尔扎在波波罗的圣玛利亚雕刻的坟墓。米开朗基罗建议建造一座巨大的纪念建筑，27 英尺长，18 英尺宽。用 40 个雕像当装饰物，其中一部分雕像用以象征这个被解救的教皇国；一部分把绘画、建筑、雕刻、诗、哲学、神学拟人化，作成雕像；其他可雕刻一些重要的先哲，如摩西；还有要雕刻两个天使，一个为尤利乌斯之死哭泣，一个微笑迎接尤利乌斯进入天堂。顶端一具是为教皇遗体准备的雕刻精美的石棺。沿建筑物的外表，以铜浮雕装饰，描述教皇在战争、统治和艺术上的成就。所有这些，都要放在圣彼得教堂的讲坛上。这项计划，需要许多吨大理石、成千的金币和雕刻家几年的时间。尤利乌斯同意了，给米开朗基罗 2000 金币买大理石，同时还送他到卡拉拉挑选上好的大理石。途中，米开朗基罗注意到面临大海的一处山坡，可以在上面雕刻一座巨大的人像，在人像顶上点燃亮光，就可以当作水手们的航海指示标记。但是他必须回罗马建造尤利乌斯的坟墓。他购买的大理石运到时，他把它们堆在靠近圣彼得教堂他的住所旁边，人们惊奇于这些大理石的数量和价值，尤利乌斯则非常得意。

这一幕戏剧渐渐演变为悲剧。布拉曼特希望用一笔金钱建造新圣彼得教堂，对米开朗基罗的大计划并不赞成。而且，他害怕米开朗基罗会取代他的位置，成为教皇宠爱的艺术家。因此，他用他的影响力，转变教皇对坟墓的费用和热情。尤利乌斯开始准备对北佩鲁贾及博洛尼亚开战（1506 年），喜欢战神，对原计划的坟墓，则延至战争结束后。此时米开朗基罗不再有薪水，而且他已经把身上的钱花在尤利乌斯要他购买的大理石上，一部分钱花在粉饰教皇给他的屋子。他只好于 1506 年的圣周六（Holy Saturday），到梵蒂冈请求拨款。据告叫他星期一再来，他星期一来时，又据告叫他星期二来，从星期二、三、四，教皇拒绝见他。于是，在星期五，他确切得知教皇不希望见他，离此回家，随即写了一封信给尤利乌斯：

神父道鉴：

　　今天，我已遵命离宫。因此，拟奉告者，即从现在开始，假使要找我的话，我将在别处，而不是在罗马。

　　他把在罗马买的家具卖掉，骑马回佛罗伦萨。途中，在坡奇邦西被信差追上，接到教皇给他的信，命令他马上回罗马。假使我们接受米开朗基罗的个人理由，就了解到他是个不寻常的老实人。他在回信中提及，除非教皇答应完成计划中的坟墓，他才回去。于是他继续前往佛罗伦萨。

　　现在，他又开始画《比萨战役》（*The Battle of Pisa*）的巨幅讽刺画。他的主题并无实际战斗，士兵还在阿尔诺河游泳时，忽然接到命令要去战斗。米开朗基罗并不关心战争，他一心想研究和绘画裸体男人的各种姿势，在此正是他的好机会。他的作品表现从河里探出头的人、正跑着去拿武器的人、急着把鞋子套上湿脚的人、骑马或跳上马背的人、急着穿上甲胄的人、慌慌张张裸着身体参加战斗的人。他没有受过风景画的训练，他也从不在乎风景画或其他大自然景物的绘画，他只注意到人体形象。当他这幅讽刺画完成时，与达·芬奇的画并列在圣诺维拉教堂的教皇厅内。这幅杰出的绘画，形成了拥有百来位画家的画派——包括安德烈亚·萨尔托、阿方索·贝鲁盖特、拉斐尔、伊库甫·圣索维诺、瓦加等。约 1513 年，切利尼模拟米开朗基罗的人物画，以年轻人的热情描述道："如此灵巧的动作表现，古往今来的绘画，均无如此绝佳的笔触。"米开朗基罗于晚年完成了伟大的西斯廷教堂壁画，但没有再达到同样水准的作品。

　　我们不能再说下去了，这幅画从未竟功，画稿遗失了，只剩下一些模拟画的断片。当米开朗基罗画这幅画时，尤利乌斯教皇一再送信给佛罗伦萨领主团体，命令他们把米开朗基罗送回罗马。彼得罗·索德里尼喜爱这位艺术家，并且担心他到罗马后的安全问题，因此一再拖延。直至第三封信，教皇请求米开朗基罗顺从他的命令，并声称顽固抗命将危害佛罗伦萨与教皇之间的和平关系。米开朗基罗要求一份由安托尼奥大主教签署的安全通行证。这期间内，尤利乌斯已经掳掠了博洛尼亚（1506 年 11 月）。现在，教皇断然地下命令到佛罗伦萨，因重要使命饬令米开朗基罗马上到博洛尼亚。米开朗基罗带着索德里尼给教皇的信去见教皇，信中要求教皇"善待并爱护米开朗基罗"。于是，米开朗基罗又一次翻越雪中的亚平宁山脉。尤利乌斯眉头深锁地接见他，由另一位主教来谴责他的违抗命令，发了一顿牢骚，然后才原谅他，并给他一项特殊的任务——"我希望你为我雕铸一座巨大的铜像，要放在圣彼得的正面。"米开朗基罗虽然没有把握能成功地雕这座 14 英尺高的铜像，但他很高兴又回到雕刻中来。尤利乌斯供给 1000 个杜卡特以做这项工作。后来，米开朗基罗报告称，他花在材料上的钱为 996 杜卡特。所以，他几乎是用自己两年来在博洛尼亚赚的钱度日。这项任务，就像切利尼铸造珀修斯雕像那样，极其累人。"我夜以继日地工作，"米开朗基罗在给他兄弟布欧那罗脱的信上写道，"假使整个工作我必须重新再开始的话，我不敢想象是否能完成它。"1508 年 2 月，这座雕像终于放到教堂的大门口。同年 3 月，米开朗基罗回到佛罗伦萨，也许他衷心祈望再也不要见到尤利乌斯。3 年之后，据我们所知，这座雕像被熔成了大炮。

米开朗基罗返回佛罗伦萨，教皇几乎同时下令命他回罗马。他非常懊恼地发现，尤利乌斯并非要他回来雕刻坟墓，只是要他为西克斯图斯四世教堂的天花板绘图。对在 68 英尺高的天花板上，用透视和缩小画法的问题，他没兴趣，因此他声称他是雕刻家，而不是画家。当他的声明不见效时，他便介绍较适合这一工作的拉斐尔。但是尤利乌斯命令他接受，并用 3000 杜卡特的报酬劝哄他。米开朗基罗一方面因害怕教皇，一方面则因急需这笔钱而答应了，不过仍抱怨道："这不是我的强项。"他到佛罗伦萨找了 5 位助手，拆掉布拉曼特所建的笨架子，再重新建架子，然后开始测量、划分这 1 万平方英尺的天花板，计划整个的构图，再在每个划分的空间画图，包括拱侧、三角穹隆及弧面窗部分，总共有 343 个部分。他作了很多事前的研究，有些是研究活的模特。他完成最后一面画的底稿设计时，小心地把架子移上去放好，正面向外，把划分空间的线条掺进灰泥壁里，再移去设计的底稿，然后才开始绘画。

1508 年 5 月至 1512 年 10 月，前后 4 年多的时间，米开朗基罗都在画西斯廷教堂的天花板。这中间并非持续不断地工作，当他到博洛尼亚向尤利乌斯要求经费时，就间断过一段时间。不止是他一个人在工作，时有助手帮忙磨颜料、调灰泥或者还画一些小图，因为有一部分壁画看来是较差的手笔。但这 5 位来罗马帮忙的助手不久就被解雇了。因为米开朗基罗的设计、构图和配色与他们迥然不同，他发现他们传统的佛罗伦萨手法，反而妨碍多于帮助。而且他不知道如何和他们相处，当他爬上架子，自己一个人作画时，他觉得很安慰。在那上面他可以思考，虽然不是很舒适，却很平静，可以引用达·芬奇的说法："若单独一人时，你便是完完全全的你自己。"对工作上的实际困难，尤利乌斯缺乏耐性，使这项伟大的工作完成和展现更增加了阻力。我们完全可以想象这位老教皇，爬着脆弱的架子，被米开朗基罗拉上台子的情景。表示赞叹之余，教皇总是问："什么时候可以完工？"他正直地回答："当我自信已完成了满足艺术要求时。"尤利乌斯生气地反驳道："你是不是要我把你从架子上丢下去？"由于教皇的不耐烦，结果后来米开朗基罗总在最后笔触完成以前就下了架子。之后，尤利乌斯又想在这里、那里，加一点金子点缀。这位厌烦了的艺术家就谎称，加上金饰就很难变成《先知》或《基督十二使徒》。当米开朗基罗最后一次从架子上下来时，他已精疲力竭，憔悴不堪，一幅未老先衰的样子。据说，他的眼睛因长期习惯于教堂的柔和光线，以致不能忍受太阳光线。另一个传说，他变得易于仰视，眼睛向下看反而较为困难。

教皇原来的计划是，希望在天花板上画一系列的《十二使徒》，但米开朗基罗劝他，说他有更伟大、更崇高的计划。他把凸出的拱形圆顶划分为许许多多的方格，再加上立体的想象：想象强壮的年轻人的图样，支撑着飞檐，或坐在柱头上。天花板中间的主要方格，他画一些创世记的小故事，如神创造世界，分开光明与黑暗；日、月、星辰奉上帝之命而生成。造物主形象庄重，面部严厉，身体强壮有力，胡须与长衫飘摆；万能的神，形象与前者不同，伸出他的右手，创造了亚当，左手牵着一个非常美的天使——这方格的图画，是米开朗基罗绘画上的杰作；另一方格，上帝是较老而令人尊敬的神，他用亚当的肋骨创造出夏娃；亚当与夏娃偷吃禁果，被逐出伊甸园；挪亚及其子准备祭品献给上帝；洪水泛滥；挪亚用过多的酒庆祝。以上这些方格画，都是《旧约》中出自希伯来的故事。米开朗基罗是属于宣称毁灭命运的预言家，而不是传授爱的福音的传道者。

在交错的拱门的拱侧里，米开朗基罗画了巨幅人像：但以理（Daniel）、以赛亚、撒迦利亚、乔尔、以西结、耶利米及约拿。另一边拱侧，他画上一般人都相信，曾经预告基督来临的异教先哲：优美的利比亚女预言家西比尔，她拿着一本打开着说明未来的书册；黝黑、不愉快而很有力的库米尔的预言家；勤勉的波斯人；德尔菲和艾里西里安的预言家。这些画可以与菲狄亚斯的雕刻相媲美。实际上，这些画都给予雕刻一种暗示作用。米开朗基罗收集各种资料，变成一种不同的艺术，并改造成他自己的艺术。在天花板两端的三角形里，这位艺术家的画仍旧是取材于《旧约》：在旷野里，狡诈的蛇类蠢蠢欲动，歌利亚被大卫王杀死，哈曼（Haman）上吊，朱蒂丝将霍洛芬斯的首级砍下来。最后，在窗子上面的弧面窗及拱门的凹入部分，像是经过特别准许，再追加绘画的样子，米开朗基罗画上基督和玛利亚的详细家谱。

这些画，无论在构想、绘图、着色及技术方面，都不同于拉斐尔的《雅典学派》，但两者皆为人类历史上的伟大成就。一再仔细考虑的整个效果，远较建筑物本身伟大。对米开朗基罗的图画，我们可以感觉出艺术的完美及基督教与异教思想的融汇。我们所感受的，不只是透视画法、缩小画法及各种不相同的姿势的艺术成就，我们还可以感受到天才的洋溢与气息，就像万能的上帝，在地球上创造出亚当的巨幅图画一样地富有创造力。

在此，米开朗基罗约束的情感再度奔放，虽然是在教皇的教堂，但他艺术的主题与对象都是人体。像一般的希腊人一样，他较忽视脸部，表情则由整个的身体架构来表示。西斯廷教堂天花板的图画，有 50 位男人和几位女人是裸体的。图中没有风景，除了《创造植物》一图外也没有植物，没有装饰用的图饰。就像在奥维托所画的壁画一样，人体是唯一的装饰品与意象的表示。西尼奥雷利是米开朗基罗所学习的画家，奎尔恰是米开朗基罗所学习的雕刻家。天花板上每一处小空间，就他整个画图计划，是要画上裸体像，并不像运动家那样健美。没有性的暗示，仅是展示了人体精力、生活力与生命的高度融合。虽然一些胆小的人，抗议把众多的裸体像放在上帝的殿堂里，但尤利乌斯并不反对如此，他的心胸像他的仇恨一样宽广。他看到这些作品时，他知道那是伟大的艺术。也许他知道借此赢得的战役并不能使他不朽，而是米开朗基罗在教堂拱形圆顶所作的神奇、神圣的自由之笔，才能使他永垂不朽。

米开朗基罗完成西斯廷教堂的天花板后 4 个月，尤利乌斯逝世。此时米开朗基罗将近 38 岁。他从前所作的《大卫》和《圣殇》，已使他跻身意大利名雕刻家之列。而这西斯廷教堂天花板的杰作，使他与拉斐尔在绘画上的成就相匹，甚至超过了拉斐尔。似乎已经没有什么难事需要他去克服了。的确，连他自己都没想到，他还有半个世纪可以活；或者，他也没想到，他最有名的绘画及他最成熟的雕刻作品，都还没有完成。他抱怨尤利乌斯教皇的去世，他不敢肯定，利奥教皇是否会像尤利乌斯一样，尊崇艺术。米开朗基罗于是从他的住所退隐了，等待另一个时机的来临。

第五章 ｜ **利奥十世**
（1513—1521）

年幼的红衣主教

这位教皇之所以能在罗马历史上创造灿烂而不朽的时代，是因为其父的政治方略，使他能在宗教事业上一帆风顺。洛伦佐·美第奇几乎被西克斯图斯四世所毁，他希望其家族的权威及其子孙在佛罗伦萨的安全，都能因有一个美第奇在教廷内部的圣教团里而获助。他从二子乔万尼的孩提时代起，就已为他安排好了教职。这个孩子 7 岁时就已被授僧职，继而受任教产缺席受益人；8 岁时受命为法兰西杜斯堡（Douce）的修道院院长；9 岁时，任帕西那诺的修道院院长；11 岁时，任蒙特卡西诺那深具历史意义的修道院院长。乔万尼登上教皇宝座之前，已有 16 个圣俸之多。8 岁时已被任命为教廷首席书记官；及至 14 岁，则受任红衣主教。[1]

这位年轻的主教在学者、诗人、政治家及哲学家群中长大。他先受教于菲奇诺，继而从德米特里斯·卡尔孔狄利斯处学希腊文，从比别纳处学哲学，后者成为他的红衣主教之一。他从其父宫廷里与周遭

---

[1] 当红衣主教的不必是教士；选任红衣主教视其政治能力与关系，而非视其宗教上的美德。

的艺术品搜集中培养了审美的能力，迨至成年之后，这几乎成了他的信仰。或许他还从他父亲那里学得了慷慨恢弘的气度及爽朗享乐的生活方式。这些特色都将表现于他任红衣主教与教皇期间，并将对基督教世界产生影响。13 岁时，他进入其父重建于比萨的大学。在大学 3 年，他专攻哲学与神学，教规与民法。16 岁时，他正式获准加入罗马的圣教团。洛伦佐于 1492 年 3 月 12 日送他上路时，还附与他历史上一封最有趣的私函：

> 你，及关怀你的幸福之人，都应自认备受上苍的眷顾，这并不仅因有许多的名与利赠予我们的家，而是特别因你的缘故，使我们尊荣皆享。这种关爱本身极其重要，更因此际遇而深具意义。你年轻有为，我则在此世居高位，上苍的眷顾因而更加重要。因此，我所要交代你的第一件事情是，你应感激神恩，并时刻铭记：你有今日，并非因本身的优点、谨慎或热诚所致，而是由于上苍的眷顾，所以你必须以虔诚、贞洁及以身作则的生活方式来回报；你履行这些职责的义务因而更加重大，正如你早岁期望成年后能有这样的成果一样……所以，你早先借规律生活与奋发苦读所得的高位既已成负担，就应稍事减缓。你往年经常自动拜受圣餐，私下忏悔，这一点使我很满意。我认为，要获得上苍的眷顾，最好的办法莫过于养成履行这类职责的习惯……

> 我很明白地说，你卜居于万恶之源的罗马时，要遵从这些箴言诫语，必定会增加不少困难。榜样本身深具影响力。你或许会碰到那些特别想使你含垢趋恶的人，你早先所获的尊荣，难免会引人妒羡，而无法阻止你接受尊荣的人，恐怕就要暗地设法削减你的声势，使你失去众人的好评，从而使你陷入他们所跌落过的深渊。这样，你若是年轻无知，恐怕就会给他们成功的信念。你应以坚定的意志来对付这些困难，犹如对付目前教团里德行较差的同侪一样。我的确承认：他们有好些都是善良而饱学的人，他

们的言行定资效法，我要你以他们作为行为的典范。你向他们学习，必能随着年纪增加而显名受敬，你这特殊的境遇，也将使你与同侪迥异。然而，要避免虚伪的秽名。你的言行方面，应提防所有的夸饰，不要装出严肃的模样，也不要显得过分庄重。我希望你此后能体会并实践这些忠告，胜过我所能表达出来的。

然而，你并非不知你要表现的人格非常重要，因为你很明白，如果红衣主教都能为所应为的话，整个基督教世界就会因而繁荣昌盛。因为在这种情况之下，永远都会有一位贤明的教皇来安定基督教世界。所以你要尽力而为，使别人都以你为榜样，则这种普遍的福佑就可以期待了。要特别吩咐你在言行上应注意之处，就不太简单了。因此，我只想这么交代你：跟红衣主教及其他德高望重的人说话时，言语要自然而庄重……但是，你此次初访罗马尤应多听少说……

在公开的场合，你的服饰应讲求朴素，而不应多事奢华。华美的居舍与井然的家园，较宜于收益丰盈、宅邸伟煌的人；美服宝饰并不适合你的身份。你的见识尽可表现于获取精巧的古玩、搜藏大量的书籍，及你卫从个个学养丰富，而非以多称胜上。邀约他人来访要多于赴约。两者都不要过多。饮食要清淡，运动要充足，否则稍一不慎，养成的习惯就易于酿成病痛……尽少对人倾吐隐衷。我要吩咐你特别注意的一点是要早起，这不仅会增进你的健康，而且会使你能够安排并加速办好当天的工作。由于你身负诸责，像做宗教仪式、读书、见客等，你将发觉我的劝诫会使你受益匪浅……或许有人会要你利用特殊的场合代他向教皇说情求宠。但你要小心的是：不要经常打扰他，因为愈少对他烦以恳请的人，愈能得到他宽宏的对待。这点你必须注意，免得触怒他，还要记得时时跟他说些愉快的话题。如果你非请他帮忙不可的话，务必态度谦和，以期迎合他的脾气。再见。

　　不到一个月，洛伦佐·美第奇就谢世了，乔万尼刚抵"万恶之源"，就赶返佛罗伦萨，协助其长兄彼罗维持动荡不定的政权。倒霉的是，他重返佛罗伦萨后，彼罗被推翻了，这是乔万尼绝少碰到的不幸之一。为了逃避群众不分青红皂白对美第奇家族的愤怒起见，他易装成圣方济各会的修道士，挤过充满敌意的人群，请求进入圣马可修道院。该院曾获其先祖慷慨资助，但当时受到他父亲的敌人萨沃纳罗拉的控制。修士不允许他进入，于是他只得暂时藏身于郊野，然后翻山越岭，前往博洛尼亚与其兄弟会合。他憎恶亚历山大六世，因而拒往罗马。6 年来，他一直过着逃亡或被逐的生活，但显然并不曾银钱短绌。他曾与堂兄朱利亚诺（后为克莱门特七世）及数位朋友往访日耳曼、佛兰德斯和法兰西诸处。最后他终于依从亚历山大，卜居于罗马（1500 年）。

　　在罗马，人们都喜欢他。他待人谦虚，态度和蔼，宽宏大度。他敬备厚礼，分赠以前的老师波利希安和德米特里斯·卡尔孔狄利斯。他广搜书籍与艺术作品，连他那丰盈的收入都几乎不足以用来资助诗人、艺术家、音乐家及学者。他尽享生活的艺术与乐趣。素得教皇欢心的圭恰尔迪尼说他是个"享有贞节之名，毫无瑕疵的人"；马努蒂乌斯则称赞他"生活虔敬，无可指责"。

　　1511 年，尤利乌斯二世命他持节统辖博洛尼亚与罗马纳时，他的荣显恢复了。他跟随教皇的大军前往拉韦纳，手无寸铁，徒步战场，以鼓舞士气。兵败后，为行将死去的士卒行圣礼，在战场上待得太久，以致被一支为战胜的法军效劳的希腊分遣队所俘。他被遣往米兰，欣然发觉连法军也不怎么注意犯宗教分立罪的红衣主教及其巡历的宗教会议，倒是热切求他祝福、赦免，或许也想要他的钱包。他从宽容的掳掠者那里逃脱，加入西班牙与教皇的联军，攻打普拉托，陷于佛罗伦萨，与其兄朱利亚诺协力恢复美第奇家族的政权（1512 年）。数月之后，他奉召前往罗马，参与选举教皇尤利乌斯的继承人。

　　当时他才 37 岁，根本没想到自己会被选为教皇。他走进一片狼藉的教皇选举秘议室，深以痔疮为苦。经过一周的辩论后，乔万尼·德·美第奇终于在 1513 年 3 月 11 日当选，显然并无圣职买卖的事情，并取名为利奥十世。他还没有教士的身份，但这个缺憾在 3 月 15 日获得补救。

大家既感惊讶，又觉欢欣。经过亚历山大与恺撒·博尔贾的阴谋、尤利乌斯的战乱与骚变之后，能由一个年轻的教皇来领导教会，或许要以和平的方式，这倒是很令人感到慰藉，何况这位年轻人早就以其逍遥而善良的本性、机敏与谦虚，及对文艺的慨助闻名遐迩。费拉拉的阿方索曾与尤利乌斯恶斗，但现在并不怕到罗马来。利奥重新邀他来访，尽待以公爵之礼，而这位由衷感激的公爵就在 3 月 17 日的加冕队伍中，利奥上马前进时，手扶马蹬，随侍在侧。这些就职典礼所费多达 10 万金币，靡费空前。银行家基吉在一辆半顶车上刻上了一句满怀希望的拉丁文："一度是爱神"统治（亚历山大），"其后由战神"（尤利乌斯），"现在则由智慧之神管辖"。一个更为简洁的警句则传诵一时："战神已矣，今则为智慧之神，我，爱神永恒。"诗人、雕刻家、画家及金匠等皆表欢欣。人文主义者庆幸奥古斯都时代又将来临。登上教皇宝座而能如此广受民众拥戴的，这还是旷古第一人。

利奥本人——如果我们信得过当时的作家——欣然对其兄朱利亚诺说："且让我们共享教皇大权，因为那是神恩赐的。"这句话或许不足为信，但其中并无亵渎的含义，而是说：一个爽朗的人，就要表现其豁达与快乐的天性，根本就不曾在这万事顺遂的时候，料到半个基督教世界就要群起反抗教会了。

快乐的教皇

他登基之初的措施极佳。他饶恕了那些阴谋反对比萨与米兰宗教会议的红衣主教，从而终止教会分裂的威胁。他答应——并且守信——不沾染红衣主教留下的产业。他重开拉提朗会议，并以其优雅的拉丁文说辞欢迎与会代表团。他完成了一些琐细的教会改革，并减低征税。他于 1514 年 5 月 3 日发布一道敕令，拟大肆改革，但公职人员恐因而减少收益，大肆反对，使他没有极力执行。"我要再考虑此事，"他说道，"来看看能否使大家都觉满意。"这就是他的个性，而他的个性注定了他的命运。

拉斐尔曾于 1517 年至 1519 年替他画过肖像，但那幅像并不如尤利乌斯的有名，这部分也是他自己的缺点：他的像较乏思想的深度、英勇的气概与内蕴的灵气，而使他的外貌和精神显得凛然庄严。那幅画像显得冷酷无情。一个魁伟的人，较常人为高，也较常人为重——掩盖于绒白的皮袍与淡红的披肩里的，是胖得有碍雅观的躯体；柔软无力的双手，并没有带戒指装饰；一幅读书眼镜借以补救近视眼；头圆，腮鼓，两唇丰满，下巴相叠，鼻耳皆大；从鼻子到嘴角有数条严厉的皱纹；两眼深陷，忧郁，眉毛稍蹙；这样的画像显示利奥是一个从权谋诈术觉醒，或许是一个因宗教改革乱无章法而深觉不快乐的人，而不是一位无忧无虑的猎人与音乐家、慷慨的资助人或有教养的享乐主义者，曾使罗马人因他登基而欢欣异常。

生来就有福气的利奥，其基本特征是善良。他对人总是愉言悦语，除了对新教徒（他无法渐加了解）外，总是看他人好的一面，并慷慨施予，因此连他那博爱济众的做法（向基督徒征收重税所得），也是宗教改革的原因。即使在病痛之中，我们还是听说他谦虚、机敏、和蔼以及快活的脾气。（他的痔疮虽屡经开刀，却总是复发，有时连移动也苦不堪言。）他尽量让别人自谋其生。当他发觉某些红衣主教竟欲谋害他的性命，他最初的温和手段与厚道措施，转而变成严厉的制裁。他有时会显得冷酷无情，如对乌尔比诺的弗朗西斯科·罗维尔与佩鲁贾的姜巴洛·巴格廖尼。必要时，他会像外交家那样撒谎，并且也常常以谲诈的政治手腕取胜。他往往表现慈悲的作风，如他禁止（但无效）奴役美洲的印第安人，力阻天主教徒斐迪南猛厉的宗教审判。尽管他肆意俗事，他还是一本信实，履行祭务，遵行斋期，并认清宗教与取乐两者之间并无本质上的矛盾。他曾因对本博说过这句话而受谴责："万世皆知这个基督的寓言使我们获利匪浅。"然而，关于这点的权威之作，应推《教皇迹考》（*The Pageant of Popes*）这部极具论辩的著作。该书是由一位微贱的英国人约翰·贝尔（John Bale）于 1574 年左右写就。即便是思想自由的拜莱（Bayle）与新教徒罗斯科（the Protestant Roscoe）两人，也拒绝将基督的事迹看成是寓言。

他取乐的范围，从哲学到滑稽戏，无所不包。他曾受家学之赐，欣赏诗、雕刻、绘画、音乐、书法、彩饰、织物、花瓶、玻璃制品——所有美丽的东西。虽然他对艺术的欣赏欠缺深度，难为鉴识的楷模，但他对艺术家和诗人的资助，使其先祖在佛罗伦萨的传统，能继续在罗马发扬光大。他过于懒散，无法关怀哲学，他明白推论的结果皆难以确定正确与否，所以从大学时代，就绝少费神去想形而上学的问题。他用餐时听人诵书，通常是历史方面的，不然就欣赏音乐。他对音乐的鉴赏力极高，因为他的耳朵很灵，也有一副悦耳的歌喉。他的宫廷高薪聘请了数位乐师。"即兴诗人与音乐家"伯纳多·亚克提（Bernardo Accolti）以利奥付给他的薪资买下了内皮的小公国，一位犹太籍的维忽拉手赚得了一个城堡及伯爵的衔号，而歌唱家梅里诺（Gabriele Merino）则受任为大主教。在利奥的关照与鼓励之下，梵蒂冈的歌唱队已臻空前至善之境。拉斐尔将这位教皇画成正看一本圣乐的乐谱，确极恰当。利奥搜集乐器，不仅选其美观，而且择其音色。其中有一架风琴是用雪花石膏装饰的，卡斯底里欧尼认为那是他耳闻眼见的最可爱的东西。

利奥也喜欢在宫廷养些弄臣和丑角。这跟他父亲及当时国君的习惯相同，并不使喜爱欢乐仅次于财富与纵欲的罗马人感到惊讶。我们现在看来，当德国的宗教改革激烈进行之际，轻浮或粗俗的戏谑竟会传遍教皇的宫廷，似极令人不悦。利奥看着演滑稽戏的僧侣，张口生吞一只鸽子，或连续吃下 40 个蛋，真是兴乐至极。他欣然从葡萄牙的特使处收到一只购自印度的白象；这支白象在观见天颜时还跪拜了3次。如果有人献上一个机敏、畸形或呆蠢得能使他欢乐不已的人，则必能开启其心扉的快意。他似乎觉得：偶尔沉溺于这类的娱乐，就能免除肉体的痛苦，舒缓他的操劳，并延长他的寿命。他有点童稚的无邪。有时他会跟红衣主教打牌，准许民众围坐观看，然后将金币赐予观者。

　　他最喜欢的娱乐是打猎。打猎可使他免于发胖，并使他在教廷久困之后，能够驰骋于郊野。他有个大马厩，马夫达数百人。10月他大部分时间都用在逐禽猎兽，这是他的习惯。御医极为赞同这种嗜好，但掌礼官帕里斯·格拉西（Paris de Grassis）则抱怨说：教皇穿那沉重的长靴过久，因此，"没有人吻得到他的脚"——听了这话，利奥不禁放声长笑。我们光从拉斐尔所绘的肖像，还看不出教皇的慈厚面，但当我们知道乡农与村夫在他路过时欢迎他的情形及献上朴实的赠物——教皇也报以厚赐，因此人们都急于等候他的狩猎之行——我们才会发觉这位教皇确能爱及大众。他赐嫁妆给穷人家的姑娘，他为贫病或年老的人，或大家庭的父母付清欠债。这些淳朴的人由衷敬爱他的程度，尤甚于教廷里的那2000人。

　　但利奥的宫廷并不只是娱乐取悦的中心，它也是责任心重的政治家汇集之处，而利奥也是其中之一。它是罗马的智士与才子的中心，凡是学者、教育家、诗人、艺术家和音乐家都受欢迎，皆获庇荫。庄严的宗教仪式、隆重的外宾接待、奢费的宴会、戏剧或音乐的演出、诗的朗诵及艺术品的展览等，都在此地举行。毫无疑问，它是当时全世界最高雅的宫廷。从尼古拉五世到利奥本人，经过许多教皇对教廷的改善与装饰，汇集文学与艺术的天才，及全欧最能干的大使，利奥的宫廷虽非艺术登峰造极之地（因这方面尚不及尤利乌斯），却成为文艺复兴时期文学灿烂的巅峰。仅就文化的范畴而言，史上尚无匹敌，连伯里克利时代的雅典或奥古斯都时代的罗马，也望尘莫及。

　　当利奥所蓄积的财宝沿着经济的动脉流通时，梵蒂冈城本身也得以繁盛并扩展了。威尼斯的大使说道：在他登基之后 13 年，罗马盖了万栋的住屋，主要是由那些向往文艺复兴运动而从北意大利移入的新来者所建。特别是佛罗伦萨人在某个佛罗伦萨主教任职期间，纷纷涌来。保罗·焦维奥曾移住于利奥的宫廷。他估计罗马的人口达 8.5 万。它虽还不像佛罗伦萨或威尼斯那么昌盛，但当时已被认为是西方文明的中心。马尔塞罗·阿尔贝里尼（Marcello Alberini）曾于 1527 年称之为"世界的集会地"。利奥虽沉湎娱乐，身系外交事务，却仍能控制食品的入口与价格，废除垄断专卖与囤积居奇的现象，减低征税，公平审判，努力排干庞廷沼地，奖励罗马城四周平原的农业，并且继续亚历山大与尤利乌斯两位教皇的工作，开辟或改善罗马的街道。就像他父亲在佛罗伦萨一样，他雇用艺术家设计绚烂的赛会，鼓励狂欢节的化装盛宴，甚至还赐准博尔贾家的斗牛在圣彼得广场表演。他希望人们都能共享新黄金时代所带来的快乐。

该城效法教皇的榜样而尽情欢乐。教士、诗人、食客、龟奴及娼妓都赶到罗马来分享繁荣的盛况。红衣主教——受到教皇，尤其是利奥的恩赐，圣俸无数，整个拉丁的基督教国都向他们献纳——现已远较往日的贵族富裕，后者已渐因经济的衰颓而没落了。有些红衣主教岁入 3 万金币。他们住的是庄严的宫殿，仆役数达 300 人，并饰以当时为世所知的各种艺术品与奢侈品。他们不同于教士，他们是政治家、外交家、行政官，他们是罗马教会的罗马元老院议员。他们自诩为议员。他们笑对那些期待教士节欲自制的外国人。就像当时许多人一样，他们评品行为并不是依据道德法则，而是依据美学的标准。有些戒律若能按礼法和趣味去做，也无伤大雅。他们的周遭尽是仆从、乐师、诗人及古典学家，有时还跟风雅的高等妓女共餐。他们抱怨说，厅堂一般都没有女人。根据红衣主教比别纳的说法，"大厅里就少了圣母玛利亚的像而已"。他们钦羡费拉拉、乌尔比诺与曼图亚，而当伊莎贝拉来参加他们的光棍餐会，并展现她的裙袍和温柔时，他们都大感欣喜。

礼仪、品鉴、愉悦的谈话、艺术的欣赏，都已登峰造极，财物的资助则丰厚异常。较小的都会里有过高尚的圈子，但卡斯底里欧尼宁择乌尔比诺那些静默的同道，也不愿取罗马那种大都会里较嘈杂、较炫饰的文明。不过，乌尔比诺毕竟是个文化小岛，而罗马则如大江瀚海。路德曾亲睹此况，深感惊讶与厌恶；伊拉斯谟也曾涉足其间，却欣喜欲狂。数以百计的诗人宣称：农神之治又临人世了。

学者

1513 年 11 月 5 日，利奥发布了一道敕书，拟合并两处经费短缺的学术机构：圣宫学院（The Studium Sacri Palatii），即梵蒂冈学院；市立学院（The Studium Urbis）。这两处现已成为罗马大学（the Uinversity of Rome），同在一栋名为萨皮恩扎（Sapienza）的建筑中。这些学校在亚历山大教皇期间极为昌盛，但在尤利乌斯教皇任内却渐衰微，因为后者挪用经费，以利征战，穷兵黩武，不事文教。利奥慷慨资助那所新的大学，但后来也因军费浩繁而难以自拔。他请来一群热心的学者，那所大学里所需的教授很快增至 88 位，医学方面有 15 位，年薪自 50 至 530 金币不等。利奥登基初年，竭力要使这所合并的学院成为整个意大利最具学术性、最为隆盛的大学。

他的贡献之一是创制对闪米特语系诸种语言的研究。罗马大学设立了一个教授希伯来文的讲座，泰塞奥·恩布罗吉欧（Teseo Ambrogio）被任命在博洛尼亚大学教授叙利亚语和古巴比伦（Chaldaic）闪米特语。利奥很赏识亚葛西奥·吉达索里欧（Agacio Guidacerio）潜心编纂的一本希伯来语法书。当他获悉桑特·帕尼尼（Sante Pagnini）正将《旧约》从希伯来语译成拉丁文，他便要求先看看样本，觉得很喜欢，马上答应负担这项艰苦工作的费用。

利奥也恢复日趋没落的希腊研究。他敦请约翰·拉斯卡利斯这位老学者到罗马来。拉斯卡利斯一向都在佛罗伦萨、法兰西和威尼斯教授希腊文，并跟他在罗马创设一个希腊学院，与罗马大学分开。本博替利奥写信（1513 年 8 月 7 日）给拉氏的学生马库斯·马索鲁士（Marcus Musurus）——时为马努蒂乌斯的主要副手——请他从希腊寻来 10 位（可能更多）教育良好、性格优良的年轻人，组成一个研究文艺的学校，而意大利人或也可从他们那里学得希腊语的正确用法与知识。一个月后，马努蒂乌斯发行了马索鲁士所编成的《柏拉图》，这位伟大的印刷业者将那部书献给教皇。利奥亦答以马努蒂乌斯 15 年的专利，使马努蒂乌斯对已经印行的或当时就要出版的希腊文或拉丁文的书籍，有专权重印。凡是侵犯此权的，将按照该证书的规定，被剥夺教籍，并受罚款处分。这种"印刷专利权"是文艺复兴时期将付过款的版权给予印刷业者的一种方式。利奥又在这项特权下加上一条重大规定：凡是马努蒂乌斯出版的刊物都应适度定好价钱。这点是做到了。那所希腊语文学院就建在罗马七丘之一的科洛奇，一所印刷厂也在那里盖了起来，以便为学生印刷教科书和注释。约在同时，一所类似研究希腊语的美第奇学术院（Medicean Academy）也在佛罗伦萨成立。在利奥的鼓励下，瓦里诺·卡默提（Varino Camerti）编成了一本最完备的希腊拉丁文字典，就是在文艺复兴时期出版的。

这位教皇对古典文物的热情几近痴迷的程度。他从威尼斯人收到一块李维的肩骨时，态度虔诚，宛如那是某个大圣徒的遗物。在登基不久，他就宣称：凡是为他取得古代文学中尚未发表过的手稿者，都将获致厚赏。跟他父亲一样，他派遣使者到国外搜购古代异教徒或基督徒的手稿。有时，就这个特殊的目的而派遣特使携信给国君皇族，恳请他们协助搜寻。他的使者偶尔也会偷取那些无法购得的手稿。塔西佗（Tacitus）的《年鉴》（*Annals*）前六册是在威斯特伐利亚（Westphalia）的科维僧院里发现的，显然就是以此法取得，因为该《年鉴》编就出版后，利奥曾亲笔（或代笔）写了一封有趣的信给他的代理人海特默斯（Heitmers）：

已寄去一部装订精美的修缮本给方丈与僧侣们，这样他们可将该书摆在图书馆里，作为原书的仿本。不过，为了让他们明白这种偷窃对他们的好处多于坏处起见，我已赐准大赦该寺院。

利奥将窃得的手稿交给菲利波·伯罗尔多（Filippo Beroaldo），明令校编原文，并印成精美而合宜的形式。利奥在这封训谕的信上说道：

> 我在早年就常想：造物主赐予人类的，再也没有比这些典籍的研究更好、更有用的了——如果我们仅将他本身的知识和真正的崇拜除外。这些典籍的研究不但使我们获得人生的点缀和指引，而且适用于每个特殊的情况，使我们在逆境中获得慰藉，顺遂时益增愉悦与荣耀。因此，没有了它们，我们就要被剥夺人生的雅致与社交的润饰。这些研究的达成与推广依赖两个条件：学者的人数，丰富的典籍。关于前者，我惟愿神恩降福，益显朕的热望与意向，以报偿并褒奖他们的功绩，这点早已深得我的欣许。……至于典籍的罗致，我诚感激神恩，因为目前也获良机，得以造益人类。

利奥认为教会的评鉴应该决定哪种文献会有益人类，因此他重订亚历山大教皇的敕令，以使主教审查书籍。

美第奇宫陷落时（1494 年），利奥先祖搜集的藏书有些散佚了，不过大部分被圣马可的僧侣买去。利奥为红衣主教时，就已费 2652 金币购回这些存书，并移送到罗马的王宫里。这所劳伦图书馆（Laurentian Library）在利奥死后，便搬回佛罗伦萨去了。

梵蒂冈图书馆的藏书现已大增，亟须学者来照理。利奥登上教皇宝座时，馆长是托马索·因吉拉米——一位贵族诗人，在一个讲求机智的社会里，以能言善辩闻名。他在塞涅卡的《希波吕托斯》

（*Hippolytus*）一剧中，曾因担任菲尔德拉（Phaedra）这个角色而大为成功，赢得了菲德拉（Fedra）这个绰号。他在 1516 年因街头遇祸致死时，馆长之职便由菲利波·伯罗尔多以书记官的名义继任。他同时受宠于塔西佗与饱学的情妇英佩里亚（Imperia）。他的诗绝佳，曾有 6 种法文译本，其中一种由克莱门特·马罗特（Clément Marot）所译。亚林德罗（Girolamo Aleandro）于 1519 年膺任馆长之职，他是一个沉着、饱学、能干的人。他的拉丁文、希腊文及希伯来文讲得流利已极，竟使路德误以为他是犹太人。奥格斯堡会议（The Diet of Augsburg，1520 年）期间，他曾奋阻新教徒的狂澜，虽然这是不智之举。保罗三世任命他为红衣主教（1538 年），但 4 年之后，亚林德罗因过分注意健康，过分饮用药品而去世。他曾因 62 岁时被免职而大为震怒，并对其友表示他对天道的激愤。

罗马的私立图书馆现已屈指难数。亚林德罗就有大量的藏书，其后遗赠给威尼斯。红衣主教格里马尼藏书 8000 册，各种语言皆有，很受伊拉斯谟的羡慕。他在遗嘱中将这些书赠给威尼斯的圣萨尔瓦多教会（The Church of San Salvador），却被火烧光。红衣主教萨多莱托（Sadoleto）有个价值连城的图书馆，后来装船运往法国，不幸遇难沉海。本博的图书馆富藏普罗旺斯的诗人的遗稿和原稿，即彼特拉克的原稿。这些藏书送到乌尔比诺，然后又运至教廷。像基吉及阿托维提（Bindo Altoviti）等富有的世俗人，也仿教皇和红衣主教的作风，搜藏典籍，聘用艺术家，资助诗人与学者。

利奥时代的罗马盛传此风，可谓空前绝后。许多红衣主教本身就是学者；而如艾吉笛奥·卡尼西欧（Egidio Canisio）、萨多莱托、比别纳等人，也都是因身为学者，长久为教会服务，才受命为红衣主教的。罗马的红衣主教大半多因报偿题献而作为资助人，而红衣主教里亚里奥、格里马尼、比别纳、阿力多西、彼得鲁奇、法那斯、索德里尼、圣塞韦里诺、贡萨加、卡尼西欧及朱利奥·德·美第奇诸人的邸宅，常为罗马才俊智士会集之处，其盛况仅逊于教皇的宫廷。卡斯底

里欧尼，结识了和气厚道的拉斐尔与色厉内荏的米开朗基罗。他自己
有个优雅的沙龙。

利奥当然是个无与伦比的资助人。凡是能以拉丁文答辩的，必会
获赠。正如尼古拉五世时代一样，学识，包括诗才，在教会的圈子里
极为重要。资质较差的，为教皇书记、摘记员、短文撰者；才华横溢
的，晋为教士、主教、侍御重臣。像萨多莱托与本博这类名士，都成
为教皇的秘书；而像比别纳等人，则被任命为红衣主教。西塞罗之流
的演说术又遍及罗马；书札的韵调圆美，维吉尔与贺拉斯式的诗文终
如涓涓细流，汇注台伯河。本博权威似的定了文体的标准。他寄信给
伊莎贝拉："宁可言如西塞罗，也不愿当教皇。"其友及同事萨多莱托
的拉丁文体完美，品格无瑕，为当时的古典学者所不及。当时的红衣
主教中，不乏高洁厚直之士，而利奥的古典学者在性情与生活方面，
大致较上一代的好得多。然而，有的学者除了坚信自己公认的信条之
外，其他方面仍属异教。不管相信或怀疑，没有人会对一个道德上容
忍、金钱上厚助的教会说出挑剔的话来，这可以说是不成文的法则。

比别纳集这些特征于一身——学者、诗人、剧作家、外交家、鉴
赏家、健谈者、异教徒、牧师、红衣主教。拉斐尔为他所绘的肖像，
仅得其中的一部分而已——谲滑的眼睛与尖尖的鼻子；光头上戴着一
顶红帽，而欢愉的天性则覆以罕见的严肃。他的脚步敏捷，言词轻
松，精神愉悦，喜怒哀乐皆一笑置之。他受雇于洛伦佐做秘书和家庭
教师，1494 年间的逃亡，他也跟洛伦佐诸子一道。但是，他的聪明
之处表现在往返乌尔比诺，以其能言善辩讨得文雅社交界的欢心。尤
利乌斯二世把他带到罗马。比别纳安排利奥的选举时，使党争平息，
因此利奥马上就命他为教皇侍御大臣，翌日派他掌管皇室的财产。6
个月后，就被封为红衣主教。他虽位极显达，仍为利奥鉴定艺术品和
安排节庆的赛会。他编的剧本在教皇面前演出，极受赏识。他出使法
兰西时爱上了弗兰茨一世，利奥只得以其过于敏感，不足为使节这个
理由将他召还。当拉斐尔图饰他的浴室时，这位红衣主教选定《维纳

斯与丘比特情史》（*History of Venus and Cupid*）。这一连串的图所细述的是爱情的胜利，几乎都按照纯古的庞贝风格（Pompeian Style）画成，超越基督教，而跃入一个从来未曾听过的基督的世界。利奥假装不曾看到比别纳家中的这幅维纳斯画像，对比氏一直非常信任。

利奥对喜剧的形式和深度都很喜欢，对最简单的闹剧，乃至比别纳与马基雅维利两人那最精妙的双关语无不领略。他在登基第一年，就在朱庇特的神殿开设了一家剧院。1518 年，他就曾在那里观赏阿廖斯托的《猜疑》（*Suppositi*）一剧，并对源自情节的多义俏皮话（jest），由衷而笑——一个年轻人企图拐诱一个少女，诸如此类的演出，不光是喜剧而已；还包括了精巧的舞台设计（该剧的布景由拉斐尔绘制）、芭蕾舞、歌唱队与维忽拉、中音小提琴、风笛、横笛、小风琴等乐队在幕间演唱的音乐。

文艺复兴时期的一件深具历史意义的作品也在利奥任职期间完成。保罗·焦维奥是意大利北部科莫人。他在当地、米兰及罗马为人诊病。由于利奥登基时曾使文艺活动激荡一时，使得他也利用闲暇，写了一部当代的拉丁史——查理八世侵入意大利至利奥任职期间。他获准将该书的前部念给利奥听，而利奥则以其惯有的慷慨大度，宣称该书是李维以来，最流畅而典雅的史籍，并立刻偿以恩俸。利奥死后，焦维奥挥动他所谓的"金笔"，为这位已死的资助人撰写了一篇赞颂性的生平事迹，并提起他的"铁笔"谴责对他不闻不问的教皇阿德里安六世。同时，他继续推展那部巨著《当代史》（*Historiae Sui Temporis*），终于写到 1547 年。罗马于 1527 年陷落时，他将手稿藏在某个教会，后被一个军士发现，便要他买自己的书。所幸，教皇克莱门特七世劝导那个盗书者，许以西班牙某地的圣俸相易，才使他免受这种羞辱，焦维奥则被封为诺切拉（Nocera）的主教。他的《当代史》及附加的那些传记，都因流畅而生动的风格获得赞扬，却因其疏忽所致的差错及过度的偏见而受责。焦维奥很爽直地承认：他在该书赞扬或谴责某些人，依赖其本人或其亲属是否致送贿金。

诗人

这一时期最辉煌的成就是诗。封建时代的日本，下起农夫，上迄君王，都会写诗；同样，利奥时代的罗马，从教皇乃至小丑，无不吟诵风雅，几乎每个人都想将他的近作念给耐心的教皇听。利奥喜爱即兴的妙作，而自己也是此中能手。诗人随处都以诗节来取悦他，通常，他也设法奖赏他们。他偶尔会以即兴而作的拉丁文警句自娱。数以千计的书都题献给他。安杰洛·科洛西（Angelo Colocci）就曾获赐 400 金币。乔万尼·欧居里利虽曾献给他一部诗作《炼金术》（*Chrysopoeia*），他却报以空囊。他没有时间来念其接受题献的那些书，5 世纪的罗马诗人鲁提里亚斯·纳玛度安纳斯（Rutilius Namatianus）便是一例。他认为基督教犹如使人失去活力的毒品，应加压制，并要求返回崇拜刚健的异教诸神。利奥仅下了一道敕令给阿廖斯托——利奥似乎觉得他在费拉拉已很受照顾——严禁盗印他的诗作。阿廖斯托颇觉恼怒，因为他早先希望教皇的赏赐应与他的史诗等量齐观。

利奥既已失去阿廖斯托，仍能从才华较逊、命数较短的诗人中获得满足。他的慷慨经常使他误将劣才视为俊士，而赐以厚赏。有个佩萨罗港的贵族奎多·波斯图莫·西尔韦斯特里（Guido Postumo Silvestri）曾因亚历山大与尤利乌斯攫取佩萨罗港和博洛尼亚而奋起抵抗，并为文诛伐。现在，他写了一首优雅的哀悼诗献给利奥，比较这位新教皇统治意大利期间的福乐，与前任诸教皇在位时所造成的混乱和悲惨局面。利奥深为所动，便将没收来的产业归还给他，并命他为猎队中的行伴。但据当时的人说，奎多在欢宴时，因暴食豪饮，不久就死了。安东尼奥·泰巴底奥已先在那不勒斯赢得诗人的荣衔。他在利奥获选时赶往罗马（据某不确的传闻），并因一首开胃的讽刺诗而获利奥 500 金币的厚赠。无论如何，这位教皇监理索加桥（The Bridge of Sorga）的过桥费，这样"或能使泰巴底奥富裕自赡"。金钱固然能让学者们发挥才干，却难以培养诗人的天才。泰巴底奥写了更多的讽刺诗，利奥死后仰赖本博的慈善过活，却一直卧病不起。"别无抱怨，"有个朋友这么说道，"除了引不起酒兴之外。"他久卧病榻，74 岁时才与世长辞。

摩德纳的莫尔札（Francesco Maria Molza）在利奥升任教皇之前，就已精擅诗文。听说教皇酷嗜诗文，便别离父母女儿，迁居罗马，继而迷恋一个罗马的女人，乐极忘乡。他撰写了一首畅达的田园诗，赞颂福斯蒂纳·曼西尼（Faustina Mancini），诗题为《台伯河的女神》（*La Ninfa Tiberina*）。利奥死后，他便离罗马赴博洛尼亚，做红衣主教伊普里托·迪·美第奇的侍从。当时传闻说，美第奇的宫廷里养有诗人、乐匠及才子 300 人。除阿廖斯托外，莫尔札的意大利诗，可以说是当时最为典雅的。他的短歌，在风格上可与彼特拉克分庭抗礼，而诗中所激发的灵感则远驾其上。

有两个主要的小诗人对利奥的统治表示敬意。马尔坎托尼欧·弗拉米尼奥（Marcantonio Flaminio）的成就，显露了这一时期如祥乐一般——教皇对文人墨客的善遇历久不衰，弗拉米尼奥、安德烈亚·纳瓦吉罗、吉罗拉莫·弗拉卡斯托罗与卡斯底里欧尼诸人的友谊无可妒忌，虽然他们四人皆属诗人，这些人在肉欲泛滥的时代都能洁身自爱，不染一尘。弗拉米尼奥生于威尼托（Veneto）的西拉瓦尔（Serravalle），是诗人吉安纳托尼奥·弗拉米尼奥（Gianantonio Flaminio）之子。这位父亲不顾祖例，训练并鼓励其子写诗，16 岁时又遣他赠诗给利奥，力主发动十字军以抗土耳其人。利奥不喜欢十字军，但颇爱其诗文，便资助他在罗马深造。卡斯底里欧尼带他到乌尔比诺（1515 年）。后来其父又送他到博洛尼亚攻读哲学。最后，这位诗人才定居于维泰博，受英籍红衣主教雷吉纳尔德·波尔（Reginald Pole）的资助。他曾因力辞两处高位而闻名一时——与萨多莱托同为利奥的秘书及特伦特宗教会议的秘书。尽管他被疑同情宗教改革，他仍获多位红衣主教的厚馈。他在旅居国外期间，一直都渴望能在他父

亲建于伊摩拉附近的别墅里，过宁静的生活，享受清新的空气。他的
诗——几乎都用拉丁文写成，也几乎都以抒情诗、田园诗、悲悼诗、
赞美诗及贺拉斯致友人的书信体等简短的形式写成——一再流露出
他对乡村农庄的向往：

> 如今我将再度见你，
> 如今我将欣见父亲手植之树，
> 我将怡然在我的小屋内酣睡片刻。

　　他抱怨受困于喧嚣的罗马城中，并深羡一位匿于乡村避静、闲
读"苏格拉底的书"的友人，因为后者"根本无意于民众赠予的薄
名"。他梦想在绿谷里徘徊，并携维吉尔的"农事诗"与塞奥克里托
斯（Theocritus）的田园诗为伴。他的诗文中，最动人的是悼祭其父
的挽诗：

> 您的一生，父亲，舒适而愉快，
> 既不贫穷，也不富裕，
> 学识渊博，口若悬河，
> 身心健康，体格强壮；
> 待人和蔼，敬虔无匹。
> 如今，年逾八十，您去往众神的福乐之境。
> 去吧！父亲，并随即带着孩儿与您共赴天国。

　　马可·吉罗拉莫·维达（Marco Girolamo Vida）是更加逢迎利奥
的诗人。他生于意大利北部的克雷莫纳，精通拉丁文，甚至能写出优
雅的说教诗《论诗学》（*De Arte Poetica*），或论蚕的成长，或论棋弈。
利奥极为赏识这种游戏，便遣人请维达来，给予高薪，再请他以耶稣
的生平撰写一首拉丁文的史诗来冠饰当时的文学盛况。于是，维达便

着手他的《克里斯提亚德》（*Christiad*），可惜利奥死得太早而无法见及。克莱门特七世继承利奥的遗愿，继续资助维达，赠他主教的辖区以为奉养之资，但克莱门特也在该史诗问世（1535 年）之前就谢世了。维达开始写的时候，还是一个修道士，写完时则为主教，但他无法避免那些流行于利奥时代的古典神话典故。这些典故或许会使那些忘了希腊、罗马神话，而以基督教为文学神话的人深觉不伦不类。维达称天父为"翻云覆雨的众神之父"（Superum Pater Nimbipotens）和"奥林匹斯的统治者"（Regnator Olympi），他一直将耶稣描写为"英雄"，他掺入蛇发女怪、鸟身女面怪、半人半马怪与九头蛇怪等。这样高贵的主题实应配以相称的体例，而不宜是《埃涅阿斯纪》这部史诗的改编。维达最佳的诗行，并不是向《克里斯提亚德》中的基督致意，而是向《论诗学》的维吉尔宣诉：

> 啊！意大利的荣耀！光芒绚烂无比
> 为众诗人所莫及！我们以花冠敬拜你，
> 并给你乳香与神龛。对你
> 我们当然永远以圣诗颂赞，
> 以赞美诗回忆。万岁，神圣无比的诗人！
> 你的荣耀并不因我们的赞美而微增，
> 也无须我们的呼声。来吧，看望你的子孙，
> 将你那温暖的灵精倾入我们的虔心；
> 来吧，父啊，将你的自我摆在我们的灵魂中。

古典艺术的复兴

当时的异教精神因古典艺术的出现与发掘而升腾。波焦、比昂多、庇护二世诸人，都抨击过古典建筑物的损毁，但损毁的事情仍有所闻，当钱财的积累使罗马能从废墟中建起又新又大的建筑物时，这

种现象或许更多。建筑工人不断将古旧的大理石投入熔炉，以制出石灰。保罗二世利用圆形剧场的石墙来盖圣马可宫，西克斯图斯四世拆除海格力斯神殿，并将台伯河桥改制为炮弹。太阳神的神殿用来建造圣塔玛利亚·玛吉俄的一处教堂、两处公共喷水池及罗马七丘上的一处教皇皇宫的材料。艺术家反而在无意中破坏了艺术品。米开朗基罗利用卡斯特与普鲁克斯神殿的一根柱子给马可·奥勒留当作骑马像的台子，而拉斐尔用那个神殿里另一根柱子的部分，雕成约拿的塑像。西斯廷教堂的建材是从教皇哈德良的寝陵中挖取的。事实上，兴建圣彼得教堂的大理石，都是取自古典的建筑物。教皇安托尼努斯与佛斯提娜庙堂的垫石、台阶及山形墙，法比乌斯·马克西姆斯（Fabius Maximus）与奥古斯都的凯旋门，罗慕路斯的神庙等，也都用来盖新的祠庙。在整整 4 年中（1546—1549 年），新一代的建筑师破坏或拆除了卡斯特、普鲁克斯、恺撒及奥古斯都的神殿。这些破坏者辩称：所余的异教纪念碑石仍很充足；废墟占了可观的空间，影响该市重建的秩序；而营建的材料也大半用来兴建基督教堂，其美观的程度实不亚于废墟，或许更能讨得上帝的欢心。

艺术家和人文学者的荟萃，延缓了毁损的程度，并引起保存古迹的运动。历代的教皇搜集异教的雕刻品和零散的建筑物，并运抵教廷与罗马七丘的博物馆存藏。波焦、美第奇、庞波尼阿斯·赖特、银行家、红衣主教等，也将他们所能获得的珍贵古物，聚于搜藏品中。许多古典的雕刻品被藏于王宫和花园，直到 19 世纪。因此我们得以知道巴尔贝里尼（Barberini）的"农牧神"、鲁德维西的"宝座"及法那斯的"海格力斯"。

挖掘者在蒂图斯的巴思（Baths of Titus）附近挖出（1506 年）一组既新而复杂的雕刻品时，整个罗马都为之轰动。尤利乌斯二世派遣朱利亚诺·桑加罗去视察，米开朗基罗也一道去了。桑加罗一看到那具雕像，就不禁叫道："这正是普林尼提起过的拉奥孔。"尤利乌斯买下来摆在望楼宫（The Belvedere Palace），并重赏挖掘者及其子年金 600 金币，直至他们老死。古典的雕刻品变得如此珍贵。而如此的厚赏更鼓励了探勘艺术品的人。一年之后，有个探勘者发现了另一组古物：海格力斯与婴儿忒勒福斯（Telephus）。其后不久，"熟睡的阿里亚德妮"出土。寻觅古代手稿的狂热，现已与重获古物的热望不相上下。利奥对这两者的渴求都很强烈。挖掘古物者在他任职期间寻得了所谓的"反圣灵"及尼罗河神和台伯河神的雕像，这些都藏于梵蒂冈博物馆内。只要力所能及，利奥随时都会购回美第奇家族一度拥有的珠宝、浮雕玉石及其他散失的艺术品，并置之于教廷。马佐基（Iacopo Mazochi）与阿尔贝蒂尼两人获得他的资助，先从焦孔多诸人以前的工作开始，经过 4 年的工夫，尽力模制罗马遗迹上的雕文，然后发表了《罗马城的古隽语》（*Epigrammata Antiquae Urbis Romae*）一书（1521 年）——这是古典考古学上的一件大事。

1515 年，利奥任命拉斐尔整理古物。这位年轻的画家获得马佐基、富尔维奥（Andrea Fulvio）、卡尔沃（Fabio Calvo）、卡斯底里欧尼诸人的协助，设想了一个颇为不凡的考古计划。1518 年，他致书利奥，恳求教皇运用教会的权力来保存所有的古典遗迹。信上的措辞或是卡斯底里欧尼式的，其中的热情则属拉斐尔所有：

> 当我们熟思这些古人的神威，当我们凝视这个名城——此世之母与王后——的遗迹，竟如此悲惨地混杂交错一处……多少教皇竟也容许古老的神殿、雕像、拱门及其他的建筑物——创建者的荣耀——毁损！……我敢说，我们现在所看到的这个新罗马城，尽管庄严、美丽并耸立着皇宫、教堂及其他的宏伟建筑物，一切都是用古代的大理石烧成的石灰黏合的……

这封信不禁使我们想起：即使是拉斐尔逗留于罗马的 10 年中，毁损的事情不知有多少。它概观建筑史，抨击罗马式与哥特式建筑的粗鄙（此处宜称哥特式与条顿式），推崇希腊与罗马体系，以作为完美与鉴赏的典范。最后，该信还指出组成专家团的必要。罗马应分成从前奥古斯都所定的 14 个地区，而在每个地区中，所有的古迹都应细加勘查与记录。拉斐尔早殁，利奥继而谢世，使这项伟大的计划迟缓了许久。

遗迹古物的寻获，影响了整个艺术界与思想界，对布鲁尼里斯哥、阿尔贝蒂、布拉曼特诸人的影响尤为深刻，现在已臻极致，到帕拉迪欧时，已几乎完全一味抄袭古时的形式。吉贝尔蒂与多纳泰洛两人已先尝试仿古。米开朗基罗的《布鲁塔斯》（*Brutus*），其拟古的程度，已达惟妙惟肖的境地，其余的仍保留热情奔放和非古典的本色。文学将基督教的神学转变为异教的神话，并以奥林匹斯取代天堂。绘画方面，古典的影响表现于异教的主题和异教的裸体画。深获历代教皇宠爱的拉斐尔，亲自在皇宫的墙壁画上普赛克（Psyches）、维纳斯和丘比特；而古典的素画图案与错综图饰也刻于标柱；数以千计的罗马建筑物上，其檐板与腰线上则是琳琅满目，美不胜收。

古典的夸耀很明显地表现于新建的圣彼得教堂。利奥一直任命布拉曼特为"该工程的大师"，但这位年老的建筑家因痛风而行动不便，焦孔多奉命帮他设计。然而焦孔多比年届 70 的布拉曼特还大 10 岁。1514 年 1 月，利奥指派朱利亚诺·桑加罗（也是 70 岁）来督导工事。布拉曼特临终时，要利奥将这项计划托付给一个年轻人，特别是拉斐尔。利奥妥协了。1514 年 8 月，他明令年轻的拉斐尔与年老的焦孔多两人共同督导工事。建筑虽非拉斐尔的本行，他仍然热心工作。他说，此后他只想住在罗马一地，而这"纯因对圣彼得教堂建筑的爱好……该教堂实为空前伟大的建筑物"。他接着以其特有的谦虚说道：

> 建筑费将高达 100 万金币。教皇拨款 6 万以为工事所需。他没有想到别的。他要我跟一位经验丰富的 80 多岁的教士合作。教皇知道这位高僧的寿数无多，因此决定要我跟从这位杰出的名匠学艺，从而获致建筑学上的技巧及这位硕僧的审美观……教皇每天都接见我们，并要我们阔谈建筑方面的话题。

焦孔多于 1515 年 7 月 1 日谢世。同月，桑加罗也从设计师群中退出。拉斐尔便独负重任，开始以一个两臂纵长无比的十字取代布拉曼特的底层图样，并设计了一个圆顶阁，这是安东尼奥·桑加罗认为太重、无法让支柱护持的。1517 年，桑加罗受命又跟拉斐尔同为建筑师。而今每个步骤都起争论，拉斐尔也因替人绘相之约忙碌，对工事的推展失去了兴趣。同时，利奥的经费已然告罄，想要发行赦罪券来筹款，结果发觉德国的宗教改革使他忧心如焚（1517 年）。直到米开朗基罗于 1546 年间奉命负责圣彼得教堂的一切时，建筑工事才有实质的进展。

米开朗基罗与利奥十世（1513—1520）

尤利乌斯曾留款给他的遗嘱执行人，嘱其将米开朗基罗为他设计的寝陵稍加修缮。这位艺匠在利奥任职的最初三年不懈工作，并从遗嘱执行人那里收到 6100 金币。寝陵或许大半都是在这三年完成的，而圣母教堂的《基督复苏》（*Christ Risen*）——一个英俊的裸体运动员，其后则以铜制缠腰布覆身——也在当时竣工。米开朗基罗曾丁 1518 年 5 月写了一封信说，西尼奥雷利到画室来向他借了 80 古里（*giulii*），但没有还。他又说："他看到我在雕一尊 4 腕尺的大理石雕像，其双手系背负在后。"这或许是一尊普里吉奥尼（Prigioni）或《被房者》（*Captivi*）雕像，象征城市或艺术品被勇猛的教皇当作俘虏逮回。卢浮宫里有一尊雕像与此不谋而合：一尊仅着缠腰布的壮健的人像，其双臂紧缚身后，缚索啮入肌肉。附近还有一尊更为精妙的《被房者》，除了胸部覆以一条细索外，全身裸露。这尊体形壮健的雕像并未夸张；其身躯健美，调和至极；这就是希腊式的完美至境。佛罗伦萨研究院里有四尊未经雕成的《奴隶像》（*Schiavi*），显然是想当作女像柱，以护持该寝陵的上层建筑物。这个未经建成的陵墓现在藏于温哥利圣彼得罗的尤利乌斯教堂里面：一个壮丽的大宝座，雕塑雅致的支柱及坐着的摩西——一个须、角及怒眉不太相称的怪物，手持律法表（Tables of the Law）。瓦萨里有一则似乎未必可信的故事，但我们愿意相信的话，就会发觉犹太人也在周日走进基督教教堂里"不将这尊雕像当作用手雕成的艺术品瞻仰，而当作神圣的东西膜拜"。"摩西"的左边是《利亚》（Leah）的雕像，右边则为《拉结》（Rachel）——这尊雕像正是米开朗基罗所谓的"活泼与沉思的生命"。其余的护墓雕像都是他的助手胡乱雕成的：《摩西》的上头是一尊《圣母》的雕像，《圣母》的脚底是尤利乌斯二世半卧的雕像，头上戴着教皇的冠冕。整个陵墓的雕像散乱至极，混乱、庞大、不匀称、不循理。这项工作从1506年拖到1545年，时常中辍。

雕塑的工作正在进行时，利奥——或许是在佛罗伦萨停留期间——想将圣洛伦佐的教堂盖好。这是美第奇家族的宗庙所在地，其中有科西莫、洛伦佐及其他家族成员的坟墓。布鲁尼里斯哥建好了教堂，但正面没有完成。利奥命拉斐尔、桑加罗、巴吉奥·阿尼奥洛、里亚·圣索维诺与伊库甫·圣索维诺等提交计划，以期完成教堂正面的建造。米开朗基罗主动提交自己的计划，利奥认为最好而采纳了。这么说来，尽管很多人认为教皇此举失当，其实无可厚非，因为那是米开朗基罗自己分心，不顾尤利乌斯陵寝的建造。利奥派他前往佛罗伦萨，再到卡拉拉采集大理石。他返回佛罗伦萨后，便雇请助手赶工，后因发生争吵，统统将他们遣散，然后无精打采地想起这项非属本行的建筑工程。利奥的堂兄，红衣主教朱利奥·美第奇窃用一些大理石建造大教堂，米开朗基罗闻悉震怒，但仍迁延时日。最后（1520年），利奥跟他解约，但没追回先前支付给他的费用。皮翁博要求教皇再次分派差事给米开朗基罗时，利奥婉拒了。他承认米开朗基罗在艺术上的权威，但他说："你自己也看得出来，他的为人很令人担心，我不愿再与他有任何纠葛了。"皮翁博把这话告诉了他的朋友，说："我对教皇陛下说，你这种令人担心的行径对别人并无害处，只是因为你浸淫于那伟大的工作，才让别人觉得可怕。"

这个"可怕"得出名的东西到底是什么呢？首先是精力。这是一种狂野而耗神的力量，折磨并支撑米开朗基罗的躯体达89年之久。其次是一种几乎无视于一切的意志力，能控制那个精力，使之指向某一个目标——艺术。精力受集中的意志支配，这也差不多就是天才的定义了。该精力即视形体不定的石块为挑战的对象，从而加以抓取、捶击与雕琢，直到那块石头呈现深远的意义。这种精力跟下面这种毅力相同：怒弃使人发狂而无聊透顶的人生，从不想到衣着整洁或表面的谦恭以及勇往直前，鞠躬尽瘁（若非盲目奋进，则亦与盲目奋进者偕往），不顾信约已毁，友谊已绝，身衰力弱，终至精疲神乏，心力交瘁，却完成了工作——留下万世不朽的绘画、雕刻及一些建筑物。"如果上帝助我，"他说，"则我将制出意大利前所未见的佳作。"

在一个讲究容貌漂亮与服饰华丽的时代，他是一个最不受欢迎的人。身材中等，双肩宽阔，躯体瘦削，头大，眉高，两只招风耳，脸孔长而忧郁，鼻子低扁，眼小而锐利，头发与胡子皆已灰白——这就是米开朗基罗在壮年时的画像。他穿旧衣裳，经久不换，直到那件衣裳几乎变成身体的一部分。他似乎一半是听从他父亲的告诫："记得别刷洗。把身子擦干净，但别刷洗。"他虽然有钱，却过着穷人的生活，节俭得近乎吝啬。他就近取食，有时只啃面包皮度日。在博洛尼亚时，他跟三个工人同居一室，同睡一床。"当他精力旺盛时，"康第维说，"他往往和衣而睡，甚至连那双高筒靴也不脱，他总是这么穿着，免得不时抽筋……在某些季节里，他穿靴不脱过久，以致一脱下来，连皮也跟着皮靴脱落。"诚如瓦萨里所说的，"他不想脱掉，只因为还得再穿上"。

他虽以家系高贵而骄傲，却喜贫厌富，宁取无识者而不趋有学者，情愿劳动筋骨而无意闲散奢侈。他赚得的钱大半都赠给衣食无着的亲族。他喜欢孤独。他觉得跟那些没有才智的人闲谈实在难以忍受。不管身在何处，他都随心所欲。他不怎么喜欢漂亮的女人，倒是靠着节欲省下了一笔钱。当某个教士对米开朗基罗未婚无子表示遗憾时，他答道："我在艺术上有个很好可是令人受不了的妻子，她已给了我太多的麻烦。我的孩子就是我将留下的那些作品。如果它们不很值钱的话，至少也会存留一段时间。"屋里有女人他就受不了。他宁可跟男人做伴或画画。他也画女人，但画的总是成熟的女人，而不是娇媚的少女。奇怪的是，他跟达·芬奇两人显然对女人的肉体美无动于衷，而大半的艺术家则认为那是美的体现与源泉。没有证据说他是同性恋。在卡拉拉时，他整天从清晨起就骑在马鞍上，指挥采石匠和筑路工人。晚间就在小屋里的灯光下研究计划，构绘明天的工作。他有时也会显得懒散，之后又是创意勃发，一切都置诸脑后，连罗马城失陷也不顾了。

他专注于创作，很少与人交往，虽然他也有挚友。很少会有朋友或什么人与他共餐。他与忠仆阿马多里（Francesco Degli Amadori）为伴，甚感满足。阿马多里已照顾他 25 年之久，多年来与他同床共眠。米开朗基罗的赏赐使阿马多里致富。阿马多里死时（1555 年），这位艺术家真是伤心欲绝。他对别人总是脾气暴躁，言语尖刻，粗评滥骂，随时都会暴怒，对任何人都疑虑满怀。他说佩鲁吉诺是个傻瓜，并对弗兰西亚之子批评其父的画，说晚上画的比白天好。他很嫉妒拉斐尔的成功与名气。这两位艺术家虽然互尊互重，但拥戴他们的人结派分党。圣索维诺曾写信怒责米开朗基罗说："愿你说人好话的那天永受诅咒。"的确有这么几天，当米开朗基罗看到提香替费拉拉的阿方索公爵所画的像时，他表示不知道艺术竟臻于这种境界，唯有提香才够得上画家之名。他那尖刻的脾气与忧郁的心情，正是他一生的悲剧。有时，他会忧郁得濒临发狂。他年岁大时，对地狱的恐惧使他认为他的艺术创作是一种罪恶，因此资助穷人家的女孩子，以邀宠愤怒的神祇。神经过敏几乎天天给他带来痛苦。早在 1508 年，他就写信给他父亲说："快 15 年来，我才得着这么一个钟头的安宁。"尽管他还有 58 年可活，但这样的时刻不会太多。

拉斐尔与利奥十世（1513—1520）

利奥不理睬米开朗基罗，一半是因为他喜欢心气平和的人，一半是因为他对建筑或粗枝大叶的艺术不太感兴趣；他喜欢的是大教堂里的珠宝及纪念碑上的小画像。他使卡拉多索、萨巴（Santi de Cola Sabba）、纳尔迪尼（Michele Nardini）等金匠忙着铸雕珠宝、浮雕、勋章、钱币、圣器。他死后，留下珍藏的宝石、红宝石、蓝宝石、翡翠、钻石、珍珠、宝冠、法冠、胸饰等，价值高达204655金币。不过，我们应该记住的是，这其中大半是前任诸教皇的遗物，是教产的一部分，而且不受通货贬值的影响。

他敦请了20位画家到罗马，但他真正喜欢的只有拉斐尔一人。他试用过达·芬奇，认为他懒散而把他辞退了。巴托罗米奥于1514年来到罗马，画了一幅圣彼得和一幅圣保罗的像，但那紧张的气氛对他颇不合宜，于是不久就回到佛罗伦萨的寺院去过宁静的生活了。利奥很赏识索多玛的作品，但又不敢让那个鲁莽的浪子在教廷到处游荡。皮翁博则获得利奥的堂兄朱利奥·德·美第奇的资助。

拉斐尔的性情与鉴赏力都很能投合利奥。他们都是温厚的享乐主义者，认为对基督教的信仰是一种乐趣，皆视之为天堂福地。他们勤勉工作，尽情玩乐。利奥硬逼着这位幸运的艺术家勤苦工作。"房间"的竣工，为西斯廷教堂的花毡设计底图，装饰教廷侧临庭院的走廊，建造圣彼得教堂及保存古典的艺术品等。拉斐尔很乐于接受这些嘱托，还抽空画了20幅宗教画、数套异教的壁画，及50余幅的圣母画像与人像，其中任何一帧都足以使他致富获名。利奥见他柔顺，又让他安排贺宴，为某出戏画布景，并替他所喜爱的人物画像。或许是因工作过度及爱情，拉斐尔盛年而殁。

此时正值年富力强、声名极盛之际。他曾于1514年7月1日致书给他"亲爱的西蒙叔叔"……西蒙对他亲如其父，曾责怪他迟迟不婚，他以充满自信的愉快口吻写道：

　　至于妻子，我得跟你说：我每天能这么高兴，是因为我不曾娶了你所安排的或任何别的女人。目前我一直比你聪明……我相信你看得出我现在过得很痛快。我在罗马拥有 3000 金币的资本，另有固定的收益金币 50。教皇陛下钦赐薪资 300 以监造圣彼得教堂，这个款项只要我活着就有……此外，只要是工作所需，他们都会给我。我已经开始为教皇陛下装饰一个大厅，由此我还能得到 1200 金币的报酬。这么说来，我亲爱的叔叔，你该看得出我确实是在为门楣争光，为国家争荣。

　　他蓄有一撮黑胡子，或是有意掩饰他的年轻。他的生活优裕，甚有奢华之势，住的宫室由布拉曼特所建，后以 3000 金币卖给拉斐尔。他穿着年轻贵族的服饰。他来访教廷时，作陪的尽是有威仪的学者与随从。米开朗基罗数落他说："你带着扈从同行，犹如一位将军。"拉斐尔答道："你孑然独行，就像个绞吏。"他依旧是个和善的青年，不忌人所长，却善与人争较，不像从前那么谦虚（他怎么会？），随时都想助人，将杰作送给友人，并慨助那些运道较差、才情较逊的艺术家。他的机智偶尔也显得异常敏锐。两位红衣主教来访他的画室，尽在他所画的像上找毛病消遣，并说《使徒》的脸孔太红，他答道："阁下，请勿感到讶异，我是故意这么画的，当他们发觉教会竟然是由你们这批人掌管时，难道我们就不会想到他会在天堂脸红吗？"然而，他也曾毫不感到愤懑地接受纠正，圣彼得教堂的计划就是一例。他会以模仿别的艺术家的优点来使他们得意，但并不因而失去自己的独立性与创见力。

　　他若非深受女人的娇媚吸引，就不会把她们画得那么动人。他在《争论》这幅画的背面写上了情诗。他有好几个情妇，但每个人，包括教皇在内，似乎都认为：这么伟大的艺术家有权如此消遣。瓦罗在描写拉斐尔的乱交之后，在隔两页处说："凡是此生模仿他的贞洁者，将在天堂获赏。"这显然没有发觉其中的矛盾。当卡斯底里欧尼问拉

斐尔，他所绘的那些美女到底是在哪里寻得的模特儿，他回答说，他
是从不同的女人中综合她们的美质，然后依其想象力而创造出来的，
因此他需要各色各类的样品。尽管如此，他的人品和作品都有一种健
全与提升生命的风格，他虽身处一个充满冲突、分歧、嫉妒与挑剔的
时代，他的事业依旧统一、平和与稳定。他对使利奥和意大利心劳神
疲的政治熟视无睹，或许因为他觉得：政党与国家的争权夺利，都是
历史上无聊的琐事，而最要紧的莫过于献身于真、善、美。

拉斐尔让那些放浪形骸的人去追求真，而自以尽力于美为满足。
利奥统治的最初几年，他继续装饰《伊利欧多罗诗篇》。由于一时兴
起——并且是为了象征"野蛮"被逐出意大利——尤利乌斯选定阿提
拉王与利奥一世那次具有历史意义的晤面（452 年），作为该室次要
的壁饰。利奥十世登基时，拉斐尔已经为利奥一世绘好尤利乌斯二世
的模样。该画经过修改，则变成利奥了。比这幅大画还要成功的，是
拉斐尔画在该室窗户拱门上的那幅小画。在这幅画中，新教皇或许是
想纪念他在米兰逃离法军的缘故，建议以彼得被天使从牢中释放为主
题。拉斐尔尽施其构图的技巧，使一则被窗叶隔成三景的故事，呈现
出谐和与生命：左边是打盹的守卫，顶上有个天使在唤醒彼得，右边
是天使引导这位困倦而茫然的使徒步向自由。天使的光彩照亮了牢
狱，闪烁在军士的盔甲上，使他们睁不开眼，而一弯新月照亮浮云。
这一切都使该画成为以图画表现光的典范。

这位年轻的艺术家渴望以各种新的技巧来表现。布拉曼特未曾
获得米开朗基罗的允许，在西斯廷教堂拱形圆顶的壁画竣工之前，暗
自带着他的朋友去观赏一番。拉斐尔对此有很深刻的印象。或许是
他的谦虚依旧掺杂傲气所致，他深感面对的是一位比自己更强但较不
谦和的天才。他将这种新的影响表现于赫利多鲁斯（Helidorus）房间
天花板壁画的主题和形式上：《上帝对挪亚的显现》（*God Appearing to
Noah*）、《亚伯拉罕的献祭》（*Abraham's Sacrifice*）、《雅各之梦》（*Jacob's
Dream*）及《燃烧的灌木》（*The Burning Bush*）。这种新的影响再度表

现于《先知以赛亚》（*Prophet Isaiah*）中，这幅画是他为圣奥古斯丁教堂画的。

1514 年，他开始修饰一间以其中一幅画《小村之火屋》（*Stanza Dell Incendio Del Borgo*）为名的房间。有个中古时期的传说，教皇利奥三世仅做了一个十字的手势，就熄灭了势必将焚毁波哥的大火。或许拉斐尔只绘了这幅壁画的草图，然后指派他的学生吉安·彭尼（Gianfrancesco Penni）完成细图。即使如此，这幅画的构图仍然精巧动人，表现了拉斐尔最佳的情节叙述风格。拉斐尔在画中融汇了古典与基督教的故事，其左描绘健壮的埃涅阿斯背负健壮的老父恩科西斯（Anchises）奔往安全的去处。另有一幅构绘精巧的裸体男性，挂在焚屋的墙头上，随时都会掉下来。米开朗基罗的影响，明显地表现在这 3 幅裸体画上。拉斐尔的风格较显著的是，一位紧张的母亲靠在墙上将婴儿交给一个站在下面翘足的男人。在宏伟的圆柱之间，数群妇人向教皇求助，而教皇则站在露台上，从容不迫地命令大火熄灭。在这幅画中，拉斐尔依旧表现其造诣的巅峰。

该室其余的画，还是由拉斐尔起草，或许连草图也是由他的学生帮忙画的。瓦加就按照这些底样将在查理曼面前画的《利奥三世之誓》（*The Oath of Leo III*）画在窗门上头。出口的墙上由另一位更为优异的学生朱利奥·罗马诺——文艺复兴艺术家中，唯一杰出的罗马本地人——画上了《奥斯蒂亚之战》；利奥四世（酷似利奥十世）在画中逐退了入侵的穆斯林（849 年）；在其他空白处，这些能干的学生绘上了被理想化的君主画像，他们都对教会有过贡献。在最后一幅画《查理曼大帝的加冕礼》（*The Coronation of Charlemagne*）中，利奥十世变成利奥三世；而画成查理曼大帝的弗兰茨一世借摄政而达成其当皇帝的野心。这幅画遥应利奥于前年（1516 年）在博洛尼亚约晤弗兰茨的盛况。

拉斐尔给第四组房间，即君士坦丁大帝厅绘了草图。那几幅画都是在他死后受到克莱门特七世的资助才完成的。同时，利奥十世催促他着手修饰侧临庭园的走廊、即布拉曼特建以环绕教廷圣达玛苏斯宫（St. Damasus）的开敞式柱廊。拉斐尔亲自完成了这些柱廊的建造。1517—1519 年，他为某处柱廊的天花板构绘了 52 幅壁画，重述始于《创世记》迄于《最后审判》的圣经故事。实际的绘制皆委托罗马诺、彭尼、卡拉瓦焦诸人，而乌迪内则将挨壁柱与拱廊下端，饰以欢乐的图画与灰泥油漆绘成的蔓藤花纹。这些柱廊壁画有时会重复西斯廷教堂天花板上的主题，不过画迹较淡，精神也更朴实爽快，其所欲表现的并非庄严雄伟的气势，而是愉悦的描述，如亚当、夏娃及其子孙享用伊甸园之果，三位天使访亚伯拉罕、以撒拥抱利百加、雅各与拉结汲水、约瑟与波提乏（Potiphar）之妻、摩西之判决、大卫与巴西巴（Bathsheba）、牧羊人之朝拜等。这些小画当然无法与米开朗基罗的相提并论。它们所拟表现的世界与类别迥异——女性的优雅，而非男性的雄武。它们表现了拉斐尔最后 5 年无忧无虑的心境，而西斯廷教堂天花板上的小画则表现了造诣已达巅峰的米开朗基罗。

利奥对尤利乌斯统治下的繁华或许有点妒羡。在他登基之后不久，就想以挂毡装饰西斯廷教堂的墙壁来纪念自己就任教皇。意大利境内的织匠比不上佛兰德斯，而利奥认为佛兰德斯的画家比不上拉斐尔。他委托这位艺术家（1515 年）画 10 幅草图，描写《使徒行传》中的数景。其中有 7 幅被鲁本斯于 1630 年在布鲁塞尔卖给英王查理一世，目前珍藏于伦敦的维多利亚与阿尔伯特博物馆（Victoria and Albert Museum）。这些都是旷世杰作。拉斐尔尽其所能，精研构图、组织戏剧性的效果。在整个画史上，很少有能超过下面这些作品的：《网鱼神迹》（*The Miraculous Draught of Fishes*）、《基督对彼得的托付》（*Christ's Charge to Peter*）、《亚拿尼亚之死》（*The Death of Ananias*）、《彼得治愈跛者》（*Peter Healing the Lame Man*）及《保罗在雅典的讲道》（*Paul Preaching at Athens*）——虽然最后一幅画在佛罗伦萨画家马萨乔的画室里失窃了。

这 10 幅草图被送往布鲁塞尔，由奥利（Bernaert Van Orley，拉斐尔在罗马的弟子）以丝毛织就。在短短的 3 年中，完成了 7 件挂毡，约 1520 年全部织完。1519 年 12 月 26 日，有 7 件已挂在西斯廷教堂的壁上，罗马的名士都被邀来观赏，轰动一时。帕里斯·德·葛拉西斯在日记上这样写道："整个教堂的人见了这些挂毡都目瞪口呆，一致认为是旷世佳作。"每件挂毡费资 2000 金币，全部的制费耗尽利奥的府库，只得再兜售赦罪券与僧职。[1] 利奥必然会以为：他跟拉斐尔在同一个教堂内的艺术战，已足以颉颃尤利乌斯与米开朗基罗，并会赢得胜利。

拉斐尔的作品数量多得惊人。他在 37 年中画的，远比米开朗基罗到 89 岁时的作品还多。这使我们很难确切地总结他的成就，因为几乎每件作品都是值得大书特书的杰作。他设计过镶嵌细工、木工手艺、珠宝、勋章、陶器、铜器皿与半浮雕、香盒、雕像、宫殿等。米开朗基罗听说拉斐尔设计了一个图样，不禁忐忑不安。佛罗伦萨的洛提（Lorenzetto Lotti）就按照这个图样，在大理石上刻了一尊约拿骑鲸雕像，结果使米开朗基罗重获信心——拉斐尔没有专注其绘画的艺术，实为不智之举。他在建筑方面的表现较佳，因为其友布拉曼特指引他。约 1514 年，当他负责圣彼得教堂的建筑时，他请其友卡尔沃（Fabio Calvo）替他将罗马建筑家维特鲁维亚的作品译成意大利文。此后，他便热爱古典建筑物的风格与形式了。他续建布拉曼特未曾完成的柱廊工事，很得利奥的赏识，因而授命他主管教廷所有的建筑与艺术部门。拉斐尔在罗马兴建了一些平凡的宫室，并为红衣主教朱利奥筹建优雅的玛达玛别墅（Villa Madama）。但这项工程主要还是由罗马诺担任建筑师与画师，由乌迪内担任装饰师。仅存的拉斐尔的

---

[1] 利奥既殁，这些挂毡都被典当来减缓教会的破产。罗马城陷落时，这些挂毡受到严重的损毁，有一件被砍成碎片，两件卖到君士坦丁堡，约 1554 年才尽数回归西斯廷教堂。每年的"圣餐节"盛会，都在圣彼得罗广场展出让民众观赏。路易十四仿绘成油画。1798 年被法人掠走，但 1808 年又复返教廷。目前这些挂毡有其悬挂的专室，即"挂毡厅"（The Galleria Degli Arazzi）。

建筑杰作，是他死后才按照他的计划建造的潘多尔菲尼宫（Palazzo Pandolfini），这依旧是佛罗伦萨最精美的宫室之一。他又漫不经意地展露才华，为其友银行家基吉在圣玛利亚修道院建了一个小教堂，还为他的马盖了一个马厩（1514 年），足供一个皇宫所需。为了了解拉斐尔和利奥时代的罗马，我们只好稍停下来看看这位卓越不群的基吉。

基吉

他代表罗马当地的新团体：富商或银行家，通常不是罗马本地人。他的财富使旧的罗马贵族黯然失色，而他对艺术家与作家的慨助，只有教皇与红衣主教才能胜过。他生于锡耶纳，对理财的巧术日益精进。43 岁时，他已成为全意大利主要放贷给共和国与王国、基督徒与异教徒的财阀。他提供资金，与若干国家交易，包括土耳其在内，并依约从尤利乌斯二世处取得明矾与盐的专售权。1511 年，他给尤利乌斯一个额外的理由与费拉拉交战——阿方索公爵居然敢低于基吉的定价，贱售食盐。他的公司在意大利的大城市及君士坦丁堡、亚历山大港、开罗、里昂、伦敦、阿姆斯特丹等地都设有分行。百艘船只皆插他的旗帜航行，为数 2 万人由他支薪，6 位君王赠他礼品，他的骏马选自苏丹，他访问威尼斯（他借给该市 12.5 万金币）时，就坐在总督的旁边。利奥十世曾要估计基吉的家财，他也许是因不愿缴税的缘故而答称难以计算。不过，一般都认为他的岁入高达 7 万金币。他的银盘与珠宝与罗马贵族所有的总数相等。他的床架雕以象牙，覆以金和宝石。浴室的设备皆以纯金做成。他拥有 12 处宫殿与别墅，其中最富丽堂皇的就是台伯河西岸的基吉别墅（Villa Chigi）。这栋别墅由佩鲁齐设计，佩鲁兹、拉斐尔、索多玛、罗马诺及皮翁博诸人作画装饰。1512 年竣工时，罗马人皆欢呼祝贺，都认为是罗马当地最堂皇的宫殿。

基吉所举办的宴会也闻名遐迩，几可媲美恺撒时代的卢卡卢斯。1518 年，他在拉斐尔刚刚建成而尚未饲养骏马的马厩里，招待教皇利奥与 14 位红衣主教，珍馐满桌，耗费 2000 金币。在那次闻名的大餐宴中，有 11 件大银盘失窃，或是贵宾的仆从所为。基吉不做搜查，而仅礼貌地表示惊异说，失窃的就这么一点。餐宴后，丝毡、挂毡及精美的家具都被移开，而百匹骏马被牵进马厩。

数月后，这位银行家又举办了一次盛宴，这次是在凸出河中的别墅柱廊里举行。每道菜过后，盛过菜的银器都当着宾客的面抛入台伯河，表示每个盘皿都不用第二次。基吉的仆佣早先就已在柱廊窗户底下暗中布好网。宴毕之后，他们便拉起河中的网，拿出银盘。1519 年 8 月 28 日，在该别墅的正厅欢宴时，每位客人——包括教皇利奥与 12 位红衣主教——所用的金银盘皿上，都精雕着自己的座右铭、饰章和徽章等，并盛以刚从各国或各地运入，为宴会使用的鱼、野味、蔬菜、水果、珍馐等。

基吉想以慨助文艺活动来补偿对财富的炫耀。他资助维泰博的学者贝尼尼奥（Cornelio Benigno），编辑希腊诗人品达的作品，并在自己的家中购置印刷机以方便印刷。那部印刷机的希腊文字模，是马努蒂乌斯两年前发行《颂歌》（Odes）时用过的，形体美极。这是首次在罗马印刷的希腊文书籍（1515 年）。一年后，那部印刷机又印行了塞奥克里托斯的校勘本。基吉虽然不曾受过很多教育，却以与本博、焦维奥、阿雷蒂诺诸人交往为荣；后者在罗马的谚语“没有钱臭味”里，包含了一个及物动词。除钱财和情妇之外，基吉还喜爱艺术塑造的各类美物。他对艺术家的托佣可与利奥颉颃，这使他对文艺复兴作了异教徒式的解说。他搜集在宫殿与别墅中的艺术品，多得能装满一个博物馆。他似乎认为他的别墅不仅是住家，还是公共艺术品的陈列馆，民众偶尔也可入内参观。

基吉终于在基吉别墅娶了与他相处已有 8 年的那位贤妻。8 个月之后，他就与世长辞，距拉斐尔谢世仅数日而已。他的遗产总计为

80 万金币，主要分给他的孩子。长子洛伦佐·基吉（Lorenzo Chigi）闲游浪荡，1553 年被断定为癫狂。基吉别墅于约 1580 年贱售给红衣主教法尔内塞二世，此后即改名为法尼西纳（Farnesina）。

拉斐尔：末期

早在 1510 年，拉斐尔就从这位快乐的银行家那里接受少量的委托金。1514 年，拉斐尔替他在佩斯教堂画了一幅壁画。所绘的空间窄小而不平。拉斐尔为了使画面显得匀称，将其分为四个女预言家，即库米尔、波斯、弗里吉亚、提伯亭（Tiburtine），这些异教的女预言家没有陪伴的天使。其画像都很高雅，因为拉斐尔所绘的，都少不了高雅的风格。瓦罗认为那是这位年轻艺术家最杰出的作品。这些画模仿米开朗基罗的女预言家，除了提伯亭之外。这位女预言家因年老而异常憔悴，对自己卜算的厄运深感恐惧。该画像实具有独创与戏剧性的威力。17 世纪以前有个传说，拉斐尔曾因这些女巫画像的润资，跟基吉的会计有过误解。拉斐尔已先收到 500 金币，但画完时，又要求额外的报酬。会计认为已付过的 500 金币就是应付的全额。拉斐尔提议请一个内行的画家来评鉴那些壁画。会计要请米开朗基罗，拉斐尔同意了。米开朗基罗虽然忌妒拉斐尔，却判定说，画中的每个头就值 100 金币。当这位惊讶至极的会计将这个意见报告基吉时，这位银行家命他立即付给拉斐尔额外的 400 金币。"要待他亲切，"他告诫道，"使他能够满足。要是他叫我为画里的帷幔付钱，我就破产了。"

基吉不得不小心翼翼，因在同年，拉斐尔又在基吉别墅替他绘了一幅气氛欢愉的壁画——《加勒蒂亚的获胜》（The Triumph of Galatea）。故事取自波利希安的《骑马对战》（Giostra）：独眼巨人波利菲墨斯想以歌声和笛声拐诱森林女神加勒蒂亚，但她不顾而去，好像是说："谁要嫁给一个艺术家？"然后听任两条海豚拉着她那贝壳似的小舟驶向大海。她的左边有个俊健的森林女神，被一个强有力的半人半鱼的海神逮住，而丘比特也从云间射出漫天情箭以增厚情谊。画中的异教文艺复兴已达巅峰，拉斐尔则任其想象翱翔，画出优美无比的女人。

　　1516 年，他以荣耀维纳斯与爱情获胜的壁画，替红衣主教比别纳装饰浴室，1517 年，他更恣情自娱，为基吉别墅正厅的天花板与三角穹隆设计图样。他在图中以其禀赋的想象，绘出阿普留斯（Apuleius）的《变形记》（*Metamorphoses*）里的一则故事。普赛克公主因貌美而受到维纳斯的嫉妒。这位恶毒的女神吩咐其子丘比特撩起普赛克的情欲，使她爱上一个卑鄙无比的人。丘比特降抵人间来达成所托，却对普赛克一见钟情。他在夜间与她相见，并叫她抑制好奇心，不要打探他的身份。某夜，她起床点亮灯光，发现跟她同床而卧的原来是诸神中最俊美的一位，不禁雀跃万分。在她兴奋之际，一滴灼热的灯油掉在他的肩膀上。丘比特不觉惊醒，责她不该如此好奇，然后含愤而去。普赛克郁郁不乐，到处流浪。维纳斯因丘比特违拗母意，把他囚禁起来，并对天神朱庇特抱怨说，天国的风纪败坏了。天神便遣墨丘利逮来普赛克，罚她做维纳斯的奴隶，受尽酷虐。丘比特逃出囹圄，恳求天神赐他普赛克。这位困惑的天神跟往常一样，碰到这类对立的祈愿多拿不定主意，只得召集奥林匹斯诸神讨论此事。他对少女的娇媚很容易着迷，因而偏袒丘比特。众神顺从天神之意，一致同意释放普赛克，使她为女神，并将她赐给丘比特。最后一幕描写诸神欢宴神仙酒会，共祝丘比特与普赛克姻缘美满。我们认为这则故事是一个诚敬的譬喻：普赛克象征人的灵魂，只要经过折磨的净化，就可升登天堂。但拉斐尔与基吉并没有看出这个神话的宗教象征，仅视之为遐思俊男美女的良机。拉斐尔虽对肉体美有所偏好，仍能表现其高雅的风格，使清教徒无可挑剔。天性欢愉的利奥显然也无怨言。拉斐尔仅负责画中的人物与构图。罗马诺和彭尼两人依照草图画出各景，乌迪内加上镶边的花圈和苗生的花果。拉斐尔画派已成为一种媒介，其创作的目标几乎是要表现某种美妙的形式。

再也没有像拉斐尔的作品那样融汇异教与基督教色彩的了。这位醉心尘世的年轻人，过着王公般的生活，贪恋女色而用情不专（我们不妨破例这么说），在天花板上画出男女裸像以自娱。1513—1520 年，他画了一些历史上最动人的画。他以无邪的肉欲欣赏，总是选取圣母画像作为主题，总共画了 50 次。有时他的弟子也会帮他，如《因潘纳塔的圣母像》(*Madonna Dell Impannata*) 这幅，但他大半还是亲自作画，流露往日翁布里亚的虔诚的笔调。1515 年，他为皮亚琴察圣西斯托修道院绘了一幅《西斯廷圣母玛利亚画像》：稳定的金字塔形构图，完美至极，画像逼真得像殉道者圣西克斯图斯本人一样；圣巴巴拉的仪态端庄，但有点太美，服饰也太过华丽；圣母的绿袍，微红留痕，被天风拂动；圣子天真无邪，颇类常人；圣母面颊淡红，微露悲意与讶异；帷幕被圣母后头的天使拉开，好让她升登天堂：这就是基督教世界喜爱的画像，是拉斐尔亲手所绘最受人喜爱的作品。《橡树下的圣家族》(*The Holy Family Under the Oak Tree*)，也称为《珍珠圣母》(*La Perla*)；该画虽具传统的形式，却几乎同样优美，或许更动人。《圣母西笛亚》(*Madonna Della Sedia*) 这幅画像的画意宗教性少，人情味多。那位圣母是一个年轻的意大利修女，丰满娇美，热情内蕴。她以天生的母爱抱着她那白胖的婴儿，而那婴儿则羞怯地依偎在她的怀里，仿佛他已听说残害无辜幼儿的神话似的。这样的一幅圣母画像，就足以补偿许多幅《佛纳瑞拉》(*Fornarinas*)。

拉斐尔绘的耶稣画像很少。他的天性活泼，对受苦的冥想与画像都畏然退缩，他或许跟达·芬奇同样认为无法表露圣者的真相。1517 年，他可能与彭尼合作，替巴勒莫的斯帕西莫 (Santa Maria Dello Spasimo) 修道院画了一幅《基督背负十字架》(*Christ Bearing the Cross*)，这幅画也因而被定名为《西西里的斯帕西莫》(*Lo Spasimo di Sicilia*)。据瓦萨里说，该画曾历经险阻：运送该画前往西西里的那艘船在暴风雨中沉没了，但装画的板条箱安然浮上水面，漂抵热那亚。"连狂风怒涛，"瓦萨里说道，"也尊敬这幅画。"其后再次装船，陈

列于巴勒莫，"比火山岛还要出名"。17 世纪，西班牙菲利普四世曾
将该画秘密运往马德里。这幅画中的耶稣只是一个疲惫与挫败的人，
没有表露出他接受并达成了任务的隐意。拉斐尔在《以西结的异象》
(*The Vision of Ezekiel*) 中所表现的神性较为成功，虽然他还是从米开
朗基罗的《人类的诞生》(*Creation of Adam*) 借来庄严的神祇。

《圣塞西莉亚画像》跟《西斯廷圣母画像》，几乎一样闻名。1513
年秋，一位博洛尼亚的女士宣称她听到上天的嘱咐，要她在圣蒙特教
堂里建造一个附属教堂，以供奉圣塞西莉亚。有一位亲戚负责此事，
并请其叔父红衣主教普奇 (Lorenzo Pucci) 以 1000 金币从拉斐尔处
订制一幅相当的画像摆设于祭坛上。拉斐尔将乐器的部分交由乌迪内
负责，他本人则于 1516 年完成该画，送往博洛尼亚，并附上一封措
辞恳切的信给弗兰西亚。弗兰西亚被该画的美所打动，因而觉得该画
绚烂无匹，画中的音乐感只在天上有，画中的圣保罗是在"沉思默
想"，圣约翰如少女般狂喜，圣塞西莉亚可爱异常，抹大拉的玛利亚
更是娇媚——变成迷人而无邪的少女——还有那映照在帷幔与玛利亚
脚上的生命的光影。

现在又有绝佳的画像问世了。《卡斯底里欧尼像》(*Baldassare
Castiglione*，现藏于卢浮宫) 是拉斐尔最用心画的像之一，流露出无
限的诱惑力，仅次于《尤利乌斯二世》(*Julius II*)。我们首先看到的
是绒毛怪异的头饰，其次是皮袍与大胡子，因而想象这人是一个穆斯
林诗人或哲学家，或者是荷兰画家伦勃朗眼中的犹太教牧师。然后是
柔和的眼、嘴和紧握的双手，显示了利奥朝臣里那位温厚、善感、服
丧的伊莎贝拉的牧师；我们应在看《朝臣》这部小说之前，先将这幅
画像赏玩一番。《比别纳》绘的是这位红衣主教的晚年，倦于他的维
纳斯，归于基督教。

《遮面女郎》(*La Donna Velata*) 是否为拉斐尔所绘，尚待考证，
但瓦萨里认为那是拉斐尔为他情妇所绘的画像，倒是颇为有理。她的
形貌就是他用来画《圣塞西莉亚》中的抹大拉的玛利亚或塞西莉亚，

或许还用来画过《西斯廷圣母》，该画像显得阴郁而肃穆，一块遮纱自头部垂下，颈部戴有一串珠宝，身着一件宽松而闪亮的袍子。柏琪斯画廊里有一幅《佛纳瑞拉》画像，可能是拉斐尔所绘，但前人认为那是他的情妇。该字意指"女银行家"或"银行家的妻子或女儿"。画中这位贵妇的姿色并不特别迷人，她的神色并不优雅。令人难以置信的是，这位优雅的"蒙纱贵妇"，竟然就是尽兴享受一时之乐的那位。不过，拉斐尔的情妇不止一位。

然而，他对情妇的忠实远非艺术家们——他们对美的领受较之理性更为敏感——所能想象。拉斐尔曾受惠于红衣主教比别纳的厚助，但当这位红衣主教要拉斐尔娶其侄女玛丽亚时，拉斐尔只是勉强答应。他经年累月，一拖再拖，不履行诺言。据说，玛丽亚因一再被拒，竟至悲恸心碎而死。瓦萨里认为拉斐尔迟迟不娶，是期望能当红衣主教，对这样的高升，结婚是一个主要的——若是情妇则为微不足道的——阻碍。同时，这位艺术家尽量使他的工作地点接近情妇的住处。当拉斐尔在基吉别墅构绘《普赛克情史》（*History of Psyche*）时，由于距其情妇的宅所过远，往返费时过巨，银行家便将她安置于别墅里的寓处。瓦萨里说："因此，那桩工作得以完成。"他认为拉斐尔早殁，是因为与这个情妇"经常沉湎酒色"。不过，我们不知道此说确否。

他最后的一幅画是阐释福音故事。1517年，红衣主教朱利奥·德·美第奇嘱托拉斐尔和皮翁博替纳博讷大教堂的祭坛背后绘一幅画。按朱利奥即受弗兰茨一世封为该大教堂的主教。皮翁博早就觉得自己的禀赋至少还够得上拉斐尔，但很少受人赏识，现在该是他一展雄才的良机了。他选定拉撒路复活作为素材，并在米开朗基罗的协助下构图。拉斐尔受了这种竞争的刺激，便奋起作画，推出最后的杰作。他选取的主题是《马太福音》所述的泰伯（Tabor）山插曲：

　　过了六天，耶稣带着彼得、雅各和雅各的兄弟约翰，暗暗地上了高山；就在他们面前变了形象；脸面明亮如日头，衣裳洁白如光。忽然有摩西、以利亚向他们显现，同耶稣说话……耶稣和门徒到了众人那里，有一个人来见耶稣，跪下，说，主啊！怜悯我的儿子；他害癫痫的病很苦，屡次跌在火里，屡次跌在水里。我带他到你门徒那里，他们却不能医治他。

拉斐尔选定了这些景象，并耗尽心力设法协调景象的时间与地点。山巅之上，但见耶稣的身形翱翔空中，他的脸孔因狂喜而变形，他的衣裳被天光照耀而闪闪发光，他的两侧站着摩西和以利亚，他们的下方有 3 位受宠的使徒躺在高地上。山脚处一位绝望的父亲推着他癫狂的孩子向前，孩子的母亲和另一个女人都流露出优雅的美，他们跪在孩子旁边，祈求聚在左侧的那几位使徒替孩子治病。有一位使徒在凝神观书时吓了一跳，另一位指着变了形象的耶稣，认为只有他才能医好孩子的病。通常我们都赞扬该画的上半部绚丽无比，据说是拉斐尔亲笔画成的，而贬抑下半部的某些粗鄙与混乱，这是朱利奥·罗马诺所绘的。不过，有两位佳绝的人物是在下半部的前景——苦恼的读者及一位遮纱闪亮、露肩跪地的女人。

拉斐尔于 1517 年着手绘制《耶稣变容》，可惜壮志不逮，未成而殁。瓦萨里曾于拉斐尔死后约 30 年著书忆旧，但我们很难说其中有多少真实性：

> 拉斐尔依旧荒淫无度。在一次异乎寻常的纵乐之后，他返家发了高烧，医生认为他是受了风寒。因为没有说出害病的原因，医生也就很疏忽地替他放血，不但没有替他增补，反而使他更觉虚弱。于是，他先将他的情妇好生送出屋外，然后立下遗嘱，留给她一些财产以度余生。接着，他便将遗物分给他的弟子：一向受宠于他的朱利奥·罗马诺、佛罗伦萨的彭尼、乌尔比诺的某位教士、一位亲戚……临终忏悔之外，他终于在他生日，耶稣受难

日当天，走尽人生的旅程，享年37岁（1520年4月6日）。

前来听他忏悔的那位神父要等拉斐尔的情妇离屋，才肯进入病房。他或许是认为，她一直在场会使人觉得拉斐尔在受忏悔式之前，仍旧缺乏所需的忏悔之心。她甚至被赶出送葬的行列，因而陷入忧郁的状态，濒临癫狂的危险，红衣主教比别纳劝她去做修女。罗马的艺术家都列队前往坟地哀送这位英才早殁的年轻人。利奥因失去了他所喜爱的画家而悲恸异常；教皇的秘书、诗人本博以拉丁文和意大利文长谈阔论，现在却摒弃一切华丽辞藻，替万神殿里的拉斐尔墓写了一句话当墓志铭：

埋骨此地的是拉斐尔。

这就够了。

他同代的人都认为他是当时最伟大的画家。他的杰作比不上西斯廷教堂天花板上那些雄伟的画像，但米开朗基罗所绘的也抵不过拉斐尔那50幅圣母画像的整体美。米开朗基罗在谈到拉斐尔时说："他是个深入研究就能绘出佳作的好榜样。"他的意思或许是说：拉斐尔凭着模仿而获致许多画家的优点，从而孜孜不倦，融汇而成一种完美的风格。他并不觉得拉斐尔拥有创造的狂热，能迅速不要指引，独创一格。拉斐尔过于快活，不像传统那种疯狂式的天才，他解决了内心的冲突，因此很少流露那超人的精神或力量来推动伟大的灵魂，走上创造与悲剧。拉斐尔的画作是艺巧技精的产品，而不是深的感情或信念的伟作。他顺应尤利乌斯、利奥与基吉等人的需求与癖性，一直都是无邪的青年，欢愉地摆动于圣母画像和情妇之间。他就是借这种欢愉的办法来谐调异教和基督教两者之间的差异。

就技术性的艺术家而言，没有一个艺术家能与他并肩；在安排画面的构图、整体的色彩变化、线条的柔滑等方面，没有人及得上他。

他的一生致力于形式的表现。因此，所呈现的局限于事物的表面。除了尤利乌斯的画像外，他不曾深入探究人生或信念的神秘性及冲突感。达·芬奇的纤妙与米开朗基罗的悲剧感，对他而言一样毫无意义。人生的情欲与欢乐、美的创造与拥有、朋友与情人的忠诚，这些就足够了。约翰·罗斯金说得对：哥特式的建筑与意大利及佛兰德斯的"前拉斐尔派"绘画，表现了淳朴、真诚与雄浑的信念和希望，较诸拉斐尔那娇媚的圣母画像与艳丽的维纳斯，还能深入灵魂的深处。然而，《尤利乌斯二世》与《珍珠圣母》这两幅画并不仅是肤浅的描绘而已；它们流露了男性的野心与女性的温柔，《尤利乌斯》比《蒙娜丽莎》还伟大、还深刻。

达·芬奇使我们困惑，米开朗基罗使我们惊惧，拉斐尔带给我们宁静。他不提出问题，不引起疑虑，不制造恐惧，而是提供我们那芳醇而可爱的人生。他不容许智识与情感之间的冲突，或躯体与灵魂之间的矛盾。他所见的一切，是对立的谐调，造成毕达哥拉斯式的音乐。他的艺术将画上的一切理想化：宗教、女人、音乐、哲学、历史，甚至战争。他自己的一生顺遂而幸福，所呈现的也是宁静与优雅。随意列出一些天才，他们的地位就在这位最伟大的人之下，但亦可与他分庭抗礼：但丁、歌德、济慈、贝多芬、巴赫、莫扎特、米开朗基罗、达·芬奇。

利奥的政治

很可惜的是，尽管是在这种艺术与文学的气氛中，利奥还得综理政治。他身为一国的元首，又值阿尔卑斯山彼处列国有许多野心勃勃的领袖、庞大的军队及贪婪的将军，法王路易十二与天主教徒斐迪南已先同意分割那不勒斯王国，随时都可能同意划分意大利。为了应付这些威胁，也是为了加强教皇国及增大其家族的声势，利奥打算将佛罗伦萨跟米兰、皮亚琴察、帕尔马、摩德纳、费拉拉和乌尔比诺诸地

合并为一个强大的新联邦，由美第奇王族统治。将这些地区与现存的
教皇国合而为一，以阻挡北方强敌的入侵，可能的话，还要替他的家
族借姻亲的关系，取得那不勒斯王国的王位继承权，全意大利既已合
为一气，然后引导欧洲重新发动一次十字军，以对抗屡为心腹大患的
土耳其人。马基雅维利对基督教或诸教皇虽无偏袒之心，但很热烈地
赞同这项计划，至少对全意的联合与自卫不表异议。

利奥在追求这些目标的实现时，受限于短绌的军力，因此只得
运用当时君王所拥有的一切治国之略与外交手腕。一个基督教会的领
袖竟也说谎、毁信、偷窃、杀人，的确很不合宜，但一般的君王都认
为：这些手段对一国的存续实属不可或缺。利奥先为美第奇家族的一
员，其后又身为教皇，恣意游猎，慷慨施舍。列国君王一致谴责他，
很失望地认为他的举止不像个圣者。"利奥，"圭恰尔迪尼这么说道，
"有负众人在他登基时的厚望，因为他当时显得禀赋谨慎，虽然德行
较差，却不如想象那样。"很久以来，他的敌人都以为他那马基雅维
利式的权谋，是受了他的堂兄弟朱利奥（后为克莱门特七世）或红衣
主教比别纳的影响。但当事到临头之际，他们显然非跟利奥本人交涉
不可，不是勇猛如狮，而是狡猾如狐，温厚而谲狯，诡诈而难测，贪
婪而不正，偶现惊惧而常显迟疑，但最后却能表现决心、果断及坚毅
的政策。

历代教皇都不曾有过他的优势，因为连从前对抗亚历山大与尤利
乌斯两位教皇的佛罗伦萨，目前也乐于受他统治，这是由于他赐给该
城市民许多教产之故。当他前往该市访谒先祖时，市民兴建了十余个
艺术拱门来欢迎他。他就从那个据点和罗马两处，派遣使者、专员及
军队，以增强他的国势。1514 年，他稳住摩德纳。1515 年，弗兰茨
一世准备入侵意大利，并计划攻取米兰，利奥便组军，并联合意境诸
国以对抗。他尽举大军，并明令身为教皇封臣的乌尔比诺大公和一位
服教职的将军起兵跟他在博洛尼亚会师。这位大公即弗朗西斯科·玛
利亚·罗维尔，虽然曾获利奥的军费，竟峻拒不允。于是受到教皇怀

疑，以为他跟法国有密款相通。利奥一等外顾无忧，便钦召弗朗西斯科前来罗马。这位大公惧而遁往曼图亚，利奥将他逐出教会。尽管这位轻浮的大公的姑妈贡萨加·伊丽莎贝塔及其岳母伊莎贝拉两人婉词恳求并致书祈愿，都无法改变教皇的决心。教皇的军队不战而陷乌尔比诺，弗朗西斯科被判废职，由利奥之侄洛伦佐继任乌尔比诺大公之职（1516 年）。翌年，该城的民众奋起反抗，驱逐洛伦佐，弗朗西斯科组织一支军队重陷该公国，利奥悉索军资与军队再陷该城。经过 8 个月的奋战，他虽得胜，但军费用尽了教产，并使意境诸国转而对抗教皇及其贪婪的家族。

弗兰茨一世乘机赢取教皇的友谊，并为重获乌尔比诺大公之职的洛伦佐与玛德琳（Madeleine）两人议婚。玛德琳岁入高达 1 万银币。利奥满口答应；洛伦佐犹如罗德里戈·博尔贾，亲往法国（1518 年），迎回玛德琳与嫁妆。翌年，她在生凯瑟琳（后成为法国王后）时难产而死。过后不久，洛伦佐也去世了。现在，利奥宣称乌尔比诺为教廷属地，并遣使统治。

在这段错综复杂的时期，他不得不隐忍两桩痛苦的事：他的政治弱点和渐失民心。他有一位将军姜巴洛·巴格廖尼曾受皇恩，而佩鲁贾总督却连同该地叛归弗朗西斯科。后来利奥赐他安全通行证，诱他到罗马来受死（1520 年）。巴格廖尼也曾参与阿方索·彼得鲁奇及其他红衣主教的密谋，拟暗杀教皇（1517 年）。这些红衣主教的需索过度，连一向慷慨施与的利奥也难应付，而彼得鲁奇复因利奥默许锡耶纳政府罢黜其兄而愤怒异常。他起先想亲弑教皇，后来人家劝他收买利奥的御医，趁着医治瘘管时毒杀教皇。不幸密谋泄漏，御医与彼得鲁奇被处死，数位同谋的红衣主教被囚被罢；有些则以巨款赎身。

利奥需款的窘状，使一度欢愉的时代愁眉不展。他赠给亲友、艺术家、作家及音乐家的礼物，他那豪奢无比的宫廷，圣彼得教堂的无尽需索，乌尔比诺之战的军费及准备十字军等，样样都使他濒临破产。他那获自税收的年俸 42 万金币根本就不够，但是想从愠怒的欧洲教会聚款到罗马来总是较难一些。为了充实府库，利奥新置 1353 个教职兜售，应征任职者所付之款总数高达 88.9 万金币。我们不必太以道德的眼光来看这件事，大部分职位多属闲差，劳苦的事皆可委诸下属代办，从这些职位所收得的钱款，其实只是给教皇的贷款而已。任职的薪俸，平均年达最初所付款数的 10%，都是这项贷款的利息。利奥兜售的，就像我们现在所谓的政府公债，而他所付出的息金，显然会较目前的公债利息为高，但他连大臣的职位也鬻卖了。1517 年 7 月，他指名 31 位新任的红衣主教，其中确有许多才智之士，但大部分以钱财换得。红衣主教蓬泽蒂（Ponzetti）——医师、学者、作家——付了金币 3 万。这次，利奥轻挥御笔，就为府库带来了 50 万金币。连厌倦酒色的意大利也大为惊颤。在德国，这种卖官鬻爵的事情，更助长了路德反叛的怒火（1517 年 10 月）。就在这重要的一年，苏丹谢里姆（Selim）为奥斯曼土耳其征服了埃及，利奥呼吁十字军东征而毫无结果。他热心过度，还派遣使节到基督教世界兜售特用赦罪券，以换取忏悔、自白及十字军军费开销等费用。

有时，他以 40% 的利息向罗马的银行家借贷。这些银行家收取这等利息，是因为深恐他处置教产不当，造成破产之故。有些贷款还要他以银盘、缀锦与珠宝抵押。他绝少思及节约，即使有的话，也只是拖欠希腊学术院与罗马大学之类的薪俸。早在 1517 年，前者就因经费短缺而关闭。他依旧是滥施仁惠，厚助整个基督教世界的僧寺、医院及慈善团体，滥赠勋爵与资财给美第奇家族，侍客豪奢而自奉俭约。他任职教皇期间，共费金币 450 万，死时尚欠 40 多万。有一句讽刺的话道出了罗马人的心声："利奥用罄了三个教皇的府库：尤利乌斯二世的国库，利奥与继任教皇的岁益。"他驾崩时，罗马经历了一次历史上最糟的经济破产。

他死前一年，战乱频仍。他认为重获乌尔比诺与佩鲁贾两地之后，还得遥控费拉拉与波河流域，才足以巩固教皇国，并阻挡在米兰的法军南犯。阿方索大公曾遣军队和大炮给弗朗西斯科以对抗教皇，这就使他有充分的理由开战了。阿方索虽身罹病痛，跟教皇敌对多年之后也觉困顿不堪，但仍奋战不懈。利奥之死，使他得以幸免。

教皇也于1521年8月间罹病，这部分是瘘管所引起的痛苦，部分则是因战事的忧虑与刺激所致。他一度复原，但10月再次病倒。11月，他的病情稍转，被送抵玛格里亚纳的乡间别墅休养。据报称，教皇大军已自法军取回米兰。25日，他驾返罗马，受到凯旋式的欢迎。那日，他步行过多，汗流浃背，浸透衣裳。翌晨发高热而卧病不起。病势急剧恶化，自知寿数将尽。12月1日传来消息：皮亚琴察与帕尔马两地皆已被教皇大军攻陷，他不觉精神一振。他前曾宣称：他很愿意牺牲一己，使那些城市并入教皇国。1521年12月2日午夜时分，他与世长辞，差10天45岁。许多仆从和一些美第奇族人乘机劫走教廷的宝物。圭恰尔迪尼、乔维奥和卡斯底里欧尼诸人都认为他是被毒死的，图谋者也许是受阿方索或弗朗西斯科教唆的，不过，他显然跟亚历山大六世一样是死于疟疾。

阿方索闻讯狂喜，并"从猛狮之颚"（EX ORE LEONIS）打造一个新徽章。弗朗西斯科重返乌尔比诺再登宝座。罗马的银行家丧财失利了。利奥欠比尼商行20万金币，加第（Gaddi）3.2万，里卡索利（Ricasoli）1万，红衣主教普奇15万，红衣主教萨尔维亚蒂8万。红衣主教们想先取物抵押。但利奥死时比破产更糟。有些人趁势谴责这位已故的教皇理财不当。但罗马人悲恸异常，认为他是有史以来最为慷慨的施主。艺术家、诗人与学者知其鸿运的巅峰已逝，虽然他们还不曾怀疑灾难的程度如何。焦维奥说道："知识、艺术、公众的福利、生活的乐趣——总之，一切美好的事物——都随着利奥永埋黄泉了。"

他被美德所累。伊拉斯谟很恰当地赞扬他的仁厚与人道，他的豁达与学养，他对艺术的喜爱与支持，并将利奥在职期间称为黄金时代。然而，利奥视黄金如家常便饭。他在宫廷里长大，懂得艺术，也知道奢华；他虽能英勇地面对危难，却不曾辛劳谋生。当教区的岁益由他监管时，他便用钱如水，挥霍无度，或沉溺于受益者的欢乐，或醉心于计划军费浩繁的战争。他推广亚历山大和尤利乌斯两位教皇定的方针，并继承他们的成就，使教皇国固若金汤，却因穷奢极欲与横征暴敛而失去了德国。他会欣赏花瓶的美，却看不出阿尔卑斯山彼处的新教徒宗教改革正在孕育形成：他对百桩警兆置之不理，只知要求乱事已起的国家送来更多的金子。他是教会的荣耀，也是教会的灾祸。

他是最慷慨，但不是最开明的资助人。尽管他厚资慨助，他的统治期间并不曾产生伟大的文学。虽然他赏识本博和波利希安两人，但是阿廖斯托和马基雅维利的见识远胜于他。他对艺术的鉴赏力并不像尤利乌斯那样稳当而傲然。圣彼得教堂或雅典学会的兴建，并不归功于他。他过于喜爱优美的形式，过于鄙视艺术杰作借优美的形式所流露的深意。他使拉斐尔过劳，低估达·芬奇的才干，又跟尤利乌斯同样无法超脱米开朗基罗的烈性，使他一展鸿才。他过于安富尊荣而显不出伟大之处。对他如此评价诚属憾事，因为他是很可爱的。

凭着财富与皇权，他刺激了文学与艺术上优美的风格与形式。他的榜样激起百位知心人寻求天才，从而加以资助，并为北欧定下了欣赏与价值的前例和标准。他保护罗马的古迹，较诸其他教皇还不遗余力，并鼓励时人相与颉颃。他接受异教徒享受人生的方式，却能在一个纵欲滥情的时代洁身自爱。他资助罗马的人文学者，使古典文学与形式的研究迅即广布法国。在他的统治之下，罗马成为欧洲文化的中心，艺术家群集学画、雕刻或建筑，学者前来研究，诗人涌聚吟诵，才智之士则焕然争鸣。"罗马啊，在我忘掉你之前，"伊拉斯谟这么写道，"我必先投入忘川（the Lethe）……多么宝贵的自由，多么珍贵的书籍，学者的知识多么深邃，多么能使人受益的社交啊！我们还能在何处寻得这么喜爱文艺的社会，或才俊之士济济一堂的去处呢？"温和的卡斯底里欧尼、优雅的本博、博学的约翰·拉斯卡利斯、焦孔多兄弟、拉斐尔、圣索维诺与桑加罗、皮翁博以及米开朗基罗等——这么一群同时同地的人，我们还能在哪里找到呢？

第四部

文艺复兴的没落

佛罗伦萨画家布龙齐诺的《一个年轻人的肖像》。布龙齐诺是风格主义画派的杰出代表。

第一章 | 知识的革命
（1300—1534）

玄学

不管在哪个时代、哪个国家，文明是一种少数人的产物、特权和责任。历史学家看清了一般人那种无知的执拗，遂寄望于那光荣而迷信的未来。他们不认为完美的国家会由不完美的人缔造出来，他们认为不论在哪个时代，只有极少数的人能够免于经济的灾难，而有那份闲暇和精力，在打量他们祖先的思想和环境之余，来思考一下他们自己的思想。假如在每个时期，他们能够发现几个人能借智慧、天赋或环境之赐，而使自己跳出迷信、玄奥和轻信的领域，就能看得出那无止境的愚昧，达到具有判别是非的智力。

在文艺复兴时期的意大利，文明只是少数人所有、所治和所享。一般所谓的世俗人，只知耕作和挖掘，拉车或挑着担子，日出而作，日落而息，到了晚上，已是精疲力竭，哪有余力去思考呢？他的意见、宗教及对人生的看法，都是来自天的启示，或得之于祖先的言教。他让别人来替他想，因为他们要他替他们做事。他不但接受传统的神学当中所说的那些令人向往，可以慰藉、激励和恐怖的奇迹——这些奇迹借着传播、反复的申述和艺术，每天都在使他加深印象——

而且他又加上鬼怪论、巫术、奇迹、魔法、占卜、星术、遗物崇拜和奇事等这些心理的必需品，换句话说，就是那些不为教会所许可、却相当受人欢迎的玄学，这种玄学有时反而招来比不信更糟糕的麻烦。在阿尔卑斯山北方的意大利，当这个不寻常的人在生活和文化方面，领先他的同侪达半个世纪之久时，在阿尔卑斯山南方的凡夫俗子，却与他阿尔卑斯山北方的同辈们，共享着迷信的时光呢！

人文主义者常常就屈服于精灵之下，在他们那雄辩滔滔的字里行间，充满着周遭环境中那些鬼怪的事或愚昧的文字。波焦·布拉乔利尼就深信一些奇奇怪怪的事，像什么无头的骑兵从科莫移到德国；满脸胡子的人头人身鱼尾的海神，从海上跑到岸上抓走漂亮的女人这些事。那位对宗教非常怀疑的马基雅维利，就认为"大气中充塞着精灵"是可能的，他相信一些惊天动地的事，可以从奇迹、预言、启示和天相，得到预兆。佛罗伦萨人喜欢把空气视为使他们聪明的一种不可言喻的东西，他们坚信一切重大的事都发生在星期六，他们还认为从某些街道出发赴战场，是一件不吉利的事。政治家对帕兹的阴谋大惑不解，他把这件谋叛事件归于随之而来的那场招来不幸的大雨，他宽恕了这些青年，他们在雨停之后，揭露了这个阴谋集团的头子，并把他抬出示众，然后，把他丢进意大利中部的阿尔诺河。菲奇诺曾撰文为占卜、占星术和鬼怪论辩护，并为拜访彼科的事而辩解，他的理由是因为当时的星星呈一种不吉祥的接近——或者难道这是一种怪念头吗？假如人文主义的学者们相信这些事，那么那些既没有闲暇去思考，也没有受过多少教育的一般人民，怎能责骂他们竟把这个自然的世界当作无数超自然力量的外表和工具？

意大利人把许多东西都视为耶稣或十二使徒的真正遗物，我们单从文艺复兴时期的罗马教会，就可以看到《新约·四福音书》中所有的景象。这个教会里存有耶稣婴儿时用的襁褓；那个教会有耶稣在伯利恒降生的那个马厩里的干草；另外一个教会有许多面包和鱼的碎片；另外一个教会有耶稣被钉在十字架以前与他的门徒共进最后晚餐用的那张桌子；另外一个教会有天使们画的送给路加的圣母玛利亚的像。威尼斯的教会陈列有圣马可的躯体、圣乔治的一条手臂、圣保罗的一只耳朵、圣劳伦斯一些被烧焦的肉及基督教第一位殉道的圣徒斯蒂芬被打死时用的一些石头。

　　几乎每样东西、每个数字都被认为富有魔力。阿雷蒂诺指出，有些罗马的妓女把从坟墓里偷来的腐尸，当作春药给她们的情人吃。各种的符咒被视为万灵的东西。亚帕兰（Apulian）的农民就说，有一种符咒可以驱走疯狗。善神和恶鬼充塞大地，撒旦常常现身或化身出现，引诱或恐吓，勾引或怂恿或授意；恶魔虽然不可捉摸，但假如你能适时地慰藉它们，它们也不至于对你为非作歹。在意大利北部的博洛尼亚，有些圣衣会（Carmelite）的修道士向善男信女说，研究鬼怪并没什么坏处，这种事直到 1474 年西克斯图斯四世时才被禁止。而职业性的男巫，在他们专有的符咒上念了一些咒语之后，便卖给那些求神问卜的善男信女。巫婆被认为有特别的法术可以接近这种乐于助人的恶魔，巫婆把这些她们认为有利于人的恶魔，当作情人或给以神般的对待。人们相信这些代表着魔鬼力量的巫婆，能够预测未来，能够日行千里，通过紧闭的门窗，对那些触犯了它们的人，施以可怕的报复；巫婆还能够招来爱或恨，使人流产，制造毒药，而且还可以凭着一张符咒或一瞥，置人于死地。

　　1484 年，英诺森八世下了一道训谕，禁止求助于巫婆。在这道训谕中，承认巫婆有一些法术，并把一些暴风雨和瘟疫的来临归咎于她们。训谕中还指责许多基督徒叛离了正统的崇拜，而与魔鬼打起交道来。训谕认为那些符咒、法术、咒语和凶恶的艺术品，很严重地危害到男男女女、小孩和动物。教皇曾提醒宗教裁判所的官员们，要随时注意这种事。但这道训谕并不代表官方的教条，巫婆也不会因此而受到迫害。信巫的风气还是那样盛行，真正受到惩罚的很少。此时的教皇信奉《旧约》，《旧约》上曾说："行邪术的女人，不可容她存活。"几百年来，教会一直认为这些邪恶的信仰可能影响到人类，教皇则认为巫术的存在，助长了人们的这种信仰。因此，他对宗教裁判所的提示，促成了对巫术的迫害。在英诺森八世颁布了这道训谕的次年，单在科莫一地，就有41位巫婆被活活地烧死。1486年，布雷西亚的宗教裁判官，就判了几位巫婆死刑，但是当地政府官员拒绝执行这项判决。但到了1510年，教会与政府显得很协调，听说在布雷西亚有140位巫师被烧死。1514年，在利奥十世的任期内，科莫有300多人被烧死。

不知道是不是因为受到迫害的刺激，或是由于其他原因，信巫术和操巫术的人急速地增多，尤其是在意大利北部。教会对巫术的迫害引起了公愤，据说，在布雷西亚附近的一处空旷地方，曾经有2.5万人参加一个巫婆的安息日。1518年，宗教裁判官在这里烧死70名巫婆，并判几百名可疑分子下狱。布雷西亚的领主团体曾抗议这种集体的监禁，干涉进一步的迫害行为；而利奥十世在1521年的2月15日下了一道训谕，不分青红皂白地命令驱逐那些拒绝执行裁判官判决的任何官员于教会之外，并禁止地方上举行宗教的仪式。领主团体不顾这道训谕，任命了两位主教、两位布雷西亚的医生和一位裁判官去负责今后所有有关巫术的审判，并且调查先前的一些判决，只有这些人有权来审判这些案件。领主团体还警告教皇派来的使节，不要用没收财产的方法来处罚犯人。这是一项大胆的作风，但是愚昧和虐待狂占了上风，在以后的200年，不管是在新教或天主教的地区，在美洲或欧洲，男巫和女巫都遭到焚害，这实在是人类历史上最黑暗的一点。

人有一种欲知未来的狂热，因而产生了各种不同的算命的人——看手相的、释梦的、占星的。意大利干这行业的人，其人数之众、势力之大，非其他欧洲国家可比。在意大利，几乎每一个大大小小的政府都置有一位占星家，他专司择吉日，凡有重大的事要着手时，得由他来决定日期。尤利乌斯二世离开博洛尼亚时，必须由占星家来给他择个吉祥的日子，西克斯图斯四世和保罗三世也要让他们的占星师来决定重要会议召开的时间。大家都相信星星主宰着人类的性格和事务，以致许多意大利的大学教授每年都出版占卜类的书，阿雷蒂诺也以占星术作为他幽默作品的题材之一，来讽刺这些教授写的历书。当佛罗伦萨的望族洛伦佐·美第奇在比萨创立一所大学，没有开占星术这门课时，学生们群起要求开这门课，他只好让步。洛伦佐的智囊团成员之一比科，著文猛烈抨击占星术，但斐奇诺起来维护。圭恰尔迪尼说："占星家们该是多么快乐呀！他们只要在一百次的谎言中有一次是真话，人们还是信任他们的；然而人们只要在一百次的真话中有一次是谎言，那他们的信誉就要扫地了。"但是，占星术对宇宙的观点多少是有一点科学性的，它多少是脱离了宇宙是由神或鬼主宰的这种信仰，而去追寻一个调和的、宇宙的自然法则。

科学

　　老百姓的迷信，实际上犹胜于教会，这更加阻碍科学的发展。出版物的检查，还不能对科学的发展有什么实质上的妨碍，直到1545年特伦特会议后的反改革运动，刊物的检查才真正地影响到科学。1463年，西克斯图斯四世，将那位15世纪最伟大的天文学家带到罗马，这个人就是德籍天文学家约翰·米勒。在亚历山大教皇的任期内，哥白尼（Nicolaus Copernicus）在罗马大学教授数学和天文学的课程。在哥白尼还没有提出他那震惊世界的太阳中心学说以前，古沙的尼古拉早已提出了他的看法。他们都是教徒。14世纪和15世纪，意大利宗教裁判所的权力已大大减弱了，一方面是由于教皇已不在阿维尼翁，一方面是由于教皇们闹派系，他们都向往文艺复兴的启蒙。1440年，唯物论者兰迪（Amadeo de Landi）虽被米兰的裁判所抓去审问，但还是被释放了。1497年，一个名叫萨洛（Gabriele da Salo）思想先进的医生，虽然"他总认为耶稣不是上帝的儿子，而是约瑟夫的儿子"，他还是被他的保人从裁判所保了出来。尽管有裁判所，但是在15世纪和16世纪初，意大利的思想和教育要比任何一个国家都自由和发达。意大利学校中的一些课程，如天文学、法律、医学和文学，许多外国学生都慕名前来旁听。

英国名医、人文学者利纳克尔，在意大利完成了他的大学学业后，在阿尔卑斯山上设了一座神坛。当他返回英国时，他依依不舍地对意大利做了最后的一瞥，把他设立的那座神坛献给了意大利，作为学术的源泉和大学以上教育的学府。

在弥漫着迷信和自由主义的环境下，维塞利亚斯（Vesalius）之前的 200 年，科学进步得很慢，最主要的原因是因为人们重视艺术、人文和诗词。依意大利当时的经济生活情形和一般人的知识水准，并不急需什么科学的方法和思想。像达·芬奇，凭着他那股狂热的好奇心，他可以懂得一些宇宙的知识，对于其他类的科学也有一点皮毛的认识。但是没有大规模的实验室，解剖学只是一个开端而已，没有显微镜可以帮助研究生物或医学，没有望远镜可以观测星象或月亮。对古典美的追求，已经达到了富丽堂皇的艺术境地，然而对真理的追求，却很少在科学上生根发芽。古代文学的复兴，所激起用以美化古代的持怀疑态度的享乐主义者多，所激起用以塑造未来的坚忍的科学研究精神者少。文艺复兴的精神灌注在艺术上，其次是文学，再次是哲学，留给科学的最少。就这一点来说，它不如从伯里克利和埃斯库罗斯到芝诺和阿里斯塔克斯的希腊黄金时代，富有各色各样的精神活动。此时只有等待哲学来开导，科学才会有进步。

因此，能说得出一打文艺复兴时期艺术家名字的人，未必能记得住当时一位意大利科学家的名字，当然达·芬奇是例外，甚至鼎鼎大名的阿美利哥·韦斯普奇都不见得能榜上有名，至于伽利略则是属于 17 世纪的。除了在地理和医学界外，在其他科学方面简直没有可提的人。约 1321 年，波第诺的奥代里卡（Oderic）到印度和中国传教，回途中曾经过西藏和波斯。他也写了一本见闻录，这使得早他 30 年的马可·波罗所写的那部游记中的内容，得到了佐证，而更使这部游记生辉。身兼天文学家、医生和地理学家的托斯卡内利（Paolo Toscanelli），曾在 1456 年提及哈雷（Halley）所发现的彗星，哥伦布能完成横渡大西洋的壮举，得益于托斯卡内利的着实不少。佛罗伦萨的航海家韦斯普奇曾四次航海到新大陆，他是第一位发现新大陆的人，曾绘制不少新大陆的地图，瓦尔德塞弥勒（Martin Waldseemuller）曾把这些地图出版，并把这个大陆取名为"亚美利加"（America）。意大利人喜欢这个名字，在他们的著作中，他们都这样称呼它。

生物学发展得最慢，因为"人是一个特殊创造的理论"几乎是举世公认的。因此，人们也就认为无须去探究人是从哪里来的这个问题，而且要对这个问题追根问底也是危险的。这类科学仅限于植物病理学、园艺学、花艺和农业等方面的实用性研究。克雷申齐（Pietro de Crescenzi）在 76 岁时，写了一本颇受欢迎的农业手册。在这方面，他还比不上西班牙穆斯林的一些作品。佛罗伦萨的望族美第奇，在加里奇拥有一座奇花异卉的花园。第一个公共的植物园是 1544 年吉尼（Luca Ghini）在比萨设立的。几乎所有的统治者都设建动物园。美第奇红衣主教还拥有一座"人类的巡回动物园"——有 20 种不同国家的"野蛮人"，他们都有很健壮的体格。

医学

最发达的科学应为医学了，因为人们愿意牺牲一切来追求身体的健康。做医生的，极大地分享到意大利所获致的财富。帕多瓦当局以年薪 2000 杜卡特聘请医生做顾问，还准许他们自由开诊所行医。彼特拉克就极力指责给医生这样高的待遇：上好的红色袍子、白貂皮头巾及闪闪的戒指和金色的刺马钉。他还对多病的教皇克莱门特六世提出热情的忠告，要他不要那么信任医生：

> 我知道你的床边有不少医生，我真是为你担心。他们的意见

常常都是矛盾的，他们认为假如没有新的见解，那是可耻的事，诚如老普林尼所说的，他们都想借着奇迹的出现，来获得名声，他们拿我们的生命来赌。所以，跟他们打交道，只要听他们最后一句话就够了。其他行业哪会像他们，而且医生的谎言要比其他行业的来得更可怕。我们只有存着奢望，才不会想起这些事。我们花钱让他们学点东西，甚至赔上生命，让他们获取经验，天下只有医生有权利杀人而不受处罚。噢！最仁慈的教父呀！把他们那一群当作敌人吧！有一位不幸的人在他的墓志铭上这样写道："我死于群医之手。"此可作为殷鉴。

在医学上，谈得上有实质上进步的，是解剖学的复兴。有时，牧师与医生及艺术家们合作，牧师从他们教会所属的医院中，提供尸体作解剖之用。卢齐（Mondino de Luzzi）在博洛尼亚解剖尸体。1316年，他写了一本《解剖学》（Anatomia），这本书曾风行300年之久。虽然有牧师的合作，但尸体还是不易得到。1319年，博洛尼亚的一些医学院学生，曾从坟墓处偷来一具尸体，交给一位老师，这位老师就拿来解剖，作教授之用。这些学生后来被控告，但被宣判无罪。自此，地方当局对解剖那些被处死的罪犯和无人认领的尸体之事，也就睁一眼闭一眼假装不知，不闻不问。大家都说博洛尼亚的解剖学教授卡尔皮（Berengario da Carpi）曾解剖过100具以上的尸体。最早开尸体解剖这门课的当算比萨大学，它至少在1341年就有这门课了。不久，意大利境内所有的医学院也都获准开这门课，连在罗马的那所教皇医学学校也不例外。教皇西克斯图斯四世正式宣布准许解剖。

渐渐地，解剖学恢复了它那份早被忘记了的古典的特质。贝尼维尼（Antonio Benivieni）、阿基利尼（Alessandro Achillini）、贝内德蒂（Alessandro Benedetti）和杜雷等人，摆脱了阿拉伯式的方法，回到盖仑和希波克拉底的方式上，他们甚至还不满这些被视为神圣不可侵犯的权威，进而研究解剖神经、肌肉和骨骼，探求人体内科学的知识。

贝尼维尼还从解剖中发现人体内部疾病的原因，他的一篇《论几种病症的病因及治疗方法》（"On Several Hidden and Wonderful Causes of Disease and Cures"），建立了病理解剖学，并使尸体解剖对现代医学的发展做了一项功不可没的贡献。除此之外，印刷术新方法的问世，对促进医学的进步也贡献不小，因为它普及了医学的知识，促进国际医学的交流。

我们可以粗略地说，在中世纪拉丁世界的基督教国家内，在医学方面的进步，到1500年为止。就拿其中最高明的解剖学家和医生来说，他们对医学的认识还不如公元前450年到200年的盖仑、希波克拉底和苏拉努斯（Soranus）等几位医学大师。他们的治疗方法仍然不出希波克拉底的四液体的理论及放血是百病的万灵药的说法。世界上第一位利用输血治病的是一位犹太籍的医生，他在1492年替教皇英诺森八世输血，但是失败了。当时，巫术仍然风行，巫师们仍然受欢迎，这些驱邪的人借着念符咒和吻壁物来医治肾虚和健忘症，有时候这种治疗的确有效。药剂师卖一些奇奇怪怪的药丸，为了增加收入，他们还兼售文具、油漆、糖果、香料和珠宝等。米歇尔·萨沃纳罗拉（Michele Savonarola）曾写了一本《实用医学》（*Practica Medicinae*）和一些短篇论文。其中有一篇说，伟大的艺术家大都精神上有毛病；另外一篇说，一些能延年益寿的名人，都是每天饮酒的。此时，庸医虽然很多，但法律对行医有了进一步的限制。凡是没有获得医学学位而贸然行医的，都要受到惩罚。1500年，要获得医学学位必须修完4年的医学课程。遇有重大的病症必须会诊，不能由一人单独来决定。威尼斯的法律还规定，内科医生和外科医生必须每个月集会一次，交换临床经验。同时，为了使他们的知识赶上时代，规定每人每年至少选读一门有关解剖学的课程。学生毕业时，他必须发誓，绝对不拖延病人的病，绝对要监督配药，绝对不干涉药剂师对药价的处理。威尼斯在1368年所定的法律，还规定药剂师对一则药方的索价不得超过10个铜币。据说，有些是彼此先订好契约，等医好病了再按契约上所订的价格付钱。

外科手术发展得很快，当外科医生们手术的方法和利用的仪器，接近古埃及医生们的那种精湛的技术时，他们的名声传扬开来。拉帕洛的博纳多（Bernardo da Rapallo）设计一种除结石的仪器，做会阴的手术（1451 年）。桑托（Mariano Santo）因用侧面的割切手术法，成功地割除膀胱结石而名噪一时（约 1530 年）。尤利乌斯二世的外科医生维戈（Giovanni da Vigo）曾改良了对动、静脉缝合的方法。古代所用的整形外科，约 1450 年又重新出现在西西里岛。鼻、唇和耳有何缺陷，可以移植人体其他部分的皮肤来整形，而整形过后，几乎看不出什么痕迹来。

公共卫生的设施也有了改进。威尼斯总督丹多洛（Andrea Dandolo）在他的任职期间，曾设立了第一个市立公共卫生委员会，意大利的其他城市也都纷纷仿效设立这种委员会。这些委员会专事试验各种食品和药物，并隔离那些罹有传染病的患者。1374 年，由于黑死病的流行，威尼斯港口当局因怕船上的人员和货品染上这种传染病，曾拒绝所有的船只进港。在西西里岛东南的拉哥萨，于 1377 年也采取措施，凡是要进入该城的旅客或货物，必须要先待在一个特设的地方达一个月后，才准进入。马赛港在 1383 年也采取同样的措施，并把这项拘留的期限，延长到 40 天，威尼斯在 1403 年也采取这样的措施。

在俗人和僧侣一致的倡议下，医院发展得很快。意大利中部的锡耶纳，在 1305 年建立了规模相当大的医院。弗朗西斯科·斯福尔扎于 1456 年在米兰创立了一家大医院。1423 年，威尼斯当局在拉撒瑞岛设立传染病院，专事收容患有传染病的患者，这是欧洲第一座传染病院。佛罗伦萨在 15 世纪，已经有 35 家医院。这些医院都是由公家鼎力支持和私人捐赠而建的。有些医院建筑的形式很有名，大医院即是其一。有些医院里面的大厅还雕饰有壮丽的艺术品。在皮斯托亚塞卡波医院内的雕饰，可以说是一种典型的医院装饰，墙上活生生的赤褐色浮雕曾引起艺术家乔万尼·罗比亚的兴致去临摹。由建筑家菲利普·布鲁尼里斯哥设计的佛罗伦萨英诺森蒂（Innocenti）医院的正面，最引人注目的是由安德烈亚·罗比亚在回廊拱门的三角壁上雕刻的那些赤褐色的雕饰。1511 年，马丁·路德在意大利看了这些不朽的杰作时，大感吃惊，这些慈善的机构和医院的建筑给他留下极为深刻的印象。他在《闲谈》（*Table Talk*）一书中对医院这样描述道：

> 意大利的医院，盖得很壮丽，院内供应丰盛的膳食，护士人员很体贴，医生都是饱学之士。床铺被褥一尘不染，壁上尽是雕画。当病人一住院，他的衣服立刻换下来，当场由一位公证人开下收条，并负责保管这些衣物。病人改穿医院发给的白色服装，然后，躺在用很清洁的床单铺的很舒适的病床上。随即，就有两名医生来看他，服务人员也立刻送进用干净的碗盘盛的饭菜……许多仕女都轮流来医院照顾病人，她们的脸上都戴有面纱，这样人们才不知道她们是谁。每一位来时都待好几天，然后再回家，由另一位来接替……佛罗伦萨的那些弃儿养育院也是令人赞赏。那些婴孩不但吃得好，衣服穿得整齐，而且受到无微不至的照顾和很好的教育。

医学的命运往往就是这样：当它对某种疾病有了新的克制方法时，新的疾病也紧随而来。天花和麻疹在 16 世纪以前的欧洲还见不到影子，现在却活跃起来。欧洲第一次出现流行性感冒是在 1510 年。1477 年以前从来没有听说过的斑疹伤寒症，于 1505 年和 1528 年肆虐意大利。15 世纪末，梅毒突然在意大利和法国出现，蔓延非常快，这是文艺复兴时期医学界的一件大事，也是对此时医学界的一项挑战。到底梅毒是早在 1493 年以前就存在于欧洲呢，还是在这一年才由哥伦布从美洲带回来的呢？关于这个问题到现在还争论不休呢！

有些事实可以证明梅毒确是欧洲的"土产"。1463 年 7 月 25 日，在法国东部第戎（Dijon）地方操业的一位妓女，在当地的法院上供认，她曾劝阻了一位不受欢迎的嫖客。她告诉他，她患有"严重的病"——记载上没有说明这项严重的病是什么病。1494 年 3 月 25 日，巴黎的市政传令员带来一项市政府的指令，说要整顿那些长有"大水痘"的人。我们不知道市政府所指的这种"大水痘"是什么，也许就是现在所谓的梅毒。在 1494 年的年尾，一队法国陆军侵入了意大利，在 1495 年的 2 月 21 日，这个部队占领了那不勒斯。不久，有一种疾病很快地在那不勒斯蔓延起来，意大利人叫这种疾病为"法国病"（il morbo gallico），他们认为这是法国人带到意大利来的。许多法国士兵都染上了这种疾病，他们在 1495 年 10 月返回法国，把这种疾病传给了老百姓，法国人称这种病叫那不勒斯病（le mal de Naples）。他们之所以这样叫，是因为他们认为法国士兵是在那不勒斯染上这种病的。在 1495 年 8 月 7 日，也就是法国部队从意大利回来的两个月前，神圣罗马帝国皇帝马克西米连颁布了一道有关"法国病"的诏书，这种"法国病"显然是法国士兵还没有从意大利回来以前就有了。自 1500 年起，morbus gallicus 一词已传遍了整个欧洲，指的就是梅毒。我们得到一个结论，在 1493 年以前，欧洲已有梅毒了。不过，这只是从一些蛛丝马迹所得的结论，并没有确切的证据。

至于说梅毒是来自美国的说法，则是根据西班牙医生伊斯拉（Ruy Diaz Isla）在 1504 年到 1506 年之间所写的一篇报告（这份报告直到 1539 年才出版）。他说，当哥伦布的船只在回航的途中，船上的驾驶员发了高烧，皮肤上长满了可怕的疹子，这船驶进巴塞罗那港时，他亲自为这些染上这种新病的水手们治疗。他说，这种病他从来没有看过，后来他证实这种病就是在欧洲所谓的梅毒。因此，他断定梅毒是来自美国。哥伦布第一次从西印度群岛回到西班牙的帕洛斯（Palos），是在 1493 年的 3 月 15 日。就在这个月，亚历山大六世的私人医生品托（Pintor）指出罗马第一次出现了梅毒。从哥伦布回到西班牙到法国占领那不勒斯，这期间将近两年——这两年足足的可使这种病从西班牙传到意大利。再者，在 1495 年蹂躏那不勒斯的那种疾病，假如要说那就是梅毒，实在是不可靠。从哥伦布发现新大陆以前的欧洲所发现的人骨中，看不出有什么痕迹可以说明此时已有梅毒，但是从哥伦布发现新大陆之前的美洲所发现的遗物中，发现有许多的骨头都有被梅毒侵害过的迹象。[1]

不管怎么讲，这种新疾病传染的速度倒是相当的惊人。恺撒·博尔贾显然在法国感染上了。许多红衣主教，甚至连尤利乌斯二世自己都染上了。我们相信，他们是不小心与那些带有梅毒的人和物体接触时，而遭到传染的。在欧洲，对于皮肤上脓疱的处理，早就用水银药膏，此时，水银药膏更是广泛地被人使用，就如同今天我们使用盘尼西林这样的普遍。外科医生和庸医都被叫作炼丹家，因为他们把水银变成金。当时还采取预防的措施。1496 年，罗马定了一条法律，禁止理发店准许患有梅毒的人入内，也禁止理发师使用梅毒患者用过的器具。政府当局也加强检查妓女，有些城市干脆把妓女们都赶走。因此，费拉拉和博洛尼亚两地，就在 1496 年，把当地的妓女都驱逐出去，因为她们长有"一种不可告人的水痘，这种水痘人们称之为圣约伯的麻风症"。教会当局劝人洁身自爱，不要去寻花问柳，这也是预防的一种方法，许多教会的人都听从这一劝导。

弗拉卡斯托罗是第一个把梅毒列入疾病的人，他是文艺复兴时期最多才多艺的人。他出身于名门，1483 年诞生于意大利北部维罗纳的一个贵族家中，这个家族曾经出过几位杰出的医生。在帕多瓦，他几乎无所不学。他拜哥白尼为师，请蓬波纳齐和阿基利尼分别教他哲学和解剖学。24 岁时，他已经成为一位逻辑学教授了。不久，他放弃了教鞭，致力于科学的研究，尤其在医学方面下工夫，他还爱好古

---

[1] 萨顿（Sarton）下的结论："至于梅毒，在 1495 年以前的文献中，我就没有发现谈到有关这种病的事，而紧随在 1495 年以后的几年间，就有许多谈及梅毒的问题。虽然最近几年来，有人一再地证实欧洲的梅毒早在哥伦布发现美洲以前就有，但我还是不相信他们的这一说法。"

典文学。科学与文学的并进，使他养成了一种优美的人格，也产生
了一首出色的诗篇，他这首用拉丁文写的诗叫"梅毒"，完全是模仿
罗马诗人维吉尔的那首田园诗。自从卢克莱修以来，意大利人在写富
有教训的诗这方面，就有很杰出的表现，但谁会料到这种起伏的螺
旋体态的细菌，会使这首诗更加流畅呢？ 在古代的神话里，西菲勒
斯（Syphilus）是一位牧羊人，他决定不去崇拜那些他看也看不到的
众神，他只要崇拜这位国王，这位只有他的羊群可以看得见的主人。
因此，愤怒的阿波罗神在空中散布一种有毒的水汽，西菲勒斯因而感
染一种疾病，使他全身长出溃疡性的水泡，这是约伯故事中的一个大
意。弗拉卡斯托罗对这种疾病加以追踪——它第一次出现、传播、起
因和治疗方法。他说："这种严重而罕见的疾病，几百年来从来没见
过，它肆虐整个欧洲，波及亚洲各大都市，并侵入意大利，在这场不
幸的疾病战中，高卢人称之为'西菲勒斯'。"他怀疑这种病是从美洲
来的，因为欧洲很多国家，几乎在同一个时期里出现了这种病。这首
诗又说：

> 这种病的传染，不是马上就发作的，而是潜伏一段时期，有
> 时候要一个月……有时甚至达 4 个月之久。大部分的病症是这
> 样：首先在生殖器官上长出小小的溃疡……其次，在皮肤上长出
> 脓疱……然后，这些溃疡性的脓疱使皮肤腐烂，再下去，就侵害
> 到骨头上……有时候甚至连嘴唇、鼻子或眼睛都会溃烂，有些是
> 整个生殖器官溃疡。

这首诗接着讨论用水银或零陵香——美国印第安人用的一种神圣
的木头——治疗的方法。接着弗拉卡斯托罗又写了一部叫《传染病》
（De Contagione）的书，在这部书中，他用散文文体讨论各种传染病。
1545 年，保罗三世任他为特伦特会议的首席医生。为了纪念他，在
维洛纳建了一座极庄严的纪念碑，而雕刻家卡维诺也把他的像雕刻在

一块大的石碑上，这是他最好的作品之一。

16 世纪以前，所有的传染病一概叫作"瘟疫"。现在已能明辨出是何种传染病，并且能诊断出它的特别症状。仅仅靠着希波克拉底和盖仑的那一套是不能应付这种危机的。因为医学界深知，只有增加和交换经验，只有详细地研究新的病症、病因和治疗方法，才能应付这种突如其来的考验。

也因为有这样高的素质、热情和真正的成功，那些较高级的医生，在那时被视为意大利的一种无衔的贵族。因为他们的职业是彻底的世俗化，他们这一行比僧侣们更加受到尊重。有些不仅被聘为医学顾问，还做政治顾问。他们常常是王子、主教和国王之流的座上客，有许多还是精于古典文学、收藏艺术作品的人文学家。他们往往是那些大艺术家的挚友，有许多深知希波克拉底把哲学融于医学的那种理想，他们把在研究和教授中遇到的问题，一个个轻而易举地解决了。他们给专门研究哲学的友人们一个刺激，把柏拉图、亚里士多德和阿奎那的哲学拿来重新大胆地做一番正直的试验，就如同他们对希波克拉底、盖仑和阿维森纳这些医学大师所做的挑战。

哲学

乍看之下，意大利文艺复兴时期，哲学方面并没有多大的收获，比不上从阿伯拉尔（Abélard）到阿奎那（Aquinas）经院哲学的黄金时代的成就；至于跟雅典学派时期相比，就更不用谈了。假如我们把文艺复兴的时限放宽一点，那么此时在哲学方面最具名望的应是布鲁诺，他的作品超过了我们在这一册所讨论的这个时期的范围。其次应该轮到蓬波纳齐了，但现在谁又会重视他那套大胆的怀疑论调呢？

这些人文学家小心翼翼地发现、揭开了希腊的哲学世界后，正在孕育一场哲学的革命。但是，除了洛伦佐·瓦拉，他们都太聪明了，以致顾忌太多，无法坚定他们的信念。大学里的那些哲学教授，拘泥

于传统的经院学派的圈子里：他们在经过了七八年的奋斗后，冲破了
这一阵杂乱的经院哲学时期，不是把它放弃而改研究他行，就是驱使
下一代人研究这套哲学，去发扬这些令他们心力交瘁、智慧迂腐的哲
学。其实他们之中已有许多人感到，为了精神上和经济上的安全，而
被迫用毫无意义的专门术语，小心翼翼地解释这些深奥的问题是徒劳
无益的。但谁能改变这一现象呢？大部分哲学教授的心目中，仍然保
有经院哲学的思想，但已势微。在中古世纪的一些材料中，人们又采
用中古时代的辩论形式精心地重新检讨一些中古世纪的问题。

有两件最主要的事促成了哲学的复活：柏拉图学派和亚里士多德
学派之间的冲突，把亚里士多德学派划分成正统派和阿威罗伊派之
争。在博洛尼亚和帕多瓦，这些冲突简直变成了生死搏斗。人文学者
大部分都是属于柏拉图学派的，他们在盖米斯都·布雷托、约翰·贝
萨里翁、西多罗斯·加扎等希腊学者的影响下，沉浸在柏拉图的《对
话录》中，他们不明白人家怎么会接受亚里士多德那部枯燥无味、内
容贫乏的《工具论》及他的那套令人沉闷的中庸之道。但是这些柏
拉图学派的人，并不叛离基督教。就拿他们之中最具代表性的斐奇
诺来说吧，他用大半生调和柏拉图学说和基督教思想。为了达到这
个目的，他博览群书甚至研究琐罗亚斯德和孔子。当他研究到普罗
提诺时，他自己又翻译了《九章集》（Enneads），这时他认为他在神
秘的新柏拉图学说中，发现了一条可以牢牢地把柏拉图和耶稣系在
一起的绳子。他在他的《柏拉图神学》（Theologia Platonica）中，试
图把正统派学说、神秘论和古希腊文化三者综合起来，归纳成一项多
神论的结论：神即是宇宙的灵魂。这个结论就变成了洛伦佐·美第奇
这一班人的哲学，也变成了罗马、那不勒斯等的柏拉图学园的中心思
想。这个思想体系从那不勒斯传到布鲁诺，由布鲁诺再传到斯宾诺莎
（Spinoza），再到黑格尔（Hegel）。

但另一派人也要为亚里士多德说几句话，尤其要为他的被误解
辩护。阿奎那主张个人不灭，亚里士多德是这样说的吗？阿威罗伊

认为只有完整的人类的灵魂才是不灭的。亚里士多德在他的《灵魂学》一书中是这样说的吗？阿威罗伊是个可怕的阿拉伯人，他极力想争夺亚里士多德学派的领导权。在帕多瓦，马西留因深受影响，以致反对起基督教来。同时，在诺拉出生的布鲁诺的先驱阿及利（Filippo Algeri）也吸收了那些可怕的错误，使他痛苦地投进了这纷争的旋涡中。在帕多瓦执教的哲学教授尼古莱托·维尼亚斯（Nicoletto Vernias）似乎也是主张只有世界灵魂才是不灭的、个人灵魂是不能不灭的。他的学生尼福（Agostino Nifo）在《论心智》（*De Intellectu et Daemonibus*）一文中也持同样的看法。通常，怀疑主义者要求宗教裁判所能够分清宗教的和哲学的两者不同的看法。他们指出，假如有一项提议，从理智的观点来说，也许要遭到哲学上的反对，但是从《圣经》或基督教的立场来看，这项建议是行得通的。尼福主张这一原则："我们应该说众人说的话，我们应该想些众人想不到的。"但尼福晚年时，却改变了思想与主张，终而归依于正统派。他在博洛尼亚的一所大学教授哲学，由于他授课时常有鬼脸和滑稽的动作，表情生动，并不时引用逸闻和机智来讽刺，吸引了不少的贵族、淑女和群众前往听他演讲，使他变成了最足以与蓬波纳齐抗衡的哲学家。

有文艺复兴时期哲学界"最小炸弹"之誉的蓬波纳齐，身材非常矮小，他的家人都叫他小彼得。人虽小，但头不小，浓眉，鹰鼻，眼睛细小、黑溜溜且深邃。他于1462年诞生在意大利北部曼图亚的一个贵族世家，却在帕多瓦度过他的学生时代。25岁时，就获得哲学和医学两种学位，并在当地执教。帕多瓦一地所有传统的怀疑思想他都承袭了，而且，还由他来集其大成。诚如他的门徒瓦尼尼（Vanini）所说的："假如毕达哥拉斯在世，他一定认为阿威罗伊的灵魂在蓬波纳齐身上转生了。"智慧似乎常常是一种化身，一种回声，虽然经过千变万变，经过几代的错误，智慧仍然不变。

1495年至1509年，蓬波纳齐一直在帕多瓦执教。接着战火横扫了这个城市，这座历史悠久的大学也只好关门。1512年，他到博洛尼亚大学执教。他一直生活在这所大学，直到去世。他结过3次婚。他讲的大部分是有关亚里士多德的学说。他很谦虚地把他与亚里士多德的关系比为"小虫窥探大象"。他说他的思想并不是他独创的，他只是宣扬亚里士多德的思想。他之所以这样说，是因为他认为这样比较安全。他这样做，似乎显得太谦逊了，显然他是刻板地屈服于权威之下。但是，自从教会继阿奎那宣布教会的教理即亚里士多德的学说之后，蓬波纳齐可能已经意识到：作为一个亚里士多德学说的忠实信徒，有一个方法可以证明什么是邪说，这个方法就是凡是揶揄正统派的亚里士多德学说的，都是异教邪说。利奥十世（1513年）在拉提朗宫召开第五次会议时，谴责那些相信"每个人都有灵魂，每个灵魂是必死"的这种说法的人。3年后，蓬波纳齐完成了一部大作《不朽的灵魂》（*De Immortalitate Animae*）。在这本书中，蓬波纳齐表示，利奥十世指责的，恰好是亚里士多德所提倡的，两者的观点正好相反。蓬波纳齐说，心是无时不附于物体的，最抽象的知识主要是来自感觉，只有通过身体，心才能认识这个世界。结果，一个脱离了肉体的灵魂，即使比它的肉体还活得久，但这个灵魂也只不过是一个毫无作用、毫无助益的生魂。蓬波纳齐得出结论说，作为基督徒和上帝的儿子，我们相信个人的灵魂是不朽的，但是，就哲学家的立场来说，哲学家是不相信这种说法的。这样说来，蓬波纳齐是确实反对天主教的教义了。天主教说，人体和灵魂都会复活的。也许，他并没有太重视天主教的这种说法，他也不认为他的读者会这样重视。

蓬波纳齐的这本书引起了一场风暴。天主教修道士说服了威尼斯的总督，下令把所有可以获得的这些书公开焚毁。反对这本书的人还把这件事告到教皇的法庭上，但本博和比别纳当时地位还很崇高，他们向利奥建议，认为这本书的结论是非常正确的，事实上，这本书的结论确是如此。利奥并不傻，他深知如何应付双方的说法，于是，他下令蓬波纳齐写一篇措辞恰当表示顺服的报告书。蓬波纳齐便在1518年写了《为自由辩护》（*Apologiae Libritres*），他重新保证，身为一个基督徒，他接受所有基督教的教义。大约同时，利奥还命令尼福对蓬波纳齐的这本书做出一个答复。尼福是一个喜欢辩论的人，他功德圆满地完成了这项使命。我们可以这样说，当蓬波纳齐的头摆在宗教裁判所的天平上时，很显然，这件事可以看出大学和教会当局之间继续存在的水火不容的敌对态度，当时就有三所大学争着要聘他。当听到比萨当局要拉蓬波纳齐去任教时，博洛尼亚的地方长官，不顾天主教修道士的反对，马上正式向教皇提出，要把蓬波纳齐的任期延长8年，并把他的年薪提高到1600杜卡特。

蓬波纳齐还有两部不太重要的著作，直到他死后才出版。在这两本书中，他继续表露了怀疑的态度。在《咒法》（*De Incantatione*）中，他把许多被认为是超自然的现象，视为自然的原因。有一位医生写信给他，宣称有些疾病是靠魔法和咒文治好的。蓬波纳齐对此表示怀疑。他说："为了求助那看不见的原因，而蔑视那看得见的和自然的现象，这是可笑而荒谬的。任何一种明确的可能，都不能保证那看不见的原因的存在。"身为一名基督徒，他相信有天使和精灵；但站在一个哲学家的立场，他不相信有这些东西，在上帝之下，所有的一切因果都是自然的。他嘲笑一般人相信的所谓用玄秘的方法可以治病的说法，这反映出他是受过医学训练的。他说，假如精灵能够治疗肉体的疾病，那么这些精灵将是物质的，或是用物质的方法去影响物质的身体。他讽刺那些会治病的精灵是从石膏、药膏和药丸里跑出来的。但承认有些植物和药石是有治疗的效力。他相信《圣经》上所记的那些治愈的奇迹，但他怀疑这是自然的力量所赐。宇宙是由统一的不变的法则来支配。奇迹只是自然力量的一种反常的表现，人类对自然力的能力和方法，只懂得一部分而已，至于我们所不了解的那些自然力，我们把它们归之于精灵和上帝的力量。在不与这种自然的造因的观点矛盾下，蓬波纳齐可能相信占星术。他认为不但人的生命要受到天体的控制，而且所有人类的机构，甚至宗教的兴衰都受到天体的影响。这对于基督教来讲，是正确的。蓬波纳齐说，现在就有一些迹象显示基督教正步入衰亡之途。但他强调，站在基督教的立场，他反对这种说法。

他最后一部著作《命运》（De Fato），似乎是比以前的几部正统一点，因为这本书是对自由意志的维护。他承认这本书所说的与宗教上所说的神圣的先知和无所不知的说法相左，但他认为，假如人有道德责任的话，那么他要求他的良心有自由活动的权利，他要求需要有更多选择的自由。在论到不朽时，他面临了一个问题：是不是只用道德律就可以，而不需要用宗教的处罚和善报呢？ 他以坚忍而傲岸的意志坚持美德的充分的善报就是美德本身，而不是所谓死后的天堂。但他承认，大多数人只有借着宗教上的信仰和惩罚才能步入正途。因此，他说，伟大的宗教立法者已经告诉我们，信仰那个未来的天堂，可以节省下无数的警察。他跟柏拉图一样，坚信寓言和神话有教诲的作用，它们对抑制人类天生上的弱点大有裨益。他说：

> 所以，宗教的立法者认为，善良的人可以在来生获得永恒的善报；作恶的人可以获得令他们非常担惊受怕的永无休止的处罚。大部分人之所以行善，是因为他们比较怕那种永无休止的惩罚，而不是热望获得那永恒的善报所致。同时，我们知道惩罚的多，善报的少。因为，宗教的立法者知道这种说法对任何人、任何阶级都有益，同时，他看出人类有作恶的倾向、有为善的欲望，因此，他向人类下令说，灵魂是不朽的。他之这样说，显然是不顾真理，却是为人类的利益着想，他这样做，可以把人类带往善良的道上。

蓬波纳齐认为，大多数的人头脑都很简单，但兽欲很强。所以，他强调，对这些人应当把他们当作小孩子或病人看待。他认为用哲理向这般人说教是没有用的。他说："这些哲学的道理并不是要让一般人知道，因为他们根本就没有能力接受这些玄奥的道理。我们甚至不必跟无知的传教士们说这些道理。"他把人分为两种，一是哲学家，一是信教的人。他很天真地相信"只有哲学家才是人间的上帝。哲学家与其他所有的人，不管是什么阶级、什么样的人都不同，如真人与画布上的像那样的不同"。但他也深知人类的理智是有限的，玄学虽然崇高，但不见得有什么用。在他晚年，自认为终日研究玄学，而弄得身心憔悴。他把自己比作希腊神话中的那位普罗米修斯，他为人类窃来火种——而蓬波纳齐则是为人类窃来神圣的知识——因而受惩被缚于高加索山的一块岩石上，其肝脏每日受兀鹰的啄食。他说："一个思想家在探究神圣的玄学时，就像海神……宗教裁判所判他是持异端邪说的人，而大众则笑他是一个傻瓜。"

一连串的争论使得他疲惫不已，身体也每况愈下。在百病交集中，他终于决心一死了之。他选择了一种不太好受的方式来自杀：他要饿死自己。不顾人们的批评、威胁，甚至在武力之下他都不屈，他拒绝吃，也拒绝说话。7天之后，他觉得他已经赢得了胜利，他有权可以去死了，于是他开口了，他说："我毫无遗憾地要离去了。"有人问他："你要到哪里去？"他回答："所有的人类都必须去的那个地方。"他的朋友曾做最后的努力，试图说服他吃点东西，但他宁死不屈。他于1525年去世。曾经是他门下的大主教贡萨加，收拾了他的尸体，把他葬在曼图亚，并以典型的文艺复兴时期那种坚忍的精神，建了一座像，以为纪念。

蓬波纳齐把哲学的形式带进怀疑主义的领域，这使基督教的信仰一连200年来都遭到攻击。十字军东征的失败；伊斯兰教思想借着十字军、贸易和阿拉伯哲学而流入；剥夺阿维尼翁的教皇权、教派的分裂；教育的普及，增强了对教会控制的反抗；僧侣甚至教皇的永生和现世，暗示了他们私底下对大众承认的信条的不符；他们用炼狱这种说法来募款，以达到其目的；商人富豪阶级的抬头，反抗了教会的支配；教会变质了，从宗教组织变为世俗的政治力量：所有这些因素和其他种种原因，使15世纪末和16世纪初的中产阶级以上的意大利人，变成了"欧洲地区最富怀疑精神的人"。

波利希安和浦尔契的诗及斐奇诺的哲学，明白地显示，洛伦佐的这一派并不相信来生。但丁笔下那个他认为千真万确的地狱，在阿廖斯托笔下，变成了可笑的费拉拉。文艺复兴时期，几乎有一半的文学作品都是反对教权的。许多雇佣兵队长都公开表明自己是无神论者，朝臣比妓女更没有宗教意识，富有一点怀疑的态度已经成为一个绅士的标志和必备的条件。许多学者都存有喜爱非宗教的哲学、不受基督教教理的这种心理，彼特拉克为这种现象而感伤惋惜。1530年，威尼斯就有这种现象，大多数上层阶级人士都不顾他们复活节的责任：他们不去忏悔，不去参加圣餐，甚至一年里都不曾有过一次。马丁·路德就发现意大利知识阶级对上教堂做弥撒流行这样的口号："来吧！让我们跟着大家一起错吧！"

在大学里，从一件有趣的小事，也可以看出教授和学生对宗教的态度。蓬波纳齐死后不久，他的学生西蒙·波尔齐奥（Simone Porzio）被邀到比萨大学演讲，他选择亚里士多德的《气象学》（*Meteorology*）作为讲题，但听众不喜欢这个讲题。有些听众很不耐烦地喊道："讲一讲灵魂好吗？"波尔齐奥只好不讲《气象学》，改讲亚里士多德的《灵魂学》。波尔齐奥的这一换题，立刻引起了听众的注意。我们不知道波尔齐奥在这篇演说里是不是表达了他所信仰的：人类的灵魂与一只狮子或一棵植物，在根本上并没有什么不同，但是他在他的《论人类的心灵》（*De Mente Humana*）这本书里确实这样说。他这样说并没有遭到攻击。1528 年，被西班牙宗教裁判所控告的塔拉巴（Eugenio Tarralba）就说，他在罗马念书时，教过他的三位老师，都一致说灵魂是要死的。伊拉斯谟还发现，罗马的大主教们竟用怀疑的态度来讨论有关基督教中最根本的教理。对此，他感到很惊讶！有一位传教士则对他说，相信来生是荒诞的事，有些则嘲笑起耶稣和十二使徒。他还很肯定地说，有很多人都听说教廷内的职员亵渎弥撒。虽然阶层较低的一般百姓仍然保持对教会的忠实；虽然那成千上万听过萨沃纳罗拉说教的，一定还是忠于上帝；虽然维多利亚·科隆纳的例子显示虔诚可以胜过教育，但是，人们对基督教中那牢不可破的教条的想法，却被怀疑之箭射穿而崩溃，而中世纪神话的光彩，也被渐渐发现的黄金的真理之光掩盖过去了。

圭恰尔迪尼

圭恰尔迪尼的思想综合了这个时期怀疑主义的觉醒。他的思想是这个时代中最尖锐的思想之一，对我们的所好他竭力讽刺，对我们满怀的希望，他很悲观。但是，他的这一思想像一架探照灯，射出万丈的光芒，他把他那率直坦白的思想，很聪明地表现在他死后才出版的著作里。

圭恰尔迪尼出身于贵族，在他孩提时代，他听的是知识阶级用标准的意大利语交谈，学的是实实在在的人生经验和成为一个充满自信的绅士。他的叔叔曾数次连任这个共和国的行政长官，他的祖父则担任过多个重要部门的主管，他的父亲精通拉丁文和希腊文，也担任过几个外交职位。圭恰尔迪尼这样写道："我的教父是当时最伟大的柏拉图哲学权威菲奇诺先生。"虽然他在这种环境中长大，这并不能阻止这位历史学家变为一个亚里士多德的信徒。他学的是民法，23岁时被任命为佛罗伦萨大学的法学教授。他到各处旅行，甚至到过佛兰德斯，去看耶罗尼米斯·博施（Hieronymus Bosch）发明的那些奇奇怪怪的东西。26岁时，他娶了玛丽亚·萨尔维亚蒂，这不仅因为"萨尔维亚蒂家产万贯，权势超人，而且，我本身就很喜欢这些东西"。

他还有一股追求出人头地和致力于创造文学艺术的狂热。27岁时，他写成了《佛罗伦萨历史》一书，这是当天才从重重的传统解脱出来所喷出的自由之泉，这是在这个年龄最杰出的作品之一了。他的这本书仅限于佛罗伦萨1378—1509年的历史，他对这一时期的历史说得不但详细准确，对来源作鉴定性的检查，对原因作深入的分析、成熟而公正的批判，而且文笔活泼流畅。凡此种种，可不是 11 年之后，60 岁的马基雅维利所写的《佛罗伦萨历史》可比的。

1512 年，当圭恰尔迪尼 30 岁时，被任命为天主教的斐迪南的大使。在以后上任的教皇利奥十世和克莱门特七世期间，他又被任命为雷焦、摩德纳和帕尔马三地的行政首长，继之为罗马纳的总督，后又出任统帅罗马帝国部队的副将。1534 年，他回到佛罗伦萨，辅佐那位实行暴政统治达 5 年的亚历山德罗·美第奇。1537 年，他成为科西莫首席代理行政首长，但当他知道升任为首长的希望破灭之后，便隐退到乡间，在一年之间，完成了那部 10 大巨册的《意大利历史》（*Storia d'Italia*）。

这部杰作不如他早期作品富有那种清新和气势充沛的风格。同时，因为他还研究了人文学，他的文笔流于重视形式和修辞。虽然如此，他的风格还是堂皇严谨，为爱德华·吉本那种不朽的散文风格开了先河。这部《意大利历史》的副题叫《战争的历史》（*History of the Wars*），因此，这书的主题也就限于讨论军事和政治，但讨论的范围涉及整个意大利，并扩及与意大利有关的整个欧洲。这是第一部有系统地介绍整个欧洲政治的书。书中大部分都是他知道的第一手资料，尤其后面的一部分，更有他自己扮演的角色在内。他搜集资料很勤，比马基雅维利的更正确、更可靠。他也模仿与同时代中比他更有名的那些历史学家的做法，让书中人物所说的话按古代人习惯的说法道出。他坦白地承认，书中人物所说的话不是百分之百的真实，但他特别强调有些是绝对正确的。对一个争论的问题的两面，他都顾虑到，对于欧洲各国的政策和外交的动向，他的分析有独到之处。总之，这部杰出的巨著已使他称得上是 16 世纪最伟大的历史学家。就如拿破仑急着要见歌德一样，查理五世也急着要见圭恰尔迪尼一面。有一天下午，查理五世在博洛尼亚会见了圭恰尔迪尼，他竟不顾朝臣和将军们的久等，与圭恰尔迪尼长谈。他说："我可以在一个小时之内，造就出 100 位贵族，但是，我在 20 年之内，也没办法培养出这样一个历史学家。"

与普通人一样，他对哲学家们为了解决宇宙问题所做的努力并不太重视。假如他亲眼看见了蓬波纳齐所激起的那场风暴，他一定会扑哧一笑。他认为超自然的问题超越我们的知识范围，去争论这种问题实在是无一用处。毫无疑问，所有的宗教都是以各种假设和神话为基础，假如宗教能对维持社会秩序和道德纪律有所裨益，那么宗教中的那些假设和神话又有什么可厚非的？圭恰尔迪尼认为，人天生自私、堕落、不守法，他必须随时需要风俗习惯、道德、法律或武力来约束，为了达到这个目的，宗教通常是最不会引起反抗的一种约束力。但是，当宗教腐化时，它的影响就是道德的堕落而不是道德的维护，那么社会也就步入了歧途，因为宗教所支持的道德律已经败坏无遗了。圭恰尔迪尼曾在他的秘录中这样写道：

> 当我一看到僧侣们的那种野心、贪婪和暴行时，那份恶心之情无人可比，这不仅仅是因为这些行为本身令人可恨，尤其是这些缺点根本就不应该出现在那些与上帝有特殊关系的人身上。在我跟几位教皇的关系中，我牺牲小我，并渴望他们能有所大成。假如不是有这种想法，我一定会把马丁·路德视如自己那样的珍爱；倒不是因为这样，我就可以从基督教加之于我们的约束中解脱……而是，我可以看看这些无赖被围于这些限制之中，这样他们才会被逼着去选择过着没有罪恶的生活，或选择那种没有权力的生活。

圭恰尔迪尼虽然这么说，他自己的道德行为并不比这些僧侣高到哪里。他个人行为的法则是随着权力改变的，他的一般原则在他的著作中说得不少。从这些著作中，可以看出他与马基雅维利一样具有讽刺的习性。他说：

真诚讨人喜欢，而且博人赞赏；欺瞒受人指责；伪装遭人怀恨。因为真诚和胜利对别人比对自己更有用。所以，我要赞扬那些一般生活都很严肃真诚，只在紧要关头的大事上采用欺伪的手段的人。一个人越能建立起真诚的名声，那么他事事就越能称心如意。

他看透了佛罗伦萨各政党的真正用意，虽然每一个政党都高呼为自由而奋斗，但事实上是争权夺利。他说：

很显然，统驭别人和凌驾别人的欲望是人的本性，所以，为了争取自由而宁愿放弃统治他人机会的人，实在少之又少。仔细地观察一下住在同一城市的市民们的纷争和冲突，你将会发现他们有一个共同的目标，那就是要取胜于人，而不是要争自由。至于那些高等的市民，虽然他们口口声声总要为自由而战，但其实他们骨子里所争的、所想的是权势和优越感。他们假借自由的美名，暗地里却渴望着权力和荣誉。

他看不起那个重商主义的索德里尼共和国，这个国家是以金钱代替军队来为自由辩护。因此，他不相信这个国家的人民或民主。他说：

说起这个国家的人民，不如说他们是疯子，因为，他们像是一只充满混乱和错误的怪物，他们那些不着实际的信仰实在太离谱了，相距何止十万八千里……经验显示，众人所期望的事，绝少能够实现……理由是成败大部分是依靠少数人的意愿，而这少数人的用意和目的，往往与大多数人的不同。

圭恰尔迪尼是文艺复兴时期少数没有信仰的意大利人之一。他没有基督教的信仰，他看破了政治的空虚，他不寄望于什么理想国，他对什么都不抱有期望。当战争、残杀、凶暴横扫整个意大利时，他无依无靠地退缩下来。这位内心已求得解脱，一切希望已破灭的悒悒老人，最后终于发现，当神话死亡的时候，只有武力才能获得自由。

马基雅维利

·外交家

有一个人始终不容易将其分类，他是外交家、历史学家、戏剧家、哲学家。他是他那个时代思考最锐利的一个思想家，一位燃烧着崇高理想的爱国者。他虽然一事无成，却几乎是他那个时代，比任何人留的印记都要深的一位。

马基雅维利是佛罗伦萨一位律师的孩子，家境不算太好但也不差，他的父亲在政府中谋得个小职位，在佛罗伦萨10里外的桑·卡西阿诺（San Casciano）拥有一座小小的乡村别墅。马基雅维利小时候，受的是一般的文科教育，他很快就学会拉丁文，但没有学希腊文。他对罗马历史特别感兴趣，尤其热衷于李维，他发现他那时的政府机构和政治情形几乎与罗马时期的完全相同。他又研究法律，一直很感兴趣。他不喜欢文艺复兴时期的艺术，对发现美洲一事，他并不重视，他觉得政治的舞台扩大了，但情节和人物并没有换。最使他热衷的是政治学、政治手腕和权术。1498 年，他 29 岁时，被任命为一个十国军事会议的秘书。在那里，他服务了 14 年。

起先他的工作是很单纯的——编纂会议记录和资料，作报告，写写信。但他是政府官员，他可以从内部透视欧洲的政治，他可以用他的历史知识预测未来的发展。他那份热心、神经质和野心勃勃的精神，使他感到只要等待，终有一朝可以出人头地，登上一国之尊，从米兰公爵之位到威尼斯的元老院议员、法兰西国王、那不勒斯国王、教皇、皇帝。不久，他被派遣跟卡泰丽娜·斯福尔扎交涉一事，但这位女伯爵实在太精明了，他不是她的对手，他受尽了折磨，空手而归。两年之后，他随卡萨（Francesco della Casa）率领的使节团到法兰西的路易十二那里。不幸，卡萨病倒，担任副使的他便负起团长的使命，他学法语，奔波于城堡之间，忙于拜会领主团体。这次他表现得机警睿智、洞察敏锐。他回到佛罗伦萨时，他的朋友齐声赞他，说他现在已是一个够格的外交家了。

1502 年，他先后被任命为乌尔比诺的索德里尼主教及恺撒·博尔贾的副官，这是他智慧发展上的一个转折点。同年，他被召回佛罗伦萨，庆祝他的婚礼。10 月，他再次回到恺撒·博尔贾那里。他跟博尔贾到伊摩拉，在到达圣尼加利亚时，正好碰上博尔贾成功地一网打尽那些企图推翻他的人。这件事轰动了整个意大利。马基雅维利这次得以亲眼看到这位强人的所为，对他日后的哲学产生巨大的影响。他这个只会动脑筋的人正面对着一个用行动来表现的人，这使他不由得肃然起敬。当他深深感到他还须走一段相当长的路，才能把他的思想付诸于辉煌的勋业中时，这位青年外交官，内心里不由得燃起嫉妒之火。他眼前的这个人，比他还年轻 6 岁，竟然能在两年中推翻 12 位暴君，给这些城市带来和平，并使他自己成为当时最具光芒的一颗流星。光靠着说话有什么用，这位年轻人从来就不多说话！ 从此，恺撒·博尔贾成为马基雅维利心中的英雄，就如俾斯麦是尼采心目中的英雄一样。在马基雅维利看来，从具体的意志中产生的力量，是一种超越善与恶之上的道德，是超人的模范。

翌年，他回到佛罗伦萨，此次，他已察觉到佛罗伦萨政府中的一些官员，已经在怀疑他的思想是不是受那位勇敢的博尔贾的影响而有所改变了？ 但他那孜孜于为佛罗伦萨的利益而筹划的行径，赢得了索德里尼和十人军事咨议会的信任和赞许。1507 年，他看到他心目中基本理论之一成功了。他一直主张，一个自重的国家不可以信任雇佣兵，在危机的时候不能依靠他们；他们或他们的头子往往是视金钱为第一，假如敌方采取银弹攻势，他们准会被收买过去。所以，马基雅维利认为要建立一支全国性的人民自卫队，全部由老百姓组成，这些老百姓最好是那些能耐劳吃苦、孔武有力的人民；这支部队要经常拥有最好的武装设备，要不时地训练；这支部队应该摆在最后一道防线上。经过一段长时期的考虑后，政府当局接受了他的这项计划，并由他全权处理。1508 年，他带领着他统筹的这支新人民自卫队攻打比萨，结果表现不凡，比萨终于投降，马基雅维利凯旋荣归，声誉更隆。

1510 年，他二度出使法兰西。经过瑞士时，瑞士同盟的武装独立激起他的热情，他心想意大利也应如此。从法兰西回来，他看到他的国家有了这样的一个问题：假如像法国这样一个团结的国家决心要征服整个意大利半岛，那么这个半岛上分分离离的公国，怎能联合起来保卫意大利呢？

不久，马基雅维利的这支自卫队受到了最后一次考验。1512 年，尤利乌斯二世因不满佛罗伦萨拒绝联合把法兰西人赶出意大利，便愤而下令派遣神圣同盟的军队镇压佛罗伦萨共和国，以恢复美第奇的王位。马基雅维利的自卫队被派到普拉托防守佛罗伦萨的防线，结果他的自卫队被神圣同盟设备精良的雇佣兵打得四处鼠逃，溃不成军。佛罗伦萨失陷，美第奇胜利了。马基雅维利因而丢了官，名声也扫地。他曾竭力向美第奇求情，也几乎成功了；不幸，有两位狂热的年轻人图谋推翻美第奇时被侦破，在他们的文件中，发现了支持他们的名单，其中有马基雅维利的名字。马基雅维利因而被捕，在狱中被鞭打四次，但因为找不出他共谋的证据，终于放了他。出狱后，他唯恐再次被捕，携妻和四个孩子远走到祖先在桑·卡西阿诺留下的乡村别墅。就在那里，他度过他生命中最后的 15 年，这 15 年真是满怀希望的贫困的日子。但假如不是有这段苦难的日子，我们也就无法再听到他的名字，因为，就是有这几年饥饿的日子，他才写出了那几部改变历史的书。

·作家

　　一位曾是佛罗伦萨政坛上的红人，现在失意退居乡间，心中不免有凄凉孤独之感。为了排除这种内心的痛苦，他不时到佛罗伦萨，找老友聊天，并寻求再度复职的机会。他曾写过好几封信给美第奇，但都石沉大海。在他致那位新出任佛罗伦萨驻罗马大使的老友维泰利（Francesco Vettori）的一封贺函中，他向他倾吐他在乡间的生活时的心声，及他如何写那部使他名垂青史的巨著《君主论》：

　　　　自从遭到一连串的打击后，现在我已过着静谧的乡间生活。太阳出来后我也起床了，然后走到附近的林间，花几个钟头检查一下昨天写的。有时，我跟伐木工人聊起天来，他们通常都向我苦述他们自己的遭遇或邻居的困难。步出了林子，我走到一处水源，在这鸟语花香的世界里，我捧书欣赏但丁、彼特拉克或像狄巴拉斯、奥维德这些诗人的作品。品尝他们充满热情的爱情故事，使我勾起了往日的旧梦，时光就在这种沉思中很快地溜过去了。然后，走进路旁的小客栈，与那些过路的游客闲聊，听听各个地方来的消息，记下他们各种不同的嗜好和想法。就这样到了用膳的时间。我跟内人一道用膳，吃的是我那微薄的家产所能买得起的小地方出产的东西。下午，我再回到小客栈，通常我会看到客栈的老板、屠夫、磨坊工人和一些泥水匠。有时，我跟这些人厮混终日或玩玩牌，每次总有争吵的事发生，亵语脏话不绝于耳。通常我们所争的无非是芝麻小事，我们的喧嚣声连桑·卡西阿诺镇上都可以听到。深陷在这种堕落的环境，我的智慧越发陈腐，我在向命运挑战中，发泄怒气……

　　　　到了夜幕低垂的时刻，我就步行回家，一进到书房的门口，便把那沾满泥泞的粗布外衣脱下，但我倒认为这些朴素的衣服是盛装呢！换上便服后，我伏案研究古代的历史，于是，我走进了古代的宫廷，我受到他们热烈的欢迎。他们提供我所需要的资料，我毫不胆怯地跟他们交谈，我也问问他们所做的一些事情的动机，这些人都很谦逊地回答我。在这四个小时的交谈中，我一点也不感到疲惫，把一切的烦恼、贫困和死亡等问题都抛诸九霄云外，我整个人都投身于这群古代人中。但丁曾说过，不记住所听的，就谈不上科学。我已经记下了这些杰出的人所说的话，而写了这本小册子《君主论》。我花了很多心血去写这本书。在书中，我讨论了君权的性质和种类，这些君权是如何获得的，如何来维持，及为什么会失掉等问题。假如你曾喜欢过拙作，那么这本书你一定不会不喜欢。这本书将特别受到新君主的欢迎，基于这个理由，我将把此书献给美第奇陛下……（1513 年 12 月 10 日）

或许马基雅维利在这里已经大概地说出了这个故事。显然，他开始在写《李维罗马史的研究》（*Discourses on the First Ten Books of Livy*），并完成了注解李维《罗马史》中的头三部。他把这些注解献给扎诺比·布翁德蒙提（Zanobi Buondelmonti）和科西莫·卢西莱（Cosimo Rucellai），他说："我送上我必须呈上给你们的最珍贵的礼物，因为这些注解是我长期的经验和不断的研究所获得的心得。"他评述道，古典的文学、法律和医学都已经复活，而启迪了现代的写作和实践。因此，他主张复兴古典的政府制度，把这些制度应用于现代的政治中。他的政治哲学并不是从历史中推论而来，而是撷取历史中偶然的事件，来支持从他自己的经验和思想中所获得的那些结论。他的那些例子几乎都是从李维那里而来，有些引自稗史，有些从波里比阿那里引来的。

当他继续写这部《李维罗马史的研究》时，他发现再这样写下去，终无完工之日，而不能使他即时把这部书作为一种实用的礼物献给当政的朱利亚诺·美第奇。因此，他中断了原来的写作计划，改写一部概要，单刀直入说出他的主张。这样他的这部小册子才更可能有被赏识的机会，同时，这样也可以挽回他跟这一当前（1513 年）统治半个意大利的望族的友谊。所以，就在这一年，不到几个月的时间，他完成了《君主论》。他计划把这本书献给当时统治佛罗伦萨的朱利亚诺·美第奇。但马基雅维利还在犹豫是否把这本书呈给朱利亚诺时，朱利亚诺在 1516 年去世了。因此，他只好再把这本书献给乌尔比诺公爵洛伦佐，但洛伦佐没有领情。这本书的原稿就秘密地被抄写了出去，但直到马基雅维利死后 5 年的 1532 年才被出版。自此，《君主论》成为世上多次再版的书之一。

关于马基雅维利其人，我们除了从他自己所描述的一些有关他的事得知一二之外，只有再从沃夫兹画廊藏的一幅无名氏画的他的像中看出他是怎样的一个人。这幅画显示，他的身材瘦长，脸色苍白，双颊凹瘪，目光炯炯，薄薄的双唇紧闭着。显然他是一个思想家而不是实干家，是一个有敏锐智慧的人而不是一个有温和意志的人。他不能成为一个杰出的外交家，因为他的外表太显露出他的精明；他也不能成为一个杰出的政治家，因为他太紧张，太固执己见。在这幅画中，看他那双带着手套的双手紧紧地握着，就显出他不是一个上流社会的人。他写起文章来，总是像愤世嫉俗的人那样。他的嘴总是抿着，说些讽刺的话，他以能说出完美的谎言为荣。因此，当他说真话的时候，人们往往以为他是在说假话。其实他心里所有的只是一颗热爱国家的心，为了意大利的统一和强大，他把一切有关道德的事都视为等而下之。

他有许多不同的个性。恺撒·博尔贾掌权时，他就称赞他；博尔贾垮台了，他也就跟着人云亦云，指责这个失败的博尔贾是个罪人，是"耶稣的叛徒"。美第奇家族失势时，他也振振有词地骂起他们来；但当其又得势时，他又厚颜地屈膝求情，图谋一官半职。不管在婚前或婚后，他不但去嫖妓，而且还详详细细地把那儿的风光告诉他的朋友们。他的信有些实在太低俗，连那些仰慕他的传记家都不敢出版。年近 50 岁，他还这样写道："朱庇特的香巢真是迷人。路虽那样的坏，也阻挡不了我；夜是那样地黑，也伤不了我的勇气……我整个心所想的只有爱，爱之神啊！维纳斯！我该多么的感激你！"这些风流的事，统统可以原谅，因为人不是一定要实行一夫一妻制的。但是，有一点不能让人谅解的是，他完全地漠视了他的妻子。从他所留下来相当多的信件中，从没有谈及他的妻子，更没有片字甜言蜜语。尽管这是当时的风气，但依他那种热情的个性，他的这种做法令人难以原谅。

同时，他那只锐不可当的笔正指向其他的地方，并赢得了丰硕的战绩。在 1520 年完成的《战术论》（*L'arte della Guerra*）一书中，他向各国和军事首领们强调军事强胜的法则：一个国家的军队假如失去了美德的约束，那么这个国家注定要灭亡。军队所需要的是人而不是金钱，他说："只靠金钱，绝不能获得卓越的战士，但卓越的战士往往可以获得金钱。"金钱必然要流入强盛的国家，但是国家一富裕起来，国力就要渐渐消沉，因为财富会使人安逸和衰败。因此，一支部队必须经常保持忙碌的状态，不时地有小战争，才可以使战士们的肌肉和器官保持强健。骑兵是很重要的，当然，假如对方有强韧的矛，那就另当别论了；但步兵应该被视为一支部队的中枢和主力。他认为雇佣兵懒散、可耻，是意大利之瘤；他主张每个国家都应有一支人民自卫队，这支自卫队由人民组成，这样他们将为他们自己的国家、自己的土地而战。

马基雅维利又把他的笔指向小说，他写了《金驴记》（*Belfagor Arcidia-volo*）。这是意大利的小说名著之一，在这本小说中，他用犀利而带有讽刺的笔调，讨论婚姻的问题。对戏剧，他也有一手，他作的《曼陀罗花》（*Mandragola*）一剧，是意大利文艺复兴时代中最杰出的一部喜剧。该剧的开场白真是别开生面，给评论家们来个下马威：

哪一个人敢用恶言诋毁作者，我警告你，他也懂得如何反

唇相讥，而且我保证在这方面，他要比你强得多；虽然他对那些
衣着入时的人毕恭毕敬，但老实说，整个意大利没有一个人他看
得起。

这幕剧惊人地揭开了文艺复兴时代的道德。故事的地点是佛罗伦
萨。加里曼古在听到一位熟人称赞尼西阿斯的太太卢卡莱西娅的美丽
后，虽然他本人没有见过卢卡莱西娅，他还是决定要引诱她。只要能
够跟她安安静静地睡一晚，他就心满意足了。但事情并不那么简单，
因为听说卢卡莱西娅不但美，而且她的贞操观念非常保守。但有一件
事使他觉得还有希望，听说尼西阿斯对她的不孕一直感到很烦恼。加
里曼古就贿赂了他的朋友，要他介绍他跟尼西阿斯认识，并说他是
一位医生。他声称他有一种药，可以使任何不孕的女人怀孕。但遗憾
的是，当她服过药后，第一个和她共床的人，不久就要死掉。他愿冒
这个死亡的危险。尼西阿斯就像传统的剧作家所创造的那类忠厚型的
人物一样，毫不犹豫地同意了加里曼古的好意。可是这位坚守贞操的
卢克雷齐娅竭力反对，她想，万一非答应不可，她就在被奸污之后当
即自尽。但演变到最后却皆大欢喜，任何一个都没有吃亏。卢克雷齐
娅的母亲因为渴望着要抱个孙子，便贿赂一位修道士，劝她的女儿在
向他忏悔之后，可以去施行加里曼古建议的计划。卢克雷齐娅终于答
应，吃下药后与加里曼古睡了一晚，卢克雷齐娅终于怀孕了。这位修
道士洗涤了卢克雷齐娅不贞的罪，尼西阿斯乐得做个"代理"父亲。
加里曼古终于如愿以偿，跟这位美丽的女人睡了一觉。

这部喜剧不仅结构好、对白好，而且讽刺得好。使我们惊叹的
倒不是那引人入胜的题材，也不是那古典的喜剧中具有的特色，更
不是因为解释了生理上的爱，而是在那位修道士竟然为了25杜卡特
的金币，而去成全人家通奸的好事。同时，更令人费解的是这幕剧于
1520年在罗马利奥十世的面前上演时，竟然大受欢迎。这位教皇看
了大为高兴，还要求朱利亚诺大主教给马基雅维利一份写作方面的工

作。洛伦佐·美第奇建议马基雅维利写一部有关佛罗伦萨历史的书，并赏他 300 杜卡特。

这部前后花了 5 年时间（1520—1525 年）才完成的《佛罗伦萨历史》，也是一部具有革命性的书，其在史料编纂中所占的地位有如《君主论》在政治哲学中的地位。但这部书有重大的缺点，如有草率而不正确的地方；剽窃过去历史学家所写的；偏重于小党派之间的斗争，忽视了社会机构的发展；完全地漠视文化的历史——这几乎是伏尔泰以前历史学家所犯的通病。但这是第一部用意大利文写的重要历史著作，他的意大利文简洁有力。他摒弃了有关佛罗伦萨创立的那些虚构的神话故事，他也放弃了一般使用的按年代顺序记载的方法，取而代之的是一种流畅而逻辑的叙述；他所说的不仅是历史上的事件，而且还说明了发生的原因和结果；他对佛罗伦萨政治上的纷争，从家族、阶级和利益等方面的冲突做了明晰的分析。故事的叙述离不开这两个统一的主题：各代教皇都在保持意大利的分崩离析，以确保他们皇权的暂时独立；意大利的进步是在狄奥多里克、科西莫和洛伦佐诸王的统治下获致的。这位领着教皇的金钱过日子的作者竟然写出这种反教皇的书，而当时的教皇克莱门特七世也竟然毫无怨言地接受了他的这份献礼，这说明了这位作者的勇气，也显示了这位教皇宽宏的心胸和慷慨。

《佛罗伦萨历史》一书虽然使他谋得一职达 5 年之久，却没有使他达到再次进入他长期以来渴望的那个政治泥沼的愿望。1525 年，法王弗兰茨一世在帕维亚大权旁落，而克莱门特七世此时又无力抵抗查理五世，马基雅维利只好上书教皇和圭恰尔迪尼，说明如何来抵御即将来临的西班牙和德国的联合进犯意大利。也许马基雅维利建议教皇应给予乔万尼·美第奇兵力、权力和充裕的金钱，这样可以暂时挽回意大利的命运。乔万尼去世后，作为好抢劫的法兰西的同盟国德国士兵，已经开至佛罗伦萨的城下，马基雅维利赶至佛罗伦萨，在克莱门特七世的要求下，他又呈上一份报告，讲明如何修复城墙抵御外侮。1526年5月18日，他被美第奇政府任命为由5位委员组成的"监护城墙委员会"的主席。这些德国军队终于绕过佛罗伦萨而向罗马进军。罗马城被攻克之后，克莱门特七世成了这群暴徒的囚犯，而佛罗伦萨共和党乘此推翻美第奇政权。1527年的5月16日，佛罗伦萨又重新建立民主共和，马基雅维利欣欣雀跃，满怀希望地想恢复他以前所当的十人委员会秘书的职务。但事与愿违，1527年6月10日，他被拒绝了。由于共和党人对美第奇的仇恨很深，认为马基雅维利在被捕期间，竟然变节上书事敌，而把他拒之于千里之外。

这一打击使他久久无法恢复，他的生命之火、希望之光从此再也点燃不起来，而空留憔悴的身躯。由于忧愤过度，他终于病倒了，他的胃抽搐得很厉害。妻子、儿女和朋友都围在他的床边。在病危时，他一直拒绝忏悔。但12天之后，他终于在一位牧师前面忏悔，随后去世了。死后，他的家境陷入贫穷，而他致力于统一的意大利也成了一片废墟。他葬于克罗齐教堂，在那座别致的墓碑上刻有这几个字：任何颂辞都不足以道出这位伟人的伟大。这个墓志铭日后证明意大利终于统一，意大利终于宽恕了他的罪，意大利永远也忘不了他的梦一般的理想。

·哲学家

让我们以最公正的态度来看看马基雅维利的哲学。我们再也找不到对伦理学和政治学这样独立而大胆的说法。马基雅维利确实在一片无人航行过的海洋上开辟了新的航线。

这确实是一套纯粹的政治哲学，其中没有玄学、神学、一神论或无神论，也没有决定论或自由意志说，伦理学本身很快沦为政治学的工具。他深知政治学是创造、征服、保卫和壮大一个国家的最高艺术。他是只顾国家不顾人道的。他认为个人只是国家的一员，他关心的只是大家共为国家的命运而努力，他才不顾自我地炫耀。他希望知道为什么国家会兴衰，及如何延长那可能避免不了的衰亡的命运。

他认为，一部历史的哲学和一门政治科学是可以使国家的寿命延长的，因为人性自古以来从没有改变过：

> 智者说，欲知未来，必须鉴古。这话不无道理，因为历史总会重演的。这又是为什么？因为历史是由人类的感情制造出来的，这种感情不分过去和未来都是一样的，因此，相同的感情必然产生相同的结果……我相信这个世界永远是不变的，这世界永远有那么多的善与恶，尽管这些善与恶因时代的不同而分散在各个国家中。

在历史的法则中，最具有启发意义的是文明和国家的兴衰。马基雅维利用一条非常简单的公式来解决这个非常复杂的问题。"勇气产生和平，和平走向平静，平静产生混乱，混乱招致灭亡。在混乱中产生了秩序，从秩序中又产生了勇气，从勇气中又带来光荣和兴旺。所以，智者已经观察到文学灿烂的时代是跟在军事的强大之后……所以，必先有伟大的军人而后才有伟大的哲学家。"一个国家的兴衰除了系于这些一般的因素外，领导人的行动和影响也是一个关键因素。因此，一位野心过大的统治者，在不自量力之下，擅用无上的权力乱启战端，可能会把他的国家毁灭。再者，运气也是一个因素，他说："运气可以影响我们行动的一半，至于另外一半它是无能为力的。"一个人勇气越大，就越不受运气的支配和摆布。

国家的历史依循一般的法则前进，这些法则由人类天生的恶性来决定。人天生是贪婪的、狡诈的、好斗的、残忍的、堕落的：

> 谁要想建立一个国家并制定法律，他必须先假定人天生是邪恶的，他们一有机会就会展示出他们邪恶的本性。假如他们这种邪恶的本性有一段时期隐藏着没有显露出来，那一定是有某些理由的。我们必须假定那是机会还没有来到，但机会不会永远不

来……事实上，希望获得什么是很自然、很寻常的事，当他们能够的时候，他们往往可以获得。因为这样，他们所受到的是赞扬，而不是责备。

正因为如此，人只有依次运用武力、欺骗和适应社会才能变好，换句话说，人才能够有秩序地生活在社会中。国家的创立是这样的：以军队和警察建立武力，制定法规，渐渐形成风俗习惯，进而支持领导权、维系社会秩序。国家越进步，就越不需要使用武力，灌输思想和风俗习惯就足够了，因为在一位强有力的立法者或统治者之下，人民是不易反抗的。

要使邪恶的人类习惯于法律和秩序之下，最好的方法是宗教。这位被他的仰慕者称之为好讽刺的无神论者马基雅维利，满腔热情地写出下面这段有关宗教的设立的情形：

> 虽然古罗马的建国者是罗慕路斯。传说他创立了古罗马，但诸神认为这位君王的法律是不够的……因此，他们感召罗马的元老院选了努马·庞皮利乌斯继承他……努马发现人民没有开化，希望用和平的方法使他们服从。因此，他向宗教求救，把宗教视为维系任何文明社会所必备的东西。他这个国家建立在这种基础之上，所以几个世纪以来，没有一个国家比这个共和国更敬畏神的；同时，这也使元老院或院中的元老议员能够很顺利地推行他们的计划……努马便杜撰道，他曾与女神交谈过，女神曾指令他如何去说服人民……事实上，任何一位杰出的国王无不假借神旨来制法，否则他所立的法将不会被人民接受，虽然睿智的国王知道有许多有效的法律是非常重要的，但他没有很充分的理由来说服人民去遵守，因此，精明的国王便常常借着神旨来扫除这道障碍……遵守宗教的制度，便是一个共和国强大的原因；蔑视这些制度将会导致国家的灭亡。不管哪个国家，假如对上帝无所畏

惧，那么这个国家必遭毁灭。当然，若是人民对国王有所畏惧，或尚可用来填补宗教的欠缺，国家尚可存于一时，但国王的生命毕竟是有限的……

国王或国家想要维持下去，第一要务就是要虔诚地奉行宗教……所以，最值得人们赞颂的应是有关宗教的作者和创教人，其次才是共和国或王国的创立人，其次是那些统率军队、保卫国家的将军，再其次是那些文学家……然而，这些人注定要招来恶名和举世的辱骂，因为他们破坏宗教、推翻共和国和王国，他们是美德或文学的敌人。

马基雅维利对宗教大体上是接受的，但他痛诋基督教，指责它没有教诲人民。他认为基督教过分地重视天堂，而用女性的美德来削弱男人：

基督教使我们不重视这个世界，只教我们更加的谦卑。古人就不是这样，他们很喜欢这个世界……他们的宗教用世俗的荣耀赐福给军队的首领们和国家的创立人。然而，我的宗教却把荣耀赐给温柔和沉思的人，而不是给那些行动的人。我们的宗教极力地赞扬卑谦和虚弱的精神，蔑视世俗；然而，古代的宗教却赞扬心灵的伟大、力气和使人勇敢的那些行为……所以，我们的世界已经沦为邪恶人的战利品，他们已经发现人类为了要上天堂，早已准备要屈服于各种打击，而不准备加以还击……

假如基督教教义能够根据它的创立人耶稣的原意保留下来，那么那些基督教国家将会远比它们现在更加团结、更加繁荣。而基督教衰落最好的明证是：最接近于基督教的中心罗马教会的人，却是最没有宗教信仰的人。任何人只要一查这个宗教创立时的教义，再看看当今的人做到了多少，都会断言这个宗教距离覆灭已经不远了……要不是圣方济各和圣多米尼克把原来的教义复兴起来，可能基督教已经因其腐化而早已招来毁灭的命运了……所以宗教或国家要长存，就必须不时地把它们带回到当初立教或立国的精神轨道上。

我们不知道这些主张是不是在宗教改革的风声传到意大利之前，就已经提了出来。

马基雅维利对基督教的反抗，与这些人大不相同：伏尔泰、狄德罗、潘恩、达尔文、斯宾塞和勒南。这些人反对基督教中的神学论，但赞扬基督教的道德律。他们对基督教的这种态度一直持续到尼采，同时也缓和了宗教与科学之间的冲突。马基雅维利认为教条的不可信是当然的事，不足为忧，但他欣然接受神学论，他认为迷信是维持社会秩序不可或缺的一个要素。对基督教，他最反对的是它的伦理观，它的视温驯、卑谦和盲从为美德，它的爱好和平、反对战争，及它所认为的国家和人民是靠着一部道德律来维系的说法。他比较喜欢罗马的伦理观，这种伦理观是建立在以人民或国家的安全为至高无上的法律的基础上："在以国家的利益为最大的前提下，我们绝不去考虑正义或不义，仁慈或残酷，褒扬或耻辱等，我们所要的只是采取那个能够救国家、争自由的手段。"一般而言，道德是一种行为的准绳，它使社会或国家的成员守秩序，团结和强大。这样一个国家的政府，假如把自己也囿于用来谆谆教诲人民的那部道德律之内，那么这个政府必然无法履行它保卫国家的责任。因此，一个外交官是不受他的人民所遵守的道德律的约束的："当他的行为违反道德律时，其行为的结果必定会宽恕他的"，其目标结果将会证明他的手段是正当的："凡是善良的人绝不会去责骂那个为国家而努力奋斗的人，不管他的这一爱国行为是怎样表现出来的。"为了保卫他的国家，即使他所使用的是欺诈、残忍和罪恶的手段，这种欺诈也是一种"光荣的欺诈"，这种罪恶也是一种"光荣的罪恶"。所以罗慕路斯为了建立罗马而杀害他的弟弟是正当的，这个刚建立的政府需要的是统一，否则就要四分五裂。世界上没有一条大家都同意的"天然法则"，也没有大家一致认为的"对"。就治国一事来说，政治必须要完全地超越于道德之上。假如我们把这些正义或不义、仁慈或残酷等的考虑应用于战争的伦理观上，马基雅维利确信基督教提倡的和平主义实是可笑、反常。战争，实际上是违反了摩西的《十诫》：在战争中，许多人发假誓、撒谎、偷窃、杀人、通奸。然而，战争如果是为了保全或巩固社会，那么战争是好的。当一个国家停止扩张时，它就开始衰微了；当国家失去了战争意志时，它就要灭亡了。长期的和平会使国家衰弱和瓦解，偶尔进行一次战争，可以使国家重新振奋，恢复纪律、活力和团结。共和时代的罗马人随时保持备战的状态，当他们看到将与另一个国家有纠纷时，他们并不避免战争，而是主动地派兵攻击他们的敌人，决不等待敌人把战争带到意大利。对于一个罗马人来讲，谦卑、温和、安详不是美德，他们喜欢男人雄壮、威武、刚强、充满智慧、精力和勇气。这就是马基雅维利所谓的美德。

马基雅维利从一个政治家可以不受一般道德限制这个观点，进而提出了解决他那个时代基本问题的主张：意大利要实现统一和强大，才能确保集体的自由。他看到意大利的分裂、混乱、腐败和衰弱而感到痛心疾首。在彼特拉克时代，我们很难在意大利找到这种人——一个爱他的城市，更爱他的国家的人。意大利陷于四分五裂，以致无法抵抗外国人的侵入，谁应负责任呢？——

> 一个国家绝不可能统一和幸福，除非它像法国或西班牙一样，只服从一个政府的统治——不管这个政府是共和政府还是君主政府。而意大利不能统一的唯一原因就是由于罗马教会的存在。它拥有世俗的权力，却没有足够的力量或勇气来征服其他的地方，使它成为整个意大利的唯一主权者。

在这里我们有一个新想法：马基雅维利谴责罗马教会不是由于它

保卫它的世俗权力，而是由于它没有尽一切力量使意大利统一于它的政治权力之下。所以马基雅维利赞美恺撒·博尔贾在伊摩拉和圣尼加利亚的行为，因为他认为他从这位无情的青年的作为中看出了意大利统一的轮廓和远景，他准备替博尔贾家族为完成这一个历史性的任务所使用的任何手段加以辩护。当他于1503年在罗马对恺撒·博尔贾转而采取敌对态度时，也许是由于他愤怒地看到他这个偶像竟怯懦地饮下一杯毒药（马基雅维利这么认为）而摧毁了他的梦想。

意大利两个世纪以来的分崩离析使其国力贫弱、社会凋敝，现在只有使用猛烈的手段（马基雅维利这样主张）才能挽救。不论政府或人民都是腐化的。军人贪恋女色，失掉了战斗的热情和技能。各地的人民把防卫城市和土地的责任交给外人——有的交给异族人，有的交给雇佣兵——就如罗马帝国的末期一样。但是这些雇佣兵或他们的统帅哪一个关心意大利的统一呢？意大利继续处于四分五裂的状态，他们才可能生存和发展。这些雇佣兵互相约定，视战争如同儿戏一样，和玩政治一样安全。他们不愿意在战争中被杀，当他们与外国军队遭遇时，他们拔腿就跑，使意大利陷入奴役和屈辱。

那么，谁才能使意大利统一？如何才能达成统一？不是用民主说服的方式。每个人和每个城市太个人主义了，太有派系观念了，太腐化了，不能心平气和地接受统一，必须利用政治的策略和战争的手段强制地加在他们身上。只有一位残忍的独裁者才能达成这个任务；一位不受良心牵制、能利用强硬手腕、为了达成伟大目标可以不择手段的人才能完成这个任务。

马基雅维利的《君主论》是否在这种心境下写成的，我们不得而知。就在他动笔的那一年（1513年），马基雅维利写信给他的一位朋友道："统一意大利的想法是可笑的。即使是各国的统治者同意，我们除了那些稍可利用的西班牙人以外也没有军队。此外，人民也不会赞同他们统治者的想法。"但是就在同一年，年轻、富有而聪明的利奥十世当了教皇，佛罗伦萨和罗马教廷长久以来处于敌对的状态，现在也由于两地都是美第奇家族当政而联合了。当马基雅维利把这本书转献给乌尔比诺公爵洛伦佐时，那个公国也由美第奇家族统治了。1516 年，这位新公爵年仅 24 岁，他显示出一种雄心和勇气。马基雅维利也许寄望这位年轻有干劲的人能在利奥十世的指导和外交（及马基雅维利的教导）下可以完成博尔贾在亚历山大六世指导下已开始的工作——领导至少那不勒斯以北的意大利诸国（高傲的威尼斯则摒除在外），组成一个坚强的联邦来抵抗外国的侵略。很明显，这也是利奥的希望。马基雅维利把《君主论》献给美第奇家族，虽然最初的目的也许是想借此博得美氏家族的重用，但未尝不是真心认为这个家族也许是意大利统一的缔造者。

《君主论》在形式上是传统的，其纲要和写作方法都是仿照许多中古讨论君王治术的著作，但它的内容是革命性的改变。在这本书里没有理想主义式地要统治的君王做一个圣人，或者要他们根据基督的《登山宝训》来解决统治的问题。相反地，马基雅维利写道：

> 我的本意是写出一些对了解它的人有用的东西来，我认为我们应只问实际上应当如何，而不问理想上应当如何。许多人生动地描述理想的共和国或君王应当如何如何，实际上这些根本不存在，因为我们实际生活如何与理想生活应当如何相去如天壤。一个人如果不顾实际地去追求理想而放弃其生存，更易于招致毁灭。一个人在布满荆棘的恶劣环境中还空谈理想、追求完美至善，只有加速败亡。因此，一位君王为了保全自己，应懂得如何为非作歹，并根据需要决定是否为非作歹。

因此，一位统治的君王必须把道德和统治术、个人良心和公共利益严加区别，必须随时准备为了国家而做出在个人关系中认为不道德的事情。他必须避免养痈遗患，对不能争取过来的敌人必须诛尽，对觊觎王位者必须加以杀戮。他必须拥有一支强大的军队，因为一个政治家说的话比不上枪炮有力。他必须使他的军队经常保持在健康良好、纪律严明、装备精良的状态中；他必须借经常狩猎忍受艰难和危险来锻炼自己可以上战场作战。同时，他必须精研外交术，因为有时狡诈和欺骗比武力更能达到目的，所花的代价却较少。条约如果变得有害于国家就可以不再遵守了："一位聪明的国君不能、也不应遵守诚信原则，如果这种遵守对他不利，而且遵守的理由也不复存在的话。"

公众某种程度的支持是不可或缺的。但是假如统治者必须在威而不慈或慈而不威之中加以选择的话，他必须舍慈就威。要获得人民的支持，统治的君王要奖励艺术和学术研究，供给人民休闲活动和娱乐，并尊重行会，但要时时保持他崇高地位的尊严。他不应给予人民自由，但要让他们感觉享有很大自由的样子。臣服的城市，像佛罗伦萨的比萨和阿雷佐，在开始时就要强硬甚至残酷地对付它们，然后当它们表示服从时，可以使用较温和的手段来使它们养成习惯性的屈服。不分青红皂白而长期的残酷会激起人民的反抗，反而害了自己。

统治者应推崇宗教，不管他个人的信仰如何，表面上应装出虔信宗教的样子。一个统治的君王表面上看起来有道德，要比实际上有道德来得更重要、更有利：

> 虽然一位统治的君王不须具有各种美德，但他貌似具有各种美德非常有用，一位君王应貌似仁慈、忠诚、人道、信宗教和守信义。实际上具有这些美德固然好，但是他的脑筋要灵活，必要的时候可以变成一个相反的人……他的一言一行务须谨慎，不要说出与上述五种美德不相符的话来，在人民耳目所及之前，外表上要故示仁慈、信义、人道、公正及对宗教的虔诚……一个成功的君王必须善于掩饰，成功地做一个奸猾的骗子。人民一般而言是庸俗的、肤浅的、眼光短视、容易受欺骗……多数人却只能看到表面，只有少数人才能洞察真相；而少数人不敢反对多数人的意见。

马基雅维利举例说明他的理论。他认为教皇亚历山大六世之所以成功完全是因为他善于说谎。他赞美西班牙国王斐迪南总是为他的军事行动找一个宗教上的借口。他赞美弗朗西斯科·斯福尔扎为取得米兰政权所使用的手段——尚武的勇气、战略的技巧及外交权谋的运用。他更提出恺撒·博尔贾为至高至善的典型：

> 想起博尔贾公爵的所有行动，我觉得没有什么可以指责的地方，我认为他是所有参与政治的人应仿效的对象。他被认为残忍，然而他的残忍调和了所有罗马纳人，统一了它，使它恢复和平与忠诚……他怀着一个崇高的理想和远大的目标，不可能采取其他手段，而只有亚历山大的早逝和他自己的疾病缠身，才使他壮志未酬。为了确保他在新公国中的地位，他觉得必须争取朋友，必须以武力或诈欺击败敌人，必须使人民既畏他又爱他，必须使士兵服从他、敬爱他，必须铲除那些可能危害他的人，必须改变旧秩序建立新秩序，必须既严厉又仁慈，既宽大又开明，必须铲除不忠的士兵，补充新的士兵，必须和各国君王维持友谊以获得他们的热心支助、使他们不轻易侵犯他。我们不能找出一个比这个人的行动更生动的例子。

马基雅维利赞美博尔贾，因为他觉得如果不是他和他父亲亚历山大六世同时多病的话，以他采用的手段和个性很可能进一步统一意大利。现在，他完成了《君主论》这本书，向年轻的洛伦佐公爵呼吁，并通过他向利奥和美第奇家族呼吁，希望他们能完成意大利的统一。他描述他的同胞"比希伯来人更受奴役，比波斯人更受压迫，比雅典人更受分化。没有领袖，没有秩序，被外国势力打击、掠夺、蹂躏、分割、欺凌"，"意大利，好像是一位垂危的人，等待一位救主来治疗她的创伤……她祈求出现一位救主来使她从异族的欺凌蹂躏中解救出来"。情势是危急的，时机却已成熟，"意大利准备并愿意追随举起统一运动大旗的人"。还有谁比美第奇家族，这个意大利最有名而现在又领导罗马教会的家族，是更适当的人选呢？——

> 意大利人民对她的救主将何等地热烈拥戴、坚决信仰，何等地竭力效忠和感激涕零，对外族又是何等地渴望报复，此实非我言词所能表达于万一。我辈意大利人民对异族的侵凌深恶痛绝，只盼你们这个杰出的家族能负起此一重任，使我们的祖国在你们的旗帜下得以完成统一的伟业，实现彼特拉克所说的话："人们拿起武器驱走那些疯狂的敌人，并不需要经过多久的战斗，因为古代意大利人的英勇还没有消失呢。"

·马基雅维利思想的讨论

但丁和彼特拉克向外国皇帝的呼吁现在由马基雅维利向美第奇家族呼吁了。诚然，如果利奥享乐少一点，多活一阵子，马基雅维利也许可以看到意大利统一运动的开始。但年轻的洛伦佐在 1519 年去世了，而利奥也在 1521 年逝世了。在马基雅维利去世的那年（1527年），意大利已完全屈服于外国势力的控制下了。意大利的统一运动一直要等到 343 年以后加富尔（Cavour）运用马基雅维利主张的政治家手腕才得以完成。

思想家们几乎一致批评马基雅维利的《君主论》，而政治家们则几乎一致地实行他所阐明的理论。在这本书公之于世不久（1532年），即有许多人著书反对马基雅维利的理论。查理五世仔细研读它，凯瑟琳·美第奇把它带到了法国，法国的亨利三世和亨利四世在他们死时还带着它，黎塞留（Richelieu）赞美它，奥朗日的威廉（William of Orange）把它置于枕头下，好像要把它背得滚瓜烂熟似的。当然，对于多数统治者来讲，马基雅维利的理论并无任何新奇之处，只是不智地揭露了他们在政治上玩弄的伎俩诈术而已。那些梦想把马基雅维利变成一个政治上激进派的人认为，马基雅维利之所以写《君主论》

这本书，并非在阐述他的哲学，而是以暗讽的方式间接地揭露统治者的统治伎俩。然而，《李维罗马史的研究》却有很长的篇幅阐释相同的观点。培根（Francis Bacon）提出了持平之论："我们应该感谢马基雅维利和其他类似的作家，他们公开而毫不掩饰地告诉我们人们习惯怎么做，而非应该怎么做。"黑格尔的批评则深具见地和雅量：

> 《君主论》因为包含暴君统治的法则，往往使人掩面不忍卒睹，但是，马基雅维利认为在险恶的环境下，为了挽救国家的危亡，使用权谋诈术是必需的。那些孤立的贵族必须全部予以压制，虽然我们的自由观念和他主张的手段如无情的暴力、各种欺骗方法、谋杀等不相符合，但我们必须承认那些可诛的暴君是无可厚非的。

马基雅维利的理论代表一种复苏的异教精神对衰微的基督教的最大挑战。在他的哲学里，宗教又如在古罗马时代一样，变成政治的附属品，国家才是上帝。他所颂扬的美德只是那些不信基督教的罗马人的美德——勇敢、坚强、自立、智慧，唯一不道德的事就是声名败坏。马基雅维利也许夸张了基督教衰微所带来的影响，他也许忘记了中古时期许多惨烈的战争，也许忘记了君士坦丁大帝、贝利萨留斯、查理曼大帝、殿院骑士、条顿骑士和教皇尤利乌斯二世等掀起的战争。基督教的道德强调的是阴柔的品德，因为人类的天性里有着丰富的破坏本质，所以对那些具有虐待狂的罗马人，对那些侵入意大利的野蛮人，对那些想破坏文明、目无法纪的人，必须宣扬相反的观念。马基雅维利所鄙视的美德造成安定而有秩序的社会，而他颂扬的美德（和尼采一样，因为他缺乏这些美德）则造成强大而黩武的国家，并造成独裁者残杀无数生灵来迫使人民服从和加强他们的统治。马基雅维利把统治者个人的利益与国家的利益混为一谈，他只考虑到国家的保全，很少考虑到统治者个人的义务，也从未考虑到统治者个人的腐化和权力的滥用。他忽略了意大利城市国家之间鼓励性的竞争和文化上的蓬勃发展，他很少注意到他那个时代或古罗马时代的辉煌艺术成就。他迷失在崇拜国家的观念中，他协助使国家摆脱了罗马教会的控制，但他也参与建立了对高于中古国家观念的民族主义的崇拜，中古的国家观念尚受到以教皇为代表的国际道德的约束。每一个理想在人类天生的自私观念下都破碎了，而一个坦白的基督徒必须承认在传播和实行与异教徒不必守信的原则中——如在康士坦斯宗教大会中，胡斯在与会前原被担保生命安全，但到会后却被焚死，费拉拉的阿方索在罗马也是一样——罗马教会本身正玩弄着马基雅维利所主张的权谋诈术，失掉了她所负的代表一种道德制裁力量的使命。

但是，在马基雅维利坦率的论述中，我们仍可发现一些令人鼓舞的地方。他的著作使我们正视一个没有几个哲学家敢于提出讨论的问题：一个政治家是否应受道德的约束？我们至少可以得到一个结论：道德只有在一个社会中的分子传播它、执行它的时候才可能存在；在国际社会中，国与国之间道德的存在尚待一个被赋予实力的国际机构的出现和维持国际法的舆论的形成。在此之前，国家的行为像丛林中的野兽一样，不管他们的政府宣称所持的原则如何，他们的实际行为与《君主论》中描述的一样。

回顾从彼特拉克到马基雅维利这两个世纪在意大利产生的文艺复兴运动，可以看出这个运动的本质和基础在于人们对来世生活的渐少关切，而日趋肯定今世的生活。人们很高兴地再度发现一个异教的文明，在这个文明里人们不必忧虑原罪或地狱的惩罚，自然的冲动在一个充满活力的社会也受到宽恕。苦行、克己、罪恶感等观念在意大利上层中不再具有力量，甚至失去了它们的意义；修道院因无新人补充而日趋衰微；僧侣、托钵僧和教皇们也追求世俗的享乐，忘却了耶稣基督所受的苦难。传统的束缚和权威解除了，人们的思想和旨意超越了教会思想的重重束缚。人们的生活变得更为外向，虽然往往产生暴乱，却扫除了中古时期阴霾忧郁的思想。除了科学以外，得到解放的知识分子在各方面都很活跃，这一时期知识的大量解放未能产生实验的精神和研究的耐心，这两者一直要等到文艺复兴的狂潮消退以后才出现。同时，在知识分子中间，对上帝的敬拜转变为对知识和天才的崇拜，对永垂不朽的信仰转变为对不朽声名的追求。异教徒的观念如财富、命运、自然的观念取代了基督教神的观念。

所有这些必须付出一个代价。思想的蓬勃解放削弱了宗教道德制裁的力量，却没有其他东西可以有效取代这一个制裁力量。其结果是人们不再抑制自己的欲望和冲动，纵情于享乐和不道德生活中，这是自古希腊诡辩学派打破了神话、解放了思想、摆脱了道德以来，所未有的。

第二章 ｜ **道德的解放**
（1300—1534）

道德堕落的根源与形式

一个历史学家在研究一个时代的道德水准时，更可能受其个人的偏见所误导，除非他同时也研究那个时代宗教信仰衰退的情形。而在上述两种研究中，他可能只注意到少数戏剧性的例外，忽视了多数人未记载的行为。倘若他研究这个问题是用一个尚待证明的假设，例如对宗教的怀疑促成道德的堕落，则其所见可能更形谬误了。任何事情，要证明其好或坏，几乎都可从历史上的记载找到根据，就看你怎么挑选材料了。从阿雷蒂诺著作、切利尼的自传、马基雅维利与维泰利间来往的信札，固可看出文艺复兴时代意大利道德堕落的情形，而从伊莎贝拉与贝亚特丽斯，伊丽莎贝塔·贡萨加与阿里桑狄亚·斯特罗齐（Alessandra Strozzi）间来往的书信，亦可看出那时期姐妹间的亲情与理想家庭生活的情景。

文艺复兴时期，随着知识的勃兴，道德却日趋堕落。促成道德堕落的因素有几个。最基本的因素也许是由于意大利财富的增加，而意大利财富增加，一是由于她垄断了西欧与东方的贸易，一是由于各地天主教僧侣向教会缴纳的什一税和"第一年年俸"都流入了罗马教廷。既然有更多的金钱可供挥霍，罪恶更加盛行。财富的传播破坏了修道者的理想。不论男女，日渐憎恶从前生活在贫穷与恐惧中所产生的道德观念，如安贫，这种道德观念现在与他们的欲望和财富互相冲突了。他们日益接受伊壁鸠鲁认为生活里应尽情地享乐及所有的享乐除非证明有罪，否则皆是无害的观念。

除了财富的因素外，道德堕落的次一主因是当时政治上的不安。派系之间的倾轧，战争的频仍，外籍雇佣兵的涌入，及不受道德约束的外国军队的侵入，农业和贸易受战争一再的破坏，专制君主的统治抑制了个人的自由，所有这些扰乱了意大利人的生活，破坏了旧有的风俗习惯。人们发现他们生活在一片暴乱和动荡不安之中。政府和教会似乎都不能保护他们，他们只好靠着武器或诈术尽可能保护自己。人们作奸犯科，是司空见惯的事。专制的君主蔑视法律，醉生梦死，纵情于享乐。而少数富有的人也亦步亦趋，效法君主们的榜样。

文艺复兴时期知识上的启蒙运动只限于少数人，解放的是个人，大多数人的思想并未得到解放。少数怀疑者可能指斥所谓圣徒遗物和神迹都是假的、伪造的，并反对教会为了敛财所发售的赎罪券，一般人却怀着敬畏和希望接受这些。1462 年，学者出身的教皇庇护二世和一些红衣主教走到密尔维安桥，迎接从希腊来的使徒圣安德烈的头颅。当这个圣物存放在圣彼得教堂时，学者出身的红衣主教贝萨里翁还发表了一篇庄严的演说。到洛雷托和阿西西朝圣的人络绎不绝，每逢大赦年则群集罗马，到每个教堂参加礼拜仪式，跑到圣阶，跪在那里默思，据说这是耶稣基督走上比拉多廷殿的阶梯。权势人物在他们身体还健康时也许会认为这些荒诞可笑，可是文艺复兴时期的意大利人很少在临终时不要求神父为其施行临终告解的。维特罗佐·维泰利，这位骁勇的雇佣兵队长，曾经和教皇亚历山大六世及恺撒·博尔贾作战，在博尔贾手下要绞死他之前却要求派一位信差到罗马请求教皇赦免其罪。

那时的妇女特别敬拜圣母玛利亚，几乎每个村子都有她显现神迹的画像。1524 年，人们喜爱的祈祷方式即是念《玫瑰经》（*Rosary*）。每个虔诚的家庭都挂有耶稣钉在十字架的受难像和一两幅圣像，许多家庭还点着一盏永不熄灭的灯。村子的广场和城市的街道往往有耶稣或圣母的雕像，或置于个别的教堂中，或置于壁龛中。遇有宗教节日，总是举行盛大的庆祝活动，使人们平日辛劳之余，得以欢乐轻松一下。当教皇举行加冕典礼时，总有各种游行和比赛，使那些好发思古幽情的人回想起古罗马时代各种类似活动的盛况与壮观场面。从没有一个宗教像基督教一样表现得如此美好过，有艺术家为其建筑教堂，摹绘圣徒的事迹或《圣经》上的故事；而神剧、圣乐、诗歌、焚香更是为其增华，使各式各样的敬拜上帝的活动显得多彩多姿，生色不少。

但这些事例仅是事情的一面，纷乱而矛盾，无法一一描述，且看看事情的另一面。那时，许多城市里的教堂很少看到男人做礼拜。至于乡间，且听听佛罗伦萨的总主教弗拉·安托尼诺在约 1430 年时描述他教区里农民的一段话：

> 他们有时候就在教堂里和妇女唱起歌跳起舞来。在圣日他们很少花时间做圣礼或望弥撒，大部分时间不是游戏或待在酒店，就是在教堂门口争辩。他们任意亵渎上帝和圣徒，一点也不顾忌。他们时常撒谎、做伪证；他们与女人通奸，甚至犯更大的罪，良心一点也不会感到不安。他们之中许多人一年难得忏悔一次，参与圣餐礼的则少而又少……他们很少教导家人要忠实待人。他们利用不正当方法来为他们自己和家庭谋利。他们很少想到上帝或他们自己的灵魂是否得救……至于教会里的教士也不关心他们的教徒，只是注意教徒们所奉献的东西（羊毛和牛奶），不论在传道、在听忏悔或私下规劝中，并不开导他们向善，反而同流合污，和他们过着一样腐化的生活。

从蓬波纳齐和马基雅维利这类不信神的人也寿终正寝这个事实看

来，我们可以合理地推论：16 世纪的意大利知识阶级中有一大部分人对罗马天主教已经失去了信仰。我们更可以不确定地假定，即使在那些未受教育的人中间，宗教也失去了控制道德生活的力量。不再相信道德律是来自上帝的人越来越多。一旦《圣经》上的戒律被认为是人自创出来的，所谓天堂地狱之说也不复被人相信，道德律也就失掉了令人畏惧的力量和它的功效了。人们行事时权衡利害而不顾禁忌，罪恶感消失了，犯罪时也不再感到良心不安。每个人只要他认为是适当的，不管传统认为对不对，就去做。人们希望的不再是做一个好人，而是怎样成为一个强者。许多人早在马基雅维利之前就奉行"为了目的可以不择手段"的原则，讲求武力和诈术了。后来马基雅维利也许是看到当时一般人的道德观念，才认为统治的国君应该像狮子一样勇猛，像狐狸一样狡诈。普拉蒂纳引据教皇庇护二世的话："基督教的信仰即使不能被神迹印证，还是应该被接受，因为它是一种道德。"但人们不这样玄妙地去推理。他们说："如果人死后不因在世上的善恶而进入天堂或地狱，那么我们活着时应该尽情享乐，我们可以纵欲而不用害怕死后会受到惩罚。"唯有一种有力而明智的舆论才能取代已丧失的神的惩罚力量，但不论教士、人文学者，乃至大学，没有一个担任这一创造舆论的工作。

在道德上，人文学者也如他们所批评的教士们一样腐化。当然有明显的例外，如安布罗齐奥·特拉韦萨里、费尔特的维托里诺、菲奇诺、马努蒂乌斯等学者就认为合宜的道德行为与知识的解放并不相悖。有不少研究古希腊、罗马文学作品的学者，他们的生活就像未受过基督教教化的异教徒一样。他们的好动性使他们居无定所，从这座城市到那座城市，追求名誉与财富，从未想到在任何一个地方落叶生根。他们嗜财如命，就如同放利者或他们的妻子一样。他们沾沾自得于他们的才智、收入、容貌、服饰。可是，他们言语粗鲁，与人争论时刻薄，好侮辱别人，对朋友无信，对爱情不专。如我们所知的，阿廖斯托就不敢请人文学者当他儿子的家庭教师，就是因为不信任此辈人物的道德，深恐带坏了他儿子；而他也许觉得不需要禁止他的儿子读他所写的带有色情色彩的长诗《奥兰多之怒》（*Orlando Furioso*）。瓦拉、波焦·布拉乔利尼、贝卡代利·安东尼、弗朗西斯科·斐勒佛等人，把他们放荡的生活总结成一个人类文明与道德的基本问题，即道德律。

教士的道德

如果教士们过着一种规矩和虔敬的生活，那么教会也许还可以维持圣经和基督教传统所称的神的惩罚力量。然而大多数教士如同世俗人一样，对那个时代的道德观念不论好坏都接受。教区的教士仅是一个执行圣事的人，通常受教育不多，却过着足为他人楷模的生活，虽为知识分子所不看重，却为一般民众所欢迎。在主教和修道院院长中，有一些人过着奢华的生活，大多数则是善良的人；而半数红衣主教所过的虔敬生活，则足以使那些耽于尘世逸乐中的同僚感到惭愧。在整个意大利各处有不少教士主持的医院、孤儿院、学校、救济院、贷款所及其他慈善机构。各派戒律教士如圣本笃派，圣方济各修会中的严修派，加尔都西的修士，他们所过的高度道德生活更为人所敬佩。传教士们冒着诸多危险，在异教徒地区或对基督教国家中的异教徒宣扬上帝的福音。神秘主义者与当时混乱的尘世隔绝，寻求与上帝心灵上更密切的沟通。

在这种虔敬的表现中，教士生活腐化、行为不检的例证也不少。彼特拉克至死仍信仰基督教，而且对卡修西安派修士所表现的纪律和虔敬至为赞佩，却一再指责阿维尼翁教士们的道德腐化。从 14 世纪薄伽丘、15 世纪马萨乔及 16 世纪玛泰奥·班狄洛诸人的小说中，可以看出意大利教士们放荡的生活一再成为意大利文学作品的主要题材。薄伽丘曾经谈到教士们淫荡污秽的生活。马萨乔描述僧侣与修士为"撒旦的使者"，耽于通奸、同性恋、贪财、买卖圣职、对上帝不敬，并声称军队里的道德水准比教士们还高。阿雷蒂诺熟知各种秽行，咒骂排版工人所犯的错误与教士们所犯的罪行一样多："说真的，要发现罗马严肃与贞洁还比找一本正确的书容易得多。"波焦几乎用尽了所有诅咒的词句来揭露教士们的败德、虚伪、贪婪、无知与傲慢，而吉罗拉莫作的《奥兰多之恋》一书中所叙也一样。修女也公然参与狂欢作乐，她们在威尼斯尤为活跃，该地的修道院与女修院邻近，修道士与修女常共睡一床。《教堂僧侣概略》（*Proveditori Sopra Monasteri*）中就存有 20 巨册关于僧侣与修女同居的审判记录。阿雷蒂诺所谈到威尼斯修女的淫荡情形不便引述。而一向态度平和如圭恰尔迪尼在谈到罗马教廷时也难以心平气和了，他说："论到罗马教廷，用再严厉的言词皆不足以说明其罪恶，因为它是一个可耻的象征，是世界上最卑鄙无耻者的表率。"

这些证言似乎有点夸张，也可能含有个人的偏见。但是不妨也听听锡耶纳的圣凯瑟琳所说的一段话：

> 不论你转向哪一边，转向教士、主教这类入世教士也好，转向各种修会教士团体也好，转向阶层较高的教士也好，所看到的只是一片罪恶，这些人所犯的恶行，令人为之掩鼻。他们心胸狭窄，贪婪，爱财……不关心灵魂是否得救……只重口欲的享受，耽于宴饮，从事秽行，贪好女色……逃避参加崇拜仪式就如同逃避毒药一样。

我们仍不能对上面所说的全部予以置信，因为没有一位圣人在谈及人类行为时，不含愤恨之情的。但我们也许可以接受一位坦率的天主教历史学家所作的总结：

> 当最高阶层的教士也处于这种状态时，正规修会中和入世教职人员中，各种恶习和超乎常轨的事日益普遍，社会的中坚分子

日益失去兴趣……由于这些教士的行为，才引起伊拉斯谟及马丁·路德对教士们的行为多少有点夸张的描述，这两个人在教皇尤利乌斯二世在位期间到过罗马。但如果认为教士们的腐化情形在罗马要比在别处更甚，也是错误的。在整个意大利半岛，几乎每个城市都有典籍记载教士们各种不道德的行为。在许多地方，如威尼斯，情形要比在罗马更糟。难怪，就如那个时代的作家证明的，教士们的影响力衰退了，也难怪在许多地方供教职的人不再受到尊敬了。道德堕落如此之甚，于是有人开始主张教士们可以结婚。许多修道院的情况更是可叹。有些修女院里，安贫、贞洁、服从三个基本誓条几乎完全被弃置不顾了。许多修女院的纪律同样松弛了。

除了教士们生活淫逸奢华外，更不可饶恕的是宗教裁判所的活动。这些活动到了 15 世纪才在意大利减少。1440 年，数学家兰迪因主张《唯物论》而受到审判，后来被判无罪。1478 年，加列托·马奇奥（Galeotto Marcio）因主张一个人不论他所信奉的宗教为何，只要心地善良必得升天堂而被判处死刑，后来被教皇西克斯图斯四世赦免了。1497 年，医生萨洛认为耶稣不是神，只是玛利亚和约瑟夫的儿子，他的身体也不是圣体，他所行的奇迹不是借神的力量而是由于星辰的影响。由于他的病人们的保护，他得以免受宗教裁判所的审判。1500 年，诺瓦拉的乔治在博洛尼亚被活活烧死，因为他否认耶稣基督的神性而又没有有力的朋友可以挽救他。同一年，亚伦达（Aranda）的主教宣称天堂地狱之说是无稽之谈，而赎罪券也只是一种敛财的手段，不过他并未受到惩罚。1510 年，信奉天主教的斐迪南想把宗教裁判所的活动带到那不勒斯，遭到各个阶层人民的坚决反对，最后不得不放弃这一企图。

就在教会的腐化中，也有几个有益的改革中心。教皇庇护二世把一位多米尼克修会的会长免职了，重整威尼斯、布雷西亚、佛罗伦萨、锡耶纳等地修道院松弛的纪律。1517 年，萨多莱托、吉贝尔蒂、卡拉法及其他教会人士创立了"圣爱祈祷所"（Oratory of Divine Love），使那些想逃离尘世逸乐的虔诚人士得以有一个清静修身之所。1523 年，卡拉法组织了提泰教团（Order of Theatines），在里面的入世教士必须遵行修道誓愿——安贫、贞洁、服从三个条件。卡拉法红衣主教捐出了所有圣俸，并把他的财富分配给穷人，另一个提泰教团的创立者圣加塔诺（St. Gaetano）也是如此。这些献身者之中不乏出身贵胄或富豪之家者，而竟能坚守自我限制的规则及无畏死亡的威胁，拜访瘟疫地区的灾民，曾使罗马教会大为惊奇。1533 年，圣扎卡里亚在米兰成立了一个类似的教士团体，最初称为"圣保罗修士团"（Regular Clerics of St. Paul），但不久即从圣巴拿巴（St. Barnabas，保罗第一次外出传教的同伴）教堂变成闻名的巴拿巴教团（Barnabites）。卡拉法为威尼斯的教士起草了一个改革计划，吉贝尔蒂也在维罗纳从事类似的改革。埃吉迪奥·卡尼西欧（Egidio Canisio）改革了奥古斯丁隐士团（Augustinian Eremites），科提斯（Gregorio Cortese）则对帕多瓦的圣本笃教团加以改良。

这一时期对改革修道院所做的杰出努力，成为后来圣方济各修会的基础。一位在蒙特法科的圣方济各修会的修道士巴斯（Matteo di Bassi）认为他在冥冥之中看到圣方济各，而且听他说道："我希望你们严格遵守我的教规。"因为圣方济各曾戴过尖尖的四角帽，所以用那个作为此派修士所戴的头巾。1528 年，他到罗马取得教皇克莱门特七世的允许，成立了一个圣方济各修会新支派，以戴头巾和严守圣方济各的最后戒律而闻名。他们穿着最粗糙的衣服，终年赤脚，以面包、蔬菜、水果及水为生，严格守斋，住在木头和泥土做成的茅舍窄室中，徒步旅行。虽然这类新教团数目不多，却树立了一个榜样，促成 16 世纪和 17 世纪各修道院和乞丐教士团体的普遍自我改革运动。

性道德

现在谈到世俗人的道德，并以两性的关系为开始。我们应先提醒自己，男人天生是喜欢拈花惹草的，只有强力的道德制裁、相当的穷困、艰苦的工作以及妻子不断的监督，才会使他们安分守己，忠于自己的妻子。中古时期男女通奸的情形是否较文艺复兴时期为少，不得而知。不过正如中古时期骑士观念使男女通奸的情形减少一样，文艺复兴时期，把受教育女子的优雅和精神美理想化的结果，使得在知识分子间，男女通奸的情形亦较其他阶层为少。由于两性在受教育和社会地位方面日趋平等，使得男女有在一起受教育的机会。在米兰、曼图亚、乌尔比诺、费拉拉和那不勒斯等地，那些妩媚和有教养的女子使生活平添不少情趣。

良好家庭的女子，深居闺房，与家人以外的男子甚少接触。她们自幼一再受到教导在婚前要保持贞洁，因此有时候我们听说某一女子在被奸污以后投水自杀了。她无疑是特殊的，因为有主教提议为她矗立雕像。在罗马的墓窟里，一位年轻的贵妇为了避免被诱奸，以绳子勒死了自己。她的尸体被抬到罗马街道游行，并在其头上戴了一顶桂花冠。虽然如此，男女在婚前就发生性行为的恐怕不少，否则文艺复兴时期的意大利，在任何一个城市所发现的不寻常数量的私生子又作何解释？没有私生子固然光荣，有了他们也不是什么严重可耻的事情。男人在结婚的时候往往说服他的妻子准许他的私生子一起生活，和她的孩子一起养大。私生子在法律上并非完全处于不利的地位，而在社会上也与其他人没什么分别，只要向教会贿赂一下，私生子的身份就可以改成婚生子的身份了。财产甚至王位在没有嫡子继承的情况下亦得由庶子（私生子）所继承。像在那不勒斯继承阿方索一世的费兰特一世，在费拉拉继承尼科洛三世的利奥尼洛都是私生子。当教皇庇护二世在 1459 年到费拉拉时，来欢迎他的七个王子都是私生子。私生子与婚生子间的争夺乃是文艺复兴时期意大利扰攘不安的主要根源之一。有一半的小说都是讲男人勾引女人的故事，而妇女听到或看到此类故事时通常也只是稍微脸红一下而已。15 世纪末，阿奎诺的主教罗伯特描述他教区里年轻人的道德行为堕落腐化，无耻至极。他们向他解释道：男女通奸并非罪恶，保持贞洁乃是过时的观念，人们对贞操的观念也愈来愈淡薄，甚至乱伦的勾当都有人做。

至于同性恋，几乎成为复兴希腊古文化不可少的一部分。人文主义者以一种学者的热情来描写它，阿廖斯托判断他们都有同性恋的癖好。波利希安、斯特罗齐和日记学者萨努多都被合理地怀疑是同性恋者，米开朗基罗、教皇尤利乌斯二世及克莱门特七世亦被怀疑为同性恋者，不过缺乏可信的证据。圣伯纳德诺发现那不勒斯同性恋者非常多，以致他预言这个城市要遭到所多玛和蛾摩拉两城同样的命运。阿雷蒂诺描写这荒唐的事情在罗马亦很普遍，他自己则除了不停地更换情妇以外，还要求曼图亚的公爵送给他一个漂亮的男童。1455 年，威尼斯的十人会议局 [1] 注意到该城犯鸡奸者日众，为了避免天谴，在威尼斯的每一个区指派了两人负责制止此种丑行。该会议局还宣布凡男扮女装者或女扮男装者亦视为犯鸡奸罪者。1492 年，一位贵族和一位牧师被判有鸡奸行为，在皮亚西塔被枭首示众，尸体当众焚毁。这些当然只是特殊的例子而不能以偏概全，但是我们却可假定文艺复兴时期的意大利，同性恋的情形要较往常为多，一直要到新教革命产生，天主教会内部亦进行自我改革运动时才稍减。

卖淫的情形亦非常普遍。根据英费苏拉的统计，1490 年时在罗马大约 9 万人口中，一共有 6800 个公娼，私娼尚不计算在内。在威尼斯，1509 年调查的结果，在大约 30 万人口中，有 11654 个娼妓。一位具有经商头脑的印刷业者出版了一本目录，里面载明威尼斯所有最有名最当红的妓女姓名、住址和索取的费用。她们常出现在沿途的

---

[1] 威尼斯为中古时代最有名的城市国家，政治操纵于富商之手，民众因受压迫过甚屡有叛乱，富商们设立了一个特务机构称为"十人会议局"（Council of Ten），专门监视民众的意志，侦察反政府的阴谋。它有权力可以逮捕任何人，秘密审讯，乃至处以死刑。

酒店。在城市里，她们是那些纨绔子弟和热情的艺术家的宠客。切利尼叙述他与娼妓夜宿的情形，就像在叙说一件平常的事一样，并描述与艺术家一起吃晚饭的情形，包括朱利奥·罗马诺和他自己在内，每个人都要带来一个放荡的女人，较上流社会人物亦复如此。1519 年，银行家洛伦佐·斯特罗齐（Lorenzo Strozzi）举行宴会时，14 名客人中有 4 名红衣主教和 3 名花界中的妇女。

当财富日增、生活日趋高尚时，对于具有某种教育水准和社会见识的娼妓的需要也随之而起。于是如同索福克勒斯时代的希腊艺妓一样，在 15 世纪末的罗马和 16 世纪的威尼斯也出现了一种高级的妓女来满足此种需要。她们的服饰、举止、涵养，与最有教养的名门闺秀比起来，都毫不逊色。较低收入的娼妓是住在妓院里接客，而高级的艺妓则住在自己的家里，生活奢华，或赋诗或作乐，周旋于文人雅士之间。她们之中有的收集图画、雕刻、珍本、新书，有的则经营文艺沙龙。为了仿效古典学者，她们之中有许多取了古典名字——卡米拉（Camilla）、波利克西娜（Polyxena）、潘西西利娅（Penthesilea）、弗斯蒂娜（Faustina）和图利娅（Tullia）。当教皇亚历山大六世在位期间，有一位可耻的才子写了许多短诗，开头先是赞美圣母玛利亚或圣徒，接着一点不脸红地赞美他那时代有名的妓女。有一位叫弗斯蒂娜·曼奇纳（Faustina Mancina）的妓女，当她死时，罗马市民竟有半数哀悼她，而米开朗基罗还是许多写十四行诗哀悼她的人中的一个。

在这些高级艺妓中，最有名的要算因佩里亚·库加那底斯（Imperia de Cugnatis）了。她的主顾 A. 基吉使她致富，其家中摆设着豪华的家具和艺术精品。拜倒在她石榴裙下的学者、艺术家、诗人和教士，不计其数，甚至虔诚的萨多莱托也赋歌赞美她。意大利画家拉斐尔在他的作品《帕那萨斯山》中所画的古希腊女诗人萨福，也许就是以因佩里亚为模特儿画的。这位佳人不幸在她盛年时就死了，享年仅 26 岁（1511 年）。她被葬于圣格列高利的教堂，葬礼极尽哀荣。她的坟墓是大理石做的，雕有最优美的碑文，并有 50 个诗人写了古典的挽诗来哀悼她。(她的女儿因不愿被诱奸而自杀了。)差不多同样有名的是阿拉贡的图利娅(Tullia d'Aragona),她是阿拉贡红衣主教的私生女。她有一头金黄色的秀发,一对晶莹明亮的眸子,态度豁达,不重钱财,举止高贵,谈吐优雅,这些使她受到人们的仰慕,在那不勒斯、罗马、佛罗伦萨、费拉拉,她都受到公主般的礼遇。曼图亚驻费拉拉大使,在1537年写给伊莎贝拉的一封信中,描写她进入费拉拉的情况:

> 我必须记载一下一位优雅的淑女到达我们之间的情形,她的举止是如此端庄,仪态是如此动人,以致我们以为她是仙女下凡呢。她毫无准备地就立刻唱出各种歌曲……在费拉拉,可以说没有一位淑女可以比得上她,甚至佩斯卡拉的公爵夫人维托利亚·科隆纳也比不上她呢。

布雷西亚的莫里托为她画了一幅迷人的像,看起来纯真无邪就像刚入修女院的少女一样。可惜她晚景凄凉,后来死在台伯河畔一间简陋的茅屋里。她的全部财产,押卖所得才只12银币(约合150美元)。但是在她晚年穷困中,她却保留了她的维忽拉和大键琴(harpsichord,钢琴前身)。她也留下了一本她写的书,叫《完美爱情的境界》(*Infinity of Perfect Love*)。

这本书的书名无疑反映出了文艺复兴时期人们谈论和写作柏拉图式爱情(精神恋爱)的风尚。一个女子如果不能和一个男子结合,那么至少也要在那男子心中激起诗般的爱情,使她成为那男子写诗、献殷勤和日夜思念的对象。抒情诗人的热情,但丁的《新生活》(*Vita Nuova*),以及柏拉图关于精神恋爱的论述,激起了一些人对女人崇拜爱慕的心理——通常是对另一个人的妻子。多数的人对于爱情,并不着重精神式的恋爱,而只偏好于肉欲的发泄。他们也许写十四行诗,但是他们的目标乃在博得异性的欢心而从事交合。不管小说家怎么描写，他们一百个人中几乎没有一个是与他们恋爱的对象结合的。

婚姻是终身大事，这种大事不能凭着一时肉欲的冲动而决定。男女婚嫁都由家人安排决定，多数的年轻人对许配给他们的配偶只有接受而不能有效地反抗。女子虽要到12岁才结婚，但也许在3岁的时候就许配给人家了。在15世纪的时候，一个女孩子到了15岁还未出嫁，乃是有辱门楣的事情。到了16世纪，则延至17岁，以便有时间接受更高的教育。男人因为享有与异性苟合的权利与方便，所以只有新娘陪嫁丰富的嫁妆才能诱使他结婚。在萨沃纳罗拉时代，有许多女子达到了结婚年龄，因为缺少嫁妆而未能出嫁。佛罗伦萨因此设立了一种嫁妆保金——或未婚女子基金——女孩子每年只要缴付很少的费用，到结婚时就可领到一笔结婚费用。在锡耶纳，因为有许多男子迟不结婚，所以法律规定未婚男子在法律上为无行为能力者。在卢卡（1454年）颁布了一项命令，凡是20岁到50岁间的未婚男子不得担任公职。阿里桑狄亚·斯特罗齐在1455年写道："这是个不利结婚的时代。"拉斐尔画了50幅圣母像，却不肯娶个太太。米开朗基罗只在这件事上同意拉斐尔的做法。

婚礼本身花费糜贵，利奥纳多·布鲁尼埋怨他的婚礼花掉了他所继承的财产。虽然遍地饥民，但是国王、皇后、王子、公主们的婚礼却极尽铺张之能事。当那不勒斯的国王阿方索结婚时，他在海滨所摆的筵席竟可容纳3000个宾客。当圭多巴尔多公爵从曼图亚迎回他的新娘伊丽莎贝塔·贡萨加时，乌尔比诺城所给予的欢迎更是有趣：在山坡上站满了盛装的贵妇，前面站着她们的孩子，手上拿着橄榄树枝；骑在马上的唱诗班排成优美的队形，唱着专为此场合而作的圣乐；一个非常美丽的妇人扮做女神，向这位新的公爵夫人献上人民的忠诚与敬爱。

妇女在结婚以后，通常还保有她原来的姓氏，所以洛伦佐·美第奇的妻子还称呼为多娜·奥西尼（Donna Clarice Orsini）。然而有时候，妻子也把丈夫的名字加在她自己的名字上——如玛丽亚·美第奇（Maria Salviati de'Medici）。 中古时的婚姻理论认为：男女结婚以后，由于在一起同甘共苦，可以慢慢培养出爱情。大多数的婚姻显然都能符合这个理论。维托利亚·科隆纳 4 岁就许配给佩斯卡拉的侯爵了，他们之间爱情的深切诚挚，没有人能比得上；而乌尔比诺公爵夫人伊丽莎贝塔·贡萨加对爱情的坚贞不渝也是没有人能赶得上的，她伴着她跛足的丈夫饱受颠沛流离之苦，在她丈夫死后她信誓不渝，寡居终生。

虽然如此，男女通奸的情形却甚为普遍。上层社会间多数的婚姻是基于经济或政治利益而结合的，多数丈夫认为有一位情妇乃是正当的事；而做妻子的，即或感到悲叹，也往往装聋作哑，视而不见，容忍丈夫的所为。在中层社会里，有人则认为男女通奸乃是正当的娱乐。马基雅维利和他的朋友似乎认为，在他们相互通信时谈到彼此不忠于自己妻子的情形，并非什么见不得人的事情。当丈夫不忠，做妻子的为了报复也不忠时，做丈夫的往往可能也装聋作哑甘心忍耐。可是西班牙人进入意大利以后，经由那不勒斯以及亚历山大六世和查理五世，带来了荣誉的观念。到了 16 世纪，当妻子有不忠行为时，做丈夫的往往要求将她处死，而他自己却可以不忠如故。丈夫与妻子离异以后，也许还可以过着优哉的生活；而离了婚的女子除了要回嫁妆，回到娘家，过着孤寂的生活外，别无他法，她是不准再嫁的。她也许看破红尘而进入修道院，但修道院却要她把嫁妆捐献出来。一般而言，在拉丁国家里，丈夫如果不满妻子时，则在外面另找女人，很少与妻子离异的。

文艺复兴时期的男人

由于知识和道德的解放，文艺复兴时代产生了一种特殊的人物，称为"再生人"（the man of the Renaissance）。在那个时代里，就如同其他时代一样，有各种不同类型的人，而这种"再生人"最引起人们的兴趣，也许是由于他比较特殊的缘故。

文艺复兴时期的农民和机器发明以前任何时代的农民一样，文艺复兴时期的意大利工人和从前的罗马工人没什么两样，文艺复兴时期的商人和从前的商人也相差无几。只有教士才和中古或近代的教士略有区别，他们信仰较少而享乐较多。在这些类型中，产生了一种新的人，当我们忆起文艺复兴时代时，就会想起这种人。在历史上，除了古希腊的亚西比德以外，再找不出这种类型的人来。

这一类型的人具有两个主要特质：知识和道德上的勇气。他们思维敏锐，头脑机警，多才多艺，容易接受新知，易于感受美的事物，渴求名望。他们具有一种不顾一切的个人主义精神，致力于发展个人全部的潜能；态度高傲，蔑视基督教的谦卑，轻视软弱和怯懦，藐视传统、道德、禁忌、教皇乃至上帝。在城市，他也许是一群乱党的首领；在国家，他也许是一支军队的统帅；在教会，他可能集数职于一身，并利用他的财富攫取权力。在艺术方面，他不再像中古时代集体工厂的工匠一样，默默无闻地与其他人一起工作；他现在是一个独立的个人，在他的作品中表现其个性，在他所绘的画上签上自己的名字。甚至在他刻的雕像上刻上自己的名字，就像米开朗基罗在《圣殇》上所做的一样。不论他获得什么样的成就，他总是觉得不满意，对任何加在他活动上的限制，他总是感到愤怒，期待成为一个扬名世界的人——他的观念大胆，行动果断，能言善辩，精于艺术，熟知文学与哲学，善于和宫廷中的女人和军队中的士兵打交道。

他所做的不道德行为是他个人主义的一部分。他的目标是成功地表现其个性，而在他所处的环境中，不管教士们的警告或上帝的戒条都不能对他的行为产生约束作用。为了达到目的，他可以不择手段，而在达到目的的过程中，他也不放弃任何享乐的机会。然而他也有可取之处。他是一个脚踏实地的人，除了对难以应付的女人外，很少信口开河、一派胡言。他不作战时，彬彬有礼；他作战时，也保持良好风度。他的精力充沛、个性坚强、意志集中。他接受古罗马的美德观念——有男子气概，但又加上技能和智力。他必要时是残忍的，但是他的同情心却胜过罗马人；他是自负的，但那是他审美和形式观的一部分。他对妇女美、对自然美、对艺术美、对罪恶的鉴赏，是文艺复兴运动产生的主因之一。他以审美的观念代替了道德观念。如果这种人增多得势的话，那么政治上将不再由那些世袭贵族或富贵商族所统治，而由一批不负责任、只注重生活情趣的人所取代了。

但他们毕竟只是文艺复兴时期形形色色人中的一种。他们之中也彼此不同：理想主义者彼科相信人类道德可以趋向完美的境界；严肃的布道家萨沃纳罗拉只知道传播公义的观念，却不能领略美的事物；温文儒雅的拉斐尔以一种豪放的手笔散播美的观念；多才多艺的米开朗基罗，在其壁画《最后的审判》完成之前无暇他顾；而诗文优美的波利希安认为即使在地狱也有值得同情的事；诚实的费尔特城的维托里诺成功地使芝诺相信耶稣基督；美第奇家族的朱利亚诺·美第奇太公正，以致他当教皇的兄弟认为他不适于从事政治！在加以缩写与简陈以后，我们可以看出，所谓"再生人"不过是一类人，他们只对一样事情持同样的看法；就是以前人从没有好好享受过生活。中古时代的人笼罩在教会的权威下，不重现世的生活；而文艺复兴时代的人，以其热情、精神和活力尽情地享受人生。

文艺复兴时期的女人

妇女的兴起是这个时期最光辉的一面。在欧洲的历史上，妇女地位的提高通常是随着财富的增加而来，伯里克利时代的希腊是个例外。生活无忧无虑时，男人追求的目标就转向异性了。如果这时男人还继续追求财富，那也是为了妻子或子女的缘故。如果她拂逆他，他也不以为忤，而往她好的方面想。如果她除了容貌美丽以外，还具有智慧和美德，那么将使他得到最大的满足，而他则把她捧得高高的，使她像女皇一样主宰了他的生命。

我们不要以为这是文艺复兴时代一般的妇女所扮演的愉快角色，那只是少数幸运者而已。大多数的妇女除去嫁裳以后，就负起家务的重担，一直到死。且听听圣伯纳汀诺关于殴打妻子的适当时间所说的一段话：

> 我劝劝你们这些男人，当妻子怀孕的时候，绝不可打她们，因为这里面存在着很大的危险。我不是说你们绝不可打妻子，只是要看时候……我知道有些男人看重一只会生蛋的母鸡更甚于他们自己的妻子。有时候这只母鸡打破了一个锅子或一只杯子，他并不打它，唯恐母鸡不再生蛋。然而许多男人却多么疯狂，竟不能容忍怀孕的妻子所说的一句话。假如她说了一句不中听的话，他就拿起棍子鞭打她。而母鸡即使是整天咯咯不停地叫，为了它生蛋的缘故，他却能忍受。

家世良好的女子从小就受到训练将来如何相夫教子，这是她受教育课程中的主要科目。一直到结婚前的几个星期，她都住在修道院或家里过着与世隔绝的生活，由修女或家庭教师授予与其他一般男子完全一样的教育。通常学习一些拉丁文，略熟悉古希腊和罗马史上的著名人物、文学与哲学，练习弹某种乐器，有时也学雕刻或绘画。有些女子后来成为学者，并与男子在公开场合辩论哲学问题，像威尼斯博学的卡桑德拉·菲德里（Cassandra Fedeli），但这毕竟只是少数特殊的例子。有些女子，如科斯坦萨·瓦拉罗、韦罗妮卡·甘巴拉和维托利亚·科隆纳，写得一手好诗。但是文艺复兴时期受教育的女子都还保持女性的气质，信奉基督教，并遵守道德的戒条。她们学识与品德兼备，对文艺复兴时期的上层男士产生一种无法抗拒的力量。

那个时代受教育的男子强烈地感受到她们的魅力，阅读那些详细描述女人美的书籍。瓦伦布罗莎（Vallombrosa）一名叫安·菲伦佐拉（Agnolo Firenzuola）的僧侣，写了一本对话集《论女人美》（*Sopra la Bellezza Della donne*）。他讨论这个困难的题目很有技巧并旁征博引，几乎不像一个僧侣。他认为"美是一种有秩序的和谐，在一种美的事物里面，尽管组成的部分彼此不同，但它们组成一个整体以后产生一种不可思议的和谐，这种和谐就是美"。他为女人身体每个部分定下了美的标准。头发要浓密而长，而且是金黄色的，一种近棕色的柔黄色；皮肤要细嫩、白皙，但不是苍白；眼睛要黑、圆而大，眼球要微带蓝色；鼻子要挺，不能像鹰钩鼻；嘴要小巧，唇要丰润；下巴要圆并有酒窝；颈要圆，有点长，但不能露出喉结；两肩要宽，乳房要丰满，微微下垂而高耸；两手要白、丰厚、柔软；腿要修长，脚要小。我们可以看出菲伦佐拉花了不少时间思考这个问题，并在哲学的领域里发掘了一个有趣的话题。

文艺复兴时代的女人和其他时代的女人一样，不满于她们天生的姿色，于是各种化妆品大行其道。她们有的染发，几乎总是染成金黄色，并且戴假发；农村的妇女有的剪下她们的头发出售。16世纪的意大利盛行香水，头发、帽子、衬衫、袜子、手帕、鞋子都要喷上几滴香水。富裕家庭的女子化妆台上摆满了化妆品，通常装在用金银或象牙做的精致盒子里。胭脂不只擦在脸上，也擦在胸部。在较大的城市，多数妇女都是袒胸露背，使用各种药剂来保持身体的干净、指甲的光亮、肌肤的柔软细嫩。在头发上戴了花，在衣服上插了花，并佩戴各种珍珠、钻石、红宝石、青玉、翡翠、玛瑙、紫晶、绿宝石、黄宝石等珠宝；手上戴着手镯、戒指；头上戴着头饰。1525年后还流行戴耳环。帽子、衣服、鞋子乃至扇子都饰有珠宝。

妇女的服装，如果从画像判断，华丽、笨重而不舒适。衣服的质料有丝绒、丝或皮，从肩垂下许多褶纹，露肩的衣服则从胸部的扣子垂下褶纹。腰部则系了一根带子，从脚后垂到地上。富有家庭的女子鞋跟和鞋底都很高，以免双脚沾到街上的污物。鞋面往往是用精美的锦缎做成。上层社会流行使用手帕，用上等质料的亚麻布做成，通常还绣有金线或饰有花边，裙子或内衣也一样。至于头巾或帽子则式样繁多，不下百种。法国人到曼图亚游玩时惊喜地发现伊莎贝拉女侯爵戴着一顶别致的帽子，上插有镶珠宝的羽毛。传教士们埋怨女人胸部的诱惑力吸引了男人的注意。有时对裸体的爱好实在超过了限度。多数的女人为了保持身段的苗条，都穿着紧身衣。彼特拉克同情地说："她们为了爱美的缘故而束紧肚子，甘愿忍受许多痛苦，就像殉道者为了信仰的缘故，宁愿忍受许多苦难一样。"

具备这些优越的条件，文艺复兴时期上流阶层的女人从中古的束缚和教士的轻视中解脱出来，处于几乎与男人平等的地位。她们和男人一样谈论文学和哲学，治理国家则充满智慧，像伊莎贝拉；或充满男子气概，像卡泰丽娜·斯福尔扎有时候也穿着甲胄和男人一起上战场，当人们讲到粗鲁的故事时她也不避开，她能像男人一样大吃大喝。文艺复兴时期的意大利，有许多女人以才智或品德见著。比安卡·威斯孔蒂在她丈夫治军在外时，统治米兰如此之好，她丈夫常说他对她比对他的军队更有信心。比安卡也以她的虔诚、富有同情心、广行善事及美丽而著称。又如，艾米莉亚·碧欧以贞洁著称，她年轻时就守寡了，可是终身没有改嫁。又如维托利亚·科隆纳，她是米开朗基罗眼中的圣洁女神。

维托利亚的父亲法布里齐奥·科隆纳，是那不勒斯王国的大将军，她的母亲是孟德菲特罗的阿格尼斯，是乌尔比诺饱学的公爵费德里科的女儿。维托利亚自幼就许配给佩斯卡拉的侯爵费兰特，在她19岁时两人结婚了。她们在婚前及婚后的爱情就是一首优美的诗，较之他在作战期间和她互相通信中所写的任何一首十四行诗还来得感人。在拉韦纳战役中（1512年），他受了重伤并被俘。被俘期间，他写了一本书叫《爱的论集》（*A Book of Loves*），献给他的妻子。同时他继续和伊莎贝拉的一位宫女保持关系。在他被释以后，他暂时回到维托利亚身边，然后又出发征战，一个战役又一个战役，所以她很少再看到他了。1525年，他领导的查理五世的军队在帕维亚赢得了一项决定性的胜利。如果他参与一项反查理五世的阴谋，他就可成为那不勒斯的国王，可他考虑再三，向查理五世告发了这项阴谋。当他在1525 年 11 月逝世时，他已有 3 年没见到他的妻子了。维托利亚在她以后 22 年寡居的生活里，从事慈善工作和教会活动，以纪念她的丈夫。当有人劝她再嫁时，她回答道："我的丈夫对于你们而言是死了，可是对于我而言，他还活在我心中。"她在伊斯基亚岛（Ischia）、奥维托和维泰博的女修院及罗马等地过着宁静的隐居生活。她虽然还保持着对天主教的信仰，也结交了一些主张改革的意大利人。有一阵子，她受到宗教裁判所的监视，使与她来往的人受到异端审判的危险。米开朗基罗就不顾这种危险，对她产生了深厚的精神上的情感，时常写诗赞美她。

文艺复兴时期受教育的女子解放了她们自己，并不是靠着她们提倡解放运动，而是纯粹靠着她们的智慧、品德与机智，及男人对她们内在与外在美的欣赏。她们在各方面都产生了影响：在政治上，她们表现了统治的才能；在道德上，她们融会自由、礼貌与虔敬；在艺术上，她们蕴含的女性美，表现在许多圣母像上；在文学上，她们的家居和愉快的生活，成为诗人与学者描写的对象。就像其他时代一样，固有许多讽刺妇女的故事，可也不乏赞美和称颂的文字。意大利的文艺复兴运动，就像法国的启蒙运动，是两性努力的结果，妇女因此进入了生活的每一个领域。男人不再鄙俗粗野，举止言谈都变得更为优雅。这一时期的文明，虽有其堕落混乱的一面，但所表现的优美和高尚是欧洲前 1000 年所未有的。

家庭

文艺复兴时期的家庭生活与家庭布置方式呈现出一种日益高尚的趋势。平民的住宅仍跟从前一样——朴素的灰泥墙，石板铺的地，内院通常有一口井，围绕着院子的是一栋平房或二层的楼房，里面摆着生活所需的简单家具；而贵族和暴发户的宅第则富丽堂皇，使人想起罗马帝国时代的情形。中古时代的财富都集中到大教堂的建筑，而现在则转向这些王公宅第了，这些住宅中摆设的家具，各种设备、艺术精品、摆饰，都是欧洲其他地方的皇宫王殿难得一见的。基吉别墅和马西米宫（Palazzo Massimi）皆由意大利建筑家和画家巴尔塔萨·佩鲁兹设计，里面有许多迷宫似的房子。每个房子有圆柱和挨壁柱、方格子的飞檐、金碧辉煌的天花板饰、绘有壁画的拱形屋顶和墙壁、雕刻圆案的壁炉架、灰泥雕刻和错综图饰，及大理石或瓷砖铺设的地板。每幢房子都有精巧的睡床、桌椅、柜子、橱子，餐具橱里摆着银盘和精美的陶碗，有柔软舒适的卧铺，美丽的地毯，漂亮的被单、桌布、餐巾、毛巾等，数量繁多，经久耐用。房间都有大壁炉可供取暖，及灯、火炬和枝形吊灯的照明。这些华丽的住宅所欠缺的就是小孩。

当供养孩子的费用增高时，家庭人口的限制也随之而起。教会和《圣经》鼓励多生，但人们为了贪图享乐不愿多生孩子。在乡间，孩子是一种经济资财，可是有六个孩子的家庭却很少；在城市，孩子是一种负担，家庭人口都很少——越富有的家庭，人口越少——许多家庭连一个孩子也没有。在那个道德堕落的时代，家庭内的团结，子女的孝顺，父母的慈爱是特别引人注意的。

家庭仍是经济、伦理、地理的单元。通常，家中有一个人负了债无力偿还时，则由家中其余的人来偿付，在那个个人主义盛行的时代，这是个显著的例外。一个人结婚或离开家乡时很少不先征得家里的同意。父亲的权威是最高的，在任何难关中都受到尊重。但家庭通常是由母亲治理，不论公主、贫女，一旦做了母亲总表现出母性的慈爱来。贝亚特丽斯写给她姐姐伊莎贝拉的信里谈到她出生不久的小男孩："我常希望你能够来看看他，我相信你一定忍不住要逗逗他，吻吻他。"多数中层以上的家庭对家中每一个成员的诞生、婚姻、死亡、趣事都加以记载，并偶尔加上详细的注释。有一个叫乔万尼·卢西莱的佛罗伦萨人，晚年在他的家庭记载中记下这么一段自豪的话：

感谢上帝，他为我创造了一个通达情理而不朽的生命；我生活在一个基督教国家——靠近基督教信仰的中心——罗马。意大利是基督教世界中最高贵的国家，佛罗伦萨则是全世界最美丽的城市……感谢上帝，我有一个非常好的母亲，在我父亲去世时，她只有20岁，却拒绝再嫁，全心全意抚养她的孩子；我也感谢主赐给我一个同样贤惠的妻子，真诚地爱我，忠实地照顾家庭和孩子；多少年来，我一直不能没有她，而她的去世是我一生中最大的损失。回想这无数的恩典与眷顾，我现在想利用我的余年，摆脱一切俗事的纠缠，奉献我全部的精神来赞美和感谢你，主啊，你是我生活的源泉。

有两个人，或许是同一个人，在约1436年，写了几本讨论家庭及其管理方法的书籍。潘多尔菲尼（Agnolo Pandolfini）也许是《论家庭管理》（*Trattato del Governo della Famiglia*）一书的作者，里昂·巴蒂斯塔·阿尔贝蒂写了一本《论家庭》（*Trattato della Famiglia*）。在这两本书中，潘多尔菲尼写的比较好。像鲁西莱一样，他是一个富有的人，对公众事业捐献过很多钱，他本人则是佛罗伦萨的外交官。他的书是在他晚年写的，采取与他的3个儿子对话的方式写成。他们问他应否寻求公职，他劝告不要，因为担任公职需要不诚实、残忍和偷窃，容易遭人猜忌、妒羡和辱骂。一个人的快乐不在于获得高官厚禄或成名，而在于有一个美满的家庭、经济上的成功、美好的声誉及众多的朋友。一个人应该娶一个比他年轻的太太，接受他的开导和塑造。他应该在他们结婚之初，就教导她做母亲的义务和持家的方法。一个成功的生活来自妥善地运用一个人的健康、才能、时间和金钱，健康来自节欲、运动和节制饮食，才能来自勤读和借信仰及别人榜样形成的诚实品德，时间来自避免懒散，金钱来自收支的平衡与善加储蓄。聪明的人会先投资于田地或房地产，使他和他的家人在乡间有个居住之所，而且有谷物、酒、油、家禽、燃材及各种生活必需品。在城市也应有一栋房子，以便孩子们可以利用城里的教育设施学习某些谋生技能。但是一年大多数的时间应尽可能在别墅和乡间度过：

> 每个其他居住的地方都需要劳动，引起危险和恐惧，令人失望，乡间却有许多好处，乡间永远令人感到真实而亲切……在春天，绿树和鸟鸣使你充满喜悦和希望；在秋天，稍微的努力就可得到百倍的收获。终年你都不会感到忧郁。乡间是许多良善正直的人喜欢居住的地方……快到乡间居住吧！让我们避开那些骄傲的富人和丑恶的坏人。

对于上面这段话，乔万尼·坎帕诺（Giovanni Campano）代表千千万万的农民提出了回答：“如果我生而不是农人，我一定会为这些描述乡间之乐的话深深感动；可是身为农夫的我，却觉得乡村生活虽然使你感到乐趣，却令我感到厌烦。”

公共道德

潘多尔菲尼至少有一个判断是对的——商业道德和公共道德是文艺复兴时代生活里最不堪入目的一面。那时，判断人的标准是看成功与否，而非看道德的高低，甚至正直的潘多尔菲尼也祈求财富而非不朽的生命。人们贪求财富，并昧着良心去攫取。君王们为了钱财可以出卖他们的盟友，违背他们最庄严的誓言。艺术家们也好不到哪里去，他们有许多是拿了顾客先付的钱，却未能完成或开始那件工作，钱却不退还给顾客。教廷本身就是贪财最典型的例子。且再听听一位研究教皇制度最伟大的历史学者所说的一段话：

> 罗马教廷贪污腐败的情形由来已久，几乎每个官员皆牵涉其中……敲诈、勒索，比比皆是。更有甚者，教廷官员们到处篡改

或伪造契据。难怪各地基督徒纷起指责教廷官员贪污和敛财。甚至有人说在罗马每样东西都有价格。

教会仍然谴责所有放债取息为高利贷。传教士猛烈抨击它。有些城市如皮亚琴察有时禁止违者参加圣礼或以基督教方式埋葬。但是放债取息的情形继续存在，因为在一个扩张的工商业经济中，缺乏资金而举债的情形无法避免。法律规定利率不得高于20%，但利率高达30%的例子时有所闻。许多基督徒与犹太人竞相放利，而维罗纳的市议会对有些基督徒索取比犹太人还高的利率表示不满。但公众愤恨的对象主要还是犹太人，这种愤恨有时导致反犹暴动的爆发。圣方济各的修士们为了解决这个问题，利用捐款和遗产设立了慈善基金会，来帮助那些无助的借款人，他们从这笔慈善基金中把钱借给穷人，开始不收利息。这种基金会首先是1463年在奥维托设立的，不久遍及其他大城市。管理这些基金需要一些费用；因此，1515年第五届拉提朗会议准许圣方济各会可以对每一笔借款征收必要数额的利息，以支付管理基金所需的开销。鉴于这个经验，16世纪，有些神学家主张准许对贷款可以收取适当数目的利息。由于这些基金会之间的竞争，更可能是职业银行家之间的竞争，16世纪，利率大为降低。

随着规模的扩大及雇主与被雇者之间人际关系的消失，工业变得越来越没有人情味。在封建制度下，农奴虽负有某些义务，但也能够享受某些权利。当他生病、年老、遭遇经济萧条或战乱时，他会受到领主的照顾。在城市，同业公会对加入公会的成员也会加以某种程度的照顾；而一般自由劳工，当他们失业时就要忍受饥饿。当他们寻求工作时要依从雇主的条件，而这些条件往往是苛刻的。每次生产技术、财政管理的革新或进步，促成利润的增加，而雇主并未相应地增加工人的工资。商人对待他们的员工严厉无情，他们之间也是如此，他们在竞争中使用诡计、伪造契约、诈欺等各种手段。他们如果暂时能够合作，那只是为了打击其他的竞争者。虽然如此，意大利商人中仍不乏具有荣誉感的人士，而且意大利的金融家在欧洲以正直享有佳誉。

社会道德有暴戾的一面，也有贞洁的一面。从那个时代的信函中我们可以找到许多仁心仁事的证据，而意大利人在残暴行为方面比不上西班牙人，在大规模屠杀方面也比不上法国人。但在欧洲没有一个国家像意大利一样，喜欢造谣生事，在罗马所有出名的人物都时刻受到无情的诽谤与中伤。个人的暴行层出不穷，家族间的宿仇因风俗习惯与宗教信仰的崩溃及法律未能有效的执行而复起。人们亲手报仇，家族之间世代互相仇杀。在费拉拉，一直到 1537 年，在决斗中杀死对方并不犯法，甚至男孩子们都被容许在法律许可范围内持刀相斗。在意大利，党派之间的倾轧较欧洲其他地方为烈。暴乱的罪行不可计数，人们用廉价就可以收买刺客，如同购买赎罪券一样便宜。在罗马，贵族的宫殿里养满了亲信，随时可按照他们主子的命令去杀人。每个人都携有一把匕首，而制造毒药的也不愁没有顾客。在罗马的人都难以相信一个著名或富有的人物会获善终，重要人物的饮食一定要由侍奉的人先尝过。在罗马，传说有一种毒药，这种毒药吃下以后，要经过很长一段时间才奏效，因此使人无法查出谁是放毒者。这个时期，一个人在生活中要时时提高警觉，任何一个晚上，如果他留在家里，他可能被伏击或抢劫，幸运的话，还不至于被杀。即使在教堂也不安全。在路上，他必须随时防范强盗的抢劫。生活在这么多的危险中，文艺复兴时期的人们，他们的思想必须要和暗杀者的刀锋一样敏锐。

有时残暴的行为是集体性、有蔓延性的。1502 年，在阿雷佐爆发了一个反抗暴虐的佛罗伦萨委员会（Florentine Commission）的暴动，该地数百名佛罗伦萨人在街上被杀，许多家庭则遭灭门惨祸。费拉拉的宫廷虽以诗文和艺术见称，却也充满君王们的丑行。那些专制的君主像威斯孔蒂家族和马拉泰斯塔家族，他们不负责任的行为鼓励人们纷起效仿。

战争的道德也随之变坏。在文艺复兴初期，每次战争仅有少数雇佣兵参与战斗，他们并不疯狂地作战，知道适可而止，只要有一些人倒了下去，就宣称赢得了胜利。而一个可换取赎金的活俘虏要比死去的敌人值钱得多。随着佣兵统帅权力的增加、军队人数的扩充及军费的日趋高昂，准许军队劫掠攻陷的城市，反抗的城市居民往往遭到屠杀的命运。即使如此，意大利人在战争中所表现的残忍行为远逊于入侵的西班牙人或法国人。据圭恰尔迪尼说，法国人在 1501 年攻陷卡普阿时，他们"进行大屠杀……所有妇女，不论地位高低，出身好坏，甚至那些献身服务上帝者，都成了他们贪欲的牺牲品。这些可怜的人当中，有许多后来在罗马以一种低廉的价格出售"——显然是卖给基督徒。文艺复兴时代，由于战争频仍，由战俘变成奴隶的人也越来越多。

个人忠于个人、公民忠于国家的情形固然有，大体言之，大家讲求奸诈的结果，鼓励了欺骗。将军们看谁出价最高就为谁效劳，然后在作战中途和敌人谈判，以索求更高的价格。政府也在战争进行时改变政策，一张白纸写几个黑字，盟友就可能变成敌人。君王和教皇会否认他们所颁的通行证，政府派人暗杀逃亡到外国的反政府分子。在城市或军队里到处都有叛国分子：如卡尔特（Bernardino del Corte）把洛多维科的城堡出卖给法国，瑞士人和意大利人把洛多维科出卖给法国人，弗朗西斯科·罗维尔在 1527 年阻止他统率的教皇军队援救教皇，马拉泰斯塔·巴格廖尼在 1530 年出卖了佛罗伦萨……当宗教信仰衰退时，在许多人的脑中，现实的观念取代了是非的观念；而且政府不再享有合法权威时，人们服从法律的习惯消失了，武力取代了风俗习惯。人们对付暴君的唯一途径就是起而弑之。

贪污充塞政府的每一个部门。在锡耶纳，财政局里的每个人都曾挪用公款，最后只得由圣洁的僧侣来管理。除了威尼斯外，各地的法官贪污纳贿的情形众人皆知。弗兰科·萨凯蒂的故事中曾提到，一位法官受贿一头公牛，诉讼的另一方送给这个法官一头母牛和一头小牛而赢得了官司。诉讼费是昂贵的，穷人负担不起，而且发觉雇个凶手报仇要比提起诉讼划算得多。

法律本身虽有进步，但主要限于理论方面。帕多瓦、博洛尼亚、比萨及佩鲁贾产生了一些著名的法律学家——西诺（Cino da Pistoia）、巴尔托鲁、巴尔多（Baldo degli Ubaldi）——他们对罗马法的重新解释，影响法理学达两个世纪之久。海洋法和商业法也随着对外贸易的增加而扩充。乔万尼·莱格纳诺（Giovanni da Legnano）所著的《战争大全》（*Tractatus de Bello*）是关于战争法规最早的著作，为以后的《战争与和平法》（*Grotius*）奠定了基础。

法律在实际应用方面却不如理论那么完美。虽然已有警察保护人民的生命和财产，尤其是在佛罗伦萨，却不足以应付各种犯罪的发生。律师比比皆是。在讯问证人和被告时还是继续使用酷刑。惩罚的方式也极不人道：在博洛尼亚，一个罪犯可能被囚在一个笼子里，然后从一座斜塔放下来悬挂在半空，受炎日的烤晒；在锡耶纳，一个死刑犯则绑在一辆二轮马车上穿过街道，被红热的钳子慢慢扯成碎片至死；在米兰，在彼特拉克的主人乔万尼·威斯孔蒂的统治下，囚犯则被处以凌迟。16世纪，已开始判处犯人在长桨船上划桨，尤利乌斯二世的座船即是利用这种船役奴隶来划桨。这些船役奴隶脚上锁着铁链，以防他们逃脱。

与这些惨无人道的行为相反的，是慈善机构的高度发展。有些人立了遗嘱，留下一笔钱款分配给他所在地方的穷人。由于乞丐甚多，某些教会设立了类似近代的"施粥所"。在罗马的教堂，每天仅养13个乞丐，而在星期一和星期五则达2000人。如同中古时期一样，文艺复兴时代的意大利有无数的医院、麻风病院及收容绝症病者、穷人、孤儿、潦倒的旅客、从良的娼妓等的收容所。皮斯托亚和维泰博即以广行善事而著名。在曼图亚，洛多维科·贡萨加设立了一个机构叫大医院，照顾穷人和残废者，并由政府每年资助3000杜卡特。在威尼斯，有一个叫佩莱格里尼（Pellegrini）的团体，其会员包括提香，提供会员互助金，资助穷苦的女孩出嫁及施行其他的善事。
1500 年佛罗伦萨一共有 73 个民间组织从事慈善工作。有一个组织叫
"善心会"（The Confraternità della Misericordia），成立于 1244 年，一
度衰微，1475 年又兴盛起来。它的成员都是世俗人，探访病人及施
行其他善举，他们到瘟疫地区看顾病人的勇气赢得人们的敬佩。他们
穿着黑袍在街上静静走过的行列仍是佛罗伦萨最令人难忘的景象之
一。威尼斯有一个类似的组织叫圣罗科慈善会（Confraternità di San
Rocco）；罗马有一个多罗洛莎慈善会（Sodality of the Dolorosa），已
有 504 年的历史；而朱利奥红衣主教（后为教皇克莱门特七世）在
1519 年创立了嘉里塔慈善会（Confraternità della Carità）照顾乞丐和
穷人，并为那些无钱安葬的贫民举行适当的葬礼。还有数百万人，默
默行善，不为人知。这些善举缓和了人与人、人与自然、人与死亡之
间的斗争。

礼节与娱乐

在社会一片暴乱和欺骗中，在大学生喧闹的生活当中，及在农民
和工人的诙谐和善良中，形成了一种良好的礼节，这是文艺复兴时代
艺术的一部分。这个时期，在个人及社会卫生、服装、餐桌礼节、烹
饪、谈话或休闲活动方面，意大利都居于欧洲领导地位；而佛罗伦萨
除了服装以外，又居于领导意大利的地位。佛罗伦萨惋惜地哀叹其他
城市的脏乱，而意大利人把德国人视为言语和生活粗俗的同义词。意
大利知识分子仍保持古罗马人经常沐浴的习惯。富有的人为了显示他
们的高贵，在各地的温泉洗浴，喝硫磺泉水，来洗净他们的罪恶。男
人除了不戴珠宝外，所穿的衣服装饰和女人的衣服一样华丽：紧袖，
有色的紧身裤，松垂的软帽。紧身裤从腿到腰部，使人看起来非常好
笑，但腰部以上看起来就漂亮了：丝绒的上衣，衣边镶着丝质的花边
和褶边，甚至手套和鞋子上都镶有小绺的饰边。洛伦佐·美第奇所举

行的一场马术大赛中，他的兄弟朱利亚诺·美第奇所穿的衣服就花费了 8000 杜卡特。

15 世纪，餐桌礼节也因人们渐渐以刀叉代替双手吃饭而发生很大的变化。托马斯·柯亚特（Thomas Coryat）在约 1600 年到意大利游历，被这种新习惯震惊。他写道："在我所游历过的任何国家，我从没有看过人们使用刀叉吃饭。"于是他把这种习惯介绍到英国。那时的刀、叉和汤匙都是用黄铜做的，有时则是用银做的——银制的有时借给邻居准备宴会用。除了特殊场合或正式的庆典需要准备丰盛的宴席外，通常每餐的食物都很简单。那时大量使用各种香料，如胡椒、丁香、豆蔻、肉桂、杜松、姜等。来增加食物的风味和刺激食欲，每次宴客时也摆出各式各样的酒以飨宾客。在意大利，大蒜的使用可追溯到 1548 年，但更早之前就已使用当无疑义。狂饮暴食的情形不多见。文艺复兴时代的意大利人，和以后的法国人一样，精于品尝佳肴美味，却非饕餮者。当男人不与家中的女子一起吃饭时，偶尔也会招来一两个娼妓陪侍，像阿雷蒂诺宴请提香时一样。比较讲究的人吃饭时，还享受音乐，随兴吟诗，谈话助兴。

文艺复兴时代再度讲究谈话的艺术——机智、文雅、有礼、清晰、隽永。谈话的艺术始于古希腊和罗马，至中古而衰微，只有腓特烈二世、英诺森三世和罗马教皇在位时还稍稍保持。到文艺复兴时代，在洛伦佐统治下的佛罗伦萨，在伊丽莎贝塔·贡萨加统治下的乌尔比诺，在利奥统治下的罗马再度兴盛：不论贵族或淑女、诗人或哲学家、将军或学者、艺术家或音乐家，相见时无不讲求心灵的相通，引用名家或《圣经》上的语句，辞藻优美，语调清新，以互相倾听对方优雅的谈吐为乐。这类谈话受到人们的赞赏，所以许多散文或论说文都以对话的方式写成，以表现其优雅。后来，过度讲究谈话艺术的结果，言语和思想都变得矫揉造作，附庸风雅的人也表现得文绉绉的，缺乏男子气概。这种情形流传到法国，经莫里哀攻击这些矫揉造作的笑话后，才适时地制止了这种趋势。

虽然少数人讲究谈话的艺术，一般来讲，意大利人谈话时，不拘题材和用语，海阔天空，无所不谈。有些谈话的题材和用法甚至是今日社会风俗所不允许的。女子在与亲密的男朋友见面或分离时总是吻他的手，而男人见到一个女子时亦吻一下她的手表示尊敬。朋友之间互相馈赠礼物。意大利人在言语和行为上所表现的圆滑实在是北欧国家所难以企及的，意大利的礼貌手册变成了欧洲其他国家喜爱的教科书。

意大利人所写的关于舞蹈、斗剑及其他消遣活动的小册子，也都深受欧洲其他国家的欢迎。在夏天的夜晚，女孩子们在佛罗伦萨的广场上跳舞，舞姿最优美者可获得一个美丽的花圈。在乡村，青年男女在草地上共舞。在家里，在正式的舞会上，女人与女人或男人，男人与男人或女人一起跳舞，表现出生活的悠闲。在文艺复兴时代，芭蕾舞盛行，其优美的动作成为艺术的一部分。

比跳舞更为流行的是玩牌。15世纪，玩牌是各个阶层的人所热衷的一种活动，教皇利奥十世即迷于此道。玩牌往往含有赌博性质，红衣主教拉法埃洛·里亚里奥即曾在两场比赛里赢了教皇英诺森八世的儿子1.4万杜卡特。人们也用骰子赌博，有时则在骰子里填铅诈赌。大家深好此道，即使法律也无法有效禁止。在威尼斯，许多贵族家庭因赌博而倾家荡产，所以十人会议局两度禁止出售纸牌或骰子，并奖励仆人密告违反禁令的主人。萨沃纳罗拉在1495年设立的贷款规定贷款者在贷款偿清以前不得赌博。好静的人则沉迷于玩象棋，并迷恋昂贵的棋具，威尼斯的贾科莫·罗里丹诺（Giacomo Loredano）所拥有的棋子价值高达5000杜卡特。

年轻人有他们自己喜好的游戏，多数是户外的。上流阶层的意大利人喜欢骑马、比剑或长矛及马上比武。每个城镇在假日举行这类比赛时，就在广场上用绳子围成一个比赛场，通常靠近窗口或阳台，以便妇女可以为她们的骑士加油。由于这种比赛不够刺激，1332年有一些不顾死活的年轻人在罗马的圆形大戏场举行斗牛，斗牛士只拿着一支长矛徒步与牛相斗。结果在那次斗牛中，一共杀死了 11 只牛，却使 18 个出身罗马世家的骑士丢掉了性命。这种比赛偶尔也在罗马和锡耶纳举行，却不能引起意大利人的爱好。赛马则比较受欢迎，引起罗马、锡耶纳及佛罗伦萨三地市民的狂热。意大利人为了保持他们身体的健康，还从事其他各式各样的运动，如打猎、竞走、赛船、打网球、举行拳赛，而把防卫城市的责任留给那些雇来的外国佣兵。

大体而言，这个时期的意大利人过的生活是愉快的。住在城市的人可以漫步或骑马到乡间，到河滨或海边游玩；他们种花来美化住家及装饰个人，他们的别墅都建有美丽、形状匀称的花园。除了宗教上的各种节日外，国家还规定各种节日。在威尼斯、曼图亚和米兰都有泼水节。在特殊的节日，更在大街上举行盛大的游行，每个同业公会都请当时著名的艺术家设计漂亮的花车和旗帜。游行中有乐队演奏，有漂亮的女孩子唱歌、表演舞蹈，显贵的人物也加入游行的行列。到了晚上则施放烟火，冲入天空，蔚为壮观。在佛罗伦萨，在复活节前的星期六，从耶路撒冷的圣墓带来三个打火石，利用它们点燃一根小蜡烛。这根小蜡烛又点燃一根大蜡烛，这根大蜡烛则借着一条长线引燃摆在大教堂前广场上的象征性御车上的烟火。在圣餐节那天，游行的队伍须停下来听男女儿童组成的歌唱队所唱的圣曲，或看一幕某一个慈善会所演出的《圣经》上的故事或异教徒的神话故事。假如一位显贵人物光临某一个城镇，那个城镇的人民像古罗马人欢迎一位战胜归来的将军似的欢迎他的到来。当教皇利奥十世在 1513 年拜访他喜爱的佛罗伦萨时，整个城市的人都跑出来观看他那华丽的车子通过主要街道上所竖立的大拱门；随侍的车队中另有七辆战车，每辆车上载着一个人，扮演古罗马历史上的著名人物；最后，是一位裸体的男童，镀着金粉，代表利奥和黄金时代的来临。但是这位男童不久就因镀金而死。

嘉年华会期间，佛罗伦萨的游行花车往往代表某些观念，如谨慎、希望、恐惧、死亡，或代表元素、风向、四季，或以哑剧的方式演出一个故事，像《帕里斯与海伦》（*Paris and Helen*）或《酒神与阿里亚德妮》（*Bacchus and Ariadne*），每一幕配有适当的歌曲。洛伦佐即曾为这类歌舞剧写了著名的《青春与欢乐颂》（*Ode to Youth and Joy*）。

在嘉年华会的晚上，从小男孩到红衣主教，每个人都戴上面具，在四旬斋到来之前先纵情享乐一下。1512 年，佛罗伦萨还算繁荣兴盛时（一个未预料到的灾难仅隔数月之后就发生了），彼罗·科西莫和弗朗西斯科·格兰奇为嘉年华会设计了一台"死神的胜利"的歌舞剧：一辆由黑色水牛拖着的巨大的凯旋车，覆盖着黑布，上面画着骨架和白色的十字架。在车子里面立着死神的巨像，手上拿着一把大镰刀，围绕在他四周的是一些坟墓和面带戚容的人。他们穿着黑袍，黑袍上画着白骨，在黑暗中闪闪发光。在车子之后，跟着一些蒙面的人，黑色的头巾前后画着骷髅。从车上的坟墓里跑出其他的人，只画着骨头，这些骷髅唱着歌，提醒人们凡人必死。车子前后各有一队老弱的马载着死人的尸体。所以，彼罗·科西莫响应萨沃纳罗拉，在大家狂欢宴饮之际，对耽于安乐的意大利宣布了他的判决，预言意大利败亡之日的到来。

戏剧

意大利戏剧的来源之一是这些嘉年华会节目中表演的歌舞剧。这些歌舞剧通常取材于《圣经》上的故事，在游行花车上演出，或在游行行列所经路线的某个地方所搭成的临时舞台上演出。但意大利戏剧的主要来源还是虔诚剧（divozione）。这是一种基督教故事中的插曲剧，由某一行会的成员演出，有时则由属于某一专门演此类剧的团体的职业演员演出。有几部这类插曲剧的剧本流传下来，显示出惊人的戏剧力量。如有一剧描写圣母玛利亚在耶路撒冷找到耶稣基督，后又失去了他，发狂地寻找他，喊叫着："喔，我可爱的儿子，我的儿子，你在何方？喔，我荣耀的儿子，你到哪里去了？喔，我的圣子，你离开我的时候是何其悲伤！上帝啊！告诉我，我的儿子在何方？"

　　15 世纪，尤其在佛罗伦萨，出现了一种更进步的戏剧，称为"圣剧"（sacra rappresentazione），演出的地点或在某一个行会的礼拜堂，或在修道院的膳厅，或在一块空地，或在公共广场。这类剧演出的舞台布置往往较为复杂精巧：用大帐篷画着星星代表天空，用羊毛悬浮在半空代表云彩，由男童扮演的天使用金属架高高举起，金属架则藏在飘动的帏帐后面。剧词通常用诗的形式写成，配以小提琴或维忽拉伴奏的音乐。洛伦佐·美第奇和浦尔契即为这类宗教剧写剧词的诗人中的两位。波利希安在他的异教题材的戏剧中，即采用这种圣剧的形式。

　　意大利人生活中的其他方面对意大利戏剧的诞生也有贡献。长久以来，在中古各城镇由那些戴着假面具穿着戏装作滑稽表演者演出的闹剧即含有意大利喜剧的成分。有些表演者善于临时想出一些简单剧情或情节中的对白，一些意大利天才即喜欢借这种笑剧来讥讽时事。一般流行喜剧中的面具或人物即从这类笑剧中取得形式和名称，如潘塔洛内（Pantalone）、阿里西诺（Arlecchino）、普尔奇内拉（Pulcinella）、潘奇尼罗（Punchinello）。

　　人文学者对意大利戏剧的产生也提供了帮助，他们研究古代罗马人的喜剧并安排它们的演出。1427 年，罗马喜剧作家普劳图斯的 12 部剧本被发现了，促成了对古代戏剧的研究。在威尼斯、费拉拉、曼图亚、乌尔比诺、锡耶纳、罗马等地，普劳图斯和特伦斯的喜剧相继演出，古老的古典戏剧经过了几个世纪再度成为通俗的戏剧。1486 年，普劳图斯的《孪生兄弟》（*Menaechmi*）第一次以意大利语演出，从古代戏剧过渡到文艺复兴时期戏剧的阶段已经成熟。15 世纪末，宗教剧对意大利的知识分子失去了吸引力，异教的题材渐渐地取代了基督教的题材。那些土生的戏剧家，如比别纳、马基雅维利、阿廖斯托、阿雷蒂诺，他们所写的戏剧都是仿效普劳图斯的猥亵体裁，而非一度为人喜爱的圣母与耶稣的宗教故事。所有古罗马喜剧中的布景，男女难辨、人物混淆、阶级颠倒的肤浅情节，所有三教九流的人物，包括普劳图斯为迎合低级观众所描写的龟鸨和妓女，所有下层人民的粗语和野蛮动作，全都出现在这些人写的意大利喜剧中。

悲剧方面，虽然保存了古罗马悲剧作家塞涅卡的作品，恢复了古希腊戏剧的研究，但在文艺复兴时期，悲剧从未在舞台上占有一席之地。即使上层阶级的人也喜欢喜剧，而不喜欢悲剧。1515 年演出的格里亚·特里西诺（Gian Trissino）作品《索福尼斯巴》（Sophonisba），及同年在佛罗伦萨卢西莱花园中在教皇利奥十世面前献演的《罗莎蒙达》（Rosamunda），都未能蒙上层阶级的青睐。

意大利的喜剧产生于意大利人道德腐化到极点时，这是它的不幸。如比别纳的《卡兰地亚》（Calandra）、马基雅维利的《曼陀罗花》，这类作品竟能满足意大利上层阶级的趣味，甚至能在高尚的乌尔比诺和教皇们的面前演出而不引起非议，也可看出知识自由带来的道德堕落之甚了。1545 年举行的特伦特宗教大会议后产生的反宗教改革，使教士们的道德和放纵生活大为收敛，文艺复兴时期的喜剧也不在意大利演出了。

音乐

意大利喜剧的一个显著特点就是在演出各幕中间穿插一些芭蕾舞、哑剧和音乐演奏。除了爱情外，音乐是意大利各个阶层的主要消遣和慰藉。法国散文家蒙田到意大利西部的托斯卡纳旅行时，"很惊异地发现每个农夫手中都拿着维忽拉在弹，在他们旁边，牧羊人则朗诵意大利诗人阿廖斯托的诗"。他说"这种情景在整个意大利到处可见"。文艺复兴时期的绘画有许多是表现人们演奏乐器的场景，如许多加冕礼中在圣母脚下弹维忽拉的天使，弗利的梅罗佐所画的弹奏小夜曲的六翼天使，在音乐演奏会中弹大键琴的人，还有皮翁博所画的《人的三阶段》中的男孩——我们几乎不能相信那就是画家本人。在文学作品中，同样充满了人们在家中、工作中、街道上、音乐学校、修道院、修女院、教堂、游行中、歌舞剧中、欢迎行列中、历史剧中、宗教剧或世俗剧中、抒情诗节中、两幕戏中间、远足中唱歌或弹乐器的情形。富有的家庭购置了各式各样的乐器，并举办私人音乐演奏会。妇女也组织了社团，研究音乐并公开演出。整个意大利可以说醉心于音乐。

民谣在任何时代都盛行。流行的歌曲被改编成复杂的抒情歌、赞美诗乃至弥撒乐中的一节或数节。"在佛罗伦萨，"切利尼说，"人们常常在夏天的夜晚，相聚在公共街道上"，唱歌和跳舞。沿街歌唱者拿着漂亮的维忽拉弹着悲伤或轻松的曲子，人们聚集在街道或路旁的圣母像前唱赞美诗；在威尼斯，运河上的许多小舟传来情侣的歌声，响彻云霄。几乎每个意大利人都会唱歌，而且许多人会唱简单的和声。有数百支流行的小歌曲流传下来，名字很好听，有称为"小水果"的，通常是短短的情歌，以女高音为主，配以女中音、男高音和男低音。在以前几个世纪中，歌曲通常是由男高音主唱，到了15世纪则以女高音为主。弥撒乐不允许由女性歌唱，而通常是由一个男孩或成年男子的假声所唱。阉人歌手一直到1562年才出现在教皇的唱诗队。

知识分子必须具备相当的音乐素养。卡斯底里欧尼要求他的臣下和侍从们闲暇时要精研音乐，他认为音乐"不仅使人们的思想甜美，而且可使野兽去掉野性"。一个受过教育的人应该能看懂简单的乐曲，随身携带某种乐器，以随时参加即席演奏会。有时候人们唱着一种歌谣，边唱边跳并有乐器演奏。1400年后，大学里开有音乐课程并授予学位，专门培养音乐人才的学院则有数百所。维托里诺·德·费尔特在约1425年在曼图亚创立了一所音乐学校。现在音乐学校称作"Conservatory"，即是因为那时候在那不勒斯有许多孤儿院用作音乐学校而得名。音乐因音乐书籍的印刷而更广为传播。在约1476年，乌尔里希·哈恩（Ulrich Hahn）在罗马用活字版的音符和五线谱印了一本《全弥撒书》(*Complete Missal*)；1501 年，彼得鲁奇在威尼斯开始印刷赞美歌和短情歌出售。

在宫廷，除了装饰品外，音乐要比任何其他艺术更受重视。通常，统治者选择一间他喜爱的教堂，并全力培养它的唱诗队，他重金从意大利、法国、勃艮第请来最好的歌唱家和乐器演奏家，挑选孩童，从小施以音乐训练，如费德里科在乌尔比诺所做的。遇有国家庆典或宫廷喜宴时则请唱诗队来演唱。勃艮第的奎·迪费（Guillaume Dufay）在里米尼和佩萨罗两地的马拉泰斯塔宫廷里及在罗马的教皇小教堂里指挥唱诗队达 25 年之久（1419—1444 年）。加里亚佐·玛利亚·斯福尔扎在约 1460 年组织了两个教堂歌唱队，并从法国请来当时西欧最有名的作曲家若斯坎（Josquin Desprès）。当洛多维科欢迎达·芬奇到米兰时，待之以音乐家之礼。值得注意的是，达·芬奇从佛罗伦萨到米兰时，还带了著名的音乐家和乐器制造家阿塔兰特（Atalante Migliorotti）。还有一位更有名的七弦琴、维忽拉、风琴和翼琴的制造家帕维亚的洛伦佐·库斯那科（Lorenzo Gusnasco），也常住在米兰。洛多维科的宫廷里养满了歌唱家：那西索（Narcisso）、特斯塔罗莎（Testagrossa）、佛兰德斯的科第亚（Cordier）及贝亚特丽斯所喜爱的罗马洛。西班牙的玛利亚（Pedro Maria）在宫廷及公共场所指挥演奏会。弗兰基诺·加弗里在米兰创立了一所著名的私立音乐学校，并在那里执教。伊莎贝拉醉心于音乐，并以音乐作为她闺房里所有布置的主题，她自己会弹几种乐器。当她向库斯那科定做一把翼琴时，她规定键盘必须轻按就可出声，"因为我们的手指如此纤柔，如果键子太硬，我们就弹不好了"。在她的宫廷里，住了一位著名的维忽拉弹奏家马尔凯托·卡拉（Marchetto Cara）和一位善于写情歌的巴托罗米奥（Bartolommeo Tromboncino），后者写的情歌非常动人，以致当他杀死他不贞的妻子时，并未受到任何处罚，而这件事不久也被淡忘了。

结果是，各地的大小教堂和男女修道院充满了一片音乐之声。在威尼斯、博洛尼亚、那不勒斯、米兰，修女们唱的晚祷曲如此感人，人们都聚集起来听她们唱歌。教皇西克斯图斯四世组织了著名的"西斯廷小教堂"唱诗队；尤利乌斯二世在圣彼得教堂又增设了一个"朱利安小教堂"唱诗队，为西斯廷唱诗队训练歌唱家。这可以说是文艺复兴时期拉丁世界中音乐艺术发展的最高峰。所有罗马天主教国家中的最伟大歌唱家都来到了意大利。教堂音乐主要是单旋律的圣歌。罗马的唱诗队渐渐受到法国的"新乐曲"（ars nova）——一种复杂的对位音——的影响，而巴勒斯提那（Palestrina）和维托利亚·庇西米（Vittoria Pissimi）的作品即是采用这种新乐曲。一度，教堂的唱诗队伴奏的乐器除了风琴外不准有任何其他乐器，但到了16世纪，各式各样的乐器进入教堂，使教堂音乐更加优美动人，也使世俗音乐的演奏更为生色。佛兰德斯的音乐大师布鲁日的安·维拉尔特在威尼斯的圣马可教堂指挥唱诗队达35年之久，在他的训练下，他们的演奏非常杰出，使罗马都感到妒羡。在佛罗伦萨，斯夸尔恰卢皮组织了一个"和音歌唱队"，洛伦佐即是其中的一分子。斯夸尔恰卢皮指挥大教堂唱诗队达30年之久，而大教堂传出的音乐消除了哲学家的疑虑。里昂·巴蒂斯塔·阿尔贝蒂即是一位怀疑者，但是当教堂响起唱诗队的歌声时，他相信：

> 所有其他的音乐听久了都会腻，只有教堂的音乐百听不厌。我不知道别人是否被感动，但是对于我自己而言，那些教堂圣乐和赞美诗发挥了它们的功效，平息了我内心的各种纷扰，使我倦怠的心灵充满了对上帝的敬拜。哪一个铁石心肠的人听了那些抑扬顿挫的歌声和优美悠扬的音乐不受感动呢？我向你们保证，每次我听到那些祈求上帝制止人类罪恶的希腊文祷告词时，都感动得流泪。我常想，音乐使人忘却烦恼、减轻痛苦的力量实在太大了。

在意大利，音乐虽然如此盛行，却远落后于文艺复兴时期的法国。教皇逃到法国阿维尼翁而失掉了收入来源，同时，14世纪意大利各地的专制王朝在文化上也未充分发展，因此，那时的意大利缺乏资金和心力来发展更好的音乐。她只能产生一些轻松的抒情歌，而这些歌则是模仿法国南部普罗旺斯的抒情诗人所唱的情歌。

14世纪，意大利音乐界出现了一位足以使所有意大利人引以为豪的人物，佛罗伦萨圣洛伦佐宫廷里的风琴乐师弗朗西斯科·兰迪诺。虽然他自幼即已失明，却成为那个时代最卓越和最受敬爱的音乐家，被尊为风琴乐家、维忽拉乐家、作曲家、诗人和哲学家。他在音乐造诣方面领先法国人，但他在200篇世俗音乐中，把法国30年前即已风行的"新乐曲"应用到意大利抒情诗歌中。这种"新乐曲"现在更新了：它接受了二节拍及从前教堂音乐所需的三节拍，它设计出了一种更复杂和更有弹性的音乐符号。教皇约翰二十二世，在各方面雷厉风行，把"新乐曲"视为怪异而堕落。他的禁令对意大利的音乐发展产生了不利影响。然而，约翰二十二世在1334年以90岁高龄逝世后，"新乐曲"在法国音乐界、随后不久在意大利又兴盛起来。

在阿维尼翁教皇宫里的歌唱队是由法国和佛兰德斯的歌唱家和作曲家组成的。教皇再次回到罗马时，带了大批法国、佛兰德斯和荷兰的作曲家与歌唱家随行。这些外来的音乐家和他们的继任者支配意大利的音乐达一个世纪之久。教皇的歌唱队一直到西克斯图斯四世为止，都是由阿尔卑斯山以北的外国音乐家组成，而15世纪意大利的宫廷音乐也由外国音乐家支配。斯夸尔恰卢皮在1475年逝世后，洛伦佐选了一个叫海因里希的荷兰人担任佛罗伦萨大教堂的风琴乐师。海因里希为波利希安的抒情诗写乐曲，并教导未来的利奥十世欣赏法国的歌曲。有一段时期，法国的歌曲风行意大利，如从前法国抒情诗人的诗歌一度为意大利人吟诵一样。

法国音乐家的侵入意大利——领先法军一个世纪——在约1520为意大利的音乐带来了一场革命。这些法国音乐家——及他们训练的意大利人——都埋首于"新乐曲",并用它来为意大利的抒情诗谱曲。他们发现彼特拉克、阿廖斯托、伊库甫·桑纳扎罗和本博及稍后的塔索和瓜里尼等人的诗中,有许多令人愉快的诗节可以谱成音乐。诗本身就是可以吟诵的,如果不是一首歌的话。彼特拉克的诗以前常引诱音乐家,现在它的每一行都配上乐曲,有些节配有 12 拍或更多。彼特拉克是世界文学中音乐化程度最高的诗人。也有一些作者名字不显,却有简单易懂、传之久远的抒情诗。这些抒情诗每每扣人心弦,为弹奏乐器者所喜欢:

> 从那低垂的叶丛和花簇里,
> 我看到那些坐在夏树下的漂亮少女,
> 编织着美丽的花圈,哼着低沉的爱情小调。
> 在那些可爱的少女中,那个最可爱的
> 两眼含情脉脉转向我,低声说道:"拿去!"
> 我受宠若惊,木然站着,没说一句话。
> 我的情意被她猜透,给了我她编织的美丽花圈;
> 我自此甘心侍奉她,一直到死。

作曲家把经文歌的全部复杂乐曲应用到这类抒情诗中:多声部的乐曲,四部——由四个人或八个人唱——都同样重要,不像以前以一部为主,三部为副;而复杂巧妙的"旋律配合法"和"遁走曲"则把四个独立的音流汇成和谐的乐声。如此产生了 16 世纪意大利的"抒情歌"——这是意大利艺术最灿烂的成就之一。在但丁时代,音乐还附属于诗歌,现在变成了一个羽毛丰满的平等伙伴,不隐藏言语,不掩饰情绪,结合两者更能激发人的情感,并以它高度的技巧使知识分子喜悦。

几乎所有 16 世纪意大利的伟大作曲家,甚至包括巴特斯提那在内,相继把他们艺术努力的方向转向抒情歌。菲利普·卫德罗

(Philippe Verdelot)，一位住在意大利的法国人，和科斯坦萨·费斯塔
(Costanza Festa)，一位意大利人，在 1520 年至 1530 年竞相发展出新
的乐曲形式，继他们之后是法国讽刺家拉伯雷所曾提及的阿卡代尔特
(Arcadelt)——一位住在罗马的佛兰德斯人。在威尼斯，安·维拉尔
特辞掉了他在圣马可歌唱队任指挥的职务，而致力于为那个时代最优
美的抒情歌作曲。

　　抒情歌唱时通常没有乐器伴奏。各式各样的乐器不可计数，但只
有风琴可以与人类的声音抗衡。16 世纪初，乐器音乐慢慢从原本为
跳舞或合唱用的乐曲里演变而来，所以"孔雀舞曲"(pavane)、"跃
舞曲"(saltarello) 及"莎拉本舞曲"(saraband) 都由跳舞的伴奏曲
演变成乐器音乐，或是单独存在或是成组构成。而抒情歌的乐曲，只
演奏不唱，也演变成乐器抒情曲，成为奏鸣曲和交响乐的前身。

　　风琴在 14 世纪时几乎已和今天一样，取得高度的成就。那时，
德国及荷兰、比利时两国的风琴已置有踏板，不久为法国和西班牙
所采用。意大利一直到 16 世纪才接受它。那时，最大的风琴有两三
个键盘，及各种的音栓和联结器。大教堂的风琴本身就是一件艺术
品，由名家设计、雕刻和绘画。这种对风琴形式的讲究也同样注入其
他乐器的制造中。如维忽拉——每个家庭喜爱的乐器——用木头和象
牙做成，形状像个梨，音孔穿成优美的图案，指板用银线或铜线隔成
格子，末端调弦松紧的木栓与颈成直角。一个漂亮的女人坐着拨弹置
于膝上的维忽拉，是一幅足以使许多敏感的意大利人陶醉的图画。竖
琴、七弦琴、索特琴、扬琴及吉他，也是人们喜爱的乐器。

　　对于那些比较喜欢弦乐器的人，有各种大小不同的提琴，包括
置于手臂上的次中音中提琴和倚靠腿上的低音中提琴。后者后来演变
成大提琴，而一般的提琴则在约 1540 年演变成小提琴。管乐器相比
弦乐器而言，较不流行。文艺复兴时代的人们和古希腊的亚西比德一
样，反对在造出音乐时把两颊吹得鼓鼓的，但仍有横笛、竖笛、风
笛、喇叭、号角、六孔木箫、高音箫。击乐器，像大鼓、小鼓、小

手鼓、铙钹、响板，增强了全体乐器的阵容。文艺复兴时代的所有乐器，除了加在风琴上的键盘外都来自东方。键乐器中最老的是翼琴，出现在12世纪，在德国巴赫时代再度为人喜爱。这种琴是按琴键操动小铜切片敲击琴弦而出声。16世纪，这种翼琴为大键琴所取代。这种琴键子按下时，附在木盘上的翎管或羽毛则升起拨动琴弦而出声。英国的小键琴、西班牙的小方形琴，是这种大键琴的变种。

文艺复兴时代伟大的音乐名家都是歌唱家。1476年，费拉拉的阿方索举行洗礼时，在西法诺亚宫的盛宴中，100多个喇叭手、吹笛手和小鼓手举行了一场音乐演奏会。16世纪，佛罗伦萨的领主团雇用了一群正规的音乐家，切利尼即是其中之一。在这一时期由数种乐器演奏的音乐会经常举行，但只有少数贵族能欣赏。另一方面，一种乐器的独奏表演则受到疯狂的欢迎。人们到教堂不仅是为了祷告，也想借此听听伟大的风琴乐师如斯夸尔恰卢皮或奥尔卡尼亚弹奏的乐曲。据说，彼得罗·巴诺（Pietro Bono）在费拉拉的波索宫廷弹奏维忽拉时，听众的灵魂都飞到了九霄云外，浑然忘我了。伟大的乐器演奏家是那个时代的宠儿，他们虽未想传名后世，在有生之年即已获得名声了。

音乐的理论相比之下落后了30年。演奏者提出了革新，教授者反对，然后两方辩论，最后反对者赞同了。同时多声部乐曲、旋律配合法和遁位曲的原理也加以公式化，以更容易地讲授和表达。文艺复兴时期音乐最大的特色不在理论，也不在于技术的进步，而在于它的日渐世俗化。16世纪，不断的进步和进行实验的不再是宗教音乐，而是抒情歌和宫廷音乐。16世纪的意大利音乐，反映出文艺复兴时期艺术的异教的一面及道德的堕落，与哲学和文学一同摆脱了宗教的控制，在情诗里寻找灵感。长久以来，宗教与性的冲突因为爱神厄洛斯的得胜而暂告解决了。圣母玛利亚的统治宣告结束，妇女的本性开始抬头。但是不论两者哪一个在统治，音乐都处于婢女的地位。

回顾

文艺复兴时代的意大利，道德腐化的情形真的比其他地方或其他时代更甚吗？我们很难做一比较，因为所有的论据都是偏颇的，无法以偏概全。雅典在亚西比德时代，也如同文艺复兴时代一样，两性关系甚为混乱，政治上则讲求诡诈。那个时代也有许多人堕胎，出现许多艺妓，知识和本能也受到解放。而且，早在马基雅维利之前，诡辩家像柏拉图《理想国》一书中的色拉西布洛斯（Thrasybulus）就攻击讲究道德是软弱的表现。也许在古希腊时代，个人的暴行要比文艺复兴时代的意大利为少，宗教和政治上的腐化也较少。整个罗马时代——从恺撒到尼禄——政府腐败、婚姻破灭的情形更甚于文艺复兴时代。即使如此，罗马人的性格中仍保有许多斯多葛所主张的美德，如坚忍、克制等。恺撒虽然贪财和爱好女色，仍不失为罗马诸将领中最伟大的一个。

个人主义是文艺复兴时代知识蓬勃发展的另一面，但是这种个人主义比起中古时代的团体精神来，在道德和政治上产生不利的影响。14 世纪和 15 世纪的法国、德国、英国虽也同意大利一样，充满政治欺骗、诡诈和罪行，但没有产生马基雅维利那样的人物，提出君王统治国家的原则。除了一小部分人——以法国的贝亚德骑士和戴法克斯为代表——还保持中古骑士的优良作风外，欧洲其他地方表现出的礼节较意大利粗鲁。法国人如果有机会，也同意大利人一样好于通奸，我们可以看看《叙事诗》（Fabliaux）里所描写的男女乱交的情形。算一算勃艮第的菲利普公爵、法国国王安·索里尔（Agnès Sorel）和狄·普瓦捷（Dianes de Poitiers）的众多情妇，读一读布朗托姆所写的书，便可知其余了。

德国和英国在 14 世纪和 15 世纪时还很穷困，所以道德腐化的情形远不及意大利。当这两国的人民到意大利游历时，对意大利人生活的放纵大为惊骇。1511 年，马丁·路德拜访意大利时，下结论说："假如有地狱的话，那么罗马便是建立在地狱之上。我也听闻罗马人自己这么说。"罗杰·阿谢姆（Roger Ascham）这位在约 1550 年到过意大利的英国学者的耸人听闻之语，更是每个人耳熟能详的：

> 我自己到过意大利一次，感谢上帝，我在那里仅住了 9 天。但是我在那么短暂的时间内，在一个城市，所看到的犯罪情形却远比我在伦敦城 9 年内所听说的还要多。在那里，人们随意犯罪，既不会受到惩罚，也不会有人加以注意，就像在伦敦人们爱穿鞋子或凉鞋，悉听尊便，不会有人干涉一样。

他还引述了一句流行的谚语："一个英国人要是意大利化了，就变成了魔鬼的化身。"

我们对意大利的腐化情形要比对欧洲其他国家有更多的了解，是因为我们对意大利知道得比较多，而且意大利人也不掩饰他们生活的放纵和道德的堕落，他们有时还著书来辩解。马基雅维利曾写过这样的一本书，但仍然认为"意大利是欧洲国家中最腐化的，其次是法国和西班牙"。他赞美德国人和瑞士人还保有许多古罗马人的男性美德。我们也许可以不太自信地下结论说：意大利之所以道德较堕落，是由于其较富有，而政府和法律则较脆弱，同时知识的高度发展也促成了道德的解放。

意大利人为了制止生活的放纵也曾做了一些值得肯定的努力。在这些努力中，收效最微的便是"禁奢条例"。几乎在每一个城市，都禁止服饰过度的华丽，但是男女的虚荣心无视于这些法律的存在。教皇们虽然猛烈抨击各种不道德的行为，有时也难免同流合污。他们想改良教会弊端的企图，皆因教士们的积习已深或既得利益而失败了。他们本身很少像有些过激的历史学家描述的那样邪恶，但他们对重建教皇的政治权力比对恢复教会道德的完整来得热心。圭恰尔迪尼说："在我们这个腐化的时代，一个教皇如果不比其他人邪恶，就算很可敬了。"那个时代有许多伟大的布道家，如锡耶纳的圣伯纳汀诺、里西的罗伯特（Roberto da Lecce）、卡皮斯特拉诺（San Giovanni da Capistrano）和萨沃纳罗拉诸人，皆曾尝试勇敢的改革。他们的讲道和他们的听众是那个时代光辉和引人注意的一面。他们生动而不厌其烦地谴责罪恶，使他们深获人心；他们劝导有宿仇者放弃报仇，彼此和平相处；他们说服政府释放无偿付能力的债务人，并让放逐国外者回国；他们使那些顽冥的犯人再度接受基督教的教化。

即使这些深具影响力的传道家也无法力挽狂澜。宗教信仰衰退了，受人尊敬的权威和法律不复存在，道德失去了作用，人类原始的本能不再受到道德观念的束缚。曾经一度统治君王的教会本身，现在也难以统理或自清了。政治自由在各地相继受到摧毁，削弱了一般人的公民意识，个人无法再参与政治。既然在政治上无法谋求发展，那些拥有财富的人只好转而追求享乐，当敌军侵入时他们仍置身于温柔乡中。城市与城市之间针锋相对，互竞奢华，互使诡计，已有两个世纪之久，所以现在不可能联合一致来对付共同的外敌。传道家如萨沃纳罗拉之流，在呼吁改革皆遭挫败之余，要求上天给予意大利惩罚，并预言罗马城的毁灭和教会的崩溃。法国、西班牙和德国再不愿意交纳贡金来资助教皇国之间的战争和意大利奢华的生活，他们怀着惊愕和羡慕的神情，注视着这一个丧失了意志和权力、却充满美丽和财富的半岛，于是意大利变成了每个国家都想攫取的猎物。

第三章 | **政治的崩溃**
（1494—1534）

法国入侵意大利（1494—1495）

我们回忆一下 1494 年意大利的形势。每个城市国家兴起了中产阶级，这些中产阶级因经营工商业而致富。他们的政府是半民主的，但在家族的纷争和阶级的冲突中却无法维持秩序，使他们失掉了公民自由。这些城市国家的经济在结构上还是地方性的，虽然它们的商船队和货物远至很多地方。它们彼此之间的竞争比与外国竞争来得激烈；它们无法产生一致的行动来阻止法国、德国和西班牙的商业进入曾由意大利人控制的地区。再度发现美洲大陆的是意大利人，但资助这位意大利人的却是西班牙。他带去了贸易，带回了金子。大西洋岸边的国家兴盛起来，地中海不再成为欧洲人经济生活的荟萃之地。葡萄牙人派遣船只绕过非洲远达印度和中国，避免了近东和中东穆斯林的阻碍。甚至德国人也经过莱茵河口进出货物，而不再越过阿尔卑斯山到意大利寻求交易。那些几百年以来都向意大利购买毛织品的国家，现在也开始生产制造了。从前向意大利银行家贷款的国家现在也开始扶持本国的金融家了。教会的什一税，担任教职者献给教皇的第一年收入，教徒们的献金，发售赎罪券的所得，朝圣者的捐献，现在都成为欧洲各国流入意大利的主要财源，但这些财源不久就要减少1/3 了。过去，财富的累积使意大利各个城市在各方面取得辉煌的成就，现在她的经济开始走下坡路了。

意大利在政治上也陷于混乱状态。意大利在政治上和经济上还是四分五裂时，其他欧洲国家由于经济的发展，封建诸侯割据的局面已渐消失，成为君主统治的统一国家。法国在路易十一时成为统一的国家，封建的诸侯成了国王的朝臣，人民成为爱国者。西班牙由于阿拉贡王斐迪南和卡斯蒂尔女王伊莎贝拉的联姻及格拉那达的征服和教会的统一，也成为统一的国家。英国则在亨利七世时成为统一的国家。德国和意大利一样分裂，但德意志诸邦承认一个共同的国王和皇帝，并供给他金钱和军队，对意大利的城市国家作战。法国、英国、西班牙和德国都募集自己的壮丁，建立军队，并以其贵族为军官和统帅。而意大利的各个城市只有那些贪图劫掠的外国雇佣兵所组成的小规模部队，并由那些可被收买的雇佣兵队长统帅，这些雇佣兵作战时不会拼死抵抗。只要一次交战，就可暴露出意大利的无备状态。

现在欧洲半数的宫廷里充满了外交上的阴谋，要来攫取意大利了。法国首先发难，提出了许多借口。米兰公爵吉安加里亚佐·威斯孔蒂在 1387 年把女儿瓦伦蒂娜（Valentina）嫁给奥尔良公爵路易时，作为与皇族联婚的代价，他承认瓦伦蒂娜及其男嗣将来在他自己的直系男嗣断绝以后有权继承米兰的爵位。菲利普·玛利亚·威斯孔蒂在 1447 年死后，这种情形发生了。他的女婿，弗朗西斯科·斯福尔扎由于他妻子比安卡·威斯孔蒂是菲利普女儿，继承了米兰公爵，但是查理——奥尔良公爵——以瓦伦蒂娜儿子的名义要求继承米兰公爵，指称斯福尔扎为篡夺者；并表示如果有机会的话，他一定要占领这个意大利公国。

此外，据法国人说，查理——安茹公爵——1266 年曾从教皇乌尔班四世那里获得那不勒斯王国，作为他协助教皇抵抗霍恩施陶芬家族诸王的报酬。乔安娜二世在 1435 年把这个王国传给安茹的勒内。

阿拉贡的阿方索一世则以乔安娜义子的名义要求权力，并以武力取得了那不勒斯的王位。勒内曾企图重夺回这个王国，但没有成功。他死后，他的权力传给法国国王路易十一。1482 年，教皇西克斯图斯四世和那不勒斯王国不和，请求路易占领这个王国，教皇说："这个王国是属于路易的。"同时，正与意大利几个城市国家组成的联盟苦战不支的威尼斯，极力向路易求援，要他攻击那不勒斯或米兰，最好两个都攻击。路易这时正忙于统一法国，他的儿子查理八世继承了那不勒斯的权力，听从了他宫廷里安茹和那不勒斯流亡分子的话，注意到那不勒斯王国和西西里王国一旦合并，他就能成为西西里王和耶路撒冷王。于是查理想出了（或许是别人告诉他的）一个伟大计划，占领那不勒斯和西西里，进而成为耶路撒冷王，并率领一支十字军攻击土耳其人。1489 年，教皇英诺森八世和那不勒斯不和，要求查理占领这个王国。1494 年，教皇亚历山大六世禁止查理染指意大利，并以逐出教会要挟。但亚历山大的敌人，朱利亚诺·罗维尔红衣主教——后来成为教皇尤利乌斯二世，并兴兵把法国人驱出意大利——来到里昂面见查理，要求他进军意大利并废掉亚历山大。萨沃纳罗拉也提出了请求，希望查理废掉佛罗伦萨的彼罗·美第奇和罗马的亚历山大。许多佛罗伦萨人都响应这位托钵僧的号召。最后，米兰的洛多维科，担心受到那不勒斯的攻击，也向查理提议，如果他进攻那不勒斯的话，法国军队可以毫无阻碍地通过米兰公国的领土。

受到意大利的鼓励，查理准备入侵了。为了避免侧腹受敌，他把阿托瓦（Artois）和弗兰克·考米特（Franche Comté）让给奥地利大公马克西米连，把卢西雍（Roussillon）和塞尔达涅（Cerdagne）让给西班牙国王斐迪南，并付给英国国王亨利七世一笔巨款，使他放弃对布列塔尼的权力。1494 年 3 月，他在里昂聚集了他的大军：1.8 万名骑兵，2.2 万名步兵。他还派了一支舰队，防止热那亚威胁法国的安全。同年 9 月 8 日，法国舰队夺回了一度由那不勒斯军队占领的拉帕洛。在首次交战中，双方死伤无数，使一向习于适度屠杀的意大利大为震惊。在那个月，查理和他的军队越过阿尔卑斯山，驻于阿斯提。米兰的洛多维科和费拉拉的埃尔科莱一起到这里见他，洛多维科还借给他资金。查理的进军计划由于他得了天花而中断。康复以后，他率军队通过米兰进入托斯卡纳。佛罗伦萨在萨尔扎纳和皮特拉桑塔（Pietrasanta）的边防要塞也许曾抵抗他，但彼罗·美第奇亲自跑到这里及比萨和里窝那，要他们放弃抵抗。11月17日，查理连同他半数的军队进入佛罗伦萨。人民称赞这批从未见过的外国人马，虽然对有些士兵的盗窃行为略有怨言，但对他们未从事奸污妇女的行为则感到十分快慰。12月，查理又率军南进，前往罗马了。

我们现在看看法王与教皇亚历山大相会的情形。查理并不苛刻，他仅要求准许法军自由通过拉丁姆平原，拘留教皇的俘虏杰姆（他可以用来作为对抗土耳其人），及要求恺撒·博尔贾随法军前进以便作为人质。亚历山大都同意了，于是法军又向南前进（1495年1月25日）。博尔贾不久就逃脱了，亚历山大得以重新布置他的外交路线。

同年2月22日，查理在未受抵抗中进入那不勒斯，在由4名那不勒斯贵族扛着的金色的华盖之下，受到群众热烈的欢呼。他为了表示感谢，降低人民的纳税，并赦免那些反对他莅临的人。应那些统治贵族的要求，他准许奴隶制度的存在。踌躇满志之余，他开始纵情于游乐。他写信给波旁公爵（Duke of Bourbon）彼得二世，热情地描述他居住的庭园之美，除了只缺夏娃以外如同身在人间乐园。他惊叹城里建筑、雕刻和绘画的美丽，并计划挑选一些意大利艺术家随他回到法国，同时他派了一只船把许多艺术品运回法国。那不勒斯使他太着迷，他甚至忘了耶路撒冷和十字军。

他盘桓在那不勒斯之际，他的军队则流连于街上的妓院，感染或传播"法国病"，麻烦的事情还在后头。那不勒斯的贵族们帮着驱逐了他们的国王，不但没有功，许多人甚至被剥夺了地产，或者还给以前的主人，或者为查理手下的仆从还债。所有政府的职位都给予法国人，那不勒斯人只有靠着贿赂才能获得一个职位，而贿款则大大地超过以往的数额。更使那不勒斯人愤怒的是法军对意大利人的轻视。不出几个月，法国人不再受到欢迎，并激起了那不勒斯人的仇恨。他们竭力忍耐着，准备时机一旦成熟，就起而驱走这批入侵者。

1495年3月31日，坚忍的亚历山大、后悔的洛多维科、愤怒的斐迪南、妒忌的马克西米连、谨慎的威尼斯参议院，共同组织了一个联盟来防卫意大利。法王查理在那不勒斯一方面耀武扬威，一方面耽于享乐，一个月后才了解到这个新联盟正在聚集一支军队反对他。5月21日，他把那不勒斯交给他的堂兄弟蒙庞西耶（Montpensier）伯爵治理，率领他半数的军队北上。在帕尔马境内塔罗（the Taro）河旁的法诺沃，他的1万军队被由曼图亚侯爵弗朗西斯科·贡萨加所率领的4万联军挡住了归路。1495年7月5日，法国和意大利武器与战术的对抗受到了第一次真正的考验。贡萨加虽然奋勇作战，但由于军队管理不当，只有半数加入战斗。意大利士兵在心理上没有准备好与那些没有退路的军队作战，他们之中有许多逃亡了。法军方面，一位20岁的青年贝亚德骑士，身先士卒的无畏精神鼓舞了他的士兵，而法王本身也奋勇作战。这场战斗胜负未决，但是双方都宣称胜利。法军失掉了他们的轻重车队，但控制了局势。在夜里，他们未受阻碍地行军到了阿斯提，奥尔良公爵路易带着援军在那里等着他们。10月，查理虽然声誉受损，却安全地回到了法国。

这一次进军并没有使法国领土发生多大的变化。贡萨洛·科尔多巴，这位"伟大的统帅"把法军驱出了那不勒斯和卡拉里亚，并以费德里科三世的名义重建阿拉贡王朝（1496年）。但这次入侵的间接影响是深远的。它证明了本国人所组成的军队要优于雇来的佣兵部队。瑞士雇佣兵则是例外，他们用18尺长的矛组成坚强的阵势使骑兵对之无可奈何，因此他们常打胜仗。但这种优势不久也由于炮兵的发展而告结束了。在这次战争中，大炮可能第一次装在炮车上，使它们随时可以变动方向、调整射程，这些炮车是用马而非用牛拉的。据圭恰尔迪尼说，法国人还带了一些意大利人从未见过的枪炮。法国的骑士，傅华萨（Froissart）笔下的英雄后裔，在法诺沃战役中表现得非常勇猛，但这些骑士不久也敌不过大炮了。在中古时代，防御术重于攻击术，这一定程度上减少了战争的发生，现在攻击优于防御，战争变得更残忍，死伤人数更多。在此之前，意大利境内的战争很少波及人民，遭殃的是他们的田地而非他们的生命，自此以后他们将看到整个意大利饱受战争的破坏，死伤者横尸遍野，血流成渠。瑞士人经过这次战争才知道伦巴底平原有多么的富庶，他们以后将一再侵入此地了。法国人也知道四分五裂的意大利正等待着一位征服者的到来。查理八世现在纵情于声色，再也不想那不勒斯了，但是他的堂兄弟和继承者是一位更坚强的人物。路易十二不久再度尝试进军意大利了。

战争的再起（1496—1505）

马克西米连，这位"罗马人的国王"制造了一个插曲。他想到他的强敌法国如果占领了意大利，就会变得更加强盛，并形成对他的合围，这使他感到恼怒；他也听说意大利是多么富庶、美丽而脆弱，但只是一个半岛，尚未成为一个统一的国家。他对意大利也有一些权力，严格来讲，伦巴底的一些城市还是帝国的领地，而他是神圣罗马帝国的皇帝，自然有权处置这些土地。诚然，洛多维科不是用重金及另一个比安卡贿赂他，同意给他米兰公国吗？此外，许多意大利人也在邀请他，洛多维科和威尼斯都呼吁他进入意大利，协助他们抵抗法国可能的再度攻击。马克西米连带着军队来了，威尼斯人巧妙地说服他进攻里窝那，那是佛罗伦萨位于地中海边的最后一个出口，借以削弱这个常和威尼斯竞争并仍和法国联盟的国家。马克西米连的军事行动由于缺乏足够的协调和支援而告失败了。1496 年 12 月，他回到德国，变得更加乖张。

1498 年，奥尔良公爵登基为路易十二。作为瓦伦蒂娜的孙子，他并没有忘却他的家族对米兰的权力；作为查理八世的堂兄弟，他继承了安茹家族对那不勒斯的权力。在他登基的那天，他继承了米兰公爵、那不勒斯及西西里国王、耶路撒冷皇帝等头衔。为了不受牵制，他与英国重订了一份和约，并与西班牙也订了一份和约。他已同意把克雷莫纳和亚达（the Adda）河以东之地给予威尼斯，诱使其与法国结盟。一个月后（1499年3月），他和瑞士诸郡签订了一份协定，由瑞士供给他必要的士兵，他则付给一年2万弗罗林的酬金。5月，他以一位具有皇族血统的新娘嫁给恺撒·博尔贾及保证协助其恢复教皇诸国，而取得了教皇亚历山大六世的同盟。洛多维科感到无法对抗这样一个联盟，逃到了奥地利，在21天中，他的公国成了威尼斯和法国的领土。1499年10月6日，路易以一个胜利者的姿态进入米兰，受到那不勒斯以外几乎整个意大利的欢迎。

现在整个意大利除了威尼斯和那不勒斯外，都处于法国的控制或影响之下。曼图亚、费拉拉和博洛尼亚很快屈服。佛罗伦萨固守与法国的同盟，作为其对抗恺撒·博尔贾的唯一工具。西班牙的斐迪南，虽然与那不勒斯的阿拉贡王朝有着密切的血缘关系，却于1500年11月11日和格拉那达与路易的代表签订了一份秘密协定，准备共同征服教皇诸国以南的全部意大利。亚历山大六世需要法国的援助来恢复这些教皇诸国，发布了一道敕书废除了那不勒斯的费德里科三世，并同意由法国和西班牙瓜分这个王国。

1501年7月，一支法国军队在斯图尔特·奥比尼（Scot Stuart d'Aubigny）、恺撒·博尔贾及洛多维科的叛臣西维里诺（Francesco di San Severino）三人率领下，穿过意大利南进，占领了卡普阿并加以劫掠，然后又开往那不勒斯。费德里科被所有人背弃，只好弃地求和，由法国提供给他一个舒适的居所（在法国境内）和一笔养老金。同时，贡萨洛·科尔多巴为斐迪南和伊莎贝拉取得了加拉布里亚和亚帕兰；费德里科的儿子费兰特，在贡萨洛允许给予自由后交出了塔兰托港，并在斐迪南的要求下被送到西班牙当俘虏。当西班牙军队和法国军队在亚帕兰和阿布鲁齐的边界接触时，双方为边界线发生了争端。让亚历山大感到快慰的是，西班牙和法国竟为了分赃不均而争打起来（1502 年 7 月）。这位教皇对威尼斯的大使说："如果不是上帝使法国和西班牙不和，那我们还有立足的地方吗？"

法国军队一度控制了这场新战争。奥比尼的部队几乎占领了整个南部的意大利，贡萨洛的军队只能固守巴列塔（Barletta）镇。在这场沉闷的战争中，发生了一件令人愉快的事（1503 年 2 月 13 日）。一位法国军官批评意大利人是优柔怯懦的民族，激怒了西班牙军队中的一位意大利团长，他提出了挑战：由 13 个法国兵和 13 个意大利兵相斗。双方同意了，于是战争暂时中断。当这 26 个人互斗时，敌对的两军将士则站在旁边观战，最后 13 个法国兵都受伤倒地，成了俘虏。贡萨洛具有西班牙骑士的豪迈，从自己口袋掏出钱把这些法国兵赎回，并把他们送回他们的军队。

这次事件恢复了这位伟大统帅手下部队的士气，他们从巴列塔出击，击溃了法军，在西里诺拉（Cerignola）再度击败他们。1503 年 5 月 16 日，贡萨洛所率的军队未遭抵抗就进入那不勒斯，并受到人民的欢呼，这些人总是讨好胜利者。路易十二派了另一支军队攻击贡萨洛。后者和这支法军在西里诺拉河岸边相遇，并击溃了它（1503 年 12 月 29 日）。在这次溃败中，彼罗·美第奇和法军一同逃亡，结果溺死。贡萨洛现在包围了加埃塔，这是法国军队在南意大利的最后一个据点。他提出了宽厚的条件，法军不久就接受了（1504 年 1 月 1 日）。他在法军解除武装后忠实地遵守这些条件——不同于以往许多违反的先例——使法军称呼他为"仁慈的统帅"。根据《布洛瓦条约》（Treaty of Blois），路易把他对那不勒斯的权力让给他的亲戚杰曼妮·弗瓦（Germaine de Foix）而挽回了一些面子。不久，杰曼妮·弗瓦就嫁给丧偶的斐迪南，而以那不勒斯做她的嫁妆。这位永不知足的西班牙国王从此成为那不勒斯和西西里国王。一直到 1707 年，那不勒斯王国一直是西班牙的领地之一。

坎布雷同盟（1508—1516）

意大利现在有一半属于外国了：意大利南部是西班牙的领地；西北部，从热那亚经米兰到克雷莫纳近郊，是法国的势力范围，几个小公国接受法国的影响，只有威尼斯和教皇国比较独立，他们为了抢夺罗马纳的城市时有争战。威尼斯渴望增加大陆市场和资源，来弥补那些失给土耳其人或受到大西洋航线威胁的市场。威尼斯利用亚历山大的逝世和恺撒·博尔贾的生病，占领了法恩扎、拉韦纳及里米尼。尤利乌斯二世提议夺回这些地方。1504 年，他说服路易和马克西米连，终止他们之间的争端，和他共同攻击威尼斯，并瓜分威尼斯在大陆的领土。马克西米连虽然愿意，可是财政空虚，结果这一计划落空了。尤利乌斯只好继续努力。

1508 年 12 月 10 日，一个对付威尼斯的大阴谋在坎布雷酝酿成功了。马克西米连皇帝加入这项阴谋，由于威尼斯从帝国夺去了戈里扎、特里雅斯特、波登和阜姆，由于威尼斯忽视帝国在维洛纳和帕多瓦的权力，并由于威尼斯拒绝他及他的卫队自由通过威尼斯前往罗马参加教皇加冕礼，而这正是他渴望的。路易十二之所以加入，是因为法国与威尼斯为了瓜分意大利北部的问题发生了争端。西班牙的斐迪南之所以加入，是因为威尼斯坚持保留布林底希、奥特兰托及其他的阿普利亚港口，这些港口几个世纪以来原是那不勒斯王国的一部分，而被威尼斯于 1495 年那不勒斯危难期间占领。尤利乌斯之所以加入（1509 年），是因为威尼斯不仅拒绝从罗马涅撤退，而且毫不掩饰其要获得费拉拉的野心——费拉拉是公认的教皇领地。欧洲列强现在计划把威尼斯在大陆的所有领地都占领：西班牙将收复亚得里亚海岸的所有城市；教皇将重获罗马涅；马克西米连将获得帕多瓦、维琴察、特雷维索、弗留里和维罗纳；路易将获得贝加莫、布雷西亚、克雷马、克雷莫纳及亚达河流域。如果这个计划成功，意大利就不复存在了：法国和德国的领域将延伸到波河；西班牙则上达台伯河；教皇诸国则陷入重重包围之中而孤立无援了；威尼斯作为抵抗土耳其人的堡垒就要被摧毁了。在这次的危机中，没有一个意大利邦国给予威尼斯援助，她的贪婪使意大利每个邦国感到愤怒；费拉拉怀疑威尼斯的意图，加入了坎布雷同盟。那位高贵的贡萨洛，被斐迪南强令退休，提议为威尼斯服务，愿意充当军事统帅。但是威尼斯的参议院不敢接受，因为生存的唯一希望在于分化坎布雷同盟而非军事行动。

威尼斯现在之所以值得同情，是因为她要单独对抗那些强大的敌人，那里的人民不分贫富贵贱，必须不屈不挠地艰苦作战，付出惨重代价才能获得胜利。威尼斯参议院提议把法恩扎和里米尼归还给教皇，但愤怒的尤利乌斯回之以破门律，并且在法军进逼迫使威尼斯把军队集中于伦巴底时，派他的军队夺回罗马涅的一些城市。在阿那第洛（Agnadello）这一场文艺复兴时期最惨烈的战斗中，法军击败了威尼斯（1509 年 5 月 14 日）。那一天共有 6000 人死在战场上。绝望的威尼斯领主团把其余的军队调回威尼斯，让法军占领整个伦巴底，并从亚帕兰和罗马纳撤出，及坦告维罗纳、维琴察和帕多瓦，威尼斯不能再防卫她们，她们要投降、要抵抗可任由她们自己选择。马克西米连率那几个地方所见过的最大军队——约 3.6 万人——而来，并包围了帕多瓦。附近的农民尽可能地给他的士兵制造麻烦。帕多瓦人英勇作战，证明他们在威尼斯统治下拥有一个良好的政府。马克西米连感到军费短缺，厌恶地离开前往蒂洛尔；尤利乌斯也突然地命令他的军队撤回包围；帕多瓦和维琴察自愿地回到威尼斯的控制之下。路易十二因为已获得了战利品，也就解散了他的军队。

尤利乌斯这时领悟到同盟的全面胜利意味着教皇的失败，因为这样一来将使教皇受制于那几个强国，而这几个国家中已开始酝酿宗教改革。威尼斯再度提议归还所有他能要求的地方时，他虽发誓决不同意，却同意了（1510 年）。在收回了他认为是教会的财产后，他的愤怒转向了法国人，他们现在由于控制了伦巴底和托斯卡纳而成为教皇诸国的讨厌的邻居。在米兰多拉，他发誓在把法国人驱出意大利以前绝不刮脸，所以长了一脸在拉斐尔所画的他的画像里可看到的漂亮胡子。他现在向意大利提出了为时已晚的动人口号"把异族驱出意大利！"1511 年 10 月，他和威尼斯及西班牙组成了"神圣联合同盟"，不久他又促使瑞士和英国加入这个同盟。1512 年 1 月底，威尼斯在当地居民的合作下，夺回了布雷西亚和贝尔加莫。法国为了防止英国和西班牙可能的攻击，只好把大部分军队留在国内按兵不动。

还留在意大利境内的那支法国军队，是由一位勇猛而有威严的22 岁青年戴法克斯率领。他反感原地待命，便率领这支法军首先解救了被包围的博洛尼亚，然后在以梭拉击败了威尼斯人，夺回了布雷西亚，最后在拉韦纳赢得了一次辉煌但牺牲惨重的胜利（1512 年 4月 11 日）。约 2 万人横尸战场，戴法克斯本人也受了重伤。

尤利乌斯于是利用谈判来弥补他在战场中的损失。他说服马克西米连和威尼斯签订了一份停战协定，加入同盟对抗法国，并召回法国军队中的 4000 个德国士兵。在他的鼓励下，一支 2 万人的瑞士军队进入伦巴底。法国军队由于胜利引起的伤亡及 4000 个德国士兵的撤出，兵力大减，敌不住集结的瑞士、威尼斯和西班牙的军队，节节败退，最后撤退到阿尔卑斯山附近，只留下一些薄弱的警备部队在布雷西亚、克雷莫纳、米兰和热那亚。教皇外交上的努力，使"神圣联合同盟"在拉韦纳战役之后的两个月中反败为胜，把法国人驱逐出了意大利，而尤利乌斯也因此被欢呼为意大利的解放者。

在 1512 年 8 月举行的曼图亚会议上，那些胜利者开始分赃。由于尤利乌斯的坚持，米兰分给了洛多维科的儿子玛·斯福尔扎，瑞士获得卢卡诺及拉戈·马焦雷统治下的领土，佛罗伦萨则还给美第奇家族，教皇重获博尔贾家族建立的教皇诸国，并获得帕尔马、皮亚琴察、摩德纳及雷焦，现在只有费拉拉不受教皇控制了。但尤利乌斯遗留给他的继承者许多问题。他并没有真正驱出外国人：瑞士人据有米兰，借以保护斯福尔扎；马克西米连要求维琴察和维罗纳作为他的报酬；斐迪南，他们之中最狡诈的谈判者，巩固了西班牙在意大利南部的权力。只有法国的势力似乎从意大利根绝了。路易十二派遣了另一支军队攻占米兰，被瑞士人在诺瓦拉打败，并损失了 8000 人（1513年 6 月 6 日）。路易逝世时（1515 年），法国在意大利的势力范围只剩下热那亚一个脆弱的据点。

弗兰茨一世企图恢复这些势力范围。此外（布朗托姆告诉我们），他听说米兰的西尼奥拉·克勒里斯（Signora Clerice）夫人是意大利最美丽的女人，于是极欲得到她。1515 年 8 月，他亲率了一支 4 万人的军队——这些战役中所见过的最大一支军队——再度越过阿尔卑斯山。瑞士人出来应战，在离开米兰只有几里的玛利那诺，双方激战了两天（1515 年 9 月 13 日和 14 日）。弗兰茨自己作战非常勇猛，有如查理曼大帝手下的勇将罗兰一样，并被当场封为"贝亚德骑士"。瑞士人一共战死了 1.3 万人，他们和玛·斯福尔扎放弃了米兰。于是，这个城市又成为法国的掳获品。

利奥十世的顾问们在犹豫不决中向马基雅维利请教。他劝告不要在法王和奥皇之间保持中立，因为不论谁胜，教皇都会被认为有偏袒对方的嫌疑。他还建议两恶相权取其轻，不如与法国和好。利奥照做了。1515 年 12 月 11 日，弗兰茨和教皇相会于博洛尼亚，安排协议条件。瑞士人也和法国签订了一份类似的和约。西班牙人退回那不勒斯，奥皇再度受挫，把维罗纳让给威尼斯。坎布雷同盟所兴起的几次战争就此结束了（1516 年），最后的情况基本上还是与从前一样，除了意大利成为欧洲列强角逐争霸的战场以外，什么也没解决。教皇把帕尔马和皮亚琴察让给法国；威尼斯重获在意大利北部的诸领地，财政却因而空虚；意大利饱受战争的破坏，她的文学和艺术，或由于这些悲剧事件的刺激，或由于不间断的支持，仍然继续兴盛和发展。最坏的事情还在后头呢。

利奥与欧洲（1513—1521）

在博洛尼亚举行的会议上，教皇利用他个人的威望和外交手腕对付法王的侮慢与权力。那位英俊而年轻的法王，一幅华贵的气派，披着饰有金色穗带的大衣，穿着黑貂皮做的皮衣，戴着羽饰，后面跟着军队，耀武扬威而来，急切地要把整个意大利吞下，把教皇仅仅当作一名警卫看待。利奥用以对付法王的只有教皇职位的尊严和美第奇家族的狡诈。如果说利奥此后在法王与神圣罗马皇帝之间挑拨离间、翻云覆雨，一会儿站在法王这边，一会儿站在奥皇那边，并同时和两方签订攻击对方的条约的话，我们也不能太责怪他。他没有其他的武器可以运用，又要保护教会的遗产，而他的对手也玩弄这些手段，并有军队和大炮。

这次会议达成的秘密协定到今天仍是一个秘密。很显然，弗兰茨曾尝试劝使利奥和他订立一个同盟来对付西班牙，利奥要求给他点时间考虑一下——这是外交上暗示拒绝的方式，因为这样做将违反教会长期以来的政策，他希望教皇国的南边和北边只置于一个外国势力之下。1516 年教皇与法王订立的条约中一个确定的结果就是废除《布尔日诏典》。这份诏书（1438 年）规定，"教会大会议"的权力高于教皇的权力，并给予法王任命法国境内所有主要教职人员的权力。弗兰茨同意废掉这份诏书，但主张法王仍有提名的权力，利奥同意了。这似乎是教皇的失败，此举不过是接受了法国长期以来的一个习惯而已，而且他这样做一个意想不到的结果就是使法国教会与国家合一，法王再没有财政上的理由来支持新教改革运动。同时他也结束了法国与教皇之间长期以来关于大会议与教皇之间权力的争执。

会议结束时，法国的领袖们要求利奥赦免他们兴兵对抗他的前任者之罪。弗兰茨说："圣父啊，你不要惊怪我们与尤利乌斯二世为敌，因为他常是我们最大的敌人，在我们一生之中从没有遇见一位比他更可怕的敌人。事实上他实在是一位最卓越的统帅，他当将军一定要比当教皇表现得出色。"利奥赦免了这些刚强的忏悔者，并给他们祝祷，最后这批人几乎吻着他的脚离开。

弗兰茨带着光荣回到了法国，此后一度耽于女色和宴饮中。斐迪南二世逝世时（1516 年），他又计划占领那不勒斯。他和斐迪南的孙子查理一世，这位阿拉贡、卡斯蒂尔、那不勒斯和西西里的新王，签订了一项和约。马克西米连逝世（1519 年）、他的孙子查理被提名继任为神圣罗马帝国皇帝时，弗兰茨却认为他要比这位 19 岁的西班牙国王更适合当皇帝，于是积极竞选。利奥再度处于危险的境地。他也许偏向支持弗兰茨，因为他看出如果那不勒斯、西班牙、德国、奥地利及尼德兰都归于一个人统治的话，这位统治者拥有的人口、土地和财富，将摧毁教皇国迄今赖以生存的权力平衡。然而，如果查理在教皇的反对下当选了，那么在正需要他的援助来压制新教革命的时候，将失欢于这位新皇帝。利奥犹豫太久，不能发挥他的影响力，查理一世当选皇帝，成为查理五世。为了谋得权力平衡，教皇提议与弗兰茨成立同盟。轮到法王犹豫时，利奥突然和查理签订了一项协定（1521 年 5 月 8 日）。这位年轻的皇帝几乎给了教皇所需要的任何东西：归还帕尔马和皮亚琴察，援助对抗费拉拉和路德，协助斯福尔扎家族重获米兰，及保护教皇国和佛罗伦萨不受任何攻击。

1521 年 9 月，双方重启战端。这位新皇帝说："我的表兄弟弗兰茨和我所好类同，他要米兰，我也要米兰。"法国派到意大利的军队由洛特雷克子爵（Vicomte de Lautrec）率领，弗兰茨所以任命他是由于他妹妹的请求，而他妹妹现正是国王的情妇。法王的母亲萨伏依的路易丝不喜欢这项任命，秘密地把弗兰茨供给洛特雷克军队的钱移作他用，因此这支军队里的瑞士人因拿不到饷都逃亡了。当强大的教皇与帝国联军——在佩斯卡拉侯爵普罗斯佩罗·科隆纳及历史学家圭恰尔迪尼的卓越领导下——进逼米兰时，支持帝国的保皇党人煽动饱受重税压迫的人民掀起了一次成功的叛变。洛特雷克从米兰撤退到威尼斯，查理和利奥的军队几乎兵不血刃地占领了米兰。洛多维科的另一个儿子斯福尔扎成了米兰公爵，同时作为皇帝的一位臣属，而利奥可以含笑而终了（1521 年 12 月 1 日）。

阿德里安六世（1522—1523）

利奥的继任者是文艺复兴时代罗马的一个异数，一位不计任何代价决心表现基督精神的教皇，这就是阿德里安·德代尔（Adrian Dedel）。他出生于乌德勒支一个卑微的家庭（1459 年），长大以后在德芬特尔（Deventer）的"共生兄弟会"（Brothers of the Common Life）接受基督教信仰和教育，以后又在卢汶大学（Louvain）研究经院哲学和神学。他 34 岁时就被任命为那个大学的校长。47 岁时，他担任后来成为神圣罗马帝国皇帝的查理五世的家庭教师。1515 年，他奉派到西班牙，斐迪南佩服他的行政才干和正直品德，使他成为托尔托萨的主教。斐迪南死后，阿德里安协助红衣主教希梅内斯（Ximenes）在查理不在时治理西班牙。1520 年，他成为卡斯蒂尔的摄政。在这种步步高升之中，他仍然在各方面表现得很谦逊，过着简朴的生活，对异教徒循循善诱，因此深受人民的敬爱。他的名声传到了罗马，利奥任命他为红衣主教。在利奥死后的"教皇选举会"中，他的名字列入了候选人名单中。很显然他自己并不知道，这也许是由于查理五世的影响的缘故。1522 年 1 月 2 日，自 1378 年以来第一位非意大利人、自 1161 年以来第一位条顿族人，阿德里安被选为教皇。

几乎没有听说过阿德里安的罗马人怎么能够接受这样一种侮辱？罗马市民指责那些参与选举的红衣主教发疯了，"出卖了基督的宝血"。有些人散布小册子，要求知道为什么梵蒂冈"屈服在德国的淫威之下"。阿雷蒂诺写了一篇堪称杰作的辱骂文章，称那些红衣主教为"污秽的贱民"，并祈求他们被活埋。帕斯奎诺雕像上被写满了讥讽嘲骂的文字。红衣主教们都惧怕而不敢公开露面，他们把这次选举归咎于圣灵，他们说这是圣灵叫他们这样做的。许多红衣主教离开了罗马，唯恐成为人们侮辱和攻击的对象。至于阿德里安，他静静地处理完毕他在西班牙没有完成的事情，并通知教廷他要在 8 月以后才能抵达罗马。他不知道梵蒂冈的华丽，写信给罗马的一位朋友，要他帮自己在罗马租一间朴素的房子和花园以便居住。当他到达罗马时（他以前从未见过这个城市），他那苍白的苦行者脸孔和枯瘦如柴的身体使那些观者不由得肃然起敬；但是当他说话时，似乎他不懂意大利文，而说拉丁文，并带着粗哑的声调，比起意大利语的优美动听实在相差太远了，于是整个罗马感到极大的愤怒和失望。

阿德里安觉得他自己在梵蒂冈像一个囚犯，并宣称这个地方适合做君士坦丁大帝继任者的皇宫，而不适合做圣彼得继任者的居所。他停止了梵蒂冈各厅室的装饰工作，那些跟随拉斐尔一直在那里工作的人全被解雇了。利奥雇用来照料他马房的数百名马夫，他也加以遣散，只留下四个；他把他个人的仆役减少到两人——两个都是荷兰人——并要求他们把日常费用减至一天一个金币。他惊骇于罗马人在性关系、谈话和写作方面的放浪形骸，并同意洛伦佐和路德认为这个基督教的都城是个罪恶的深渊的看法。他并不关切那些红衣主教展示给他看的古代艺术品，他指责那些雕像是偶像崇拜的遗物，并把收藏欧洲第一流雕刻精品的布尔瓦德尔宫封闭起来。他也想把那些人文学者和诗人禁锢起来，在他看来，这些人的生活和写作就像背弃基督的异教徒一样。当弗朗西斯科·贝尔尼讥讽他是一位荷兰的蛮族而不能领略意大利的艺术、文学和生活的精美时，阿德里安威胁说要把所有的讽刺家投入台伯河。

阿德里安在其教皇任内热切推动的工作是使腐化的教会返璞归真，由利奥时代恢复到基督时代的虔敬和圣洁。他对教会的各种弊端加以大刀阔斧地改革。他裁抑不必要的教职，有时几近不通人情、不分青红皂白。他取消了利奥签订的付给那些购买圣职者年金的契约，因此那些购买圣职作为一种投资的 2550 人可以说失掉了他们的本金和利息。罗马城充满了这些人的哀号之声，有一个受害者甚至曾企图暗杀教皇。那些来向阿德里安谋闲差事的亲戚都被他劝回去另谋一种正当职业。他制止了买卖圣职和援引亲戚，痛骂教廷的腐败，严惩收受贿赂或侵吞公款者，对犯罪的红衣主教也给予与低级教士同样的处罚。他要求主教和红衣主教回到他们的教区，向教民们解说道德的教训，他期待每个教徒都成为道德高尚的人。他告诉他们，罗马教廷的恶劣名声已成为欧洲谈论的话柄。他不追究红衣主教们本身的罪恶，却要他们不再容许他们宫里的罪恶滋生而不受惩处。他要求他们不再过奢侈的生活，并满足于一年 6000 杜卡特的最高收入。一位威尼斯的大使写道："所有罗马的教会人士恐怖异常，看着教皇在八天的时间内雷厉风行地进行各种改革。"

但是，不论这八天，或者阿德里安担任教皇的短暂 13 个月，都是不够的。罪恶暂时销声匿迹了，不久又出现。各种改革使千余名教廷官员恼怒，暗中予以抵制，有的则希望他早死。教皇哀叹一个人的力量在这种改革中是多么有限，他常常说："一个人效率的高低是看他工作时的年龄而定！"——他感慨地告诉他的旧友希兹（Heeze）道："迪特里希，当我们静静地生活在卢汶时，日子过得多么惬意！"

在这些内部的困难中，阿德里安还是尽力地处理那些外交上的危机。他使弗朗西斯科·罗维尔重新统治乌尔比诺，并使阿方索在费拉拉的地位不受动摇。那些被逐的独裁者利用爱好和平的教皇，再度夺回佩鲁贾、里米尼及其他教皇国的政权。阿德里安呼吁查理五世和弗兰茨缔结和约，或者至少接受一个停战协定，共同对付正准备进攻罗得斯岛的土耳其人。查理却和英国的亨利八世签订了一份《温莎条约》，双方保证协同攻击法国。12 月 21 日，土耳其人占领了罗得斯岛，这是基督教在东地中海的最后一个据点，因此谣传他们正计划在阿普利亚登陆，进而征服混乱的意大利。当罗马俘获了土耳其的间谍时，大家的恐惧到了极点。这使人回想起公元前 216 年，迦太基大将汉尼拔在坎尼城尽歼罗马人后，罗马城恐惧被侵的情况。为了壮阿德里安的胆，他的首席教廷大臣和心腹，及他欧洲和平谈判的主要助手弗朗西斯科·索德里尼红衣主教和弗兰茨密谋由法国人进攻西西里。当阿德里安发现这项阴谋并知道弗兰茨正在意大利边界集结军队时，他放弃了中立并与查理五世结成同盟。然而，由于心力交瘁，他病倒了，并在 1523 年 9 月 14 日逝世。他留下遗嘱要把他的财产捐给穷人，他的最后一道训谕是他的葬礼要宁静而简单。

罗马城人喜闻他的死讯，比这个城市被免于受土耳其人占领更为高兴。有些人相信他是为了艺术的缘故，被人下毒药毒死的。一位诙谐者在教皇的医生门上挂了一个题词"意大利之父"——借以表达"罗马的参议院和人民对祖国的解放者"的感谢。这位已死的教皇受到不少讽刺文章的攻讦，他被指责为贪婪、酗酒、罪恶至极，他一生中的每一个行为在人们的恶意攻击和嘲笑中也都变成了恶行。阿德里安生在文艺复兴时代而不能了解那个时代，是一件可惜的事，但是文艺复兴时代竟不能容忍一位想表现基督精神的教皇，实在是一项更大的罪恶和愚行。

克莱门特七世：第一个阶段

1523 年 10 月 1 日举行的教皇选举会中，关于阿德里安的继任人选争执了 7 个星期之久，最后才选出一位大家都认为可能最适当的人选。美第奇家族的朱利奥·美第奇成为新的教皇克莱门特七世。朱利奥是那位和蔼可亲、死于帕兹阴谋中的朱利亚诺·美第奇和他的情妇弗奥利塔（Fioretta）所生的儿子。美第奇家族的洛伦佐把这个男孩带到他家里，和他的儿子一起养大，他的儿子中有一个后来成为教皇利奥十世。利奥免除了朱利奥私生子身份在教规上的障碍，任命他为佛罗伦萨的总主教，然后是红衣主教，然后是罗马的行政长官，及自己担任教皇期间的首席教廷大臣。克莱门特现在 45 岁，高大、英俊、富有、博学，温文有礼，品德高尚，喜爱并提倡文学、学识、音乐与艺术。罗马人对他当选为教皇欢欣雀跃，认为是利奥黄金时代的重返。

本博预言克莱门特七世将成为教会历来最卓越和最聪慧的统治者。

他开始就表现得不同凡响。他把他所有的圣俸分配给那些红衣主教，只留下一年6万杜卡特的收入。他罗致文人学者参与教会工作，并资助他们，从而赢得他们的忠心支持和拥护。他处事公平合理，随时接受觐见，施行善事虽不如利奥慷慨，却更为得体。他对每一个人都客气有礼，使他深受每个人的敬爱。从没有一个教皇开始的时候表现得如此优良，而结局却像他那样悲惨的。

对于克莱门特来讲，要在弗兰茨和查理两人至死方休的争战中，采取一种妥善应付的方法，尤其是当土耳其人正在匈牙利攻城略地，及全欧有1/3的地方起来反叛教会之际，这项工作就如对利奥一样，证明是超出他的能力所能负担的。他那幅担任教皇初期由皮翁博所画的庄严画像是骗人的。他从未在他的行动中表现出画像所描绘的那种坚决的果断力，即使在那幅画像中，他那乏力的眼皮低垂、眼神忧郁，显示出一幅衰弱劳累的样子。克莱门特在做决策时显得优柔寡断，他考虑太多，并误以思考代替行动，而非以思考指导行动。他可以找出100个理由来做一个决定，也可以找出100个理由来推翻它，仿佛是布里丹的驴子坐在教皇的宝座上。贝尔尼在预言后代给予克莱门特的评论的讽刺文章里讥讽他道：

> 他是一位受人尊敬，
> 与人辩论，充满考虑，热心助人的教皇。
> 他说话的时候常常有：
> 此外、那么、但是、是的、好吧、或者
> 也许，及诸如此类前后不一致的语句……
> 他彻头彻尾是个没主见的中立人物……
> 坦白说，你将活着看到
> 教皇阿德里安是个贤明的人物。

他的两个主要顾问中的一个是倾向法国的吉贝尔蒂，一个是倾向神圣罗马帝国的西翁柏（Nikolaus von Schönberg）。他的思想被这两个人左右来、左右去，当他最后决定倾向法国时——仅仅在法国于帕维亚惨败前的数星期，却为他自己和他的城市招来了查理的诡计和军队，及一支半新教徒的军队对罗马的攻击。

克莱门特说担心皇帝的力量控制了伦巴底和那不勒斯；而且，他希望借着与弗兰茨站在同一边、获得法国的支持来否定查理想使大会议裁决教会事务的可怕想法。当弗兰茨率着一支由法国人、意大利人、瑞士人和德国人组成的 2.6 万人新军越过阿尔卑斯山、占领米兰、包围帕维亚时，克莱门特虽然向查理保证忠诚和友谊，却秘密地和弗兰茨结盟（1524 年 12 月 12 日），并使佛罗伦萨和威尼斯加入这个同盟，不太情愿地准许胜利的弗兰茨在教皇领地征集军队和派遣一支军队通过教皇的领土攻击那不勒斯。查理绝不能饶恕这项欺骗。他发誓道："我要到意大利去，向那些伤害我的人，尤其是那位怯懦的教皇报仇。也许有一天，马丁·路德将成为举足轻重的人物。"那时，有些人认为路德将被推为教皇，皇帝左右的一些人还劝他非难克莱门特的当选，因为他是一位私生子。

查理派了一支德国军队，由弗伦茨贝格（Georg von Frundsberg）和佩斯卡拉的侯爵率领，攻击包围帕维亚的法军。拙劣的战术使法国的炮兵不能发挥作用，而西班牙兵的手铳枪使持长矛的瑞士兵大大吃亏。法国军队几乎全被歼灭（1525 年 2 月 24—25 日）。弗兰茨表现很英勇：他的部队撤退时，他冲进敌军的行列奋勇厮杀，他的坐骑被杀死了，但是他还是继续作战。最后，筋疲力尽，他不能再抵抗，随着他的几位将领一起被俘。在胜利者的一个帐篷中，他写信给他的母亲，下面这段话常被引述："除了荣誉之外，一切都已付诸东流——而我的发肤，仍安然无恙。"查理那时在西班牙，命令把囚犯送到马德里附近的一个城堡。

米兰又回到皇帝的统治之下。整个意大利现都在查理的掌握中了，一个国家接一个国家争相献贿以求得准许继续存在。克莱门特害怕皇帝军队的侵入和佛罗伦萨掀起反抗美第奇家族的革命，便放弃了他和法国的同盟，并和查理派在那不勒斯的总督拉努瓦（Charles de Lannoy）签订了一项条约（1525 年 4 月 1 日），保证教皇与皇帝的互助，皇帝将保护佛罗伦萨的美第奇家族并接受弗·斯福尔扎为皇帝在米兰的代理人；教皇将付给查理 10 万杜卡特，作为偿付过去的冒犯和未来的奉献之用，这些钱正是皇帝的军队所急需的。其后不久，克莱门特默许了吉罗拉莫·莫罗内（Girolamo Morone）一个使米兰摆脱皇帝控制的阴谋。佩斯卡拉侯爵向查理揭发了这项阴谋，吉罗拉莫被囚禁起来。

查理对待被俘的弗兰茨，慢慢折磨他。在约 11 个月有礼貌的监禁使他软化以后，查理同意在不可能实现的条件下释放他：法王应该放弃所有对热那亚、米兰、那不勒斯、佛兰德斯、阿托瓦、图尔奈、勃艮第及那瓦尔等地实际或片面宣称的权利，弗兰茨应该供给查理船只和军队来远征罗马或土耳其人，弗兰茨应该娶查理的妹妹埃利奥诺拉，法王应把他最大的两个儿子——10 岁的弗兰茨和 9 岁的亨利——交给查理，作为他履行上述条件的人质。根据《马德里条约》（1526 年 1 月 14 日），弗兰茨同意了所有这些条件，虽然他也做庄严的宣誓，内心却做了保留，准备以后再反悔。3 月 17 日，他获准回到法国，留下他的两个儿子做人质。抵达法国以后，他宣称他无意履行那些他在被逼迫下所做的承诺。克莱门特援引教会法规，解除了他的誓约。5 月 22 日，弗兰茨、克莱门特、威尼斯、佛罗伦萨和弗·斯福尔扎签订了科亚克同盟（League of Cognac），保证使阿斯蒂和热那亚重归法国，把米兰分给弗·斯福尔扎，作为法国的领地，并使意大利每个邦国恢复战前的领土，以 200 万克朗赎回法国俘虏，把那不勒斯给予一位意大利王子，由他每年付 7.5 万杜卡特给法王。皇帝则被敬邀签订这一协定，如果他拒绝，这个新同盟就要对他发动战争，直到他和他所有的军队被驱出意大利为止。

查理指责这个同盟违反了弗兰茨所做的神圣誓言及克莱门特与拉努瓦签订的条约。他不能亲自到意大利去，因此他派了蒙卡达（Hugo de Mon-cada）利用外交争取克莱门特，如果失败，则鼓动科隆纳和罗马的人民起来革命，反对教皇。蒙卡达漂亮地完成了他的任务：他劝使教皇和科隆纳签订一个和平协定，说服教皇解散保卫他的军队，并让科隆纳继续进行一个阴谋来占领罗马。当基督教国家忙于互使诡计和互相争战时，土耳其人在"伟大的苏莱曼"（Suleiman the Magnificent）的率领下，在莫哈奇（Mohacs）击溃了匈牙利人（1526年8月29日），并占领了布达佩斯（9月10日）。克莱门特害怕欧洲不仅要成为新教徒世界，而且要成为伊斯兰世界，向红衣主教们宣布他考虑亲自跑到巴塞罗那去请求查理与弗兰茨缔结和平条约，共同联合对付土耳其人。查理那时候正在装备一支舰队，据罗马人说，其目的是为了侵入意大利并废掉克莱门特。

9月20日，科隆纳率5000人马进入罗马，压制了脆弱的抵抗，又劫掠梵蒂冈、圣彼得教堂及邻近的波哥·维奇奥，而克莱门特则逃到圣安杰洛城堡。教皇的行宫被抢劫一空，包括拉斐尔的挂毯及教皇的冠冕、神圣的器皿、珍贵的圣徒遗物，甚至昂贵的教皇祭袍都被偷走了。一个兴奋的士兵穿着教皇的白袍，戴着教皇的红帽出来，模仿教皇一本正经地说着祝祷词。第二天，蒙卡达把教皇的冠冕归还给克莱门特，向他保证皇帝对教皇只有最佳的善意，并强迫这位惊悸的教皇和帝国签订一项四个月的休战协定，并赦免科隆纳。

蒙卡达刚一回到那不勒斯，克莱门特就募集了一支7000人的教皇军队。10月底，他命这支军队向科隆纳的据点进军。同时他向弗兰茨一世和亨利八世呼吁援助。弗兰茨找借口拖延，亨利则正为久不能获得一个儿子而烦心，什么也没给予。在北方的另一支教皇军队，由于乌尔比诺公爵罗维尔的故意拖延政策，也一直迟迟未采取行动。罗维尔一直不能忘怀利奥十世把他驱出他的公国，同时也不怎么感激阿德里安和克莱门特使他归国和复位。在那支军队中有一位比较勇敢的领袖——年轻英俊的乔万尼·美第奇，他是卡泰丽娜·斯福尔扎的儿子，继承了他母亲无畏的精神，并被称为"黑带子的乔万尼"（Giovanni delle Bande Nere），因为利奥逝世时，他和他的军队佩戴着黑色哀悼的带子。乔万尼主张对米兰采取行动，但被罗维尔否决了。

罗马的劫掠（1527）

查理仍留在西班牙得心应手地遥控他的军队，并委托他的官员募集一支新军。他们与蒂罗尔的雇佣兵统帅弗伦茨贝格接洽，弗伦茨贝格已经因为他统率的德国雇佣兵而名噪一时。查理不能付给太多报酬，但他的官员告诉雇佣兵在意大利有丰富的战利品等着他们。弗伦茨贝格名义上仍是天主教徒，但他对马丁·路德深表同情，并憎恨克莱门特是帝国的叛徒。他当掉了他的城堡、他的其他财产，甚至他妻子的装饰品，利用所得的3.8万金币征集了1万个渴望冒险和劫掠及愿意取下教皇头颅的士兵，他们之中有的据说带了套索准备绞死教皇。1526年11月，这临时组成的军队越过阿尔卑斯山，向布雷西亚进军。费拉拉的阿方索为了报复教皇多次想废掉他，把他最有威力的四尊大炮送给了弗伦茨贝格。在布雷西亚附近，乔万尼在一场小冲突中被入侵者射伤了，9月30日，他在曼图亚逝世，时年28岁。从此再没有谁能阻挡乌尔比诺公爵做任何事情。

乔万尼逝世时，弗伦茨贝格的乱军越过波河，摧毁了伦巴底的沃野，以致3年以后英国的大使描述"这块土地是基督教世界里最可怜的地方"。在米兰，皇帝军队的统帅现在是波旁公爵查理，他在玛利那诺的勇敢表现使他成为法国的统帅，后来因为他觉得法王的母亲骗取了他的土地，而对弗兰茨采取敌对态度。他跑到皇帝那边，在帕维亚打败弗兰茨，成为米兰公爵。现在查理为了募集和供养另一支军队，开始向米兰人征苛税。他写信给皇帝说他刮尽了这个城市的钱财。他的军队作威作福，偷窃、残暴、强奸妇女，无恶不作，许多米兰人因而上吊或自高楼跳街自杀。1527 年 2 月初，查理率他的军队出了米兰，与弗伦茨贝格的军队在皮亚琴察会合。这支混合的大军，现在共约 2.2 万人，沿着艾米利大道向东前进，避开防守的城市，沿途一路劫掠，使得经过的乡村一片荒芜。

当克莱门特认识到他没有足够的军队抵御这些入侵者时，他向拉努瓦呼吁停战。这位总督从那不勒斯赶来，提出了停战 8 个月的条件：克莱门特和科隆纳停止他们之间的战争，交换他们征服的土地，并由教皇拿出 6 万杜卡特，用以贿赂弗伦茨贝格的军队不侵入教皇国。然后，在教皇付完该款之际，如果弗伦茨贝格和波旁公爵也遵守他们与皇帝总督（拉努瓦）签订的协定，克莱门特即把罗马的军队裁减至 300 人。但是波旁公爵的军队听到这些停战的条件时大为愤怒，因为他们 4 个月以来忍受无数艰苦，就是寄望于劫掠罗马。他们之中大多数衣裳褴褛，无鞋可穿，每个人都如饥民，没有一个人拿到薪饷。他们拒绝被那区区 6 万杜卡特贿买，他们知道他们所分得的只是那 6 万杜卡特里的一小部分而已。他们担心波旁公爵会签订这项停战协定，便包围了他的帐篷，喊着："发饷！发饷！"波旁公爵躲到别处，他们洗劫了他的帐篷。弗伦茨贝格试图平息他们，却得了中风，从此不再参与军务，在一年以后逝世了。在同意进军罗马的条件下，波旁公爵就任统帅。3 月 29 日，他派人向拉努瓦和克莱门特传递口信，说他不能控制他的军队，停战协定不再有效了。

最后，罗马知道自己已成为这支军队有意掠夺的孤苦无助的目标了。在复活节前的星期四（4 月 8 日）那天，克莱门特正在圣彼得教堂前为 1 万名群众祝福时，一位狂热的信徒仅披着一件皮围巾，爬上圣保罗的雕像，向着教皇喊叫："你这位索多玛城的杂种！由于你的罪孽，罗马将被毁灭。赶快忏悔并改变你自己！假如你不相信我，14 天内将有你好瞧的。"在复活节的前夕，这位狂妄的隐士——巴·卡罗西（Bartolommeo Carosi），也被称为布兰多纳（Brandano）——跑到街道喊着："罗马城，忏悔吧！他们对待你将如上帝对待索多玛城和蛾摩拉城（Gomorrah）一样。”

波旁公爵也许希望以更大的数额来满足他的士兵，派人向克莱门特要求给予 24 万杜卡特。克莱门特回答他不可能募集这么多的赎金。这支军队进向佛罗伦萨，但乌尔比诺的公爵圭恰尔迪尼和萨卢佐（Saluzzo）的侯爵召来了足够的军队有效地固守它的堡垒。这支军队受挫，于是取道进军罗马。克莱门特发觉停战协定无效，转而加入科亚克同盟抵抗查理，并恳求法国的帮助。他呼吁罗马的富人捐款成立防卫基金，他们的响应并不热烈，并暗示最好是由教皇出售红衣主教职。克莱门特从未这样做过，但当波旁公爵的军队抵达距罗马仅 42 公里的维泰博时，他让步了，出售了 6 个职位。在这些被任命者付款以前，教皇已从梵蒂冈的窗子看到饥饿的军队蜂拥越过尼禄广场。他现在只有 4000 个士兵来保护罗马，对抗有 2 万士兵的敌人了。

1527 年 5 月 6 日那天，波旁公爵的大军在大雾掩护下逼近罗马城墙。但他们被猛烈的射击逐退，波旁公爵本人也被击中，几乎当场死去。这些攻击者并没有被吓阻，一再地攻击，他们不是占领罗马就是饿死，别无选择的余地。他们找到了一个防卫比较脆弱的阵地，攻破它并拥入罗马城。罗马的民兵和瑞士的卫兵勇猛抵抗，但都被歼灭了。克莱门特与多数住在城里的红衣主教和数百名教廷官员逃到圣安杰洛，从那里切利尼和其他人利用大炮设法阻止波旁公爵军队的侵入。但蜂拥而来的军队从各方面混进来，有些在大雾掩护下进来，有些混杂在难民中，城堡上的大炮因顾忌伤到混乱的群众，也不能充分发挥杀敌作用。不久，入侵的军队占领了整个罗马城。

当他们在街道上横冲直撞时，对阻挡他们去路的男女或儿童，不分青红皂白全部加以屠杀。他们成为杀人狂。他们进入医院和孤儿院，屠杀了几乎全部的病人。他们进入圣彼得教堂，残杀在那里避难的人。他们劫掠每一座他们能找到的教堂和修道院，并把其中几间变成马房，数百名僧侣、主教和总主教被杀。圣彼得教堂和梵蒂冈从下到上被搜劫一空，马匹则拴在拉斐尔厅。罗马的每一个住宅都遭到洗劫，其中许多被焚毁，只有两个地方得以幸免：科隆纳红衣主教所据的坎塞勒里亚宫和伊莎贝拉与一些富商避难的科隆纳宫，这两个地方付了 5 万杜卡特给那些军队的领袖，才得以免受攻击，并收容了约 2000 个难民。每一间富丽的大厦刚刚付了一笔赎金以免受攻击，但不久又会新来一批乱军，又要再付一次赎金。在多数的房子里，住在里面的人要付一笔规定的赎金来换取生命，如果他们付不出，就要受到拷打。数千人因此而死，孩子们被从高楼的窗子抛出来，逼迫父母拿出秘密储蓄。有些街道上死尸横陈。一位百万富翁多米尼克·马西米（Domenico Massimi）亲眼看着他的儿子被杀，他的女儿被强奸，他的房子被烧，最后他自己也被杀死了。有一个记载里说："整个罗马城里，没有一个 3 岁以上的人不需要付钱以换取安全的。"

　　这支胜利的军队中有一半是德国人，这些德国人相信教皇和红衣主教们是窃贼，罗马教会的财富是从各国偷窃而来，这是世界的耻辱。为了减轻这种耻辱，他们把教会所有能搬动的贵重物品，包括圣器和艺术精品带走，加以熔化，或者当作赎金，或者出售。圣徒的遗物则打碎留在地板上。有一个士兵扮得像一位教皇，其他的人戴上红衣主教的红帽子并吻着他的脚。梵蒂冈的一些群众宣布路德为教皇。这些入侵者中路德派的士兵特别喜欢抢劫红衣主教，向他们勒取巨额的赎金，并教他们新的仪式。圭恰尔迪尼说，有些红衣主教"被驮在小野兽上，脸朝后，穿着他们的僧袍，带着表示他身份的旗幡，被牵着在整个罗马城游行，并加以嘲弄和侮辱。有的红衣主教，因为不能募够所需的赎金，被加以拷打，当场或者隔几天就死了"。有一位红衣主教被放置在一个坟墓里，并被告以如果赎金不能在规定的时间内送到，他就要被活埋，这笔赎金最后适时赶到。西班牙和德国的红衣主教，心想可以不受他们本国士兵的凌辱，结果还是遭到与其他人同样的命运。

　　典籍、档案、艺术品被严重破坏。奥朗日亲王暂代这支毫无纪律的队伍的统帅，以梵蒂冈图书馆为他的总部才挽救了这个图书馆免受破坏，但许多修道院和私人的图书馆被付之一炬，许多珍贵的手抄典籍因而丧失。罗马大学被洗劫，教职员被驱散。学者科洛奇（Colocci）看着他搜集的手抄本书籍和艺术品随着他的房子被焚毁殆尽。有一位教授巴尔杜斯（Baldus）看着他新近写成的普林尼评论被用来点燃那些劫掠者的营火。诗人马罗内（Marone）失掉了他写的诗，但他还算是幸运的，诗人保罗·布巴西（Paolo Bombasi）就被杀了。学者克·马尔赛罗（Cristoforo Marcello）受到酷刑，他的指甲被一个个拔出，福尔蒂诺（Francesco Fortuno）和瓦尔德（Juan Valdes）绝望地自杀了。艺术家瓦加、莱蒙迪和其他许多人受到拷打，他们所有的财物也被洗劫一空。拉斐尔学校最后被解散。

死亡的人不可计数。2000 具尸体被从罗马城的梵蒂冈扔入台伯河，9800 具尸体被埋葬了，无疑还有更多的死亡人数。被窃的物品粗略估计在 100 万杜卡特以上，赎金约 300 万杜卡特。克莱门特估计全部的损失达 1000 万杜卡特。

这次劫掠持续了 8 天，克莱门特则从圣安杰洛的塔楼里注视着一切。他向上帝哭诉着，就像受拷打的约伯："你为什么要诞生我？我被杀死了多好，没人看见我多好！"他不再刮脸，从此之后再没刮过脸。1527 年 5 月 6 日至 12 月 7 日，他一直被困在城堡里，希望乌尔比诺公爵的军队，或弗兰茨一世，或亨利八世会来援救他。查理仍在西班牙，很高兴听到罗马被攻下了，但当他听到劫掠的残暴情形时大为震惊。他否认自己应对这种过度行为负责，却充分利用教皇的无助。6 月 6 日那天，他的代表，可能没让他知道，强迫克莱门特签订了一份羞辱的和约。教皇同意付给他们及皇帝的军队 40 万杜卡特，把皮亚琴察、帕尔马及摩德纳等城和奥斯蒂亚、西维塔、卡斯泰拉纳及圣安杰洛等城堡让给查理。克莱门特则一直囚在圣安杰洛，直到第一笔款 15 万杜卡特交付为止，然后搬到加埃塔或那不勒斯，一直等到查理决定如何处置他。除了克莱门特及 13 个跟随他的红衣主教外，其他在圣安杰洛的人都被获准离开该地。西班牙和德国的士兵负责看管这个城堡，并几乎经常地把克莱门特拘禁在一间狭小的房间里。6月21日圭恰尔迪尼写道："他们没给他留下超过10斯库迪的财产。"在逃难中他所带出的金银物品统统交给掳获他的人，充当他的10万杜卡特赎金。

同时，费拉拉的阿方索则趁机夺得了雷焦和摩德纳（费拉拉对此地已有长期的权力），威尼斯则占领了拉韦纳。佛罗伦萨第三度驱走了美第奇家族，宣布耶稣基督为这一新共和国的国王。整个教皇的财产，不论是物质的或精神的，都遭到摧残，唤起了人们的同情，即使是那些认为对于克莱门特的不忠实、教皇的罪孽、教廷的贪婪腐化、各级教士的奢侈生活及罗马的罪恶丛生应给予一些惩罚的人也表示同情。

萨多莱托平静地住在卡庞特拉，听到罗马的陷落极为震惊，悲叹本博、卡斯底里欧尼和伊莎贝拉及百余名学者、诗人和赞助者使得这个罪恶的城市成为当代思想和艺术中心的太平日子的逝去。伊拉斯谟写信给萨多莱托道："罗马不只是基督徒信仰的圣地，高贵人物的养成所，诗人、艺术家、学者的居所，而且也是各国的母亲。对于多少人来讲，罗马不是比他们的本国更可爱、更亲切，和更珍贵呢？……说实话，这不仅是一个城市的毁灭，也是全世界的损失。"

胜利者查理（1527—1530）

1522年，瘟疫侵袭罗马，使罗马的人口减少到5.5万人，谋杀、自杀及逃亡曾使罗马的人口在1527年减至4万人以下。1527年6月，瘟疫在盛夏又流行起来，加上饥馑和到处破坏的入侵军队，罗马变成一个悲惨、恐怖、没有人迹的城市。

查理的反对者开始认真考虑援救教皇。亨利八世担心受监禁的教皇不批准他和阿拉贡的凯瑟琳离婚，派沃尔西（Wolsey）红衣主教到法国和弗兰茨商谈援救克莱门特的方法。8月初，英王和法王向查理提议订立和约并给他 200 万杜卡特，条件是释放教皇和法国王子，将教皇国归还给教会。查理拒绝了。于是亨利和弗兰茨签订了《亚眠条约》（*Treaty of Amiens*，8 月 18 日），两人保证共同对查理作战，不久威尼斯和佛罗伦萨加入了这个新同盟。法国军队占领了热那亚和帕维亚，并劫掠帕维亚如同查理军队劫掠罗马一样彻底。曼图亚和费拉拉害怕眼前的法军远逊于遥远的查理，现在也加入同盟。法军统帅洛特雷克因不能付饷给他的军队，不敢向罗马进军。

查理为了恢复他在天主教世界中的尊严，并希望冷却日益扩大的同盟的热诚，同意释放教皇，条件是克莱门特不能给予同盟援助，应立即付给在罗马的皇帝军队 11.2 万杜卡特，应提供人质确保他的良好行为。克莱门特以出售红衣主教教职和把那不勒斯王国教会收入的 1/10 给予查理而募全了那笔钱。12 月 7 日，在被拘禁了 7 个月后，克莱门特离开了圣安杰洛，并化装成一个仆人，悄悄地离开罗马到奥维托。很明显，他已成为一个憔悴不堪的人了。

在奥维托，他住在一间破败的宫殿里，屋顶已经塌陷，墙壁已经剥落，地板则有好几百个洞。当英国大使拜访他以求得他应许亨利离婚时，发现他在床上缩成一团，苍白而消瘦的脸则半隐在长而蓬乱的胡须中。他在那里挨过了冬天，然后搬到维泰博。2 月 17 日那天，皇帝的军队在得到了克莱门特所能付的一切钱财后，因担心疾病会夺去更多人的生命，撤出了罗马并南进那不勒斯。洛特雷克现在率他的军队南下，希望包围那不勒斯，但他的军队得了疟疾而人数越来越少，他自己也死了，于是他那支没有秩序的军队最后退回到北方（1528 年 8 月 29 日）。克莱门特因为从同盟获得援助的希望破灭，于是向查理全面投降。10 月 6 日，他获准再次进入罗马。这个城市现在 4/5 的房子人去楼空，数千幢房子成为废墟。人们惊叹地看着 9 个月的入侵给这个基督教世界的都城造成的破坏。

查理有一阵子曾考虑废掉克莱门特，想把教皇领地合并到那不勒斯王国，使罗马成为帝国的中心，把教皇贬抑到原来的位置，成为罗马主教而臣属于皇帝。可这样一来，将使查理成为德国路德教派的同路人，将引起西班牙的内战，促成法国、英国、波兰和匈牙利联合起来全力对抗他。他放弃了这个计划，并转向使教皇成为他分化意大利的附属同盟和精神支援。根据巴塞罗那条约（1529 年 6 月 29 日），他对教皇做了重大让步：从罗马教会夺得的公国全归还给教皇，利用外交或武力使美第奇家族重掌佛罗伦萨的政权，甚至同意将费拉拉也让给教皇。相应地，教皇则同意给予查理在那不勒斯的任命主教权，准许皇帝的军队自由通过教皇国，并和查理于第二年在博洛尼亚会商解决意大利的和平与组织问题。

不久，查理的姑母和尼德兰的摄政玛格丽特和弗兰茨的母亲——萨伏依的路易丝相会，并在双方使节的协助下，签订了皇帝与法王之间的《坎布雷条约》（1529 年 8 月 3 日）。查理释放法国的王子们，而由法国付给 120 万杜卡特的赎金；弗兰茨放弃所有法国对意大利、佛兰德斯、阿托瓦、阿拉斯和图尔奈的权力。法国在意大利的同盟现在就让查理任意处置了。

1529 年 11 月 5 日，查理和克莱门特相会于博洛尼亚，两个人现在都相信他们彼此需要对方。说来奇怪，这是查理第一次到意大利。他征服了这里，却现在才看到它。他在博洛尼亚跪在教皇面前吻着这位因他而蒙尘的人的脚时，这是两个人物第一次——一个代表衰微的教会，一个代表日益兴起而胜利的近代国家——相互瞻仰对方。克莱门特忍受了查理所有的骄傲，宽恕了他所有的冒犯，他必须这样做。他不能再仰赖法国，查理在意大利南部和北部都有强大的兵力，佛罗伦萨没有皇帝的军队便不可能使美第奇家族恢复统治，而为了抵抗德国的路德教派和东方的奥斯曼也需要帝国的援助。查理是宽大而审慎的。他还不是十分强大时，基本上遵守巴塞罗那条约中的条款。他迫使威尼斯归还从教皇国所夺的地方。他准许弗·斯福尔扎在付了一大笔赔款后，在帝国的监督下继续统治遭受破坏的米兰，他说服克莱门特让怯懦和没有信仰的罗维尔继续统治乌尔比诺。他宽恕了阿方索和法国勾结，并为酬谢他协助帝国军队进军罗马，准他保有费拉拉公国而成为教皇的领地，并给他摩德纳和雷焦两地作为皇帝的领地；阿方索则付给教皇急需的 10 万杜卡特。为了巩固这些安排，查理召集所有的公国组成了一个意大利联盟来共同对抗外国的攻击——查理发动的除外，但丁曾向皇帝亨利七世，彼特拉克曾向皇帝查理四世呼吁过，现在由各公国一起臣服于一个外国势力的局面形成了。克莱门特全心地祝福它，并把伦巴底的铁冠和神圣罗马帝国的皇帝冠冕加在查理的头上（1530 年 2 月 22—24 日）。

教皇与皇帝的联盟最后印上了佛罗伦萨人民的血。克莱门特决心恢复他的家族在佛罗伦萨的统治，便付了 7 万杜卡特给那位曾经囚禁他的奥伦治亲王菲力伯特，由其组织一支军队推翻佛罗伦萨富人在 1527 年建立的共和政体。菲力伯特为此派了一支由德国和西班牙士兵组成的 2 万人的军队，这些士兵中有许多曾参与洗劫罗马。1529 年 12 月，这支军队占领了皮斯托亚和普拉托，并包围了佛罗伦萨。佛罗伦萨勇敢的居民为了使来犯的敌军暴露在他们的炮火下，把城堡周围一里内的所有房子、花园和墙壁全部铲除，米开朗基罗离开了他为美第奇家族坟墓做的雕刻工作来建筑或重建防御的堡垒和炮台。包围无情地持续了 8 个月。佛罗伦萨的粮食变得缺乏，当时连一只猫和老鼠都可以卖到 12.5 美元。教堂捐出器皿，居民捐出盘子，妇女捐出珠宝，来换取粮食和武器。爱国的僧侣们如贝内代托利用激昂的讲道来激励人民的士气。一位勇敢的佛罗伦萨人费鲁奇，逃出了城，组织了一支 3000 人的部队攻击包围者。他最后失败了，损失了 2000 名士兵。他自己被俘虏，并被带到皇帝骑兵统帅马拉摩迪（Maramaldi）的面前。马拉摩迪叫人把费鲁奇架住，他自己一再用匕首刺他，一直到这位英雄死了为止。这时，佛罗伦萨雇来领导防卫的将军马拉泰斯塔·巴格廖尼背叛了他们，和包围者签订了一个协定：他让他们进城，并把枪炮转向佛罗伦萨人。共和政体在佛罗伦萨人饥饿和混乱的情况下，终于在 1530 年 8 月 12 日投降了。

美第奇家族的亚历山德罗成为佛罗伦萨公爵，他的贪婪和残忍使他的家族蒙羞。数百个为保卫共和政体而战的人受到酷刑、放逐或杀戮。贝内代托被捉起来送到克莱门特那里，教皇命令把他关在圣安杰洛。一个不确定的报道说，这位僧侣在那里活活地饿死了。领主团被解散了，西贡诺里亚宫现在开始改称为维奇奥宫了，而那个称为"母牛"（La Vacca）的 11 吨重大钟——几个世代以来一直从那座可爱的钟楼上向议会发出钟声——也被拆解下来并打成碎片。一位那个时代的日记作者说："以后我们再也不会听到那悦耳的自由之声了。"

克莱门特七世和艺术

教皇对待佛罗伦萨的方式证实了美第奇家族的堕落，他对复兴罗马的努力表现了他的行政天才及对美学的鉴赏能力，使他的家族显得伟大。曾在克莱门特盛年时为其作画的皮翁博，现在把他画成一个老人，神色抑郁，眼睛深陷，白须皤皤，说着祝词，很显然地，他饱受苦难的折磨并因而更加坚强。他采取有力的行动来保护意大利免受现在控制东地中海的土耳其舰队的攻击，他布防了安科纳、阿斯科利和法诺，并说服 1532 年 6 月 21 日举行的宗教会议——不顾红衣主教们的反对——同意对意大利的教士们，包括红衣主教在内，征收 50% 的所得税来筹集经费。一部分由于出售教职，他募集了基金来重建教会的财产，恢复了罗马大学，重新奖励学术研究和艺术。他采取措施确保在北非海盗在西西里附近袭击船只的情况下仍有适当的谷物供应。在极短的时间内，罗马又恢复了旧观，再度成为西方世界的都城。

这个城市仍是艺术家的荟萃之地。卡拉多索来自米兰，切利尼来自佛罗伦萨，使金匠艺术的发展达到文艺复兴时期的最高峰。他们和其他人忙于制造金玫瑰和仪剑作为教皇的礼物，祭坛上用的器皿、表示教会权威和游行用的银杖、红衣主教的印章、教皇的冠冕和权威。

维琴察的瓦莱里奥·贝利（Valerio Belli）替克莱门特做了一个富丽的
水晶棺，上面雕刻着耶稣的故事。这个水晶棺，现在是比蒂宫里最珍
贵的物品之一，在法王弗兰茨一世的儿子和美第奇家族的凯瑟琳结婚
时献给了弗兰西斯一世。

1526 年，梵蒂冈各厅室的装饰工作又恢复了。克莱门特担任教
皇任内最伟大的绘画是在君士坦丁厅（Hall of Constantine）内画成
的：朱利奥·罗马诺画了《十字架的显灵》（*The Apparition of the Cross*）
和《密尔维安桥之战》（*The Battle of the Milvian Bridge*），吉安·彭尼
画了《君士坦丁大帝的受洗》（*The Baptism of Constantine*），柯勒乔画
了《君士坦丁大帝献罗马给教皇》（*Rome Presented to Pope Sylvester by
Constantine*）。

米开朗基罗之后，罗马最能干的画家是卢西亚诺（Sebastiano
Luciano）——因为罗马诺搬到曼图亚去了。卢西亚诺被任命为教皇
玉玺的保管人和设计者时，他获得了"皮翁博"的绰号（1531 年）。
他出生于威尼斯（1485 年），有幸受教于乔万尼·贝利尼、乔尔乔纳
和西玛。他最早和最好的作品之一——《人生的三阶段》——显示
他是一个令人愉快的青年，媲美于当时威尼斯两位著名的外国作曲
家——雅·奥布里希（Jacob Obrecht）和菲利普·卫德罗。他替圣乔
万尼教堂画了——或者是完成乔尔乔纳的未竟之作——一幅那位圣
徒狂热写作的生动画像。约 1510 年，他临摹了乔尔乔纳那幅最能表
现女人娇艳的画《维纳斯与阿多尼斯》（*Venus and Adonis*）。卢西亚诺
在威尼斯或许也画了那幅著名的《淑女的画像》，这幅画长久以来被
认为是拉斐尔的作品《佛娜丽娜》。

1511 年，基吉邀请卢西亚诺到罗马来帮他装饰基吉别墅。在那
里，这位年轻的艺术家遇到了拉斐尔，并一度模仿他那迥异的装饰风
格，卢西亚诺则反过来教拉斐尔威尼斯人画温和色泽的秘诀。不久，
卢西亚诺成为米开朗基罗的一名挚友，吸收了这位巨匠表现男性肌肉
美的观念，并准备把威尼斯的色彩和米开朗基罗的构图融汇在一起。

当朱利奥·美第奇红衣主教请他作一幅画时，他表现的机会来了。卢西亚诺选择了"拉撒路的复活"（The Raising of Lazarus）作为他的题材，有意地与拉斐尔在 1518 年所画的《基督变容》竞争。评论家几乎一致认为卢西亚诺的绘画天才和利奥宠爱的拉斐尔不相上下。

如果卢西亚诺不那么容易满足他的卓越表现的话，也许他还可以有更辉煌的成就。他喜爱闲暇的生活使他的天才未能充分地发挥。他是一个天性快活的人，看不出一个人为什么要为过多的财富或不可捉摸的东西如死后的声名而卖命。从他的赞助人、后来成为教皇的克莱门特七世那里谋得一份在梵蒂冈的闲差后，他就把大部分时间用于画像上，他所画的画像没有几个画家能超过。

巴尔塔萨·佩鲁兹雄心万丈，并使他响亮的名字传播到意大利以外达 30 年之久。他是一位织匠的儿子。佩鲁兹出生于锡耶纳（1481年），随索多玛和平图里基奥学习绘画，不久到了罗马。梵蒂冈天花板上的壁画《伊利欧多罗诗篇》是他画的，拉斐尔认为他画得很好，所以基本没改动它。同时，像布拉曼特一样，他爱上了古代的废墟，计量古代寺庙和宫殿的平面图，研究圆柱和柱头的各种不同形式和排列方法。他成了一个把透视法应用到建筑上的专家。

当基吉决定兴建基吉别墅时，他邀请了佩鲁兹来从事设计（1508年）。这位银行家对他的设计非常满意——庄严的文艺复兴式正面配以古典的屋身建筑和飞檐，并在发现佩鲁兹也长于绘画后，让这位年轻的艺术家自由装饰别墅内部的一些房间，以与皮翁博和拉斐尔竞争。佩鲁兹在入门大厅与凉廊处画了《梳妆的维纳斯》、《丽达与天鹅》、《欧罗巴与公牛》、《达娜伊和金雨》、《加尼米德和老鹰》及其他的神话故事，使得银行家能从每天平淡无奇的生活里置身于诗一样的梦幻境界中。佩鲁兹利用透视法所画的画边使他的壁画更美丽，提香认为这些壁画栩栩如生，非常逼真。在上层楼的大厅里，佩鲁兹用他的画笔画了一个虚构的建筑物：飞檐用画的女像柱支持着，横饰带用画的壁柱支持着，假窗在画的原野上开着。佩鲁兹爱上了建筑，而把绘画降为次要的地位，遵照所有建筑的规则，但他的作品缺乏活力。他在圣玛利业教堂半圆屋顶所画的《圣经》上的故事（1517 年）却是个例外，拉斐尔 3 年前在那里画了一些女预言家的像，相比而言，佩鲁兹的这些壁画更为出色，因为这是他最好的画，而拉斐尔在这里的画却不是他最好的。

利奥十世一定很欣赏佩鲁兹的多才多艺，否则不会任命他继拉斐尔之后做圣彼得教堂的首席建筑师（1520 年），并请他为比别纳所写的喜剧《日历》（*La Calandra*）画布景（1521 年）。利奥死后，继任的教皇阿德里安厌恶艺术，佩鲁兹回到锡耶纳，然后到了博洛尼亚。在那里，他设计了可爱的阿尔伯加第宫，甚至为从未完成的圣彼特尼罗的正面建筑做了模型。克莱门特七世重开艺术的乐园时，他急忙回到罗马，并恢复他在圣彼得教堂的工作，停留在那里一直到查理的军队洗劫罗马。瓦萨里说他遭受特别的苦难，因为“他外貌严肃而高贵，他们认为他是伪装的高级教士”。他们把他抓起来要他付一笔很大的赎金，当他画了一幅精美的画像证明他的地位很低时，他们才满意地拿走所有他的东西，除了他身上穿的衬衫以外，并让他走了。他逃回锡耶纳，到达时全身几乎被剥光。锡耶纳政府很高兴看到这位浪子回头，请他设计防御工事，方提吉斯塔教堂委托他画一幅壁画——一位女预言家向受惊的奥古斯都宣布基督即将诞生——这幅画后来被许多评论家誉为杰作。

佩鲁兹最大的成功是他设计的克罗尼宫（Massimi delle Colonne），这是他回到罗马以后（1530 年）设计的。马西米家族自称是那位以懒散而获得不朽声名的法比乌斯·马克西姆斯的后代，并从他那里获得他们的名字。这个宫殿建造的地点有着弯曲的不规则地形，使以往沉闷的四方形建筑不适合在此建立，这是佩鲁兹的幸运。他选择了椭圆形的建筑，配以文艺复兴式的正面和多利安式的圆形柱廊。他虽然使整个建筑的外表看起来很朴实，内部的装饰和华丽却和帝国时代的罗马宫殿一样。

佩鲁兹虽有多方面的才能，死时却很穷困。他并不和教皇、红衣主教及银行家讨价还价，以取得与他的技巧相称的报酬。教皇保罗三世听到他快要死时，他想起只剩下佩鲁兹和米开朗基罗可以完成圣彼得教堂的工作。他送了这位艺术家 100 克朗，佩鲁兹谢了他。佩鲁兹于 1535 年去世，享年 54 岁。瓦萨里在暗示一位对手毒死他后，说："所有在罗马的画家、雕刻家和建筑家都来送葬，随着他的灵柩一直到墓地。"

克莱门特七世和米开朗基罗（1520—1534）

克莱门特七世的一个过人之处就是在他自己迭遭不幸时，仍然以亲切的耐心容忍米开朗基罗喜怒无常的脾气和反叛的性格，坚持供给他酬金，并给予他天才所应享的各种恩典。他说："当米开朗基罗来看我时，我总是拿出一把椅子，请他坐下，确保他会坐下而不离开。"在他还没有成为教皇之前（1519 年），克莱门特就提议由米开朗基罗担任一项艺术家的最高雕刻任务：在佛罗伦萨的圣洛伦佐教堂增建一座"新圣器安置所"（New Sacristy），作为著名的美第奇家族的寝陵，设计他们的坟墓，并雕饰适当的雕像。克莱门特深信这位巨匠的多才多艺，又要求他草拟劳伦提那图书馆的建筑计划，这间图书馆要很坚固、宽敞，以便能安全藏置美第奇家族收藏的文字书籍。这间图书馆的堂皇通道和以柱支撑的门廊在米开朗基罗的监督下于 1526 年至 1527 年完成了，剩下的部分稍后由瓦萨里及其他人根据米开朗基罗的设计完成。

新圣器室不能算是一个建筑杰作。它只是一个朴素的四边形建筑，以半露方柱分开，上面有个朴素的圆顶。它的主要功能是在墙壁凹入部分摆置雕像。这个美第奇礼拜堂完成于 1524 年。1525 年，米开朗基罗开始着手兴建陵墓的工作。克莱门特次年写信给他，有点不耐烦：

　　你知道教皇不可能活得长久，我们非常渴望看到礼拜堂和我们家族的陵墓，至少也要听到它们的完成。图书馆也是一样。所以我们希望你两方面都多费点心赶一下工。同时我们也将照着你的意思尽量忍耐着，祈求上帝使你整个工作都顺利进行。只要我们活着，你就可不必担心你的酬金或报酬。再见，请接纳上帝与我们的祝福。

朱利奥

　　美第奇家族的寝陵一共有 6 座坟墓要完成：伟大的洛伦佐，他那位被暗杀的兄弟、利奥十世、克莱门特七世、"太善良不能治理国家"的小朱利亚诺和乌尔比诺公爵小洛伦佐。只有最后两个人的坟墓完成了，但也没能全部完工，它们却是文艺复兴时期雕刻的登峰造极之作，正如梵蒂冈的西斯廷礼拜堂里天花顶上的壁画是文艺复兴时期绘画的登峰造极之作，圣彼得教堂上的圆顶是文艺复兴时期建筑的登峰造极之作一样。坟墓上所雕饰的死者像正值他们的壮年时期，而且不是他们原来真正的形貌：朱利亚诺被雕成一位罗马统帅，洛伦佐被雕成一位沉思者。当有些未能深虑的观察者批评这样缺乏真实感时，米开朗基罗的回答显示他对他的艺术品的不朽有着超人的信心，他说："1000 年后，有谁会去注意这些雕像是否为死者真正的形貌呢？"横卧在朱利亚诺石棺上的是两个裸体的雕像：右边的是一个男人雕像，被认为代表白天；左边的是一个女人雕像，被认为代表夜晚。在洛伦佐的坟墓上也有两个类似的横卧雕像，各被命名为"黄昏"和"黎明"。这种解释是假想的，或许是空想的；雕刻者的目的也许只是想再雕刻他的神秘偶像——人体，来表现男性体格的健美和女性曲线的优美。和以往一样，他的男性雕像雕刻得比较出色：那个未完成的"黄昏"像，象征活跃而疲惫的白天逐渐走向夜晚，可以媲美雅典帕特农神庙里最优美的神像。

　　战争干扰了艺术家的工作。罗马在 1527 年遭受德国雇佣兵的洗劫时，克莱门特不能再资助艺术家们了，而教皇给米开朗基罗每个月50克朗的津贴也停止了。佛罗伦萨经历了两年的共和政权。当克莱门特与查理五世言归于好，并请菲力伯特派了一支由德国和西班牙士兵组成的军队去推翻共和政权以恢复美第奇家族的统治时，佛罗伦萨任命米开朗基罗为"九人委员会"委员来防卫这个城市。这位美第奇家族的艺术家，为环境所迫，变成一位反美第奇家族的工程师，热切地从事设计和建筑防御工事。

当这些工作进行时，米开朗基罗却越来越相信这个城市不可能防卫成功。只有一个城市，而且佛罗伦萨人并不完全效忠于共和政权，怎能抵挡得住帝国和教皇联合起来的武力和逐出教门的力量？ 1529年9月21日，米开朗基罗在惊慌中从佛罗伦萨逃出，希望逃到法国和那位和蔼的法王那里。在发现他的去路都被德国士兵占领的地区所阻后，他暂时逃到费拉拉，然后又到了威尼斯。从那里，他写了一封信给他的朋友帕拉——弗兰茨一世在佛罗伦萨的艺术代理人，问他愿不愿意和自己一起逃到法国。帕拉不愿离开佛罗伦萨保卫战中他被指派的工作，他还写了一封动人的信呼吁米开朗基罗回到他的工作岗位，警告他如果他不回来，佛罗伦萨政府将会没收他的财产，这会使他贫穷的亲戚生活更加困苦。约11月20日，这位艺术家回到佛罗伦萨，继续从事建筑防御工事的工作。

根据瓦萨里的说法，米开朗基罗总是找出时间，即使是在那紧张的数月中也是如此，为美第奇家族的陵墓秘密地工作，并为费拉拉的阿方索画出那幅他作品中最后有个性的画《丽达与天鹅》。对于像他那样极少谈到色欲、通常很严肃的人来说，这幅画是一件奇异的作品。或许是由于他思想暂时混乱的结果，画中丽达和一只天鹅在交媾。阿方索除了喜爱征战外也是个好色之徒，但很明显，他并未选择这个题材。当他派了一位使者去催索这幅画时，这位使者看了以后大为失望地说："这幅画难登大雅之堂"，再也没努力去为他催索了。米开朗基罗把这幅画送给他的仆人安托尼奥·米尼（Antonio Mini），米尼把这幅画带到了法国，后来落入什么都收藏的弗兰茨一世手中。这幅画留在枫丹白露，一直到路易十三时代，一位大臣因为它看起来猥亵，命人把它毁坏。这个命令贯彻的程度如何，这幅画以后的历史如何，我们不得而知。在伦敦国家艺术馆的储藏室中却有这幅画的仿品。

佛罗伦萨再度由美第奇家族统治时，帕拉及其他共和政权领袖全部被处死。米开朗基罗躲在一位朋友的家里两个月之久，预料随时可能遭遇相同的命运。但克莱门特认为他活着比死有价值。教皇写信给他在佛罗伦萨的统治家族，要他们找出这位艺术家，以礼相待，并恢复他每月的津贴——如果他愿再为他们家族的陵墓工作的话。米开朗基罗同意了。但是这位教皇和艺术家脑中所构想的比实际所能完成的多，而教皇也不能活得足够长久可以看到这项伟大工程的完成。克莱门特逝世后（1534 年），米开朗基罗因为担心他的保护人去世后，亚历山德罗·美第奇会对他不利，一逮着机会就悄悄逃到罗马了。

米开朗基罗雕刻的两个坟墓，及他为"圣器安置所"雕刻的庄严的《圣母·美第奇》（*Madonna de Medici*），表现出一种深邃而抑郁的悲伤。爱好民主的历史学家一般都假定那些横卧的雕像象征着一个城市被迫屈服于暴君的统治。这种解释也许是牵强的，这些雕像毕竟还是当美第奇家族统治佛罗伦萨情况良好时设计的，这些雕像是为一个一直对米开朗基罗很好的美第奇教皇雕刻的，并由一位自年轻就受恩于美第奇家族的艺术家雕刻的。他是否有意谴责这个家族，我们不得而知，但他雕刻朱利亚诺和洛伦佐的像并没有毁损他们的意思。这些雕像不是表现以美第奇家族为代表的少数富人顺利地统治着穷人，而是表示一种更深沉的东西。它们毋宁说是在表现米开朗基罗对生命的厌倦，表现他对那些不可能实现的伟大梦想感到心力交瘁。他发现他遭遇无数苦难的折磨，每样计划都因工作材料的难以运用、权力人物的愚钝、时间的不够而受阻碍。米开朗基罗很少享受生活的乐趣，他没有才思与他相若的朋友，他把女人视为威胁和平的美丽躯壳；而他最伟大的成就也是由于他劳心劳力、无穷尽的忧思和无数不可避免的失败换来的。

在象征夜晚的雕像揭幕那天，诗人吉·斯特罗奇（Gianbattista Strozzi）写了一首文学体裁的四行诗：

> 你看到的这位"夜"雕像，在睡眠中姿态优美。
> 是由一位天使用这石头雕刻而成的。
> 虽然她在睡眠中，却充满生命的活力。
> 不信的人啊，你可以唤醒她，她将对你说话。

米开朗基罗不介意对他名字语意双关的赞美，却不同意这种解释。他自己写下了最具启示性的四行话：

> 虽然我沉睡，却非仅是一块石头，
> 在这一片破坏和耻辱的年代，
> 装聋作哑，是我最大的安慰；
> 不要唤醒我，谈话的时候请低声点。

一个时代的结束

克莱门特在他死之前又作了一次政策的转变，并因英国脱离了教会而使他的不幸达到极点。路德教派在德国的传播为查理五世带来了困难和危险，他希望借宗教大会来缓和形势。他鼓励教皇召开这个会议，却因教皇的一再推托和延搁感到愤怒。克莱门特反被皇帝把雷焦和摩德纳让给费拉拉激怒，再次倒向法国。他接受了弗兰茨一世的提议，将凯瑟琳·美第奇嫁给法王的次子亨利，并签订了一些秘密条款使他自己卷入了帮助弗兰茨收复米兰和热那亚（1531 年）。在教皇与皇帝之间的第二次博洛尼亚会议中（1532 年），查理五世再度提议召开宗教大会，以使天主教和新教可以会商找出一个和解的方案。他再次被拒绝了。查理于是建议教皇的侄女凯瑟琳嫁给皇帝在米兰的代理人弗朗西斯科·斯福尔扎，但他发现这个提议来得太晚了，凯瑟琳已被出卖了。1533 年 10 月 12 日，克莱门特和弗兰茨会于马赛，在那里他把他的侄女嫁给奥尔良公爵亨利。美第奇家族当教皇的人主要的缺点就是自认为他们是一个王朝，有时候把他们家庭的光荣置于意大利或教会的命运之上。克莱门特曾试图说服弗兰茨和查理缔结和约，弗兰茨拒绝了，并大胆地要求教皇默许法国暂时和新教徒及土耳其人联盟来对付查理。克莱门特认为这未免有点太离谱了。

帕斯托尔说："在这些情况下，教皇活着的日子屈指可数，这可说是教会的幸运。"他已经活得太久了。他刚即位时，英国的亨利八世还是一个对抗路德的公教信仰维护者，而新教革命也尚未提出重大的教义改革，只有像在特伦特举行的宗教大会所进行的改革才规范了此后 30 年的教会。克莱门特逝世时（1534 年 9 月 25 日），英国、丹麦、瑞典、半个德国、部分瑞士都已明确地脱离了天主教会，而意大利则屈服于西班牙的支配之下，丧失了不论好歹总是文艺复兴时期特色的自由思想和生活。克莱门特无疑是教会史上最不幸的教皇。每个人为他的即位而欢欣，每个人为他的去世而庆幸，而罗马的民众则一再污渎他的坟墓。

第四章 | 威尼斯的黄昏
（1534—1576）

威尼斯的再生

令人不解的是，正当意大利其他地区没落时，威尼斯却如日中天。它在坎布雷联军中遭到重创，许多东方的土地被土耳其人占领，东地中海的贸易一再受到战争和海盗的骚扰，与印度的商业也被葡萄牙所夺。然而，在这一时期，它怎么还能产生像伊库甫·圣索维诺和帕拉迪欧这样的建筑师，像阿雷蒂诺这样的作家，像提香、丁托列托及韦罗内塞这样的画家呢？在这个时代，加布里利在圣马可弹风琴、领导合唱团、写歌曲，响遍意大利，音乐成为各阶层的宠物，大运河上宫殿内部的豪华和艺术，只有罗马的银行家和主教的宫殿才堪比拟；成百的诗人在投票站、酒肆中和广场上朗诵他们的诗歌；十几个剧团演出喜剧，不朽的剧场建立起来了，当女人取代男孩表演女性角色时，"可爱的爱情抚慰者"维托利亚·庇西米成为城里脍炙人口的演员、歌唱家和舞蹈家，揭开了贵妇抬头的时代。

对此奥秘，姑且做一不完全的解释：威尼斯虽曾受战争之害，但从未被侵略过，其本土与财产仍然完整，她兼并了人口稠密的帕多瓦、维琴察和维罗纳，也因之获得了教育、经济和人才。它的领导家族仍有未罄的财富，旧式工业继续发展，并在基督教国家开拓了新的市场，如威尼斯的玻璃就是在这 · 时期达到薄而透明的完美境界的，其奢侈品仍居王座，而且威尼斯的丝带也在此时初获美誉。尽管有宗教检查，威尼斯仍庇护政治犯和知识分子，如对虔敬刊物定期投稿以洗涤其疯狂秽言的阿雷蒂诺。

16世纪末，威尼斯两度证明其城市的力量与弹性。1571年，它与西班牙和教皇共同领导204艘船的舰队，在莱潘托外的科林斯湾击毁了拥有224艘船的土耳其舰队。这次胜利可视为基督教保住了西欧，威尼斯人也因此狂欢地庆祝了三天，莱潘托地区挂满了天蓝色和金色的布，每个窗户都挂着旗帜和绣帷，而使运河多彩多姿。一座高大的凯旋门雄伟地矗立在里奥托桥，街上展览出乔万尼·贝利尼、乔尔乔纳、提香和米开朗基罗的画。最后的嘉年华会是威尼斯有史以来最疯狂的一次，成为后来许多嘉年华会的先例，每个人戴着面具、作乐、做有损道德的事，小丑潘塔洛内和扎尼（Zanni，即 Johnny）之名竟融于12种语言之中。

1574年和1577年，公爵宫两次悲剧性的大火烧毁了数间房子，法布里诺、乔万尼·贝利尼、安托尼奥·维瓦里尼、提香、丁托列托和韦罗内塞的画均毁于一旦，两天之内，一个世纪的辛劳和艺术便消失无踪。政府的果断和决心终使烧毁的内部恢复旧观。乔万尼·蓬特奉命依照原来的式样重建卧室，索尔特分29个阶段设计大会议厅的华丽的天花板，再由丁托列托、韦罗内塞、帕耳玛·乔万尼和巴萨诺负责壁画，总督与其元老的会议厅、前房及议事厅等其他房间的天花板、门和窗户则由圣索维诺、斯加帕尼诺、维托利亚等当时第一流的名匠负责设计。

伊库甫是佛罗伦萨人，根据瓦萨里的记载，他"很不愿意上学"，却热衷于绘画。他母亲鼓励他，他父亲本希望他做商人，后来也让步了。于是，伊库甫去当雕刻家安德烈亚·圣索维诺的学徒，后者极爱护这个小孩，也很热心地教导他。伊库甫待之如父，并以其姓——

圣索维诺为姓，这个年轻人也幸运地与安德烈亚·萨尔托交上了朋友。也许，他就是从后者那里学到优雅与生动的设计诀窍的。在佛罗伦萨时，这位年轻的雕刻家雕刻了现存于巴吉诺的《酒神》像，此像以完美的匀称及其臂、手和轻放在指尖上的酒杯是由一块大理石雕成的技巧出名。除了米开朗基罗之外，所有的人都对安德烈亚·萨尔托很好，也都助他达到至美的境界。朱利亚诺·桑加罗带他到罗马，供他住宿。布拉曼特委派他用蜡仿制《拉奥孔》，由于做得很好，这件仿品便被铸以青铜，并奉献给红衣主教格里玛尼。或许是受布拉曼特的影响，安德烈亚由雕刻转入建筑，不久便接受了一些报酬优厚的工作。

罗马城陷时，他正在那里，同许多艺术家一样，他失去了所有的财产。他取道威尼斯，想去法兰西，但总督格里蒂（Andrea Gritti）请求他加强圣马可的柱子和圆屋顶。他的成绩极为元老们所欣赏，1529 年，他被任命为国家建筑师。他花了 6 年的时间，设法改善圣马可广场，驱逐玷污皮亚西塔（Piazetta）的屠宰店，开辟新街道，帮助把圣马可广场扩成今日的模样。

1536 年，他建造了铸币厂，并开始筹建他最著名的建筑——总督宫对面的维奇亚图书馆。他用庄严的多利安式和伊奥尼亚式混合的柱廊、美观的飞檐和阳台、华丽的雕像等构成正门。有人批评说，虽然这座老图书馆是"意大利最美的人间建筑物"，但廊柱太多，其结构绝不能媲美总督宫。无论如何，皇家财政官们是喜欢的，不仅加了圣索维诺的薪水，还豁免他的战争税。1544 年，有一个主要的拱门坍了，圆顶塌了下来，圣索维诺被关入监牢，而且还被重重地罚了款。后来，阿雷蒂诺和提香说服财政官们，才释放和原谅他。拱门和圆顶总算修复，这座建筑物于 1553 年总算大功告成。1540 年，圣索维诺又设计了美观的警察厅，坐落于钟楼的东侧，有青铜和赤土的雕像衬饰。在圣马可教堂中，他用青铜铸圣器收藏室的门，并借故在浮雕中画阿雷蒂诺、提香及他自己的像。

这三个人这时成为很要好的朋友，在威尼斯的艺术圈中，被称为"三巨头"。许多夜晚，他们聚在一起闲谈，或是寻欢作乐、打发时间。伊库甫在女人圈中与阿雷蒂诺一样受欢迎，长寿则可匹敌提香，一直到 84 岁，他仍很健壮。同时，我们相信那时他的视力还很好，有 50 年之久，他没看过眼科医生。在夏季，他差不多以水果当饭。当保罗三世请他继承安东尼奥·桑加罗做圣彼得教堂的总建筑师时，他说不愿以他在共和国的生命去为专制君主效劳，因而拒绝。费拉拉的埃尔科莱二世和佛罗伦萨的科西莫·德·美第奇，以高薪请他住在他们的宫廷，也未获答允。1570 年，他安详地去世，享年 85 岁。

1570 年，出现了一部划时代的巨作——帕拉迪欧的《建筑学四论》（*Four Books of Architecture*），他的名字变成了一种风格的代表，并流传到现在。跟许多人一样，帕拉迪欧到罗马，并震撼于集会场残毁的宏伟景象。他爱上了那些残柱和柱头，好像那是建筑学中最完美的构想一样，他几乎背熟了维特鲁维亚的书，也致力于恢复文艺复兴建立的那些原则，他认为古罗马的荣耀是那些原则创造出来的。对于他而言，最上乘的建筑要避免与构造风格本身不相配的所有装饰，其本身的各个部分必须有严格的比例、密切的相关性、和谐，以成为一个整体。而且，还应该具有古典的高雅与坚实、圣女的贞洁和帝王的尊严。

他的第一个建筑作品是他的最佳杰作，也是古老意大利杰出的工程之一，在其故乡维琴察的集会所（Palazzo della Ragione）四周，他建筑了宏伟的拱廊（1549 年秋），把平淡无奇的哥特式中心改造为帕拉迪欧式的长方形，与罗马集会所的伊奥尼亚式长方形媲美，一排用多利安式的圆柱和半露圆柱支撑的拱、巨大的柱头，雕刻细致的栏杆和阳台，一排用伊奥尼亚式柱支撑着古典的飞檐和栏杆。每个拱侧之上，都有一尊雕像俯瞰着城市，更显得伟大。21 年后，他在书中写道："我深信这个建筑可与古代的建筑匹敌，并可被视为有史以来最高贵、最美丽的建筑之一。"他的这项挑战若只限于对城市的建筑，是可以成立的。

帕拉迪欧变成了维琴察的英雄，这表示他超过了圣索维诺，富豪们请他造宫殿和别墅，教士们请他建教堂。在他死前（1580 年），他几乎把他的城市改造成罗马式的都会。他为市政府造了一座有屋顶的憩廊，一座美轮美奂的博物馆，一座华丽的奥林匹克剧院。威尼斯请他去，在那里，他设计了威尼斯最好的教堂中的两座——圣乔治教堂和救世主教堂（Redentore），甚至在他死前，他在意大利都极有影响力。17 世纪初，英·琼斯（Inigo Jones）把帕拉迪欧式带到英国。后来，这种风格遍及西欧，并传到美洲。

也许这是一个不幸，他从未真正地摄取到罗马建筑的高贵，建筑物正面的柱子、柱头、飞檐、嵌线和雕像太繁杂，细节也与古典建筑简单的线条和清晰大异其趣。此外，复古的同时，帕拉迪欧也忘了不朽的艺术所应该表现的是其本身的时代和风格，而不是其他的任何时代，这就是为什么我们在提到文艺复兴时，并不会想到它的建筑，甚至雕刻，而只注意到了绘画。文艺复兴时期的绘画轻染亚历山大和罗马传统，甩掉不协调的拜占庭色彩的包袱，成了这个时代真正的声音和色彩。

阿雷蒂诺（1492—1556）

为了使 1492 年值得纪念，彼得罗·阿雷蒂诺——这位王公们的克星、敲诈之王——在该年的耶稣受难日来到人间。他的父亲是阿雷佐一个穷困潦倒的鞋匠，我们只知道他叫卢卡。他跟许多意大利人一样，因其出生地得名，而变成阿雷蒂诺。他的敌人坚称他的母亲是娼妓，但他否认，而且说他的母亲是一个漂亮的女人，名叫提塔，为画家们做圣母玛利亚的模特，只是与一位名叫卢吉·巴奇的贵人邂逅时，不小心才怀了彼得罗。阿雷蒂诺并不因是私生子而耿耿于怀，当他成名时，巴奇的儿子们也不介意与他称兄道弟。但他的父亲仍是卢卡。

12岁时，他便外出闯天下。他在佩鲁贾找到了一份做装订书籍助手的工作。在那里，他学到很多有关艺术的知识，足以使他后来成为一名很好的批评家和鉴赏家。他自己也画了些画。在佩鲁贾的市中心有一幅圣画，很受人们的喜爱与尊敬，画的是抹大拉的玛利亚虔诚地跪在基督的脚边。一天晚上，阿雷蒂诺在抹大拉的玛利亚的怀中添上了一支笛子，而且，把她的祈祷文改成情歌。当全城为此戏谑而暴怒时，阿雷蒂诺便溜出佩鲁贾，考察意大利去了。在罗马，他当仆役以赚取三餐，在维琴察他做街头卖唱者，在博洛尼亚则当饭店的掌柜。有段时间，他在船上工作，后来又当一座寺院的佣人，但因生活浪漫被革职，便又回到罗马（1516年）。在罗马，他当基吉的随从。这位银行家并不坏，但阿雷蒂诺发现了他自己特有的天赋，便开始不安于奴仆的职业。他写了一篇刻薄的讥刺文章，描述仆人的生活说："扫厕所，擦尿壶……为厨子和仆役们担负些淫荡的工作，他们很快便注意到他全身都染上了花柳病。"他把他的诗拿给基吉的一些宾客看，于是，这位彼得罗便成了罗马最尖酸、最多智的讥刺家。他的作品开始风行起来，教皇利奥很欣赏，差人请他，由于喜爱他直爽的幽默，便将他纳介于诗人与弄臣之间的教廷机构。这3年，彼得罗过着安逸的生活。

突然，利奥死了，阿雷蒂诺又开始漂泊生涯。当红衣主教们集会筹选继承人时，他写文章讽刺选举人和候选人，并把这些文章贴在帕斯奎诺的雕像上。由于讽刺太多的高官贵人，在罗马，他很快便没有了朋友。后来阿德里安六世当选，开始一项最不受欢迎的改革运动时，阿雷蒂诺逃到佛罗伦萨，又逃到曼图亚（1523年）。在曼图亚，费德里科·贡萨加以低薪聘他当宫廷诗人，当阿德里安应了罗马的祈求而死时，一位富有的美第奇再度坐上教皇的宝座。彼得罗跟其他成千的诗人、艺术家、流氓和无赖一样，又赶回罗马。

在那里，他很快不受欢迎。朱利奥·罗马诺曾画了20幅各式各样的狂荡姿态的画，雷蒙迪又将其雕成版画，对于这些色情版画，瓦萨里说："鉴于阿雷蒂诺先生也写了一首很淫荡的十四行诗，这样我就不能说究竟是画比文字坏，还是文字比画坏了。"这些画和十四行诗都在知识分子中流传，也传到教皇克莱门特七世的书记官吉贝尔蒂的手中（据说吉贝尔蒂是阿雷蒂诺的敌人），阿雷蒂诺听到这个消息又开始逃亡。在帕维亚，他迷住了弗兰茨一世。此时，除了荣誉之外，后者几乎丧失一切。这时，他的作风完全改变，这使教皇大感惊异。他写了三首赞美诗——一首给克莱门特，一首给吉贝尔蒂，一首给费德里科·贡萨加。侯爵向教皇说好话，吉贝尔蒂发了慈悲，教皇命人去请阿雷蒂诺，封他为有薪俸的罗德骑士（Knight of Rhodes）。在讽刺家中，他唯一的劲敌讽刺作家柏尼，描述他这段时期的情形说：

> 他走过罗马城，俨若公爵，他参加显贵们所有的野宴，用巧妙的文字缀成的侮辱作为报酬。他善于辞令，知道城中每件讥讽的趣闻，以斯特与贡萨加家族的人与他把臂而行，听他闲谈。他对他们毕恭毕敬，对他人则倨傲睥睨，他依他们所赐而生。他的讽刺天赋为人所惧，人们称他是尖酸刻薄、厚颜无耻的诽谤者，他却因之沾沾自喜。他所求的是固定的薪俸，终以一首献给教皇的二流诗而得偿夙愿。

阿雷蒂诺未加追究，相反的，俨似为了加以说明，他竟要求曼图亚的大使为他向费德里科·贡萨加索取"两副金制衬衫……两副用丝制成的衬衫，及两顶金帽"。当这些东西未能及时送到时，他便威胁要以苛评置侯爵于死地，大使警告费德里科·贡萨加说："阁下知其口舌之厉，我不再多言。"不久，四件金衬衫便送到了。另外，还有四件丝制的衬衫、两顶金帽及两顶丝帽。大使写道："阿雷蒂诺便满意了。"此时，彼得罗的穿着真可类比王公了。

阿雷蒂诺写了一首十四行诗，讥讽一位受雇于教廷大臣的厨房的女人。有一名吉贝尔蒂的家属，名叫沃塔的，于凌晨 2 点在街上袭击阿雷蒂诺（1525 年），在他胸部刺了两刀。他伤势颇为严重，有两只手指必须切掉。但这些伤没使他丧命，阿雷蒂诺很快便康复了。他要求逮捕沃塔，但克莱门特及其大臣均不理睬。彼得罗怀疑教廷大臣计划谋杀他，于是决定再度周游意大利。他前往曼图亚，再度投靠费德里科·贡萨加（1525 年）。一年后，他听闻乔万尼·美第奇正率领大军阻止弗伦茨贝格的入侵，内心也激荡着神秘的高尚情操，跋涉 100 英里到洛迪与乔万尼会合。一想到自己可能由一位潦倒的诗人变成斗士，甚至可能使自己变成公侯，而不再只是王公的文仆，他便非常兴奋。果然，这位年轻的统帅一如堂吉诃德般的慷慨，答应最少也让他当侯爵。但是，勇敢的乔万尼不幸阵亡，阿雷蒂诺只好抛弃盔甲，返回曼图亚，重新执笔。

　　他为 1527 年编了一部伪年鉴，为他所厌恶的人预言荒谬或恶劣的命运，因为气愤克莱门特给乔万尼的支持不充足而且不坚定，阿雷蒂诺把教皇也列为他所讽刺的对象。费德里科·贡萨加竟会庇护一位如此不尊敬教皇的人，克莱门特甚表惊异。费德里科·贡萨加给阿雷蒂诺 100 克朗，劝他离开教皇的势力范围。"我要到威尼斯去，"彼得罗说，"只有在威尼斯正义才能伸张。"1527 年 3 月，他抵达威尼斯，住在大运河区。他被礁湖对面的景色和他称为"世界上最美的道路"的交通网迷住了，他写道："我已决定永远定居威尼斯。"他写了一封恭维的信给总督格里蒂，赞美威尼斯的壮丽、法律的公平、民众的安逸，及为政治犯和知识分子提供庇护。他更堂皇地补充道："曾使君王感到恐惧的我将献身给您这位万民之交。"总督邀请他到私邸，承诺一定保护他，赐给他薪俸，并为他向教皇说情。虽然有数个外国王廷邀请他，他仍忠实地在威尼斯度过他最后的 29 年。

　　他的新居所收藏的家具和艺术品证明了他笔锋的力量，因为这都是他的赞助人或由于慷慨或因为惧怕而赠送给他的。丁托列托亲自为彼得罗私邸的天花板作画，很快，墙壁上便闪耀着提香、皮翁博、朱利奥·罗马诺、布龙齐诺、瓦萨里的画，还有圣索维诺和维托利亚所刻的雕像。有一个名贵的黑檀箱存放着阿雷蒂诺从君王、高级教士、军官、艺术家、诗人、音乐家和贵夫人们那里收到的信件。后来，他将这些信件分两册出版，达 875 页之多。他还有雕刻的橱柜和椅子及一张适合变得臃肿的彼得罗用的胡桃木床。处在那些艺术品和奢侈品之中的他，俨如君侯，布施邻近的穷人，邀宴群朋和仕女。

他靠什么维持如此奢靡的生活呢？部分是靠写作，部分则仰赖怕他讽刺、求他赞美的男女所赠送的礼物和金钱。他所写的讽刺文、诗、信札和剧本，都被意大利最精明、最重要的人买去，所有的人都急着想看他对人对事的态度，欣赏他对当时的腐败、虚伪、压迫和不道德所做的攻击。阿廖斯托在 1532 年版的《奥兰多之怒》中加了两行，使彼得罗的名字多出了两个头衔：

> 看那君王的克星，
> 神圣的彼得罗·阿雷蒂诺。

不久，把这位在当时最粗野、最下流的大作家说成超凡入圣成为当时的一种风尚。

他闻名整个欧洲大陆。他的讽刺文章很快被译成法文，巴黎圣雅克街的一位书商因为销售这些文章而获利。这些文章在英格兰、波兰、匈牙利也同样受欢迎。当时有个人说，阿雷蒂诺和马基雅维利是在德国拥有读者的仅有的两位意大利作家。在他最喜爱讽刺的对象所居住的罗马，他的作品在出版的当日便销售一空。假如我们可以相信他自己的估计，他各种作品的年收入达 1000 克朗。此外，国王、皇帝、公爵、教皇、红衣主教、苏丹、海盗等都是他的贡臣。查理五世送给他一个价值 300 克朗的项饰；菲利普二世另送一个，值 400 克朗；弗兰茨一世送了一条更贵的链子。弗兰茨和查理因互争其宠而答允给他优厚的薪俸。弗兰茨答应给的比查理多。"我崇拜他，"阿雷蒂诺说，"但不在他正慷慨时拿他的钱，实在无情得足以冷却穆拉诺的火炉。"弗兰茨给他无薪俸的骑士头衔，他拒不接受，说："骑士没有薪俸，就像墙没有防阻作用一样，每个人都会生厌的。"因此，阿雷蒂诺转向查理，并非常忠顺。他被请到帕多瓦去谒见这位皇帝。一到城市，就受到群众的欢呼。查理于所有在场的人之中，挑选阿雷蒂诺与他并骑过城，告诉他："西班牙的每位绅士都知道你的作品，你的每一篇文章一发表，他们就争着看。"那天晚上，在国宴上，这位鞋匠的儿子坐在帝王的右首。查理请他到西班牙，彼得罗拒绝了。阿雷蒂诺坐在意大利的征服者旁边，他是后来所谓新闻界的权威的第一个典例，在伏尔泰之前，他的影响力是绝无仅有的。

今天，他的讽刺文章已不引人注目，因为其力量太限于局部的事件，太拘限于一个时代，没有深远的意义。那些文章之所以广受欢迎，是因为我们易于幸灾乐祸，因为它们指出真正的弊端，敢攻击有权有势的人，因为它们把坊间的俗语使用在文学上面，获致丰硕的讽刺效果。在《娜娜和安东尼亚的对白》中，阿雷蒂诺为拉伯雷开了使用下流话和形容词的先例。他最喜用四个字母的字，造一些惊人的语句，如："我要以我的灵魂赌一个阿月浑子的核仁。"他的描述也很生动，如描写一位美丽的 17 岁的妻子为"我所看到的最细嫩的小肉片"，这个女子嫁给一个 60 岁的老头。她喜爱梦游，好像这是"与夜的长矛比武"。这些对白的结论是，娼妓是女人之中最值得赞美的，因为妻子和修女都忠于其誓言，而娼妓则忠于其职业，为报酬付出一个夜晚的劳力。意大利并不震惊，反而乐得心花怒放。

阿雷蒂诺最受欢迎的一部剧本《娼妓》(*La Cortigiana*)，也在这时写成，与文艺复兴时代的其他意大利喜剧一样，这部剧本袭用普劳图斯的传统，仆人愚弄主人，给主人安排难题，再做主人的诱导人和智囊。阿雷蒂诺增加了一些他自创的部分，如讽刺的荒淫的幽默与妓女的密切关系和对宫廷的厌恨（尤其是教皇的宫廷），他揭露朝臣所需要的虚伪、趋炎附势、谦卑和谄媚。在一个著名的句子里，他把诽谤解释为"说实话"，这是他自己含蓄的忏悔录。在阿雷蒂诺的另一部剧本《塔伦塔》(*Talanta*)中，主角也是一个妓女，故事内容是她如何捉弄她的四个情人及如何榨取他们的钱财而不使他们生气；另一部剧本《伊普克里塔》(*Ipocrita*)是一出意大利式的《唐璜》(*Tartuffe*)。

在这些描写妓院风光的剧本出版的同年，阿雷蒂诺写了一连串的宗教性作品：《基督的博爱》(*The Humanity of Christ*)、《七首忏悔的圣诗》(*The Seven Penitential Psalms*)、《圣母玛利亚的一生》(*The Life of the Virgin Mary*)、《贞女凯瑟琳的一生》(*The Life of the Virgin Catherine*)、《圣托马斯传》(*The Life of St. Thomas*)、《亚奎诺之主》(*Lord of Aquino*)等，大部分都是虚构的，彼得罗承认它们是"诗的谎言"，但它们赢得了虔诚的教徒的喝彩，甚至于德高望重的维托利亚·科隆纳也予以赞美。在一些地区，他被视为教会之柱，传说要封他做红衣主教。

使他名利兼收的可能是他的信札，其中有许多是写给被赞美者或其亲信，很坦率地要求礼物、薪俸或其他的恩赐。有时更明白地指出所要的东西和交付的时间。差不多一写完，阿雷蒂诺就发表，如此才会有力，意大利抢购一空，因为它们提供亲近名人的机会，也因为那些文章有创造性、生动有力，非当时的其他作家能及。阿雷蒂诺自然地拥有独特的风格，他嘲笑本博派把诗节修饰得毫无生气。他结束了古典学派对拉丁文、正统和优雅的信仰，假装对文学一无所知，他感到自规范中获得解放。在他的作品中，他只接受一个最高原则：用直接简单的语言，自然地表达他对人生的体验和见解及对衣食的需求。在这一大堆虚伪不实的信札中，偶尔也可以发现一些金玉之音：在给一位最喜欢的病妓的情书中，他对其家世畅快的叙述；在一封给提香的信中，他把日落描写得跟提香或特纳所画的一样绚丽；在给米开朗基罗的一封信中，他为《最后的审判》提供了一个比这位艺术家所采用的更合适的图案。

对艺术的领悟力和鉴赏力是他的良好品德，他最亲密的男友是提香和圣索维诺，他们在一起吃过许多次饭，通常都花钱请女人作陪。此时，一旦话题转向艺术，阿雷蒂诺便能占上风。他写信给许多赞助者，称赞提香，为他赢得几次丰厚的酬金，彼得罗可能抽取一部分。阿雷蒂诺说服总督、皇帝和教皇给提香画像的工作，提香为阿雷蒂诺画了两次，每次都成了巨大而粗鲁有力的杰作。圣索维诺假装雕刻圣徒，把这个老家伙的头画在圣马可教堂的圣器收藏室的门上。在《最后的审判》中，米开朗基罗也许把他画成圣巴托罗缪（St. Bartholomew）。

他有胜过画像之处，也有不及之处。他几乎万恶俱备，还被控鸡奸。他的虚伪使他所写的《伊普克里塔》显得比较真挚些。若他有意于此，完全可以让语言充满污言秽语。他可能变得残忍、怯懦，如他幸灾乐祸地看着克莱门特垮台。但后来他竟厚颜地写道："我很惭愧，在他陷于痛苦的深渊时，我竟如此非难他。"他是地地道道的厚颜的懦夫，但他有勇气指责权贵和陋习。他最显著的优点是慷慨。他把得到的薪俸、津贴、礼物和贿赂的大部分赠给他的朋友和穷人，他放弃所出版信札的版税，使价格便宜些，因而获得更广的名誉和更高的报偿。他每年都因送圣诞礼物而濒临破产。乔万尼·美第奇对圭恰尔迪尼说："除了彼得罗先生有钱的时候之外，我的慷慨无人可比。"他帮助他的朋友卖画，保释朋友出狱（如圣索维诺），他写道："每个人都来找我，好像我是国库的管理员。可怜的女孩子生病了，由我负担费用；有人坐牢了，由我来赎；军人没有装备，陌生人遭受不幸，都来找我；无数的游侠来我家重整行装。"有时他家里养了20个女人，他们并非他的妻妾，有些怀了私生子，在他家受保护。我们知道有一位主教为了其中的一个女人，送给他鞋子以资交换。许多与他交往及被他保护过的女人敬爱他，有6个他最喜欢的妓女骄傲地自称为"阿雷蒂诺的人"。

私底下，他是个驯良的动物，不懂得道德规范。他认为——在那个时候总有些理由——不重要的人都没有道德规范。他告诉瓦萨里，说他从未见过没被抚爱过的处女。他自己的肉欲也强烈，但对于他的朋友而言，这似乎只是生命的自然充溢而已。很多人觉得他可爱，国王和传教士都爱听他讲话。他没受过教育，但他似乎了解每个人、懂得每件事，他对乔万尼·贝利尼、卡泰丽娜（Caterina）及她为他生的两个孩子，和娇弱、患肺病、端庄、不忠实的皮耶莲娜·里恰（Pierina Riccia）的爱，颇具人性。

　　皮耶莲娜·里恰14岁时以阿雷蒂诺秘书的太太的身份进入他家，与他住在一起。阿雷蒂诺待她如女，不久，他便以充满关怀之情的父爱爱上了她。他改了他的道德律，在他的情人之中，只留下卡泰丽娜和他们的孩子安德烈亚。正当他开始平静下来、变得庄重时，一位威尼斯的贵族因其妻被他所迷而告他亵渎和鸡奸。他否认这个控诉，但不敢去法庭对质。若被判有罪，他将要服长期徒刑或死刑。于是，他自家中逃走，在朋友处躲了几个星期，他的朋友说服法庭撤销这件控诉，阿雷蒂诺才在大运河的居民夹道欢呼下凯旋。但皮耶莲娜·里恰认为他有罪，这使他极为痛心。后来，皮耶莲娜·里恰为丈夫所弃，当她回到阿雷蒂诺的身边寻求安慰时，便成了他的情妇。她的肺病越来越重，辗转于死亡的边缘达13个月之久，他很细心地照顾她，使她恢复健康。当他对她的爱达到巅峰时，她却离开他，投向一位年轻人的怀抱。他尽力安慰自己，但从那天起，他的精神便崩溃了，于是老迈胜利地在他身上显露出来。

　　他开始发胖，但从没停止夸耀他的性能力。他经常跑到妓女那里，越来越信仰宗教，而在年轻时，他讥笑复活是"无稽之谈"，"只有无知的贱民才会相信"。1554年，他去罗马，希望能红顶加冠，但尤利乌斯三世只封他为圣彼得之骑士。同年，他因无法付租金而被逐出阿雷蒂诺区（Casa Aretino）。他在大运河之外较低级的地区住下，两年之后，便因中风去世，享年64岁。他曾忏悔部分罪过，也接受了圣餐礼和临终涂油礼。他被葬在圣卢伊亚（San Luea）教堂，好像他不曾是淫荡的恶魔一样。有位聪明人为他写了一首诗，可以作为他的墓志铭：

> 这里躺着托斯卡纳的诗人阿雷蒂诺，
>
> 他骂尽世人，只有上帝未遭其殃，
>
> 他的理由是，"我从不认识他"。

提香与国王（1530—1576）

1530年，阿雷蒂诺在博洛尼亚将提香介绍给查理五世。皇帝这时正忙于重整意大利，当提香为他作画时，显得不耐烦，后来只付了1杜卡特作为酬劳，而使这位艺术家极为吃惊。费德里科·贡萨加称赞提香是"当代最好的画家"，自掏腰包使酬劳增加到150杜卡特。慢慢地，公爵说服了查理。1532年，他们再度碰面，在后来的16年中，提香为皇帝画了无数画像，诸如全副武装的查理（1532年）：上穿华丽的紧身衣，外加锦缎袍，下穿白马裤、长袜和鞋子，头戴黑帽，并插不相称的白羽饰（约1533年）；查理与伊莎贝拉（1538年）；穆堡（Mühlberg）之役中，身着闪亮盔甲、跨骑骏马的查理（1548年）——配色和气势均很成功；身穿沉郁的黑衣在阳台上沉思的查理（1548年），除了服装之外，我们可以相信画家和国王都无意于把他们的主题理想化。这些画仍表现了查理不讨人喜欢的面貌、粗糙的皮肤、沉郁的精神和相当程度的残忍性格。然而，它们总算表现了这个皇帝是一个冷硬心肠的人。他使半个西欧归于他的统治之下，虽然他可以仁慈，也可以大方地补偿他当初的悭吝。1533年，他封提香为伯爵和金马刺骑士（Knight of Golden Spur），自那时起，提香便正式成为基督教世界中最有势力的王朝的宫廷画师。

同时，也许是因为费德里科·贡萨加的关系，提香认识了乌尔比诺的公爵罗维尔，后者是费德里科的妹婿、伊莎贝拉的女婿。既然罗维尔现在是威尼斯的统帅，他和他的夫人便常到威尼斯，提香在那里为他们作画，一个几乎全副盔甲（因为提香喜欢其光泽），一个是因多病而苍白驯顺的妇人。提香为他们画了一幅抹大拉的玛利亚的木板画。这幅画的吸引人之处，是画中的女人赤褐色的头发上所表现出的光线和色彩。此外，他还为他们画了一幅画像，叫作《美女》，是用绿色和棕色画的，现藏于比蒂画廊；又为费德里科的继承者公爵圭多巴尔多二世画了一幅艺术界最完美的裸体画，叫作《乌尔比诺的维纳斯》（约 1538 年）——据说，提香曾参与乔尔乔纳所画的《熟睡的维纳斯》的润饰工作——此时，除了陪衬物和面貌之外，他大致上是模仿那幅杰作的。在这幅画中，脸部没有乔尔乔纳所表现的那种真挚的安详，也摒弃了原有的静谧的风景物，而改以绿色的窗帘、棕色的布幔和红色的长凳代替；而且，还有两个女侍在寻找华丽的适合穿在女性美妙身段上的长袍。

　　提香从公爵和皇帝转向画教皇。保罗三世也很威严，他有男子气概，有巧妙的手腕，还有一张勾画着两代历史的脸。1535 年，在博洛尼亚，保罗勇敢地供提香作画。穿着飘逸的教皇长袍、已经 67 岁的他，虽有倦态，仍然威风凛凛。曾经一度不可一世的身躯之上，是长长的脑袋和浓密的胡子，象征权威的指环戴在他的手上，这幅画和拉斐尔的《尤利乌斯二世》并称为意大利文艺复兴时代最精致、最有深度的画像。1545 年，教皇邀请 68 岁的提香到罗马，这位艺术家被安顿在布尔瓦德尔，接受该城所有的荣耀。瓦萨里做他的导游，陪他参观古典时代和文艺复兴时代罗马的奇观，甚至连米开朗基罗都欢迎他。在罗马，提香再度为保罗作画，这时保罗比以前更老、更佝偻，也更烦恼，两旁是阳奉阴违的两个孙子。不久，这两个孙子便背弃他。这一幅也是提香最具深度的画之一。他还为其中的一个孙子法尔内塞画了现存于那不勒斯博物馆的沉溺肉欲的《达尼尔》（Danaë）。在罗马住了 8 个月后，他慢慢地经佛罗伦萨大道回到威尼斯（1546年），希望清闲、安详地在威尼斯度其余生。

但一年后，皇帝急召他越过阿尔卑斯山到奥格斯堡（Augsberg）。在那里，他住了九个月，画了前面所列的帝王画像中的两幅，并使瘦弱的西班牙大公如萨克森诸侯腓特烈（Johann Friedrich）等高大的条顿人一样永垂不朽。提香第二度到奥格斯堡时（1550年），遇到后来的西班牙菲利普二世，为他作了几幅画，其中的一幅存于普拉多，是文艺术复兴时代最好的画像之一。更可爱的是他画查理的葡萄牙籍夫人——伊莎贝拉皇后的容貌，她死于1539年，但四年后，皇帝把一位不知名的画家为她作的画拿给提香，要求他把这幅画变成完美的艺术品，结果可能不像皇后。虽然是想象画，这幅《葡萄牙的伊莎贝拉》在提香的作品中仍属上乘之作：清秀而忧郁的容貌，高贵的服饰，一本暗示其对早逝似有预感的祈祷书，用强烈的绿、棕、蓝三色组成的远景。提香再次赢得了贵族阶级对他的折服。

从奥格斯堡回来之后（1552年），提香觉得游历已足，这时他已75岁，自然会有不久于世之念，也许是忙碌使他长寿，专心作画使他忘记死亡。在一系列的宗教画中（1522—1570年），他把从亚当到基督的基督教义和故事多彩多姿、戏剧性地描绘出来，用生动的画像纪念使徒和圣者，其中画得最好而最凄惨的是《圣劳伦斯殉道记》（*The Martyrdom of St. Lawrene*）（1558年）：圣者正在铁架上被罗马士兵和奴隶烤着，后者还用火烫的铁棍和鞭挞增加他的痛苦。这些宗教画感人的程度不如佛罗伦萨派的宗教画深，这些画的画面更优美，但是不会令人有诚敬的感觉。从基督和使徒们的形象，便可清楚地知道提香的兴味是纯技巧性的，他考虑的是华丽的人体，而不是苦修的圣人。在乔万尼·贝利尼和提香的基督教义之间，虽然还有商榷的余地，但已失去威尼斯艺术所具有的精神要旨。

图画或雕刻艺术不可或缺的感官要素，在提香的画中，仍然强烈地存在着，几乎达一个世纪之久。他画了各种不同的《达尼尔》，并画了许多"维纳斯"以维护这种信仰。西班牙的菲利普二世是这些"神话"的最佳主顾，马德里的皇宫中挂满了《达尼尔》、《维纳斯和阿多尼斯》、《珀修斯和安得鲁米达》、《伊阿宋和美狄亚》、《阿卡提翁和狄安娜》、《欧罗巴之劫》（*The Rape of Europa*）、《塔尔昆和卢克莱修》、《狄安娜和卡里斯图》及《朱庇特和安提欧普》。除了最后一幅之外，其余的都是提香在 1553 年后所画的，当时他已 76 岁，可能还要老些。在 80 多岁的高龄，这位画家创造裸女的想象力跟他在盛年所画的一样完美。狄安娜的赤褐色的头发朝上梳起，这是韦罗内塞当时采用的发型，金发、碧眼、雪肤的维纳斯几乎比所有希腊的阿佛洛狄忒式都要可爱。《梳妆的维纳斯》（*Venus With the Mirror*，约 1555年，现存于华盛顿）一画所用的模特也许是同一个女人，只是长胖了些。在《普拉多的维纳斯》中，她又充当维纳斯，紧拉着阿多尼斯，拼命求他离开他的狗。即使在柯勒乔的画中，也没有如此大胆地暴露女人的肉体。还有其他的维纳斯画像散布在各个画廊，但一下子全聚集在提香的脑中。存于桥水屋（Bridgewater House）的《沐浴的维纳斯》（*Venus Anadyomene*，约 1520 年）中，女神站在澡池里，膝盖以下没入水中；藏于沃夫兹的《维纳斯和丘比特》中的维纳斯有黄褐色的头发，蓝眼，白色的皮肤，还有一双完美无瑕的玉手；柏琪斯画廊所保存的《受教的丘比特》（*The Education of Cupid*，约 1565 年）中的维纳斯穿着衣服；存于普拉多的《维纳斯和风琴演奏者》（*Venus With the Organ Player*，1545 年）中的风琴演奏者无法专心演奏；及大都会艺术馆所保存的《维纳斯与吹笛者》（*Venus With the Lute Player*，1560 年）。总之，必须指出的是，这些画中的女人只不过是画作的魔力的一部分，提香对大自然和对女人一样感兴趣，在这些画布中，有些他画了美丽的风景。有时这些风景与女神一样可爱。

比神话画更伟大、更具深度的是画像。若说这些维纳斯的画表现了一种永具生趣的形式，那么，这些画像便表示提香有把握和传达人性的本领。总之，这种艺术的力量是其他画家不能企及的。什么能比《戴手套的男人》（*Man With the Glove*，约 1520 年，现存于卢浮宫）更细致？戴手套的左手和白色的绉领与自眼中反射出来的敏感气质配合得如此美妙。《红衣主教伊普里托》（*Cardinal Ipolito de'Medici*，1533年，现存于佛罗伦萨的比蒂画廊）是较差的一幅画像，但是在其脸部仍表现了敏慧、艺术感和权力欲。《弗兰茨一世》（约 1538 年，现存于卢浮宫）把这位法国国王的尊容画出了名，共有 1 万幅的复制品散布在全世界，羽饰的帽子、笑眯眯的眼睛、狭长的鼻子、一撮须髯和一袭红衬衫，就是这位失去意大利而获得达·芬奇和切利尼及成百个女人的国王的画像。提香的官职使他不得不为许多公侯作画，这些画几乎全部佚失，只剩下三幅惟妙惟肖的人像：《尼可罗·马尔赛罗》（他于提香出生以前即已死亡）——一张丑陋的嘴脸配上一袭华贵的衣袍；加马尼在王公宫殿的《信仰》（*Faith*）的图中——一张道学面孔和一袭华贵的长袍；以及格里蒂——衣袍较不华丽，但是一张威严的脸包含了威尼斯所有的权势。风格相反的有精巧的《卡拉莱丝·斯特罗奇》（*Clarice Strozzi*），对这幅画，阿雷蒂诺赞赏备至。存于佛罗伦萨比蒂画廊和纽约弗利克收藏所（Frick Collection）的阿雷蒂诺的画像，作为朋友的提香无情地描绘了一个迷人的流氓。比较温和的是提香所画的本博纪念像，此时（1542 年），这位诗人的赞助人已当了红衣主教。提香的最伟大的画中，有一幅叫作《法学家伊普里托·里米那迪》（*The Jurist Ippolito Riminaldi*，1542 年），一度被叫作《诺福克公爵》（*The Duke of Norfolk*）——蓬乱的棕发，高额，稀疏的胡髭，紧闭的嘴唇，小巧的鼻子，犀利的眼神。当我们知道这些人的外表只不过是随时可应付任何挑战的坚强意志、娴熟世故与艺术各面的细密心思的表征时，便可更加了解意大利和威尼斯。

　　最有趣的是提香自己的画像，他为自己作了几次画，最后的一次是在 89 岁时。站在这幅藏于普拉多的自画像前，我们看到的是被岁月刻画、洗涤的脸：头巾没完全包住白头发，红胡子几乎遮住了脸，大鼻子呼吸着权力，蓝色的眼睛因把死亡看得太近，显得有点忧郁，手握着一把画刷——伟大的艺术活力尚未耗尽。这位不是公侯，不是元老，不是商人，而是主宰威尼斯半个世纪，使朝生暮死的贵族和国王不朽，并使他所喜爱的城市与佛罗伦萨和罗马在文艺复兴史上并列的人物。

　　虽然早年潦倒的记忆使他至死贪得无厌，此时的他已属富有，威尼斯由于尊敬他难得的造诣而免除他的某些税。他穿的是华服，住的是舒服的房子，有宽阔的花园俯瞰浅湖。我们可以想象他在那里款待诗人、艺术家、贵族、主教和国王的情景。他于 1525 年娶的太太，在生了两个儿子后，便于 1530 年去世了。于是，他又重享以前曾经享受过的文人自由，其女拉维尼娅是他的掌上明珠，他试着为她作画，虽然她的身体胖如主妇！但数年后，她也死了。一个儿子叫蓬波尼奥，是个无用的浪荡子，伤透了这位老人的心；另一个叫奥拉齐奥，他画了一些画，但都已逸失，提香晚年的画他可能参与过；此时帮助他的可能是他的另一位门生多米尼克·西奥托库普卢斯（Domenico Theotocopoulos），虽然在提香健康的人物形象与欢悦的场景中没有任何悲伤的迹象。

　　在他的垂暮之年，他几乎每天作画，在艺术中找到快乐。绘画时，他知道他是泰斗，全世界都在赞赏他。他的手仍不失灵巧，眼睛仍然犀利，甚至他的智慧和想象力也丝毫不减当年。有些购买者抱怨这些晚期的作品还没完成便送去给他们。纵然如此，这些画仍是奇迹，除了拉斐尔之外，恐怕没有其他的画家具有这种纯熟的技巧、这种对颜色和结构的控制能力及组合多种光线的奇才。他的错误在于他的速成品和漫不经心的作品，但当他细心慢工作画时，便能画出像存于巴约纳（Bayonne）的博纳艺术馆（Musée Bonnat）的《摩德罗和安杰莉卡》（*Medoro and Angelica*）一样的神妙之作。人像必须速画，因为对象太没耐心、太忙碌，无法长坐或常去供他临摹。因此，他只好先素描，再根据轮廓加以润饰，也许在画中会添上实物没有的东西。在油画方面，他太重视形体，很少把握住基本的精神。在透视力和感触力方面，他不如达·芬奇和米开朗基罗，但是，若拿艺术相比较，他又何其健康！提香接受大自然、男人和女人的原相，并且从他们那里获得快感。他是直率的异教徒，90 年中，他一直乐于玩味女人的形体，他心目中的贞女是健康的、活泼的、可婚嫁的。在提香的艺术中，贫穷、悲哀和人生的不安所占的地位微不足道，除了少数的殉教画和耶稣十字架受难画外，表现的都是美感和欢乐。

在不停地作画中，他终于老迈了。88 岁时，他旅游到布雷西亚，并接受热诚的邀请为人民大殿中的一个天花板作画。瓦萨里在他 90 岁时拜访他，发现他仍拿着画笔在工作。91 岁时，他画了一幅雅科布（Iacop da Strada）的肖像（现存于维也纳），色彩绚丽、性格刚毅。但这时他的手开始颤抖，视力已渐模糊，他觉得奉献虔敬的时刻已到。1576 年，他 99 岁，他答应为费拉里的教堂画一幅《基督的葬礼》（*Burial of Christ*），条件是让他葬在该处，这个教堂挂了他的两幅杰作。他没有完成就死了，只差一年就活到 100 年。那一年，威尼斯发生瘟疫，每天有 200 人死亡，1/4 人口因得传染病而死，提香是在瘟疫期中死的——可能不是因为瘟疫，而是因为年纪老迈（1576 年 8 月 26 日）。政府为了举行国葬，特地废除公共聚集的禁令，他依其所愿被葬在费拉里的教堂。这是一个伟大的生命、也是一个奇异时代的结束。

丁托列托（1518—1594）

这并不是真的结束，因为还有位差不多同样伟大的巨星在提香死后活了 18 年，画他的《天堂》（*Paradise*）。

丁托列托（Iacopo Robusti Tintoretto）是一个染工的儿子，因此，古怪的意大利人便把他的绰号带进历史。事实上，他是染工，也是善于着色的伟大美术家。他的姓很适合他，只有坚强的躯魂才能使他历尽艰辛而出人头地。

我们最先注意到的是他当提香的学徒，他当时的年纪不详，过了几天，便被开除。一个世纪后，里多尔菲（Carlo Ridolfi）站在丁托列托后人的立场，叙述这件事的经过说：

当提香回家，进入他的学生的课室时，看到一张桌子露出一些纸，上面有图画，他问是谁画的。丁托列托胆怯地说是他画的。从这些初画中，提香预测这个孩子会成为一个能人，在艺术上，可能会给自己带来麻烦。于是，上楼后，一取下外套，便命令他的大徒弟 G. 但丁立刻将丁托列托逐出门墙。人心总有些嫉妒的色彩。

我们宁愿拒绝这种说法，但提香的至交阿雷蒂诺在 1549 年的一封信中，曾提及此事。开除是事实，但这种解释有问题。那时，提香已是国王们的画家，而丁托列托只不过是一个 12 岁的小孩，我们很难相信提香会嫉妒这么一个假想的竞争者，也无法相信只从刚入学的丁托列托的画，提香便能预测他的未来。可能是那些画画得太粗心，使提香生气，而不是因为画得太好。粗心一直是丁托列托的毛病。丁托列托一生都很敬仰提香，他珍藏一幅提香给他的画。在他画室的墙上，他写了一则座右铭作为他期望在绘画上达到的目标，这则座右铭是："米开朗基罗的设计和提香的色彩。"

根据里多尔菲和传统的说法，丁托列托在离开提香之后，便没有再受教育，只是勤奋地模仿和试验。他解剖身体，研究解剖学。他饥渴地观察他所体验到的每个事物，决心在他的一幅画中捕捉住所有的细节。他用蜡烛、木头或硬纸板做成模特，给它们穿上衣服，从每一个角度画它们，想办法用平面表现出立体感。他请人铸造在佛罗伦萨和罗马的古代大理石雕像和米开朗基罗雕像的模型，陈列在他的画室，以各种不同的角度临摹。他被由数量、造型和光线的变化引起的各种景象迷住了，他利用灯光或烛光画了一百幅画。慢慢地，他变得太喜欢晦暗的背景和深度的阴影，终于成为绘画手部、脸部、帷幔、建筑物、风景和云彩明暗的专家。在他奋斗的过程中，他已用尽了所有的方法，使他的画达到十全十美的境界。

他的作品，仍有一种不耐烦的仓促和润饰的不足，这延误了大众对他的作品的认识，这可能是未受专业训练的缺点。成年后，他必须寻求机会，他画家具、画房子的门面，请求建筑师以廉资雇他作饰画，还在圣马可区卖画。每个人都要提香；提香和阿雷蒂诺了解，有点教养的人都只要提香；当提香忙的时候，请博尼法齐奥·韦罗内塞。丁托列托一定愤恨阿雷蒂诺推销提香的画。后来，当这位大克星找他作画时，他从口袋中拔出手枪，假装用它量阿雷蒂诺的身材，欣赏这位敲诈者恐惧的表情。从此，阿雷蒂诺的笔对丁托列托就很客气了。当丁托列托发现奥托圣母教堂唱诗班的位置的巨墙——50英尺高——没有画时，他要价100杜卡特，在原来空白的墙上润饰壁画。因此，威尼斯的画家都怪他廉价接单、"破坏生意"，丁托列托仍然决定要画。

他第一次成功时已经30岁，圣马可学院举办一次绘画比赛，题目是"圣马可救奴隶"。这个故事摘自沃拉齐（Iacopo de Voragine）的《黄金故事》（*Golden Legend*）：一个法国普罗旺斯的奴隶，向圣马可许愿，要到他在亚历山大的陵墓去朝圣，他的主人不许他去，但他去了。回来后，他的主人命令他挖去眼睛，但压在眼睛上的铁针无法刺穿其眼睑；他的主人又命令他断去四肢，但铁棍无法发生作用。这个主人知道圣马可在干扰，便宽恕了这个奴隶。丁托列托的画，用绚丽的色彩、丰富的真实感和强烈的戏剧性表现了这个故事：天使的手紧握着《福音》，从天上降下来，解救一位即将被摩尔人斩首的信徒，旁边有许多各色各样的人物，很感动地看着。丁托列托把握住了这故事给他的每一个机会，男人强壮威严，女人高雅大方。学院的董事们有点骇于这幅画所表现的肉体真实感。他们争辩是否该把这幅画挂在墙壁上，愤怒的丁托列托骄傲地抢回这幅画，并带回家。他们到他家要求他把画还给他们，他让他们等一段时间以当作处罚，然后才答应他们。阿雷蒂诺也传话赞赏。现在，他的事业因为他的才华展开了。

不久，他便接到了许多聘书。12座教堂请他，还有12个贵族、6个君主和政府。为这些而画的100幅画中，他表现了基督教的宇宙论、神学和末日论，自创世记至最后的审判。他不是教徒（在16世纪的威尼斯，很少艺术家是），心灵上和意志上有一半是受异教或东方伊斯兰教的影响：艺术就是他的宗教，为了它，他牺牲了夜晚和白天。画家所能想象的，还有什么题材比亚当和夏娃的传说、玛利亚和圣婴的故事、耶稣被钉十字架的悲剧、圣者的遭遇和奇迹，及召集生者与死者到基督的审判座前的历史高潮更好呢？在这一系列中，最好的是《引见圣母》（*The Presentation*，约 1556 年），这是丁托列托为奥托圣母的教堂——古色古香的耶路撒冷寺（Temple of Jerusalem）而画的，羞怯纤小的玛利亚受到长髯飘逸、伸展双臂的高僧的欢迎，具有菲狄亚斯庄严相的一位妇女指着玛利亚给她的女儿看，其他的妇女和小孩也栩栩如生，一个先知正在做警世预言，半裸的乞丐和跛者蹲伏在该寺的阶梯上。这幅画可媲美提香最好的画，是文艺复兴时期的巨作之一。

1564 年，圣洛克会指定他为集会室作画，这奠定了他成功的基础。为了选择一位画家为巨大的墙壁作画，董事们邀请画家们交一幅表现荣耀的圣洛克的画像，以嵌入椭圆形的天花板，当韦罗内塞、斯基亚沃内及其他画家还在创作草图时，丁托列托就画好了一幅颜色鲜艳、栩栩如生的画，悄悄地把这幅画糊在指定的地方，遮盖好。到其他的画家交画的那一天，他把画揭开来，使评判员和竞争者俱感震惊失措。他辩驳的理由是，唯有不遵守草图，一气呵成，他才能画得最好。其他的画家因此大哄，丁托列托退出比赛，但将那幅画留做给学院的礼物。学院最后接受了那幅画，并使丁托列托成为其成员，每年给他 100 杜卡特，条件是他每年为他们画 3 幅画。

此后 18 年中（1564—1581 年），他在学院集会室的墙壁上挂了56 幅画。集会室的光线不佳，丁托列托必须在半黑暗中作画，他画得很快，草草上色，因为这些画是供在 20 英尺下观赏的。在威尼斯历史上，这些画成为最出名的作品，后来的艺术家们来此研究这些画，就好像在佛罗伦萨的学生研究马萨乔一样。经年累月，这些画被雨水和潮湿侵蚀，但在画面和力量方面，它们仍然很吸引人。100 年前，罗斯金写道："二三十年前，它们被取下来修补，但是，受托做这件工作的人，却在此时死亡，其中，只有一幅遭到破坏。"

在这个惊人的博物馆中，丁托列托再次叙说基督教的故事，但与以往不同，大胆的写实主义从理想概念的世界中抽取这些故事，又用自然的环境衬托出来，这些传说似乎变成了最真实的历史。观察、抓住景色的每一个细节，感受这些细节，一两笔就把这些细节泼洒在墙壁上——好像在《抹大拉的玛利亚》中可看到月桂树根的流水一样。他把集会室的底层奉献给玛利亚：在《天使报喜图》中玛利亚谦逊而惊讶；在《造访》中，她谦恭且雍容；在《东方博士的朝拜》中，她对珍贵的东方礼物略感恐惧；在《逃亡埃及》（The Flight into Egypt）中，她骑在驴上，在安详的景物中，缓缓而行，不为"无辜者大屠杀"所危，成为这些画中最出色的一幅。在楼上主厅的墙壁上，丁托列托叙述基督一生的事迹：受约翰洗礼，撒旦的诱惑，奇迹，最后的晚餐。最后一幅的写实性冲破了传统，罗斯金说它是"我所知道的丁托列托的画中，最坏的一幅"。基督在较远的一端，圣徒们专心在吃东西、交谈，仆人们扰扰攘攘地端来食物，一只狗似乎在问它什么时候才能吃。在楼上的一间内室，丁托列托画了两幅画，这是他最伟大画作中的两幅。《比拉多之前的基督》（Christ Before Pilate）勾画出一个令人难忘的人物，穿着白袍，默默地站在比拉多之前，疲倦、谦顺，但仍具威严，想要洗刷后者向嗜杀成性的暴民投降的罪过。最后的一幅是丁托列托认为画得最好的《耶稣被钉十字架》，这幅画在结构的力量和幅度上、技巧上，都胜过米开朗基罗的《最后的审判》，40英尺的墙壁，80个人物，还有马、山、塔、树。细节的完备，令人难以置信，基督在肉体上和灵魂上所受的痛苦隐约可见。一个强盗被迫钉在平放地上的十字架，抗拒至死；一个绝望的巨人，也被钉在十字架上，粗暴的士兵想扶立十字架时，恼怒他的体重而无心怜悯；妇女们吓成一团，旁观者围挤着想看人受苦、死亡；远处，低沉沉的天空无视这个人间的悲剧，只顾打雷、闪电、下着冷漠的雨。在这幅画中，丁托列托的技术已达炉火纯青的境界。

除了这些集会室中的杰作外，丁托列托还为属于学院的教堂作了8幅画，都与圣洛克有关。其中有一幅因恐怖性而著名的是《比赛斯达池》（*The Pool of Bethesda*），取自《约翰福音》第五章："一群残废的人躺在"那儿，"盲人、跛者，还有四肢麻痹的人"，静待机会，想沐浴于治疗池中。丁托列托关心的不是跛者痊愈的奇迹，而是患各种疾病和伤残的群众。他赤裸裸地画出他们的畸形、破衣和肮脏，他们的希望和绝望。这种情景有如取自但丁的《炼狱》或左拉（Zola）的《卢尔特》（*Lourdes*）。

同一个人，能以艺术攻击腐蚀肉体的疾病，也必热衷于表现肉体健康美的光泽。丁托列托的裸体画几乎与提香和柯勒乔并驾齐驱。虽然我们可以想到，他激烈的性格和快速的画笔可能无法传达古典静止的美感，如遍布欧洲的悦人眼目的画像：里昂博物馆的《达尼尔》，沃夫兹的《丽达和天鹅》，慕尼黑皮那科德（Munich Pinacothek）的《维纳斯和沃尔坎》，德勒斯登的《阿尔西尼的释放》（*Deliverance of Arsinoë*），罗马宫殿的《墨丘利和三女神》（*Mercury and Graces*）及《酒神与阿里亚德妮》，等等。西蒙兹认为最后的一幅，"即使不是最伟大的，也是现存的油画中最美的"。虽然，更美的要算伦敦艺术馆的《银河之源》（*Origin of the Milky Way*），丘比特压在朱诺的双乳上——传达得真妙。卢浮宫、普拉多、维也纳和华盛顿的画廊，各有一幅丁托列托的《苏珊娜及长辈》（*Susanna and the Elders*）。普拉多画廊有一个房间是丁托列托的人体画——《威尼斯少女》（*A Young Venetian Woman*），画上的人物把衣服拉开，露出胸脯；甚至于在《土耳其人与基督徒战役》（*Battle of the Turks and Christians*）里，在武器的闪烁中，也出现了两个让人分心神的乳房。维罗纳博物馆中的《音乐会》，画的是九位女音乐家，其中有三位上半身全裸——耳可听，眼睛还有这么多可看的。这些都不是丁托列托最好的画，他的长处在于表现雄赳赳的生命和壮烈的死亡，这些画也说明他跟乔尔乔纳和提香一样，也能用稳健的手扭转危险的曲折。他所有的裸体画都不流于淫邪，而是健康的感觉主义：男神和女神裸体是自然的，他们没什么感觉，全身暴露于日光之中，而无纽扣、衣带和衣结的栓锢，正是他们的神圣之处。

　　过了近 40 年的单身生活后，丁托列托爱上了福斯蒂纳·韦斯科维（Faustina de Vescovi）。她发现他很散漫、无助，而觉得照顾他可获得幸福，她为他生了 8 个孩子，其中 3 个后来变成平凡的画家。他住在离奥托圣母教堂不远的一栋简陋的房子里，除了去威尼斯教堂、王宫或画社作画外，很少离开他的住区，所以他的才华只在他的出生地被赏识。曼图亚公爵在他的宫廷里给他安排一个职位，但为他所拒，他只在他的画室中才感到快乐。在画室中，他日夜不停地认真作画。他是一个好丈夫，也是一个好父亲，但对社交一点也不感兴趣。他几乎跟他所崇拜、所想超越的米开朗基罗一样孤独、自立、忧郁、神经质、嫉俗和骄傲。他的心灵和作品从无安宁，跟米开朗基罗一样，他认为身体、心灵和精神的力量比外在美重要，他所画的圣女往往跟多尼的圣母一样没有魅力。他也留下自己的画像（现存于卢浮宫），这是他 72 岁时画的。这幅画可以说是米开朗基罗本身的头和脸——坚强沉郁的脸，深沉而疑惑，并有历经风霜的痕迹。

　　他的自画像最好。在他为别人所作的画像中，有一些也证明了他深透的眼力和作品的完整，因为在那些画中，他仍然坚持写实的态度。存心欺骗后代的人不敢请他作画，许多威尼斯的名人都因丁托列托的画笔而留传至今，有总督、元老、太守、3 个铸币官、6 个司库官。其中，伊库甫·索兰佐是威尼斯艺术史上最伟大的画像之一。此外，还有建筑家圣索维诺和百岁寿翁路易吉·科尔纳罗。在丁托列托的画像集中，仅次于伊库甫·索伦佐的有《穿盔甲的男人》（*The Man in a Cuirass*，现存于普拉多）、《一个老人的画像》（*Portrait of an Old Man*，现存于布雷西亚）、《一个男人的画像》（*Portrait of a Man*）以及现存于纽约摩根图书馆的《摩尔人》（*A Moor*）。1574 年，丁托列托化装成总督莫西尼科（Alvise Mocenigo）的随从，混进威尼斯的旗舰上，偷偷地用蜡笔素描法王亨利三世。后来，在亨利接见显贵的房间的角隅完成了这幅画像，亨利非常喜欢这幅画，封他做骑士，他却请求亨利的饶恕。

　　他跟威尼斯贵族的交往始于约 1556 年，他和韦罗内塞受聘在公爵宫中作油画，在议会厅他画《腓特烈巴巴罗萨的加冕》（*The Coronation of Frederick Barbarossa*）和《被亚历山大三世逐出教会的巴巴罗萨》（*Barbarossa Excommunicated by Alexander III*）；在斯库卢提尼奥（Sala del Scrutinio）厅中，他在整座墙壁上画了一幅《最后的审判》。这些画大受元老院的赏识，1572 年，选他为莱潘托大捷作纪念画，这 4 幅画都在 1577 年的大火中被烧掉。1574 年，元老院聘他装饰会议室，他画的是《商业之神和三女神》、《酒神与阿里亚德妮》、《沃尔坎的锻铁厂》（*Forge of Vulcan*）和《被密涅瓦所捕的马斯》（*Mars Pursued by Minerva*）。在萨拉（Sala de'Pregadi），丁托列托画了一系列的大幅板画，祝贺当时的总督，背景是庄严的广场、圣马可及其灿烂的圆屋顶、钟塔、钟楼、维奇图书馆的正面、总督殿灿烂的拱廊、迷濛的大运河、晴朗的大运河。为了迎合骄傲的政府，他在天花板上画了一幅《威尼斯的海上王后》（*Venice Queen of the Seas*），画中人物穿着华丽的衣袍，羡慕的神围绕在她四周，接受海神所奉献的珊瑚、贝壳和珍珠。

　　大火之后，永不灰心的元老院又请丁托列托为烧毁的墙垣作画，以淹没损失的记忆。在斯库卢提尼奥厅中，他画了一幅巨大的战争场面《扎拉之陷》（*The Capture of Zara*）；在大议事厅的墙壁上，他画《腓特烈巴巴罗萨皇帝接见教皇和总督的特使》（*Emperor Frederick Barbarossa Receiving Envoys from the Pope and the Doge*），而在天花板上的是《总督尼可罗庞接受降城的贡品》（*The Doge Niccoló da Ponte Receiving the Homage of Conquered Cities*）。

　　1586 年，元老院决定翻修会议厅东墙上由瓜里恩托（Guariento）

所作的壁画。当时丁托列托 68 岁，他们认为他太老，不能担当这项工作，将工作分派给 58 岁的韦罗内塞和 37 岁的弗·巴萨诺。但是，在工作正式开始前，韦罗内塞死了，丁托列托自荐接替他。他建议只画一幅《天堂的光荣》（*The Glory of Paradise*），元老院同意了。于是，这位老人在其子多梅尼科和女儿玛丽埃塔的帮助下，铺开了画布。他画了许多初步的略图，这些略图本身就是杰作，现存于卢浮宫。当全部就绪（1590 年）、多梅尼科画好并糊妥接连时，这幅画变成了有史以来最大的油画——72 英尺长，23 英尺高。去观赏的群众都同意罗斯金的看法，认为这是威尼斯绘画的巅峰——"世界上最好的作品、纯洁、有力而且宏伟。"元老院给他一笔很大的酬金，他退回了一部分，再度被同时期的艺术家诟骂。

时间也蹂躏了这幅《天堂》，今天，一个人走进大会议厅，转身面向总督座后的墙壁时，他不会注意到丁托列托遗留在那里的画，而只会发现一幅历经几个世纪的尘烟，而变得黯淡的画。原来只占极小部分的 500 个人物，现在已可一眼看出，一圈一圈的人在颤动；孩童、少女、忏悔者、烈士、传道者、圣徒、天使、大天使等，都注目着玛利亚和圣婴，好像在某种意识里，这两个人已变成了拉丁基督世界的真神。除了可看见的数百人之外，丁托列托使我们觉得还有数百人存在，丁托列托意在表现他们的众多和快乐。他没用但丁的庄严沉闷的天堂，他的天堂是乐土，只有在那里，才能获得极乐。这幅画是这位老画家愤世嫉俗的代表作。

他有理由悲伤，就在这幅画完成的同年，他的爱女玛丽埃塔死了。她在绘画和音乐上的才能，是他晚年主要的慰藉；而现在，她走了，他所渴望的只是在来生再看到她。他比以往更常到奥托圣母——我们的花园女主人——那里去。在那里，他花好几个钟头沉思、祈祷，而终成一个谦逊的人。他仍然作画，在晚年，他为圣凯瑟琳教堂作了一系列的画，因为这个教堂与其爱女同名。77 岁那年，他得了严重的胃病，痛苦得无法入睡，他立下遗嘱，向他的太太、子女和朋友们道别之后，终在 1594 年 5 月 31 日逝世。他的遗物由奥托圣母教堂接收。

假如乘游艇穿越威尼斯，从各个角度正视丁托列托的作品，设法澄清对他的艺术观念，第一个印象便是巨大和繁多。高大的墙壁充满着人类的和动物的形态，表现的是至美或奇丑，体态不一，唯一的解释是这就是生命。他逃避人群，憎恶人群，但他也到处看到人群，而且活生生地把他们表现出来。他似乎对个体不太感兴趣，他画人像，只为了赚钱。他看的是人类的整体，也用人群的奋斗、竞争、爱、享受、受苦、刚强健美、病弱伤残、得救或遭殃，来表现人生和历史。他所用的画布大得惊人，因为只有这样的宽阔才能容纳他看到的一切。跟提香一样，他的技巧从未臻于成熟，他自创了画这些巨画的方法。对于他而言，总督宫里房间的宽大正适合，因此，我们不能要求他精细，他是草率的、粗鲁的、急躁的。有时，画笔一挥就是一幅景象，他真正的错误不在于表面的粗陋——因为粗陋的画面也可以表达意义，而在他选择的题材具有强烈的戏剧性。他不正常的情绪骚动、他表现的悲观及一再表示对群众的厌倦，就像米开朗基罗执迷于形式、鲁本斯执迷于肉体一样，他被数字冲昏了头。虽然，在这一大堆的画中，有意义的细节何其丰富、其观察力何其敏锐与正确、局部的独立性何其强烈！在只有想象力和情感的时代，他的写实主义又显得多么的勇敢！

面对着这些画，我们最后的感触是真实的：这是风格伟大的艺术。其他的艺术家画的是美，如拉斐尔；是力量，如米开朗基罗；是灵魂的深度，如伦勃朗。但在这些巨大的帆布上表现的，无论是一个城市的怒吼，在祈祷中静默的群众，还是成千个家庭中的纷乱而热烈的亲情，都是人性。没有其他的艺术家看得如此广大，画得如此完整。有时，沉默在总督宫或圣洛克会的褪壁之前，较好的艺术家的画，会从我们记忆中消失。但我们感觉到，假如成为巨匠之后的他，能跟珠宝商一样修饰他的画，这个小染匠会是他们之中最伟大的画家。

韦罗内塞（1528—1588）

在此，让我们对一些次要的艺术家表示敬意，他们也是威尼斯的明灯。米多拉（Andrea Méldola）是斯拉夫人，别名斯基亚沃内，他随提香学画，在米兰城堡中的一个柜子上画了一幅美丽的《加勒蒂娅》（*Galatea*）。在一幅《朱庇特与安提欧普》（现存于列宁格勒）跟《处女的奉献》（*Presentation of the Virgin*，现存于威尼斯）中，他尝试用较大的形式，结果产生了色彩绚丽的油画。艺术家赞赏他，但赞助人不理他，因此，斯基亚沃内只好穿破衣以维护尊严了。帕里斯·波登是一个马具商人的儿子、鞋匠的孙子，但是，在自由发展的环境中，他几乎达到最高峰。自特雷维索来跟提香学画，他进步得非常快，38岁时，就被弗兰茨一世邀请到巴黎，他画了一些很好的宗教画，如《基督受洗》及《圣家》，并以《渔夫献圣马可的戒指给总督》（*The Fisherman Presenting St. Mark's Ring to the Doge*，现存于威尼斯）而达高峰。但是，使他享誉数年的是他的《维纳斯与爱神》——一个高大的金发碧眼的女人披着一件细薄的衣袍暴露她的乳房，丘比特大声喊叫，引起她的注意。伊库甫·蓬特因其出生地而被称为巴萨诺，提香买他的《走进方舟的牲畜》（*The Animals Going into the Ark*），使他获得微名和薄利。他画的一些人像很不错，如《大胡子的男人》（*The Bearded Man*，现存于芝加哥）。他活了82岁，死后没有留下一幅从头到脚的人像画。

在约1553年，有一位25岁的维罗纳青年来到威尼斯，他就是韦罗内塞。他与丁托列托的个性恰恰相反，沉静、友善、随和、自律甚严，偶然才会热情。跟丁托列托及其他受过教育的意大利人一样，他也喜爱音乐。他慷慨、令人尊敬，从不触怒别人，也从未使赞助人失望。威尼斯人叫他韦罗内塞，于是，他便以此名为人所知。他把威尼斯当作家乡，并且热爱威尼斯。在维罗纳，他有许多老师，包括将女儿嫁给他的巴代尔（Antonio Badile），他也受乔万尼·卡洛特和布鲁萨索奇的影响，但这些影响后来在温暖的威尼斯艺术和生活中，慢慢消失不见。他惊异于变幻的天空洒在大运河上的色彩，他惊异于宫殿及其在水中波动的倒影，羡慕有固定收入的贵族社会。艺术的友谊，大方的态度，丝绒衣料，几乎比他们拥有的美女更吸引人。他希望变成贵族，他穿缎和皮，模仿他认为属于威尼斯高级社会的规矩。他从未画过穷人、贫穷的景象、悲惨的景象。他的理想是把威尼斯富人的豪华世界表现在不朽的画布上，并用艺术使之更美、更善，君王及仕女、教皇及主教、总督及元老都很喜欢他。不久，他便忙着为成打的订单工作了。

早在 1553 年，他只有 25 岁时，就被邀请为公爵宫中的十人会议室画天花板，他画了《朱庇特推翻罪恶》（*Jupiter Overthrowing Vices*，藏于卢浮宫）。这幅画并不是很成功，肥胖的身躯不定地在空中跳跃，韦罗内塞没有捉住威尼斯的精神。但两年后，他发现了自我，在圣塞巴斯蒂安的天花板所画的《摩狄盖的胜利》（*The Triumph of Mordecai*）就达到了熟练。这位犹太英雄的面部和体态因尽全力表现出来，马与它的呼吸也栩栩如生。提香本人可能也受感动，当圣马可的法律代理人请他用有图画的纪念碑装饰维奇亚图书馆（Libreria Vecchia）时，他分三份给韦罗内塞，一份给他自己，另一份给其他的艺术家。执事们答应以一条金链作为第一名的奖品。韦罗内塞以三位年轻女郎——一个弹维忽拉，一个唱歌，另一个专心地拉低音胡琴——与弹大键琴的丘比特及吹风笛的牧羊神组成的一幅音乐图，赢得了这项荣誉。后来在几幅画中，韦罗内塞画他自己戴着金链的画像。

在画界赢得盛誉后，韦罗内塞现在承接了许多工作。富贵的巴巴罗家族于 1560 年在梅塞盖一座豪华的别墅，就在卡·科拿洛扮演王后、本博闹柏拉图式恋爱的阿索罗别墅附近，巴巴罗家族挑选第一流的艺术家，想把这座别墅变成"文艺复兴时代最别致的乐园"。帕拉迪欧设计，维托利亚雕刻灰泥，韦罗内塞负责在天花板、墙壁、拱侧和墙与圆屋顶之间的弓月形部分画异教和基督教的神话。在圆屋顶的中央，他画的是奥林匹斯——知道生命的欢乐而不老不死的诸神。在灵化的景物中，这个顽皮的艺术家，画了一个猎人、一只猴子，还有一只栩栩如生、灵巧健壮的狗，似乎是要做天上的猎犬。在一面墙壁上，有一个童仆遥遥凝视一个女侍，她也凝视着他，在一个不朽的片刻中，他们也吃到了神的美食。这样的一个乐宫，似乎只有风格更佳的忽必烈可汗（Kublai Khan）的中国式宫殿才能凌驾其上。

在这个爱神的岛屿上，韦罗内塞收到许多聘书，请他画裸体画。裸体画不是他的专长，他喜欢华贵、柔软的衣服，遮盖半鲁本斯式的身体，美丽但无性格的面孔之下，覆盖着向上梳起的金色头发。现存于大都会艺术馆的《战神与美神》中的维纳斯，肥胖、面貌庸俗，腿部浮肿。但是，存于普拉多的《维纳斯和阿多尼斯》中的维纳斯却很可爱，只是在她脚边的狗比她更出色——没有狗，韦罗内塞便不能作画。韦罗内塞的神话图中，最好的要算存于总督宫的《欧罗巴之劫》：一片黝黑的树林，腓尼基公主欧罗巴兴高采烈地骑在发情的公牛背上，它舐了她的一只脚，变成伪装的朱庇特。在这幅画中，幸运的卡萨诺瓦（Casanova）表现出超人的鉴赏力，因为王后装束的欧罗巴是韦罗内塞最成功的女人画像，值得为之舍弃天堂，遥远的背景使这个故事继续下去，公牛载着欧罗巴越过海洋，到克里特岛。一个美丽的传说，在那里，她把她的名字赐给一块大陆。

在向女人投降之前，韦罗内塞很悠闲。38岁以前，他一直都在收集样本，然后他娶了伊利娜·巴代尔（Elina Badile）。她给他生了两个儿子：卡罗和加布里耶。他训练他们绘画，并预言"卡罗将胜过我。"跟柯勒乔一样，在特雷维索的圣安杰洛他买了一块农场。婚后的日子，他大部分都在那里度过，节俭地理财，很少离开威尼托。40岁时，他是意大利生意最好的画家，聘书甚至有来自外国的。菲利普二世请他去装饰伊斯科利亚，他感谢其盛意，但拒绝前往。

跟他的前辈一样，他被邀请为教堂和信徒画神圣的故事。在1000幅圣母画之后，我们仍觉得他的《古西诺家族的圣母》样样新鲜、引人：美貌的留黑胡子的捐赠者，不安的孩子，着白披肩的死者以及如此庄严美丽的女人，即使在威尼斯的艺术中，也很少能比得上。《迦拿的婚礼》（*The Marriage at Cana*）是韦罗内塞爱画的题材：罗马式的建筑作背景，一两只狗在前景，还有各具一态的群众，他认为每一个都是重要的，其中也有提香、丁托列托、巴萨诺及他自己，每个人都在弹弦乐器。韦罗内塞和丁托列托不同，他一点也不考虑写实，参加宴会的人实际上是一个小犹太城的居民，他偏把主人画成一个百万富翁，给他一座可让奥古斯都居住的宫殿，宾客都是世家望族，还有血统纯正的名犬，桌上陈摆的是珍肴和美酒。若根据韦罗内塞的画来判断，基督在受难中还参加过多次宴会：在卢浮宫，我们看到他在伪君子西蒙的家中进食，抹大拉的玛利亚在洗他的脚，珠光宝气的女人在科林斯式的柱子之间穿梭不绝；在都灵，他在患麻风病的西蒙家中吃晚饭；在威尼斯学院中，他又在利未的家吃午餐。在韦罗内塞的画廊中，我们又看到基督在十字架的压力下昏厥；在低沉的天空下被钉上十字架，耶路撒冷塔在远处的下方，昏昏暗暗的。这伟大戏剧的终结变得柔和，纯洁的朝拜者在艾茂斯（Emmaus）与基督共进晚餐，可爱的孩子们抚弄着不可缺少的狗。

比这些《新约》的图例更伟大的是韦罗内塞所画的圣徒的传记和传说。穿着华服的圣海伦娜相信她看到了天使在搬运十字架；圣安东尼被一个孔武有力的青年及一位天使似的女人折磨；疯狂的圣哲罗姆被他的书哄慰着；圣乔治慷慨就义；帕多瓦的圣安东尼向鱼讲道——一幅壮观的海天景色；圣方济各接受烙刑；亚历山大的圣凯瑟琳神秘地奉献给圣婴；圣美纳（St. Mennas）武装的雄姿和壮烈成仁；圣塞巴斯蒂安在赴刑场时传播信仰和希望的标准；圣查斯提那（St. Justina）赴危受难。以上这些画，虽然比不上提香或丁托列托，但仍是杰作，比这些都好的可能是《亚历山大面前大流士的家族》（*The Family of Darius Before Alexander*），一个忧郁的王后和一个可爱的公主，跪在英俊、慷慨的征服者之前。

韦罗内塞在威尼斯的生涯是由公爵宫作画开始，也以在那里作巨幅的壁画结束，这些壁画足以打动每一个爱国的威尼斯人的灵魂。1574 年和 1577 年两次火灾之后，重建室内的整修工作，主要由丁托列托和韦罗内塞负责，主题是威尼斯本身，无惧于大火或战争、土耳其人或葡萄牙人。在众议厅，韦罗内塞及其助手们在雕刻和涂金的天花板上，画了 11 幅非常别致的寓言画——慈祥（Meekness）与羊、辩证术（Dialectics）与织成的蜘蛛网……及一个穿银鼠皮的王后（威尼斯）与蹲伏其脚旁的圣马克之狮（Lion of St. Mark），自正义及和平获得荣耀。在会议厅的天花板上一个椭圆形大穹隆中，他画了一幅《威尼斯的胜利》，把这个无与伦比的城市画成异教神仙中的女神，接受上天赐予的荣冠。在她的脚下，是该城的领导人物及臣属的摩尔人；下面，是跃跃欲试的战士们，随时准备保护她，童仆牵着猎犬。这是韦罗内塞的巅峰时代。

1586 年，他奉命更换瓜里恩托在大会议厅所画的《圣母加冕》，他的草图已画好，而且也得到了赞同，当他准备正式开始作画时，竟发高烧。1588 年 4 月，这位年纪尚轻的画家的死讯，震撼了威尼斯。圣塞巴斯蒂安的神父们请求保存他的遗物，韦罗内塞被葬在该教堂，就在他自己的画底下，那些画使这座教堂成为他的宗教艺术的家。

时间推翻了与他同时期人们的判断，而把他列在丁托列托之下。在技巧上，他胜过丁托列托；在画工、结构和色彩上，他坐上了威尼斯画史上的第一把交椅。他的画多而不乱，他的画面和故事很明晰，画面背景很明朗，在这位明亮的主宰之旁，丁托列托变成了黑暗的王子。韦罗内塞也是意大利文艺复兴时代最伟大的装饰画家，随时都会想出一些令人喜悦而惊奇的色彩和形式，好像在梅塞别墅（Villa Macer）突然自半掩的幕后通过一道饰有壁画的古典门走出的人一样。但他太注重表面的和谐，没有考虑到细部的配合、悲剧性的矛盾及深一层的和谐是使画作伟大的因素；他的观察太快，他的艺术太急切，而没能画出所看到的全貌。尤其是，他只凭想象——土耳其人参加基督的受洗礼，条顿人出现在利未的家，威尼斯人在艾茂斯出现，到处都有狗。他画了这么多狗，一定很喜欢狗。他要画世界上最光明的一面，他成功了，而且无与伦比。他画沉溺在人生欢乐的夕阳中的威尼斯。在他的世界里，只有潇洒的贵族、端庄的主妇、迷人的公主和奢侈的棕发女郎。差一点的画都是宴会图。

艺术世界都知道，审查官根据特伦特会议的命令、为取缔艺术上的错误而提审韦罗内塞（1573 年）的故事。审查官想知道为什么他把这么多不敬的、不相关的题材用在《利未家中的宴会》（*The Feast in the House of Levi*）中——鹦鹉、侏儒、德国人、小丑、长柄剑……韦罗内塞大胆地回答说，他的"职责是依照他认为好的方式来润饰画，这幅画很大，空间可以容纳许多人物……一有空白要填，我就依照我的幻想填上去"——一方面是使结构平衡；另一方面是使观赏者大饱眼福。审查团命令他自费修改该画，他照做了。在威尼斯艺术史上，那次的审查表示自文艺复兴时代过渡至反宗教改革的桥梁。

韦罗内塞没有杰出的门徒，但他的影响力超越数代，从意大利、佛兰德斯和法兰西的艺术的形成中表现出来，经过长期的中断之后，至乔巴蒂斯塔才再次捕捉到他装饰的识别力。鲁本斯仔细研究他，学习他的着色技巧，并把他的臃肿的女性夸大成佛兰德斯人的肥大，尼·普桑（Nicolas Poussin）和克·洛兰（Claude Lorrain）发现他是将建筑装饰法应用在他们的风景画的导师，查尔斯·勒布朗在设计巨幅的壁画方面，也宗法韦罗内塞。18 世纪的法国画家在他和柯勒乔的田园画及《世外桃源》的贵族情人中寻求灵感，华托和弗拉戈纳尔（Fragonard）自此源生，布歇（Boucher）的玫瑰裸体画起源于此，格勒兹（Greuze）孕育的孩童和女人也由此衍生。也许，特纳也从这里发现了某种东西，而燃亮了伦敦。

亚得里亚王后（Adriatic Queen）的黄金时代在韦罗内塞的色彩之火中结束。从乔尔乔纳到韦罗内塞，遵循的方向也无法有所进展：技巧上的完美已达到，巅峰状态也已形成，以后必会走下坡路。一直到 18 世纪，提埃波罗（Tiepolo）在装饰画上的造诣才堪与韦罗内塞匹敌。在共和国灭亡之前的最后一点火花中，哥尔多尼便是威尼斯的阿里斯托芬。

前瞻

若我们回顾威尼斯艺术的灿烂时期，保守地评估其在艺术史上的地位，我们立刻就可以说，只有佛罗伦萨和罗马才能比得上它的优美、华丽和广大。的确，威尼斯的画家，包括提香在内，对人类隐藏的企望和感触、失望和痛苦的探讨，不如佛罗伦萨的艺术家透彻，他们往往由于太热衷于服饰和肉体，而没能触及灵魂。罗斯金说得不错，从贝利尼之后，除了洛伦佐·洛托外，真正的宗教性在威尼斯艺术中慢慢消失。如果十字军的崩溃、伊斯兰教的胜利和扩张、西克斯图斯四世和亚历山大六世时代的教权腐败及最后德国和英国的脱离罗马教会，削弱了信徒的信心，没有更好的哲学充实旺盛的心灵，而只会吃喝玩乐、死亡，威尼斯人实在也无能为力。但没有一个其他的地方，基督教艺术和异教艺术能如此和谐地共存，同一枝画笔，在画了圣母之后，紧接着画维纳斯，也不会有人抗议。但这也不是好奢侈逸乐的艺术或生活，艺术家拼命地工作，他们所画的对象又往往是作战的军人和管理政事的政治家，或是管理这些人的女人。

威尼斯的画家太沉迷于颜色，而无法在技巧上与佛罗伦萨的画家一争长短，他们仍是技巧颇佳的艺术家。曾经有位法国人说过："夏天是着色家，冬天是图案家。"没有叶子的枯树，显露赤裸裸的线条，但在春绿、夏棕和秋金之下，那些线条依然存在。在乔尔乔纳、提香、丁托列托和韦罗内塞的绚丽的颜色下，也有线条，只是被颜色掩盖了而已，好像一首交响乐的构造形式，被其音流隐藏一样。

甚至在因为土耳其的统治和美洲寻金热所造成的萧条而引起经济破产时，威尼斯的艺术和文学仍然歌颂威尼斯的荣耀，也许艺术家和诗人是无辜的，贸易和战争的交替并不能消灭一个灿烂世纪的光荣记忆——1480 年至 1580 年，在这个世纪中，彼得罗·莫西尼科、普留利（Priuli）和洛雷达尼（Loredani）创造并挽救了伟大的威尼斯，阿方索·伦巴底和阿·列奥帕第以雕像锦上添花，圣索维诺和帕拉迪欧在水上建筑教堂和宫殿，贝利尼、乔尔乔纳、提香、丁托列托和韦罗内塞使她登上意大利的艺术王座，本博则唱出无懈可击的歌。马努蒂乌斯更倾注希腊和罗马的文化遗产，这位不可更换、不可压抑、恶魔似的王公的克星，在大运河上高居王座，审判并抚育世界。

第五章 ｜ 文艺复兴的衰微
（1534—1576）

意大利的没落

战争尚未结束，已使意大利面目全非：北部数省几成废墟，英国的专使劝亨利八世将之留给查理五世，当作处罚；热那亚被抢劫，米兰也因苛税而财政枯竭；威尼斯被坎布雷联军及新贸易路线开放所征服；罗马、普拉托和帕维亚被劫掠；佛罗伦萨闹饥馑，财政崩溃；比萨虽力争自由，也半遭破坏；锡耶纳因革命而力竭；费拉拉因与教皇长期斗争而贫匮，更因煽动对罗马不负责任的攻击而染污名誉。那不勒斯王国跟伦巴底一样，被外国军队蹂躏，而且长期在异族的统治下。西西里已是土匪的窝巢。唯一值得庆幸的是，意大利虽被查理五世征服，但可能因此免遭土耳其的掠夺。

由于博洛尼亚协议（1530 年），意大利的统治权转属西班牙。谨慎的威尼斯仍然独立，受惩罚的教皇的地位仍高于天主教国家。那不勒斯、西西里、撒丁和米兰成为西班牙的属国，由西班牙的总督统辖。萨伏依和曼图亚、费拉拉和乌尔比诺一向支持查理，因此允许保存原有的公爵。热那亚和锡耶纳保存共和国体，但成为西班牙的保护国。佛罗伦萨被迫由与西班牙合作的美第奇统治者管辖。

查理的胜利，再度证明现代国家优于教廷。法国的菲利普四世在1303 年开始的事业，由德国的查理和路德、法国的弗兰茨一世、英国的亨利八世完成，这些人都是克莱门特座前的主教。北欧的强权不仅发现了意大利的衰弱，而且也失去了对教皇的恐惧。克莱门特的谦卑伤害到罗马人民对教皇的尊敬，使他们在心理上准备背弃天主教的权威。

从许多方面来看，西班牙的统治对意大利是有利的，它总算暂时停止了意大利的内战。1559 年至 1796 年，它终止了外国在意大利领土上的战争，给人民某种程度的政治秩序，并平息了促成文艺复兴又瓦解文艺复兴的强烈的个人主义。渴望安定的人，如获解放似的同意降服；喜爱自由的人，则哀悼不已。不久，赔款破坏了意大利的经济，瓦解了意大利的精神。总督为维持其奢华的生活和军队所课的重税、法律的严酷、谷粮和其他必需品的垄断，阻碍了工商业的发展。本地的王公竞相奢侈，也采取同样的课税政策，阻滞经济发展。海军没落到无法抵抗巴巴（Berber）海盗，这些海盗攻击船只，骚扰沿海地区，并俘虏意大利人做穆斯林贵族的奴隶。同样令人讨厌的是驻扎在意大利的外国军队，他们公开侮辱一度无敌的民族和文明。

另一个不幸降临意大利，比战争留下的废墟和臣服西班牙更凄惨。绕过好望角（1488 年）之举及到达印度的全程水路的开放（1498 年），使大西洋国家、中东及远东之间的交通，比原来越过阿尔卑斯山到热那亚或威尼斯、然后再到亚历山大、取陆路到红海、再经水路到印度的曲折路线更方便，更便宜。而且东地中海在土耳其的控制下，该路线颇为危险，因为要纳税，有海盗和战争，特别是取道君士坦丁堡和黑海。1498 年后，威尼斯和热那亚的贸易及佛罗伦萨的财政渐趋式微。早在 1502 年，葡萄牙人便从印度大量购买胡椒，使那里的埃及和威尼斯商人发现只剩少数可供出口。在里奥托，一年之内，胡椒的价格上涨 1/3；而在里斯本，用在威尼斯的一半的价格就可买到。德国的贸易商开始放弃设在大运河的采购公司，转向葡萄牙购买。威尼斯政府在 1504 年建议埃及的马米卢科（Mameluke）政府组成一个联合机构，以恢复尼罗河三角洲和红海之间的运河制度。这一计划几乎解决了这个问题，1517 年，土耳其征服了埃及，使这个计划无法实现。

1517 年，路德针对威丁堡（Wittenberg）教会提出其改革理论，这项改革也是意大利经济萎缩的原因，它减少了朝圣运动及北方国家奉献给罗马教会的补助金；地中海—埃及—印度的路线为全程的水路所取代，欧洲与美洲之间的交易逐渐发达，这使大西洋国家逐渐富有，使意大利趋于匮乏。法国的贸易逐渐转移到莱茵河与北海的港口，翻越山岭到意大利的，则逐渐减少。商业上德国不再依靠意大利，北向发展的力量使德国自意大利的商业网和宗教网中挣脱出来，并使德国具有独立的意志和力量。

美洲的发现对意大利的影响，比到印度的新路线的发现更深远。地中海国家逐渐没落了，她们被搁置一旁。大西洋国家则遥遥领先，因美洲的贸易和黄金而获巨利。这次商业路线的革命，比自希腊打败特洛伊而打开黑海至中亚细亚的路线以来，历史上记载的任何一次革命都伟大。

文艺复兴没落的最后一个原因是反宗教改革。意大利除了政治上的不安，道德的堕落，受异族的统治，商业为大西洋国家所夺，国家岁收的丧失等之外，现在，又加上教会在心理上、行为上的变化。士绅们对教会的妥协，使既富且稳的教会允许知识分子在不扰乱民众信仰的条件下享受相当程度的思想自由，但是这种自由，现在都因德国的宗教革命、英国的脱离教会和西班牙的霸权而结束。当人民开始拒绝教会的教义和权力时，宗教改革甚至在意大利引起改变，天主教的结构基础受到威胁。教会自认是国家，并像生存受到危害的国家一样，开始的反应是容忍和放任，后来便采取恐怖的保守主义，严格限制思想、出版和言论的自由。西班牙的统治同时影响宗教和政治，它也参与改变文艺复兴时代宽大的天主教，使之在特伦特会议（1545—

1563 年）后变成教会枯燥的道统。克莱门特七世之后的几位教皇继承西班牙的制度，把教会和国家联成一体，同受宗教和智慧生活的严厉管制。

一如在 13 世纪，阿尔比派（Albigensians）的反动严重威胁到法国南部的教会时，西班牙帮助成立宗教裁判所、建立新的宗教秩序、维护教会、恢复基督教信仰的热诚一样，16 世纪，西班牙宗教裁判所的严厉输入意大利。西班牙人创设耶稣会（1534 年），不仅接受古代修道院贫穷、贞洁及服从的誓言，而且进一步地进入社会宣传教义，在基督教世界与异端及对教会的反叛做斗争。宗教革命时代，宗教辩论的激烈，加尔文教徒的容忍，英国的互相迫害，在意大利激起相同的教条主义，温文的伊拉斯谟天主教学派向好战的洛耶拉（Loyola）学派让步，自由主义是安稳与和平的奢侈品。

教皇西克斯图斯四世时代开始的刊物检查，因 1559 年禁书目录的成立和 1571 年目录的编纂而延长，印刷使检查的工作较易进行：监督公开的印刷商总比秘密的抄写员容易得多，因此，一向欢迎知识和政治难民的威尼斯，感觉到宗教的分裂会破坏社会的整体和秩序，而组织（1527 年）了一个刊物检察机构，教会联合起来压抑新教徒的刊物。意大利人到处抵制这些政策，罗马人在保罗四世逝世时（1559 年），把他的雕像丢到台伯河中，并把宗教裁判所的总部烧成平地。但是，这种抵抗时有时无，没有组织，也没有效果。极权主义获得胜利，悲观和卑顺笼罩在一度欢乐而积极的意大利人心里，甚至黑色的西班牙服装——黑帽、黑上衣、黑长袜、黑鞋子——都在曾经多彩多姿的意大利变成时尚，好像意大利人哀悼往日的光荣和逝去的自由是假的。

某种道德的进步伴着智慧的退化而来，传教士的行为改善了，竞争的信仰使他们振作起来，教皇和特伦特会议改革了许多教会的缺点。显然，在 1534 年至 1576 年的意大利，很容易搜集违法的性行为、乱伦、淫秽文字、政治腐败、抢劫和残酷的罪行等实例。切利尼的《自传》（*Autobiography*）指出，通奸、窃盗和谋杀激荡当时的道统，惩治犯罪的法律跟往昔一样严厉，无辜的证人和被告经常遭受酷刑，谋杀犯在受绞刑之前，仍然要受烫烙剥皮之苦。恢复奴隶制度，使之成为一个主要的经济结构，也是这个时期的产物。1535 年，教皇保罗三世向英格兰宣战时，他下令凡是被捕的英格兰士兵都可合法地变成奴隶。约 1550 年，这种惯例发展成利用奴隶和罪犯驾驶商船和战舰。

这时期的教皇都是一些私生活较严谨的人，保罗三世是最伟大的一个——就是因其妹妹的金发迷住了亚历山大六世，而获得红衣主教地位的亚历山德罗·法尔内塞。保罗有两个私生子也是事实，但在他年轻时，这是被社会接受的风俗，所以圭恰尔迪尼可以形容他是"一个满腹经纶、品行无瑕的人"。他曾被庞波尼阿斯·赖特训练成为人文主义者，在拉丁文的古雅方面，他的信札媲美伊拉斯谟，他的口才极佳，周围尽是能干杰出的人物。可是他被选为教皇，可能是因为年老体弱的成分居多，而不是因为其才干和德行。当时他 66 岁，主教们以为他很快就会死，他们可以再次获得讨价还价的机会，得到更丰厚的俸禄，但他使他们等了 15 年。

对于罗马来说，保罗三世在位期间是历史上最幸福的时期，在他的指挥下，提蒂诺·曼尼提（Latino Manetti）挖沟渠，平高岗，拓宽街道，开拓新市区，把贫民窟改建成美轮美奂的房子，并把科罗大道美化成罗马的香榭丽舍。在外交方面，保罗最大的成就是说服查理五世和弗兰茨一世接受停战 10 年。他差点实现一个更伟大的目标——联合教会和德国的新教，但他的努力太晚了。他有足够的勇气召集一个全体会议，在他们的主持和赞同下，特伦特会议重申正统信仰，改革许多教会的缺点，恢复教士的训练和士气，并与耶稣会共同为罗马教会拯救拉丁民族。

保罗三世的失败在于他偏袒亲戚。他把卡美里诺封给他的孙子奥塔维奥·法尔内塞，把皮亚琴察和帕尔马赠予其子皮耶路易吉。皮耶路易吉被不满的市民暗杀，而奥塔维奥·法尔内塞竟参与暗算其祖父的阴谋。保罗失掉了对生命的信心，两年后，死于心脏病，享年 83 岁（1549 年）。罗马人哀悼他的情形，自庇护二世以来的百年中，未曾有过。

科学与哲学

在不影响神学的科学方面，意大利这个致力于艺术和文学，反对轻视良心学问的国家也在缓慢地进步。属于这短短时代的瓦罗利（Costonzo Varoli）、欧斯塔基奥（Eustachio）及法洛皮奥（Fallopio）等人的名字，已收入现代解剖学的专门术语中。塔尔塔利亚（Tartaglia）发现三次方程式的解法，他将方法告诉哲罗姆·卡尔丹（Jerome Cardan），后者以自己的名义发表出来（1545 年）。塔尔塔利亚向他挑战代数，分别提出 31 道问题，由对方解答。卡尔丹接受这个挑战，但竟傲慢地派了一位学生去解答塔尔塔利亚的问题。学生输了，塔尔塔利亚获胜。卡尔丹写了一本奇怪的、迷人的自传，使他不因时光的流逝而被遗忘。这本自传以惊人的坦率起笔，而贯彻全书：

> 据我所听到的，虽然试过许多避孕的药物，但终无效用。我总算在 1501 年 9 月 24 日被生了下来……由于朱庇特高居上苍，维纳斯主宰命运，除了性器官之外，我并没残废。因此，在我 21 岁至 31 岁之间，不能与女人同床。许多次，我为自己的命运悲哀，我羡慕别人，及他们的幸运。

这只是他的无能之一。他口吃。一生之中，他常因不消化、心脏病、血管破裂、疝痛、痢疾、痔疮、痛风、皮肤痒、左乳长癌、传染病、隔日热以及"一年一度连续失眠 80 天"，而患喉咙嘶哑及黏膜症。"1536 年，我排尿过多而病倒。虽然约 40 年来，我一直因这个毛病在受苦，每天要排出 60 到 100 盎司，但我活得很愉快。"

有了临诊的经验，他成为一个成功的医生。除了虚荣外，他几乎医好了自己所有的病。他是意大利求诊病人最多的医生，还被远召至苏格兰去治疗一个病入膏肓的大主教，药到病除。34 岁时他在米兰讲授数学，35 岁时又讲授医学。1545 年，以雷·卢里（Raymond Lully）的名义，出版了一本书叫《大衍本》（*Ars Magna*），对代数，贡献很大。在这本书中，他还提及解三次方程式的"卡尔丹定理"，他显然是第一位发现二次方程式可能有负根的人。远在笛卡儿之前，与尼·塔尔塔利亚同时，他想到把代数应用到几何学上。在《赌博之书》（*De Subtilitate Rerum*，1551 年）中，他讨论绘画与着色；在《事物的精妙》（*De rerum Varietate*，1557 年）中，他又简述当时的物理知识。这两本书有许多抄自达·芬奇未出版的手稿。在病中、旅行中和忧伤之时，他写了230本书，其中出版的有138本，有些被他烧掉了。

他在帕维亚和博洛尼亚大学教医学，把他的科学讲得很高深，夸大其词，损伤了同事的尊严。他写了一本巨著，阐述星球与脸部的关系。在释梦方面，他熟练而荒谬；在信仰守护神方面，笃诚又仿若弗拉·安杰利科。他所举出的史上十大智慧家——阿基米德、亚里士多德、欧几里得、阿波罗尼乌斯（Apollonius）、阿契塔（Archytas）、阿尔·花拉子密（al-Khwarizmi）、阿尔·金迪（al-Kindi）、盖比尔（Gebir）、邓斯·司各特及理查德·斯温斯海德（Richard Swineshead）——又都不是很笃诚的基督徒，除了司各特之外，其余的都是科学家。哲罗姆·卡尔丹树敌成百，招致毁谤成千，婚姻不美满。他奔走图救因为毒死不贞妻子而被判刑的儿子，也没成功。1570 年，他移居罗马，在罗马因欠债或传播邪说或是两者皆有而被捕，然而格列高利十三世释放了他，还给他养老金。

74 岁时，他写了一本《我的自传》（*De Vita Propria Liber*），是这一时期意大利最著名的 3 部自传之一，其浩瀚与忠实几如蒙田，他分析自己的生理、心理、性格、习惯、嗜好与厌恶、道德与劣行、荣誉与卑劣，错误与预言、疾病和梦。他自责顽固、刻薄、孤傲、武断、好斗、赌博欺骗、报复心重，并提及"我当帕多瓦大学校长一年中所过的荒淫生活"。他刊出"我觉得失败的事情"——尤其是没适当地教育他的儿子。但他也列出 73 本提到他的书，谈到他许多成功的治疗和预言，以及他无往不利的辩才。他哀悼他所受到的迫害和"自我的反传统的观点而加诸我的"危险，他自问："我发现了什么动物，比人类更奸诈、更狡猾、更不可靠？"他没有作答。另外，他记载了许多使他快乐的事物，包括变化、食物、饮酒、航海、音乐、小狗、猫、自制和睡觉。"人类所能达到的目标，没有比认知真理更有价值、更令人喜悦的。"他的兴趣是医学，在这方面，他获得许多惊人的治疗方法。

在意大利没落的时代，医学是唯一获得重要进步的科学。这个时代最伟大的科学家，长时间在意大利当学生和老师——哥白尼 1496 年至 1506 年，维塞利亚斯 1537 年至 1546 年，我们不应该要求他们抛弃波兰和佛兰德斯，留在意大利做更多的贡献。继维塞利亚斯之后，帕多瓦的解剖学教授科隆波发表《论解剖》(*De Reanatomica*，1558 年)，提出肺部血液循环的学说。他也许不知道，早在 12 年前，塞尔韦图斯 (Servetus) 已提出相同的理论——科隆波在帕多瓦和罗马实施人体解剖，显然没有遭到教会的反对，他似乎也曾解剖活狗。维塞利亚斯的学生加·法洛皮奥发现并说明耳朵中的半规管和耳鼓及输卵管 (现在即以他为名)。巴·欧斯塔基奥说明耳喉之间的管道和心瓣，他也发现了外展神经、肾上腺和胸管。科·瓦罗利研究脑部皮下层的神经群。

我们无法说明医学对文艺复兴时代人类寿命的影响。科·瓦罗利死于 32 岁，科隆波死于 43 岁，巴·欧斯塔基奥活了 50 年，而米开朗基罗却活到 89 岁，提香活到 99 岁，路易吉·科尔纳罗更几达 100 岁。路易吉于 1467 年或更早时生于威尼斯，他很有钱，足可享受吃喝玩乐，这些"过度的吃喝玩乐使我变成各种痛苦的牺牲品，胃痛、左右胁阵痛、痛风症……几乎不断地轻微发烧……无法止住的渴，这种恶劣的情形使我无所希望，只有死才能终止我的痛苦"。当他 40 岁时，他的医生放弃所有的药物，告诉他唯一恢复健康的希望在于"过节制而有规律的生活……除了给病人吃的药单上所列的药之外，不管是固体还是液体，我一概不可食用，只能吃少量食物"。他获准吃肉、喝酒，但总是很有节制。不久，他每天的食量便减至 12 盎司食物和 14 盎司酒。一年之内，他告诉我们："我发现我已痊愈……我这时最健康，打从那时起，便一直保持到现在。"——83 岁。他发现这种规律而适度的生活习惯，也可在心理和个性方面产生相同的效果，他的"脑一向都很清醒……忧郁、憎恨及其他的情感都离开了他，甚至他的审美感也敏锐了，以前觉得可爱的事物，现在显得更加美丽"。

他在帕多瓦度过恬静舒适的晚年，从事并资助公共事业，83 岁时，写了他的自传《清醒先生的生活》(*Discorsi della Vita Sobria*)。丁托列托为他画了一幅令人愉快的肖像：光秃的头，红润的脸，清澈有神的眼睛，慈祥和蔼的皱纹，稀疏的胡子，在此垂暮之年，双手仍如贵族青年。他 80 岁的活力鼓励我们，他唤醒了那些认为人生过 70 便无意义的人：

> 让他们来看，来为我的健康而惊奇。看我如何独自跃上马背，看我如何跑上楼梯、奔上山坡，看我如何快乐、喜悦和满足，看我如何没有烦恼与忧虑。安详和欢乐从没离开我……我的全部机能（谢谢上帝）仍然强健，包括味觉，因为我现在更喜爱定量地食用粗茶淡饭，而厌弃当年无规律时代的美食……我回家时，所看到的不是一两个孙子，而是 11 个……我喜欢听他们歌唱，听他们演奏各种不同的乐器。我自己也唱，并发现我的歌喉比以前更佳，更清亮……因此，我的生命是活跃的，不是死寂的，我不愿以我的晚年交换供情感驱策的青年。

86 岁时，仍然强壮有力的他写了第二篇文章，为了能使一些朋友模仿他的生活方式而高兴。91 岁时，他又写了第三篇散文，说明如何"不断地写作，用我自己的手，一天 8 个小时……除此之外，我边走边唱地度过另外几个钟头……因为我觉得，当我离开桌子时，我就必须唱……喔！我的歌声变得多么美妙和洪亮！"92 岁时，他写了"一篇可爱的劝世文，劝告世人遵循有规律有节制的生活方式"。他企望活一个世纪，企望官能、感觉和活力渐次减弱而安逸地死去。1566 年，他安详地离开人间，有人说他活了 99 岁，有人说是 103 或 104 岁。据说，他的太太遵循他的诚言，活了将近一个世纪，死时"身体十分安适，灵魂十分安逸"。

在这么小的领域，这么短的时间内，我们不能希望发现一位大哲学家。一位意大利的新教徒伊库甫·阿孔齐奥（Iacopo Aconzio）在一篇叫《方法论》（*De Methodo*，1558 年）的论文中，为笛卡儿打开了一条新路。在《撒旦的阴谋》（*De Stratagematibus Satanae*，1565 年）一书中，他更大胆地提出，所有的基督教义可以浓缩成全部基督徒所遵循的少数教条，不必包括三位一体的理论。马·尼佐利（Mario Nizzoli）为培根开拓了一条新路。他反抗亚里士多德继续称霸哲学界，他呼吁要直接观察，不要演绎推理，并指责逻辑是颠倒是非的工具。布·提尼西奥（Bernardino Telesio）在《论自然》（*De Rerum Natura*）一文中，支持马·尼佐利和皮·拉米（Pierre la Ramée）反抗亚里士多德的权威，提倡经验科学：自然界必须由我们的感官体验，在它自身的范围内获得解释。布·提尼西奥说，我们所看到的，是由两种力量的作用而产生的现象：一种是来自天上的热，一种是来自地中的冷。热产生扩张和运动，冷产生收缩和静止。在这两种原动力的冲突中，存在着所有物理现象的内涵实质。这种现象，根据自然的因和不可分割的法则进行，不受神的干扰。但大自然并不是静止的，跟人一样，事物之中也有灵魂。卡帕尼拉（Tommaso Campanella）、布鲁诺和培根都从这些观念中获得某种启示。教会一定仍然有某种尺度

的自由，才能使提尼西奥自然死亡（1588 年）。若在 12 年之后，宗
教裁判所一定会判吉·布鲁诺火刑。

文学

当尤利乌斯·恺撒·斯卡利杰尔于 1526 年从维罗纳迁居阿让
（Agen）时，法兰西便接掌这把火炬。请注意战争对书籍生意的影
响：在 15 世纪的最后 20 年，佛罗伦萨出版了 179 本书，米兰 228 本，
罗马 460 本，威尼斯 1491 本；在 16 世纪的前 20 年中，佛罗伦萨出
版了 47 本，米兰 99 本，罗马 41 本，威尼斯 536 本。研究古典学术
的研究院——佛罗伦萨的柏拉图学院，罗马的庞波尼阿斯·赖特学
院，威尼斯的新学园、那不勒斯的彭塔努斯（Pontanus）学院，在这
一时期都不复存在，除了亚里士多德之外，研究异教哲学是受禁止
的；意大利文也取代拉丁文成为文学语言。新的学院兴起，主要的兴
趣是文学和语言批评，并成为城中诗人的交流中心。于是，佛罗伦萨
有迪拉·库卢斯卡（Della Crusca）学院（1572 年）和乌米迪·库卢
斯卡（Umidi Crusca）；威尼斯有皮尼格利尼（Pellegrini），帕多瓦有
伊利提（Eretei），每一个新团体都有滑稽的名字。这些学院鼓励有才
气但被压抑的天才，诗人们努力遵守修辞家制定的规则，于是，灵感
逃得无影无踪。米开朗基罗不属于任何一个文学院，虽然他跟别人一
样，把他的才气消耗在陈腐的观念上，把他的天才之火吹进冰冷的彼
特拉克的模子，他的十四行诗形式粗陋，但感触和思想洋溢，是当时
最好的意大利诗。阿拉马尼（Luigi Alamanni）自佛罗伦萨逃往法兰
西，作了一首田园诗《耕种》（*La Coltivazione*），在联合耕种和诗方
面，它并不比维吉尔的《田园诗》（*Georgics*）差多少。塔索在他一生
的不幸中，叙述他著名的儿子塔索的变化，他的抒情诗的技巧在当时
属于第一流的，他的史诗《阿马迪奇》（*Amadigi*）是极庄严的诗化侠
士小说。意大利的人民因在《阿马迪奇》这首诗中，发现缺少了阿廖

斯托的有发酵作用的幽默，便悄悄地埋了它。

　　自从《十日谈》开创了古典文体后，短篇小说仍然受欢迎。用平易的文字描写戏剧性的事件或意大利的日常生活，小说普受各阶层的爱好，它们常被大声朗诵给热爱的听众听，文盲尤其狂热，以至于其听众遍及全意大利。今天看来，我们会感到惊讶，文艺复兴时代的妇女怎么会如此有耐心，听到这些故事都不会脸红，爱情、诱奸、暴力、冒险、幽默、伤感、风景的叙述是这些故事的题材，并包括各个阶层的形态和人物。

　　几乎每一个城市都有一个熟练的写小说的人。在萨莱诺，马萨乔于 1476 年出版了他的《诺维利诺》（*Novellino*）——包括 50 个故事，描述王公的慷慨、女人的淫荡、教士的不守清规及人类的伪善，虽然不如薄伽丘的短篇小说文雅，但在诚意、力量和口才上，却常胜之。在锡耶纳，小说充满浓厚的色情，内容全是滥爱的故事。佛罗伦萨有 4 个小说家，薄伽丘的朋友和模仿者弗兰科·萨凯蒂写了 300 篇小说，其粗俗和猥亵使这些小说到处受欢迎。安·菲伦佐拉的许多小说是讽刺教士的罪恶的，他描述修道院中的秘闻，暴露接受忏悔的神父如何引诱良家妇女离开家庭，走入修道院。而他自己后来变成了瓦伦布罗萨教会的修道士。安·格拉齐尼（Antonfrancesco Grazzini）擅长写欢乐的故事，他的面貌酷似好恶作剧的皮卢卡，但他也能描写性和血，如一个丈夫发现妻子与儿子通奸，砍掉他们的手脚，挖出他们的眼睛，割掉他们的舌头，让他们在他们做爱的床上流血至死。多尼是塞尔维特的修道士，因鸡奸被逐出修道院（1540 年）。在皮亚琴察，他参加奉祀普里阿波斯的一个荒淫的俱乐部；在威尼斯，他变成阿雷蒂诺的敌人，写了一本小册子，标题是《佛罗伦萨人多尼的地震及当代巨像和无理性的反基督徒的灭亡》（*Earthquake of Doni the Florentine, With the Ruin of the Great Colossus and Bestial Antichrist of Our Age*）。他也写小说，以讽刺性的幽默和风格出名。

　　这些小说家中，最好的要算玛泰奥·班狄洛，他一生游遍半个欧陆，活了大半个世纪。他出生在托尔托那附近，不久便进入多米尼克修道院，院长是他的叔叔，他在米兰的加里西圣玛利亚修道院中长大。当达·芬奇在修道院的食堂画《最后的晚餐》及贝亚特里斯葬在邻近的教堂时，他可能在那里。他在曼图亚当了6年的王室家庭教师，同卢克雷齐娅·贡萨加调情，并看到伊莎贝拉以她所有的画与衰老搏斗。回到米兰后，他极力支持法国反抗西班牙与日耳曼在意大利的联军。法军在帕维亚惨败后，他的房子被烧毁，图书馆几成废墟，其中有一部他几近完成的拉丁文辞典。他逃往法兰西，投靠多米尼克会的会长弗雷戈索（Fregoso），因为表现良好而被升为阿让的主教（1550年）。空闲时，他整理多年来写成的214篇故事，以文学形式加以润饰，并以其主教的赦免罪掩饰轻微的淫亵色彩，在卢卡把这些故事分成3册印出（1554年），在里昂出版第4册（1573年）。

跟其他小说家一样，班狄洛的故事大部分写的是爱和暴力，或苦行僧、僧侣及传教士的道德。一个甜美的少女为报复一个不忠的爱人而用铁钳把他撕成碎片，一个丈夫强迫与人通奸的妻子亲手勒死奸夫，一座充满淫秽的修道院更被描写得淋漓尽致。有些班狄洛的故事提供了戏剧的题材，韦伯斯特（Webster）采用其中一则写成《玛尔斐公爵夫人》（*The Duchess of Malfi*）。班狄洛生动而有技巧地叙述罗密欧和朱丽叶的故事，把他们的爱情活生生地表达出来。我们摘录最浪漫的一段作为例子：

罗密欧不敢问这位少女是谁，他专心地注视着她美好的身段，仔细地注意她所有的动作，饮下了甜蜜的爱情毒酒，惊叹她的每一部分和姿态。他坐在角落里，当舞会进行时，一切便都尽入眼底。朱丽叶（这位少女的名字）是举办这次宴会的主人的女儿。她也不认识罗密欧，只觉得他是所曾见过世上最英俊、最潇洒的男人，奇妙地喜欢上他，便柔柔地、偷偷地看他，心里感到莫名的甜蜜，使她非常快活。因此，她很希望邀他参加舞会，以便能仔细地端详他，并听他说话，当她还沉醉于他的眼睛时，他的谈吐定会使她感到同样高兴。她凝视着他，但他一直孤独地坐着，似乎没有意思要跳舞。他正专注地脉脉含情地望着少女，她也只想着看他。他们就这样彼此凝视着，当眼光偶尔碰触，他们含情的双眸便交织在一起。他们约略感觉到对方的爱意，尤其是当他们的眼眸相遇，两人便都发出爱的叹息，他们似乎都想用言语来诉说他们刚刚滋生的情意。

班狄洛的最高潮安排得比莎士比亚更巧妙，罗密欧不是在朱丽叶从昏迷中醒过来之前死去，而是罗密欧发现朱丽叶已死，在绝望之余饮下毒药，而药性尚未发作之前，发现朱丽叶醒来。由于高兴她的复活，他竟忘了吃下去的毒药。这一对情侣有数秒钟的狂喜。当毒性发作，罗密欧死去时，朱丽叶便用他的剑自刎而亡。

佛罗伦萨的暮光（1534—1574）

统治一个没落的国家要比统治一个强盛的国家容易得多，衰弱便招致外侮，佛罗伦萨再度被美第奇打败之后（1530年），很疲乏地臣服于克莱门特七世的统治，她因暴君亚历山德罗·美第奇被远亲美第奇的洛伦齐诺所杀（1537年）而高兴，但她不把握住这个机会重建家邦，却接受第二个科西莫·德·美第奇的统治，期待他会表现出第一个科西莫的智慧和政治风度。科西莫的直系亲属此时已经不在，这个科西莫是第一个科西莫的兄长大洛伦佐·美第奇（1395—1440年）的后代，圭恰尔迪尼安排当时仅18岁的新统治者登基，希望变成幕后的势力，但他忘了这位年轻的美第奇族人是乔万尼·美第奇的儿子、卡泰丽娜·斯福尔扎的孙子，至少两代以来都具有刚强的血统。科西莫亲自把政，牢牢地抓住27年的政权。

他的性格和政府好坏兼而有之。他严厉、残酷，不像较早的美第奇族人，他并不费神于维持共和国的形式和名义，他组织侦探的系统，深入每个家庭，而用教区牧师做间谍。他加强信仰统一，跟宗教裁判所合作。他贪婪财富和权力，操控政府的谷粮专卖，苛征臣子的税捐，废除半共和式的锡耶纳，使之跟阿雷佐和比萨一样，变成他领土的一部分，并说服教皇庇护十五世，封他做托斯卡纳的大公爵（1569 年）。

另一方面，他组织有效率的行政系统、可靠的军队和警察、称职而不腐败的司法体系。他生活朴实，避免浪费的典礼和展览，节俭地处理财政，留下充裕的国库给他继位的儿子。街道和大路上的秩序及安全，使因一连串的革命而衰竭的工商业复兴。他邀请并保护葡萄牙的犹太人以促进工业发展。他扩建里窝那，使之成为一个繁荣的港口。他致力于开发梅玛（Maremma）的沼泽地带，清除该地区及锡耶纳附近的瘴气。在他开明的专制下，锡耶纳跟佛罗伦萨一样，变得空前的繁荣。他用一部分财力资助文学和艺术，不浪费且分等级。他更将乌米第圣院（Accademia degli Umidi）提升为斐奥伦提那学院（Academia Fiorentina），使之成为官办学院，并委之制订合适的托斯卡纳习惯的标准。他跟瓦萨里和切利尼做朋友，努力争取米开朗基罗回到佛罗伦萨。退位后，他又建立一所设计学院（Arte del Disegno），在比萨建立一所植物学校（1544 年），在年代和良好的程度上仅次于帕多瓦的一家学校。无疑，科西莫会辩称，若开始时他不施铁腕，便无法完成这些善举。

45 岁时，这位铁打的公爵已因权力的紧张及家庭悲剧心神交瘁。1562 年，当他正致力于开发梅玛沼泽地带时，他的太太和两个儿子相继患疟疾而在数月内死去，一年后，又失去一个女儿。1564 年，他将权力交给他的儿子弗朗西斯科·美第奇，他想用寻花问柳的方式安慰自己，但发现滥交比婚姻生活更令人生厌。他在 1574 年死亡，享年 55 岁。其一生所为，堪与其祖先中最好的相比，也可与最坏的并论。

虽然佛罗伦萨不再产生达·芬奇或米开朗基罗，在这个时期，没有艺术家可匹敌文雅且举世有名的提香、暴躁的丁托列托或乐天派的韦罗内塞。但在第二个科西莫的统治下，佛罗伦萨繁荣的程度，是一个在叛变和战败中长大的城市中少见的。即使如此，切利尼仍批评科西莫雇用的艺术家是"现代世界所没有的一群"。这是典型的嫉妒。切利尼认为这个公爵是一个鉴赏力高而不够慷慨的赞助人，也许是因为这位能干的统治者比较注重经济重建和政治安定。瓦萨里形容科西莫为"爱护所有艺术家、爱护所有有才气的人"。发现伊特拉斯坎文化，并挖出著名的狮头羊身龙尾的"喷火怪兽"（The Chimera）、"演说者"（The Orator）、女神密涅瓦等雕像的基乌西（Chiusi）、阿雷佐及其他地区的挖掘工作，就是科西莫赞助的，他尽数收购这些文物。1494 年至 1527 年自美第奇宫掠夺出去的艺术宝藏，加上他自己的收藏，统统存藏在百年前卡卢卡·比蒂已开始储藏的宫堡中，阿马那提（Ammanati）扩建这座宫堡，使之成为他的官邸（1553 年）。

阿马那提与瓦萨里这两位当代的建筑大师住在佛罗伦萨。阿马那提为科西莫在比蒂王宫后面建造著名的波波里（Boboli）花园，并在亚尔诺河上搭造美观的圣特里尼塔桥（1567—1570 年）——在第二次世界大战时被毁。他也是绘画和雕刻的能手，他在雕刻比赛中打败了切利尼和乔万尼，雕刻装饰巴吉诺宫廷的"朱诺"。晚年，他为雕刻许多异教人物而道歉，异教文艺复兴（Pagan Renaisance）此时（1560 年）已渐趋没落，基督教再度赢得意大利人的心。

使切利尼恐惧的是科西莫宠爱巴吉奥·班迪内利（Baccio Bandinelli），听切利尼痛骂班迪内利是科西莫的消遣之一。班迪内利很不合群，他夸称要超过米开朗基罗，并且极爱批评别的艺术家，致使最温和的圣索维诺都想杀他，几乎每个人都讨厌他。但他在佛罗伦萨和罗马有许多聘书，这表示他的才干比人品好。利奥十世希望复制在布尔瓦德尔宫的《拉奥孔》雕像，送给弗兰茨一世做礼物，比别纳主教便请班迪内利从事这项工作。班迪内利夸言所做的仿制品一定会比真品好。使大家不解的是他居然差不多成功了，克莱门特七世很满意这个结果，竟把真品送给弗兰茨，而把复制品留在佛罗伦萨的美第奇宫（后来便是由此流落到沃夫兹画廊的）。班迪内利为克莱门特和亚历山德罗·美第奇雕了一组巨大的《海格力斯和卡库斯》（*Hercules and Cacus*），这组雕像被竖立于维奇奥宫的门廊，与米开朗基罗的《大卫》并列。切利尼不喜欢这个雕刻，当着科西莫的面，他对班迪内利说："若把海格力斯的头发剪短些，他的头就显得太小了……他的双肩使人想起驴背上行李鞍的两个篮子，他的胸部和肌肉也不自然，好像烂瓜袋。"尽管如此，克莱门特仍然认为这是一件杰作，除了原定的酬劳之外，还给班迪内利一份丰厚的礼物。他的最后一件作品是给他自己和他的父亲准备的一座坟墓，一完成，他就马上用上了（1560 年）。假如没有瓦萨里和切利尼这两位能设计又能写的艺术家的恶意攻讦，他的名气在今天可能还会大些。

乔万尼是比较温和的竞争者。他出生在杜埃，年轻时就到罗马（1561 年），决心做个雕刻家，在那边学了一年之后，带着一件泥土做的模型去见年老的米开朗基罗。这位老雕刻家接过手来，用他有力的手指随处捏压，几分钟之后，就使这件模型更加生色。乔万尼永远记得那次拜访，自此以后，他就一直努力不懈，立志与提香并列。他曾回到佛兰德斯，有位佛罗伦萨的贵族劝他在佛罗伦萨研究艺术，并让他在自己的府中住了 3 年。在威尼斯城中或近郊，有许多意大利艺术家，这位佛兰德斯人花了 5 年的工夫，才使他的作品被人接受，科西莫公爵的儿子弗朗西斯科·美第奇买了他的《维纳斯》。他参加一项比试，为西贡诺里亚广场设计喷水池。科西莫认为他太年轻，无法担此重任，但许多艺术家都认为他的模型最好，也许是这个模型使他受聘为波隆纳建造一座更大的喷水池。从此，乔万尼被请回佛罗伦萨当美第奇的官方雕刻师。后来他又到罗马，瓦萨里把他推荐给教皇，称誉他是"佛罗伦萨雕刻界的泰斗"。1583 年，他塑造一群人，后来命名为《萨宾人之劫》（*The Rape of Sabines*），一个孔武有力的英雄抓住一个非常美丽的女人，她的娇躯紧压在他撑住身子的手上，她的背部是文艺复兴时代最可爱的青铜雕刻。

在科西莫的重视下，雕刻家的地位超过了画家。吉兰达约想维持其父的完美而不可得，存藏在华盛顿的卢克雷齐娅·苏马利娅（Lucrezia Summaria）画像可作代表。绰号叫巴奇亚卡（Bachiacca）的乌贝蒂尼（Ubertini）喜欢在小幅的画布上仔细地创作历史画。因出生地而被叫作蓬托尔莫的伊库甫·卡鲁奇（Iacopo Carrucci）机遇非常好，他曾受过达·芬奇、彼罗·科西莫及安德烈亚·萨尔托的指导。19 岁时（1513 年），他就以一幅画（已佚）震惊艺术界，米开朗基罗也表赞佩，瓦萨里更称之为"有史以来最好的壁画"。但不久之后——让意大利人愤慨的是——蓬托尔莫竟热衷于丢勒的版画，舍弃意大利风格的柔和线条与和谐，而趋就德国式的粗重，画生理或心智不宁的男女。在佛罗伦萨郊外的西托萨的壁画中，蓬托尔莫用这种条顿风格画基督的情欲所激起的景象。瓦萨里憎恶这种模仿，他说："难道蓬托尔莫不知道他致力摆脱的是连德国人和佛兰德斯人都跑来学习的意大利风格吗？"虽然如此，瓦萨里仍承认这些壁画所表现的感染力。在他面前，他从不许提及死亡，因担心被挤死而避免宴会和群众。虽然他本身仁慈且温和，除了他的爱徒布龙齐诺之外，他几乎不信任任何一个人。他越来越渴望孤独，后来竟养成睡在一个只有用梯子可以上得去的楼上房间的习惯，他一上楼后，便把梯子收起来。最后的一件工作——替圣洛伦佐的主教堂作壁画——他单独地工作了 11 年，包下整个教堂，除了自己之外，别人不得进入。在完成这项工作之前，他就死了（1556 年）。当这些壁画被揭开时，发现人物非常不相称，有兴奋的脸，也有忧郁的脸。让我们用一件较健康成熟的作品纪念他，即现藏华盛顿的乌哥利诺·马尔泰利（Ugolino Martelli）的画像——柔软的羽帽，沉思的眼睛，闪闪发光的衣服，洁净无瑕的双手。

布龙齐诺因以美第奇为主的画集而闻名，美第奇宫有一间画廊全是这些作品。自国父科西莫·德·美第奇至科西莫公爵，若我们以利奥十世袋形的脸做标准，这些画是写实的，其中最好的是乔万尼·美第奇的画像，画得惟妙惟肖——英俊、自负、威风凛凛。

科西莫公爵最喜爱的艺术家可能是乔治·瓦萨里。他诞生于阿雷佐一个已经拥有数位艺术家的家庭，跟西尼奥雷利是远亲。他告诉过我们，这位老画家在看过乔治童年的绘画后，如何地鼓励他研究设计图案。判断文艺复兴时代的道德是要考虑到宽大而有远见的赞助行为的，在那些无数的行为中，有一件是作为伊普里托·美第奇和亚历山德罗·美第奇保护人的帕切里尼（Passerini）主教把乔治带到佛罗伦萨，在那里，这位 12 岁的小孩与其他年轻的继承者一起研究发财得权之术。他成为安德烈亚·萨尔托和米开朗基罗的学生，他一生尊奉米开朗基罗——破鼻子及全部的一切——犹若神明。

1527 年，美第奇被逐出佛罗伦萨时，乔治回到阿雷佐。18 岁时，他的父亲因黑死病去世，他发现他已变成三个姐妹和两个弟弟的监护人。仁慈再度解救他，他以前的同窗伊普里托·美第奇请他到罗马去，在那里，瓦萨里潜心三年研究古代艺术和文艺复兴时代艺术。1530 年，再度复辟而成为佛罗伦萨之主的亚历山德罗请他住在美第奇宫中绘画。在那里，他画了这个家族的人像，其中包括在潜心研读的洛伦佐及年轻活泼的卡泰丽娜——作奇想貌，好像已感觉到她将成为法兰西的皇后。亚历山德罗被刺之后，有一段时间，瓦萨里无人保护而到处流浪。现代的批评家并不赞赏他的画，但这些画一定曾给他赢得一些名气。因为，在曼图亚有罗马诺供他吃住；在威尼斯，阿雷蒂诺是他魁梧的随伴。他每到一处，便潜心研究当地的艺术，拜访艺术家或其后代，搜集画，做笔记。回到罗马后，他为阿托维提（Altoviti）画了一幅《基督被解下十字架》（*Deposition from the Cross*），他告诉我们，这幅画"很侥幸，没有引起当代最伟大的雕刻家、画家和建筑师的不快"。

把他介绍给第二任主教亚历山德罗·法尔内塞的是米开朗基罗。

而在 1546 年建议瓦萨里为 200 年来使意大利显得如此杰出的艺术家作传的，便是这位教养极优的主教。在罗马、里米尼、拉韦纳、阿雷佐及佛罗伦萨忙着绘画、建筑的乔治，在百忙之中，将一部分时间义务地奉献给《传记》（*Lives*）。1550 年，他出版了《这些杰出的意大利画家、雕刻家和建筑师的传记》（*Vite de'Piùeccelenti Pittori，Scultori，ed Architetti Italiani*）的第 1 版，并附有一段给科西莫公爵的优美的献词。

1555 年至 1572 年，他是科西莫的首席艺术家。他重修维奇奥宫的内部，并画了一些与其说壮丽不如说巨幅的画，点缀许多墙壁。他建造因政府办公室而名为沃夫兹的一座宏伟的行政大楼，现在成为世界上大艺术陈列馆之一；他领导完成洛伦提那图书馆；筑了一条室内走廊，使科西莫可以由维奇奥宫和沃夫兹，经过韦基奥桥，直达比蒂宫的公爵新邸。1567 年，他花了数月的时间旅行、研究，一年之后，他出版了一集新的、更大的《名人传》。1574 年，他在佛罗伦萨与世长辞，与其祖先同葬于阿雷佐。

他不是伟大的艺术家，但他是一个好人、一个勤勉的求知者及一位慷慨而又聪明的批评家。简单、有趣，几乎是托斯卡纳的方言俚语偶尔夹杂着小说的生动色彩，他给我们一本历久弥新、最有趣的书，有很多书都是自此抄袭的。这本书的不准确、超越时代及矛盾之处甚多，但有趣的资料和公正的阐释俯拾皆是，它对文艺复兴时代的意大利艺术家的影响，就如普卢塔克对希腊和罗马英雄的影响一样。以后的数百年内，它仍是世界文学的古典作品之一。

切利尼（1500—1571）

这个时代，在科西莫·美第奇的宫廷中，有一个人集所有的暴躁和敏感，追求生命和艺术之美的狂热，对健康、技巧或权力的自负等文艺复兴时代的特点于一身，除此之外，他还有倾泻思想和感触、变化与完成的自然天赋。切利尼不完全是典型的文艺复兴时代的天才人物，他缺乏安杰利科的虔诚、马基雅维利的技巧、卡斯底里欧尼的谦虚和拉斐尔乐观的文雅。当然，并不是所有这时代的意大利艺术家都跟切利尼一样遵循法律，当我们阅读他狂烈的叙述时，我们会感觉到，此书比其他任何人的书，甚至于瓦萨里的《名人传》，更能把我们带到文艺复兴的幕后，进入到它的核心。他坦率地开始：

> 所有的人，无论禀赋如何，只要他们做了最完美的或接近最美好的事，若他们是诚挚的人，便应该用他们自己的手，写出他们的一生。但是，在40岁之前，他们不该从事这样美好的事业，现在，我已快度过48岁，而且在我的出生地佛罗伦萨，这种责任感在我心中出现。

他很骄傲他出身寒微而竟使其家庭闻名于世。同时，他也郑重声明，他是恺撒麾下一位军官的后裔，他警告我们说："在这个工作中，经常有机会便会自然而然地吹嘘起来。"他被取名为贝内维努托（Benvenuto），因为其双亲本预料会是女孩，后来发现生下的是个男孩，至为惊喜。他的祖父，可能犯了卡·科拿洛所有的戒律，却活了100岁。切利尼承继他的活力，活了71岁。他的父亲是一个工程师、象牙雕刻匠和笛迷，他的希望是切利尼将来成为职业笛手，在美第奇宫廷中的乐队里当乐师。几年后，当他听说他的儿子在克莱门特教皇的私人乐队中担任笛手时，他似乎比听说他儿子在做金匠赚钱、出名更高兴。

然而，切利尼对美的形式的热爱甚于悦耳的声音。他看到一些米开朗基罗的作品，便对艺术着迷，他研究《比萨之役》（*The Battle of Pisa*）的连环画，印象至为深刻，甚至西斯廷教堂的天花板画，他都认为较差。不顾他父亲的期望，他去当金匠学徒，但为了孝顺，他仍然继续练习讨厌的笛子。在弗拉·菲利皮诺·利比家中，他发现一本代表罗马古艺术的画集，他燃起了亲自去看那些范本的欲望，经常与朋友谈论要到都城去的事。有一天，他跟一个年轻的木雕匠塔索（Tasso）漫不经心地走着，热烈地交谈着，后来发现已走到圣卡托里尼（San Piero Gattolini）的大门，切利尼说他当时觉得他们已在佛罗伦萨和罗马的半途上。经过互相激励，他们继续走，一里一里地，终于到了33英里外的锡耶纳。这时候，已无法再走，切利尼有足够的钱雇一匹马，两个年轻人便共骑一马，"我们一路上唱着笑着，终于到了罗马。那时候，我刚满19岁，这个世纪也是一样（1519年）"。

在罗马，他找到一份金匠的工作，研究古代的遗物，还赚了些钱寄给他的父亲。但这个昏聩的父亲不断催促他回家，两年之后，切利尼便回到佛罗伦萨。他并没有定居下来，因为在一次争吵中，他击伤了一个青年，以为这个青年已经死了，他又逃到罗马（1521年）。他在西斯廷教堂研究米开朗基罗的画，在基吉别墅和梵蒂冈研究拉斐尔，他领悟到男人与女人、金属与树叶所有有趣的形态和线条。不久，他便成为罗马的最佳金匠。克莱门特本以为他是一名吹笛手，后来才发现他在构图上的才华。切利尼为他铸就很美观的铜币，教皇命他做"教廷廷库的铸币官"，即为教皇通币设计官。每个主教都有印玺，这种印玺有的"大如12岁孩童的头颅"。这种印玺是用来印盖漆封的信件的，有些玺价值100克朗。切利尼刻玉玺和铜币、镶宝石、铸勋章，在宝石的浮雕上饰珐琅，用银子和金子做了成百个不同的图案。"这些不同的艺术，互异其趣，大相径庭，是以在某种艺术上非常优秀的人，若从事于另一种艺术，就很难获得同样的成功；而我却尽全力精通全部，在某些地方，我将证明我已达到我的目的。"

几乎在每一页的叙述中，切利尼都很自负，以其恒心与毅力，我们终于相信他。他提及他的"相面术及身体的对称"，我们无法否认，"自然赋予我如此快乐的气质，使我具有如此至佳的条件，只要我高兴做什么，便可随心所欲，在这些令人愉快的事物中，有一个经常做我的模特的美女……有时我常常与她共度良宵……有时于狂纵性欲之后，我的睡意极浓"。一觉醒来，他发现已患了性病，在50天之内，他被治愈了，便又找上另一个女人。

当我们知道切利尼逾越教规和法律之后，而良心如此安宁时，16世纪意大利城市生活的无法无天便可略知梗概。显然，罗马的警察制度是松弛的。一个本能强烈的人可能自律——有时必须如此。被触怒时，切利尼"感到发烧"，这种发烧"若我不发泄，就可能致我于死"。生气时，"我便想我应该吟诵我的赞美诗"。他曾与人争吵过百次，但他保证，除了一次之外，他都是对的，他将匕首戳进一个对手的体内，奇准无比，那个人竟倒地而亡，"我只刺在他的耳朵下面，只打了他两拳，因为第二拳他就倒地不能动弹了。我无意杀死他，但就如俗语所说，打击是无法度量的"。

他的宗教理论跟他的道德观一样，是独立的，因为他一直都是对的（除了一次之外），所以他一直觉得上帝一定护着他，使他更有力量。在谋杀中，他求助上帝，也将他的成功归功于上帝。可是，当上帝没依他的祈祷帮他找到他失去的情人安杰莉卡时，他又转而求助于魔鬼了。一个西西里的巫术家在晚上带他到荒废的圆形大戏场去，在地上画了一个魔圈，点上火，火焰喷散芬芳的香味，而且，还用希伯来、希腊和拉丁语的咒语召集恶魔出现。切利尼相信有成百的幻影出现在他眼前，并相信他们预言他会和安杰莉卡重逢，他回家之后，整夜都看到恶魔。

帝国的军队洗劫罗马时，切利尼逃到圣安杰洛城堡充当枪手，他断言是他射死波旁公爵的，也是他精确的枪法使敌人无法近城，因而救了教皇、主教和自己。我们不知其真实度有多高，但我们可以相信，克莱门特回到罗马之后，封他为显贵，俸禄每年200克朗，并说："假如我只是一个富有的皇帝，我会把视力所及的所有土地都给切利尼，现在虽已破产，我无论如何要供给他足够的食物，满足他的需要。"

保罗三世继续赞助他。也许为自我安慰而夸大其词，切利尼引一段保罗对一个反对如此宽待他的人所说的话："你要知道，像切利尼这样的人，其工作是最崇高的，自应超然于法律之上，而且，据我所听到的，他受到的指责更多。"但是，保罗的儿子皮耶路易吉·法尔内塞跟切利尼一样，是个粗心的流氓，他终于使教皇与切利尼对立，甚至连切利尼的艺术都不足以消除这种影响。1537 年，切利尼终于放弃在罗马的店铺，前往法兰西，途中在帕多瓦，受到本博热诚的款待，他为本博画了一小幅肖像，本博则送马匹给他及他的同伴作为酬谢之礼。他们越过格里松斯，经苏黎世、洛桑、日内瓦及里昂到巴黎。在巴黎，切利尼也发现了对手，罗西，这位佛罗伦萨的画家，不愿有对手来跟他分享国王的钱，他用各种方法阻碍这个新来的人。最后，切利尼见到弗兰茨时，发现国王正忙于应付战争。生病又想家，他翻过阿尔卑斯山，徒步到洛雷托，越过亚平宁山脉，回到罗马。他发现皮耶路易吉·法尔内塞控告他窃用教皇的珠宝，这使他至为惊骇，他被关进城堡中数月。他逃出城堡，在途中撞断了一条腿，再度被捕，在地下室被囚了两年，后来因弗兰茨一世的请求才获得释放。当时，弗兰茨一世热烈地请求他到法国服务，于是，他再度翻越阿尔卑斯山（1540 年）。

他在枫丹白露晋见国王，受到热情的接待，并在巴黎获赐一座邸堡，作为他的家和工作室。当占据者拒绝迁离时，他用武力加以驱逐。法国人不喜欢他的态度和谈吐，伊坦普（Etampes）夫人因他对她缺乏敬意而憎恨他。她听说他丢掷城邸住民的门窗和家具时，她警告弗兰茨说："那个魔鬼在这几天内就会扫平巴黎。"这位诙谐的国王很喜欢这个故事，为艺术而原谅切利尼粗暴的行为，并给他 700 克朗的年俸，另加 500 克朗作为他由罗马到巴黎的旅费。此外，切利尼为他而作的艺术作品另外论件计酬，知道这是 24 年前给达·芬奇的条件时，切利尼感到很骄傲。

有一位被逐出的房客在法院告他偷窃，法院的判决对切利尼不利，他大胆地驳回该判决：

当我发现我的动机不公平地被忽视时，为了自卫，我只好求助于我所携带的匕首了。我一向喜爱保存精致的武器，我攻击的第一个人是控告我的原告，有天晚上，我刺伤他的腿部和手臂，伤势非常严重，使其双腿因而残废。但是，这还是因为我当时一直注意不要杀死他的结果。

这位原告显然不敢再追究这件事情，于是切利尼可以在别的方面发泄其精力，在他巴黎的画室中，他养着"一个可怜的少女卡泰丽娜，我留养她主要是因为我的艺术，因为我作画时不能没有模特，但也因为我是男人，所以兴之所至，我也玩玩她"。为了获得优厚的报酬，卡泰丽娜也跟他的助手米奇尼睡觉。切利尼知道后，便打她，一直到精疲力竭为止。他的佣人罗伯特责备他为了这么平常的事情而如此残酷地惩罚人，难道他不知道，"在法国，没有不戴绿帽的丈夫吗？"第二天，他又叫卡泰丽娜当模特，"作画时，几度发生爱欲。最后，与前一天的同一时间，她把我气得七窍生烟，我又狠狠地打了她一顿。这种情形继续了好几天……同时，我也以一种使我成名的风格完成了我的作品"。另一个模特珍妮（Jeanne）给他生了一个女儿，他给这个母亲一些钱财，"从那时起，我与她再也没有关系"。这个孩子后来被护士闷死了。

弗兰茨一直忍耐着这种无法无天的行为。最后，切利尼在巴黎树敌太多，要求国王允许他前往意大利，国王没有同意。切利尼仍然离开法国，经过艰苦的跋涉之后，又回到他的故乡佛罗伦萨（1545年）。在那里，他表现他本性善良的一面，接济他的妹妹及她的6个女儿。他发现科西莫不如弗兰茨慷慨。他仍然树了很多敌人，但是他为公爵雕了一尊尚佳的半身像（在巴吉诺），并为他塑了一尊最著名的作品《珀修斯》，现存于兰齐（Lanzi）。关于这尊像，他讲了一则很生动的故事：焦虑、辛勤、热冷的侵袭，终于使他发高烧。当他特别为这件工作设计的火炉在熔化金属时，他无法不上床休息，而这些熔浆明显地不够填满巨大的模型。就在数月的心血行将毁于一旦之际，切利尼从床上跳起来，丢了锡和锡铅合金的容器在火炉内，这才补足了。这尊铸像十分成功，当这尊像揭幕时（1554 年），受到极高的评价，甚至连邦迪内利都加以赞赏。

这个故事由高潮转入平淡无奇，他开始在《珀修斯》这尊铸像的价格上与公爵讨价还价。切利尼期待已久，而科西莫则缺乏资金。这段叙述突然于 1562 年结束，其中并没提起 1556 年切利尼两度入牢的事情。在晚年，切利尼写了一篇关于铸造术的论文。纵情享乐了半世纪之后，他在 1564 年结婚，有两个合法的儿子，在法国有一个私生子，回到佛罗伦萨后也有五个私生子。

他的作品通常小得随时可以移动，其中只有数件知道下落，还可辨认。圣彼得宝库有一座被认为是切利尼所制的华贵银灯台；巴吉诺保留有他的《纳西西斯》和《加尼米德》，两个都是用大理石雕成的，都很完好；在比蒂也有一个信盘和一个水罐，都是银制的；卢浮宫藏有《本博大奖牌》及一座叫《枫丹白露的女神》（*The Nymph of Fontainebleau*）的青铜浮雕；维也纳保有他为弗兰茨一世做的盐罐；波士顿的加德纳收藏馆（Gardner Collection）有他的阿托维提半身像；他的巨大的《耶稣被钉十字架》存于伊斯科利亚。这些零散的作品无法使我们判断切利尼是一个艺术家，它们的实不符他的名，甚至于强烈的、过分装饰的《珀修斯》也流于文艺复兴衰败时的表现形式。虽然，借用切利尼的话说，克莱门特七世仍然赞誉他为"有史以来技艺最精的艺术家"。一封仍存在的米开朗基罗给切利尼的信说："这些年来，我一直认为您是世界上最好的金匠。"我们可以概括地说，切利尼是天才，也是恶棍；是极佳的艺术家，也是谋杀凶手。他生动的《自传》，胜过他的银、金和宝石的浮雕，使我们安于我们这个时代的道德。

拱月之星

意大利衰退的时期正是萨伏依公国复兴的时期。8 岁的埃曼努埃尔·菲利贝尔（Emmanuel Philibert）可能目睹了法国入侵征服这个公国（1536年）。25岁时，他继承该公国的王冠，但没承继其土地。29岁时，英西联军在圣奎廷（St. Quentin）打败法军一役中（1557年），他扮演了一个重要的角色。两年后，法兰西奉还给他破碎的国家和破产的王位，他重建萨伏伊和皮德蒙特是政治家的精心杰作。他的公国内的阿尔卑斯山坡地是新教徒出没的地带，他们进一步将天主教堂改成白色的加尔文教派礼拜堂，教皇庇护四世给他一年的教会税收，请他平服这个地区。埃曼努埃尔采取一些激烈的措施，当这种措施引起大幅度的向外移民时，他转而采取宽柔政策，压抑宗教裁判所的热心，庇护新教徒。他在都灵创建一所新的大学，并资助编纂一部百科全书。他一向谦恭有礼，但屡次不忠于给他献良策、助理外交，并领导都灵生气蓬勃的社交与文人生活的妻子。埃曼努埃尔去世时（1580年），他的公国已是欧洲治理得最好的地区之一。19世纪时，统一意大利的君王就是他的后裔。

　　同时，在最近的战争中见风转舵，由依附法兰西转而支持西班牙的安德烈亚·多利亚仍然统治着热那亚。那边的银行家资助查理五世的战争，查理五世以不干扰他们统治该城作为报答。热那亚不像威尼斯因商业活动由地中海转入大西洋而受致命伤，它反而再度变成大港口和战略要地。米开朗基罗的一位学生，佩鲁贾的加利佐·阿勒西（Galeazzo Alessi），在热那亚建造豪华的教堂和宫殿，瓦萨里形容其为意大利最美的街道。

　　当其王系的最后一个统治者弗·斯福尔扎于1535年去世时，查理五世派一个代理人统治米兰。臣服带来了和平，这个古城又恢复往日的繁华，阿勒西在那里建筑美观的马尼洛（Marino）宫。米兰铸币厂的雕刻师列昂·列尼在精细的微型造型艺术上与切利尼竞美，但没有表现出和切利尼一样的才华。这个时期最杰出的米兰人是圣卡罗（San Carlo Borromeo），在文艺复兴的尾声中，他扮演在古典没落声中圣安布罗西扮演的角色。他出生于一个富有的贵族家庭，21岁时，他的叔叔庇护四世封他做主教，22 岁时（1560 年）便升为米兰总主教。那时，他可能是基督教世界中最富有的教士。但除了总主教的法权之外，他放弃所有的圣禄，而将所得捐助慈善事业，一心一意献身于教廷。他创设圣安布罗西的地球扁平说研究社，延聘耶稣会教士到米兰来，并大力支持仍然忠于天主教义的一切宗教改革运动。由于惯于财势，他坚持其主教廷中完全中古式的审判权，包揽大部分维持法律和秩序的工作。他的总主教教廷监狱中，关满了罪犯和异教徒。24 年来，他是该城的真正统治者。在他对于一致和道德的热衷下，文学和艺术遭了殃。但建筑师和画家佩莱格里诺·提巴第（Pellegrino Tibaldi）在他的赞助下飞黄腾达，设计了大教堂中唱诗班的席位。1576 年黑死病猖獗之时，大部分显贵都逃走了，这位总主教留下来坚守岗位，安慰病患，不眠不休地拜访、看护、祈祷，这种表现使他所有严厉的措施均可原谅。

大主教托·加里奥（Tolomeo Gallio）也许不相信有另一个天堂，在科莫湖（Lake Como）畔建筑以斯特别墅（1568 年）。在布雷西亚，莫里托的学生吉·莫洛尼（Giambattista Moroni）画了数幅人像，可与提香的作品并列。在克雷莫纳，坎皮（Vincenzo Campi）承袭家风，也画了一些画，只是稍微逊色。在费拉拉，埃尔科莱二世与保罗三世达成一项协议，结束长期的争论，条件是由埃尔科莱二世付 18 万杜卡特给保罗三世，此外，每年交 7000 杜卡特作为保证金。阿方索二世给该城带来了另一个繁荣的时期，于塔索的《解放的耶路撒冷》（Gerusalemme liberata）和瓜里尼的《虔诚的教士》（Pastor fido）达于巅峰。吉罗拉莫（Girolamo da Carpi）从加罗法洛学习绘画，但是（据瓦萨里说），他花太多的时间谈恋爱和玩维忽拉，结婚太早，无法于天才的自我中心中获得乐趣。

皮亚琴察和帕尔马也在这个时期达到全盛，虽然几个世纪来，它们一直隶属于米兰。米兰公国此时已臣服于查理五世，因此，教皇保罗三世将这两个城市并为教皇的采邑，并于 1545 年，划归其子皮耶路易吉·法尔内塞统治。不到两年，这位新公爵就被一群憎恨他独揽大权的贵族在皮亚琴察暗杀。保罗正确地指出当时代表查理统治米兰的费兰特·贡萨加是这一阴谋的策划者，并通知当时恰好在其麾下的帝国军队立刻为皇帝占领皮亚琴察（1547 年）。保罗死后不久，尤利乌斯三世即派皮·法尔内塞的儿子奥塔维奥（Ottavio）当帕尔马公爵，因为奥塔维奥也是查理的女婿，他得以终生统治帕尔马。

博洛尼亚没有衰落。维尼奥拉（Vignola）在此地为一群商人设计班琪回廊（the Portico de'Banchi），安·莫兰第（Antonio Morandi）为此大学增建一座大体育馆。塞巴斯蒂亚诺·塞利奥（Sebastiano Serlio）写了一本建筑学上的论文，其影响力与帕拉迪欧的论文同样巨大。1563 年，教皇庇护四世委派托·罗里提（Tommaso Laureti）在圣彼特尼罗广场造一个喷水池，其雕刻部分由一位刚从佛罗伦萨来的年轻的佛兰德斯艺术家负责，其名可能是得自他最伟大的作品所在地的名称。乔万尼（或称吉安·波罗那）在广大的海神之泉（Fontana di Nettuno）雕了 9 座人像。在其顶端，他雕的是巨大的海神，赤裸、健壮；在泉的四个角落，他用青铜各雕一尊愉快的小孩嬉戏着跳跃的海豚；在海神的脚下，是 4 个美丽的少女，流水即自其乳房喷出。博洛尼亚使其名利双收地回到佛罗伦萨，这座壮观的喷水池共花了 7 万弗罗林。城市艺术精神仍然活在意大利。

若我们看看文艺复兴时代的罗马，我们会对她自 1527 年大劫中恢复的速度感到惊异，克莱门特七世在修复方面所表现的能力要比预防方面强得多。他向查理投降，挽救了这个教皇领地，其税收帮助教皇资助恢复教规及重建部分罗马，宗教改革引起的收入减少尚未影响教皇的国库。保罗三世在位期间，文艺复兴的精神和绚烂似乎暂时恢复过来。

有些艺术在死亡，有一些则在萌芽或变形。与红衣主教亚历山德罗·法尔内塞住在一起的克罗西亚人吉·克罗维奥（Giulio Clovio），几乎是文艺界最后的一颗巨星。1567 年，蒙特威尔地在克雷莫纳诞生。不久，歌剧和圣乐就将加入艺术的行列；帕莱斯特里纳的对位弥撒曲已经在庆祝教会重振，意大利绘画的伟大时代已近尾声，乔瓦尼和乌迪内（Giovani da Udine）这两个拉斐尔的发扬者将艺术导向华丽。雕刻也渐趋衰落，拉斐尔和乔万尼·蒙托索里承继其师米开朗基罗的夸张风格而且变本加厉，所雕的人像，四肢竟扭曲成新奇古怪笨拙的姿态。

建筑是这一时期最兴盛的艺术，法尔内塞宫和帕拉丁的公园由米开朗基罗修建（1547 年），波尔塔（Giacomo della Porta）完成（1580年）。小安托尼奥·桑加罗设计梵蒂冈的圣保罗教堂（1540 年）。通达圣保罗和西斯廷教堂的撒拉里奇（Sala Regia）的大理石地板及窗棂，是教皇保罗三世请桑加罗设计的，墙壁由瓦萨里和朱卡利兄弟作画，天花板则由丹尼尔（Daniele da Volterra）和巴卡粉刷。圣安杰洛的教皇府邸由巴卡、罗马诺和乌迪内作壁画并雕刻。第二任红衣主教伊普里托·以斯特在蒂沃利（Tivoli）附近建造较早的以斯特别墅，皮·李哥尼奥（Pirro Ligorio）设计、朱卡利兄弟装潢娱乐厅。阳台花园仍表现出文艺复兴时代大主教高尚的趣味及挥霍不尽的财富。

这一时期，在罗马及其附近最受欢迎的建筑师是维尼奥拉。自博洛尼亚来罗马研究古代废墟的他，结合阿格里帕（Agrippa）的万神殿、尤利乌斯·恺撒的长方形集会所（Basilica），及融合圆屋顶、拱门、圆柱及三角墙而自成一格。跟帕拉迪欧一样，他写了一本书阐述他的理论。他为大主教亚历山德罗·法尔内塞在维泰博附近的卡帕拉罗拉（Caprarola）设计另一座宽大豪华的法尔内塞殿，获得第一次成功。10 年后，他在皮亚琴察建筑第三座，他最具影响力的作品是在罗马的帕·吉里奥（Papa Giulio）别墅为教皇尤利乌斯三世建的波塔·波波洛及吉苏（Gesú）教堂。这座为兴起的耶稣会教士而建的建筑物，维尼奥拉设计宽高皆令人难忘的本堂，并将甬道改造成小教堂。后代的建筑师以此教堂作为第一座巴洛克式的建筑物——弯曲的形式与装饰相融。1564 年，维尼奥拉继米开朗基罗之后，成为圣彼得教堂的首席建筑师，并参与建筑由安杰洛设计的大圆顶。

米开朗基罗：晚年时期（1534—1564）

这些年来，米开朗基罗似乎一直是另一个时代的无羁的幽灵。克莱门特死时，他已 59 岁，但似乎没有人会想到他已赢得休息的权利，保罗三世与乌尔比诺的弗朗西斯科·罗维尔为获得他而竞争。身为尤利乌斯二世的遗嘱执行人的公爵吵着要求完成他叔叔的墓，并挥舞早就由安吉罗签字的契约，但庄严的教皇充耳不闻，保罗对米开朗基罗说："30 年来，我一直要你为我工作，现在我已位居教皇，你会让我失望吗？那张契约应该撕掉，无论如何我要你为我工作。"公爵反对，但最后以一座比尤利乌斯想象的小得多的陵墓解决争端。这座坟墓被视为一件失败的作品，是使这位一代宗师的晚年趋于晦暗的原因之一。

1535 年，获胜的教皇颁布令状，任命米开朗基罗为梵蒂冈的首席建筑师、雕刻师和画师，并宣布他在各方面卓越的成就。这位艺术家成为教皇家庭中的一员，并获得一年 1200 克朗的终身俸。克莱门特七世去世前不久，曾请他在西斯廷教堂的道坛后面画一幅《最后的审判》。保罗建议这项工作现在必须实现，米开朗基罗不太愿意，他要用雕刻，不要用绘画，他喜欢与铁锤和凿子为伍甚于画笔，所要画的墙壁的面积——66 英尺长、33 英尺宽——可能使他犹豫。然而，1535 年 9 月，60 岁的他终于开始他最著名的画。

也许，他一生接二连三的挫折——尤利乌斯二世残缺的坟墓，在博洛尼亚为其所雕的像被毁，圣洛伦佐的前庭与美第奇的坟墓尚未完成——在他内心汇成一股痛苦的洪流，在这幅画中化为神圣的愤怒。萨沃纳罗拉的记忆在他脑海中盘旋了 40 年——那些可怕的命运的预言、那些对人类劣根性的讨伐、教会的腐败、美第奇的暴政、知识的骄傲及异教的欢乐，那些凋敝佛罗伦萨灵魂的地狱。此刻，死去的烈士将从基督教国度中最高的道坛出来再度发言。这位达·芬奇称为对但丁极有研究的忧郁的艺术家再度沉浸于《炼狱》的苦海中，将其恐怖的景象绘制在墙壁上，使后代的教皇在主持弥撒时无法逃避在他们面前的审判。同时，在一个不久之前还轻蔑人体的宗教的堡垒中，他还是拿着画笔的雕刻家，画各种不同的形象——痛苦的表情，死者由昏沉而转兴奋的复活，夸张的天使带着命运的呼唤，仍带伤痕的耶稣基督，以其宽阔的双肩和强而有力的双臂，把那些自视高于上帝命令的叛徒掷入地狱。

他本身的雕刻家的气质破坏了这幅画。这位越来越笃实的严谨的教徒坚持用雕刻来表现众多且结实的身体：在艺术和诗中被想象成快乐的小孩、温雅的青年或柔软的女孩，在他手中变成在空中追逐的运动选手；遭贬谪的与获救的同样值得救赎，因为他们的形象酷似上帝，甚至耶稣基督在盛怒时，也变成西斯廷天花板上"亚当"的化身——以人类的形象塑成的神明。这幅画的肉太多，太多的手臂和大腿，屈筋和膨胀的小腿肚，无法提起精神来沉思罪恶的代价，甚至连好色的阿雷蒂诺都认为这么多的裸体像实在有点失当。每一个人都知道保罗三世的典礼官比亚吉奥·西斯纳（Biagio da Cesena）如何地埋怨这幅画，他认为这幅画用来装饰酒店要比放在教堂合适些，而为了报复，米开朗基罗又如何地把比亚吉奥列入被诅咒的一群。尤其是比亚吉奥请求保罗下令抹去他的画像时，保罗又如何幽默而富有神学理论地回答说，甚至教皇都无法自地狱中释放一条灵魂。后来，由于比亚吉奥一批人的强烈抗议，保罗四世才命丹尼尔在引人注目的部位加上裤子，这位可怜的艺术家因此被罗马人叫作"裤子裁缝师"。在这幅幽暗的画面上，最高贵的玛利亚是全身着装的，她的衣服是这位大师在画服饰方面最后一次成功的杰作，其仁慈而令人敬畏的容貌是这个人类溺陷在暴力中的一个拯救的因素。

经过6年的苦工，这幅画终于在1541年的圣诞节揭幕。恰在此时，罗马在宗教方面正针对文艺复兴进行反击，所以，也把这幅《最后的审判》当作神学佳作和伟大的艺术品。瓦萨里推崇这幅画为最好的画。艺术家们佩服它解剖准确，也不因肌肉上的夸张、古怪的姿态、太多的肉体而不满。相反，许多画家模仿这位大师的画法，并组成绘画学派。意大利的艺术则开始衰落。甚至外行人都对因远近而缩小的立体构图感到惊奇，这种构图使画的部分近似浮雕，也惊异于强烈的透视法，这使下面部分的人有 2 英尺高、中间部分的人有 3 英尺高、上面部分的人有 4 英尺高。今天看到这幅壁画的我们无法作精确的判断，因为丹尼尔的添画裤子，1762 年又为一些人像添画衣服，还有 4 世纪的灰尘、烛烟及自然性变黑等已损坏了这幅画。

休息几个月后，米开朗基罗又开始替由安东尼奥为保罗三世在梵蒂冈建造的教堂画两幅壁画（1542 年），一幅是圣彼得的壮烈成仁，另一幅是圣保罗的改奉天主。在这两幅画中，这位年事渐长的艺术家再度迷失在夸张人类的形体中。完成这两幅画时，他已经 75 岁，他告诉瓦萨里说，他是违背自己的意愿画这些画的，费了很大的力气，也很疲倦。

他并不觉得他已老得不能雕刻了，他说铁锤和凿子使他保持健康，甚至在画《最后的审判》时，他偶尔在画室中的大理石上寻找安慰与情趣。1539 年，他雕刻了严肃威严的《布鲁特斯》，可以称得上最伟大的罗马人像雕刻。也许，他借此赞许不久前在佛罗伦萨诛戮暴君亚历山德罗·美第奇的行为，并警告未来的独裁者。11 年后，他以较温和的心情雕刻佛罗伦萨大教堂祭坛后面的《圣殇》。他希望以此作为自己的墓碑，所以非常狂热地工作，经常利用装在帽子里的蜡烛在晚上继续工作。有一次，他锤得太重，损坏了雕像，因而便抛弃了它。他的仆人安托尼奥·米尼请他送给自己当礼物，得到之后把它卖给了一个佛罗伦萨人。对于一个 75 岁的人来说，这是一件惊人的作品，基督的尸体被毫无夸张地表现出来，尚未完成的玛利亚的温柔融入永恒之中。有些人认为，那位戴头巾的尼科底姆（Nicodemus）的尊容可能就是米开朗基罗本人，此时正默想基督在十字架上的痛苦。

他的信仰在本质上是属于中古的，充满了神秘、预言及死亡与地狱的思想，他没有达·芬奇的怀疑精神，也没有拉斐尔的漠不关心。他最喜爱的书是《圣经》和《但丁》（*Dante*）。他晚年的诗越来越转向宗教：

> 如今我的生命已越过翻腾的大海，
>
> 如一叶扁舟，抵彼宽阔大港，
>
> 于最后的审判裁决之前，
>
> 所有的人都要依其善恶接受赏罚。
>
> 可爱的精灵
>
> 使我崇拜，令我痴迷
>
> 世俗的艺术，而如今
>
> 我方悟其非，
>
> 人人皆向而往之，又是何等罪过，
>
> 那些轻披薄纱的爱之狂思——
>
> 当双重死亡到来时，又该是何等景象？
>
> 我确知其一，怀疑另一。
>
> 绘画或雕刻如今已无法安宁我的灵魂
>
> 因它已归向上帝伟大的爱
>
> 而使我们永依十字架的他的双臂
>
> 也已展开。

这位老诗人自责过去几年中曾写过一些情诗，但这些只是练习，而不是肉体的爱欲。在米开朗基罗的《诗集》（Rime）中，最诚挚的诗是献给一位年纪稍长的寡妇或一个漂亮的年轻人。托·卡瓦里尼（Tommaso Cavalieri）是以绘画作消遣的罗马贵族，他到圣安杰洛来学习（约1532年），并以其英俊与仪态迷惑了他的老师。米开朗基罗爱上了他，写情诗给他，坦率吐露爱慕之情，致使后人将米开朗基罗与达·芬奇并列史上最著名的同性恋。这种男人对男人示爱的情形在文艺复兴时代很普遍，女人之间也是一样。他们使用的语言是当时的诗和书札体的一部分，无法获得结论。然而，在诗之外，我们知道米开朗基罗在遇到维托利亚·科隆纳之前，对女人似乎一直漠不关心。

他与维托利亚·科隆纳的友谊始于约1542年，当时，他已67岁，科隆纳50岁。一个50岁的女人能轻易地引燃六七十岁男人感情的余烬，但科隆纳无意这样做，她觉得她自己仍然属于已死去17年的佩斯卡拉侯爵，她写信给米开朗基罗说："我们的友谊是不变的，我们的爱情也很真挚，它有基督教的教义加以束缚。"她送给他143首诗，诗虽好，可无关紧要。他的和诗充满着爱慕与热情，但有文学幻想的毛病。他们碰面时，讨论艺术和宗教。也许她曾向他表示对想改革教会之人的同情，她对他的影响是深远的，所有生命最好的精神要素似乎都在她的虔诚、仁慈和忠贞中结合起来。当她陪他散步聊天时，他的悲观便消失了。她祈祷，希望他能永远不再是他们相遇之前的他。她死时（1547年），他也随侍在侧。从此，有一段很长的时间，他一直"似是精神错乱，至为消沉"。他自责在那最后的片刻，没有吻她的脸和手。

他担任他的最后一次、最伟大的艺术工作是在她死前不久。小桑加罗逝世时（1546年），保罗三世请米开朗基罗继续完成圣彼得教堂。这位厌倦的艺术家再度抗议，说他是雕刻家不是建筑师，也许是因为他还没忘记建筑圣洛伦佐正门失败的教训。教皇一再坚持，米开朗基罗也就以"无限后悔"的心情答应了。但瓦萨里说："我相信教皇是受到上帝的指示。"为了这件他一生中最重要的工作，他拒绝额外的酬劳，虽然教皇一再赏赐给他。他开始工作了，他精力的旺盛，是很难从一个72岁的老人身上看到的。

似乎圣彼得教堂的工作还不够沉重，同一年，他又担负另外两件大的工作，他在法那斯宫加建第三楼，其飞檐之美，是受到高度赞赏的。殿中的上两排坐席，瓦萨里更推为全欧最美的。他设计一条宽大的阶梯，通达卡皮托林山的山巅，在最高点，雕塑马可·奥勒留骑马的雄姿。后来，88 岁时，在高地的另一端，他开始建造元老院殿，设有豪华的双重楼梯间。他还计划在议事厅的一边建造音乐厅，在另一边建造国家音乐学院。虽然他无法于生前完成这些计划，但其计划终于由托·卡瓦里尼、维尼奥拉和波尔塔一一实现。

保罗三世死后（1549 年），有人怀疑其继位者尤利乌斯三世是否会继续任用米开朗基罗担任圣彼得教堂的首席建筑师。米开朗基罗拒绝安东尼奥的计划，建筑一座幽暗的教堂，因为这样会危害公共道德。这位死者的朋友说服两位大主教警告教皇说米开朗基罗在破坏该建筑物。尤利乌斯支持米开朗基罗，但在下一个教皇保罗四世在位时（在米开朗基罗一生中，教皇更迭甚速），安东尼奥派又开始攻击，托言当时已 81 岁的米开朗基罗已返老还童，破坏的比建设的还多，在圣彼得教堂计划一件绝不可能的事情。米开朗基罗又想辞职，拟接受科西莫公爵一再的邀请，重返佛罗伦萨定居。但他有了圆顶的构想，除非其构想有实现的端倪，他绝不擅离职守。苦思多年之后，他终于在 1557 年用泥土做成了圆屋顶的模型，其宽度及重量在这个建筑上是值得斟酌的。他又花一年的时间用木头制造较大的模型，绘出结构和支柱的计划。这座圆顶的直径 138 英尺、高 151 英尺，其顶点距离地面 334 英尺。这圆顶将坐落在这个十字式教堂交叉处的四个巨大的拱门支持的檐基上，一座灯楼，或只罩玻璃而且较小的圆屋顶将矗立于主圆顶之上，高达 69 英尺。一个 32 英尺高的十字架是这个建筑物的顶点，总高为 435 英尺。菲利普·布鲁尼里斯哥在佛罗伦萨教堂上所建的圆屋顶（米开朗基罗曾谦虚地说它的美是无法超越的）差可比拟，138 英尺半宽、133 英尺高，地面至圆顶顶端 300 英尺，加上灯楼则为 351 英尺。这两座圆顶是文艺复兴建筑史上最大胆的尝试。

1569 年，庇护四世继承保罗四世，这个敌人又想换掉他。倦于长期的辩论和反驳，他提出辞呈（1560 年）。教皇拒绝批准，于是米开朗基罗继续做圣彼得教堂的首席建筑师，直到去世。后来，事实证明其批评者所说的并非完全不对，在雕刻上，他一向只凭脑海中的观念便开始敲打大理石；在建筑上，他也很少用纸计划，甚至对他的朋友也不说，而只在快要建筑时，才为各部分制作蓝图。他死时，除了圆顶之外，什么也没留下来。结果，继承他的人便可自由发挥，他们改变他和布拉曼特的希腊式十字架，采用拉丁式的十字架，延伸教堂的东翼，并在前面造高大的正门，使只有在 1/4 英里外，才能从那一面看到圆顶。唯一属于米开朗基罗的只有圆顶部分，这是 1588 年波尔塔根据他的计划完成的，隆起的弧线至为宏伟，庄严地俯视着一望无际的地毯。古典的圆柱、嵌壁柱、柱楹及三角楣饰等组成可与古代任何一个有名的建筑物媲美的和谐。在此建筑中，基督教又与古风再度调和，如布拉曼特所立志要做的，他采用万神殿的圆顶和君士坦丁的四方形屋身组成基督礼拜堂，其圆柱之高是史无前例的。

米开朗基罗继续工作到 89 岁。1563 年，他应庇护四世的要求，把戴克里先洗浴室（the Baths of Diocletian）改造成圣玛利亚教堂和修道院。他设计了其中一座城门皮亚门（Porta Pia）。他为罗马的佛罗伦萨人制作一座教堂的模型，瓦萨里也许是太热心的缘故，说根据这座模型建造而成的建筑物将是"人类所看到的最美的"。但在罗马的佛罗伦萨人资金缺乏，这座教堂一直没盖成。

这一代巨匠令人难以置信地精力减退了，从约 73 岁开始。雕刻石头时，他开始觉得吃力，他似乎从药物或矿物质水中找到了某种缓和剂，但是他说："我相信祈祷甚于药物。"12 年后，他在写给一位侄子的信中说："在我的身体方面，一切老人的病痛我都有，在涉水时，受石头阻碍，腰背变硬，常常无法爬楼梯。"虽然如此，一直到 80 岁，他仍然风雨无阻地外出。

他带着宗教的顺从和哲理的幽默走近死亡。"我这么老了，"他对瓦萨里说，"死神往往拉着我的衣服，要我跟他走。"丹尼尔创作的一件著名的青铜浮雕显示了一张有痛苦的刻痕、老而枯槁的脸。1564

年 2 月，他一天比一天衰弱，大部分时间都睡在他的旧椅子上。他没有留下遗嘱，只是"把灵魂归给上帝，身体留给尘土，财物送给他最亲近的亲戚"。他死于 1564 年 2 月 18 日，享年 89 岁。他的遗体被运回佛罗伦萨，埋葬在克罗齐的教堂，祭典连续好几天。瓦萨里热心地为他设计一座豪华的坟墓。

尽管有许多缺点，他仍是有史以来最伟大的艺术家。罗斯金说他是"最伟大的艺术家"，因为"他的作品表现最多最伟大的概念"，即"训练并提升心智的最高天赋的概念"。他是熟巧的构图家，他的构图是他的朋友最珍贵的礼物和窃品。今天，在佛罗伦萨的米开朗基罗室或卢浮宫的图案阁（Cabinet des Dessins），我们可以看到一些，如圣洛伦佐的正门或《最后的审判》的草图。还有一幅几乎跟达·芬奇的构想一样巧妙的《圣安娜》，及为死去的维托利亚·科隆纳而作的一幅怪画——神秘的表情，颓垂的双乳。在弗朗西斯科所报道的一次会话中，他将所有的艺术归宗于设计：

> 设计或起草之学是绘画、雕刻、建筑及各种表现的形式，甚至是各种科学的本质，能成为艺术家便拥有大财富……由人类的头脑和双手做成的作品，不是设计本身，就是这种艺术的一支。

成为画家后，他仍然是构图家，他对色彩的兴趣远不如线条。尤其致力于画有含义的形式，表现人类的姿态，或由图案表现人生的哲理。他有菲狄亚斯或阿佩莱斯的手、耶利米或但丁的声音，他来往于佛罗伦萨和罗马的旅途中，一定曾在奥维托停留，研究过西尼奥雷利在那里所画的裸体画。这些画与乔托和马萨乔的壁画，表现出一种前所未有的风格。他在他的艺术中所注入的高贵的性质，在分量上远超他人，甚至胜过达·芬奇、拉斐尔和提香。他不注重润饰或细节，他不在乎漂亮、风景、建筑、背景、人物神怪、花卉错综并用的图饰，他只让他的主题赤裸裸地、不加修饰地表现出来。他着重的是崇高的理想，再用手以巫师、预言家、圣人、英雄及神的形态加以具体化。他的艺术使用人体做媒介，但那些人体对于他来说，是他的希望与恐惧、他复杂的哲学及他的潜伏于心的宗教信仰的痛苦的化身。

雕刻是他最喜爱、最出色的艺术，因为它是最高的艺术形式。他从没为他的雕像着过色，总觉得形态已经够了，甚至对青铜他都嫌颜色太多，他一直使用大理石做雕刻材料。他画的、建筑的，都属于雕刻，甚至圣彼得教堂的圆顶也不例外。在建筑方面，他是失败的（除了那座宏伟的圆顶外），因为不用人体的比例，他无法构想一座建筑物，而且无法想象除了作为雕像的容器外，建筑物还能是什么东西。他要涵盖整个表面，而不是把表面变成形式的一种要素。他对雕刻是狂热的，他认为大理石一定无情地隐藏着秘密，而他决心把这个秘密揭示出来。但这个秘密是在他本身，太近了，无法完全表露出来。在给他的内在赋予外在的形式的艰苦过程中，多纳泰洛帮了他一点小忙，奎尔恰多些，希腊人较少。他同意希腊人的观点，在他的艺术中，着重于身体部分，而让面部普遍化，甚至定型，如美第奇的陵墓上刻画的女人就是如此。可是，他从未达到——以他的脾气，永远无法注意及此——希腊化时代以前的希腊雕像表现的淡泊宁静的境界。不表现情感的形式对他是无用的，他缺乏古典的规矩和比例感，他使肩膀太宽于头，身躯太大于四肢，而四肢又结满肌肉，好像所有的人和神都是紧张扑斗的摔跤者。毋庸置疑的，形式派和巴洛克派的艺术是从这些力量和情感的戏剧性的夸张中产生出来。

米开朗基罗没有像拉斐尔那样开设学校，但他训练出几位杰出的画家，而且也都有一定的影响。一位名叫波尔塔的学生为保罗三世在圣彼得教堂设计一座陵墓，几可媲美美第奇之墓。可是，一般而言，米开朗基罗在雕刻和绘画上的传人只模仿他的偏激之处，而没有学到他的思想与情感的极致及技巧的精纯。通常，一位炉火纯青的艺术家是传统、方法、风格、历史心境等的结晶，他的超卓的才华穷竭了发展的境域，而使在他之后，必须有一段无助的模仿与没落，然后再兴起一种新的情绪和传统、新的观念、理想或技巧，经历许多奇怪的实验，以寻求另一种规律或某一种前所未有的、新鲜的表现形式。

最后必须谈到的是谦虚。我们尊崇米开朗基罗，是因为在其漫长而痛苦的一生中，他一直在创造，而且在每一个主要领域，他都有杰作产生。我们看到这些作品从他的肉和血、心智与情感中锤炼出来，而使他有一段时间因创作而虚弱。我们看到它们在千锤百凿、千描百画中成形，一个接一个地，像不朽的人物一样，它们登上永垂不朽的宝座。我们不知道上帝是什么，也不了解一个善与恶、痛苦与可爱、毁灭与崇高分陈杂列的宇宙。但是，当我们看到一个母亲在怜爱她的孺子，或一个超人为混沌制定秩序、为事物命名取义、赋高贵予形体或思想时，我们会觉得很接近于构成这个世界的不可道之道的生命、心智和法则。

结语

　　研究这几个多彩多姿、生气蓬勃的世纪中这么多的事物及人物，一直是一种深沉而令人激动的体验。这份文艺复兴的财富是多么的浩瀚！甚至在它衰落时，都还能产生像丁托列托和韦罗内塞、阿雷蒂诺和瓦萨里、保罗三世和帕莱斯特里纳、圣索维诺和帕拉迪欧、科西莫和切利尼这样的人物，及像公爵宫和圣彼得教堂的圆顶这样的艺术！那些文艺复兴时代意大利人的生命力是多么令人惊异！

　　要冷静地批判它是一件困难的工作，我们谨慎地分析反对它的理论。文艺复兴（仅限于意大利）本质上是由少数聪明人操纵大多数单纯的人而达成的经济拓展，罗马的财富来自上百万的欧洲家庭虔诚的捐献，佛罗伦萨的光辉是成天工作的下层无产阶级的血汗结晶，他们没有政治上的权利，只有分享平民艺术的光荣。在政治上，文艺复兴时代由商业的寡头和军事上的独裁取代共和政体；在道德上，它是一种异教的反叛，腐蚀了宗教理论的道德尺码，放纵人类的本能，让他们能随心所欲地使用工商业的财富。没有经过本身已经世俗化、好战的教会的检查，这便是宣称在政府、外交及战争上立于道德之上的国度。

　　文艺复兴时代的艺术是美，但很少是高尚的。在细节上，它胜过哥特式的艺术；在宏伟、和谐及整体的效果上，则又略逊一筹。它没达到希腊艺术的尽善尽美，也没有达到罗马艺术的庄严。富有的贵族使艺术家与工匠分开，使其与人群隔离，也使其依赖突起的君王和暴发户。其灵魂迷失于死亡的古物之上，建筑与雕刻拘泥于古代及外国的形式之中。也许，艺术上的全部复古是一个可悲的错误。一种风格一旦死了，便不能适当地再复活，除非它所表现的文明也能恢复。风格的气势与兴盛在于与当时的生活和文化之间的和谐，在希腊罗马艺术的伟大时代中，有一种禁欲的节制，被希腊思想理想化，并常常在罗马的特征中实现。但那种节制跟文艺复兴的自由精神、热情、骚动及过度是迥异其趣的，还有什么能比表现文艺复兴时代的宫殿的特征——平屋顶及天花板，规则的长方形正面，单调的窗户排列——更违反 15 世纪和 16 世纪的意大利风尚呢？意大利的建筑厌倦这种单调与虚伪的古典时，它便任其发展了，就像一个威尼斯商人为提香加衣袍，太过装饰与华丽，于是便从古典降为庸俗。

古典雕刻也不能表现文艺复兴，因为雕刻是必须节制的，这种耐久的媒介并不适于表现曲折或痛苦，因为曲折或痛苦的本质是短暂的。雕刻是由冷却的金属或耐久的石头固定的动作，发泄或控制的情感，自时间的破坏力中保留下来的美或形式，也许是因为这个原因，文艺复兴时代最伟大的雕刻品多是坟墓或《圣殇》这类，在这里面，无止无休的人终于获得了宁静。尽全力追求古典的多纳泰洛依然执迷于哥特式；米开朗基罗自我束缚，提香因于自身资质，熬过《奴隶》与《俘虏》，想找到禁欲的安宁，但总因太无拘束、太兴奋而无法休息。恢复的古典遗产是负担，也是恩赐，它使现代的灵魂充满高贵的典范，但它几乎使被压在一大堆的圆柱、柱头、及三角墙之下的年轻思潮——刚成年——窒息而死。也许这个复活的古董、对比例与对称的崇拜阻滞了本土的、适合风土人情的艺术的成长，如同经人道主义者的提倡而复活的拉丁文阻碍了本国文学发展的情形一模一样。

文艺复兴时代的绘画在表现当时的色彩和风情方面是成功的，它还将这种艺术带到一种画技上的极致。但它也有错误，它的重点在于肉体的美、皇帝的衣饰及玫瑰色的肉体，甚至宗教画都有色情的色彩，躯壳的形式重于精神上的意义。许多中古时代的耶稣受难像比文艺复兴时代的端庄的圣母像更深入灵魂，佛兰德斯和荷兰的画家敢画平凡的面貌及朴素的衣服，并敢于探讨这些淳朴的人物背后的性格秘密和生命的要素。威尼斯的裸体画与杨·凡·艾克（Jan Van Eyck）的《羊的礼赞》（*Adoration of the Lamb*）比起来，显得多么的肤浅！拉斐尔的《尤利乌斯二世》是举世无匹的，但意大利画家的数百张自画像之中，有一张能与伦勃朗的自画像相比的吗？16 世纪画像的流行，正表示暴发户的兴起及他们对自我展示的渴望。文艺复兴时代是一个灿烂的时代，但它的一切，处处表现夸耀与虚伪，竞相奢侈，缺乏内在力量支持的空洞的力的结构，一经无情的贱民稍微一触，或经暧昧而震怒的僧侣遥遥一吼，便立刻化成碎片。

我们热爱的一个时代受到这种激烈的攻击，我们该说些什么呢？我们不要反驳攻击，虽说其论点不太公平，但有很多是真的。当然，文艺复兴文化是建立在穷人背上的一种贵族文化，可是，哪一种文化不是这样子的？无疑，若无某种程度的集中财富，许多文学和艺术是无法兴起的，甚至富于正义感的作家，都有一群看不到的劳动者为他们采矿、生产粮食、织衣服、制造墨水。我们不可替独裁者辩护，他们有一些是应该受绞刑的，因为他们将从百姓那里搜刮来的金钱无谓地浪费掉。我们也不要向科西莫·德·美第奇跟他的孩子洛伦佐道歉，虽然佛罗伦萨的人民比较喜欢他们而不喜混乱的财阀政治。至于道德松弛，这是知识开放的代价，这个代价虽重，但那种自由是现代世界无价的天赋人权，是今日我们精神的气息。

复兴古典文学与哲学的学问，是意大利的主要成就。在意大利，第一种现代文学自复兴和放任中产生，虽然当时的意大利作家没有一个能比得上伊拉斯谟或莎士比亚。伊拉斯谟本人很羡慕文艺复兴时代意大利的自由风气，伊丽莎白时代的英格兰也得归功于意大利——

"意大利化的英国人"——开花的种子。阿廖斯托和桑那扎罗·雅各布是斯宾塞和菲利普·锡德尼的典型、前辈。马基雅维利和卡斯底里欧尼是伊丽莎白时代及詹姆士一世时代英国有影响力的人物，若没有蓬波纳齐和马基雅维利，提尼西奥和布鲁诺费尽血汗提倡于先，培根和笛卡儿是否能获得辉煌的成就，可就难定了。

是的，文艺复兴时代的建筑平凡得令人沮丧，但耸立于佛罗伦萨和罗马的君王似的圆顶是例外。哥特式总是陡峭笔直的，反映出一种宗教，把我们地上的生活描述成一种灵魂的流放，而把希望与神明置于上天。古典建筑表现的宗教，把神明定居于树林间、水流中、土地里，很少高于色萨利（Thessaly）山，不须仰起头来寻找神明。那种古典的风格，如此的冷静，无法适当地代表狂乱的文艺复兴时代，但它也不能因而消逝。宽容保存了它的旧迹，把它的理想与实体变成我们今天的建筑艺术的一部分——一个参与者，而非独裁者。意大利不能媲美希腊式或哥特式的建筑，也比不上希腊的雕刻，也许还比不上沙特尔（Chartres）和兰斯（Reims）的最高贵的哥特式雕刻，但它能孕育一位艺术家，其美第奇墓配得上菲狄亚斯，其《圣殇》无愧于普拉克西特列斯。

文艺复兴在绘画方面是一无愧色的，它是历史上绘画艺术的高峰。西班牙在委拉斯开兹（Velásquez）、牟里罗（Murillo）、里贝拉（Ribera）、苏巴朗（Zurbarán）及艾尔·格里柯的承平时期才接近那个水准；佛兰德斯和荷兰在鲁本斯和伦勃朗的时代也没那么接近；中国和日本的画家有他们自己的尺度，他们的画偶尔使我们觉得特别深奥，只是因为他们以远大的眼光来看人类，但他们冷静的、深省的哲学或华丽的优雅仍逊于在佛罗伦萨、拉斐尔、柯勒乔及威尼斯绘画艺术中的复杂、力量及鲜艳的色彩。的确，文艺复兴时代的绘画是一种感官艺术，虽然它创造出一些最伟大的宗教画，及属灵的、崇高的画。可是，那种感官性是一种肉体健康的反应。肉体已被鄙视太久了，数百年来，女人一直背负着严厉的禁欲的十字架，生命再认定、艺术再提高，健美人体的可爱性被认可是件好事。文艺复兴已厌倦原罪，以令人心悸的、神秘的对死后的恐怖，它不再理会死亡，开始面对生命，早在席勒和贝多芬之前，它便唱出快乐的、无比的颂歌礼赞欢乐。

文艺复兴恢复了古典文化，也结束了东方精神千年来在欧洲的统治。这伟大的解放的福音从意大利由百条路线翻山越海传到法国、德国、佛兰德斯、荷兰和英国。学者吉罗拉莫·亚林德尔（Girolamo Aleandro）跟尤利乌斯·恺撒·卡利杰尔、达·芬奇、安德烈亚·萨尔托、切利尼及帕里斯·波登等将文艺复兴带到法国。意大利的画家、雕刻家、建筑师将它带到波斯、克拉科夫、华沙。米开罗佐将它带到塞浦路斯。真蒂莱·贝利尼冒险带它到伊斯坦布尔。科利特和利纳克尔将它带回英国。阿格里科拉（Agricola）跟洛易希林带它回德国。观念、道德及艺术的思潮不断从意大利向北流了一个世纪，16世纪至17世纪，所有的西欧国家都承认它是新的科学、艺术及人文主义的文明之母，甚至绅士的观念及生命与政府的贵族观念，也源于南方，由它去规范北方的态度和状态。因此，文艺复兴16世纪在意大利衰落时，正是它在法国、英国、德国、佛兰德斯及西班牙蓬勃萌芽之时。

有一段时间，宗教改革与反宗教改革之间的紧张状态、神学的辩论及宗教战争，掩盖了文艺复兴的影响，人民为信仰的自由战斗了一个血腥的世纪，理智的呼声似乎为信仰所平息。但是，并不是全部沉默，甚至于在那个绝望的处境中，像伊拉斯谟、培根及笛卡儿等人仍然勇敢地发出共鸣，给它新鲜的、更有力的表白，斯宾诺莎为它发明一个伟大的公式。18世纪，意大利文艺复兴的精神在法国的启蒙时期复生，从伏尔泰、爱德华·吉本到歌德跟海涅，到雨果与福楼拜，到泰纳与阿那托尔·法朗士，这条脉络一直延续着，历经革命与反革命，进步与反动，总有办法自战争中逃生，而在和平时则耐心地使和平更为高贵。

薄伽丘在他的书台上睡着了。薄伽丘是文艺复兴时期意大利著名的诗人、学者，为文艺复兴时期的人文主义奠定了基础。

DOMINVS FRANCISCHVS PETRARCHA

欧洲人文主义运动创始人和伟大代表彼特拉克。

上 《十字架》（乔托）。

下 铜雕《希洛德之宴》（多纳泰洛）。

《逐出伊甸园》（马萨乔）。

上　《贡钱》（马萨乔）。

中　乌切洛表现 1432 年佛罗伦萨军队战胜锡耶纳军队的《圣罗马诺之战》（约 1455 年）。

下　《圣马可广场的游行》（贝利尼）。

戈佐利描绘美第奇家族的《三王行列》（1459 年）。

左 《高贵的洛伦佐》（瓦萨里）。

右 《朱利亚诺·德·美第奇》（波提切利）。

|《书房中的圣哲罗姆》（安托内洛）。

《天使报喜》（安吉利科）。

《圣母、圣子与两天使》（利比）。

上 《圣母玛利亚的诞生》（吉兰达约）。

下 《圣徒和宝座上的圣母》（吉兰达约）。

上 | 《老人和他的孙子》（吉兰达约）。
下 | 《天使报喜》（波提切利）。

上 | 《春》（波提切利）。

下 | 《维纳斯的诞生》（波提切利）。

《神秘的诞生》（波提切利）。

《论比例的神圣》插图（达·芬奇为数学家巴奇奥里作的插画）。

上 《吉尼瓦・本茨肖像》（达・芬奇）。

下 《最后的晚餐》（达・芬奇）。

《蒙娜丽莎》（达·芬奇）。

上 │ 《乌尔比诺公爵孟德菲特罗及其夫人》（彼罗·弗朗切斯卡）。

下 │ 《基督复活》（彼罗·弗朗切斯卡）。

上 | 《圣母、圣子及诸圣徒》（彼罗·弗朗切斯卡）。

下 | 《基督予彼得天国之匙》（佩鲁吉诺）。

《圣塞巴斯蒂安》（佩鲁吉诺）。

《传福音的圣马可》（曼特尼亚）。

《圣詹姆士殉教》（曼特尼亚，毁于第二次世界大战）。

上 │ 《订婚礼堂》（曼特尼亚）。

下 │ 《帕那萨斯》（曼特尼亚）。

《你们看这个人》（曼特尼亚）。

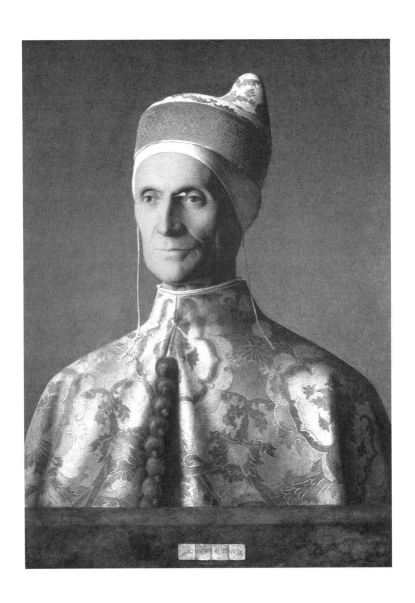

《列·罗里丹诺》（乔万尼·贝利尼）。

上 《宝座上的圣母和圣子及圣人》（乔万尼·贝利尼）。

下 《诸神飨宴》（乔万尼·贝利尼）。

上 | 《牧人演奏音乐》（乔尔乔纳）。

下 | 《暴风雨》（乔尔乔纳）。

上 | 《阳台上的两位威尼斯女子》（卡帕西奥）。

下 | 《英国大使启程》（卡帕西奥）。

上 | 《阅读中的圣母》（卡帕西奥）。

下 | 《逃往埃及》（卡帕西奥）。

《四圣徒》（柯勒乔）。

《朱庇特与伊俄》（柯勒乔）。

《达娜厄》（柯勒乔）。

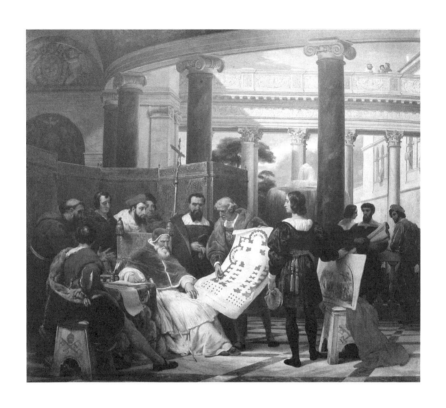

教皇尤里乌斯二世和布拉曼特、米开朗基罗、拉斐尔在一起。

《米开朗基罗肖像》（亚科比诺·德尔·孔特）。

西斯廷礼拜堂的天顶湿壁画。

上 | 西斯廷礼拜堂的天顶湿壁画《最后的审判》（米开朗基罗）。

下 | 西斯廷礼拜堂的天顶湿壁画《人类的诞生》（米开朗基罗）。

《摩西像》（米开朗基罗）。

《朱利亚诺·美第奇之墓》（米开朗基罗）。

《教皇尤里乌斯二世肖像》（拉斐尔）。

| 《男子像》（拉斐尔）。

上 《寓言》（拉斐尔）。

下 《耶稣被解下十字架》（拉斐尔）。

| 《阿尔巴圣母》（拉斐尔）。

上 | 16 世纪的佛罗伦萨（鸟瞰图）。

下 | 意大利作家、政治家马基雅维利雕像。

《教皇保罗三世肖像》（提香）。

《查理五世骑马像》（提香）。

上 | 《查理五世的退位》（小弗朗斯·法朗肯）。

下 | 《神圣与世俗的爱》（提香）。

上 | 《酒神与阿里亚德妮》（提香）。

下 | 《乌尔比诺的维纳斯》（提香）。

《曼图亚公爵费德里科·贡萨加》（提香）。

《伊萨贝拉·埃斯特》（提香）。

《绅士肖像》（提香）。

《艺术品商人雅科布的画像》（提香）。

韦罗内塞所画壁画的局部（约 1560 年）。

上 《迦拿的婚礼》（韦罗内塞）。

下 《利未家中的宴会》（韦罗内塞）。

左上　《威尼斯的凯旋》（韦罗内塞）。

右上　《基督下十字架》（蓬托尔莫）。

下　《凸镜中的自画像》（帕尔米贾尼诺）。

《长颈圣母》（帕尔米贾尼诺）。

《扮成俄尔甫斯的佛罗伦萨公爵科西莫一世》（布龙齐诺）。

《维纳斯、丘比特、罪恶和时间》（布龙齐诺）。

《托莱多的埃利诺及其子乔万尼》（布龙齐诺）。